되돌아보는 한국 기독교

Korean Church and Theology
Copyright ⓒ 2008 by Prof. Kim, Yung-Jae Dr. theol.

Hapdong Theological Seminary Press
Mt. 42-3 Woncheon-dong, Yeongtong-gu, Suwon, Korea
All rights reserved.

되돌아보는
한국 기독교

초판 1쇄 발행 2008년 4월 11일
초판 2쇄 발행 2010년 3월 19일
지은이 김영재
발행인 성주진
펴낸곳 합신대학원출판부
주소 443-791 수원시 영통구 원천동 산 42-3
전화 (031)217-0629
팩스 (031)212-6204
홈페이지 www.hapdong.ac.kr
출판등록번호 제22-1-1호
출판등록일 1987년 11월 16일
인쇄처 예원프린팅 (031)957-6551
총판 (주) 기독교출판유통 (031)906-9191
값 28,000원

ISBN 978-89-86191-82-0
＊잘못된 책은 교환해 드립니다.

| 이 도서의 국립중앙도서관 출판시 도서목록(CIP)은 e-CIP 홈페이지
http://www.nl.go.kr/cip.php에서 이용하실 수 있습니다.
(CIP제어번호: CIP 2008000969)

저작권법에 의하여 한국 내에서 보호를 받는 저작물이므로 저자와 출판사의 허락 없이
내용의 일부를 인용하거나 발췌하는 것을 금합니다.

되돌아보는
한국 기독교

합신대학원출판부

■머리말

　한국 교회를 염두에 두고 쓴 글들을 독자들과 나누고 싶어 '되돌아보는 한국 기독교'라는 제명의 책으로 엮는다. 교회사 연구의 과제는 교회의 생활과 신학을 역사적으로 기술함으로써 오늘날 성경과 역사에 비추어 조명하고 교회가 나아갈 방향을 제시하는 것이다. 그러므로 교회사를 공부하는 사람은 교회와 관련된 다양한 주제들에 관심을 갖는다. 교회의 시작, 성장과 부흥, 교회의 분열과 연합, 교회가 살고 있는 사회와 문화와의 관계, 재래 종교와의 관계, 선교와 신앙 운동, 교회의 신앙고백과 신학, 교회 구조와 행정, 예배 형식과 예배 음악, 교회 건축에 대한 관심이다. 그러나 이 책에서 논의하는 주제들은 제명에 걸맞지 않게 극히 적은 부분에 불과하다.

　한국에 교회가 서게 된 것은 선교사들의 복음 전파로 인하여 시작되었다. 그들은 복음을 전하는 전도자일 뿐 아니라 문화 전수자로서 의료, 교육, 사회 사업 등을 곁들여 진행하였다. 선교사들의 헌신적인 노고는 충분히 평가되어야 하고 한국 교회는 그들로 인하여 하나님께 감사해야 한다.

　한국에 온 대부분의 미국 선교사들은 각성운동의 영향을 받아 선교의 소명을 받고 온 이들이어서, 이를테면, 개혁주의 교회 전통에도 불구하고 복음주의적이었으며 초교파적 정신을 가진 이들이었다. 개신교의 두 신학적 전통, 즉 루터교회 신학과 개혁주의 교회 신학이 한국에서는 마찰 없이 용해되고 있음을 관찰할 수 있다.

선교사들은 한국에 본국의 교회 제도와 예배 형식을 이식하였으며, 신앙과 신학의 전통을 전수하였다. 그러나 그들이 이식하고 전수한 것이 한국 교회에 그대로 수용된 것은 아니다. 선교사 자신들도 그들의 교회 전통에 얼마나 충실했는지는 알 수 없는 일이다. 전수자와 수용자 간의 역사와 문화 및 사회 배경의 차이에서 이식하고 전수한 것이 성장 과정에서 의식하지 못하는 가운데 여과되거나 변형되어 말하자면 토착화가 이루어진다.

1960년대에 '토착화신학'이라는 말과 함께 '한국 신학'이라는 말이 소개되었다. '한국 신학'이라는 개념 역시 신학적 입장에 따라 다르나 한국의 역사와 문화 속에서 복음을 받아 형성되어 살고 있는 한국 교회의 설교자들과 신학자들이 성경 말씀을 우리말로 설교하고 해석하고 가르치면 그것이 곧 한국 신학이다. 토착화신학을 주창하는 이들처럼 신학의 한국화를 서둘지 않아도 한국 교회가 교회로서의 특징을 드러내듯이 신학 역시 한국 신학을 형성하게 마련이다.

한국의 초기 교파 교회들은 교회 부흥을 함께 기원하고 함께 은혜를 나누면서 많은 것을 공유하며 함께 성장해 왔다. 비록 오늘의 한국 교회가 미국 다음으로 많은 선교사들을 외국으로 파송하여 선교에 힘쓰는 교회가 되었으나, 아직도 국민의 대다수가 선교의 대상이라는 점에서 초기의 교회 상황과 많이 달라진 것은 없다.

한국 교회 신학자들이 자기가 속한 교파 교회의 신학적 전통을 존중하고 교회의 정체성을 추구한다고 할 때, 초기의 한국 교회가 보여준 교파 간의 협력과 우호적 경향과 그로 인하여 형성되어 온 한국 교회의 공통적인 신앙의 양상을 한국 교회가 공유하는 전통으로 간주하는 것과 각 교파 교회의 전통을 추구하고 전통을 보전하는 것이 양립하거나 조화될 수 있는 것인지 고민하며 생각해야 하는 것 역시 신학적 과제이다. 그것은 다른 교파 교회를 고려하지 않고 자기가 속한 교회의 신학적 전통을 두고도 한국 교회가 살고 있는 역사와 문화적 상황을 고려한다면 마찬가지다. 신학자는 설교자가 설교로 교회에 봉사하듯이 한국 교회가 이해하고 소화할 수 있는 신학으로 봉사하기 위하여서는 더 많은 고민과 배려가 있어야 한다고 생각한다.

이 책의 글들이 한국 교회를 염두에 두고 쓴 글들이므로 그러한 고민과 배려가 으레 깃들어 있으려니 하는 독자들의 기대에 부응하는 것이었으면 하고 바란다. 여기에는 1994년에 출판된 『한국 기독교의 재인식』에서 선별한 글들도 있음을 알리면서, 삽화의 대부분은 1934년 조선 예수교장로회 총회가 발행한 『조선예수교장로회 50주년 역사화보』에서 선별 전재한 것임을 밝힌다. 여러 주제의 글들을 쓰도록 동기를 부여해 주신 「신학정론」, 「목회와 신학」, 한국복음주의신학회, 아세아연합신학대학원과 기타 여러 학교와 기관에도 감사한다.

끝으로 사랑에 빚진 자로 살며 집필하도록 일깨우고 격려해 주시는 화평교회와 안만수 목사님께 진심으로 감사하며, 조언을 아끼지 않으면서 편집을 맡아 주신 합동신학대학원출판부 실장 조주석 목사님과 책 장정을 해주신 김혜림 님과 교정을 보아주신 이동만 목사님 그리고 주현덕 강도사님께 진심으로 감사한다. 또 오랜 세월 동반자로 늘 밝게 살면서 필자가 쓴 글을 먼저 읽어주며 내조해온 사랑하는 아내에게 감사를 표한다.

2008년 새해에 용인에서
김 영 재

차례

머리말_5

1. 역사의 의미_11
역사와 구원 역사_13 그리스도인이 보는 한국 역사_31
한국교회사관_53 한국 기독교와 문화_61

2. 부흥_83
영적 각성과 사회 변화_85 초기 대부흥_93 전도 운동과 교회 성장_115

3. 신앙과 성화_143
율법주의_145 기복 신앙_157 주일 성수_163

4. 성화와 윤리_183
안식년_185 목회자와 재물_195 구원과 성화_211

5. 봉사_235
교회와 사회 봉사_237 여성의 교회 봉사_267

6. 전통과 신앙_287

두 신앙 전통_289 개혁주의 전통과 한국 교회_303 자유주의 신학_331

7. 연합과 분열_353

교회 분열과 연합_355 한국 장로교회 연합의 전망_365
독일 민족교회와 고백 교회_387

8. 종말론과 사이비 종교_419

종말론 시비_421 기독교와 이단_449 단군상과 '홍익인간'_459

9. 신학의 쟁점_479

삼위일체 교리_481 성령 강림과 성령 세례_495
하나님의 예정과 인간의 인식_517 칼빈과 웨슬리 신학 공관_541

10. 신학 교육_565

초기 한국의 신학 교육_567 신학 교육 과정_581

찾아보기_599

1 역사의 의미

역사와 구원 역사
그리스도인이 보는 한국 역사
한국교회사관
한국 기독교와 문화

역사와 구원 역사

역사 철학의 과제는 역사가 맹목적으로 순환하거나 진행되는 것이 아니고 어떤 원리에 따라 진행되는 것으로 간주하고 그 원리를 규명하려는 것이다. 그러나 역사 철학은 창조주 하나님을 모르는 일반 종교와 철학이 가진 세계관의 한계를 벗어나지 못한다. 인격을 가진 인간의 역사를 무인격의 자연의 변화 현상에서 터득하는 원리로는 설명할 수 없다.

역사의 진행 과정이 일직선이라거나 혹은 원을 그리듯 순환하면서 진행한다든지 혹은 양자의 절충으로 원을 그리며 직선 방향으로, 즉 나선형으로 전진한다고 설명하는 등 역사 진행의 어떤 모형(pattern)을 찾으려 하거나 가설을 세우는 것은 천지를 창조하신 하나님을 세계를 운행하시고 역사를 주관하시는 인격적인 하나님으로 믿지 않을 때 할 수 있는 일이다.

만일 누구든지 하나님을 믿는다면서 역사 진행의 모형을 찾거나 어떤 가설을 설정하기를 시도한다면 그는 분명 이신론자임에 틀림없다. 이신론(Deism), 즉 자연신론이란 하나님은 세상을 창조하셨으나 창조된 세계는 자연의 법칙을 따라 운행되도록 그냥 버려두신다고 믿으며 하나님의 섭리나 직접적인 개입은 배제하는 신앙을 말한다.

성경은 하나님께서 천지와 함께 만물과 사람을 창조하셔서 사람이 있게 되었으며 사람이 죄를 지었으므로 하나님께서는 구원의 경륜을 베푸시고 인류의 생사화복을 주장하시고 하나님께서 하시고 나라와 민족을 다스리

326년의 로마의 아그네스 교회

시며 그들의 흥망성쇠를 주관하신다고 하며 역사의 종말을 말씀한다. 그러므로 역사는 하나님의 주관 하에 창조에서 종말로 진행하는 것임을 우리는 안다. 그렇다고 그것을 직선적이라는 기하학적 개념으로 설명해야 할 근거는 없다. 성경은 사람들과 나라들이 죄를 범하면 하나님께서 그들을 벌하시고 회개하면 용서하시며, 한 나라를 일으키셔서 다른 나라를 멸하도록 심판하시는 것을 말씀하시고 보여주시므로 역사의 진행이 어떤 틀에 따라 진행된다고 말할 수 없다.

성경은 천지 만물과 함께 사람을 당신의 형상대로 지으신 하나님께서 사람들의 역사를 주관하시는 분이심을 말씀한다. 하나님께서는 사람에게 땅과 생물을 다스리고 보살피는 임무를 부여하셨다. 그러나 사람이 하나님께 불순종함으로 타락한 이후 사람은 하나님께서 지으신 땅과 생물을 보살피는 일을 저버리고 그것들을 학대하며 사람들이 서로 죄를 범하고 죽이며 전쟁하고 강자는 약자를 압제할 뿐 아니라 자연을 파괴함으로써 자멸의 길을 걷게 되었다.

하나님의 뜻은 이런 인류를 구원하시는 것이다. 하나님께서 주관하시는 역사 가운데 하나님께서 인류를 구원하시려는 뜻과 경륜을 특별히 나타내 보이시고 일하시는 것을 우리는 구원 역사라고 한다. 하나님께서는 지상에 흩어져 있는 사람들과 종족들에게 구원의 길을 열어 보이기 위하여 이스라엘을 하나님의 백성으로 선택하셨다. 그리고 그들과 언약을 맺으시고 당신의

한국 최초의 소래교회(황해도)

말씀에 순종하여 서로 사랑하면서 살도록 하셨다. 이스라엘 백성이 불순종함으로써 언약을 무효화하면 하나님께서는 언약을 새롭게 하셔서 생명의 길을 행하도록 하셨다. 그리하여 마침내 독생자 예수 그리스도를 주셨다.

하나님께서는 이스라엘 아닌 소위 이방 백성들에게도 양심에 법을 주셔서 율법이 말하는 윤리를 지키게 하신다(롬 2:14~15). 이를 따르지 아니하면 이스라엘 백성이든 아니든 사람은 누구나 차별 없이 심판을 받게 된다. 그러므로 사람의 범죄와 이를 징계하고 심판하시는 하나님의 공의로우신 간섭과 사람이 죄를 회개할 때 이를 용서하시는 하나님의 자비와 사랑이 역사의 진행을 결정하는 요인이 되는 것임을 성경은 말씀한다.

구원 역사

인류의 역사는 하나님께서 사람을 창조하시면서부터 시작되었다. 사람은 하나님께 불순종하여 죄를 범함으로 말미암아 하나님을 떠나 죄 가운데 살게 되었다. 사람의 지배하에 놓인 자연과 피조물도 사람의 범죄로 인하여 저주를 받게 되었다(창 3:14~19).

하나님께서는 자비와 사랑으로 관용하셔서 사람으로 하여금 악 조건 속에서도 자연의 혜택을 누리며 자연적인 삶을 살게 하신다. 그것이 곧 하나님의 일반 은총이다. 사람들은 일반 은총을 누리는 삶에서 진선미(眞善美)를 찾고 가치 있는 삶과 종교를 추구하며 문화를 창출한다. 그러나 죄의 종노릇에서 벗어나지 못하는 사람들에게 범죄와 싸움과 전쟁은 끊이질 않는다. 사람들의 이러한 복합적인 삶의 연속이 역사이다.

구원 역사(救援歷史) 또는 구속사는 이러한 사람들을 죄의 세력으로부터 해방하시고 그들을 정결하게 하셔서 영원한 생명으로 구원하시려는 하나님의 계획과 일하심의 역사이다. 하나님께서는 아브라함을 택하여 언약을 세우시고 그의 자손 이스라엘 백성을 하나님의 백성으로 선택하셨다. 이스라엘백성에게 율법과 계명을 주셔서 하나님의 백성답게 거룩한 삶을 살도록 하시고 선지자들을 통하여 백성들에게 교훈과 경고를 주시며, 그들이 징계를 받을 때 고국 땅의 회복과 구원의 언약을 주셨다. 그리고 다윗의 자손 메시아를 통한 영원한 생명의 구원을 약속하셨다.

하나님께서는 이스라엘의 역사에 특별히 개입하시고 간섭하셨다. 이스라엘 민족의 역사에서 하나님의 구원의 사역을 드러내셨다. 그러나 이스라엘의 민족사가 곧 구원의 역사는 아니다. 구약 시대의 이스라엘의 민족사는 구원 역사, 즉 하나님의 나라의 구현을 위한 통로요 장이었다. 이스라엘 백성의 범죄와 불순종의 역사, 다시 말해 그들을 징계하시면서 구원을 약속하시는 하나님의 구원 역사가 바로 하나님의 나라와 일치하거나 거기에 포괄될 수는 없다. 이스라엘 역사가 곧 하나님의 구원 역사가 아닌 것은 신약 시대의 교회가 곧 하나님의 나라가 아닌 것과 같다.

선지자들을 통하여 주신 하나님의 옛 언약은 예수 그리스도로 말미암아 성취됨과 동시에 이스라엘 민족사를 통하여 구원 역사가 구현되던 시대는 끝나고 이제는 그리스도로 말미암아 만백성이 하나님의 백성으로 부르심을 받아 구성되는 그리스도의 교회를 통하여 새 언약의 구원 역사가 전개된다. 새 언약의 구원 역사는 인류 역사의 종말에 그리스도께서 다시 오실 때

완결된다.

기적의 의미

구원 역사는 역사 속에 임하시는 하나님 나라의 역사, 즉 하나님께서 인간을 구원하시기 위하여 통치하시고 관여하시는 일의 역사이다. 하나님께서는 백성들에게 선지자들을 통하여 당신의 뜻을 말씀으로 계시하기도 하시고 때로는 초자연적인 사건들, 즉 놀라운 일이나 능력이나 이적 혹은 표적을 통하여 계시하시거나 개입하심으로써 구원의 역사를 이루신다.

하나님으로 말미암는 초자연적인 사건이 구약에 따르면 대부분의 경우 양면성을 지닌다. 즉 하나님의 능력과 기적이 이스라엘에게는 구원이었으나 대적하는 나라와 민족들에게는 재앙이요 멸망이었다(출 14:21~31, 15:19~21). 출애굽 사건, 여리고 성과 가나안의 점령에서 경험한 놀라운 사건들이 모두 그러했다.

이스라엘 민족의 역사 속에서 하나님의 구원의 역사가 구현되는 구약 시대에 살던 이스라엘의 해방과 구원 및 생존이 동시대의 구체적인 압제자의 손에서 벗어나는 것이었으므로 전쟁을 할 경우에는 이겨야 했기 때문에 그랬다. 그러므로 정치적인 메시아를 대망하는 유대인들은 민족사적인 구원관을 탈피하지 못한 것이다.

그러나 만민에게 구원이 미치게 된 새 언약의 시대에는 사정이 달라졌다. 하나님의 기적은 만백성에게 복음이 되고 모든 생명을 살리는 기적이다. 구약 시대에도 이스라엘이 적과는 상관없이 경험한 기적 가운데 순전히 살리는 기적이 있었다. 즉 만나와 메추라기, 반석의 생수 사건 등은 오직 생명을 살리는 기적이었으며, 에스겔이 환상으로 본 생명수 강은 죽은 개펄을 소생시키고 생물을 살리는 기적의 비전이었다(출 16장; 겔 47:1~12).

예수께서 행하신 기적은 그분이 그리스도이시고 그분으로 말미암아 하나님 나라가 임하시는 표적이다. 아들 하나님께서 사람이 되신 성육(成肉)은 상상조차 할 수 없는 큰 기적이며 그리스도의 부활 역시 그에 못지않은 큰 기적이다. 부활하신 예수 그리스도는 모든 믿는 자에게 몸의 부활과 영원한 생명에 대한 약속과 보증이 되신다. 그러므로 성경에 나타난 기적을, 예수께서 행하신 기적을 부인하는 것은 하나님께서 하시는 구원 역사를 모두 다 부인하는 것이다.

언약 밖에 있는 백성들

구약성경은 창세기의 야곱 이야기부터는 이스라엘 백성의 역사, 즉 언약의 자손들의 역사를 다룬다. 하나님께서는 이스라엘 백성을 모세를 통하여 이집트를 벗어나 가나안으로 행하는 도중 시내산에서 이스라엘 백성과 언약을 맺으신다. 구약에서 민족들의 구도는 선민인 이스라엘과 비선민인 이방 백성들로 이분되고 있으며 이방 백성들은 이스라엘의 적으로 묘사되고 있다.

모세 이후의 이스라엘의 역사는 선민으로서의 역사이며 모든 역사는 이스라엘을 중심으로 기록되고 있다. 대부분의 경우 이스라엘은 하나님의 약속을 받은 선민이고 나머지 백성들은 하나님의 언약과는 거리가 먼 이방 백성이다. 그러면 이스라엘 아닌 이방 백성에게는 구원의 기회가 제거되느냐 하면 그렇지는 않다.

창세기 16장에서 하갈의 고통을 들으시는 하나님, 하갈과 이스마엘이 곤경에 처해 있을 때 살 길을 열어주시며 장래를 약속하시는 하나님께서는 언약의 백성 이스라엘 민족의 하나님이실 뿐 아니라, 다른 이방 백성들도 돌보시는 하나님이신 것을 깨닫게 해 주신다. 그러므로 지구상에 여러 종족과 우리 한민족을 포함하는 여러 민족들이 하나님의 일반 은총을 누리며 살아온 것이다.

하나님께서는 이스라엘 백성을 선민이므로 특별히 사랑하셨으나 그렇지 않은 이방 백성들도 사랑하시는 하나님이심을 성경은 말씀한다. 하나님께서는 이스라엘에게 베푸시는 관심 못지않게 이방 모든 백성에게도 관심을 베푸신다.

아모스서 1장에 보면 하나님께서는 이스라엘 주변의 나라들을 그들의 서너 가지 죄로 인하여 이스라엘 백성들을 징계하는 것과 같이 징계하시고 벌하신다고 말씀하신다. 징벌은 같이 받으나, 이스라엘은 선지자를 통하여 징벌의 의미를 알지만, 주변 나라 백성들은 그 의미를 모른다는 것이 다를 뿐이다.

요나서를 보면 하나님께서는 요나를 보내어 니느웨 성 백성들로 하여금 죄를 회개하고 하나님의 심판을 면하도록 촉구하신다. 요나를 통하여 하나님의 임박한 심판의 말씀을 들은 니느웨 백성들이 회개하자 하나님께서는 노여움을 거두신다. 하나님께서는 좌우를 분별하지 못하는 수많은 어린이들과 가축과 짐승들을 아끼는 것이 당연하다고 말씀하신다.

이방 백성들도 특별 은총을 누리는가

하나님께서 언약 밖에 있는 이방 백성들에게는 일반 은총만 베푸시고 특별 은총, 즉 하나님의 구원의 뜻을 알 수 있는 은총, 하나님을 알고 하나님을 경외하고 예배하는 은총은 전혀 베풀지 않으시고 닫으신 것인가? 그렇지 않다. 구약성경에서는 언약 밖에 있는 백성에게도 하나님께서 당신을 나타내 보이신 흔적과 사례를 볼 수 있다.

욥기에 나오는 우스 땅의 욥은 이스라엘 백성이 아니었으며, 그를 위로하러 와서 하나님 앞에 죄를 회개하도록 촉구하며 욥과 주거니 받거니 토론을 벌인 사람들 역시 이스라엘 백성이 아니었다. 데만 사람 엘리바스와 수아 사람 빌닷과 나아마 사람 소발 역시 이스라엘 자손은 아니었다. 그리고 욥에게 시련과 회의에서 벗어나도록 신앙 면에서 결정적으로 도움을 준 람 족속 부스 사람 바라겔의 아들 엘리후 역시 그러하다(욥 32:1 이하).

또한 이방인들도 이스라엘 백성이 사는 가나안에서 유대교로 개종한 귀의자(proselytes)로 살거나 혹은 하나님을 두려워하는 자(God's forbearer)로 살 수 있었다. 즉 하나님의 언약 백성에 합류할 수 있었다. 예수 그리스도께서 탄생하셨을 때 찾아와 경배를 드린 동방의 박사들 역시 언약의 백성 아닌 이방 사람들이었다.

동방의 박사들로 말하자면, 그들이 디아스포라, 즉 흩어진 유대인들을 통하여 예언서를 접하고 메시아의 오심을 기다리며 하나님의 구원을 갈망하게 되었을 것이라고 짐작할 수도 있겠으나, 혹시 욥기에서 볼 수 있는 신앙 전통에 속한 사람들이었을 수도 있음을

토마스 목사

배제할 수 없다. 그러나 성경이 말씀하지 않으므로 자세한 사실은 모른다.

하나님께서는 아브라함을 택하시고 이삭과 야곱을 통하여 난 이스라엘 백성을 선민으로 택하시고 그들을 사랑하셔서 그들에게 율법과 계명을 주시며 하나님의 거룩한 백성으로 말씀을 따라 순종하는 삶을 살도록 명하셨다. 그리고 그들이 순종하는 삶을 살지 못할 때 징계하시고 심판하시는 하나님이심을 나타내 보이셨다. 이스라엘이 죄를 범할 때 벌하시는 한편, 이스라엘 백성들의 조상 아브라함과 맺으신 옛 언약을 신실하게 지키시기 위하여 새 언약을 주시며 메시아를 약속하셨다.

하나님께서 이런 모든 역사의 과정에서 하나님께서는 이스라엘만 사랑하신 것이 아니었음을 우리는 상기해야 한다. 하나님께서 이스라엘의 역사 가운데 당신의 뜻을 특별히 보이시는 동안 이방 백성을 구원하시려는 사랑과 열심을 또한 가지셨던 것이다.

다시 말하면 이스라엘 역사의 과정은 하나님께서 아브라함을 부르실 때 "땅의 모든 족속이 너로 인하여 복을 얻을 것이라"고 하신 그 말씀을 이루시기 위하여 이스라엘을 구원의 백성의 모델로 선택하여 율법과 계명을 주시고 당신을 분명히 계시하시며 구원의 경륜을 보이신 과정이었다. 그리고

하나님께서는 그것을 당신의 독생자 예수 그리스도를 보내서서 성취하셨다.
예수 그리스도의 십자가와 부활의 역사와 그리스도의 복음을 믿는 사람은 유대인이나 헬라인이나 동양 사람이나 서양 사람이나 아랍인이나 차별이 없이 누구에게나 다 구원을 주셔서 하나님의 백성이 되고 하나님의 백성으로 살게 하신다.

그런데 이스라엘 백성들은 선민 사상에 젖어 하나님을 자신들만을 위하는 하나님으로 생각했다. 선지자 요나가 그 대표적인 사람이다. 선민 사상에 찌든 요나, 니느웨 백성들에게 하나님의 심판을 예고하라는 명령을 받은 요나는 그 사명을 피해보려고 하다가 바다에 던짐을 받아 큰 고기에게 삼켜서 사흘 낮과 밤을 고기 뱃속에서 지내며 자신의 불순종을 회개한다. 마침내 그는 마지못해 이방 나라의 수도 니느웨에 이르러 백성들에게 임박한 하나님의 심판을 전하고 회개를 촉구한다. 니느웨 백성들은 베옷을 입고 재를 무릅쓰고 회개한다. 드디어 하나님께서는 심판을 거두셨다. 니느웨 백성의 회개는 물론 하나님을 믿는 신앙으로 돌아오는 회개이기보다는 윤리적인 잘못을 뉘우치고 바로 살려는 회개였다.

역사와 구원 역사의 분별

유대인들이 구약 시대의 이스라엘의 민족사와 구원 역사를 분별하지 못했듯이 새 언약의 시대에서 사는 그리스도인들도 역사와 구원 역사를 분별하지 못하는 경우가 허다하다.

예수님의 승천을 앞두고, 제자들은 "이스라엘 나라를 회복할 때가 이 때입니까" 하고 주님께 여쭈었다. 민족의 역사와 구원 역사를 분별할 수 없었기 때문이다. 제자들은 오순절 강림 이후에 자신들이 이제는 민족의 역사와 구원 역사를 동일한 것으로 보던 잘못된 생각에서 깨어나게 되었다. 그들이 이제는 옛 언약의 시대에 사는 것이 아니고 새 언약의 시대에 살고 있음을 깨달았다. 복음이 유대인을 위한 것일 뿐 아니라 만백성을 위한 것임을 깨달은 것이다. 그들은 오순절에 여러 나라 방언으로 설교를 했으면서도 그 사실을 깨닫는 데 오랜 시간이 걸렸다. 고넬료의 가정에 성령께서 임하시는 것을 보고서야 비로소 깨달았던 것이다.

교회 역사에 보면 이런 깨달음이 또한 오래 가지 못했다. 기독교가 로마 제국에서 313년 종교의 자유를 얻고 380년에 마침내 로마 제국의 국교가 된 이후로 역사와 구원 역사를 인식하는 교회의 분별력이 흐려졌다. 로마 제국과 기독교를 구분하지 못했다. 다른 말로 하면, 세상 나라와 교회를 구분하지 못했으며, 또 교회와 하나님의 나라를 구별하지 못했다. 로마 제국이 멸망하게 되자 교회의 지도자들은 왜 하나님께서 기독교를 국교로 삼고 있는 나라를 이교도들에게 침공을 받아 멸망하도록 내버려두시는가 하는 의문을 가졌다.

어거스틴(Augustinus, 354~430)의 『하나님의 도성』은 그런 의문에 대한 해답이었다. 로마는 망해도 복음은 더 널리 전파되고 교회는 더 굳건히 서며 하나님의 나라는 더 왕성하게 된다는 것이 어거스틴의 깨달음이었다. 하나님의 나라는 세상 나라의 운명에 좌우되지 않는다는 것을 그는 깨달았다. 그의 진리 이해가 옳음이 드디어 입증되었다.

서 로마를 무너뜨린 게르만들이 기독교를 받아들였다. 그리스도의 복음은 2~3세기부터 나라와 민족들의 경계를 넘나들며 교역하는 사람들과 전도자들을 통하여 혹은 국경을 넘어 침공하곤 하던 게르만의 군대 병사들을 통하여 전파되었다. 그 결과 게르만의 왕국들이 기독교 나라가 되었다. 그런데 신약의 진리, 즉 어거스틴이 오래 고민하고 사색한 끝에 터득한 진리를 사람들은 또 잊어버렸다.

예루살렘이 이슬람에게 점령된 지 오랜 세월이 지난 후의 일이다. 기독교인들은 성지를 회복해야 한다면서 전쟁을 일으켰다. 역사와 구원 역사를 분별하지 못한 교회의 지도자들의 열심과 세상 나라의 왕들의 이해타산이 맞아 떨어져 십자군 전쟁이 있게 되었다. 서방의 왕들과 소위 십자군 군대들은 예수 그리스도의 십자가, 사죄와 자기희생과 평화의 상징인 십자가를 전쟁을 위한 군대의 표장(標章)으로 내세우며 이슬람을 공략하는 동방 원정을 감행하였다. 십자군은 11세기 말경부터 13세기 후반까지 7차례에 걸쳐 마치 구약에서 이스라엘 백성이 하나님의 이름을 높이기 위하여 주변의 나라와 전쟁을 치렀듯이 전쟁을 벌였다.

구약 시대에는 그래야만 했다. 그러나 신약 시대에는 주님의 이름으로 할 수 없는 일을 감행한 것이다. 만백성이 복음을 믿고 구원을 얻게 된 신약 시대를 민족의 역사와 구원 역사를 동일시하던 구약 시대와 구별하지 못했기 때문이다. 기독교 세계 사람들은 자칫 오늘에도 동일한 오류를 범할 수 있음을 주의해야 한다.

오늘의 테러와의 전쟁을 기독교 나라로서 이슬람 나라를 응징하는 것이라고 생각하면 그것은 잘못이다. 종교 전쟁, 즉 '성전'(聖戰)이라는 말은 구약 시대의 이야기지 신약 시대에 할 수 있는 말이 아니다. 세대주의의 영향으로 많은 사람들이 지금의 이스라엘의 운명에 하나님의 구원 역사의 성취가 달려 있는 것처럼 생각한다. 그러나 그것은 역사와 구원 역사를 분별하지 못하고 혼동하는 시각에서 갖는 잘못된 생각이다.

기독교 안에서도 중세의 교황은 세상 권력까지 관장하려고 했으며, 실제로 교회의 이름으로 권력을 행사하였다. 교황의 권세와 황제의 권세 중 어느 것이 우위에 있느냐 하는 것이 서양 중세 시대의 큰 관심사였다. 문예부흥 때만 하더라도 교황청에 바치기로 한 돈을 내지 않는 소왕국이 있으면 교황이 갑옷을 입고 직접 군대를 진두지휘하여 그런 나라를 공략함으로써 응징하기도 하였다. 그것은 역사와 구원 역사를 분별하지 못하고 구약의 시대와 신약의 시대를 구분하지 못하는 데서 행한 처사이다.

하나님의 구원 역사는 구약 시대와 신약 시대에 걸쳐 동일하면서도 다른 점이 많다. 구약의 제사 제도는 그리스도께서 제물이 되심으로 성취됨과 동시에 폐지되었다. 구원의 복음이 이제는 만민을 위한 것이 되었으므로 정결의 법 또한 폐기되었다. 정결의 법은 이스라엘이 택함을 받은 거룩한 백성이기 위하여 지켜야 하는 법이었다.

"이스라엘 나라를 회복하심이 이때입니까"(행 1:6)라는 제자들의 물음에 예수께서는 말씀하셨다. "때와 기한은 아버지께서 자기의 권한에 두셨으니 너희가 알 바 아니요 오직 성령이 너희에 임하시면 너희가 권능을 받고 예루살렘과 온 유대와 사마리아와 땅 끝까지 이르러 내 증인이 되리라"(행 1:7~8).

하나님의 구원 역사를 알리는 선교의 사명은 사도들뿐 아니라 모든 성도들에게 주신 것이다. 그것은 구약의 성도들에게는 주시지 않았던 것으로 신약의 성도들이 향유하는 귀한 사명이요 특권이다. 이스라엘 백성은 나면서부터 하나님의 백성이므로 자신들이 선민임을 자랑하고 그것을 지키면 그만이었다. 그러나 하나님의 넓은 사랑과 은총으로 구원 역사에 참여한 신약의 성도들은 감격과 두려움과 떨림으로 우리의 구원을 감사하며 만민에게 미치는 구원의 복음을 전하는 특권을 향유한다. "너희는 먼저 그의 나라와 그 의를 구하라"(마 6:33)는 예수 그리스도의 말씀을 좇아 산다.

역사에 관하여 말하지만, 하나님께서 역사를 주관하시는 줄을 모르는 사람들에게는 역사의 종말은 지구의 멸망이며 파탄이다. 그러나 역사와 함께 하나님의 구원 역사를 아는 그리스도인들에게는 역사의 종말은 곧 구원 역사의 완성이다. 예수께서 약속하신 대로 다시 오실 때 그의 오심과 더불어 새 하늘과 새 땅이 임하는 것을 바라며 기다리는 것은 그리스도인의 복이요 특권이다.

기독교의 종말 신앙의 특이한 점

그리스도의 교회는 성경이 가르치는 대로, 또한 사도신경과 니케아 신경이 고백하는 대로, 세상의 종말이 있음을 믿는다. 마지막 날에 그리스도께서 재림하셔서 산 자와 죽은 자를 심판하실 것을 믿으며, 믿는 자는 영원한 구원으로, 믿지 않는 자는 영원한 형벌로 심판하실 것을 믿는다. 역사의 종말과 그리스도의 재림을 믿는 것, 그것이 기독교 종말 신앙의 특징이다. 그리고 역사의 종말에 그리스도의 재림을 전후로 하여 천년왕국이 있을 것이라는 견해가 있는가 하면 그렇지 않다는 견해가 있다.

요한계시록 20:1~4에 기록된 천년의 기간을 문자적으로 믿는 사람들은 천년왕국이 있을 것으로 믿는 반면에, 상징적으로 이해하는 이들은 천년 왕국이 따로 또 있는 것이 아니라고 하거나 교회 역사에서 실현되는 것이라고 하는 등 달리 해석한다. 그리스도의 재림이 천년왕국 이전에 있다는 견해는 전천년설이고, 이후에 있다는 견해는 후 천년설이다.

초대 교회의 교부들 가운데 대다수가, 특히 동방교회 교부들의 다수가 천년왕국을 믿었다. 그러나 천년기를 상징적으로 본 어거스틴 이후의 중세 교회는 그리스도의 재림 이후 천년왕국이 있다고 믿는 신앙을 정죄하였다. 그리하여 천년왕국 신앙은 신령주의 그룹들과 민중들 간에 퍼져 전수되면서 12세기 초부터 16세기까지 때로는 시한부 종말론 운동 혹은 폭력을 동반한 과격한 종말 신앙 운동을 낳기도 하였다.

루터와 칼빈은 어거스틴과 견해를 같이하면서 천년왕국 신앙을 배격하였다. 루터교회와 개혁교회의 신앙고백서들은 종말론을 두고는 루터와 칼빈의 견해를 따르고 있다. 개혁주의 신학자들의 대다수가 무천년설을 말하는 반면에, 신령주의적인 경건주의, 세대주의, 부흥주의 신앙을 가진 이들은 천년설을 말한다. 한국 교회가 주로 전천년설을 믿고 있는 것은 후자의 영향을 받았기 때문이다.

그리스도인의 역사 의식

창조주 하나님을 믿는 사람은 시간과 공간의 세계를 지으신 하나님께서 만물을 운행하시며 인류의 역사를 주관하시는 것을 믿는다. 이런 믿음을 가진 하나님의 백성이라야 올바른 역사 의식을 갖게 된다.

다니엘서 2장에 보면, 바벨론 왕 느부갓네살이 왕위에 있은 지 2년에 꿈을 꾸고는 잊어버렸다. 왕의 특명을 받은 다니엘은 자신의 친구들과 함께 하나님께 기도하여 그 꿈을 알아내고 그 뜻을 풀이하였다. 왕이 꿈에 본 것은 큰 우상이었다. 그것은 느부갓네살 이후 제국들의 역사와 종말을 상징하는 것이었다. 우상의 머리는 정금이고 가슴과 팔은 은, 배와 넓적다리는 놋, 종아리는 철이고 발은 철과 진흙이 섞인 것인데 사람의 손에 의하지 아니한 돌이 날아와 우상을 다 부수어 버리는 광경을 본 것이다.

느부갓네살이 전에 없었던 권력과 영광을 누리고 있지만, 그의 뒤로 그보다는 못한 다른 나라가 일어나고 또 그 뒤를 이어 나라들이 일어난다는 뜻이었다. 먼저 있던 나라를 쳐부수고 새로운 나라들이 일어나지만 종국에는 세상 나라들은 다 멸망하고 영원히 멸망하지 않는 하나님의 나라가 세워질 것을 보여주시는 꿈이었다. 하나님께서 역사를 주관하신다는 것을 보여 주시고 왕이 누리는 권세와 영광이 오래 가지 못한다는 것을 알려주시는 꿈이었다.

그러나 느부갓네살은 미래의 역사를 알게 된 왕답지 않게 금으로 우상을 만들어 백성들로 하여금 거기 절하게 하였다. 권력자들은 역사를 이루고 주도하는 역할을 맡은 사람들이다. 그러나 그들은 대체로 역사에는 별로 관심이 없다. 설사 있다고 하더라도 자신이 무슨 업적을 쌓아 역사에 오래 기억되는 사람이 되고 싶다는 생각을 하기가 일쑤이다. 그것은 바벨탑을 쌓아 자신들의 이름을 널리 알리고자 하던 사람들이 가졌던 부질없는 야망이요 하나님 보시기에 가증스런 욕망이지 역사 의식은 아니다. 역사는 그런 야망 때문에 일을 저지르거나 그르친 경우들로 점철되다시피 하고 있다. 그런 야망을 가진 자들이 정복자가 되고 독재자가 되어 사람들을 억압하거나 도탄에 빠트리기가 일쑤였다.

역사에 관심을 두고 역사의 뜻을 묻는 사람들은 정복하고 다스리는 권력자나 정복자 또는 그 통치 아래 혜택을 누리며 사는 사람들이 아니라 압제

당하는 사람들, 곤경에 처한 사람들이다. 이 사람들은 역사의 의미를 묻고 역사가 어떻게 진행될 것인지에 관심을 갖는다. 지금 그들이 처한 압제와 고난을 벗어나 새로운 세상의 도래를 바라는 데에서 역사에 대한 관심을 갖는다.

그러나 역사에 관심을 둔다고 하여 누구나 다 역사의 의미를 아는 것은 아니다. 시간과 공간의 세계를 창조하신 전능하신 하나님, 역사를 주관하시는 하나님을 알지 못하면 아무도 역사에 시작과 종말이 있음을 진정으로 알지 못한다. 창조주 하나님을 알지 못하면 헬라인이나 옛날의 게르만들이나 혹은 이스라엘 주변 나라 사람들처럼 역사를 그저 운명으로 알거나, 아니면 수레바퀴처럼 돌고 돈다는 순환적인 역사관을 가질 뿐이다.

인류 역사에서 역사의 의미를 가장 많이 묻고 역사에 관하여 가장 많이 말한 사람들이 있다. 바로 구약의 선지자들이다. 그들이 계시를 통하여 알게 된 하나님은 천지를 창조하신 하나님이시요 이스라엘 백성을 이집트에서 구원하셔서 당신의 백성으로 삼으신 하나님이시며, 당신의 뜻을 말씀을 통하여 나타내실 뿐 아니라 역사를 통하여 나타내시는 하나님이시다.

구약성경의 여러 책을 우리말로는 보통 넷으로 분류한다. 첫 다섯 권은 모세 오경이다. 그리고 여호수아, 사사기, 사무엘 상하, 열왕기 상하를 역사서라고 하며 나머지를 선지서와 시가서라 분류한다. 그런데 히브리어 성경에는 우리가 역사서라고 하는 책들을 전선지서라고 하고 선지서는 후선지서라고 부른다. 구약에서는 역사가 곧 하나님의 뜻을 알리는 선지서(예언서)라는 뜻이다. 다른 말로 하면, 그러한 분류는 선지자가 하는 일이 하나님께서 직접 하신 말씀만 기록한 것이 아니고 하나님께서 다스리시는 역사, 하나님께서 당신의 뜻을 계시하시는 역사도 기록한 것이라는 뜻을 함축한다.

선지자들은 이스라엘에 닥쳐오는 전운을 보고, 이스라엘과 유다가 아시리아와 바빌론 등 강대국에게 정복을 당하고 압제를 받게 될 것을 하나님께서 보여주시므로 미리 내다보았다. 그들은 그런 계시를 받고는 택한 백성 이스라엘이 왜 그런 시련을 당하고 심판을 받아야 하는지 묻는다. 이사야, 예레미야, 에스겔, 아모스, 하박국, 말라기 등 선지자들이 하나님의 백성이 믿지 않으며 교만하고 포악한 통치자와 정복자에게 압제를 당하게 될 것을 미리 알고는 왜 그런 고난을 당해야 하는지 고민하고 전율하며 울부짖으면서 하나님께 호소하는 한편, 징계에 대한 경고와 하나님께서 알리시는 구원의 복음을 백성에게 전하였다.

하나님께서 느부갓네살에게 보이신 역사의 환상(vision)만 하더라도 왕을 위해서보다는 다니엘을 위해 보여 주신 것이다. 포로로 이주하게 된 하나님의 백성들의 귀향과 예루살렘 성의 수복과 성전의 수축을 위하여 하루 세 번씩 기도하는 다니엘에게 하나님께서는 당신께서 역사를 주관하시는 하나님이심을 다시금 상기시켜 주신 것이다. 바벨론의 포로 생활에서 벗어날 날, 즉 예루살렘으로 귀환할 날이 머지않은 것을 보여 주신 것이다.

그것은 하나님의 구원을 바라는 하나님의 백성들을 위하여 주신 것이다. 예수 그리스도께서 다시 오심을 바라고 이 세상에서 신앙을 지키기 위하여 때로는 핍박과 고난을 감수하는 그리스도인들을 위하여 주신 것이다. 이 세상에서 나그네와 같이 사는 그리스도인들로 하여금 새 하늘과 새 땅에서 그리스도를 영원히 모시고 사는 것을 소망하도록 보여 주신 예언의 환상이다.

우리 민족은 역사에서 외세의 침략을 많이 받아 왔다. 특히 19세기 말경부터 열강의 식민 세력 팽창의 각축지가 되면서 고난의 역사를 살게 되었다. 1905년에는 나라가 외교권을 박탈당함으로 말미암아 독립한 나라로서의 주권을 상실하였다. 1910년 우리나라가 치욕스럽게도 일본에 합병되면서부터 1945년까지 온 민족이 포로 생활을 하듯이 일제의 압제하에 살아야 했다. 수탈을 당하고 이름까지 바꾸면서 말할 수 없는 수모를 겪었다. 해방된 지 반세기가 지났는데도 우리는 분단국 민족으로 살고 있다.

그러나 고난의 어두운 역사를 살면서 역사의 의미를 물으며 여명을 기다리던 우리 민족이 얻은 소득이 있다. 그리스도의 복음이다. 주변의 어느 나라나 민족보다도 풍성하게 복음의 축복을 받았다. 한국 땅 위에 많은 교회가 서고 하나님의 나라가 임하기를 기도하는 성도들, 하나님의 백성들이 그 어느 이웃 나라보다도 많이 생겼다. 고난의 역사를 살아왔으므로 한국에서는 오늘과 같이 많은 사람들이 그리스도인이 된 것이다.

우리 그리스도인은 이 땅 위에 있으나 우리의 시민권은 하늘에 있는 것을 기뻐하며 사는 하나님의 백성이다. 바꾸어 말하면, 우리는 하늘나라의 시민권을 가진 사람이지만, 이 땅 위에 대한민국의 시민으로 산다. 우리의 생명이 그리스도로 말미암아 영원히 사는 생명을 덧입게 될 것이므로 귀하듯이 장차 하나님 나라를 유업으로 받을 하나님의 자녀로서 그 나라를 바라며 살도록 부여받은 이 땅이 귀하고 내가 사는 나라가 귀하다. 그리고 더불어 사는 겨레가 귀하고 이웃해 사는 국민들이 귀하다. 한국으로 말하자면 우리가 사는 이 강산과 이 나라는 하나님께서 우리 조상들에게 주신 자연 은총의 선물이요 조상들을 통하여 우리에게 주신 선물이다.

역사의 주인이신 하나님, 이 세상을 인류에게 삶의 터전으로 주셨으나 마침내는 그리스도 안에서 세상 나라들을 심판하시는 하나님, 그 하나님께서 마침내 당신을 믿는 백성을 온전히 다스리실 그 날을 우리 그리스도인들은 바라본다.

우리 그리스도인들은 이러한 역사 의식을 가졌으므로 역사에 더 적극적으로 참여하는 삶을 살아야 한다. 우리가 사는 이 나라는 하나님께서 우리에게 주시는 자연 은총의 축복을 누리며 사는 한편, 겨레와 국민을 구원의 역사에 참여하도록 안내하고 인도하는 삶을 사는 터전이다. 아니 더 나아가서 이웃 나라의 백성들도 구원으로 부르기 위하여 선교사를 보내는 본거지이다. 복음은 민족들로 하여금 화해와 평화를 도모하게 만든다. 복음을 통하여 민족들이 하나님의 나라 건설에 참여하게 된다.

그리스도인이 보는 한국 역사

　그리스도인이 보는 한국 역사라는 주제는 늘 역사 속에 탄생하고 그 속에서 전수되어 온 기독교의 복음과 교회에 관심을 가지고 그것을 주제로 삼아 온 신학도에게는 의외의 주제가 아닐 수 없다. 그것이 그냥 이론적으로 혹은 추상적으로 언급하는 보편적인 역사가 아니고 구체적인 한국의 역사이기 때문에 더욱 그러하다. 이를테면, "역사와 계시"는 신학이 다루는 중요한 주제이고 특히 칼 바르트 이후 많은 신학자들이 관심을 보인 주제이며, "기독교의 역사관"이라는 주제도 친근한 주제이지만, 구체적인 한 특정한 민족의 역사를 신학과 관련시켜 생각하는 일은 별로 친숙한 일이 아니기 때문이다.
　민족의 역사를 기독교적인 관점에서 본다는 것은 곧 특정한 민족사의 의미를 기독교적으로 이해한다는 말이다. 그래서 우리가 아는 범위에서 민족사에 의미가 부여되고 있는 역사는 구약의 이스라엘의 역사이므로, 먼저 이스라엘 역사의 성격을 규명하고 다른 민족들의 역사와 차이점을 가려냄으로써 여러 민족들의 역사 가운데 하나인 한국의 역사를 기독교적인 관점에서 어떻게 볼 수 있을 것인지를 규명해 보기로 한다.

구약 이스라엘 민족의 신인식과 역사 의식

천지를 창조하신 하나님은 그 안에 있는 만물을 다스리시며, 우리의 머리카락까지 세신다는 예수님의 말씀과 같이, 개개의 인간이 나고 살고 죽는 모든 과정을 주관하신다. 다시 말하면, 하나님께서는 인류의 역사를 그의 섭리와 경륜 가운데 주관하신다고 성경은 가르친다. 역사 세계를 초월하시는 하나님께서는 역사를 주관하시며 역사 속에 사는 사람들에게 당신의 뜻을 계시하신다.

하나님께서는 당신의 형상대로 지으신 인간을, 만물의 영장으로서 만물을 다스리도록 세우신 인간을 불쌍히 여기시고 구원하시기를 기뻐하신다. 시간과 공간의 세계를 지으시고 만물이 법을 따라 운행하도록 계획하시고 섭리하시는 하나님께서는 당신의 뜻을 계시하시는 일을 두고, 다시 말하면, 사람을 구원하는 일을 두고, 시간과 공간의 세계에 사는 사람들에게 그들이 사는 세계의 법을 좇아 나타내신다. 즉 역사 속에서 역사를 따라 행하신다.

하나님께서는 한 민족을 택하여 하나님의 백성이라는 칭호를 주시고 그들에게 하나님의 백성으로 살아야 한다는 종교적인, 그리고 윤리적인 규범을 주셨다. 즉 율법과 계명을 주셨다. 그리하여 이스라엘 백성은 선택받은 민족으로서 하나님의 구원 역사에 참여하게 되었으며, 그들의 역사는 곧 하나님의 구원 사역을 경험하는 역사가 되었다. 그래서 이스라엘 백성들은, 구약신학자 폰 라트(von Rad)가 지적한 바와 같이, 유일하게 역사 의식을 가진 백성이 되었다.

주변의 모든 다른 국가들은 계절의 순환을 관찰하는 데서 제반 사건이 그냥 주기적으로 되풀이 된다는 것을 의식할 뿐이었는데, 이스라엘 백성은 하나님께서 그들의 조상 아브라함을 택하시고 축복을 언약하신 사실과 그들의 조상이 이집트의 종살이에서 해방을 받아 탈출해 나온 역사적인 사건을 기억함으로써 과거에서 현재로, 그리고 현재에서 미래로 진행하는 역사의 과정을 인식하게 되었다.

말하자면, 이스라엘 백성이 역사 의식을 갖게 된 것은 초월하신 가운데 역사를 주관하시며 역사 속에 개입하셔서 구원을 베푸시는 하나님을 인식하고, 그 하나님의 구원 사역을 경험한 데서 비롯되었다. 그래서 그들은 해마다 유월절 절기를 지키면서 출애굽의 사실을 기념하였고, 심지어 추수 감사절에 해당하는 초막절을 지내면서도 출애굽의 사실과 자기 조상들이 광야에서 지내던 사실을 기념하였다. 또 복에 대한 개념 역시 미래지향적이었다. 그들의 조상 아브라함과 이삭과 야곱에게 약속한 하나님의 축복은 당대의 자신들을 중심한 것이기보다는 자손에게 복을 내리신다는 미래적인 것이다.

구약 이스라엘 역사는 민족사이면서 동시에 구원 역사

유관순

이사야서에서 보는 바와 같이 과거에 이스라엘 백성을 출애굽 하게 하신 구원의 하나님은 자기 백성을 징계하시는 가운데서도 그들을 사랑하시고 자비와 긍휼을 베푸시는 하나님이시요, 천지 만물을 창조하신 능력이 있으신 창조주 하나님이시다. 그러므로 그들은 민족적으로 겪는 고난 가운데서도 하나님께서 그들을 현재의 고난에서 능히 구원하실 것을 믿고 바랐다. 신구약 중간 시대에 와서 그들이 많은 묵시문학을 갖게 된 것도 구원을 바라고 미래를 지향하는 역사 의식을 가졌기 때문이다.

그러므로 이스라엘 백성들은, 아니 이스라엘 백성을 대표하는 그들의 영적이며 정신적인 지도자인 선지자들은 그들의 역사에서 일어나는 모든 사건에서 하나님께서 어떻게 개입하시는 것임을 알았으며, 모든 중요한 사건에서 구체적으로 하나님의 뜻을 헤아리고 분별할 수 있었다. 말하자면 매 사건들이 다 하나님의 심판과 구원의 경륜 속에서 일어나는 것이었다. 그런 의미에서 이스라엘 백성들의 민족사는 특이하고 그들의 사관 역시 특이하다.

그러므로 그들의 역사서는 곧 예언서이고 예언서가 곧 역사서가 된다. 우리 말 성경에서 소위 역사서로 분류되는 여호수아, 사사기, 사무엘상하, 열왕기상하의 책들을 히브리어 성경에서는 '전 선지서'(Nebiim Rashonim)라고 칭하고 선지서들을 '후 선지서'(Nebiim Acharonim)로 칭하여 분류하고 있는 것이 바로 역사가 곧 하나님의 뜻이 구체화된 것이고 역사의 기록이 곧 예언이라는 뜻에서이다.

그리스도 이후에는 구원사로서의 민족사는 없다

그런데 기독교적인 관점에서 볼 때 이스라엘의 민족사도 하나님의 구원사의 대행자로서 역할을 할 때만 의미를 가지는 역사였음을 인식할 수 있다. 다시 말하면 예언서이면서 동시에 역사서가 되는 역사 서술은 구약 시대에 한정된다. 하나님께서는 이스라엘 민족의 조상 아브라함을 택하시면서 그와 그의 자손으로 인하여 천하의 모든 백성에게 복이 미칠 것임을 말씀하셨다(창 12:3, 18:18, 22:18 등).

이러한 예언의 말씀은 예언의 목적이며 중심이신 메시아가 오심으로써 예언이 성취되었다. 예언의 목적이며 성취이신 예수 그리스도는 곧 역사의 중심이요 목적이시므로 예수 그리스도 이후에는 그리스도 안에 있는, 그리스도에게 접붙임을 받은 사람들이 하나님의 백성이 되는 것이며, 이후의 구원 역사는 그리스도를 중심하며 그리스도를 머리로 하는 여러 민족으로부터 택함을 받은 사람들로 구성되는 하나님의 백성의 역사이다.

예언의 말씀이 성취된 이후의 이스라엘의 민족사, 오신 메시아를 배척함으로써 하나님의 구원의 역사의 흐름에서 이탈하고만, 아니 선민임에서 끊어짐을 당한 이스라엘의 민족사는 마침내 예언이면서 동시에 역사로서의 특성을 상실하고만 것이다(롬 10~11장). "하나님이 이스라엘을 버리셨느뇨 그럴 수 없느니라……"(롬 11:1) 하는 말씀은 그렇다고 하여 이스라엘 백성이 구원의 대열에서 제외된 것이 아니고, 이제는 이방 백성들과 마찬가지로 그들도 예수 그리스도를 믿을 때 그리스도를 머리로 하는 교회의 지체로서 하나님의 백성이 될 수 있다는 뜻의 말씀이다. 즉 전에는 하나님의 백성이 아니었던 사람들과 함께 새 이스라엘이 되는 것임을 말씀한다.

예언의 성취이시며 역사의 중심이신 예수 그리스도로 인하여 천하의 만백성이 다 구원에, 즉 구원의 역사에 참여하게 되었다는 말은, 이제는 특정한 한 민족, 즉 이스라엘 민족의 역사가 곧 구원의 역사임을 벗어났다는 말이다. 다시 말하면, 구원의 역사가 그리스도께서 오심으로 말미암아 이제는 민족사의 범주를 벗어나 초월하였다는 말이다. 오랜 기독교 전통 속에서 살아온 유럽의 백성들이, 좀 더 구체적으로 말하여 앵글로 색슨을 비롯하여 유럽의 여러 민족을 포함하는 게르만족이 기독교를 국교 혹은 국민 종교로 하고 있다고 하여 그들이 구약 시대의 이스라엘 백성과 같이 민족으로서 선민이 된 것이라고 인식한다면, 그것은 착각일 뿐이다.

이스라엘 민족으로 말하자면, 주후 70년에 예루살렘 성이 함락되면서 그들은 민족 주체의 삶의 터전인 국토를 잃어버려 국가를 형성할 수 있는 가능성마저도 상실한 비운의 민족이 되었다. 비록 그들은 흩어져 있으면서도 선민이라는 의식은 잃지 않고 2000년이라는 긴 세월을 이스라엘 나라의 회복을 바라는 희망 속에서 지내 오면서 민족의 정체성을 유지해 왔으나, 주후 70년 이후의 이스라엘 백성들은 여러 디아스포라 공동체로 생존해 왔을 뿐, 이민족의 압제 아래에서도 나라를 회복할 수 있는 잠재력이 응집된 상태에 있는 결속된 민족으로서 그들에게 닥치는 운명에 공동으로 대처하고 경험을 같이하는 그러한 민족사는 갖지 못하게 된 것이다.

요컨대 예언서이면서 동시에 역사서가 되는 그러한 역사는 구약 시대의 이스라엘 민족사에 한한 것임을 인식할 수 있다. 우리는 한국사를 기독교적인 시각에서 본다고 할 때 이러한 점을 염두에 두어야 할 것으로 안다.

역사 의미 기술의 한계성

구약성경에 창조주 하나님은 이스라엘의 민족사에 특별한 관심을 가지고 주관하시는 분으로 나타난다. 창조주 하나님을 알지 못하는 소위 이방 민족들에게는 구약성경의 이스라엘 백성들에게서 볼 수 있는 역사 의식이나 역사 서술을 발견할 수가 없다. 다른 민족의 역사 서술은 그냥 단순히 역사상에 일어난 사건들 가운데 관심이 가는 사건들을 기록한 역사 기록서(historiography)에 지나지 않는다. 그들은 인간에게 당신의 뜻을 따라 살도록 규범을 주시고 인간의 역사를 주관하시는 인격적인 하나님을 모르기 때문에, 역사의 진행이 그들에게는 자연의 운행과 같은 것으로 이해될 수밖에 없다. 그래서 역사는 어떤 법칙 하에 순환하는 것이거나 비인격적인 운명에 좌우되는 것으로 인식한다.

한국 역사를 기독교적인 견지에서 이해한다고 할 때, 다시 말하여 한국 역사의 의미를 기독교적인 안목으로 추구한다고 할 때, 우리는 한국 역사를 어느 정도로 해석할 수 있는가 하는 해석의 한계를 규명해야 할 것이다.

우리는 먼저 그 어떠한 구체적인 사항을 두고 구약의 선지자들이 역사를 해석했던 것처럼 그렇게 해석할 수가 없음을 인식해야 한다. 성경을 일반적인 문서의 하나로 본다면 몰라도 하나님의 말씀으로 믿고 그 정경성을 고백한다면, 구약 역사를 기술한 사람과 일반 역사를 기술하는 사람 사이에는 건널 수 없는 골이 있고 현격한 차이가 있음을 인식해야 한다. 그것은 하나님의 백성이라고 일컬어지는 교회의 역사를 서술할 경우에도 마찬가지이다. 흔히 교회사 서술의 목적 가운데 하나가 하나님께서 살아 계셔서 교회를 세우시고 보존하시며 인간의 구원을 위하여 계속 일하고 계심을 보여 주는 것이라고 한다.

그러나 어떠한 교회사가도 구약의 역사를 기술한 선지자처럼 하나님의 뜻을 직설적으로 혹은 구체적으로 설명할 수는 없다. 칼빈은 교회의 개념을 보이는 교회와 보이지 않는 교회로 구분하면서 우리가 정작 논할 수 있는 교회의 개념은 보이는 교회라고 말하는데, 교회의 역사로는 곧 보이는 교회의 역사를 기술할 수 있을 뿐이다. 그러므로 교회사를 서술할 경우 성경이 말하는 바람직한 교회를 규범으로 하여 역사상에서 보는 현실의 교회를 논하고 평가하며 교회가 지향했어야 하며 지향해야 할 방향을 논하고 제시할 수 있을 따름이다.

모든 민족의 역사를 주관하시는 하나님

구약의 예언서, 즉 역사서는 이스라엘 민족을 중심하고 있는 것이 사실이나, 하나님께서는 이스라엘의 역사뿐 아니라 세계의 모든 나라의 역사를 다 주장하시는 하나님으로 서술한다. 창세기는 세계와 만물과 사람을 있게 하신 이가 창조주 하나님이심을 선포하고, 하나님께서 선하게 지으신 인간이 하나님의 말씀을 거역하고 죄를 지었으며, 죄를 지음으로 말미암아 하나님을 기피하고 멀리하며, 하나님을 부정하면서 더 크게 죄를 짓게 되었다고 가르친다. 그리고 하나님께서 이러한 인간들을 어떻게 취급하시며 구원하시는가를 가르친다. 공의로우신 하나님께서는 죄를 범한 인간을 벌하시면서도 불쌍히 여기시고 구원을 베푸시는 분이시다.

홍영식, 박영효, 김옥균, Dr. Jalsohn

사람이 하나님의 말씀을 불순종함으로써 받게 되는 벌은 죽음이다. 죽음은 곧 생명의 근원이 되시는 하나님과의 단절이요 그로부터 격리되는 것이다. 죄를 범한 사람들은 의식적으로 하나님을 멀리하고 기피하는가 하면 하나님을 찾는다고 하면서도 새와 짐승과 버러지와 다른 피조물을 대신 하나님으로 생각하고 그것들을 섬김으로써 하나님의 진노를 쌓는다. 노아 홍수와 소돔 고모라의 멸망에 대한 기술은 하나님께서 모든 인류의 역사를 다스리시고 심판하심을 보여주는 말씀이다.

다니엘서에 나오는 느부갓네살이 본 머리가 금인 우상은 곧 인류의 역사를 상징하는 것으로 인류의 역사가 하나님의 장중에 있음을 말해 주는 것이다. 아모스서 1장에서는 이스라엘 백성들의 주변에 있는 나라들이 서너 가지로 지은 죄를 견책하시며 심판하신다는 경고의 말씀을 보게 된다.

하나님께서 열국을 심판하시는 것은 선민 아닌 이방인에게도 마음에 율법을 새겨 주셨기 때문이다(롬 2:14~15). 즉 도덕률을 주셨기 때문이다. 그러나 선민 아닌 이방 백성들에게 하나님께서는 심판으로만 관심을 보여주시는 것이 아니고 자비와 긍휼로써 사랑하심을 나타내신다. 요나서에서는 하나님께서 이스라엘의 적국인 아시리아의 수도 니느웨 성 백성들이 심판을 피하도록 선지자 요나를 보내어 회개를 촉구하실 뿐 아니라, 그들이 회개할 때 진노하심을 돌이켜 용서하신다. 그리고 그 성의 백성들과 가축까지 아끼시는 하나님의 사랑을 표현하고 있음을 발견한다(욘 4:11). 요셉은 형제의 악의와 잘못을 하나님께서는 만민의 생명을 구원하게 하시려고 선으로 바꾸셨다고 고백한다(창 50:20).

민족사를 다루시는 규범은 종교가 아닌 윤리

하나님께서는 모든 인류에게 골고루 은혜를 베푸시므로, 우리 한민족(韓民族) 역시 하나님의 일반 은총 속에서 살아 온 것이다. 하나님께서는 이스라엘에게는 물론이고 그 주변의 나라들에게 요구하신 것 역시 위정자와 힘 있는 자들이 인애(仁愛)와 공의(公義)를 베푸는 사회를 이룩하도록 하는 것이었다. 다시 말하면, 하나님께서는 사람들이 도덕률을 따라 행하며 법질서를 지키도록 요구하신다. 그 어느 민족이나 사회에 인애와 공의가 결여되고 있으면, 그 민족이나 사회는 역사에서 하나님의 진노하심과 심판을 받게 마련임을 보여 주신다.

하나님께서 선민 아닌 이방 민족에게도 마음에 도덕률을 주셨을 뿐 아니라, 만물에 하나님을 알 만한 것, 신성을 나타내 보여주셨으나 사람들이 경건치 아니하고 불의함으로 말미암아 하나님의 진노를 쌓고 심판을 받게 되었다. 그러나 하나님께서는 오래 참으심으로 그들을 관용하시고 장차 임할 심판을 피하여 구원을 얻도록 하신다. 믿음의 조상 아브라함을 택하실 때 그를 택하시고 구원하시는 은총이 이미 열국의 모든 백성에게 미치게 될 것을 약속하셨다. 위에서 이미 언급한 바와 같이, 이 약속은 예수 그리스도로 말미암아 성취됨으로써 이제는 더 이상 어떠한 민족도 민족의 단위로서 구원 역사에 참여하는 것이 아니고, 예수 그리스도를 믿는 개개인이 구원에 참여하여 하나님의 백성이 되는 것이다.

우상 숭배는 하나님께서 진노하시는 일이고 사람에게는 그에 대한 형벌을 면할 수 없는 죄이지만, 하나님께서는 그 일을 오래 참으심으로 그리스도의 복음을 통한 구원의 역사 속에서, 혹은 구원의 역사와 관련하여 다루신다. 성경은 창조함을 받은 인간이 죄를 범한 이후 인류의 역사는 하나님의 심판 하에 진행됨과 동시에 하나님의 구원의 역사가 진행되는 것이며, 또한 구원의 역사가 종결됨과 동시에 인류의 역사는 최후의 심판으로 종말을 맞게 되는 것임을 가르친다. 그래서 그리스도의 구원의 복음은 나라에서 나라로 혹은 민족에서 민족으로 인류의 역사의 흐름과 함께 전파된다.

그러므로 하나님께서는 각 민족의 역사에서 구약의 이스라엘 백성들에게서 요구하셨듯이 종교적인 계율이나 규범을 가지고 묻거나 심판하지 않으시고 만민에게 주신 도덕률에 따라 다루시고 심판하신다. 다시 말하면, 그리스도의 복음을 통한 구원의 역사를 종결하시기까지 하나님께서는 민족들이 어떤 종교를 가지든, 오래 참으시는 가운데서 관용을 보이시며 은총을 베푸신다.

우리는 종교개혁 당시 니고데모주의자들(Nicodemites)이 자신들의 견해를 변호하기 위하여 즐겨 인용하던 나아만의 이야기에서 이에 대한 하나의 구체적인 예를 발견한다. 문둥병을 치료 받은 아람의 군대 장관 나아만이 자신은 여호와께만 제사를 드리지만, 왕의 치하에 있는 사람으로서 왕이 섬기는 우상 림몬의 당에 들어가 예배할 때 자기가 왕을 따라 몸을 굽히더라도 하나님께서 사유해 주시기를 엘리사에게 간청한다. 이에 대한 엘리사의 대답은 평안히 가라는 것이었다(왕하 5:15~19). 니고데모주의자란 종교개혁 당시 개신교 신앙을 가졌으면서도 로마가톨릭교회에 속해 있으면서 가톨릭의 예배에 참례하던 사람들을 일컫는 말이다.

구약 이스라엘 역사와 한국 역사

그러므로 우리는 한국의 역사를 보면서 그 의미를 추구한다고 할 때 성경이 말하는 종교적인 규범을 적용하여 의미를 추구하거나 평가할 것이 아니고, 도덕률에 비추어서 해야 한다. 흔히 설교자들이 구약의 이스라엘 민족이 경험한 역사적 사건에서 종교적인 문제에 더 많은 비중을 두는 안목으로 현재의 한국의 역사나 사회 상황을 진단하거나 어떤 길을 제시할 수는 없다.

이를테면, 이스라엘의 왕들과 유대의 왕들이 우상을 숭배함으로 말미암아 이스라엘 백성이 징계와 심판을 받게 된 사실을 직접 인용하면서 한국 민족도 우상을 섬기기 때문에 같은 운명을 겪었다거나 겪을 것이라고 말하는 것은 신학적으로 맞지 않는 말이다. 그것은 양자의 역사를 동일한 선상에 두고 보는 오류를 범하는 것이다.

그렇다고 하여 설교자나 기독신자들이 우상을 숭배하는 백성들을 그냥 방관하는 것이 옳다는 말은 아니다. 기독신자는 하나님을 알지 못하고 우상을 섬기는 사람들을 불쌍히 여기고 안타까워하는 심정으로 그들에게 하나님을 알리고 구원의 복음을 전해야 한다. 이러한 일은 구원 역사의 차원에서 이해하며 실천해야 한다. 역사를 객관적으로 인식하고 서술하는 논리와 역사 안에 사는 사람들에게 하나님의 구원의 복음을 주관적으로 선포하며, 사람들을 경고하고 설득하는 논리가 동일한 것은 아니다.

민중신학을 말하는 이들은 한국의 정치와 사회 상황에 지대한 관심을 가지고 그들의 관심을 신학화하면서 주로 구약성경의 말씀을 많이 참고하고 인용하고 있다. 민중신학이 1970년대와 80년대의 한국적인 상황에서 주로 구약의 선지서에서 공의와 인애를 가르치고 있는 부분을 재발견하고 강조한 점은 마땅히 할 만한 일을 한 것이다. 현재의 구체적인 역사적인 상황을 말함에 있어서 구약의 도덕적인 규범을 참고하고 적용했다는 점에서 그것은 일단 해석상으로 이치에 맞는 것으로 보인다.

그러나 민중신학이 신학이라는 이름으로 구약에서 도덕적인 규범만을 찾아 강조하고, 그것이 구약신학이 말하는 전부인 듯이 말하는 것은 문제가 아닐 수 없다. 민중신학은 신학이 현재의 상황에서 예언자적인 역할을 다해야 한다고 역설하면서 선지자들의 예언 가운데 윤리와 도덕에 대한 견책과 경고의 말씀에만 관심을 가지고 강조하는 반면에, 예언의 종교적인 의미는 소홀히 하거나 거의 도외시하였다. 다시 말하면, 민중신학이 구약성경에 나타난 이스라엘의 민족사를 통한 구속사의 의미는 간과하면서 이스라엘의 민족사에 관련된 윤리적인 측면을 현재 우리가 처한 역사를 위한 한 범례요 교훈으로 적용하려고 하였다.

그러므로 민중신학은 신학(theology)이기보다는 인간학(anthropology)이라고 할 수밖에 없을 것이다. 민중신학은 "예언자적인 사명 의식에서" 구약의 말씀과 이스라엘의 역사를 오늘의 한국의 역사적 상황에 구체적으로 적용하려는 열심에서 구약의 이스라엘의 역사와 한국의 역사를 구별하지 않고 혼동한다. 그리하여 근본주의적인 설교자들과 마찬가지로 양자의 역사를 동일

선상에 두고 보는 오류를 범한다.

하나님의 백성으로 택하심을 받고 율법과 계명을 받은 구약의 이스라엘 민족에게는 종교와 윤리가 하나이기 때문에 종교와 윤리는 불가분의 것이다. 그러므로 이스라엘 백성의 경우는 그 어느 것을 소홀히 할 경우에는 양자를 다 소홀히 하는 결과가 된다. 그러므로 종교와 윤리가 불가분의 관계를 이루고 있는 구약의 이스라엘의 역사와, 도덕률만이 부여된 다른 이방 민족의 역사를 혼동해서는 안 되고 구별해야 한다. 하나님의 백성으로서의 이스라엘 역사의 유추는 하나님의 새 백성인 교회에 적용할 수 있을 뿐이다.

또한 어느 민족의 대다수가 기독교인이라거나 혹은 어느 국가가 기독교적이냐 아니냐 하는 데 따라 그 민족이나 국가가 하는 일이 정당화될 수 있는 것은 아니고, 그 민족이나 국가가 인애와 공의를 실천하느냐에 따라 정당화되거나 정죄를 받게 된다. 보스니아에서와 같이 기독교인인 세르비아인들이 회교도인 보스니아인들에게 비인도적인 행위로 박해를 가할 때, 오히려 기독교인들을 정죄하고 회교도들을 돕는 것이 정의요, 그것이 곧 하나님의 뜻을 좇는 길이다. 제2차 세계 대전 당시 독일 나치 정부가 유대인을 학살한 일을 종교의 이름으로 정당화한다든지 하는 것은 있을 수 없는 일이다. 그 어느 민족이나 국가도 구약에 나타난 이스라엘의 소위 성전(聖戰)을 현재의 상황에 유추로 적용하거나 현재의 전쟁 행위를 그것과 동일시할 수는 없다.

한국 역사의 특수성과 보편성

한국의 역사는 한민족(韓民族)의 역사이다. 역사학자들은 한국 역사권에 사람이 살기는 오래 전 구석기 시대부터 인 것으로 말하는데, 씨족사회에서 부족사회로 발전하다가 청동기 문화 시대에 와서 국가를 형성하게 된 것으로 말한다. 우리의 조상들은 물활론의 신앙과 다신론의 신앙을 가지는 가운데서 점차 큰 공동체를 이루고 드디어는 국가를 형성하게 되면서 상당한 정도의 윤리 의식과 사회적 질서 의식을 갖게 되었던 것이다. 단군 신화는 무속 신앙으로 채색된 이야기로 한반도에 어떻게 최초의 국가가 형성된 것인가를 말해 주는 설화이며, 통치자가 홍익인간의 정치 이념을 폈다는 이야기는 한반도에도 국가를 형성할 수 있을 정도로 사회 윤리와 질서 의식이 발전하였음을 뜻하는 이야기이다. 이러한 설화는 민족마다 가지는 개국 설화로 이해해야 하고 조상의 역사 의식과 슬기와 문화가 담긴 이야기라는 점에서 존중해야 한다.

한국의 역사를 서술하면서 마치 한국 민족이 특별히 슬기롭고 뛰어난 민족으로 생각하려는 경향이 없지 않은데, 무수한 외적의 침입을 받으면서도 민족 국가로 존립해 온 터이므로 민족적인 긍지와 정체 의식이 있기 때문에 그럴 수 있다. 그러나 그것은 어느 민족의 역사 서술에서도 볼 수 있는 것임을 동시에 인식해야 할 것이다. 한반도의 지정학적 입지에서 발전해 온 한국의 정치, 사회, 도덕, 종교 등 여러 문화와 사상에 특이한 면을 가지게 된 것은 자연스러운 일이기도 하지만, 그것은 동북아시아의 문화권 안에서 문화의 보편성을 공유하는 가운데서 얻은 것임을 인식한다. 그리고 동북아시아의 문화권도 서양의 문화권과의 접촉을 갖게 되었으며, 빈번한 접촉을 가지면서부터는 피차 영향을 주고받은 것임을 알 수 있다.

한반도에서도 원시 공동체에서 씨족 사회, 부족 사회를 거쳐 여러 소국가로 나뉘어 있다가 통일 국가를 형성하게 된 것 등은 세계 역사에서 공통적으로 볼 수 있는 추이다. 전제주의 혹은 봉건사회를 거쳐 민주적인 복지사회를 지향하는 현대 국가 사회에 이르기까지 역사적 발전 과정은 제반 분야에서 세계의 나라들과 상호 교류하는 가운데서 대체로 비슷한 시대적인 특징을 나타내며 발전해 온 것을 발견한다.

특히 현대에 이르러 정치, 경제, 사회, 문화 등 여러 분야의 사상들이 국제화되고 있으며, 하나의 지구촌을 이루어 가고 있다. 최근에 와서 환경 오염 문제는 지구상의 모든 나라와 백성을 예외 없이 위협하는 문제요

다 같이 관심을 두고 해결해야 할 문제가 된 만큼, 세계는 작아지고 있으며, 민족과 나라는 상호 관련 속에서 생존해야 하는 현실이다.

모든 민족사가 정치, 경제와 문화에 있어서 공통적인 하나로 지향하는 발전은 종교의 보편성, 즉 복음의 보편성을 인정하지 않을 수 없게 만든다. 다시 말하면 재래 종교는 본래 우리의 것이고, 외래 종교는 그렇지 못한 것처럼 생각할 수 없게 만든다. 그리고 역사학자들이 각 민족사의 특수성과 보편성을 발견하는 가운데서 역사 발전의 어떤 하나의 법칙을 인식하고 전제하게 된다는 데, 기독교적 관점에서는 그것이 곧 하나님의 섭리임을 인식한다.

기독교 이전의 종교 이해

한국 고유의 민속 종교를 무속 종교(Shamanism)라고 하는데, 무속 종교는 우리 민족이 오래 지녀 왔던 신앙이기는 하지만 우리 민족만이 가지는 특유의 종교는 아니다. 그것은 우랄알타이 산맥 이동에 널리 살고 있는 민족들에게서 볼 수 있는 공통적인 민속 신앙으로서 세계의 여러 부족과 종족에서 볼 수 있는 원시적인 종교의 한 형태이다. 그러므로 그것은, 한때 정부가 주도하고 매스컴이 부추겼듯이, 부흥을 꾀하여야 할 단한 가치가 있는 한국적인 종교가 아니라, 보편적인 원시 종교의 한 형태일 뿐이다.

인류의 역사에 있어서 종족과 종족, 민족과 민족 간에 빈번한 전쟁이 있었는가 하면 문화의 교류도 이루어져 왔다. 문화는 그것이 보다 발달한 나라에서 그렇지 못한 나라로, 혹은 하나의 문화권에서 다른 문화권으로 전이되었다. 한반도의 경우 중국의 한문화가 유입되어 더 풍요한 문화를 이루게 되었다. 유입된 한문화 혹은 불교 문화는 한국에서 다시금 일본으로 전수되었다.

일반 문화의 이입과 전수는 사람들이 별로 의식하지 못하는 가운데 이루어진다. 그러나 종교의 경우는 '외래 종교'라는 말의 개념이 함축하듯이 그 전래의 과정과 연대까지 역사에 기록되고 있다. 종교는 견해에 따라 문화의 한 형태라고도 보지만 일반 문화의 경우와는 같지 않아서 외래 종교가 유입될 경우 유입된 새 종교와 재래 종교 간에는 마찰과 갈등이 일어나는 것임을 역사에서 관찰할 수 있다. 종교적인 신앙은 신을 찾는 것이고 신과 관계를 갖는 것을 의미하는 것인데, 새로운 종교가 들어와 개종이 이루어지면서 기존의 이러한 관계가 파기되기 때문이다.

유교의 경우, 그것은 종교로서의 특징이 적을 뿐 아니라 한문화(漢文化)에 용해되어 있으므로, 유교가 언제 한반도에 전래된 것인지는 분명하지가 않다. 그러나 불교의 경우는 그것을 전수한 사람과 전수 받은 연대를 역사에서 분명히 기록하고 있다. 고구려에서는 372년(소수림왕 2년), 전진(前秦)의 부견(符堅)이 보낸 중 순도(順道)와 불상과 경문을 받아들이면서 공인하였으며, 백제는 고구려보다 12년 후인 384년에 받아들였고, 신라는 이보다 한 두어 세대 더 늦게 받아들이게 되었는데, 이차돈의 순교를 통하여 포교가 시작되었다.

한국이 기독교의 발상지와는 멀리 떨어져 있으며, 복음 전파 과정은 역사의 흐름과 함께 점진적으로 진행되었으므로, 유럽의 나라들처럼 일찍이 복음을 접하지 못한 것은 유감스러운 일이나, 그것이 역사적인 현실이다. 그런데 실은 유럽에서도 나라들이 기독교화 되는 데에는 장구한 세월이 걸렸다. 이를테면, 게르만의 선교는 800년의 긴 세월에 걸쳐 이루어졌다. 고트족이 도나우(Donau)로, 게르만의 알레마니아족이 라인(Rhein)으로 와서 기독교와 처음으로 접촉하게 된 것이 3세기였는가 하면, 12세기 초에도 스웨덴의 일부 지역에서는 사람들이 아직도 기독교로 개종하지 않은 채 이교를 신봉하고 있었다. 흑해와 북 아프리카로부터 아이슬란드와 노르웨이 지역이 이에 속한다.

여하튼 기독교의 전래는 아직도 요원했던 그러한 시점에서 불교의 전래는 한국인의 종교 생활과 문화를 보다 풍요하게 하는 일에 기여했음을 인식한다.

그러나 이러한 진술은 기독교 진리를 상대화하는 종교다원주의적인 견지에서 하는 말이 아니고, 비록 모든 종교와 인간의 문화가 하나님의 진노하심과 심판 아래 있으나 사람들이 복음을 접하기까지는 하나님께서 이방 종교를 오래 참으심으로 관용하신다는 이해에서 하는 말이다.

세속화 신학에 근거를 두고 있는 '하나님의 선교'(missio Dei) 사상에서는 모든 종교가 기독교적 진리를 내포하고 있으므로 이를 자각하여 스스로 개발하도록 하는 것이 선교의 과업이라고 한다. 그러나 "모든 종교에서 발견되는 진리"는 종교가 가진 보편적인 진리이지 기독교 특유의 진리는 아니므로, 그것을 기독교적 진리라고 하는 것은 사람들의 이해를 오도하는 잘못된 이해요 표현이다.

삼위일체 하나님, 천지 창조, 인간의 타락, 하나님의 아들 예수 그리스도의 성육, 그의 대속의 죽으심과 부활, 성령의 임하심과 교회의 설립과 보전, 그리스도의 재림과 최후의 심판 등, 기독교의 이러한 종교적 진리는 다른 종교에서는 발견할 수가 없다. 그 대신에 윤리적인 차원의 요소들, 즉 박애, 자비, 종교적인 진리를 찾는 경건과 문화적 요소들은 다른 종교에서도 발견된다. 그밖에 세계관에서 유사한 점도 발견할 수 있다.

대승불교가 경교, 즉 기독교의 영향을 입어 발전하게 되었다든지, 불교의 한 종파인 정토교(淨土敎)의 교리에 기독교와 닮은 부분이 있음을 보아서 정토교가 경교의 영향을 입은 것으로 추정하는 이들이 있는데, 그러한 지론이 타당한지는 논의해 보아야 할 것이지만, 여하튼 불교에는 기독교와 유사한 요소가 있다는 말이 된다. 불교가 한국 종교와 문화에 기여한 면이란 바로 이러한 일반 종교적이며 윤리적인 요소들을 두고 하는 말이다. 무속 종교가 기복 신앙의 종교임에 반하여 불교는 사상과 세계관을 가졌다는 점에서 기복적인 무속 신앙과는 비교가 되지 않는 고등한 종교임은 자명한 일이다. 그것은 유교나 도교의 경우도 마찬가지이다.

기독교 신자의 역사 의식과 역사 참여

기독교 신자는 세상 나라의 국민이면서 동시에 하늘나라의 시민임을 성경은 가르친다. 그런데 기독 신자는 정치적 및 종교적인 상황에 따라 양자택일을 강요당하여 갈등에 빠지는가 하면, 그 둘을 구분하지 못하고 혼동하기도 한다. 초기의 기독교는 양자택일을 강요당하는 핍박 하에서 반문화적인 경향을 보였다. 그러다가 중세기에 와서는 유럽의 군주와 온 국민이 기독교화 되면서 종교와 세속적인 문화에는 구분이 없이 양자가 하나 되었다.

이러한 현상은 여러 방면에서 나타났다. 철학과 신학, 세속 역사와 교회사에서 구분이 없었다. 흔히 중세에는 교회가 문화를 지배하였다고 하지만, 보는 시각에 따라서는 교회가 문화에 삼켜진 것이었다. 교황이 왕에게 대관을 하는 반면에, 왕은 성직자의 임면권을 행사하였다. 이를 가리켜 평신도 서임권이라고 하는데, 이로 말미암아 실질적으로는 교회의 권세가 세속의 권세에 침식을 당한 것이다. 그리하여 세속의 권세가 교회를 좌우하게 되었으며, 그 바람에 교회는 부패의 늪에 빠지게 되었다.

그러므로 종교개혁자들은 세상 나라에 속한 세상의 권세와 하나님의 나라를 대표하는 교회의 권세의 두 권세가 있음을 말하고, 이 둘을 구별하면서 둘의 관계 설정을 분명히 하려고 하였다. 세속의 권세와 교회가 다 하나님께서 세우신 것이나 각기 맡은 영역과 직능이 다름을 주창하였다. 교회의 권세는 백성들의 영적인 축복을 추구하는 반면에, 세속의 권세는 백성들의 안녕과 질서를 추구하는 것이라고 말하였다.

말하자면, 한국의 역사는 세속의 질서에 속하는 것이고 구원 역사는 영적 질서에 속하는 것이다. 한국인은 국민으로서 혹은 민족 공동체의 일원으로서 살며, 지역 사회와 국가 안에서 역사와 모든 문화적 전통을 공유하며, 겨레와 운명을 같이 하면서 더불어 산다. 하나님의 나라를 인식하고 구원 역사에 참여했음을 의식하는 기독교 신자라고 하여 예외일 수는 없다. 한국의 역사는 현재의 우리를 존재하게 한 어버이와 선조들의 삶의 현장이요 업적이며 유산이다. 우리가 그 속에 살고 있으며 우리의 자손에게로 이어주게 마련인, 우리가 향유하는 모든 삶이요 자산이다.

구원 역사에 참여한 이스라엘 백성들이 남달리 역사 의식을 가졌듯이, 그리스도로 말미암아 구원 역사에 참여한 기독신자들은 더욱 역사 의식을 가져야 한다. 역사 의식이라고 말할 때, 그것은 창조에서 종말로 역사가 진행된다는 것을 인식하는 그러한 역사 의식만을 말하는 것이 아니라, 겨레가 살아온 과거의 역사에 대한 존중과 현재의 역사에 참여하는 의식을 말하는 것이다.

과거의 역사에 대한 존중이란 한국의 역사가 나의 것이고 우리의 것임을 깊이 인식하는 가운데서, 역사에 살고 역사를 물려준 조상에 대한 존경과 애정과 자부심을 가짐과 동시에, 개인이 자기 성찰을 게을리 하지 않듯이, 과거의 역사를 반성하고 평가하는 것을 말한다.

그리스도를 믿음으로 말미암아 구원의 역사에 참여하게 된 그리스도인은 자신의 과거를 반성함과 동시에 하나님의 예정과 섭리를 인식하고 하나님께서 과거의 모든 생애를 인도하심을 깨닫고 하나님께 감사한다. 그리스도인은 역사를 인식함에 있어서도 그렇게 인식해야 할 것으로 안다. 한국의 역사에서 민족은 외세의 침입으로 전란을 겪기도 하였으며, 일제의 식민지가 되면서 주권을 상실하기까지 하였다.

그러나 이러한 모든 역사적인 과정이 하나님의 섭리 가운데서 있게 되었음을 인식하는 것이다. 역사 의식을 가진 사람은 그와 동시에 하나님은 역사를 주관하시고 섭리하시지만, 역사의 주역은 우리 인간임을 인식하고, 과거의 역사를 반성하고, 오늘의 역사적인 현재에 살게 된 것을 감수하고 감사하면서 역사의 주역으로서 역사에 참여하고 기여할 수 있는 일을 모색하고 그 일에 최선을 다한다.

그리스도인이 의식을 가지고 역사에 참여하고 기여해야 하는 이유는 우리 그리스도인들도 역사적인 공동의 유산을 이어 받았다는 동포 의식에서만이 아니고, 그것이 하나님의 명령이요 계명이기 때문이다. 역사에의 참여는 자신만을 생각하는 정도의 윤리 의식이나 사고에서는 나올 수 없다. 역사에의 참여는 더불어 사는 이웃을 사랑하는 것이며, 당대의 나와 우리만을 생각하는 것이 아니라, 앞으로 오는 세대까지 생각하고 사랑하는 행위이다. 그것은 곧 하나님을 사랑하고 네 이웃을 네 몸과 같이 사랑하라고 하시는 하나님의 계명을 지키며, 그분의 뜻을 따르고 성취하려는 노력이다.

이웃을 사랑함에 있어서는, 예수님께서 가르치신 선한 사마리아인의 비유에서 보듯이, 지방이나 출신이나 종교를 따지지 않는다. 그러므로 기독교 윤리는 다시금 기독신자가 한국의 역사를 어떻게 보아야 할 것인지를 시사한다. 한국의 기독신자들은 3·1 독립 만세 운동에서 나라를 되찾고 겨레가 사는 일을 위하여 겨레와 더불어 협력하는 일을 실천하였다.

옛날 유교와 불교가 전래되어 한국의 역사와 문화에 기여했듯이, 기독교 역시 전환기에 처한 근세의 한국 역사와 문화에 기여한 사실은 기독교 신자이든 아니든, 누구나 다 인정하는 바이다. 초기의 한국 교회는, 더 정확하게 말하여, 초기의 선교사들은 의료 사업, 교육 사업, 청년 운동, 한글의 개발과 보급, 부녀자의 계몽과 해방, 신분의 평등화 등 여러 방면의 일을 도모함으로써 한국 사회의 개화를 촉진하는 일에 이바지하였다. 그러나 한국 교회의 초기 시대 이후에는 교회가 문화와 사회에 기여하는 정도가 급격히 퇴보하게 되었음을 반성한다.

그 이유로는 일제의 탄압으로 교회는 자체의 생존에만 부심할 수밖에 없게 된 상황에 처했는가 하면, 초기에는 교회가 서양 문물을 소개하는 유일하거나 유력한 통로로 역할을 했으나, 후에는 이러한 통로가 다원화가 되었다는 점을 들 수 있을 것이다. 더욱 중요한 것은 초기의 교회는 선교사들이 주도하였으며, 한국인 교회는 주로 외래 문화를 수용하고 전수하는 매개체 역할을 했을 뿐이었다.

초기의 한국 교회 신자들은 문화를 신학적으로 이해하고 신앙적으로 소화할 정도로 성숙할 수가 없었다. 다시 말하면, 초기 한국 그리스도인들에게는 문화에 대한 신학적인 이해가 부족하고 창의성이 결여되었으므로, 초기 교회의 문화 활동이 지속될 수가 없었던 것으로 이해한다. 오늘에 와서는 교회의 분열과 신학의 양극화로 말미암아 다수를 점하는 보수적인 기독신자들과 교회는 선교와 교회 성장에만 관심을 갖게 되어, 문화에 대한 관심이나 역사 의식의 결여를 나타내게 된 것이다.

한국 역사와 구원 역사

독일의 선교학자 구스타프 바르넥은 선교의 목적은 선교지에 복음을 전하여 그곳에 국민 교회를 설립하는 것이라고 하였다. 선교의 목적은 최종의 한 사람까지 다 복음을 듣게 하고 받아들이게 하여 그리스도인으로 만드는 데 있다. 1965년에는 신구교의 모든 교회들이 연합하여 '민족의 복음화'를 위하여, 즉 나라 안의 모든 사람을 다 기독교 신자로 만들자는 목표를 세우고 연합 집회를 가지며 활동을 전개하였다.

국민의 다수가 기독신자가 되는 것을 전제로 할 때, 이제는 교회가 사람들을 그리스도인으로 만드는 일에만 관심을 둘 것이 아니고, 기독교로 개종한 사람들이 그리스도인으로 사는 일에 필연적으로 관심을 두게 마련이다. 다시 말하면, 기독신자는 국민의 한 사람으로 혹은 지역 사회의 일원으로 다른 종교 신앙을 가지고 사는 사람들과 더불어 사는 삶에서 그리스도인으로 살아야 하는 것이다.

국민 대다수가 기독교 신앙을 가지고 윤리적인 삶을 살고 기독교인으로서 한국의 문화에 참여하며 기여하는 삶을 산다면, 한국 문화의 기독교적 변혁을 기대할 수 있을 것이며, 역사 주역의 대다수가 기독교 신자이고 보면, 한국의 역사가 곧 구원의 역사에 근접하거나 그것과 동일시될 수 있을 것 같은 생각이 든다. 민족의 복음화를 말할 때 적어도 그리스도인들은 그런 것을 희망하고 기대한다. 그래서 그리스도인들은 성경의 가르침을 따라 사회를 위하여 선지자적 혹은 제사장적 사명을 가진다. 그리고 고난의 연속이었던 민족사에서 복음화의 준비를 위한, 다시 말하면 민족으로 하여금 구원의 역사를 맞이하게 하는 하나님의 섭리하심이 있음을 발견한다.

그러나 정치적인 공동체의 구성원과 교회 공동체의 구성원이 거의 일치하는 나라에서도 민족사와 구원의 역사는 엄연히 구별되는 것이다. 왜냐하면 개종하여 구원의 역사에 참여한 한 사람 한 사람의 신자가 성화의 과정에 있는 불완전한 사람이며, 하나님의 다스리심 아래 있어야 한다고 자각하고 하나님의 나라를 선포하고 가르치는 신자의 집단인 교회 공동체 역시 항상 개혁되어야 하는 불완전한 인간의 공동체이기 때문이다.

가시적(可視的)인 민족사와 불가시적(不可視的)인 구원의 역사가 동일할 수가 없다. 엄밀한 의미에 있어서는, 구약의 이스라엘 역사에서도 민족사가 곧 구원의 역사는 아니었다. 다만 이스라엘의 역사를 통하여 구원의 역사가 계시되었다는 의미에서 이스라엘의 민족사가 곧 구원의 역사라는 것이다. 징계와 심판을 받는 이스라엘 백성 가운데 구원을 받는 남은 자의 개념이 곧 그것을 말한다.

한국의 역사를 포함하는 모든 민족의 역사는 하나님의 다스리심 아래 있으며, 하나님의 구원의 역사는 나란히 종말로 지향하여 간다. 하나님의 구원의 역사가 성취되고 종결되는 날이 곧 역사의 종말이다. 민족의 역사가 종말로 지향하고 있음을 인식할 때, 우리는 민족 역사의 목적을 새삼스럽게 묻지 않을 수 없다. 민족의 역사는 구원의 역사에 참여하도록 부르심을 받아야 하는 모든 사람들이 하나님의 오래 참으시는 자비와 사랑 가운데서 은총과 축복을 누리며 더불어 사는 삶의 장이며, 또한 먼저 부르심을 받고 응하여 구원의 역사에 참여하고 있는 사람들이 이웃과 더불어 살면서 하나님께 예배하고 구원의 복음을 이웃에게 전하며, 자신들의 온전한 구속을 지향하여 성화의 삶을 사는 삶의 장이다.

한국교회사관

역사는 객관적인 관점에서 사실(史實)에 충실하게 기술해야 한다. 그럼에도 불구하고 사가(史家)의 주관이 의식 중에 혹은 무의식중에 작용하게 되는 것은 불가피하다. 교회사가 단순한 기독교의 역사 기술이 아니고 신학으로서 의미를 가진다고 할 때, 교회사 기술에는 주관성이 일반 역사 기술의 경우보다 더 강하게 작용한다는 사실은 쉽게 짐작할 수 있다. 사실, 기독교 역사 기술의 경우 역사를 보다 다양한 측면에서 기술할 수가 있다. 그래서 지금까지 쓰인 여러 한국 기독교사 혹은 한국 기독교회사를 보면 여러 다른 관점으로 기술하고 있음을 볼 수 있다. 즉, 선교사적인 관심, 선교학적인 관심, 한국 역사와 문화에 기독교가 어떻게 수용되어 왔는지에 대한 관심 등을 들 수 있다.

대체로 이러한 경우의 서술들은 비교적 중립적이며 객관성을 유지하는데 충실한 편이다. 그러나 신학적인 관심이 투영되었을 경우, 주관성은 더 두드러진다. 이를테면, 토착화신학적인 관점, 민족사관적인 관점, 민중신학적인 관점에서 한국 기독교회사를 보는 경우가 그러하다. 신학적인 관점이 뚜렷할 경우, 즉 주관성이 강하게 나타나 있을 경우, 그러한 강한 주관성은 신학적인 관점을 달리 하는 사람으로서는 지적하지 않을 수 없는 많은 문제를 내포한다. 여하튼 한국 교회사를 기술함에 있어서 나름대로 유의해야 한다고 생각하는 점을 열거해 보기로 한다.

한국 기독교사와 한국 교회사

한국 기독교사라고 할 때는 기독교를 일반 종교의 하나로 보고 종교사나 문화사적인 관심에서 기독교의 전래와 성장을 역사적으로 기술하는 것을 말한다. 가령 경교가 한국에 전래되었느냐 하는 문제에 대한 관심은 이에 속한다. 그러나 '교회사'라는 말은 교회에 더 역점을 두고 있어서 교회에 대한 신앙고백을 전제하는 말로서, 그리스도의 교회에 대한 역사적인 관심뿐 아니라, 현재의 교회에 대한 지대한 관심을 담고 있다. 그러므로 교회사 이해는 교회를 어떻게 이해하느냐 하는 교회관을 전제로 한다.

교회사는 신학이다

교회가 무엇이냐 하는 질문은 신학 전반의 이해와 관계가 되는 것이므로 교회를 역사적으로 관찰하는 교회사는 신학의 한 분야로 생각할 수 있다. 칼 바르트는 교회사가 하나님에 관한 기독교적인 진술에서 제기하는 의문에 독립적으로 대답을 주지 못한다고 말하고, 그런 의미에서 교회사는 성경신학과 조직신학 및 실천신학을 돕는 불가결한 보조 학문에 지나지 않는다고 교회사를 격하시켜 말한다.

이에 반하여, 제베르크는 인간은 역사 속에서만 자기 자신의 의미를 발견하기 때문에 '말씀'은 '역사'라는 현상에서부터 분리될 수 없다고 한다. 말씀은 하나님을 통하여 의미를 갖게 되며, 말씀이 사건을 역사로 만드는 것이므로, 교회사는 결코 "보조 학문에 지나지 않는 것"일

수 없다는 것이다. 그래서 교회사는 본질적으로 신학이라고 말한다. "교회사는 성경 해석사이다"라고 한 게하르트 에블링의 말은, 교회사가 신학뿐 아니라, 교회의 경건 생활과 제반 활동 등, 광범한 주제에 관심을 가지고 다루어야 하는 것임에도 불구하고, 교회사의 범위를 좁히는 것이라는 지적을 받기도 하지만, 여하튼 교회사가 신학임을 쉽게 이해할 수 있게 해 주는 말이다. 교회사는 그 자체가 신학은 아니고 다른 신학을 위한 보조 학문이라고 말한 바르트의 말 역시, 교회사가 간접적이긴 하지만 신학과 관련된 학문임을 인정하는 것으로 이해할 수 있다. 여하튼 우리는 교회사를 통하여 현재의 교회와 신학을 고찰해야 하는 것이므로 교회사 기술이나 이해를 위해서는 신학 전반에 대한 충분한 지식을 가져야 한다.

교회사의 사관 문제

교회사관(敎會史觀)은 교회관에 따라 결정된다. 교회사관의 대표적인 유형을 들자면, 로마 가톨릭의 교회사 이해와 개신교적 교회사 이해, 그리고 신령주의의 교회사 이해를 들 수 있다.

로마 가톨릭에서는 신비적 예수 그리스도의 몸과 역사적으로 인식할 수 있는 로마 가톨릭교회를 하나로 봄으로써 교회사를 성육(Incarnation)의 직접적인 계속으로 보아 교회사를 예수 그리스도의 역사로 본다. 이 견해에 따르면, 교회는 다만 성장하는 유기체이고, 교리는 동일성과 계속성을 지닌 채 그대로 발전한다는 것이다. 이것은 곧 교회사를 하나의 생물학적인 성장으로 보고 역사적인 운동으로는 보지 않는 것이다. 이러한 경우 교회 자체 내의 신학적인 문제는 별 관심사가 되지 못할뿐더러 가시적인 로마 교회와 교회의 전통은 불가침의 절대적 권위를 가지게 된다.

신령주의의 교회사 이해는 위의 견해와는 정반대이다. 신령주의는 교회와 예수 그리스도 안에 있는 계시의 역사성의 상관 관계를 영적으로만 해석하려고 한다. 그래서 교회를 언제나 하나님과의 직접적인 관계에서 이해한다.

다시 말하면, 교회를 형이상학적으로 혹은 영적으로 수직적인 관계에서 보고 역사의 수평적인 관계에서는 보지 않는다. 성경에 대한 주관적인 이해를 절대시하고 역사와 교회의 역사와 전통을 거의 고려하지 않으면서 진리 이해를 말한다.

종교개혁과 더불어 문제로 대두된 것은 교회의 역사적인 계속성의 문제였다. 그리스도인들이 믿는 교회와 그들이 역사적으로 존재하며 또한 속해 있는 교회가 단순히 동일하지는 않다는 점이 문제였다. 종교개혁은 신앙하는 교회와 역사적인 교회 간의 긴장을 불가시적인 교회와 가시적인 교회라는 개념으로 표현하였다. 종교개혁의 교회사관은 교회의 역사와 전통을 존중하는 가운데, 하나님의 계시, 즉 성경 말씀의 의미를 발견하는 것을 과업으로 한다. 즉, 교회의 역사와 전통을 하나님의 말씀에 비추어 이해하고 확인하는가 하면, 교회의 역사와 전통을 참조함으로써 하나님의 말씀에 대한 편견 없는 이해에 도달하려고 한다.

개신교의 한국 가톨릭교회사 이해

한국에서 로마 가톨릭과 개신교는 본래적인 의미에서 교회사적으로 관련이 있기보다는 선교사적으로 연결되어 있다. 그러므로 한국 가톨릭사와 개신교사를 함께 기독교사에 기술하려고 하면, 그에 대한 충분한 인식을 가져야 한다. 양 교회의 역사를 선교사적인 관계를 넘어서서 교회사적인 관계에서 인식하려고 하면, 한국 역사 밖에서 있었던, 다시 말하면, 한국 내의 선교 이전에 있어 온 양 교회의

대원군

역사로 소급해 가야 한다. 양 교회에 대한 역사 의식은 한국 교회사가 서양 교회의 역사 및 전통과 연결되어 있음을 인식하게 해 준다.

한국 개신교의 전통

개신교만 하더라도 여러 교파 교회가 선교 초기부터 이식된 것이므로, 한국 교회사를 기술하는 이는 교회의 전통을 고려하지 않을 수 없다. 교회의 전통을 고려한다고 할 때, 우리는 한국에 처음 온 선교사들의 신앙 유형이 어떤 것이었느냐를 알아야 함은 물론이고, 나아가서는 서양에서 개신교가 신학적으로, 그리고 역사적으로 어떻게 발전해 왔느냐를 묻지 않을 수 없다. 선교사들이 가져다 준 신학과 신앙을 보수적이라는 이유에서 이를 마다할 뿐 아니라, 서양 교회의 전통을 무시하고 한국 교회의 독자성을 지나치게 강조하려는 교회사관은, 교회사의 수평적 흐름을 인정하지 않고, 각 시대의 교회와 신학을 말씀과 계시에 대한 수직적인 관계에서만 이해하려는 변증법 신학의 교회사관이나 신령주의의 교회사관을 대변하는 것이다.

그와 반면에 한국에 온 초대 선교사들이 가져다 준 신학과 신앙을 고수해야 한다고 하는 주장은 처음 선교사들을 사도화(使徒化)하는 것이 되며, 따라서 무의식중에 교회 전통의 계속성을 단절하는 결과가 된다. 예를 들면, 한국의 보수적인 장로교가 1960/70년대에 와서 교회의 신앙고백으로 채택한 웨스트민스터의 신앙고백서를 두고 그 조문의 해석에만 집착하고 그 역사성에 무관심할 경우, 다시 말하면, 어떤 특정한 교회의 전통을 역사의 발전 과정이나 역사적인 배경의 차이를 뛰어넘어 무조건 따른다고 할 경우, 그것은 교회의 역사와 전통을 결과적으로 단절하는 것일 뿐이다.

한국 교회사의 과제

한국 교회사를 기술함에 있어서 교회의 전통을 존중해야 한다고 할 때, 다시 말하여, 한국 장로교회의 역사를 기술함에 있어서 장로교회의 전통을 개혁주의의 역사적 발전에서 추구해야 한다고 할 때, 이 말은 서양의 칼빈주의를 그대로 가지고 한국 교회의 양상을 진단하는 규범으로 삼아야 한다는 뜻은 아니다. 서양에서도 칼빈주의가 각 나라에서, 그리고 시대를 따라

프랑스 신부 3인

다른 양상으로 발전한 것과 같이, 한국에서는 한국의 역사와 문화를 배경으로 하고 있는, 한국인의 모임인 한국 교회의 독자성을 의식하는 가운데, 개혁주의를 서양 세계의 경계를 넘어 발전하는 개혁주의로 인식하는 것을 말한다. 한국 장로교회사를 기술한다면 일단 그것을 칼빈이나 칼빈주의의 신학적 견해로 조명해 보자는 것이며, 교회사적인 사건이나 교회의 양상을, 역사적인 전통을 가지고 있으면서 복음을 전수한 서양 교회와 한국 교회와 비슷한 입장에 있는 다른 선교 교회에서, 유사성이나 상이점을 발견하고 비교 검토하자는 것이다.

한국 교회가 형성되기 시작하던 단계부터 일제 치하를 거쳐 해방을 맞이하기까지 교회 역사에서는 고난 받는 민족과 교회와의 관계가 어떤 것이었나를 탐구하는 것이 하나의 중요한 주제가 아닐 수 없다. 그러나 그리스도의 교회의 교회됨이 민족 정신과 민족 문화와의 관계에서만 설정되는 것은 결코 아니다. 그것은 교회와 교회 역사의 한 측면일 뿐임을 인식해야 한다.

우리는 한국 교회 역사를 볼 때 해방 이전과 이후의 시대를 관통하여 그리스도의 교회의 교회됨을 의식하면서 보아야 하고, 교회의 역사적 전통 및 교회의 보편성(ecumenicity)을 성경에 조명하며 보아야 한다. 그럴 경우, 우리는, 예컨대, 1907년의 부흥 운동, 3·1 운동에 기독교인이 참여한 일, 신사 참배 문제, 한국 기독교와 민족 운동, 해방 후 한국 기독교와 정치, 교파 교회들과 이단적인 종파 운동에 대한 편견 없는 이해를 가질 수 있으며, 보편적으로 수긍할 만한 평가를 하거나 비평 혹은 반성을 할 수 있다. 한국 교회의 현실 문제, 즉 교회의 예배 형태, 교회의 구조, 교회의 제도와 정치, 교파 간의 관계, 한국 기독교와 문화 또는 사회 등을 다루고 평가하는 문제가 다 한국 교회사의 과제에 속한다.

한국 교회사는 한국 교회와 한국의 신학이 있으므로 성립하며, 또한 한국 교회사 연구는 교회와 신학을 대상으로 한다. 한국 교회사의 과제는 모든 다른 분야의 신학과 마찬가지로 성경을 규범으로 삼되, 현실의 교회와 성경 이해를 포함하는 신학을 그 역사적인 전통에 비추어 평가하는 것이며, 또한 그것을 한국의 역사적, 문화적, 사회적인 상황에 비추어 고찰함으로써 한국의 교회와 신학이 지향할 방향을 제시하는 것이다.

교회와 신학을 대상으로 하는 신학으로서의 교회사는, 기독교의 역사적 사실에 근거하지 않는 한, 학문으로서 성립될 수 없다. 따라서 신학으로서의 한국 교회사는 한국 역사 속에 뿌리를 내리게 된 한국 기독교의 역사적인 연구 결과에 의존하며, 또한 그러한 역사적인 연구를 일차적인 과제로 한다. 그리고 이러한 연구에서 얻은 사료의 편집이나 평가에 특이한 신학적인 주관이 투영되어 있다면, 교회사를 기술하는 사람은 그것을 여과하는 작업을 시행해야 하고, 시행할 수 있음을 인식해야 한다.

한국 기독교와 문화

　천주교(로마 가톨릭) 200년, 개신교 100년의 역사를 갖게 된 한국 그리스도의 교회는 하나님의 은혜로 놀라운 성장을 해 왔다. 1965년의 민족 복음화 운동에는 신구교가 다 같이 참여하여 온 국민이 모두 그리스도인 되게 하는 일을 목표로 전국적인 전도 운동을 벌였다. 민족의 복음화 운동은 그 이후 활발히 전개되어 왔다. 복음화 운동은 앞으로도 계속 진행될 것이고 또 진행되어야 한다.
　기독교 인구가 처음에는 미미한 소수였으나 이제는 국민의 5분의 1이란 막대한 수로 불어났다. 이 수는 계속 불어날 것으로 예상하며 그렇게 되기를 희망한다. 그러므로 그리스도의 교회는 이제 교회가 처한 사회와 역사 속에서 구원의 방주로서 사람들로 하여금 그리스도인이 되게 하는 일에만 힘쓸 것이 아니고 그리스도인이 된 사람들이 사회와 문화 속에서 그리스도인으로 살도록 하는 일에 힘써야 한다. 그러므로 민족 복음화에 열망과 기대를 가지고 한국 교회의 미래를 전망할 때 기독교 윤리와 나아가서는 기독교 문화는 우리가 관심을 쏟아야 할 필연의 과제이다.

문화의 뜻

문화는 인간들이 사회생활을 하면서 갖는 활동의 총체이다. 사람들이 모여 살면서 가지는 생활 수단과 양식 또는 표현이 세대를 이어가면서 전수됨으로써 전통을 이루고 문화를 이룬다. 사회적인 존재인 사람은 그 사회의 문화가 성숙하건 미숙하건 간에 문화 속에 나고 문화와 더불어 산다. 우리 인간이 삶의 가장 기본적인 요건인 의식주 문제를 원시적으로 해결하는 단계를 넘어서서 상상력을 동원하고 구사하여 심미적인 것을 추구하는 데서 문화가 창조된다.

이를테면, 식생활을 두고 말한다면 더 맛있는 음식을 즐기려고 요리를 한다든지, 음식을 담아 먹거나 저장하기 위하여 그릇을 만든다든지, 식탁을 마련하여 더 품위 있게 식사를 하는 등의 행위에서 문화가 이룩된다.

아득한 옛날 동굴에서 산 사람들만 하더라도 단순히 기거하는 일로 만족하지 않고 벽화를 그려 무엇인가 표현하려고 하였다. 그들이 늘 경험하는 일이나 인상에 남는 일 등, 즉 짐승을 사냥하는 일이나 죽은 사람을 장사하는 일 등을 벽에 그림으로 그려 자신들의 관심을 표현하였다. 또한 휴식을 취하면서 이야기를 하거나 노래를 부르며 춤을 추는 일이나 공동생활을 위하여 규칙이나 법을 만들고 제도를 마련하는 일들이 곧 문화 활동이고 문화를 낳는 일이다.

문화와 종교

또한 상상력을 갖고 심미적인 것을 추구하는 인간은 자연 현상 배후의 힘을 인식하고 죽음 저편의 세계를 신앙한다. 그리고 이러한 종교적인 신앙은 일상생활과 직결된 것이므로 종교는 문화 활동 또는 문화 현상의 주요한 부분으로 문화와 밀착되어 있다. 그것이 고대 사회에서는 더 현저했으나 소위 비종교화된 시대에 산다는 현대 사회에서도 역시 그러하다. 종교는 하나님을 찾는 개개인의 본능적인 욕구뿐 아니라 원시적인 부족 사회에서 공동체의 유대를 강화하고 모임의 의식을 위하여 불가결한 것이 되었다. 그리고 이야기와 노래와 춤이 공동체의 보다 조직적인 행사, 즉 축제로 발전하면서는 종교적인 의식과 하나가 되었다. 유럽 말로 종교적인 제의(cult)와 문화(culture)가 같은 어근인 것은 우연한 일이 아니다.

최초 성경번역 위원

사람은 다 이와 같이 사회의 일원으로 살고 그 사회에서 형성되어 온 문화 속에 산다. 그것은 기독교 신자의 경우도 마찬가지이다. 기독교 신자도 사회의 일원으로 그 문화 속에서 문화와 더불어 살고 있고 또 살아야 한다. 그러나 기독교 신자는 문화 속에 그냥 맹목적으로 안주하는 것이 아니고 문화에 대한 의식을 가지고 분별력을 가진다. 종교가 문화의 주요한 부분이기 때문에 더욱 그러하다.

구약 시대의 이스라엘 백성들과 마찬가지로 기독 신자는 창조주 하나님을 믿고 우리의 생활을 위하여 주신 규범을 따라 살아야 하기 때문에 삶의 방편이요 양식이며 표현인 세속 문화 속에서 문화와 더불어 살되, 문화가 종교와 밀접한 관계에 있음을 인식하면서 지대한 관심을 가지고 거기에 대응하지 않으면 안 된다.

구약에서 우리는 이집트를 탈출하여 광야에서 방황하다가 목적지인 가나안을 눈앞에 두고 요단을 건너려는 이스라엘 백성에게 하나님께서는 가나안의 우상을 섬기거나 그곳의 풍습과 문화에 동화되지 않도록 거듭거듭 타이르고 경고하심을 본다.

바울은 그리스도 안에서 하나님께서 값없이 주시는 구원의 은혜를 얻은 그리스도인이 어떻게 살아야 할 것임을 가르치면서 이렇게 말한다. "너희는 이 세대를 본받지 말고 오직 마음을 새롭게 함으로 변화를 받아 하나님의 선하시고 기뻐하시고 온전하신 뜻을 분별하도록 하라"(롬 12:2). 가나안의 풍습을 본받지 말라는 말씀이나 이 세대를 본받지 말라는 말씀은 우리 기독교 신자들이 이 시대의 문화를 전적으로 부정하라는 말씀은 아니다. 삶의 방편이요 양식이며 표현인 문화에 대한 전적 부정이란 있을 수가 없다. 그러므로 그 말씀은 우리가 살고 있는 사회의 문화를 다 수용할 것이 아니고 그 중에 어떤 것은 비판하고 거부해야 할 것으로 알아 취사 선택해야 한다는 말씀이다.

구약 종교와 기독교는 백성들 사이에서 자연적으로 발생한 민속 신앙과는 엄격히 구별되는 계시 종교이다. 구약 종교와 기독교의 하나님은 우상을 섬기거나 하나님을 우상으로 섬기는 것을 용납하지 않으시는 하나님이시다. 창조주 하나님을 믿는 신자들은 그분이 주시는 계명을 순종해야 하기 때문에 신자들은 그들이 사는 사회의 문화 속에 아무런 의식 없이 동화되어 안주할 수는 없다. 자기가 속한 사회의 문화 속에 안주할 수 없다는 것은 그만큼 문화에 대응하는 의식을 갖는다는 말이고, 기존의 문화를 비판한다는 말이다. 그리고 문화의 어떤 점을 거부한다는 말은 기존의 문화를 변혁하려거나 새로운 문화 창조 활동을 활발히 전개해야 함을 전제한다는 뜻이다.

기독교와 문화

기독 신자들은 기독 신자로서 삶에 대한 가치관과 세계관을 가지고 삶을 살며 문화 활동을 하게 마련이다. "선교의 역사는 순교의 역사"라는 말이 있듯이 기독교가 처음으로 선교되는 곳에서는 기존의 전통 문화의 세계관과 창조주 하나님을 믿고 그의 말씀을 순종해야 함을 가르치는 기독교 세계관의 차이 때문에 언제나 갈등과 충돌이 있었다. 하나님의 말씀에 마음과 뜻을 다하여 순종해야 하는, 새로운 세계관을 가진 소수의 기독 신자들이 언제나 배척을 받고 박해를 받았다. 이스라엘 민족 종교인 유대교 사회에서 배태되어 성장하기 시작한 기독교는 유대교의 박해를 받으면서도 로마 제국에 흩어져 있는 유대인의 공동체와 회당을 거점으로 하여 급속히 그리고 널리 전파되었다.

　기독교는 유대교와 마찬가지로 황제 숭배를 거부하는 등 로마의 문화에 동화되지 않았으므로 자주 박해를 받았다. 그런데 유대교가 유대 민족을 중심한 종교이므로 어떤 점에서는 로마 제국의 관용을 받기도 하였다. 그리고 유대교가 탄압을 받았을 때는 제국에 대한 민족적인 저항이 작용했기 때문이기도 하였다. 그러나 기독교는 민족이나 사회 계층을 초월하고 그것과는 관계없이 로마 제국의 여러 도시와 사회 속으로 침투하여 개종자를 늘려갔으므로 극히 위험한 종교로 주목과 질시를 받게 되었다.

　로마 제국에서 황제 숭배는 잡다한 종교를 가진 여러 민족을 통솔하는 일에 큰 몫을 다하는 것으로 생각되었다. 기독교인들은 황제 숭배를 거부함으로써 제국의 정치적인 시책을 거스르는 것으로 인정될 뿐 아니라, 극장에 가는 일, 남녀가 섞이는 공중 목욕탕에 드나드는 일, 군인으로서 사람을 죽이는 일, 새로 군에 가는 일을 마다하며 퇴폐적인 풍습을 따르지 않고 금욕적인 검소한 생활을 하는 일 등, 당시의 일반 사회인의 생활과는 다른 생활을 함으로써 이질적인 사회 집단으로 지목을 받고 미움을 사게 되었다.

　313년 콘스탄티누스 황제가 기독교를 공인하고 380년 테오도시우스 황제가 기독교를 국교로 선포한 후로부터는 기독교 교회는 기독교인이 사회 안에 소수로서 박해를 받으면서 기존 문화에 대항하여 기독교 진리를 보수하려는 종래의 입장을 벗어나 이제는 국가 권력의 후원을 받으면서 제국 내의 온 주민을 기독교로 개종하게 하는 일을 하게 되었고 교회가 점점 문화에 영향을 미치는 위치를 점하게 되었다.

　기독교가 문화의 지배적인 세력이 된 것은 짧은 시일에 이루어진 것이 아니고 장구한 시일에 걸쳐 서서히 이루어진 것이다. 도시 주민들은 비교적 쉽게 기독교화 되고 비기독교적인 사상과 관습에서 벗어나게 되었으나, 농촌 지역 사람들은 교회를 드나들면서도 훨씬 오래도록 이교적인 사상과 관습을 보존하였다.

중세에 와서 교회가 문화를 지배하게 되면서부터 문화가 다분히 기독교적으로 된 것이 사실이었으나 충분한 정도는 아니었다. 교회가 이방 종교를 믿던 사람들을 대거 교회 안으로 수용하게 되면서 오히려 이교적인 요소들이 교회 안으로 스며들게 되었다. 그리하여 신약성경이 가르치는 교리와 초대교회가 가졌던 성경의 가르침대로 살려는 순수성이 흐려졌다. 교회당의 건축 양식에서 비롯하여 계층적인 교직제도며, 예배 의식과 현란한 사제복, 다신 숭배에서 온 성상 숭배의 묵인과 허용, 여러 목적을 위한 미사, 특히 죽은 사람을 위한 미사, 성지 순례가 이교적인 영향을 받은 것이었다.

중세에 교황권이 신장되어 한동안 정치적인 권력을 지배하기에 이르렀는데 그것과 거의 때를 같이하여, 기독교 종교가 서양의 문화를 지배하게 되었다. 그것은 마치 원시 공동 사회에서 종교가 지배적인 역할을 하는 것이나 다를 바가 없었을 정도였다. 그러던 것이 때가 지나면서 상황이 바뀌었다.

정치적으로 교황권이 왕권에 대하여 우위를 점하던 위치로부터 점점 위축되고 쇠퇴하게 됨과 때를 같이하여 인간 중심의 그리스와 로마의 고전 사상을 재발견하고 거기에 새로운 가치를 부여하는 인문주의가 태동되고 문예부흥이 일어나면서부터 문화는 교회의 지배를 벗어나 비판적인 문화 정신을 낳게 되었다.

교회에서는 인문주의 지식과 연구 방법을 동원하여 성경에 대한 새로운 연구가 일어나게 되었으며, 교회의 개혁에 대한 운동이 일어나게 되었다. 14~15세기의 문예부흥 시대의 인문주의 사상이 새로운 문화 운동의 주류를 이루는 사상이 되었으며 교회의 제도와 비리를 폭로하고 비판하며 새롭게 해석하는 움직임이 있었으나 아직 교회를 저버린 것은 아니었다. 그러다가 17세기에 이르러 인간의 이성이 모든 사물을 인식하고 사고하는 척도로 절대시하는 합리주의 계몽사조가 만연하게 되었다. 그리하여 세속적인 문화와 교회에는 현격한 구별이 생기게 되었으며, 마침내 세속적인 문화는 교회와 결별하고 심지어는 기독교와 종교에 대항하는 사상으로 발전하였다.

또한 서양을 중심으로 볼 때 지리상의 발견 이후 서양 문화권 이외의 여러 문화권과 종교가 존재한다는 사실을 발견하게 되었으며 기독교가 이제는 다원적인 사상과 종교를 포용하는 문화 속에 존재하는 여러 종교 가운데 하나임을 인식하게 되었다.

초기 한국 교회가 문화에 공헌하였는가

기독교가 한국에 처음으로 전파되었을 때 선교 역사상 허다하게 있었던 것처럼 기존 문화와의 마찰 때문에 개종자들이 핍박을 받고 순교를 당하였다. 1770년대 중반 경부터 천주교가 실권한 남인들을 중심으로 하여 전파되기 시작했는데, 얼마 지나지 않아서 박해가 시작되었다. 하나님을 마음과 뜻과 정성을 다하여 사랑하되 부모나 처자 또는 자기 생명보다 더 사랑해야 한다는 그리스도교의 가르침은 충효를 사람이 지켜야 할 가장 기본적인 도리라고 하면서 이를 종교화하고 있는 유교의 가르침에 대한 도전으로 이해될 수밖에 없었다.

천주교가 들어온 지 한 세기 후 나라가 쇄국 정책을 접고 열강에 문호를 개방하기 시작할 즈음에 개신교의 선교가 시작되었다. 개신교의 선교사가 들어오면서부터는 양상이 달라졌다. 한국의 정부와 사회는 기독교와 더불어 도입되는 외래 문화를 거부하던 종전의 입장을 지양하고 이제는 대체로 수용할 태세를 갖추게 되었다.

헤론 박사 (John W. Heron)

많은 사람들이 현 시대의 교회가 문화에 무관심한 사실을 개탄하면서 개화기의 한국의 초대 교회가 한국 문화에 크게 기여했다고 말하는데, 그것은 일반적으로 시인하는 사실이다. 그러나 그것이 당시의 한국 교회 신자들이 문화에 대한 각별한 의식을 가졌기 때문이었느냐 하면, 그런 것은 아니다. 문화의 이식은 선교의 부산물이라고 말하듯이, 기독교 선교와 더불어 새로운 서양의 문화가 도입되었으며, 교회는 자동적으로 이의 통로 노릇을 하게 되었다. 고아원을 짓고 학교를 세우며 새 교육을 실시하는 일이며, 병원을 짓고 서양 의술을 전수하는 일, 찬송가와 함께 서양 음악을 소개하고 보급하는 일, 한글을 발굴하여 사용하게 한 일 등 괄목할 만한 새로운 문화 사업들이 실은 모두 서양 선교사들이 주축이 되어 한 일이다.

한국인 개종자들의 모임인 교회는 그 어느 다른 기관보다도 소위 신문화를 먼저 수용하고 이를 무의식중에 소개하는 역할을 했다. 한국 초대 교회에는 많은 애국지사들과 지도적인 인물들이 들어왔기 때문에 나라의 독립에 대한 정치적인 의식은 높았다. 그러나 문화 전반에 대한 자의식은 별로 없었던 것으로 안다. 실은 열강으로부터 정치적인 위협을 받는 소용돌이 속에서 그럴만한 여유도 없었다. 제사 문제를 제외하고는 전통적인 문화와 외래 문화에 대한 갈등과 간극을 느낀다거나 이의 조화를 시도한다든가 하는 일을 두고 고민하거나 노력한 흔적이 별로 보이지 않는다. 우리 민족이 오랫동안 가져 내려오던 사대 사상 때문인지 교회는 일방적으로 서양 것을 그대로 수용했을 뿐이다.

한국의 전통 문화에 대하여 배려를 한 것은 오히려 서양 선교사들이었다. 언더우드 부인이 피어선(A. T. Pierson)에게 쓴 편지에 이런 말을 하고 있다.

> 우리는 여학생들에게 서양 옷을 입히고 서양식으로 생활하도록 할 의향은 조금도 없습니다. 우리는 그들이 충실한 한국 여자가 된다면 더 할 나위 없이 기쁘겠습니다. 우리는 그들이 자기 나라를 자랑스럽게 여기기를 소원하며 주 그리스도의 가르침을 받아 그렇게들 되기를 바랍니다. 우리는 그들을 한국 여자가 되도록 교육하려는 것이지 미국 여자를 만들려고 하는 것은 아닙니다.[1]

---

1) 李浩雲, 『韓國 敎會 初期史』 (서울: 기독교서회, 1970), 100-102.

찬송가의 편찬에 대하여서도 한국 신자들은 서양 찬송가의 가사를 번역하여 부르는 일을 아무렇지도 않게 여기고 오히려 당연한 것으로 생각하였다. 그러나 게일 선교사 같은 이는 오히려 한국 고유의 노래 가락을 찬송가에 도입하는 일을 시도하였다. 하지만 우리 한국인 신자들이 오히려 부정적인 태도를 취하는 바람에 그는 자신의 의도를 관철하지 못하였다. 하기는 이러한 현상은 중국 선교에서도 볼 수 있는 것이었다. 그밖에 교회 건축이라든지 교회에서 하는 혼인 예식, 11월 말경의 미국의 감사절을 추수 감사절로 지키는 일이라든지 교회는 서양 것을 그대로 수용하고 모방할 뿐이었다.

그런데 외래의 문화를 단순한 모방을 통하여 수용하는 것으로는 창의성을 발휘할 수 없는 법이다. 전통적인 문화에 대한 애착이나 충분한 이해나 자부심이 없이 새 문화와의 접촉에서 아무런 갈등이나 고민도 하지 않고 외래 문화를 그대로 수용하는 경우, 거기에서는 문화적인 창의성을 기대할 수 없다. 어떤 문화적인 창의성의 발휘가 없었다면 거기에 문화적인 의식이 있었음을 인정하기 어렵다.

그러므로 초대의 한국 교회가 문화에 공헌을 많이 한 것으로 생각하는 것은 이런 의미에서는 착각에 지나지 않는다. 다시 말하면 초기의 한국 교회는 서양 선교사들의 활동을 통하여 서양 문화를 도입하고 소개하는 통로로서 역할한 것이지 한국인의 교회 자체가 문화적인 의식과 사명을 가지고 창의성 있게, 다시 말하면 문화적인 기여와 활동이 전통으로 전수될 수 있을 정도로 주체성 있게 한국 문화에 기여한 것은 아니었다. 실은 그런 것을 기대할 수는 없기도 하다. 외래 종교를 수용하여 방금 배태된 교회가 창의성 있는 문화 의식과 활동을 통하여 문화에 기여할 수 있는 능력을 갖추었기를 기대한다는 것은 어불성설이다.

그러므로 초기 한국 교회가 새로운 문화를 소개함으로써 한국 문화에 기여하였다고 하여서 초기 한국 교회를 이상으로 보는 고정 관념은 피상적인 관찰에서 형성된 것이다. 초기 한국 교회가 문화적으로 기여한 사실을 두고 그 실상을 검토함으로써 교회가 이룩한 공헌을 평가 절하하는 일은 유감스러운 일이다. 그러나 초기 이후의 교회에 문화적인 관심과 기여가 현격하게 결여되고 있는 사실에 대한 하나의 원인을 규명하는 일을 위하여서나 혹은 현 시대에 사는 교회가 문화적인 사명을 어떻게 다해야 할 것인가를 모색하는 일을 위하여 우리는 사실을 옳게 분석하고 평가할 수밖에 없다.

초기 한국 교회는 정치의식이나 사회의식이 높았던 것으로 알고 있는데, 그러한 정치의식이 기독교적인 소양과 신앙에서 나온 것이었느냐 하면 그 점에 관해서도 역시 의문을 갖지 않을 수 없다. 나라가 기울어져가는 격동기에 많은 우국지사와 애국지사들이 교회를 찾아들었기 때문에 기독교인의 정치의식이 높았던 것으로 나타난다.

그러나 그들의 정치의식은 교회 밖에서 안으로 가지고 들어 온 것이지 교회에서 자라면서 그런 의식을 갖도록 교육을 받거나 고무를 받은 것은 아니었다. 정치의식이나 사회의식도 교회 안에서 자생적으로 우러나서 자란 것이 아니고서는 교회의 신학이나 사상으로 결실이 될 수 없으며 그것이 신앙과 신학으로 결실이 되지 않고서는 전통을 이루지 못하는 법이다.

초대 한국 기독교가 가졌던 정치의식이나 사회의식은 교회 밖에서 온 한국의 자연인으로서 가졌던 것인 반면에, 문화에 대한 활동과 기여는 외국 선교사들의 것이어서 소위 말하는 초대 교회의 정치의식이나 사회의식뿐 아니라 문화의식이 전통을 이루지 못했던 것이라고 생각한다. 한국의 초대 교회를 소위 민족 교회 상(像)에 가장 가까운 교회로 보면서, 초대 교회의 정치의식을 두고 말할 때는 선교사들의 선교 정책과 활동을 배제한, 한국 교인이 중심이 되고 있는 정치 활동을 교회의 정치의식으로 이상화하여 말하는 반면에, 문화 의식을 두고 말할 때는 한국인들의 문화에 대한 맹목적인 수용을 묵과한 채로 선교사들의 정책과 활동을 한국 교회의 문화적인 활동과 기여라고 높이 평가하는 것은 모순이다. 그러므로 우리는 역사적인 사실을 있는 그대로 드러내고 평가해야 한다.

정치의식이나 활동이 정치를 제외한 문화 의식이나 활동과 반드시 병행하는 것은 아니고 병행해야 한다는 법도 없으므로, 비록 선교사들이 한국 교인들의 정치적인 의식을 둔화시키는 일을 했다고 하더라도 문화적으로 공헌한 선교사들의 활동을 한국인을 주축으로 한 한국 교회의 것으로 환원해서가 아니고 있었던 그대로 평가해야 할 것이다.

문화에 대한 선교사들의 기여

선교사들은 선교를 위한 목적에서 한국에 대한 여러 가지 정보를 입수하거나 자신들이 발굴하여 발표하였다. *The Korean Repository* (1892, 1895~8)와 *The Korea Review* (1900~1905)에 실린 선교사들의 글을 보면 한국의 정치, 역사, 종교, 지리, 풍속, 사회 문제 등 여러 방면으로 조사하고 보고하는 글들이 실려 있음을 본다. 초기 선교사들은 복음 전도에 직접 소용이 없어 보이는 여러 가지 정보를 교환하고 발표한 것을 보면 우리 사람들의 자기 것에 대한 관심을 훨씬 능가하고 있었음을 알 수 있다. 이를테면, 언더우드의 한국에 관한 구미 서적의 서지(*A Partial Bibliography of Occidental Literatures on Korea*, 1931)에 보면 1594년부터 1930년까지 2,882권의 책을 소개하고 있다.[2]

복음주의자들은 주로 인간의 구원에 관심을 두는 반면에 문화에 대한 관심은 대체로 적은 편이다. 우리나라에 온 선교사들이 주로 경건주의적 복음주의 선교사들이어서 그들도 역시 본국에서는 문화에 관심을 적게 가지는 편에 속한다. 그럼에도 불구하고 한국에 온 초기 선교사들이 문화에 대단한 관심을 갖고 문화 활동을 한 것은 비록 그것이 선교의 목적에서 그랬다고 하더라도 다행한 일이고 높이 평가할 만한 일이다. 병원을 세우고 의료 사업을 한 것은 기독교적인 박애 정신을 가지고 그렇게 했다손 치더라도 전국적으로 학교를 세워서 교육 사업을 한 것은 좁은 의미의 복음주의 사상을 가진

---

2) 민경배, 『한국기독교회사』 (서울: 대한기독교서회, 1972), 205.

에비슨 박사 (세브란스 병원 초대원장)

사람으로서는 할 수 없는 일이었다.

교육 사업을 두고도 선교를 목적하는 것이라고 할 경우에 전체 학생들 가운데 몇 분의 일에 해당하는 학생들이라도 예수를 믿어 구원을 얻게 되는 것을 목적으로 한 것이었겠지만, 그것이 유일한 목적이 아니었음을 안다. 여하튼 결과적으로 새로운 교육 기관을 통하여 많은 지도적인 인물이 배출되었다. 세브란스나 연희나 이화 등의 고등 교육 기관은 학생들이 그리스도인이 되도록 개종을 목적하는 것만이 아니고 교양과 상식과 전문 지식을 갖추고 사회와 문화에 기여하는 한국 사람으로 교육하는 것을 목적하는 것이었다.

문화에 대한 한국 교회의 관심

1919년 3·1운동에 기독교 신자들과 교회가 적극적으로 참여함으로 말미암아 교회는 한국의 역사와 문화에 접붙임을 받게 된 것이다. 그러나 그 이후 일제의 탄압과 황국 신민화 정책의 일환인 신사 참배로 인한 핍박으로 말미암아 한국 교회는 한국의 전체적인 사회와 함께 일제에 굴복하고 부역하는 교회가 되어버렸는가 하면 신사 참배를 거부하는 신앙의 절개를 지킨 일부 보수적인 기독 신자들은 정치와 사회 및 문화에 대항하거나 무관심한 생활 태도를 갖게 되었다. 그리고 사람들을 기독교 신자로 만드는 선교에 역점을 두는 경향으로 말미암아 신자들이 기독교인으로서 사는 윤리적인 삶에 대한 관심이 결여되어 있는 실정인데, 그들에게서 문화에 대한 관심은 더더욱 기대할 수 없을 것은 자명한 일이다.

1960년대에 진보적인 신학자들 가운데서 기독교의 토착화 문제를 두고 한국 기독교와 문화에 대한 관심을 나타내게 되었다. 그런데 토착화신학에서는 한국의 문화를 논하고 한국 교회와 한국 그리스도인들의 주체성을 의식하면서도 그들의 문화에 대한 관심은 선교적인 관점에서 가진 것으로 안다.

기독교를 어떻게 한국의 토양에다 심어 자라게 하며 전통적인 역사와 문화에다 접붙여서 한국 사람들이 한국적인 문화의 주체성을 잃지 않으면서 복음을 받아들여 꽃을 피우고 열매를 맺게 할 수 있느냐 하는 문제를 두고 논의한 것이다. 기독교 복음이 서양의 신학적 전통을 벗어나서 한국적인 문화와 전통 속에서 재해석되어야 한다는 주장이 있었는가 하면, 한국의 단군 신화 속에서 복음의 흔적을 발견함으로써 복음으로 접붙일 수 있는 접촉점을 찾겠다고 한 시도도 있었다.

이에 반하여 보수적인 신학자들 가운데서는 어떠한 토착화의 시도도 용납될 수 없다는 입장을 밝히기도 했으나, 그밖의 신학자들은 성경이 말하는 복음을 이해하는 서양 기독교 교회의 전통을 존중하면서 서양의 문화적인 요소는 여과하여 한국 교회가 주체성을 살리는 가운데 기독교가 토착화되어야 한다고 했다.

사실 예배당 건축이라든지 찬송가 편집 등에서 한국 교회의 주체성의 결여가 너무나 드러나 있는 현실은 극복해야 할 과제이다. 1910년 이후부터 한국 교회는 19세기의 미국 교회의 건축 양식을 따라 예배당을 짓기 시작했는데, 교회 건물이 시대적인 문화의 산물임을 의식하지 못하고 분별없이 모방을 일삼아 왔다. 이를테면 고딕식 교회 건물이 아름다워 보인다고 해서 그러한 모형의 예배당을 많은 돈을 들여 서울 한복판에다 건축한다는 것은 부끄러운 일이 아닐 수 없다.

서양 교회의 건축 양식이 중세에서 근세에 이르기까지 로마네스크, 고딕, 르네상스와 바로크 등의 양식으로 변천되어 왔으며, 그러한 양식들은 각기 그 시대의 문화 정신과 예술 일반의 양식을 대변하는 것이다. 그런데 그러한 역사와는 전혀 관계가 없는 역사와 문화 전통을 가진 우리나라에다 서양의 역사와 문화적인 배경을 대변하는 중세 시대의 건물을 세우다니 그것은 정말 문화에 대한 양식이 결여된 어이없는 기획이라고 아니 할 수 없다.

한국 고유의 건축 양식을 따르지 못한다면 적어도 20세기의 국제화된 건축 양식을 따라 지어야 할 것이다.

찬송가 편집에서도 보면 한국 사람이 작사 작곡한 찬송가를 수렴하는 일에 너무나 인색함을 반성하게 된다. 통합 찬송가의 편집이 아마도 보수 교단의 대거 참여로 말미암아 그런 면에서 오히려 퇴보했음을 볼 수 있다. 1960년대 이전에 활동한 교회 음악가들 역시 모든 교인들과 마찬가지로 서양 찬송가에다 서양 음악 일변도의 악곡으로 찬송가를 작곡하였다.

작곡가들이 서양 음악으로 가득한 교과서로 교육을 받은 터이므로 한국 고유의 가락을 도로 찾아 그것을 찬송가에 도입한다는 것은 쉬운 일이 아니었다. 서양화된 그들의 음악 감정이나 정서부터 먼저 바뀌어야 했기 때문이다. 그럼에도 불구하고 교회가 새로운 작곡을 받아 주고 격려해 주어야 할 터인데 그렇지 못한 것은 유감스러운 일이다.

그리고 추수 감사절을 지키는 일만 해도 그렇다. 우리 한국 교회는 메이플라워의 역사와는 관계가 없는데 왜 하필이면 미국의 감사절을 좇아 11월 말경 추운계절에 추수 감사절을 지켜야 한단 말인가? 추수 감사절은 미국에서만 지키는 것도 아니고 거기서 유래한 것도 아니다. 그것은 어느 농목 사회에서든지 다 지키는 보편적인 축제이다. 구약 시대의 이스라엘 백성들도 맥추절과 초막절이라 하여 추수 감사절을 지켰다. 유럽에서도 나라에 따라 제가끔 달리 때를 정하여 지킨다. 예를 들면 독일에서는 9월에 영국에서는 10월에 추수 감사절을 지킨다.

그렇다면 이른 곡식을 거두고 하늘에 감사하는 명절로 지켜 온 우리 민족 고유의 명절인 추석을 교회는 만물을 지으시고 다스리시며 은혜 주시는 하나님께 감사하는 감사절로 지킬 수 있는 가능성을 우리는 검토해 볼 수 있다.

교회 안으로 도입된, 아니 이식된 문화가 우리 것인지 남의 것인지에 대한 분별을 하지 못하고 그에 대한 주체 의식이 없다면, 문화적인 생활에 대한 신앙 고백을 기대할 수 없다. 우리 한국 교회가 우리에게 맞는 신앙 고백을 가져야 한다는 말을 많이들 하는데, 그 말은 기독교의 기본적인 교리를 두고 하는 말이 아니고 문화나 사회와 관련된 부분을 두고 하는 말이다. 우리의 문화적인 생활에 대한 신앙 고백이 없다는 말은 결국 교회는 문화에는 무관심하다는 말이고 사회와는 격리된 폐쇄적인 교회로 머문다는 이야기다. 그리스도인들은 세대를 분별함이 없이 그냥 세속적인 문화 속에 안주하면서 편안히 이중 생활을 한다는 말이 된다.

기독교적 문화

그런데 여기서 한국의 기독교와 문화라는 주제로 문화에 대한 관심을 이제 새삼스럽게 갖자는 것은 선교적인 차원에서만이 아니고 그리스도인의 신앙이 곧 생활화 되어야 한다는 윤리적인 차원에서와 우리의 생활 전체가 하나님의 영광을 위하여 사는 것이라고 하나님의 주권을 고백하고 찬양하는 삶을 살자는 입장에서이다.

교회와 기독교인의 수가 소수일 경우 기독교는 그 사회의 문화에 대치하는 입장에서 기독교 교리와 신앙을 소극적으로 보존하는 일에 관심과 정력을 기울이는 것이지만, 선교와 복음화의 결과 기독교 교인의 수가 다수에 달하게 되면 교회는 더 이상 그 사회에서 격리된 '게토'로서 머무는 것이 아니고 사회 안에 존재하는 하나의 조직으로서 사회에 대한 주도적인 역할을 할 수 있는 것이다. 교회는 모름지기 그러한 임무와 책임을 다해야 한다. 이제는 한국 교회가 성장하여 그러한 임무와 책임을 감당해야 할 시점에 이르렀으므로 사회와 문화에 대하여 한국 교회는 초대 교회 시대에 가졌던 문화에 대한 무관심한 태도나 반문화적인 자세에서 벗어나서 자신들이 기독교적인 문화를 창조하며 기독교적인 문화 생활을 하여 한국 사회와 한국 문화에 기여해야 한다.

우리가 기독교 문화라는 말을 하지만 엄밀한 의미에서 기독교 문화가 존재할 가능성이 있느냐 하면 그렇지 못하다. 역사상 성경에서 가르치는 대로 성결한 생활을 하고 흡족한 문화 활동을 한 기독교 공동체가 있어서 그것을 전통으로 전수하고 문화로 꽃피운 예는 없었다. 문화 속에 살고 문화를 이룩하는 우리 개개인이 온전하지 못하고 생각이나 활동이 바람직하게 성경적일 수 없기 때문이다.

그렇다면 '기독적인 문화'를 어떤 한도에서 이해하며 그 가능성을 모색할 것인가? 교회와 그리스도인들이 민족의 복음화를 선교의 지상 과제로 내세우지만, 기독교가 종교의 자유를 향유하기 위하여 국가와 종교는 분리 또는 구분되어야 함을 주장하면서 다른 종교들과 공존해야 하는 것이 엄연한 현실이다.

민족의 복음화와 함께 민족 문화의 기독교화가 따라야 한다면 유럽에서 중세에 교회가 문화를 지배했던 그러한 유형의 소위 기독교적 문화를 성취하는 방향으로 지향해야 할 것인지를 물어야 한다. 칼빈이나 유럽의 개혁주의자들이 문화의 기독교적인 변혁이란 말을 하는데, 그것은 온 국민이 기독교 교회에 속하는 오랜 역사와 전통을 가진 사회에서 한 말이었다. 우리나라와 같이 여러 종교가 공존하는 세계에서도 문화의 기독교적 변혁이 통할 수 있는 말인지는 생각해 보아야 할 개념이다. 실은 제네바에서도 칼빈의 이상대로 문화의 변혁은 이루어질 수 없었고, 크롬웰의 청교도혁명 때만 하더라도 청교도적 도덕을 강요하는 정책에 영국 주민들은 염증을 내고 반발하였던 것이 현실이다.

세상의 빛으로, 세상의 소금으로 살아야 한다는 말씀이 기독교적 윤리나 세계관을 모든 사람에게 강요하라는 말씀은 아니다. 그러므로 문화의 변혁(transform)이란 말이 반드시 성경적 개념은 아니다. 현재 남한 전 국민의 20~25%가 기독교 신자라고 하더라도 의식화되고 상당한 정도로 윤리적인 삶을 사는 신자는 역시 소수에 지나지 않는다.

그것은 전 국민이 기독교로 개종하였다고 하더라도 역시 마찬가지이다.

문화는 우리의 삶의 수단이고 양식이며 표현이므로 신자는 하나님께 순종하고 하나님의 영광을 드러내기 위하여 부단히 자기를 성찰하고 개혁함으로써 그리스도인다운 문화 생활을 해야 하고 문화에 기여해야 한다.

이스라엘 주변의 농업 사회는 우상을 섬기는 종교를 가지고 번영과 비옥함을 비는 종교와 문화를 숭상했다. 많은 출토품이나 우상 가운데는 비옥과 생식과 번영을 비는 것을 상징하는 그런 우상들이 많았다. 그것은 그리스와 로마 문화에서도 마찬가지였다. 나체를 그린 벽화나 조각품들로 가득하며, 매춘하는 여사제들(cultic prostitutes)이 봉사하는 신전들이 즐비한 그러한 사회 환경 속에서 초대 교회의 그리스도인들은 그들이 살고 있는 카타콤에서 벽에다 그들 나름의 신앙과 사상을 그림으로 표현하였다. 주로 성경의 말씀을 소재로 한 것들을 볼 수 있는 것이다. 그리스도인들은 주변에서 보는 것과는 전혀 다른 사물, 즉 그들의 경건과 관심사를 표현한 것이다. 중세에 이르러 이교적인 요소가 예배당 건축이나 예배에 침투해 들어오긴 했지만 많은 예술가들이나 작가들은 성경의 가르침을 소재로 작품을 만들었다. 기독교적 가르침으로 문화를 이룩하고 문화에 공헌했던 것이다.

이러한 노력은 우리나라의 기독신자들에게도 있어야 한다고 생각한다. 회화나 조각, 작곡 또는 문학 작품에서 성경의 이야기를 소재로 한 작품 활동도 있어야 할 것이다. 그러나 그보다도 성경이 가르치는 인간의 값있는 삶을 모든 분야에서 추구하는 노력이 있어야 한다. 그러기 위해서는 영적인 구원을 중심삼아 보는 협의의 기독교적인 삶보다 더 넓은 의미의 보편적인 인간의 삶에 대한 기독교적인 이해가 있어야 한다.

루터의 말과 같이 마구간에서 일하는 하녀나 목사가 다 마찬가지로 하나님의 부르심을 따라 거룩하고 값있는 일에 종사하는 것이라는 생각을 가져야 하고, 선한 사람이나 악한 사람이나, 기독신자나 불신자나 혹은 다른 종교를 믿는 사람이나 그 어떠한 사람을 막론하고 다 같이 동등하게 하나님의 일반 은총을 누린다는 사실을 인식하는, 사람의 현세적인 삶에 대한 보다

폭 넓은 이해가 있어야 한다. 그렇다고 하여 사람이 예수 그리스도로 말미암아 하나님께로부터 의롭다고 여기심을 받고 하나님과 화평을 누리며 영원한 생명을 얻게 되는 구원의 진리를 다른 종교에서도 찾을 수 있다는 이야기는 결코 아니다.

3·1운동 당시 기독신자들은 민족의 독립을 두고는 종교를 묻지 않고 민족의 한 사람으로서 민족과 어울려 나라의 주권을 회복하려는 한민족 공동의 염원과 삶을 위하여 헌신하였다. 그와 같이 현 시대에 사는 한국의 기독신자들은 분단된 조국이 하나가 되어 어쩔 수 없이 억울하게 나뉘어 살아온 가족들이 서로 만나고 함께 모여 사는 일을 위하여 민족과 더불어 기원하고 노력하는 것이 값있는 삶이다. 모든 사람이 정의롭게 자유와 평등을 누리며 사람답게 사는 일을 위하여, 그리고 하나님께서 우리로 하여금 생육하고 번성하도록 우리의 삶의 터전으로 주신 지구를 파괴적인 전쟁과 환경오염에서 보호하고 아름다운 동산으로 가꾸기 위하여 세계 사람들과 함께 노력하는 것이 곧 성경이 가르치는 값있는 일이요 하나님께서 뜻하시는 삶임을 이해해야 한다.

한국의 대부분의 교회가 근본주의적 복음주의 교회에 서 있기 때문에 교회가 보다 폭 넓은 가치 있는 삶에 대한 이해를 하고 그러한 것에 대비하는 문화 활동을 한다는 것을 기대하기란 쉽지 않다. 예를 들면 한국의 큰 교단 교회가 신학교와 함께 대학을 운영하고 있는데 보수적인 교단일수록 대학에 대한 이해가 부족함을 본다. 그런 경우 대개 대학이 가진 본래의 목적과는 반대로 대학을 단지 신학 지망자를 양성하기 위한 신학교의 부설 기관 정도로 이해한다.

그러나 그것은 옳지 않다. 대학은 그 자체가 학문과 사상의 자유를 구가하며 진리를 추구하는 문화의 전당이다. 서양의 많은 대학들이 기독교적인 배경에서 생성되었다. 즉 중세기의 수도원이 새로운 시대 정신을 낳는 대학으로 발전한 것이다. 기독교 대학은 물론 기독교적인 교육 이념을 가져야 하는 것이지만 수도원 이상의 기관으로 자연히 발전하게 되는 것을 막을 수는 없는 일이다. 대학은 역시 문화의 자유로운 창달을 위한 기관임을 이해해야 한다. 그렇지 못하면 기독교 대학은 대학으로서의 기능도 제대로 못할뿐더러 다만 교회의, 다시 말하면 교권자들의 시녀 노릇을 할 뿐이다.

오랜 기독교 역사를 가진 유럽의 경우 국민 교회 또는 국가 교회가 되어 있는 교회 공동체는 국가의 정치적 공동체와 이름만 달랐지 실제의 구성원은 같다. 그러므로 교회는 교인들의 사회 및 문화 생활과 밀착된 관계에서 존속해 왔다. 교회가 온 교인들에게, 아니 다른 말로 하자면 온 주민들에게 기독교적인 영향을 충분히 행사하느냐 하는 것은 늘 반성해야 할 일이다.

복음주의자들은 대개가 이러한 문화에 밀착되어 있고 실제로 관심을 기울이는 국민 교회 또는 국가 교회의 세속화된 면에 불만을 가지고 그러한 문화적인 관심보다는 영적인 새로움을 추구하고 주창하며 한 사람의 영혼을 구원하는 일에 관심을 쏟아 왔다. 그럼으로써 그들은 널리 사회와 문화 속에 사는 주민들과 접하고 있어서 세속과의 경계선이 때때로 불분명한 국민 교회에 영적인 각성을 불러일으키거나 영적인 새로움을 불어넣는 공헌을 하였다. 다시 말하면, 복음주의자나 복음주의 교회는 문화와 접하고 문화에 관여하고 있어서 비판을 받을 만한 교회를 배경으로 하여 영적인 활동을 한 것이다. 18세기와 19세기의 경건주의자들과 복음주의자들이 사회사업 등으로 사회에 많은 기여를 한 것이 사실이지만, 문화에 관한 한 그것은 보다 널리 주민을 포용하는 교회에다 맡기고 복음주의 교회는 영적인 쇄신을 강조하는 일에 충실했던 것이다.

미국 교회는 주로 교파 교회(the denominational churches)이지만, 그런대로 지역 사회를 대표하는 지역 공동체의 교회(community church)로 역할 해 왔다. 또한 영적인 각성과 구원을 강조하는 교회가 있는가 하면 그렇지 않고 사회와 문화에 보다 관심을 기울이는 교회도 있어서 상호 보완을 해 온 것이다. 그에 반하여 복음주의 교회 일색인 선교 교회, 즉 우리 한국 교회의 경우는 사정이 다르다. 한국의 복음주의 교회의 저변에는 문화에 관여하는 국민 교회나 지역 공동체의 중심 역할을 하는 교회가 없다. 문화에 보다 관심을 가진 진보적인 교회가 있기는 하지만 소수이다. 교회의 문화적인 역할과 기여를 두고 생각할 때 이것이 바로 우리 한국 교회의 구조적인 현실이다. 또 하나 사정이 다른 점은 서양 교회의 현실은 복음주의 교회가 국가 교회 혹은 소위 주류의 교회를 근거로 하며 복음 운동의 대상으로 하지만, 선교 교회의 나라에서는 복음주의 교회가 비기독교인의 개종을 대상으로 하고 있고 복음주의 교회를 근거로 하여 문화에 보다 관심을 가지는 교회가 존재한다는 점이다.

한국은 보수적인 복음주의 교회가 다수를 점한다는 사실을 가지고 감사하고 자랑하기 이전에 역사 속에 존재해 온 그리스도의 교회의 이러한 구조와 역할을 이해하고 문화적인 사명을 의식해야 한다. 또한 한국 교회는 교회의 분열로 말미암아 산하에 많은 교육 기관을 가지고 문화에 관심을 갖는 교회와 전적으로 선교와 전도에만 전념하는 교회로 크게 양분되는 바람에 보수적인 교회는 더욱 문화에는 무관심한 방향으로 줄달음 쳐 오게 되었다.

보수적인 복음주의 교회는 심지어 찬송가의 작사자도 변변히 탄생하지 못할 정도로 비문화적인 폐쇄성에서 벗어나야 한다. 문화에 대하여 무관심해서는 바른 신학을 보수하기는커녕 신학의 진공을 초래할 뿐이다. 민족의 복음화에는 필연적으로 신자들의 윤리적인 생활과 문화에의 기여를 위한 노력이 따라야 함을 자각해야 한다.

교회 역사상 보수와 진보의 신학적인 사상의 대립은 늘 있어온 현상이지만, 신학적인 논쟁이나 대화마저 단절하는 교회의 양극화 현상은 지양되어야 한다. 다시 말하면 문화적인 면에 보다 관심을 두는 교회와 영적인 부흥에 보다 관심을 두는 교회가 어차피 그리스도의 교회라는 이름을 띠고 그 이름하에 공존하는 것이 현실이므로 피차 대화와 논쟁을 통하여 배워야 한다.

교회는 문화에 무관심한 채로 영혼을 구원하는 일과 영적인 생동성만 추구해서도 안 되며, 구령 사업과 영적인 생동성의 추구를 소홀한 채로 문화에만 관심을 기울여도 안 된다. 사회와 문화 속에 사는 교회가 현세의 윤리적인 삶과 문화에 무관심해서는 폐쇄적이며 바리새적인 종교 집단이 될 뿐이며, 구령 사업을 소홀히 하거나 영적인 생동성을 잃어서는 문화를 변혁할 수 있는 힘을 잃게 되어 세속적인 문화에 그냥 동화될 뿐이다.

2 부흥

영적 각성과 사회 변화
초기 대부흥
전도 운동과 교회 성장

영적 각성과 사회 변화

영적 각성을 영어로는 awakening 또는 revival, 독일어로 Erweckung이라고 한다. 영국에서는 영적 각성을 '부흥'(revival)이라 하고 미국에서는 '각성'(awakening)이라고 한다. 독일어의 Erweckung은 awakening에 더 가까운 말이다.

영적 각성이라는 말은 한 개인이 성령의 감동으로 영적인 진리에 눈을 떠 예수 그리스도를 믿는 것을 두고 지칭하는 말은 아니다. 그런 현상을 지칭하는 말로는 회심, 중생, 회개, 성화, 자유 등의 말이 있다.

영적 각성은 성령의 부으심과 비상하게 일하심을 통하여 그리스도의 교회와 교회를 중심으로 하는 많은 사람들이 성경에 기록된 예루살렘 교회처럼 집단적으로 감동을 받아 죄를 회개하고 예수를 믿어 구원의 감격에 벅차 예수 그리스도를 주로 고백하며, 주께 기도하며 하나님을 높이고 찬양하며, 모이기를 힘쓰고, 서로 사랑하며 구제하기를 힘쓰며 하나님의 백성으로서 종교적으로나 도덕적으로 새로운 삶을 살려고 노력하는 것을 말한다. 그러므로 영적 각성은 일상으로 있는 일이 아니고 역사적인 일이다.

교회 역사에서 각성 운동이라면 18세기와 19세기 유럽과 미국에서 일어난 영적 각성 운동을 지칭하는 것이다. 그것은 16세기 청교도들의 경건 생활과 17세기 후반에 일어난 경건주의 운동의 영향으로 일어난 운동이다. 인간의 이성을 절대시하며 하나님에 대한 신앙을 거부하는 계몽사조의 합리주의 사상이 유럽과 미국 사회에 점차로 확산되기 시작할 즈음에 슈페너, 프랑케, 친젠도르프 등 경건주의 설교자들은 교회가 교리 논쟁으로 경직되어 있으며, 경건의 모양은 있으나 능력은 상실했다고 지적하고 성경 지식과 함께 경건을 겸비해야 한다고 설교하면서, 회개, 중생, 새로운 삶을 강조였다.

18세기 영국에서는 경건주의적 설교를 하는 존 웨슬리와 휫필드를 통하여 부흥 운동이 일어났으며 같은 시기에 미국에서는 요나단 에드워즈를 통하여 제1차 각성 운동이 시작되었다. 미국에서는 찰스 피니 등을 거쳐 무디에 이르기까지 제2차, 제3차의 대각성운동이 일어났다. 19세기 제3차 대각성운동의 주역인 무디의 설교에 감동을 받은 많은 젊은이들은 세계 선교에 소명을 받고 헌신하게 되었다. 그리하여 20세기에 이르러서는 여러 선교지에서도 각성 운동을 경험하게 된 것이다.

한국에 온 초기 선교사들도 무디의 각성 운동을 경험한 이들이다. 한국 교회는 1903부터 1907년에 회개 운동을 경험하였으며, 1970년대와 1980년대에도 많은 사람들이 회심하며 결신하는 일이 일어났다. 이러한 각성 운동을 계기로 교회는 부흥하고 성장하게 되었다.

영적 각성은 근세에 와서 비로소 있게 된 것은 아니다. 최초의 그리스도의 교회, 즉 예루살렘 교회에 예수 그리스도께서 약속하신 대로 오순절에 성령께서 강림하시므로 사도들이 성령의 충만함을 받았으며 또한 예루살렘 교회가 사도들의 설교와 사역을 통하여 각성 운동이 일어나며 확산되었다. 베드로가 설교할 때 3천 명이나 되는 사람들이 회개하고 예수를 믿어 세례를 받았으며, 예수를 믿는 사람의 수가 날마다 더하게 되었다(행 2:1~47). 베드로는 설교하는 가운데 선지자 요엘의 말씀을 인용하여 하나님께서 성령을 주실 것을 약속하신 말씀이 이루어지고 있다고 말씀한다. "하나님이 가라사대 말세에 내가 내 영으로 모든 육체에게 부어 주리니……"(행 2:17 이하).

하나님께서 당신이 택하신 민족 이스라엘이 불순종하고 반역하는 삶을 살게 되면 구약의 선지자들을 통하여 순종하는 삶을 살도록 타이르시고 불순종하는 백성들을 징계하신다. 하지만 이렇게 불순종을 거듭하는 어쩔 수 없는 백성들에게 하나님께서는 그들의 조상들과 맺으신 언약을 기억하시고 그들에게 메시아를 언약하신다.

이사야는 메시아의 언약을 전하는 대표적인 선지자이다. 이사야가 예언하는 메시아는 정치적인 해방자이기보다는 자신을 제물로 드려 만민을 구속하는 고난의 종이시다(이사야 53장). 하나님께서는 또 한편 백성들로 하여금 메시아를 받아들여 그를 믿으며 그의 말씀을 듣고 순종하는 마음을 갖도록 해 주실 성령을 약속하셨다. 이 언약을 전하는 대표적인 선지자가 에스겔이다.

> 맑은 물로 너희에게 뿌려서 너희로 정결케 하되 곧 너희 모든 더러운 것에서와 모든 우상을 섬김에서 너희를 정결케 할 것이며 또 새 영을 너희 속에 두고 새 마음을 너희에게 주되 너희 육신에서 굳은 마음을 제하고 부드러운 마음을 줄 것이며 또 내 신을 너희 속에 두어 너희로 내 율례를 행하게 하리니 너희가 내 규례를 지켜 행하게 할지라(겔 36:25~27).

그리고 하나님께서는 에스겔에게 성령을 물 붓듯 하셔서 죽은 것이나 다름없는 백성들에게 영적 각성을 주실 것을 골짜기의 뼈들이 살아나는 비전을 보여 주심으로 약속하신다.

> 주 여호와께서 이 뼈들에게 말씀하시기를 내가 생기로 너희에게 힘줄을 두고 살을 입히고 가죽으로 덮고 너희 속에 생기를 두리니 너희가 살리라 또 나를 여호와인 줄을 알리라 하셨다 하라(겔 37:5~6).

예수 그리스도께서 성령으로 잉태하여 동정녀 마리아에게 탄생하시고 천국 복음을 전하시다가 고난을 받으시며 죽으시고 부활하심으로 메시아에 대한 하나님의 언약은 성취되었다. 그리고 성령의 부으심에 대한 하나님의 언약과 하나님의 아들 예수 그리스도의 약속은 그리스도께서 십자가에 죽으시고 다시 사셔서 승천하신 이후 오순절에 성령께서 강림하심으로 성취되었다(행 2:1~4; 1:8). 오순절 성령 강림은 그 시작이다(행 10:44~47; 11:15~18; 19:6). 그러므로 그리스도를 믿어 하나님의 백성이 되게 하시고 하나님의 백성으로 살게 하시는 성령의 임하심과 성령의 부으심의 약속은 그리스도께서 다시 오실 때까지 계속 유효하다.

베드로는 설교에서 하나님께서는 계속 성령을 선물로 주실 것으로 말씀한다.

> 너희가 회개하여 각각 예수 그리스도의 이름으로 세례를 받고 죄 사함을 얻으라 그리하면 성령을 선물로 받으리니 이 약속은 너희와 너희 자녀와 모든 먼 데 사람 곧 주 우리 하나님이 얼마든지 부르시는 자들에게 하신 것이라(행 2:38~39).

성례를 받음으로 성령을 자동적으로 받는다고 가르친 중세 교회, 그리스도 중심과 말씀 중심에서 떠나 잘못된 은혜 교리를 가르친 중세 교회는 성령의 부으심을 거의 경험하지 못했으며, 따라서 영적 각성도 경험하지 못했다. 인간의 전적 부패와 하나님의 전적 은혜를 가르치며 말씀과 예수 그리스도를 높이고 올바른 성례 집행을 강조한 종교개혁자들로 인하여, 그리고 그들의 가르침을 좇으며 성령의 은사를 사모하는 18~20세기의 신실한 설교자들로 인하여 성령을 간구하는 그리스도의 교회는(눅 11:13) 성령의 부으심을 다시금 경험하게 된 것이다. 만백성을 구원하시기 위하여 아들을 희생하신 하나님 아버지께서는 교회에게 영적 각성을 촉구하시며 그리스도의 복음이 전파되어 더 많은 사람들이 회개하고 구원을 얻도록 성령 부어주시기를 기뻐하신다.

교회 역사를 볼 때 부흥은 으레 사회 개혁을 동반하는 것이라고 말하면서 한국 교회의 초기 부흥을 과소평가하려는 이들이 있다. 한국 교회 초기 부흥이 그 열매로 "사회의 분위기를 쇄신하는 데 일익을 담당하기는 했으나, 개인적인 윤리 차원에 그쳤을 뿐, 진정한 사회에 대한 교회의 책임을 이끌어내지는 못했으므로" 긍정적으로만 볼 수 없다고 한다. 그러면서 웨슬리의 부흥과 찰스 피니의 부흥을 예로 들어 사회 개혁의 열매를 맺은 전형적인 부흥으로 말한다.

그러나 이런 관점으로 초기 한국 교회의 부흥을 평가하는 것은 옳지 않다. 그것은 역사적인 상황을 충분히 고려하지 않고 하는 평가다. 한국에서 일어난 부흥이 한국인들의 특별한 경건으로 말미암아 일어난 것으로 말하는 이도 있으나 그것 역시 교회의 역사를 충분히 고려하지 않고 하는 것이다. 초기 한국 교회의 부흥은 17세기 후반의 경건주의 운동이 시작되면서부터 유럽과 미국에서 일어난 부흥 운동의 일환으로 보아야 한다.

한국에 온 초기 선교사들 역시 그들의 본국에서 부흥을 경험한 사람들이므로 한국 교회에 부흥을 사모하는 신앙을 전수한데다가 외부의 부흥 운동의 소식도 전하였으므로 한국 교회는 부흥을 사모하며 기도함으로 참여하게 된 것이다. 그렇다고 하여 부흥이 결과적으로 사회에 미친 영향이나 그러한 기대까지 동일할 수 있는 것으로 생각하는 것은 옳지 않다. 한국 교회와 구미 교회의 역사적인 배경과 여건들이 다름을 감안해야 한다.

유럽에서 부흥 운동은 기독교적인 문화에서 명목적인 그리스도인으로 사는 사람들로 하여금 영적으로 각성하고 회개하여 참 그리스도인의 기쁨을 누리며 성화의 삶을 살도록 하게 만들었다. 경건주의나 웨슬리의 부흥이 개인들의 신앙을 일깨우는 한편 그들로 하여금 구제 봉사 및 사회 개혁을 위한 의욕을 가지게 하고 헌신하게 하였다. 오랜 연륜을 가진 서양의 교회와 사회는 그리스도인과 사회 봉사 혹은 사회 개혁에 관하여 이미 지식을 가지고 있었다. 교회 자체가 사회 봉사의 역사와 사상적인 전통을 가진 것이다.

교회 역사를 보아도 사도 시대와 초대 교회 시대에는 사도나 교부들이 사회 개혁이라는 개념을 가지지 못했다. 사회에 대한 봉사로는 구제 봉사에 머물렀다. 교회에서 말하는 사회 개혁이라는 개념은 19세기와 20세기에 이르러 비로소 생겨난 개념이다. 정치에 대한 관심이나 개혁 사상은 17세기의 청교도들에게서 강렬했음을 발견한다. 그들은 종교의 자유를 억압하는 정치적인 핍박을 피하여 신대륙에서 자유를 향유할 수 있도록 보장하는 정부를 자신들의 손으로 세워야 문제 해결이 된다고 확신했고, 그런 기회를 맞이했던 것이다.

사회 개혁 사상에 대하여는 근세에 이르러 반교회적이라고 할 수 있는 교회 밖의 사상가들, 예를 들어서 인문주의자와 합리주의자들이 목소리를 더 높였다. 19세기에 네덜란드의 흐룬과 카이퍼가 사회 개혁에 관심을 가지고 활동하게 만든 사상을 신칼빈주의(Neo-Calvinism)라고 하지만, 이웃 나라 독일에서는 자유주의 신학자들이 사회와 문화에 관심을 가진 사상을 문화개신교(Kulturprotestantismus)라고 칭하였다. 부흥은 교회와 그리스도인들로 하여금 그러한 생각과 지식을 따라 실천할 수 있는 힘을 공급한 것이다.

그에 반하여 부흥을 경험하게 된 초기 한국 교회의 주변 환경과 역사는 구미의 것과는 너무나 달랐다. 한국에서는 부흥을 통하여 다른 종교적 배경에서 살던 많은 사람들이 기독교가 구원의 종교임을 발견하고 개종하게 되었으며 기독교 진리를 이제 배우기 시작하였다. 그리고 당시의 한국인들에게는 사회 개혁이라든지 하는 사상이나 그런 지식은 생소하였다. 정약용 등 천주교를 중심으로 한 실학파 사람들이 그런 얘기를 이제 좀 하기 시작했을 뿐이다.

교회가 추진해야 하는 가장 중요한 과업으로 누구나 선교를 먼저 손꼽는다. 그런데 종교개혁 시대의 종교개혁 교회는 선교에 관하여는 별다른 생각이나 열의를 나타내지 않았다. 그들의 과제는 종교개혁의 신학과 교회를 확고히 하며 로마 가톨릭에 대항하여 자신을 변증하며 교세를 확장하는 것이 당면 과제였기 때문이다. 말하자면 가톨릭 신자들을 개신교 신자로 개종하게 하는 선교가 당면 과제였다. 그래서 그들은 동시대의 가톨릭의 예수회 교단이 온 지구를 누비며 선교했던 그런 식으로 선교에 힘쓸 여유를 가지지 못했다.

어떤 과제가 설령 성경이 가르치는 것이라고 하여 어느 시대나 장소를 불문하고 교회가 그것을 수행할 수 있을 것으로 기대할 수는 없다. 교회가 단순한 구제 봉사를 하는 열심에서 사회 개혁 사상에까지 이르려면 그럴 수 있는 역사적 배경과 축적된 신학이 있어야 한다. 그러므로 그러한 기대는 이제 100여년의 연륜을 가진 지금의 한국 교회에는 기대할 수 있으나 초기 한국 교회에서는 기대할 수 없는 일이었다. 따라서 초기 한국 교회의 대부흥이 사회 개혁을 동반하지 않았으므로 옳은 의미의 부흥이라고 할 수 없다는 말은 역사적인 상황은 전혀 고려하지 않은 것이다.

초기 한국 교회의 부흥이 교인들에게 영적인 각성을 통하여 참 회개와 기독교 신앙에 이르게 하였으며 도덕적인 삶에 변화를 가져다주었다면 그것으로 인하여 감사해야 한다. 그것은 더 큰 변화와 개혁을 위한 씨알이요 시작이다.

초기 대부흥

 1907년 평양의 장대현 교회에서 대부흥이 일어난 지 백년이 다가온다. 교회 일각에서는 2007년을 기하여 1907년의 부흥을 기념하며 성령의 부흥의 은혜를 간구하는 움직임이 있다. 초기 한국 교회 부흥이 흔히 말하는 듯이 1903년 원산에서 시작된 것이라면 1907년의 부흥은 그 절정이었다. 그렇다면 현재 우리는 이미 초기의 부흥이 있은 지 백년이 되는 시점에 있다. 당시의 부흥이 역사적인 사건이기는 하지만 부흥 운동을 하나님의 은혜로 말미암아 성령께서 주도하시는 운동으로 인식한다면, 여느 다른 단회적이고 역사적인 사건처럼 반드시 백주년이라는 등 햇수를 헤아리며 기념할 일은 아니라고 생각한다.

 초기 한국 교회가 경험한 그런 부흥은 우리에게 언제나 있어야 하고 햇수에 관계없이 현시점에서도 즉시 필요한 은혜이기 때문이다. 여하튼 우리는 그런 은혜를 간절히 사모하므로 우리 한국 교회가 출발할 무렵에 하나님께서 주신 부흥의 역사에 대하여 감사하며 그 역사를 회고하고자 한다. 그리고 초기 부흥에 대한 여러 이해나 평가도 아울러 고찰하며, 부흥의 은혜를 간구해야 할 오늘의 시점에서 우리가 처한 역사와 교회적인 상황도 함께 생각해 보고자 한다.

1907년의 대부흥

1907년 평양 장대현교회의 부흥은 한국 교회에 큰 영향을 미쳤으며, 부흥은 전국에 확산되어 새로 자라나는 한국 교회로 하여금 영적 생활의 기틀을 잡게 해 주었다고들 한다.[1] 일반적으로 부흥 운동의 연원은 1903년 원산에서 열린 산 집회에서 비롯되었다. 그런데 실은 그 이전 선교 초기부터 있었던 성경 공부가 부흥의 밑거름이 되었다고 보아야 할 것이다. 원산에서 2~3명의 감리교 선교사들이 모여서 중국에서 선교하다가 때마침 한국을 방문한 미스 화이트(Miss M. C. White)를 강사로 모시고 한 주간 성경 공부를 하며 기도회를 가졌다. 또 얼마 후 같은 선교사들이 장로교와 침례교 선교사들과 함께 이번에도 중국에서 선교하는 스칸디나비아 알리앙스(Alliance) 선교 연맹의 프란손(Rev. F. Franson)을 강사로 한 주간 저녁 집회를 열었다.

이 집회에는 원산의 한국인 신자들도 참석했다. 여기 참석한 선교사들 가운데는 한 주간 전부터 프란손 목사를 자기 집에 모시고 있던 의료 선교사 하디(Dr. R. A. Hardie, 河鯉泳)도 있었다. 그는 캐나다 대학 선교회(Canadian Colleges' Mission)에서 파송을 받은 선교사로 한국에 와서 1898년 남감리교 선교회의 회원이 되었다.

하디는 3년 전부터 강원도 지방에서 선교 일을 했다. 그는 선교가 뜻대로 진척되지 않아 실망 중에 있었는데, 이 집회에서 그는 동료들에게 선교의 어려운 점과 자신의 부족을 고백했다. 한국 사람들을 멸시하고 사랑으로 대하지 못한 것도 회개했다. 집회 중에 그는 성령의 충만을 경험했다. 그

---

1) William N. Blair, "The Korean Pentecost"와 J. R. Moose, "A Great Awakening", *K.M.F.* Vol. 2, No. 3(Jan. 1906), 51f.; Graham Lee, "How the Spirit came to Pyeongyang" *K.M.F.* Vol. 3, No. 3(March 1907), 33-37.

이후부터 복음에 대하여 냉담하던 청중의 태도와 반응이 달라졌다. 그의 설교에 사람들은 감동을 받아 회개하며 복음을 받아들였다.

1904년 봄에 원산에서 다시금 초교파적인 사경회가 열렸다. 이번에는 장로교 선교사 롭(A. F. Robb)과 장로교의 전계은(全啓恩)과 감리교의 정춘수(鄭春洙)도 "성령을 충만히" 받아 힘 있게 복음을 전파했다. 선교사들과 한국 각처의 교인들은 하나님께 부흥을 주시도록 기도했다.[2]

평양에 있던 선교사들이 1906년 8월에 하디를 사경회 강사로 초청하여 서로의 경험을 나누었다. 그후 뉴욕에서 한국으로 시찰 온 존슨 목사(Rev. Howard Agnew Johnson)를 초빙하여 인도와 웨일스(Wales)에 일어난 부흥에 관한 보고를 들었다. 이 보고를 듣고 난 후 온 교인들은 자기 교회에도 이러한 은혜를 주시도록 기도했다. 그들은 길선주(吉善宙) 목사의 모범을 따라 새벽기도회를 열고 성령의 충만하신 은혜를 간구했다.[3] 한국 교회의 부흥을 위하여 한국 성도들만 기도한 것이 아니고 선교사들과 선교사들을 파송한 본국 교회들도 기도했다. 선교사 무스(J. R. Moose)는 이렇게 기록하고 있다.

> 우리가 최선을 다하고 가장 지혜롭게 계획을 세운다고 하더라도 우리는 실패할 수밖에 없다. 그러나 우리가 주님께 모든 것을 맡기고 그의 말씀을 믿으면, 주님께서는 우리가 상상할 수 없는 방법으로 이 백성을 주님께로 돌아오도록 하실 것이다. 우리는 그것을 '부흥'이라는 말로 요약할 수 있다. 무엇보다 먼저 교회가 깊은 영적인 삶을 갖도록 해야 한다. 지금 교회가 가장 필요로 하는 것은 부흥임을 믿는다. 한국에서 일하는 모든 사역자들이 새해를 맞이하여 부흥을 경험하도록, 한국의 오순절이 진정으로 시작되도록 그 어느 때보다도 열심히 기도해야 할 것이다.[4]

---

2) J. R. Moose, "A Great Awakening", *K.M.F.*, No. 3(Jan. 1906), 51; W. G. Cram, "Revival Fires", *K.M.F.*, No. 2(Dec.), 33.
3) W. L. Swallon, "A Story of Korean Prayer", *K.M.F.* (October 1909), 182.
4) J. R. Moose, 앞의 글.

선교사 크램(W. G. Cram)은 자기 본국에 있는 신자들에게 다음과 같이 기도를 요청했다.

> 우리는 지금 급속하게 성장하는 한국 교회를 위하여 이렇게 노력하는 우리를 위하여 본국 교회가 기도해 주시기를 요청합니다. 교회는 다만 그리스도와 그의 의(義)만을 기초로 하여 세워져야 합니다. 여러 나라에서 부흥이 일어나고 있는 이러한 시점에 그리스도께서 연약하고 주저하는 많은 제자들의 마음속에 그의 형상을 이루어 주시도록, 그리고 그들에게 신앙과 소망과 용기를 주셔서 앞으로 교회에 큰 유익이 되도록 기도해 주시기 바랍니다. '한국을 그리스도께, 그리스도를 한국에게!' 이것이 우리가 원하는 것입니다. 이것은 위로부터 임하는 불의 부흥으로 가능합니다.5)

한국인으로서는 길선주와 전계은(全啓恩), 정춘수가 부흥 집회를 인도하며 크게 기여했다. 1907년 1월 6일부터 평양의 장대현교회에서는 일주일 이상 계속되는 사경회가 열렸다. 이 역사적인 사경회가 열리기까지 길선주 목사의 인도로 장대현교회의 교인들이 새벽마다 예배당에 모여 하나님께 은혜를 간구하는 새벽 기도회로 모였다. 스왈른(S.L. Swallen)은 그 사실을 이렇게 회고한다.

> 평양에 위치한 큰 교회인 중앙교회의 한국인 목사 길선주는 평양의 신도들에게 차가운 냉기가 감도는 것을 느끼고 자기 교회의 장로 한 사람과 매일 새벽에 기도하러 예배당에 가기로 결심했다. 이 두 사람은 겸손하게 신뢰하는 믿음을 가지고 그 사실을 아무에게도 알리지 않고 매일 새벽 4시면 기도했다. 이러기를 두 달을 계속했다. 그러자 그 사실은 점차로 여러 사람들에게 알려지게 되어 기도회에 참여하는 사람들이 불어나게 되었다.
> 길 목사는 많은 사람들이 자기들과 함께 기도하고 싶어 하는 것을 알고는 누구든지 원하는 이는 자기들과 함께 기도할 수 있다고 말하고 4시 반이면 종을 치도록

---

5) W. A. Cram, 앞의 글.

하겠노라고 주일 예배 시에 교회에다 광고했다. 그 이튿날 아침에 사람들이 예배당으로 오기 시작했다. 벌써 새벽에 수백 명이 모였다. 첫 날 종이 울렸을 때는 4, 5백 명의 교인들이 모였으며, 이삼일 후에는 6,7백 명의 사람들이 모여들었다. 나흘째 되던 날, 기도 중에 갑자기 온 회중이 자신들이 무관심하고 냉랭하며 봉사할 마음이 적고 열심이 부족한 것을 깨닫고 통회하기 시작했다. 그후 그들은 죄를 사함 받는 기쁨을 맛보고 하나님을 섬기고자 하는 강한 욕망을 갖게 되었다.6)

장대현 교회

1907년 1월 장대현교회의 사경회는 첫날 저녁부터 남자만도 1500명의 사람이 모여들어 부인들은 앉을 자리도 없을 정도였다. 한국인 교회 지도자들과 선교사들이 저녁 집회를 인도하며 교회에 사랑이 필요함을 역설하고 신자는 성령의 인도 하에 살아야 하다고 강조했다. 1907년 1월 14일 방위량 (Rev. W. N. Blair) 선교사는 "너희는 그리스도의 몸이요 지체의 각 부분이라"는 고린도전서 12:27 말씀으로 설교했다.7)

방위량 선교사는 이 말씀으로 교회가 하나임을 강조하면서 교인은 다

---

6) W. L. Swallon, "A Story of Korean Prayer", *K.M.F.*, No. 11(October 1909), 182.
7) 민경배는 이 성경 구절이 성찬과 관련하여 교회의 연대성을 가르치는 말씀으로 사람들에게 감동을 준 것이었음을 의미 있게 생각한다. 동남아의 니아스(Nias)에서는 1916년에서 1930년까지 부흥 운동이 계속되어 주민의 90%가 기독교로 개종하였었는데, 이 부흥 운동은 성찬식을 준비하는 과정에서 시작되었다고 한다(The Müller, "Die große Reue in Nias, 1931", in: *RGG³* II, Sp(반쪽). 629.

지체로 연결되어 있고, 서로 남의 짐을 같이 져야 한다고 말했다. "교회가 하나 되지 못하면 그것은 몸에 병이 난 것과 같다"고 말하고, "교인 한 사람의 마음속에 남을 미워하는 생각이 있으면 그것이 온 교회에 상처를 입힐 뿐 아니라 교회의 머리이신 그리스도에게 상처를 입히는 것"이라고 하면서 마침 상처를 싸맨 자기의 손가락을 쳐들어 보이면서 말했다. 이 설교의 결과는 놀라웠다. 온 교인이 깊이 감동을 받고 죄를 회개했다.

왼쪽부터) Dr. Drwells, Mars. webb, 이길함목사, Mus, lee, Milo, 마포삼열목사

이튿날 월요일 저녁에는 이길함 (Rev. Graham Lee) 선교사가 집회를 인도하면서 교인들 가운데 누구든지 대표로 기도하라고 말했다. 그랬더니 기도하려고 나서는 사람이 너무 많아 다 함께 통성으로 기도하도록 했다. 소리를 내어 제각기 기도했으나 다 한 마음이 되어 기도했다.

아무런 혼돈도 없었다. 그저 목소리와 영(靈)이 조화를 이루었다. "그것은 마치 폭포와 대양의 물결 소리같이 하나님의 보좌에 상달되었다. 온 교인이 하나님의 능력에 사로잡혀 눈물을 흘리며 회개하면서 기도하기를 새벽 2시까지 계속했다."8)

그 다음 날 저녁에도 같은 회개 기도가 되풀이되었다. 사람들은 죄를 통회하며 하나님께 용서를 빌었다. 선교사들은 이러한 뜻밖의 결과에 놀라서 강단에 모여 이러한 교인들의 반응이 순수한 것인지에 대하여 서로 의견을 교환했을 정도였다. 심지어 선교사들은 이러다가는 정신을 잃는 사람이 생길까 봐 은근히 걱정도 했다. 그러나 그들은 "우리가 하나님께 성령을 부어 주시라고 기도한 그대로 성령이 임하신 것이 아니냐" 하면서 교인들이 울며 소리치는 것을 그냥 놔두었다. 선교사들은 또한 개인적으로 한 사람씩

---

8) Graham Lee, 앞의 글.

자리로 찾아가서 하나님께서 죄를 용서하신다고 위로했다.

이 회개 운동은 학교에도 번졌다. 평양의 숭덕학교에서는 김찬성(金燦星) 교사가 인도하는 기도회에서 300명의 학생이 죄를 깨닫고 통회했다.9) 숭실 전문학교 학생들도 회개의 영을 받았다. 1907년 2월에 학생들이 새 학기를 위하여 학교에 와서는 그들도 마찬가지로 성령의 역사하심을 경험했다. 사경회를 인도하던 사람들은 학생들의 감정을 돋우려는 의도도 없었다. 부흥을 위한 분위기 조성을 위하여 달리 한 일도 없었다. 인도자들은 다만 예수의 십자가를 얘기했을 뿐이었다. 그런데도 성령께서 능력으로 임하셔서 많은 학생들이 회개했다. 그들은 이 시간에 새로 거듭남을 체험했다. 그리고 교회를 위하여 봉사 생활을 하기로 결심한 이들도 있었다.

학생들은 평양과 그 주변의 시골로 가서, 아니 경기도와 충청도까지 가서 이 부흥의 불길을 전했다. 이 해 5월에 장로교 신학생들은 그 해 여름 3개월간의 공부를 위하여 학교로 모여들자 교회를 위하여 특별한 사명을 지닌 이들을 위하여 선교사들은 특별 집회를 열었다. 이리하여 한국 교회를 인도할 장래의 전도자들은 "성령의 불길에 그들의 죄를 태우는 통회를 경험했다."10)

부흥은 1907년 이전부터

일반적으로 1907년 평양 장대현교회에서 일어난 부흥 운동이 한국의 오순절인 것으로 말하나 사실은 이미 1907년 이전에 한국의 전역에서 부흥이 일어나고 있었다.11) 선교사 크램은 1906년에 중부지방의 송도(松都, 개성)에서 대부흥이 일어났음을 보고한다.

---

9) 민경배, 앞의 책, 210.
10) G. S. McCune, "Opening Days at the Theological Seminary", *K.M.F.* Vol. 3, No. 6 (June 1907), 89; S. M. Zwemer and A. J. Brown, *The Nearer and Farther East* (New York, 1908), 187.
11) 박용규, 『평양 대부흥 운동』 (서울: 생명의말씀사, 2000), 124 이하 참조.

성령의 주재 하에서 사람들이 회개하고 죄를 고백하는 일들이 순수한 것이었습니다. 그리스도께서 그들의 죄를 도말하여 주시는 것을 확실히 믿고 마음으로부터 기뻐하고 즐거워하는 광경을 보는 것은 정말 감동적이었습니다……돈을 훔친 자는 돌려주고, 형제를 미워한 자는 당사자에게 용서를 빌며, 돈을 위하여 예수를 믿는다고 한 사람들은 이제는 참으로 주님을 섬기겠다고 고백했습니다. 양반이라고 하여 천민을 멸시하던 사람이 이제부터는 그 사람들을 종으로 알지 않고 친구요 형제로 대하겠다고 했습니다……진실로 하나님께서는 우리에게 대부흥을 주셨습니다……부흥의 불길을 주신 하나님께 감사합니다. 이 불길이 교회에서 교회로, 전도소에서 전도소로 번져가서 마침내 한국 교회가 명실상부하게 마음에서부터 기독교 교회가 되기를 빕니다.12)

무어(S. F. Moore)와 클라크(C. A. Clark) 역시 1906년 4월에 한국 선교 잡지(*Korea Mission Field*)에 기고한 글을 보면 같은 해에 서울에서 열린 사경회에서 일어난 부흥에 관하여 언급하고 있다. 클라크는 서울 시내에서만 하더라도 밤 기도집회와 사경회가 몇 달을 두고 두세 군데씩 열리고 있다고 같은 선교 잡지에 때를 같이하여 보고하고 있다.13) 남부 지방에서도 이미 1906년 저딘(Rev. J. S. Gerdine)이 인도하는 목포(木浦) 사경회에서 통회 운동이 일어났다.

이와 같이 1907년 평양 장대현교회의 대부흥 이전에 이미 부흥의 불길은 여기저기서 타오르고 있었다. 1903년 원산 지역에서 시작된 부흥은 각 지역에서 열리는 사경회를 통하여 전국으로 확산되어 1906년과 1907년에 이르러서는 한국 교회가 사람들로 하여금 회개케 하시는 성령의 크신 역사를 경험하게 되었다. 선교사들은 이미 1906년에 "이 부흥 운동은 감정적인 요소에도 불구하고 무책임한 감정에 도취한 잔치(orgies)는 아니었다"고 기술한다.14)

---

12) W. G. Cram, "The Revival in Songdo", *K.M.F.* Vol. 2 No. 6(April 1906), 112f.
13) S. F. Moore, "The Revival in Seoul", *K.M.F.*, *K.M.F.* Vol. 2 No. 6(April 1906), 117; C. A. Clark, "Seoul Central Church", 같은 책, 213f.
14) A. D. Clark, *History of the Korean Church* (Seoul, 1961), 165.

그것은 하나의 순수한 회개 운동이었다. 미리 충분한 성경 공부를 했기 때문에 광신적인 요소(fanaticism)는 없었다고 한다. 이 대부흥 운동은 "한국 교회의 영적 중생(重生)"이라고 할 수 있다. 이길함 선교사는 이를 "한국 교회가 성령의 세례를 받은 것"이라고 표현한다.15)

이 운동을 통하여 한국 교회는 나름의 특성을 지니게 되었다. 부흥 운동 이후 선교사들과 한국인 신자들은 피차 상대방을 더 잘 이해하고 더 깊은 교제를 갖게 되었다. 말하자면 부흥 운동으로 말미암아 한국 신자들의 도덕적, 영적 생활은 보다 높은 수준에 이르게 되었다고 말한다. 1930년대에 교회는 일본의 식민지 통치하에서 신사 참배 문제 등 어려운 시련을 겪어야 했다. 교회적으로 신사 참배에 굴종하는 고배를 마시긴 했으나 신앙의 절개를 지킨 이들이 있었고 신사 참배 반대 운동도 있었다.

초기 대부흥에 대한 잘못된 평가에 대한 변증

● 어떤 이들은 초기 한국 교회의 부흥 운동은 한편 한국인의 대단한 종교적인 심성 때문에 경험하게 된 것이라고 말하는가 하면, 선교사들은 이 부흥 운동을 통하여 한국 교회의 비정치화를 달성했다고도 한다. 즉 한국 개신교의 관심을 영적이며 피안적인 것을 지향하도록 강조함으로써 정치와 현실 문제로부터 떠나게 했다고 하며, 그럼으로써 의식적이든 무의식적이든 한국 교회의 비정치화 작업을 위하여 일본의 제국주의에 협조했다고 한다.16)

그러나 이러한 발언은 마치 부흥 운동을 인위적으로 조작할 수 있다는 식의 견해를 대변하는 듯이 보인다. 부흥 운동을 그런 식으로 이해할 수는 없다. 부흥 운동은 성령께서 주권으로 일하시는 불가항력의 영적인 운동이다.

---

15) Graham Lee, 앞의 글.
16) 閔庚培, 『民族敎會形成史論』, 42이하; 李章植, "韓國 外來宣敎政策 史的 批判", 『基督敎思想 講座』(서울: 대한기독교서회, 1963).

근세의 부흥 운동은 17세기 말엽 독일에서 경건주의 운동이 일어나면서부터 20세기 초에 이르기까지 영국 웨슬리의 부흥 운동, 미국의 조나단 에드워즈의 각성 운동과 2차 3차에 걸쳐 일어난 각성 운동과 유럽의 개신교 나라들과 세계의 여러 선교지에서 줄곧 일어난 것이다.

기독교 신앙과 경건을 이해한다면서 선교 활동을 식민주의 운동으로 말하거나 부흥 운동을 서양의 식민주의를 봉사하기 위한 환각제와 같은 것이었다고 말할 수는 없다. 초기 한국의 부흥도 마찬가지이다. 이 부흥을 통하여 한국 기독교 신자들은 예수 그리스도를 믿는 확신에 거하게 되고 도덕적으로 정화되었으며 열심히 전도할 힘을 얻게 되었다.

- 한국 교회 초기의 부흥이 교회 성장에 기여했느냐 하는 문제를 두고 직접적인 요인은 아니었으며 다만 교회 내의 기독신자들의 수준을 높이는 데 역할했다는 의견을 말하는 이가 있다. 서명원(R. E. Shearer)은 교회 성장의 수치를 들어서 그렇게 말한다. 즉 교회의 급속한 성장은 1907년 이전부터 시작하여 1914년까지 계속되었기 때문이라고 한다.

그러나 부흥 운동이 교회 성장의 요인이 될 수 있었는가의 여부를 통계 수치에 근거해서만 논할 수는 없다. 사실은 많은 사람들이 이 운동이 교회 성장에 큰 몫을 다했다고 인정하는 바이다. 죄를 회개하고 그리스도를 구주로 올바로 인식하고 믿는 영적인 각성은 유기적인 교회 성장의 초석이 되기 때문이다. 김재준 역시 부흥이 한국 교회 성장에 기여한 것임을 말한다.[17]

- 유럽에서는 부흥 운동이 기독신자들로 하여금 영적으로 각성케 했을 뿐 아니라 사회 봉사 운동을 유발하였으나 한국에서는 기독신자들의 신앙심을 깊게 하고 도덕성을 고양하는 데 그쳤다면서 아쉬워하는 견해가 있다.

그것은 양 교회가 처한 역사적 및 사회적 배경의 차이에서 오는 것이므로 단순히 현상만을 보고 비교하여 평가할 수는 없다. 한국 사회는 선교가

---

17) Roy E. Shearer, *Wildfire: Church Growth in Korea*, 56; Kim Chae-Chun, "The Present Situation and Future Prospect of the Korean Church", in: *Korea Struggles for Christ*, 28.

시작된 지 오래지 않았으며 복음을 받은 신자가 소수였던 사회인 반면에, 유럽 사회는 주민의 대다수가 교회에 적을 두고 있을 뿐 아니라 오랜 기독교 역사와 함께 구제 봉사의 전통을 가졌으며 사회 운동을 말하는 인문주의 사상이 확산되고 있던 사회임을 고려해야 한다.

교회와 역사적 상황에 대한 반성

교회 역사에서 부흥이 일어났을 때마다 그런 운동이 조성된 역사적인 배경과 교회적인 정황이 있었고 부흥을 필요로 하는 과제가 있었다. 종교개혁자들에게는 타락한 중세 교회와 왜곡된 신학을 개혁하는 것이 과제였다. 청교도 운동에서는 교회의 철저한 개혁이 과제였으며, 경건주의 운동에는 정통주의에 대한 반성이 과제였다. 웨슬리와 조나단 에드워즈의 부흥의 경우도 반율법주의 사상(antinomianism), 계몽사상 및 합리주의 사상에 대응해야 하고 산업화로 격변하는 사회에 사는 백성들에게 복음을 전하고 그들을 목회해야 하는 과제가 있었다.

초기 한국 교회에 대부흥이 있었을 때는 일본에게 외교권과 내정의 많은 권리를 박탈당한 을사조약이 체결되기 전후였다. 당시의 사람들은 현재의 우리와는 교회를 보는 눈이 달랐다. 당시는 복음이 무엇인지 아는 사람은 아직 미미한 소수였다. 나라가 기울어가는 상황에서 울분과 절망과 좌절 속에 방황하던 많은 백성들은 교회를 희망의 빛을 비추는 등대로 알았다. 교회가 바야흐로 조직되던 때였으며, 교회의 정황은 단순했다. 당시의 역사적 상황은 물론 오늘의 것과 같을 수가 없다.

그럼에도 불구하고 한반도를 둘러싼 열국들과의 관계나 정치적이며 사회적인 상황에서 사람들이 위기의식을 가지는 면에서는 비슷한 점이 많은 줄 안다. 그러나 교회의 정황이나 위상은 여러 면에서 다르다. 오늘에는 교회가 사회의 희망이라거나 도덕성이 뛰어나다고 생각하는 사람들이 부끄럽게도 별로 없는 현실이다. 초기 교회의 교인들이 회개했던 일들과 오늘 우리가 회개해야 할 일들이 같지 않다. 오늘 우리가 회개해야 할 문제들은 훨씬 더 많고 복합적이다. 우리는 그런 점을 염두에 두고 오늘의 우리의 모습을 반성하고 회개해야 할 것이다.

부흥 운동은 회개 운동이다

그리스도의 교회의 영적인 부흥은 회개로부터 시작된다. 교회의 윤리와 도덕성 역시 회개에서 출발하며 회개를 통하여 회복된다. 사도 시대의 예루살렘 교회는 사람들이 베드로의 설교를 듣고 회개함으로써 출발하고 부흥하게 되었으며 윤리적이며 성스러운 바람직한 교회 상을 실현해 보였다. 교회의 개혁을 위해서는 무슨 가시적인 교회 제도나 예배 형식의 개혁보다는 회개가 선행되어야 하고 지속되어야 한다. 종교개혁이 회개 운동이었고, 경건주의 운동과 18,19세기에 있었던 각성 운동이 회개 운동이었다. 1906년을 전후한 한국의 부흥 운동도 회개 운동이었다. 그것을 계기로 한국 교회는 영적으로, 윤리적으로 거듭난 교회가 되었다.

우리 그리스도인들은 "하나님을 사랑하고 이웃을 사랑하라"는 하나님의 계명을 지키며 살아야 하는데, 그렇게 하지 못하는 우리는 늘 자신을 반성하고 회개하며 산다. 이웃 사랑이 윤리 강령임은 인문주의나 다른 고등 종교에서도 마찬가지이다. 기독교 교인의 윤리적인 삶이 그 점에서 특별히 나을 것이 없다. 단지 기독교인의 윤리적인 삶, 즉 성화의 삶이 다른 점은 살아 계시는 인격적인 하나님 앞에서 이웃을 사랑하지 못하는 우리 자신을 되돌아보고 회개하는 점이다. 회개함이 있어야 기독교인의 윤리적인 삶이 비기독교인의 윤리적인 삶과 구별된다. 회개하는 삶이 그리스도인의 삶이다. 그리스도인의 성화는 회개를 통하여 이루어진다.

우리는 회개에 인색한 백성이다

방송사에서 교회의 비리나 부도덕한 점을 지적할 때면, 교계의 일부 인사들은 이 사건을 계기로 하나님 앞에서 함께 회개할 마음의 자세를 가져야 한다고 말하기도 하지만, 그렇지 않은 이들도 많다. 그런 이들은 교회에 대한 공공연한 비판을 못마땅하게 생각한다. "교단 전체를 매도하는 듯 하는 방송사 보도의 경솔함에 분노하여 그것을 질책할 수도 있겠으나……" 혹은 "한 개인을 들어 한국 교회 전체를 매도하는 듯 하는 방송사 보도의 잘못을 질책하며, 교회의 신앙과 선교의 자유를 저해하는 어떠한 세력에도 굴복하거나 타협할 수 없으나……" 하는 단서를 붙이면서 회개해야 하겠다고 말한다.

회개할 마음을 가진다면서 그런 단서를 붙일 수가 없다. 회개하는 사람은 잘못을 지적하는 이들을 나무랄 여유가 없으며 그들에게 맞서 당당함을 보일 수 없다. 어떤 지도적인 목회자가 비판을 받는다면, 당사자는 한 개인이지만 그리스도의 몸인 교회의 지체이며 공적인 직분자로서 한국 교회를 대표하는 지도적인 인물이므로 그가 당하는 부끄러움이 곧 교회 전체의 부끄러움이요 우리와 나의 부끄러움이다. 적어도 그렇게 느껴야만 우리는 하나님 앞에서 진정으로 통회할 수 있다. 나단 선지자가 다윗 왕에게 그가 범한 죄를 지적했을 때 다윗은 그 즉석에서 회개했다. 나단의 신분이나 자격을 묻거나 절차의 옳고 그름을 따지지 않았다. 회개하는 자에게는 그럴 여유가 없다.

교회가 언론 기관을 걸어 명예 훼손죄로 고발하거나 법적인 투쟁을 하면 한국 교회는 그만큼 더 부끄럼을 당하게 마련이다. 교회의 도덕성은 세상의 법정에서 법을 따져 비로소 인정을 받는 그런 것이 아니다. 교회가 빛이 못되고 소금의 역할을 못하면 세상이 다 그것을 감지하게 되어 있다. 우리 그리스도인들은, 그리스도인의 공동체인 교회는 누구의 비판이나 질책을 통해서든지 자신을 반성하고 회개할 수 있어야 한다.

우리가 자신을 반성하고 회개할 때 하나님께서 불쌍히 여기시고 우리에게 회개의 신을 부어 주신다. 우리가 진정으로 회개하면 한국 교회는 회개하는 교회로 살게 될 것이다. 그러면 그때 비로소 우리 교회는 실추된 명예를 회복할 수 있게 되고 하나님께 영광을 돌릴 수 있게 된다. 그러기 위하여 우리는 자신의 실상을 좀 더 구체적으로 성찰해야 한다.

한국 교회는 먼저 일제 시대에 신사 참배를 한 죄를 교회가 공적으로 회개하지 않았던 사실을 뉘우치며 회개해야 한다. 반세기가 지난 오늘에 무슨 새삼스런 말이냐고 할 수 있겠으나 성경에서 회개하는 하나님의 백성들은 조상들의 잘못과 죄를 범한 역사를 자기의 것으로 알고 회개하는 것임을 가르친다.

신사 참배는 우상 숭배이다. 일제는 신사 참배 강요를 시작으로 교회를 말살하고 민족을 예속화하려고 했다. 일제에 부역한 교회 지도자들은 하나님 앞과 민족 앞에 회개하지도 않고 여전히 지도자로 행세했다.

일본 정부는 한국을 위시한 아시아의 나라들에게 저지른 만행에 대하여 사과할 줄을 모른다. 계속 자신들을 변명하고 정당화하는 것에 우리는 혐오감마저 느낀다. 그러나 우리 자신을 되돌아보면 자신들이 일본의 정부나 지도자들보다 나을 것이 없음을 깨닫는다. 잘못을 솔직히 시인하고 공적으로 사죄하기를 싫어하기는 마찬가지이니 말이다. 우리 역시 회개를 모르고 참회록을 갖지 않은, 비기독교적인 동일한 문화권에서 살아온 백성이어서 그럴 것이다.

한국 교회가 하나님 앞에 회개하는 일에는 인색한 채로 교회 성장을 이룩해 왔다면, 우리 교회는 회개를 모르고 복 받기만을 원하는 무속 종교적인 요소를 탈피하지 못했거나 일반 종교적인 심성을 그대로 가지고 성장해 온 셈이다.

교회 분열: 한국 교회를 병들게 한 요인

제일 큰 교파인 장로교의 경우 현재 분열된 교단의 수가 세 자리 수를 헤아린다. 교회 역사상에 유래가 없는 부끄러운 일이다. 교회 분열은 그 자체가 비윤리적인 것이다. 화해와 화평의 복음에 근거하는 그리스도의 교회가 무분별하게 분열하는 것은 부끄러운 일이다.

교회가 분열하여 난립하며 서로 경쟁하다 보면 자연히 영리 기관의 생리를 갖게 마련이다. 1960년대 이후 교회 성장학이 도입되면서 교회의 경쟁은 더 치열하게 되었다. 그러면서 대교회들의 탄생을 보게 되었다. 많은 목회자들과 신자들이 대교회를 선망하므로 대교회주의가 만연하였다. 교단 및 개교회들 간의 경쟁과 대교회들의 탄생은 개교회주의를 야기한다. 대교회들은 거의 필연적으로 개교회주의 교회로 발전한다. 노회보다 큰 교세를 가진 대교회는 선한 사업도 노회를 앞질러 하며 그것을 자부한다.

대교회는 여러 면에서 자본주의의 시장 경제 원칙을 따라 존립하는 대기업과 유사성이 있다. 대교회가 주변의 중소 교회들을 잠식하는 과정에서부터 그러하다. 대교회의 목회자는 설교자이면서 동시에 경영자로서 재벌 총수와 유사하다. 옛날 우리의 선배들은 상상도 할 수 없었던 판공비를 받는가 하면, 2세에게 자리를 세습하는 경우가 비일비재하다.

교회 성장학이 들어오면서 목회 혹은 목양이란 말 대신에 교회 경영이니 교인 관리니 하는 말을 아무런 거부감 없이 사용한다. 교회를 크고 웅장하게 짓는 것도 교회 성장을 위한 필수적인 '전략'이다. 개교회주의는 성경이 가르치는 원리가 아니므로 교회들은 이를 지양해야 한다. 지역 교회는 보편적인 그리스도의 교회의 한 지체이다. 이를테면, 장로교는 장로교대로, 감리교는 감리교대로 각자의 교회 정치 원리에 충실해야 한다. 지역 교회는 소속 노회나 총회 혹은 감독청이나 연회와 유대 관계가 있어야 하고 감독을 받아야 한다. 형제들이 서로 순복하며 주님의 뜻을 헤아려야 하며 목회를 점검 받아야 한다. 개교회주의화한 대교회의 카리스마적인 목회자가 바티칸의 교황보다도 더 절대적인 교권을 행사하는 교주 같은 작은 교황이 되면, 거기에는 부정과 부패가 깃들일 수 있는 여지가 얼마든지 있다.

교회의 분열과 경쟁으로 인하여 교회의 권위가 실추되었다. 교회는 권징을 시행하지 못하는 윤리 부재의 교회가 된다. 권징은 교회의 순결과 성례의 거룩함을 보전하기 위한 것인데, 권징이 없는 교회는 이미 도덕적인, 윤리적인 교회를 지향하는 교회로서의 자격을 상실한다. 교인의 확보에 몰두하고 경쟁하는 교회와 교단은 다른 교회나 교단에서 징계를 받은 이들에게 도피처가 되어 준다. 그것은 윤리적인 교회이기를 포기하는 행위이다.

교회의 분열과 경쟁으로 말미암아 대다수 도시 교회가 회중교회 유형의 교회가 되었다. 그래서 도시의 많은 교회들은 지역 공동체에 관심을 두고 봉사하는 소위 지역 공동체의 성격을 상실하였다. 교회가 위치한 지역 사회와는 연고가 없는 교인들이 멀리서 와서 모였다가 흩어진다. 그래서 교회 공동체는 공동체대로 그것이 위치하는 지역 사회와는 무관하게 살고, 흩어져 간 교인들은 그들이 거주하는 지역 사회에서 소속 교회를 달리하는 그리스도인들과 이웃해서 살지만, 지역 사회에 대하여는 무기력한, 결속력이 없는 개별적인 그리스도인으로 산다.

교회의 분열로 인하여 많은 교단들이 생겨나는 바람에 많은 부실한 신학교들도 생겼다. 교단과 교회들이 난립해 있는 틈에서 정체성이 모호한 교단과 집단들이 전통적인 교회의 이름을 가지고 서식한다. 그러나 이런 사이비 교단이나 집단들을 현재로서는 규제하거나 감독할 방법이 없다. 같은 신앙고백을 가진 교회들이 통합하거나 더 긴밀히 연합을 하면 정체성이 모호한 교회는 노출될 수 있을 것이며, 설사 도태는 되지 않는다고 하더라도 경계해야 할 대상으로 드러날 수 있을 것이다.

한국 교회의 분열 요인은 단결을 잘 못하는 당파심, 지역 감정, 공명심, 참을성의 결여, 장로교의 경우 민주주의에 가까운 교회 정치 따위라고 설명한다. 그러나 가장 결정적인 요인은 교회의 분립을 예사롭게 여기는 분리주의적 교회관이다. 교회의 통합을 이념으로 하는 교회보다는 개혁주의와 개혁을 더 많이 강조하는 교단들이 주로 분열해 왔으니 말이다.

종교개혁자들이 교회를 가시적인 교회와 불가시적인 교회로 나누어 보았으나 그들은 두 개념을 긴장 관계에서 이해했다. 그러나 로마 가톨릭교회는 가시적 교회를 자신들의 교회와 동일시하는 반면에, 신령주의적인 교회들은 자신들의 교회가 불가시적인 교회이기를 추구한다. 경건주의와 부흥주의적 신령주의 전통의 영향을 받은 한국 교회는, 특히 장로교회는 교회의 개혁을 추구한다면서 교회 분리를 자행하게 된 것이다.

한국 교회가 윤리적인 취약점을 드러내는 것 역시 교회관과 무관하지 않다. 교회관은 목회와 교회 정치, 사회 및 문화 전반에 대한 자세와 세계관에도 반영된다. 신령주의자는 현실의 불완전한 교회를 정죄하면서 '보이지 않는 교회', 즉 '신앙인들만의 교회'를 추구하는 반면에, 하나님의 주권 사상을 강조하는 개혁주의자는 '보이지 않는 교회'를 시인하면서 '거룩한 교회'를 지향해야 하는 불완전한 현실의 교회를 중요시하며 목회한다.

신령주의는 특별 은총을 강조하고 일반 은총에 대한 개념이 희박한 반면에, 개혁주의는 특별 은총과 함께 일반 은총을 균형 있게 인식하고 강조한다. 신령주의는 죄악으로 가득한 현세와 세속의 역사와 문화를 정죄하는 나머지 반지성적이며 반문화적인 경향을 보이며, 영적인 삶에 치중하여 윤리를 소홀히 하는 반면에, 개혁주의는 그러한 현세와 세속의 역사와 문화가 하나님의 주권과 심판 아래 있음을 인식하면서 영적인 삶과 함께 윤리적인 삶을 강조하며, 하나님의 나라의 확장을 위하고, 역사에 참여하며 현세와 문화의 변혁을 위하여 최선을 다한다.

흔히 말하기를 국민 전체 인구의 25%를 차지하는 기독신자들이 성경 말씀대로 제대로 산다면, 한국 사회에는 큰 변혁이 일어날 것이라고 한다. 그러나 그것은 가정법을 전제로 한 추론에서 말하는 희망 사항일 뿐이다. 먼저 기독신자들의 수치는 대다수 교회들이 교인수를 부풀려 광고하거나 보고한 데서 얻은 과장된 수치이다. 거짓과 속임수와 불신으로 얼룩지고 멍든 한국 사회에서 교회는 이 점부터 부끄럽게 여기며 깊이 반성해야 한다. 선교연구소의 조사나 갤럽 조사에 따르면 실제의 기독교 인구는 700~800만이라고 하니까 아직 전체 국민 인구의 16~18%에 지나지 않는다.

교회에 등록하고 출석하는 사람이라고 하여 다 확고한 신앙을 가진 그리스도인은 아니다. 사람들이 그리스도를 구주로 고백했다고 하여 세계관이 당장 바뀌는 것은 아니다. 교회에 등록한 그리스도인이 되는 것은 가시적이며 수로 계산될 수 있으나 하나님의 말씀을 따라 바람직한 삶을 사는 일은 단번에 달성되는 일이거나 수치로 환산될 수 있는 일이 아니다.

우리 그리스도인들은 우리가 살고 있는 사회와 문화를 변혁해야 할 과제를 안고 있다. 그러나 그리스도인들이 마치 재난 지역에 투입되어 구조 작업을 하는 소방원들과 같은 제삼의 존재는 아니다. 타락한 사회와 문화 속에서 태어나 거기서 나름의 삶의 방식을 익히면서 어우러져 함께 살아 왔으며 살고 있는 사회의 일원이다. 우리 자신들부터가 구조를 받고 구원을 받아야 할 사람이다. 부정직한 사회에서 정직하게 살려고 노력하고 싸워야 하며, 날마다 더럽혀진 몸과 마음을 씻어야 하는 사람이다. 그리스도인이라고 하여 자기가 사는 사회의 일반 사람들보다 월등히 차원 높은 윤리관이나 세계관을 가지지 못하는 것이 현실이다.

이를테면 공중도덕을 지키는 일을 두고 보면, 한국의 그리스도인이 일본의 불신자보다 조금도 나을 것이 없다. 자기가 사는 세상의 가치관과 세계관을 탈피하고 기독교적인 가치관과 세계관을 가진다는 것이 쉬운 일이 아니다. 그것은 오랜 교육을 통하여 개개인이 변화되어 기독교적인 교양을 갖게 되고 그러한 교양을 가진 사람들이 많아져서 재래의 문화가 기독교적 문화로 바뀌게 된다.

엄밀한 의미에서 기독교적인 문화가 존재한다는 것은 말할 수 없는 것이라고 하지만, 서로 신뢰하고, 서로 양보하며, 서로 사과하고, 순번을 기다리기 위하여 참을성 있게 줄을 서고, 교통 질서를 지키며, 쓰레기를 아무데나 함부로 버리지 않고 분리수거를 하며, 관리와 경찰이 법을 지키며 맡은 일에 충실하고, 부정 식품을 제조하는 일이나 폐수 방출이나 공해를 유발하는 모든 것을 엄격히 규제하고 고발하며, 야생 동물과 자연을 사랑하는 그러한 사회라면 기독교적인 문화를 이룬 사회라고 할 수 있을 것이다.

하나님을 사랑하고 이웃을 사랑하라고 하는 말씀은 주 예수님께서 가르치신 대로 율법과 선지자의 강령이다. 하나님의 형상으로 지음 받은 모든 사람들이 따라야 할 삶의 규범이다. 하나님을 알지 못하는 백성은 하나님을 사랑하라는 종교적인 계명은 인식하지 못하고 윤리적인 계명을 단지 규범으로만 인식한다. 그러나 우리 그리스도인은 윤리적인 규범을 하나님의 계명으로 인식한다. 우리 그리스도인에게는 종교적인 계명과 윤리적인 계명이 하나이다.

중세 교회는 주민들을 다 교인으로 끌어안게 되면서 교회는 봉건제도를 닮아 교계주의(敎階主義)가 형성되었다. 많은 고위 성직자들은 종교로 우매한 백성들 위에 군림하고 지배하면서 백성들과는 월등히 다른 선민이 되었다. 그들의 대다수는 귀족들처럼 재물을 소유하고 호사를 누리며 부도덕한 생활을 즐겼다. 교황청은 교황청대로 주교들은 주교들대로 재원을 갹출하기 위하여 묘안을 강구했다. 성직 매매며 면죄부가 그런 묘책의 대표적인 것들이다. 백성들은 우매한 가운데 버림을 당한 채 제도적인 교회는 부패의 수렁에 깊이 빠지게 되었다.

여기서 헤어 나오려고 하고 교회를 정화해 보려는 운동은 중세에도 있었으나 목적을 달성하지 못했다. 그러나 16세기 루터를 위시한 종교개혁자들로 인하여 교회의 쇄신 운동이 일어나면서 종교개혁의 교회는 교황주의의 로마 가톨릭교회에서 분립하게 되었다. 그것을 계기로 로마 가톨릭교회 안에서도 도덕적인 정화 운동이 일어났다. 종교개혁 운동은 교권주의에서 해방되어 성경으로 돌아가자, 하나님을 믿는 참 신앙으로 돌아가자는 운동이다. 그런데 그 이전부터 중세 교회의 비리와 부조리를 지적하고 비판한 사상 운동이 있었다. 그것이 바로 14세기부터 일어난 문예부흥의 중심 사상인 휴머니즘이다.

인간을 만물의 척도라고 하며 인간 관계에 강조점을 두는 휴머니즘은 사람들이 '인본주의'(人本主義)라고도 번역하듯이 신본주의(神本主義)의 사상과는 대칭이 된다. 서양의 많은 지성인들이 인문주의 사상을 시작으로 종교와는 점점 거리를 두는 합리주의로, 무신론적인 세속주의로 빠져들었으며, 신학에서도 이신론(Deism 자연신론)으로 혹은 합리주의 신학으로, 신학적 자유주의로, 탈기독교적인 종교다원주의로 퇴락의 길을 걸어오게 되었다. 그러나 휴머니즘은 인간과 사물을 성찰하는 일에 나름대로 역할을 했다. 휴머니즘은 중세의 교황주의가 사람들을 교권주의적 종교에 예속된 존재로 만든 데 대한 반발에서 인간의 가치를 새롭게 발견하려고 했다.

종교개혁자들은 휴머니즘 교육을 받았으며, 그러한 교육을 통하여 상식을 갖춘 합리적인 사고를 하며 비판 정신을 가질 수 있었다. 그리고 교회 개혁을 위한 자극과 도전을 받게 되었다. 교권주의자들이 종교를 수단으로 백성들을 우매하게 만들고 윤리적인 타락에 빠졌을 때, 인문주의자들의 세계관 비판이 기독교 종교와 교회의 현실을 볼 수 있는 시각을 제공했던 것이다. 인권, 자유, 평등, 민주주의, 노예 해방, 여성과 어린이에 대한 존중 등의 사상이 모두 성경에 그 근원을 두고 있다. 그러나 사람들이 이를 발견하고 실현하기에 이르기까지는 인문주의자들이나 합리주의자들의 기여가 컸음을 시인해야 한다. 윤리는 기독교의 독점물이 아님을 인식해야 한다.

한국 교회는 역사에서 마땅히 회개해야 할 일을 얼버무려 지나쳐 버림으로써 회개에 대한 인색함을 노출했다. 그리고 교회 분열로 인하여 교단들이 종교적인 독선에 빠져 서로 싸우고 경쟁하면서 상식의 결여를 드러냈다. 교회 성장학이 도입되는 바람에 교회들이 더욱 경쟁적으로 저마다 대교회가 되려고 하다가 기업화되었다. 교회 성장학과 더불어 유입된, 은사를 추구하는 소위 성령 운동은 회개 운동과는 거리가 먼 기복 신앙을 부추겨 한국 교회를 더더욱 윤리가 결여된 교회로 만들었다.

한국 교회는 지나치게 열광적인 종교 제일주의에서 그리고 독선적인 분리주의에서 눈을 떠 상식을 되찾아야 하며, 교회의 연합을 도모해야 하고 윤리와 도덕성을 회복해야 한다. 성화의 삶은 윤리적인 삶을 포괄한다.

윤리적인 삶이 곧 성화의 삶은 아니지만 윤리적이 삶이 없는 성화의 삶은 성립되지 않는다. 그러므로 우리는 교회 밖에서 들려오는 비판의 소리도 들어야 하고, 교회 안에서 발하는 자성의 소리에 귀를 기울여 함께 반성하고 회개할 마음을 가져야 한다.

끝으로 구원의 복음 전도자들과 선교사들과 하나님의 백성을 말씀으로 설교하고 목회하는 사역자들에게, 그리고 하나님의 말씀을 따라 교회를 사랑하며 윤리적인 삶을 살기 위하여 애쓰는 성도들 앞에 자신을 부끄럽게 여기며 삼가 경의와 치하를 드리면서 하나님께 한국 교회를 향하시는 긍휼과 자비를 빌며 회개의 은총을 내려 주시기를 기원한다.

전도 운동과 교회 성장

　한국 교회는 세계 선교 역사상에 유례가 없다고 할 정도로 급속히 성장해 왔다. 교회가 때로는 성장에서 둔화 현상을 보이기도 했으나 1980년대 말까지는 지속적으로 성장해 왔다. 1960년대에는 한국 교회는 민족의 복음화를 목표로 내세우고 교파와 교단 교회들이 연합하여 혹은 제가끔 교회 성장에 힘써 왔으며, 괄목할 성과를 거두었다. 그러나 1990년대에 이르러 교회 성장률은 둔화되었으며, 1993년부터는 역성장 현상을 보이게 되었다.

　그런데 1990년대 이후의 둔화 현상은 교회가 상당한 정도로 성장한 시점에 있게 되었다는 점과 교회의 구조적인 문제와 사회 현상 등을 감안할 때 한국 교회 역사에서 일시적으로 있었던 둔화 현상과는 달리 좀 더 심각한 것으로 보인다. 1990년 이후의 둔화 현상의 실태와 요인을 파악하고 현재의 상황을 극복하는 길을 모색하기 위하여, 우선 한국 교회가 역사에서 어떻게 성장해 왔으며, 성장의 요인은 무엇이었는지, 그리고 가끔 겪은 둔화 현상을 극복하기 위하여 교회는 어떤 노력을 경주했는지를 살펴보는 것이 유익할 줄 안다.

1995년부터 여러 기관과 지면에서 많은 이들이 신학, 사회학 및 교회사의 관점에서 교회 성장의 정체에 대한 분석과 성장 방향 혹은 방안에 대한 논의를 피력하였다. 논의자들의 견해는 대체로 일치하며 논의의 내용 역시 비슷한 것임을 발견한다.

대다수의 논자들이 교회 성장의 정체 혹은 역성장의 현상을 알리는 통계를 소개하고 한국의 사회적인 상황과 교회가 지닌 여러 문제점들을 침체의 원인으로 지적함과 동시에 교회가 이를 개혁하거나 극복해야 할 것을 대책으로 말한다. 그런데 교회 성장과 정체 혹은 역성장을 논하기에 앞서 '교회 성장'에 관한 개념을 정립할 필요가 있으며 교회 성장에 관한 통계의 문제점도 아울러 분석할 필요가 있다고 보아 먼저 이를 논하기로 한다.

교회 성장 개념과 통계 문제

교회 성장에는 교인수의 증가라는 성장 개념과 교인들의 신앙과 인격의 성숙을 뜻하는 성장 개념이 있다. 성경은 그 둘을 다 말한다. 두 개념은 서로 양립하거나 취사선택될 수 있거나 어느 것을 더 선호할 수 있는 개념이 아니다. 바울은 서신에서 목회적인 관심으로 교회를 향하여 "여러분"(너희들)이라고 칭하면서 교회 지체들의 신앙 인격과 영적 성장을 주로 언급하고 있다. 성령을 좇아 살아 성령의 열매를 맺으며, 믿음의 분량이 그리스도에게까지 자라기를 바라고 함께 거룩한 하나님의 성전으로 지어져 가도록 권면한다.

그렇다고 하여 바울이 교회의 양적인 성장에는 무관심했거나 그것을 이차적인 것으로 생각한 것은 결코 아니다. 전도자로서 복음을 전하며 간 곳마다 교회를 설립하고 장로들을 세운 바울에게는 교회의 수적인 성장에 대한 관심은 이미 그 바탕을 이루고 있다.

'복음 전파', '전도' 또는 '선교'는 수적인 증가와 성장을 전제한다. 그러므로 누가는 교회의 확장을 역사적으로 기술하는 사도행전에서 교회의 양적인 증가에 관하여 특별히 언급하는 것을 잊지 않는다(행 2:47, 6:7, 16:5). 복음서에 나타난 대로, 예수님의 씨 뿌리는 비유와 겨자씨 비유, 천국의 추수, 왕의 잔치 비유 등 많은 비유의 교훈들과, 예루살렘과 사마리아와 땅 끝까지 이르러 내 증인이 되리라고 하시는 예수님의 선교 명령은 교회의 수적인 증가를 전제로 한다. 그런가 하면 "참 믿는 자", "부름을 받은 자는 많으나 택함을 받은 자는 적다"는 등의 말씀은 사람의 수적인 모임이 교회의 본질적인 모습의 전부가 아님을 시사한다.

한국 교회의 성장 방향을 논하면서 교회 성장학에서 말하는 교회 성장 개념으로 접근하는 이들이 더러 있다. 그리고 교회 성장학에서 말하는 '교회 성장'과 선교학과 선교 역사에서 말하는 '교회 성장'을 개념적으로 혼동하는 경우를 더러 본다. 1960년대 이후에 등장한 '교회 성장학'이 한국 교회에 지대한 영향을 미쳤기 때문이다. 그래서 교회 성장학의 관심과 선교학의 관심에는 현격한 차이가 있음을 지적하지 않을 수 없다.

교회 성장학에서는 개교회의 교인수의 증가와 성장에 관심을 두는 반면에, 선교학과 선교 역사에서는 새 신자의 수적 증가와 지역과 나라의 교회 전체의 성장에 관심을 둔다. 그리고 교회 성장학에서는 교인들의 소위 수평적인 이동을 무관하게 여기며 이를 성장의 수로 계산하는 반면에, 선교학에서는 그것을 교회 성장의 수치에 포함시키지 않는다. 교회 성장학에서는 교회간의 경쟁적인 성장을 장려함으로써 교인 쟁탈을 합법화하지만, 선교학적으로나 신학적으로는 이를 공정한 것으로 보지 않거나 교회의 전체적인 성장에 저해 요소로 보기도 한다. 그러므로 한국 교회 전체의 성장과 정체의 원인을 분석함에 있어서 교회 성장학적인 교회 성장 개념으로 접근하는 것은 일단 배제해 두는 것임을 이해해야 할 것이다.

교회 성장 혹은 교회 성장률이란 말은 주로 피선교국의 교회에 적용되는 말이다. 오랜 기독교 전통을 가진 나라, 국민의 대다수가 교인으로 등록하고 있는 그런 나라의 교회를 두고는 교회 성장이란 말을 거의 사용하지 않는다. 그리고 보면 피선교국의 교회가 상당한 정도로 성장하고 나면 교회의 성장률은 둔화되게 마련임을 짐작할 수 있다. 그런 점에서 교회 성장률은 나라의 경제 성장률과 유사점이 있음을 발견한다. 그런데 경제 성장의 경우는 부를 무제한으로 창출하며 달성할 수 있다는 가능성을 전제하는 반면에, 교회 성장은 일정한 인구를 가진 나라 안의 사람들의 개종을 통하여 이루어지는 것이므로 종착점이 있다. 그러므로 이론적으로는 교회의 성장률은 어느 시점에 이르면 둔화될 수밖에 없다.

교회 성장을 백분율로 계산할 때 전년도의 교인 수를 기준으로 계산한다. 예를 들어 100명의 교인이 다음 해에 200명으로 불었을 경우, 100%의 성장이라고 말한다. 그러나 이러한 기하급수적인 성장이 무한정 계속될 수는 없다. 왜냐하면 기독교인 수가 늘어나면 전도의 대상인 비기독교인의 수가 상대적으로 그만큼 감소하기 때문이다.

기독교인 수를 인구에 비례하여 백분율로 계산할 경우, 인구의 증감에 따라 계산한다. 예를 들어 인구 2천만 때의 5%와 인구 4천만 때의 5%는 비율로는 동일하지만 교인 수로는 배로 불어나게 된다. 또한 예컨대, 매년 5%의 성장률을 기록하였다고 할 경우 수치는 일정하지만, 이를 그래프로 그리자면 성장률의 수치는 인구의 증가를 따라 상승 곡선으로 그려지게 마련이다.

한국 교회의 통계는 불확실하다. 교회가 교인 수를 집계한 숫자와 정부가 한 것이 동일하지 않음을 우리는 익히 안다. 교회들이 이동한 교인 수를 계속 등록 교인으로 포함시켜 계산한다든지 예배 참석 인원을 부분적으로 이중으로 계산하는 경우가 많기 때문이다. 큰 교회들의 경우 교회의 홍보를 위하여 교인 수를 몇 배로 늘려 과장 선전하는 경우가 있다. 그러므로 인구의 25~30%가 기독교인이라는 통계를 액면 그대로 받아들일 수가 없다.

기독교 기관에서 낸 통계 자료에도 반기독교적인 이단 종파까지 포함시켜 기독교인의 수치를 높게 산정하는 경우도 있어서 신자의 절대적인 수치는 신빙할 만한 것이 못된다. 그러나 교회의 성장과 둔화를 나타내는 수치는 상대적일 뿐 아니라 그러한 현상은 누구나 체감할 수 있는 일이므로 이를 진지하게 논의할 수 는 있는 줄 안다.

초기 한국 교회의 성장과 그 요인

초기 한국 교회의 성장에 대하여 말하기 전에 먼저 교회 성장의 요인부터 살펴보기로 한다. 교회 성장의 요인에 대한 분석은 어디까지나 주관적인 관점에 근거하는 것인데, 교회 역사를 서술하는 이들은 수긍할 만한 시도를 받아들이거나 스스로 그러한 분석을 시도한다. 한국 교회의 성장을 사회적인 상황, 즉 교회 외적인 요인에서 보려고 하는 시도가 있다. 물론 그것이 요인 분석의 전부는 아니었으나, 왓슨(Alfred W. Wasson)은 자신의 책 *Church Growth in Korea* (1934)에서 한국 교회의 성장이 정치적 및 사회적 조건에 따라 10년이란 주기를 두고 빨리 혹은 천천히 성장해 왔다고 관찰하고 있다.[1] 서명원(Roy E. Shearer)은 자신의 저서 『한국 교회 성장사』(*Wild Fire: Church Growth in Korea*, 1966)에서 왓슨의 견해를 지지하는 한편, 교회 성장이 지역별로 차이가 있음을 관찰하고 있다. 즉 유교의 세력이 약한 관서 지방에서는 유교적 전통이 강한 다른 지역보다 급속히 성장했다고 한다.[2] 이갑수는 자신의 박사 학위 논문에서 정상적인 규범을 벗어난 사회 상황 속에서 개종하는 신도 수가 더 증가한다고 설명한다.[3]

---

1) Alfred W. Wasson, *Church Growth in Korea* (New York, International Missionary Council 1934).
2) Roy E. Shearer, *Wild Fire: Church Growth in Korea* (Grands Rapids, Michigan: William B. Erdmans Publishing Company, 1966).
3) Gabriel Gab-Soo Lee, *Sociology of Conversion: Sociological Implications of Religious*

교회의 성장은 서북 지방에서 월등히 빨랐다. 이러한 현상에 대하여 흔히들 설명하는 대로 말하자면, 서북 지방의 주민들이 지리적 이유와 기후 관계에서 비교적 활동적이고 민첩하여 적응력이 강한데다가 그 지역은 보수적인 유교가 뿌리를 깊이 내리지 못한 곳이어서 자연히 새로운 종교인 기독교에 대하여 훨씬 더 개방적이었던 것이라고 이해한다. 이조시대에 서북 지방 사람들은 유교를 숭상하던 권력자들에게 소외당하여 높은 관직을 얻지 못했으므로 기성 세력에 불만을 가져왔으며, 그래서 오래 전부터 개화 사상과 독립 정신을 가지고 있었다. 청일 전쟁(1894~1895)이 일어났을 때는 이 고장이 전쟁터로 변하여 외국 군대의 격돌로 크게 재난을 당하였다. 이와 같이 외세에 짓밟히게 된 나라의 비운을 뼈저리게 체험한 터이므로 다른 지방 사람들보다도 더 열렬하게 구원의 길을 찾은 것이라고 말하기도 한다.

그렇다면 이러한 설명은 결국 한국의 전체 교회의 성장에도 적용될 수 있을 것이다. 한국 교회 성장의 간접적인 요인을 들자면, 정치적인 불안 의식, 애국심과 독립 정신, 그리고 여러 가지 종교적 또는 영적인 운동들을 낳게 된 사회적 상황이 교회의 급성장에 도움을 준 여건이었다고 할 수 있다. 19세기 중엽에 일어난 동학 운동을 비롯하여 일종의 천년 왕국의 메시아사상과 유사하거나 혹은 애국 사상을 고취하는 혼합적인 신흥 종교들이 많이 일어났다. 이러한 사회 현상을 종교의 진공 상태라고 부르기도 한다.

고려시대(918~1392)에 국교로서 꽃을 피웠던 불교가 조선 시대에 와서는 정부의 억불(抑佛) 정책으로 인하여 그 세력이 현저히 꺾이고 말았다. 유교가 비록 여러 신(神)에게와 영(靈)에게 제사하는 의식과 조상 숭배를 말하고 권하지만, 유교는 종교 같지 않은 종교일 뿐 아니라, 일반 대중들은 원시적인 무속 신앙을 그대로 가지고 있어서, 다시 말하면, 소위 고등 종교가 깊이 뿌리를 내리지 못한 상황에 있었으므로, 한국의 토양에는 새 종교가 이식될 수 있는 소지가 마련되어 있었다.[4]

Conversion to Christianity in Korea (미출판 박사 학위 논문, Fordham, 1961).

이와는 달리 교회 내적인 요인을 관찰한 이도 있었다. 일찍이 1930년에 곽안련(C. A. Clark)은 『한국 교회와 네비우스 방법』(*The Korean Church and the Nevius Methods*)이라는 책을 펴내었다. 교회의 확장을 역사적으로 기록하고[5] 그는 한국 교회의 급속한 성장이 선교사들이 시행한 선교 정책과 방법이 주효하게 된 데서 온 것으로 보고 소위 네비우스 선교 방법을 긍정적으로 평가하였다.

네비우스 방법의 골자를 말하자면, 신자들로 하여금 사경회를 통하여 성경을 철저하게 공부하게 하는 것과 교회를 한국 신자들 스스로가 세우고 운영하도록 하는 것이었다. 사회적인 상황은 주어지는 상황이므로 우리로서는 어쩔 수 없으나, 교회 내적인 요인들은 우리 그리스도인들 자신들이요 자신들과 관련이 있는 것이므로 교회 내적인 상황을 잘 검토함으로써 우리가 무엇을 어떻게 해야 하는지를 가늠할 수 있다. 그런데 이러한 모든 환경의 조건이나 인위적인 행위들은 교회 성장의 간접적인 요인에 지나지 않다고 평양 장로교 신학교 설립자이며 초대 교장이었던 마펫(Samuel A. Moffett)은 천명하였다.

> 해마다 우리는 이 백성들에게 하나님의 말씀만을 높이 들었고, 그 나머지는 성령께서 하셨다.

개신교 선교가 시작된 후의 첫 10년간에는 신자의 증가율은 극히 미미하였다. 이 시기는 말하자면 선교를 위하여 지리적인 답사를 하고 씨를 뿌리는 시기였다. 한국에 선교를 시작한 지 5년째인 1890년에 장로교와 감리교의 선교회에서 각각 11명의 선교사들이 일하고 있었다. 이 해에 세례 교인 수는 장로교에 119명, 감리교에 36명, 모두 합하여 155명이었다.[6] 그러다가

---

4) 김영재, 『한국 교회사』 (서울: 이레서원 2004), 133.
5) 그의 책은 박사 학위 논문, *The national Presbyterian Church of Korea as a Test of Validity of the Nevius Principles of Missionary Method* (Chicago, 1929)에서 출판한 것이다.

한 5년이 지나면서부터 교인 수가 불어나기 시작하였다.

1895년에 개신교의 세례 교인은 582명으로 보고되고 있다. 그런데 그 중 3분의 2가 남자였다. 학습 교인, 즉 세례 지원자는 567명인데, 그 중에서 여자는 5분의 1밖에 되지 않았다. 초기에 남자의 수가 많은 것은 여자들이 아직 바깥 출입을 자유롭게 할 수 없었던 시대적인 상황 때문이었다. 유아 세례를 받은 자의 수가 50명이었고 55세대의 가정이 교회로 들어왔다. 42개의 교회와 전도소 중 선교회의 관할 아래 한국인 전도사가 목회를 하는 곳이 6개처였다.7) 그러던 것이 1900년에 들어서면서 교회는 급속히 성장한다. 1907년 장로교의 독노회가 조직되어 자립하게 되었을 당시의 장로교의 교세는 목사 7명, 장로 53명. 교인 70,000명이었는데, 그 가운데 세례 교인이 19,000명이었다.8)

초기 한국 교회의 전도 운동

최초의 신자들과 선교사들의 순회 전도

선교사들이 우리나라에 1884/5년 입국하기 이전에, 즉 1873년에 로스와 매킨타이어가 간도의 고려문까지 전도 여행을 했으며, 이듬해부터 한국의 청년들과 함께 성경을 한국말로 번역하는 일에 착수하였다. 1882년에 누가복음을, 1883년에 마태복음과 마가복음과 사도행전을 인쇄하고 1887년에는 신약 전체를 번역 인쇄하여 『예수셩교젼서』라는 이름으로 3,000부를 출판하였다. 그 후 서상륜을 비롯하여 이성하, 백홍준 등은 성경을 파는 매서인(賣書人)으로 활동하였다. 1883년 서상륜은 몰래 성경을 가지고 국경을 넘어

---

6) 李浩雲, 『韓國敎會初期史』, 160.
7) *The Korean Repository* Vol. 2(1895), 383f.
8) 『大韓예수敎長老會百年史』, 288.

들어왔으며, 1884년 봄에 서상륜은 인천에 보내 온 6,000부의 복음서를 인수하여 지방으로 다니면서 배포하였다.9)

한국에 들어 온 선교사들이 먼저 힘쓴 것은 순회 전도였다. 그들은 의료 사업, 교육 사업을 하는 한편, 전국 각지를 순행하면서 전도지와 책자를 배포하였다. 철도가 없을 때 그들은 가마를 타기도 하고 말을 타기도 했는데, 도보로 여행하였다. 예를 들면, 미세스 베어드(Mrs. Baird)는 부산서부터 전국을 순회하기를 세 번이나 했으며, 게일(J. S. Gale)은 1889년에서 1897년까지의 8년 동안에 계절을 불문하고 매번 다른 길로 해서 한반도를 12번이나 돌았다. 1915년의 보고에 의하면 전국을 무려 25번이나 다녔다. 선교사들은 이와 같이 두루 여행을 함으로써 1894년까지 거의 한반도 전역을 답사하였다. 1930년의 통계에 의하면 한국 인구의 73%가 농촌 거주자였는데, 도시의 전도소 수가 225인데 비하여 지방에 산재한 전도소의 수는 7,000이나 되었다. 이러한 사실은 순회 전도에서 온 결과로 본다.10)

사경회식 성경 공부

한국 개신교는 급히 성장했음에도 불구하고 비교적 착실히 발전한 편이었다. 전체 교인에 대한 세례 교인의 비중은 높은 편이어서 1898년에는 3.6:1이었고, 1907년에서 1942년까지의 비율은 2.6:1이었다. 이것은 38%에 해당하는 많은 수의 예배 참석자들이 성경의 가르침을 잘 받아 세례를 받고 교회의 참된 지체가 되었음을 의미한다.11) 이와 같이 세례 교인의 비율이 높은 것은 성경 공부 덕택이라고 말한다.

1890년 언더우드는 네비우스 방법의 중요한 원리 중 하나인 '성경 공부 제도'(the Bible Training Class System)를 실시하기 시작하였다. 최초에 그는

---

9) 김영재, 『한국 교회사』, 80 참조.
10) Harry A. Rhodes, *History of the Korea Mission, Presbyterian Church U.S.A. 1884-1934* (Seoul: Chosen Mission Presbyterian Church, 1943), 85. 김영재, 『한국 교회사』, 99.
11) Roy Shearer, 앞의 책, 84.

일곱 사람을 데리고 성경 공부를 시작하였다. 1891년 장로교 선교사들은 성경 공부를 필수적으로 실시해야 할 것으로 정하였다.

1904년의 보고에 의하면 60% 이상의 학습 교인을 포함한 교인들이 하나 또는 둘 이상의 성경 공부반에 참가하여 교육을 받았다. 1909년에는 북장로교회의 선교 구역에만 해도 약 800의 성경 공부반이 있었다. 여기에 참석한 사람의 수는 세례 교인 수의 두 배가 되는 5만명이었다.

성경 공부는 주로 농한기에 열렸으며, 네 개의 반이 있었다. 즉 '보통 성경 공부반', '지역 성경 공부반', 여름에 2내지 3주간 동안 주로 교회를 봉사하는 직분 자들을 위하여 열린 '고급 성경 공부반'(Officers' Institute), 그리고 신학 지망생을 위한 '특별 성경 공부반'이었다. 사람들은 자비로 참가하였다. 성경 공부는 새벽 기도 시간부터 시작되었으며, 참가자들은 기회가 있는 대로 집집마다 방문하며 전도하였다. 당시에는 신자들이 공적으로 신앙을 고백할 때는 개인적으로 전도할 것을 서약하였다. 목사나 선교사가 세례 문답을 할 때 이와 같이 물었다.

"그대가 주 예수 그리스도를 사랑한다고 말했는데, 만일 그대가 아직 한 사람도 주 예수께로 인도한 적이 없다면, 그대가 진정으로 주님을 사랑하는지 우리가 어떻게 알겠느뇨?"12)

한국 교회는 교인 전체가 성경 공부와 경건 생활에 힘쓰며 열심히 전도하는 일을 통하여 급속히 성장하게 되었다. "교인 배가 운동"은 해방 후에만 해도 여러 교회에서 표어로 걸고 힘썼던 것이다.

한국 교회 대부흥

1907년을 전후로 일어난 대부흥이 한국 교회 성장에 크게 도움을 준 것으로 말한다. 1903년 한국 교회의 대부흥은 위에서 논한 바와 같이 원산 지역에서 2~3명의 감리교 선교사들이 모여서 중국에서 선교하다가 때마침

---

12) 『韓國監理教會史』(기독교대한감리교회총리원교육국 편, 1975), 126.

한국을 방문한 미스 화이트(Miss M.C. White)를 강사로 모시고 한 주간 동안 성경 공부를 하며 기도회로 모인 데서부터 시작되었다. 얼마 후 같은 선교사들이 장로교와 침례교 선교사들과 함께 역시 중국에서 선교하는 스칸디나비아 선교 연맹의 프란손 목사가 강사인 집회에서 부흥을 경험하게 되었다. 의료 선교사 하디는 이 집회에서 감동을 받은 사람으로서 대부흥에 크게 기여하였다.

1906년에는 개성, 서울, 호남 지방 등, 각 지역에서 부흥 운동이 일어나게 되었다. 평양에 있는 선교사들은 1906년 8월에 하디를 사경회의 강사로 초청하여 서로의 경험을 나누었다. 그후 뉴욕에서 한국으로 시찰 온 존슨 목사(Rev. Howard Agnew Johnson)를 초빙하여 인도와 웨일스(Wales)에서 일어난 부흥 운동에 대한 보고를 들었다. 이 보고를 듣고 난 후 온 교인들은 자기 교회에도 이러한 은혜를 달라고 기도하였다. 그들은 길선주의 모범을 따라 새벽 기도회를 열고 성령의 충만하신 은혜를 간구하였다. 한국 교회의 부흥을 위하여 한국 성도들만 기도한 것이 아니고 선교사들과 선교사들을 파송한 본국 교회들도 기도하였다.13)

길선주 목사

대부흥 이후의 전도 운동

백만인 구령 운동

대부흥이 있은 지 2년 후인 1909년에는 '백만인 구령 운동'(A Million Souls

---

13) 김영재, 『한국 교회사』, 122-129 참조.

for Christ)이란 표어를 내걸고 전국적으로 전도 운동을 벌였다. 남감리교의 젊은 선교사 세 사람이 그 해 안으로 5만 명의 사람이 회개하도록 하자는 제목을 내걸고 기도하였다. 이 해 9월에 남감리교 선교회 연회에서는 위에 말한 세 선교사들의 제안을 받아들여 계속 추진키로 하고 그 목표의 수치를 더 높여 '20만 구령 운동'으로 정하였다가[14] 얼마 후 '복음 선교회 연합회'(General Council of the Evangelical Missions) 집회에서 목표를 다시금 높이 잡아 '백만명 구령 운동'으로 하였다.

이러한 전도 운동에도 불구하고 감리교 신자의 증가율은 대부흥이 있은 이후로는 여전히 줄어들었으나, 교인들은 이 운동에 적극 참여하였으며, 한일합방이란 비운 때문에 슬픔과 실의에 빠져 있는 민족에게 골고루 복음의 씨를 뿌렸던 것이다. 신자들은 수백만의 전도지와 70만 부의 마가복음 쪽복음서 책자를 사서 전도하였다.[15]

이러한 전도 운동은 결과와는 상관없이 그 자체가 가치를 지닌 것이다. "나는 심었고 아볼로는 물을 주었으되 오직 하나님은 자라나게 하셨나니"(고전 3:6)라고 하는 말씀과 같이 복음 전도 운동의 본질이 사람으로서는 최선을 다할 뿐인 것이기 때문이다. 교회는 이로 인하여 전도의 사명을 깨닫게 되었을 뿐 아니라, 전도를 조직적으로 하는 법을 익히게 되었으며, 교회는 살아 있는 교회로 남아 있게 되었다.[16]

1910년대의 전도 운동

선교가 시작된 이후부터 1910년 한일 합방 때까지 개신교 교회는 급속히 성장하였다. 그러나 1910년대에는 교회가 느린 성장을 보이며 마이너스 성장을 보였다. 1911~1912년과 1917~1919년에는 장로교회가, 그리고 1910

---

14) Lark-June George Paik, *The History of Protestant Missions in Korea, 1832-1910* (Dissertation admitted by Yale University, 1927, pub. in 1929), 387
15) 같은 책, 386.
16) 비교: 閔庚培, 『韓國基督敎會史』, 242.

년대에 두어 해를 제외하고는 줄곧 마이너스 성장을 나타내었다. 1917년부터는 신자의 수가 줄어들어 독립 운동이 일어났던 1919년에는 최저점에 달하였다. 사람들이 한일합방으로 인하여 실망해서도 그러하고 교회 탄압 때문에도 그러하였다. 1910년에서 1913년까지에 걸쳐 있었던 관서 지방의 지도자들이 소위 총독을 살해하려고 모의 기도했다는 죄목으로 옥살이를 하게 된 소위 105인 사건과 이어서 있었던 기독교 사립학교에 대한 탄압이 교회 성장을 저해하는 큰 요인이 되었던 것으로 보인다.

이러한 상황에서도 교회는 전도를 게을리 하지 않았다. 1915년 총독부에서 한일합방을 기념하여 박람회를 개최했을 때, 기독교 신자들은 박람회장 근처에 큰 천막을 치고 50일간을 매일 같이 박람회에 오는 관람객들을 상대로 복음을 전하였다. 교회가 민족의식도 없는 양 이런 계기를 이용하여 전도를 했느냐 하는 비판이 없지 않으나 교회는 때를 얻든지 못 얻든지 전도에 힘쓴 것이다.

10만 명의 사람들이 천막을 찾아 들었다. 그 중에 만천 명이 복음에 대하여 더 알고 싶다고 카드에 이름과 주소를 남겼다. 교회가 이러한 전도 운동을 통하여서 당장에 사람들을 교인으로 얻지는 못하였다. 그러나 이러한 "흉년의 해"에도 교회는 서서히 자라났다. 성경 공부 집회의 규모는 커지고 또 더 자주 집회가 열렸다. 교회마다 적어도 매년 한 번씩은 부흥사경회를 열었다.[17]

1920년대의 전도 운동 - 전진 운동

독립 만세 운동이 있은 후 그러니까 1920년부터 1924년까지의 기간에는 개신교 교인수가 다시금 급증하였다. 기독신자들이 독립 만세 운동에 적극

---

17) C. A. Clark, *The Korean Church and the Nevius Methods*(New York: Fleming H. Revell, 1928), 172. Clark은 1912년부터 1921년까지의 기간을 교회를 공고하게 다지게 된 시기라고 부를 수 있다고 한다.

가담하는 것을 보고 사람들이 교회를 재인식하게 되었다. 독립 만세 운동 때 기독신자들은 이에 참여하는 한편, 일본 정부의 핍박과 탄압에 대하여 믿음과 열렬한 전도로써 대응하였다. 감옥에 갇힌 목사는 물론 평신도들도 모두 다 감옥에 들어온 사람들에게 전도하였으며, 목사들은 감방에서 세례를 베풀기도 하였다.

1920년에 교회는 대대적인 전도 운동을 추진하였다. 감리교회에서는 이를 '백년 전진'(the Centenary Advance)이라 불렀고 장로교회에서는 '진흥운동'(the Forward Movement)이라 불렀다. 장로교 총회는 이미 1919년 9월에 이 운동을 위한 특별 위원회를 조직하여 3개년 전도 계획을 수립하도록 하였다. 당시에 이 전도 운동을 위하여 활약한 부흥사는 길선주 목사와 김익두 목사였다.[18] 1920년에 장로교회는 5,603명의 새 신자를 얻었으며, 장로교와 감리교 양 교회의 주일학교 수가 10,000에서 14,000으로 불어났다.[19]

김익두 목사

기독교인의 증가 수는 1925년에서 1929년까지의 기간에 다시금 감소되었다. 민족 운동에 대한 교회의 한계성 내지는 소극성, 서양 문물 유입 통로의 다원화로 인하여 기독교가 문화에 기여할 수 있는 역할이 상대적으로 축소된 점, 새로운 문학, 과학 지식, 사회주의 사상 등 기독교에 비판적인 사상의 만연과 일제의 여전한 탄압이 교회 성장의 위축을 초래한 것으로 볼 수 있다.

1930년대의 전도 운동

장로교 총회는 1930년에 3개년 전도 운동을 추진하기로 결의하였다.

---

18) 金良善, 『韓國基督敎史硏究』(서울: 한국기독교역사연구소, 1956), 124.
19) Roy Shearer, 앞의 책, 67.

첫 해에는 성경 공부하는 일에다 중점을 두기로 하고, 둘째 해에는 인쇄된 성경 말씀을 공급하기로 하며, 셋째 해에는 교회에서 이탈한 사람들을 다시 교회로 인도하는 일에 중점을 두기로 하였다. 이 전도 운동을 하는 동안에 140만 부의 『예수의 생애』라는 소책자를 전도용으로 배포하였다.[20] 그리고 이 전도 운동을 위하여 처음으로 현대적인 매체, 즉 신문과 라디오를 동원하였음도 또한 특기할 만한 일이었다. 많은 지도적인 기독신자들이 전국적으로 설교에 곁들여 강연도 열어서 젊은 층으로 하여금 기독교 신앙에 관심을 갖도록 하였다.

신자 수는 1930년대에 와서 다시금 불어났다. 교회가 농촌 진흥 운동 등 사회 참여와 함께 전도에 힘쓴 결과로 성장을 보게 된 것이라고 볼 수 있다. 교회는 빈곤과 정치적 및 사회적인 압력에도 불구하고 조직 면에서 더욱 공고히 되었다. 이즈음에 와서 선교사들은 한국에서 그냥 협조자요 조언자로서 역할할 뿐이라면서 물러날 문제를 두고 토의하였으며, 1930년대 말엽에 일본의 강제 출국 조처가 내리기 전에 벌써 한국을 떠나기 시작하였다.[21]

선교 희년을 맞이한 1934년에 교회 수는 4,949에 달하였고, 신자 수는 307,403명에 이르렀다. 초등학교가 357, 중등학교가 30, 전문학교가 5, 신학교가 3개교 있었으며, 그 해 1년간의 헌금 총액이 2백만 원(약 백만 달러)에 달하였다.

해방 이후 남한 교회의 성장과 전도 운동

1930년대 이후 일제의 신사 참배 강요로 말미암아 한국 교회는 큰 시련을

---

20) G. T. Brown, 앞의 책, 147.
21) Harry A. Rhodes, 앞의 책, 532. 김영재, 『한국 교회사』, 191.

겪게 되어 교세 면에서나 영적인 면에서 막대한 손해를 입게 되었다. 해방과 더불어 조국이 분단되면서 한국 교회는 남과 북이 다른 정치적 및 사회적 상황을 맞이하여 달리 발전하게 되었다. 이북에서는 공산주의 체제하에서 교회가 탄압을 받다가 1950년 6·25 동란 이후에는 거의 말살되다시피 하고 말았다. 그러나 남쪽에서는 기독교에 우호적인 정부의 수립으로 교회가 종교의 자유를 누려 발전하게 되었다. 1951년 1·4 후퇴와 더불어 이북의 기독교인들이 대거 남으로 피난하는 바람에 이북에서는 교회의 공동화 현상이 가속화되었으며, 남한에서는 기독교 인구와 교회가 갑작스레 늘어나게 되었다.

남한의 교회가 급속히 성장하게 된 데에 기여한 다른 요인을 들자면, 남북이 대치한 상황에서, 또한 급변하는 사회적 상황 속에서 사람들은 불안을 떨쳐 버리기 위하여 종교를 갈구하게 된 것이라고 생각할 수 있다. 기독교 인구는 1960년대 이후 급속히 증가했음을 볼 수 있다. 통계에 의하면, 천주교는 1964년 이후 완만하게 증가한 데 비하여 개신교는 급속히 증가하였음을 발견한다.

천주교는 1964년 75만이던 것이 1988년에 2백 30만에 이른다. 개신교는 1964년에 80여만이었으나 1969년에 3백20만, 1975년 4백만, 1988년에는 천만 명에 이른다. 그런데 기독교뿐 아니라 불교와 유교도 비슷한 증가율로 성장했음을 볼 수 있다. 1964년 어간에는 기독교가 신 구교를 합하여 인구의 5%, 불교가 4%미만이었는데, 1988년에는 기독교가 인구의 약 25%에 달하였고 불교는 이를 능가하고 있다. 1964년에는 유교 신자의 수가 미미했으나, 1988년에는 인구 25%에 해당하는 천만에 이르고 있음도 주목할 만한 사실이다. 1960년대 초반만 하더라도 무종교라고 하는 사람들이 인구의 80% 이상을 차지했으나, 1980년대에는 상황이 달라졌다.[22]

---

22) 김영재,『한국 교회사』, 387 도표 참조. 유동식은 "현대 한국의 종교와 사회 운동",「基督敎思想」, 1978년 1월호 131쪽에서 한국 종교별 교세 현황을 아래 표와 같이 소개한다. 단 1988년의 것은 한국 기독교 연감에서 참고한 것이다.

교회의 지도자들은 한국 교회 선교 80주년이 되는 1965년을 복음화 운동의 해로 정하고, 초교파적인 조직을 갖추어 전도 운동을 추진하였다. 사람들이 종교를 필요로 하는 시기에 기회를 포착한 셈이다. 보수적인 교회의 일부 지도자들은 복음화 운동이 WCC 운동과 관련이 있는 것이 아닌가 하는 의구심에서 주저하기도 하였으나 점점 적극적으로 참여하였을 뿐 아니라 로마 가톨릭교회까지도 이에 참여하였다.

1964년 10월 16일 이화대학교에서 75인의 인사들이 모여 남미에서 성공적으로 진행되고 있는 복음화 운동에 관한 보고를 듣고 그와 같은 복음화 운동을 한국에서도 추진하기로 결의하였다. "3천만을 그리스도에게로!"라는 표어를 내걸고 전국 주요 도시와 4만개의 부락에 복음이 골고루 전파되게 하여 온 겨레가 모두 복음을 듣게 하자고 했다. 준비위원들은 여러 차례의 회합을 거쳐 각 교단 대표 300명을 회원으로 하는 복음화 운동 전국 위원회를 구성하여 복음화 운동을 추진하기로 하였다. 1965년 한 해 동안 농촌 전도,

종교/연도	1964	1969	1972	1975	1988
개 신 교	812,254	3,192,621	3,463,108	4,019,313	10,337,075
천 주 교	754,471	751,219	790,367	1,012,209	2,313,328
불 교	962,225	4,943,059	7,985,773	11,972,930	14,813,675
유 교	62,821	4,425,000	4,425,000	4,723,493	10,184,976
천 도 교	623,397	636,067	718,072	815,385	1,079,901
원 불 교	-	619,219	681,783	740,362	1,098,537
대 종 교	30,815	113,720	145,002	128,198	507,533
기 타	-	1,023,133	1,406,775	1,864,263	3,127,251
합 계	3,571,438	15,702,036	19,613,880	25,276,153	43,420,774

권성수, 양창삼, 이만열 공저, 『3인의 석학이 풀어 본 교회성장 이야기』(서울: 기독신문사, 1997), 15쪽 이하에서 권성수는 한국 교회 성장 정체와 문화 현상에 대한 통계를 상세히 분석하고 있다. 달리 또 종교별 교세에 대한 통계가 있으나 보다 정확한 통계를 가려내기는 어렵게 되어 있다. 전호진은 1998년 현재 기독교인의 수를 7~8백만으로 추산한다.

도시 전도, 학원과 군(軍) 전도, 혹은 개인별, 그룹별 전도 등 가능한 모든 방법을 동원하여 다방면으로 전도 활동을 교단별로 혹은 연합적으로 전개하였다.23)

민족 복음화 운동은 동시에 각 교파와 교단의 교세 확장 운동과 연계되었다. 그러나 한국 교회가 여러 교파와 교단으로 나누어졌음에도 불구하고 복음화 운동을 범교단적으로 연합하여 추진한 것은 참으로 뜻있는 일이다. 그것은 여러 교회들이 교회의 목적과 시대적인 사명을 다 같이 인식하고 공감하는 가운데서 이루어진 것이다. 여러 교회가 하나같이 토착화신학과 같은 복음의 수용에 대한 조심스러운, 복음주의 입장에서 보아서는 부정적인, 이론에 구애됨이 없이, 복음은 전통적인 경건주의적 전도 정신과 열정으로 전파하는 것임을 과시하였다. 그것은 1909년의 '백만인 구령운동', 1915년의 박람회의 기회를 포착하여 추진한 전도 운동, 1920년의 전도 운동, 1930년에 시작한 3개년간의 전도 운동 등 한국 교회가 수시로 시도한 전도 운동의 전통을 이어 받은 복음화 운동이었다.

1970년대에 들어서서는 대형 전도 집회의 붐이 일어났다. 1973년의 빌리 그래함 전도 집회가 열렸으며, 1974년 8월 13일부터 나흘간 여의도 광장에서 "엑스플로 74"라는 대전도 집회가 열렸다. "예수 혁명", "성령의 제3 폭발"의 주제와 "민족의 가슴마다 그리스도를 심어 이 땅에 성령의 계절이 임하게 하자"라는 구호 아래 개최되었다. 1977년에는 한국부흥사협회 주최로 비슷한 대형 전도 집회가 열렸다.

1980년에 다시금 위의 모든 기록들을 대폭 갱신하는 대형 집회가 "80 세계복음화대회"라는 이름으로 열렸다. 한국 교회가 세계 선교의 중추적 역할을 담당할 것을 강조하는 한편, 한국 민족이 복음화될 때 정의로운 사회가 건설되고 나아가서 민족의 숙원인 통일이 달성될 것임을 역설하였다. 주최 측의 추산에 의하면 전야 기도회에 100만 명이 참석하였으며, 12일

---

23) 이영헌, 『한국기독교사』 (1978), 376-381 참조

개막일에 250만이 참석하였고, 13일에는 200만, 14일에는 270만, 15일에는 230만이 참석한데다가 매일 밤 철야 기도회에 100만 명씩 참석하였으니, 이를 다 합한 연인원이 1천 700만이었으며 70만의 결신자를 얻었다는 것이다.

참석 연인원을 산출하여 수를 과시하는 것은 교회의 주보에서도 흔히 볼 수 있는 잘못된 문제점의 하나이지만, 여하튼 '80 세계 복음화 대회'는 기독교 역사상 미증유의 대집회였으며, 한국 기독교의 교세를 과시한 집회였다. 70만의 결신자를 얻었다고 하는데, 그것이 사실이라면, 그 점에서는 이러한 대형 집회를 긍정적으로 보아야 할 것이다.[24] 그러나 나라의 민주 정치 실현을 염원하는 국민들의 꿈이 무산되었고, 민주화를 부르짖는 사람들이 정치적으로 핍박을 당하는 그러한 시점에, 이러한 큰 집회를 여는 것에 대하여 비판하는 소리도 없지 않았다. 기독교 신자들로 하여금 사회 현실을 외면하고 도피하게 만들었다는 것이다. 교회의 대형화 추세 때문에 대형 집회가 쉽게 추진되었으며 이러한 대형 집회는 또한 교회의 대형화를 위한 기폭제 역할을 한 것으로 볼 수 있는데, 그런 점은 긍정적인 일이 못되는 것으로 안다. 그밖에 많은 선교 단체들의 활동도 한국 교회 성장에 직접 간접으로 기여하였음을 언급해야 할 것이다.

교회 성장 둔화의 원인과 성장 방향

1960년대 초반에 남한의 총 인구의 85%에 달하는 사람들이 종교를 갖지 않고 있었는데, 1988년의 통계에 의하면, 국민 모두가 종교를 가진 것으로 나타나 있다.[25] 그러므로 사람들을 기독교로 끌어들일 수 있는 가장 좋은 시기가 지나간 셈이어서, 통계에 따르면, 1970년대나 1980년대처럼 많은

---

24) 김영재, 『한국 교회사』, 331.
25) 위의 주 22) 참조

개종자를 기대하기는 어렵게 되었다. 예를 들면, 군종 제도만 하더라도 옛날에는 군종 업무를 기독교 목사가 거의 다 관장하다시피 했으나 이제는 불교의 세력도 만만치 않게 되었다.

그뿐 아니라, 사회적인 상황도 달라졌다. 1960년대 이후 군사 정부의 "잘 살아보세"라는 구호를 좇아 욕구 불만 가운데서 부와 안정을 추구하던 시기가 지난 것으로 보인다. 군사 정부 아래서 가졌던 정치적인 욕구 불만과 불안 의식도 많이 해소되었다. 물질적인 부에 대한 욕구 불만도 채워져서 많은 수의 국민들이 여가를 즐기는 시대로 접어들었다. 각 세대가 차를 한 대씩 가질 정도에 이르렀으므로 사람들의 일반 생활 양식도 달라져 가고 있다. 즉 소위 '레저'를 즐기는 문화로 진입한 것이다.

1960년대 이후 산업화의 와중에서 농촌 인구가 도시로 이동함으로 말미암아 정서적으로 불안해진 많은 사람들이 1980년대 이후 어느 정도 안정을 찾은 것이다. 서양의 경우에 비추어 말하자면, 사람들이 교회에 출석하기를 게을리 하고, 많은 사람들이 교회를 떠나는 그와 같은 사회적 환경이 우리 한국에도 조성되고 있었다.

1997년 12월 이전 IMF의 경제적 위기 시대를 맞이하기 이전까지는 그러하였다. 그래서 전도할 수 있는 좋은 시기가 지났다고 볼 수 있었다. 그러나 교회는 어떠한 사회적인 상황에 처하든지 자신을 반성하고 자신의 개혁에 힘쓰면서 교회 역사에서 늘 그렇게 해 왔듯이 열심히 전도를 해야 한다. 교회의 성장을 위하여 전도는 기본이며 필수적인 요건이다. 교회는 열심히 전도를 해야 성장한다. 그렇지 않으면 교회는 성장을 멈추거나 쇠퇴하게 된다.

그러나 교회의 성장은 생물학적인 것이 아니므로 교회의 성장이 전도의 노력에 반드시 정비례하는 것은 아니다. 교회의 성장은 사회와의 관계에서 이루어진다. 교회가 위치하고 있는 사회가 교회를 어떻게 보느냐 하는 것 역시 중요하다. 그것은 교회가 사회의 동정을 살펴야 하고 사회의 취향이나 경향에 맞추어 생존이나 성장을 꾀하여야 한다는 말은 아니다.

1960년대에서 80년대까지는 사람들이 부정적인 사회 여건 속에서 종교를 갈구하던 시기였으므로 교회가 종교적인 것만을 내세우는 것으로도 전도가 잘 되었다. 그러나 그 이후에는 사회적 여건이 달라졌다. 경제적인 위기를 당한 사회적인 분위기가 복음 전도와 교회 성장에는 오히려 도움이 될 것이라는 기대도 하며 그런 현상도 보았다. 그러나 그러한 사회적인 위기 상황은 잠정적인 것이며, 또 그러기를 온 국민이 바라는 바이다.

교회는 사회적인 상황과는 관계없이 교회다움을 회복해야 한다. 사람들은 이제 교회가 종교적인 것만을 강조하는 것으로는 매력을 느끼지 못한다. 한국 교회에 부족한 것은 사회성과 윤리성이다. 사회성과 윤리성을 갖추지 못한 교회에 대하여 사람들은 실망하고 외면한다.

복음서에 보면 메시아의 오심과 함께 하나님의 나라의 임하심은 사람들을 놀라게 하고 관심을 끄는, 말하자면 '센세이셔널'(sensational) 한 것이었다. 이러한 '센세이셔널' 한 복음을 예수께서는 12제자와 70인의 제자에게 전하도록 맡기셔서 전파하게 하셨다. 예수께서 부활 승천하신 이후 주께서 약속하신 대로 성령께서 임하셔서 교회가 규모 있게 출발하면서부터 복음 전도는 사도들이나 전도자의 몫만은 아니었다. 복음은 모든 신자들을 통하여 전파되었다.

삼천 명씩 또 오천 명씩 회개한 사람들이 성령으로 변화를 받아 이룬 그리스도의 교회, 그리스도의 공동체가 복음 전파의 큰 몫을 담당하게 된 것이다. 사도의 가르침을 받아 서로 교제하며 떡을 떼며 기도하기를 전혀 힘쓰며 기적과 표적을 경험할 뿐 아니라, 서로 가진 물건을 나누고 재산과 소유를 팔아 각 사람의 필요에 따라 나누어주고 마음을 같이하여 성전에 모이기를 힘쓰며, 하나님을 찬미하는 그리스도의 교회는 백성에게 칭송을 받게 되었다. 구원받는 사람이 날마다 더하게 되었다.

교회는 그리스도의 복음을 선포하고 하나님의 말씀을 따라 살아야 하는 신앙 공동체로서 정체성을 유지해야 한다. 즉 교회가 본래의 가치를 지니면 그것은 드러나게 마련이다. 교회가 본래의 가치, 즉 교회의 정체성을 회복하면 사람들이 존경과 경외를 가지고 교회에 관심을 갖게 되는 것이다.

한국 교회는 소위 영성을 강조하며 전도하는 일에는 열심을 다하였다. 그럼으로써 교회가 크게 자랐다. 그러나 많은 교회들이 종교적인 면만을 강조하는 나머지 윤리성을 상실하고 있음을 반성해야 한다. 교회가 사회를 향한 윤리, 즉 이웃 사랑의 윤리를 옳게 실천하지 못하는 것은 능력의 부족으로 돌릴 수 있다. 그러나 교회가 부정직한 것은 수준 이하의 죄악이다. 위에서도 언급한 바와 같이, 교회들이 교회 간의 경쟁을 당연시할 뿐 아니라 교인수를 과장하여 허위로 보고하기를 예사로 한다. 그러면서 이를 "믿음의 수치"라고 말하기도 한다니 어이가 없는 파렴치한 일이다. 온 국민이 거짓에 멍들고 불감증에 걸려 있는 상황에서 교회는 그래도 정직이 무엇인지 일깨워 주어야 한다. 기독교에서는 종교와 윤리가 하나인데 교회가 윤리성을 상실하면 교회가 붙들고 내세우는 종교성마저도 무력한 것이 되고 만다.

교회가 종교성은 뒤로하고 윤리성을 지나치게 강조해도 결과는 마찬가지이다. 교회는 교회다움을 상실하고 만다. 교회가 영적인 생동성을 상실해서는 성경이 가르치는 윤리성도 갖추지 못한 채로 이데올로기를 좇는 집단이 된다. 교회다운 교회는 영적으로 각성해 있으면서 윤리성을 발휘하는 균형을 갖추고 있다.

초기의 한국 교회는 한국 사회에 많은 것으로 기여하였다. 나라를 잃은 백성들에게 애국과 애족의 요람이 되었으며, 새로운 문물을 받아들이는 통로 역할을 하였다. 선교사들은 복음 전파를 위하여 여러 면으로 힘썼다. 그들은 복음을 전파하기 위하여 좁은 의미의 전도 활동만 한 것이 아니다. 의료 선교사들은 새로운 서양 의술을 소개하였다. 세브란스 병원을 세우고 의사를 배출하였으며, 호열자가 발생했을 때는 정부에 방역 대책을 마련하게 하였다.

선교사들은 학교를 세워 새로운 교육 제도를 도입하고 신학문을 소개하였다. 거리에서 전도하여 결신자를 얻게 된 수보다는 학교 학생들이 복음을 받아들임으로 말미암아 얻게 된 신자의 수가 더 많았다. 성경과 기타 문서를 한글로 씀으로써 한글을 개발한 것도 특기할 만한 일이다. 여성 해방 운동과 청년 운동의 시작도 빼놓을 수 없는 업적 가운데 하나이다. 청년면려회와 엡워스 청년회가 있었으며, 연합 청년 운동으로는 YMCA와 YWCA가 있었다.

YMCA는 다양한 사업을 벌여 한국 사회에 기여하였다. 일요 강화, 성경 연구, 특별 전도 및 강연 등의 전도 사업과 사회 사업을 비롯하여, 교육 사업으로는 1906년부터 인쇄, 목공, 철공, 제화, 사진 기술 등 실제적인 직업 교육을 실시하였다. 영어, 중국어 독일어 등의 외국어학과를 두고 노동 야학과도 두어 근로 청장년들에게 학습할 수 있는 기회를 마련하여 주었으며, 그 밖에도 소년 사업, 체육 사업을 벌였다. 그 중 가장 드러난 사업은 체육 사업이었다. 야구, 축구, 배구, 권투, 기계 체조, 유도, 격검, 씨름, 궁술 등 동서양의 각종 운동 경기를 소개하고 장려하였다.[26]

초기의 대부흥, 즉 회개 운동으로 말미암아 한국 교회는 영적으로 각성하게 되었으며, 신자들 개개인이 윤리성을 갖게 되었다. 교회는 영적인 것만 추구한 것이 아니고 교회가 살고 있는 나라와 사회에도 지대한 관심을 가졌으며 고난의 삶을 같이하였다. 기독교인들이 거의 모두 3·1 운동에 적극 참여한 일과, 1930년대에는 교회가 농촌 진흥 운동을 한 사실을 보면 교회가 윤리 의식을 갖고 있었으며, 그것을 실현할 수 있는 잠재력을 가지고 있었다.

한국 교회는 1930년대 후반에 신사 참배에 굴복함으로써 교회다움을 상실하게 된다. 해방 이후 교회는 과거의 잘못을 뉘우치고 철저히 회개했어야 함에도 불구하고 그렇게 하지 못하였다. 교회는 친일파가 그대로 득세하는

---

26) 韓國敎會史學會編, 『朝鮮예수敎長老會史記』 下(서울: 연세대학교출판부, 1968), 51.

사회적인 풍조에 그냥 편승하였다. 그래서 교회는 교회다움을 회복하지 못하고 사회의 중추적인 양심의 역할을 할 수 없게 되었다.

정치와의 관계에서 보더라도, 남한의 교회는 종교의 자유를 만끽하면서 대통령 이승만이 기독교인이라는 사실 때문에 정부와 여당에 무조건적인 지지를 보냈다. 그러다가 부정선거로 4·19 학생 혁명이 일어나 자유당 정권이 무너지는 것을 보고 교회는 한때 할 말을 잃었다.

1960년대 이후 교회가 군사 정부에 대응함에 있어서 진보적인 교회와 보수적인 교회가 나누어졌다. 자유주의 신학을 가진 소수의 교회는 군사 정부에 반대하여 민주화를 촉구하는 운동을 벌인 반면에, 보수적인 교회는 침묵한다고 하지만, 실상은 타협하거나 굴종하는 자세를 취하였다. 독재에 항거한 교회들의 자세나 행위는 긍정적으로 보아야 하겠으나, 대체로 그런 교회들이 영적인 면을 소홀히 하는 교회인 것은 유감스러운 일이다.

한국의 장로교회와 감리교회가 교구 교회로 발전해 왔는데, 1950년대 이후 교구 제도가 와해되면서 한국 교회는 회중 교회 유형의 개교회주의 교회로 발전하기 시작하였다. 따라서 대교회도 출현하게 되었다. 교세 확장을 위한 경쟁을 유발한 교회 분열과 교구를 초월하는 피난민 교회들의 설립과 이북에다 연고지를 두는 무지역 노회의 형성 등이 교구적 교회 제도의 와해와 더불어 개교회주의 추세를 초래한 원인들이었다고 할 수 있다. 한국 사회가 산업 사회로 발전하는 와중에 농촌 인구가 도시로 이동하여 대교회들의 출현을 촉진하였다.

대부분의 도시 교회들이 회중교회 유형의 교회가 되었다. 그래서 교회는 지역 사회와는 격리되어 갔다. 지역 공동체에 관심을 두고 봉사하는 소위 지역 교회(community church)로 발전하지 못하고 오히려 그러한 성격을 상실하게 되었다. 교회가 위치한 지역 사회와는 연고가 없는 교인들이 멀리서 와서 모였다가 흩어져 간다. 흩어져 간 교인들은 거주지에서 소속 교회를 달리하는 그리스도인들과 이웃해서 살지만, 지역 사회에 대하여는 결속력이 없는 개별적인 그리스도인으로 살 뿐이다.

교회 분열이 교회들로 하여금 열심히 전도하는 교회가 되게 하였으므로 교회 성장에 촉진제로서 긍정적으로 작용했다고 보는 이들도 없지 않다. 그러나 교회가 서로 싸운다는 그 자체가 비윤리적인 것임을 인식해야 한다. 교회는 교세 확장의 경쟁 속에서 권징을 시행하지 못하는 교회, 즉 교인들을 윤리적으로 지도하는 일을 포기한 교회가 되었다. 교회는 교회답게 자라야 한다. 경쟁 관계에서 교회 성장을 도모하는 교회는 전 국민을 전도의 대상으로 하는 교회는 될 수 없다.

교회의 분열은 개교회주의를 초래하게 되었고, 개교회주의는 대교회주의를 낳았다. 대교회는 개교회주의의 극대화 현상이라고 할 수 있다. 한국 교회의 성장에 기여한 것으로 생각되는 대부분의 큰 교회들은 철저하게 개교회주의 증후를 나타내고 있다. 교회의 예배, 선교 등 여러 행사나 사업을 시행하거나 새로운 프로그램을 배워 와 적용하거나 개발할 경우, 교회의 보편성은 고려함이 없이, 다시 말하면, 한국 교회 전체를 생각함이 없이 자체 교회의 성장만을 염두에 두고 시행한다.

개신교는 마이너스 성장을 하는 반면에 천주교의 교인수는 불어난다고 한다. 상당수의 개신교 신자들이 천주교로 개종한다는 말도 있다. 그 원인은 여러 가지로 설명할 수 있을 것이다. 천주교가 사회 문제에 관심을 많이 기울이며, 그간에 군사 정부에 비판적인 자세를 취해 옴으로써 국민으로부터, 특히 젊은 층으로부터 신뢰를 얻게 된 것도 하나의 원인일 것이다. 개교회주의에 함몰되어 대교회를 지향하며 서로 경쟁하는 개신교 교회, 부유한 대교회와 수많은 영세한 작은 교회들로 불균형을 이루고 있는 개신교 교회보다는, 하나의 교회 체제로 교구 제도 속에서 질서 있고 의젓하게 포교하고 봉사하는 천주교를 사람들은 더 선호할 수도 있는 것이다. 개신교 교회가 대체로 천주교에 관하여 옳게 교육하지 못한 것도 원인 가운데 하나이다. 즉 로마 가톨릭과 개신교의 동질적인 면은 별로 언급하지 않고 이질적인 면만을 가르쳐 왔기 때문에, 교인들 스스로 양 교회의 동질적인 것을 경험하게 되면, 이질적인 것만을 배운 교육 내용을 신뢰하지 않게 되므로 더 쉽게 개종하는 것으로 보인다. 그러나 이러한 설명도 1990년대의 현상에 대한 설명이다. 2000년대에 이르러서는 천주교도 교인수가 감퇴한다는 말을 듣는다.

한국 교회는 대중을 영입하기 위하여 급급한 나머지 중세적인 교회로 퇴보하지 않고, 성경 말씀을 따라 자신을 개혁하며 말씀의 권위를 높이는 교회로 발전해야 한다. 교회가 이제는 성숙한 신앙을 가진 교회로 발돋움할 시기에 있다. 대중들도 미개한 종교적 신앙을 찾는 단계에 그대로 머물지는 않는다.

교회는 국내외 선교를 위하여, 민족의 복음화를 위하여 보다 넓은 안목을 가져야 한다. 교회는 학원 선교 단체들을 '파라 처치'(para-church)라고 백안시 할 것이 아니고 포용해야 한다. 선교 단체들이 한국 교회의 성장에 직접 혹은 간접으로 기여해 온 사실을 정당하게 평가해야 한다. 학원은 민족 복음화를 위한 온상이다. 교회는 학원 복음화의 중요성을 인식하고 복음화 운동이 활성화되도록 교회와 연계된 학생 운동뿐 아니라 그렇지 않은 선교 단체들도 직접 혹은 간접으로 지원해야 한다. 해외 선교에 쏟는 것에 못지않게 국내의 군 선교와 학원 선교에 관심과 열심을 쏟아야 한다.

사회에 기여하는, 아니, 이웃을 사랑하는 구제와 봉사 사업을 소홀히 하고 선교만을 교회의 과업으로 생각하는 교회는 결국 자신의 비대만을 추구하는 교회가 되고 만다. 해외 선교는 성장한 한국 교회가 수행해야 하는 위대한 과업이다. 그러나 일차적인 선교의 대상은 선교의 주체인 교회의 구성원이며, 특히 어린이와 청소년이다. 교회는 가까이 있는 이들에 대한 전도와 교육에, 즉 교회 교육과 주일학교 교육에 지대한 관심을 갖고 정성을 기울여야 한다. 교회 성장을 위해서는 개개의 교회가 전도에 힘써야 하므로 교인의 수평적인 이동을 합법화하는 등의 무원칙한 것들은 제외하고 교회성장

학에서 말하는 많은 이론과 실제를 수용할 수도 있어야 한다.27)

1980년대에 유럽에서는 많은 교인들이 교회를 떠나는 영적으로 암담한 시기였다. 영국과 독일에서 그러하였으며, 네덜란드도 예외는 아니었다. 그러한 시기에 한국 교회는 여러 가지 모순과 부족한 점이 많음에도 급성장을 하였음을 하나님께 감사해야 한다. 교회 성장의 침체를 겪는 교회에게 나라가 어려운 시기를 당하면 사람들이 다시금 종교를 찾고 교회를 찾을 것이라는 교회 성장 중심의 얄팍한 기대나 안도는 금물이다. 교회는 나라를 걱정하고 고통에 동참하며 자성하는 일에 앞장서야 하고 교회의 이기적인 폐쇄성과 무능을 뉘우치고 회개해야 한다.

교회들은 교회의 보편성에 대한 의식을 망각한 채 계속 경쟁적으로 개교회의 존립과 비대만을 추구하는 성장주의는 버려야 한다. 한국 교회가 건전하게 성장하기 위해서는 교회들이 교회의 신앙고백에 충실해야 한다. 그러면서도 교회들은 신학적인 차이에도 불구하고 이단이 아닌 한, 각기 제 몫을 다하는 것임을 인정하며 서로 관용하고 협력해야 한다. 그래서 연합을 도모해야 하며, 같은 신앙고백을 가진 교회들은 분열을 지양하고 연합을, 나아가서는 실질적으로 하나 됨을 모색해야 한다. 그리하여 교회가 영적이며 윤리적인 권위를 회복해야 한다. 그리고 이제는 교회가 소수의 종교 집단이 아니므로 한국 사회와 문화에 기여하는 교회, 도덕적으로 국민을 교화하고 주도하는 역할을 다하는 교회이어야 한다.

기독교의 인구의 증감을 통계로 관찰하는 것은 교회 지도자들이나 관심 있는 이들이 탁상에서 할 수 있는 일이다. 그러나 개개의 지역 교회와 교인들은 신앙의 선배들이 해 온 대로 한 사람의 생명을 온 천하보다 귀하게 여기며, 이를 구원하기 위하여 경건주의적인 전도에 힘써야 한다. 자라게 하시는 이는 하나님이시므로 주님께 모든 것을 맡기고 자비와 축복을 빌며 최선을

---

27) 오정현, "그럼에도 부흥은 일어나고 있고, 가능하다!", 「C.C.C.편지」 (1998. 1), 12-16쪽에서 헌신적인 봉사로 복음을 전하고 부흥을 갈구하며 경험하는 교회들의 사례를 들고 있다.

다할 뿐이다. 목회자는 교회 성장에 대한 통계적인 관심보다는 교인들에 대한 목회적인 관심을 가지고 교인 한 사람을 귀하게 여기고 사랑하며 예배와 설교의 능력을 회복하기 위하여, 존경받는 영적 지도자가 되도록 힘을 다해야 할 것이다.

3 신앙과 성화

율법주의
기복 신앙
주일 성수

율법주의

한국 교회가 "율법주의화되고 있다"거나 "율법주의적이다"고 하는 말을 더러 듣는다. 그 말은 한국 교회가 율법주의와 공로주의를 지양하고 칭의와 성화의 교리를 가르치는 종교개혁의 신앙 전통을 따르는 교회로서 건강하게 살지 못하고 있다는 말이다. 그것이 한국 교회에 대한 적절한 평가인지는 따져 보아야 할 것이다. 그러려면 '율법주의' 개념부터 알아야 하겠다.

'율법주의'(legalism)의 일반적인 의미는 법 정신을 고려하지 않고 법을 지나치게 문자적으로 이해하고 지키려는 경향을 가리키는 말이다. '율법주의'는 부정적인 의미를 가진 개념이지만, 여하튼 그것은 나름대로 법을 지키는 것을 전제하고 있는 개념이다. 법질서가 문란하고 준법 정신이 결여된 오늘의 한국 사회도 그러하지만, 많은 교파 교회가 각기 수많은 교단 교회로 무분별하게 분열되어 무질서하게 난립하고 있는 한국 교회의 현실은 '율법주의'와는 거리가 먼 것으로 느껴진다.

그럼에도 불구하고 우리에게는 구약을 맹목적으로 따르는 경향까지 포함하여 법을 지키지 않으면서도 법을 따지는 경향도 있으므로 '율법주의'를 좀 더 포괄적인 뜻을 가진 개념으로 이해하면서 교회 역사에서 율법주의적인 경향을 보인 여러 경우들을 먼저 일별해 보기로 한다.

율법주의와 공로주의

신학적으로 율법주의는 구약의 율법을 어떻게 이해하느냐에 따라 결정되는 개념으로서 유대인들과 초대 기독교인들에게 있었던 문제이다. 로마서에서 바울이 율법과 복음을 대비하여 말하는 율법은 윤리적인 규범으로서의 법을 말한다. 거기에 따르면 율법주의는 행함으로 의롭다함을 받으려는 공로주의를 동반하는 개념이다. 그런 뜻에서 '율법주의화'의 경향은 공로주의로 되돌아 가려는 것을 뜻한다.

'공로주의'는 율법을 규범으로 하든 않든 사람이 자력으로 구원을 얻으려는 종교적인 성향을 말한다. 그런데 성경은 인간이 전적으로 부패했으므로 자신의 공로로써가 아니고 오직 하나님의 은혜로만, 즉 예수 그리스도를 믿음으로만 의롭다함을 얻어 구원을 받게 된다고 가르친다. 성경은 공로주의를 배제함에도 불구하고 교회 역사에서 사람들은 늘 공로주의로 회귀하려는 경향을 보여 왔다.

유대교와 예수의 율법 이해

예수님 당시의 유대교의 율법 이해가 일률적인 것은 아니었다. BC 1세기의 랍비들 가운데도 율법을 보다 문자적으로 이해하려는 이들이 있었는가 하면, 다소 자유롭게 해석한 이들도 있었다. 이를테면 샤마이(Shammai)가 전자를 대표하고 힐렐(Hillel)이 후자를 대표한다.[1] 그러나 율법에 대한 예수 그리스도의 이해에 비추면 양자의 이해가 다 율법주의의 범주에 속할 뿐이다.

십계명은 율법의 기초요 핵심이다. 유대교 지도자들은 살아 계시는 하나님

---

1) Robert M. Grant, *A Historical Introduction to the New Testament* (London, Collins, 1963), 258.

의 계명을 문자화된 일반 법률처럼 이해하였다. 그래서 법이 금하는 것을 범하지 않으면 율법과 계명을 지키는 것으로 생각하였다. 그들은 특히 하나님께 대하여 지켜야 하는 안식일의 계명을 조문화하였다. 안식일에 금해야 할 일들을 세분하여 40에 1을 감한 수, 즉 39의 준칙을 만들고 거기에다 각각 7을 곱하여 세칙을 만들었다. 그리고는 또 법을 피하는 방법도 모색하였다.

안주읍 중앙 교회

예를 들면 안식일에 5리 이상의 길을 갈 수 없다는 법에 저촉을 받지 않으면서 목적을 달성하려면, 먼저 5리 되는 지점에 음식을 가져다 두면 5리를 더 갈 수 있다고 한다. 더 멀리 가고 싶으면 거기서 5리씩 되는 지점에 음식을 갖다 두면 된다고 한다. 그럴 경우 부엌 이쪽 끝에서 저쪽 끝까지 가는 것으로 간주되므로 무방하다는 것이었다. 이와 같이 그들은 살아 계신 하나님은 망각한 채 계명을 법률처럼 이해하여 율법주의적인 위선에 빠진 것이다.

이에 반하여 예수께서는 율법과 선지자들을 통하여 하나님께서 원하시는 뜻을 헤아리신다. 그리하여 첫째는 하나님을 사랑하고 둘째는 이웃을 사랑하라고 명하시는 말씀이 율법과 선지자의 강령이라고 가르치신다. 그리고 종교적인 계명과 윤리적인 계명은 하나이며 사람은 아무도 율법과 계명을 지켰다고 말할 수 없는 죄인임을 일깨우신다. 그러므로 사람의 구원은 율법을 행함으로써가 아니고 하나님의 전적인 은혜로 말미암는다는 진리를 가르치신다. 그러나 유대교 지도자들은 그들이 만든 수칙에 따라 예수를 율법을 범하는 자라고 정죄하였다.

바울은 율법과 복음을 대비하면서 예수님의 가르치심에 따라 칭의와 은혜 교리를 강조한다. 그러나 사도들은 율법과 복음의 관계를 이해하기까지,

예를 들어 유대인을 이방인과 구별하는 율법의 규례들, 즉 정결의 법, 할례, 절기 등에서 그리스도인들은 자유롭게 되었다는 일치된 이해에 이르기까지 논쟁을 하는 등 진통을 겪었다.

초대 교회의 율법주의 경향

은혜와 칭의 교리는 기독교를 일반 종교와 구별하는 핵심 교리임에도 불구하고 그 교리가 초대 교회의 속사도 교부들과 변증가들의 글에서는 전혀 나타나지 않고 있다. 그들은 유대교의 율법주의 전통에서 혹은 일반 종교적인 이해에서 아직 탈피하지 못해서 그랬던 것으로 이해한다. 그리고 그러한 현상은 중세 내내 이어진다.

서방 교회의 위대한 교부 어거스틴은 인간의 전적 부패를 말하는 한편, 하나님의 전적인 은혜로 말미암는 구원을 주창했으나 은혜 교리의 핵심인 칭의 개념은 밝히지 못했다. 그의 은혜 교리는 공로주의 사상에 압도되어 중세 교회에서는 내내 잊혀졌다.

12세기와 13세기에 이르러 피터 롬바르두스와 토마스 아퀴나스 등이 은혜 교리에 관심을 가지고 밝히려고 했으나 은혜 개념을 분석하여 세분하면서 선을 행할 수 있도록 해 주시는 하나님의 은혜를 말함으로써 공로주의 범주를 벗어나지 못했다.

기독교의 세속화는 이미 2세기와 3세기부터 시작되었다. 순교자와 영웅들을 기념하는 제의가 시작되었으며, 성자 숭배가 종교 의식의 중요한 부분이 되었다. 성물 숭배, 부적, 기적을 믿는 신앙이 만연하기 시작했다. 이러한 관행들은 기독교가 공인되고 로마의 국교가 되면서부터 더 심화되었다.

교회가 박해 아래 있을 때는 하나님만 바라며 의지하고 순교를 영광으로 여기는 열정적인 신앙을 가졌으나, 이제 교회는 성직자와 평신도의 이층 구조를 가진 교회로, 교황을 정점으로 하는 교계주의 교회로 제도화되어 갔다. 따라서 예배 의식은 길고 복잡해졌다. 도시에는 이방인들의 사원처럼 웅장하게 지은 예배당이 서기 시작하였다. 박해 시대에는 개종자가 3년의 학습 기간을 거쳐야 비로소 세례를 받았으나, 이제는 신앙이 자유화되면서 많은 사람들이 민속 신앙을 청산하지 못한 채 대거 기독교로 입문하게 되었다. 교회는 선교와 교세 확장을 명분으로 백성들의 종교심에 부응하여 성상 숭배, 마리아 숭배 등을 허용하였다.

교계주의화(敎階主義化)되고 의식화(儀式化)되어 가며 이방 종교적인 요소들을 영입하게 된 교회에는 거기에 걸맞은 공로주의 사상이 만연하기 마련이었다. 중세 교회는 많은 법과 규칙과 절기를 만들어 유대교의 것과는 양상이 다른 율법주의로 빠져들었다. 백성들은 무지와 법의 노예가 되었다. 교회 부패의 상징이 된 면죄부는 바로 공로주의의 산물이다.

법을 지키지 못한 데서 얻게 되는 죄의식에서 해방을 얻기 위하여 고행이나 봉사 혹은 부역을 함으로써 참회를 해야 했는데, 이를 돈으로 대신할 수 있다는 방향으로 나아갔다. 12세기에 십자군 운동이 일어나면서 면죄부의 관행이 더 보편화되었다. 죄를 범한 기사들과 귀족들에게 먼저 십자군에 참전함으로써 죄를 사면 받을 수 있는 길이 열렸다. 그 후 돈으로 참전을 대신하는 것이 허용되고 그러한 관행이 다른 경우에도 적용되면서 면죄부가 보편화된 것이다.

중세 교회와 율법주의 경향

교회의 제도화와 세속화에 대한 반발에서 교회를 이탈하여 신앙의 참신함을 회복하고자 하는 운동이 있었다. 그것이 바로 신령주의 운동이다. 신령주의자들은 대체로 제도적인 교회에 소홀히 대하거나 반대했으므로 제도적인 교회는 그들을 경계하고 정죄하였다. 신령주의 운동은 취약한 교회관과 경우에 따라서는 이원론적이며 열광적인 신앙 때문에 2세기 중엽에 일어난 몬타누스 운동과 중세의 신비주의 운동처럼 이단으로 발전할 위험성을 내포한다. 그러나 또 한편 신령주의 운동은 제도화된 교회에 쇄신 운동을 유발하는 자극과 촉매 역할을 하기도 하였다.

수도원 운동은 비슷한 동기에서 교회를 떠난 사람들로 말미암아 생긴 신령주의적인 운동이다. 순교의 영광을 얻지 못하는 대신에 금욕을 통하여 상급을 얻으려는 생각이 일반화되고 있었으므로, 금욕을 영적인 열심을 다하는 신앙 생활의 계속으로 보는 사람들이 광야로 나가 은자(隱者)들의 마을을 형성하였다. 은자들의 마을이 4세기 초에는 수도원으로 발전하였다. 북아프리카 나일 강의 델타 지역 근방이 그 발상지이다. 수도원이 교회를 떠난 사람들의 집단임에도 불구하고 교회는 관용과 이해로 대하였다. 수도원은 수도사들이 성경에 근거하며, 노동하며, 금욕적인 경건에 힘씀으로써 교회에도 유익한 본을 보였기 때문이다.

중세로 접어들어서 수도원은 교육과 문화에도 기여하는 사회의 중요한 기관이 되었다. 교황주의 교회에 흡수되어 교황의 관할 아래 교회와 병존하는 공동체로서 존속하게 되었으며, 드디어 11세기 이후부터는 수도원 출신의 많은 사람들이 교회의 쇄신 운동을 주도하는 등 교회의 지도적인 인물이 되었다. 이미 6세기 중엽에 설립된 베네딕트 수도원의 수도사들은 성경과 교부들의 신학적 전통을 연구하고 이를 전수하기 위하여 사본을 만들었으며, 수도원은 기독교 서적과 고전을 소장하는 도서관의 기능도 하게 되었다.

이와 같이 교회와 사회에 기여하는 수도원에 왕들과 귀족들은 재산을 기증함으로써 보답하였다. 그리하여 많은 수도원들이 9세기에 이르러서는 부유해졌다. 수도원장들은 많은 소작인들을 거느리는 지주가 되었으며, 마침내 주민들에게 정치적인 영향력과 사법권을 행사하게 되었다. 금욕은 더 이상 미덕이 아니었다. 수도사들은 이젠 주로 부유층과 귀족 가문 출신들이었다. 수녀원도 그 점에서 마찬가지였다. 부유해진 수도원은 초기의 신선함을 잃고 부패하였다.

중세 교회를 타락하게 만든 가장 큰 요인은 평신도 서임권이다. 평신도 서임권이란 평신도인 왕이나 황제가 교회의 주교(감독) 등 중요한 성직자를 지명하는 제도를 말한다. 11세기 중엽 교황 그레고리 7세가 이를 시정함으로써 교회 개혁을 이루려고 시도했으나 왕들과 귀족 출신 주교들의 반발로 성공을 거두지 못했다. 왕과 귀족들이 서임권을 포기하는 것은 자신들의 재정을 풍부하게 충당해 주는 유력한 재원인 교회를 관장하는 권리를 포기하는 것이므로 그들은 그 권리를 한사코 지키려고 하였다.

이 무렵에 수도원들도 자체의 쇄신을 꾀하면서 개혁 의지를 가진 많은 수도원들이 창설되었다. 11세기의 클루니 수도원을 위시하여 13세기의 프란체스코와 도미니코 교단들에 이르기까지 많은 수도원들이 창설되었다. 탁발 수도사들은 백성들에게 종교심을 갖게 만들었으며, 사회와 대학과 학문에 크게 기여하며 영향을 미쳤다. 그러나 교황주의 교회가 극도로 부패하게 된 14,15세기에 이르러서는 많은 수도원과 수녀원들이 한 가지로 오염됨을 면치 못했다. 수도원 운동은 공로주의에 근거한 경건 운동으로서 그 한계를 벗어나지 못한 것이다.

종교개혁과 그 이후의 율법주의 경향

종교개혁자들은 은혜와 칭의 교리를 강조함으로써 율법주의적인 공로주의를 철저히 배격하였다. 사제주의와 교계주의를 반대하고 성경의 권위를 강조하며 성상 숭배 등을 거부함으로써 중보자 그리스도를 높였다. 예배 의식도 간소화하고 백성들이 이해할 수 있는 말로 예배함으로써 초대 교회의 예배 형식으로 복귀하며 성경적이며 영적인 예배를 회복하려고 하였다. 16세기 중반부터 약 100년간의 시대를 정통주의 시대라고 하는데, 이 시기에 가톨릭과 개신교, 루터교와 개혁교회 간의 신학 논쟁으로 신학이 사변적이 되고 예배가 경직되면서 종교개혁의 교회가 개혁 당시의 영적인 생동성을 상실하였다. 17세기 후반에 종교개혁의 영적인 운동을 회복한다는 명분으로 경건주의 운동이 일어나 중생과 성화의 생활을 강조하였다. 경건주의 운동은 18세기와 19세기의 부흥 운동에 영향을 주었다.

경건주의 운동 자체는 제도적인 교회에 대하여 소극적이었으나 부흥 운동은 복음주의라는 이름과 함께 여러 교파 교회에 확산되었으며 선교와 복음 운동을 고취시켰다. 그러나 경건주의는 청교도 운동과 마찬가지로 금욕적인 경건 생활을 강조하는 나머지 생활의 세세한 부분까지 규제하는 '아디아포리즘'(adiaphorism)의 경향도 보였다.

19세기에 이르러 예배 의식을 강화하는 예전 운동이 일어났다. 이 운동은 계몽주의와 합리주의로 말미암아 영적인 생동성을 상실하게 된 교회들이 중세 교회가 그랬듯이 종교성을 유지하려는 노력에서 시작한 운동으로 이해할 수 있다.

한국 교회와 율법주의 경향

부흥 운동에서 소명을 받은 선교사들을 통하여 선교를 받은 한국 교회는 부흥을 경험하여 생동하는 교회로 급성장하였다. 그런데 초기의 한국 교회는 부흥적인 배경과 함께 아디아포리즘적인 율법주의 경향도 동시에 가지게 되었다. 아디아포리즘은 성경에서 분명히 말씀하지 않는 규칙을 계명처럼 중요하게 보고 지키려는 자세를 일컫는 말이다.

성경을 문자적으로 이해하는 데서 그랬으며, 경건한 종교 생활과 윤리적인 생활을 지향하는 데서도 그런 경향을 갖게 되었다. 주일을 안식일로 철저히 지키는 일, 술과 담배를 교회법으로 금한 일 등이 그런 것이다. 그것은 차라리 윤리적인 경건 생활을 위하여 최소한도로 필요한 율법주의적 경향으로 보아도 좋을 것이다. 오늘날처럼 무질서한 교회 환경에서는 그렇게 평가할 수 있을 것이다.

그러나 문제는 한국 교회에 만연한 구약적인 요소와 무원칙한 구약 이해이다. 행동의 규범으로서의 율법이 무시되고 있는 상황에서 구약의 율법 이해는 무질서하고 너무나 비신학적인 방향으로 발전하고 있다. 우리는 예수께서 율법을 폐하러 온 것이 아니라 온전케 하러 왔다는 말씀의 뜻을 잘 살펴야 한다.

율법에는 행위의 규범만이 아니고, 하나님께 예배하며 죄 사함을 받는 법과 이스라엘 백성을 하나님의 백성으로 구별하는 정결과 절기에 대한 법이 있다. 그리고 예배와 사죄를 위한 제사에 대한 법이 있다. 예수께서는 온전하고 거룩하게 사심으로써 온전한 행위를 요구하는 율법을 지키셨으며, 십자가에서 희생이 되심으로써 제사를 요구하는 율법을 성취하셨다. 따라서 제사의 법은 완성됨으로써 폐지되었다. 그리스도의 복음은 만백성을 위한 것이므로 유대인을 하나님의 백성으로 구별하는 정결과 절기의 규례도 폐지되었다.

그러나 율법 가운데 종교적인 계명과 윤리적인 계명은 그리스도인의 성화를 위하여, 그리고 행한 대로 심판을 받게 되어 있는 모든 인류에게 그대로 유효하다. 우리는 복음의 시대에 살고 있으므로 구약의 율법과 규례를 분별해야 한다. 그럼에도 불구하고 많은 이들이 구약적인 개념을 그대로 적용한다. 예배를 제사로, 예배당을 성전으로, 강단을 제단으로 지칭한다. 목사를 제사장으로 알며 레위 족속과 동일시한다.

요즘 논란이 되고 있는 목회자의 세습을 레위 족속의 경우를 들어 변증한다는 말이 있다. 아버지가 아들에게 목사직을 물려줄 수는 없으나 아들이 아버지가 목회하던 교회의 목사로 선임될 수는 있다. 그러나 소위 '목사의 세습'을 레위족의 세습을 들어 변증한다는 것은 말이 되지 않는다. 로마 가톨릭의 사제주의도 사제를 레위족의 제사장과 동일시하지는 않는다. 그뿐 아니라 십일조는 레위족의 몫이라고 하여 목사가 챙기는 경우도 있다고 한다. 아무런 질서나 원칙도 없는 구약 해석과 적용에 아연할 뿐이다.

소위 목회자의 안식년만 해도 그렇다. 안식년은 선교지 교회의 자립을 위하여 어느 시기에는 스스로 물러나야 하는 선교사들에게서 시작된 관례이다. 범선이나 기선을 타고 본국에 가서 선교 보고를 하며 후원자를 얻던 시절에 생긴 것이다. 구미에서는 목회자가 안식년을 가지는 경우가 없다.

그것은 목회의 속성에 위배되는 것이다. 일 년이나 땅을 내버려두듯이 교회를 내버려둔다는 게 도대체 말이 되지 않는다. 그리고 땅을 놀리는 안식년의 규례가 목양을 한다는 목회자의 안식과 아무런 상관이 없다. 땅이 목회자의 유추가 될 수 없다. 그럼에도 많은 목회자들이 목사의 안식년을 구약의 안식년 제도를 들어 당연한 것으로 해석하다니 어불성설이다.

또한 1995년 해방 50주년에 구약의 희년 사상을 들면서 통일에 대한 희망을 피력하는 일이 있었다. 구약을 문자 그대로 인용하여 그것도 영적인 의미가 아닌 현실의 세속 역사에 그대로 적용하려고 하는 것은 너무나 터무니없는 일이다. 교회에서 구약의 절기를 그대로 다 지키려는 것도 문제이다.

한국에는 재정이 넉넉한 교회들이 많이 생겼다. 재물이 교회와 신앙 공동체를 부패하게 만든다는 것이 교회 역사의 교훈이므로 조심해야 한다. 목회자가 교인들의 신앙 생활을 독려하는 것은 마땅히 해야 한다. 선교와 교회 성장을 위하여 많이 바치고 열심히 믿는 것은 좋은 일이다. 그러나 그리스도로 말미암아 값없이 구원을 주시는 하나님의 은혜에 감격함이 없으며 그리스도를 닮아 가는 성화의 생활을 목표로 하지 않는 신앙은 기독교가 아닌 일반 종교적 신앙일 뿐이다.

칭의 교리에 대한 올바른 이해를 덮어둔 채 '열심히 믿자'는 내용 없는 경건 생활만 강조할 경우, 사람들은 본래부터 우리 인간이 가지고 있는 율법주의적인 공로 사상에 빠져들기 마련이다. 사람들이 교회가 제시하는 여러 가지 신앙 생활의 조건을 충족시키기 위하여 애를 쓰며 공로를 쌓아야 한다는 강박 관념에 사로잡히게 된다. 그러다 보면 종말을 빙자하여 겁을 주는 시한부 종말론과 같은 잘못된 가르침에 쉽게 미혹을 받게 마련이다.

교회 역사에 보면, 교회가 공로주의나 율법주의 성향을 완전히 벗어나 그리스도 안에서 자유를 누리며 성경이 가르치는 대로 온전한 신앙 생활을 영위한 경우는 별로 찾아 볼 수 없다. 사도행전 서두에 보이는 예루살렘 교회가 교회의 이상적인 모델을 보였으나 그것은 잠시일 뿐 오래 가지 못했다. 사도 시대의 교회들 역시 불완전하였으므로 사도들의 편지에서는 율법주의와 반율법주의, 공로주의, 파당을 짓는 일, 신령주의로 인한 교만과 열광주의로 인한 무분별함에 빠지지 않도록 권면하며 경고하는 말씀을 보게 된다.

열심히 믿으려는 신앙 생활은 율법주의적인 성향을 띤다는 사실도 우리는 역사에서 관찰한다. 다소의 율법주의적 성향은 어쩌면 불가피한 것이기도 하며 건전한 신앙의 한 징표일 수도 있다. 율법과 계명을 존중히 여기며 지키려는 노력과 율법주의의 경계는 뚜렷하지 않기 때문이다.

신앙 생활은 오직 그리스도를 믿음으로 의롭다함을 받는다는 교리를 깨닫고 받아들일 뿐 아니라, 루터의 말대로, 감사함으로 하나님께 헌신하는 삶, 즉 성화의 삶을 다 포괄한다. 그러나 칭의와 은혜 교리를 되새기는 일에 게을리 하면, 교회는 그리고 그리스도인 각자는 바리새적인 율법주의나 중세적인 공로주의에 빠지게 된다. 그리고 복음적인 신선함과 영적인 은혜가 없으면, 교회는 예배에서 그 만큼 더 예배 의식을 강화한다는 사실도 우리는 기억해야 한다.

기복 신앙

한국 교회를 잠식하고 있는 기복 신앙이 어떻게 있게 된 것인지를 의문하면서 한국 교회 안에 있는 기복 신앙은 밖으로부터 유입된 것으로 생각하는 이가 있다. 한국 전쟁으로 말미암아 가난해진 사회적인 상황의 영향으로, 혹은 1960년대 이후 경제 성장 제일주의의 사회 풍조의 영향으로 기복 신앙이 유입되었다는 설명이 있다. 그러나 필자의 생각은 좀 다르다. 사회적인 상황의 영향으로 더 극성스럽게 된 것으로 볼 수는 있으나 기복 신앙은 한국 교회에서 자생한 것이지 밖에서 유입된 것은 아니다. 왜냐하면 사람은 누구나 기복 신앙을 가지고 있기 때문이다. 교회는 사회 안에 위치하고 있으며, 교회의 지체인 신자 각자가 곧 사회의 구성원이므로 신자 각자의 신앙적 성향은 사회적인 배경이나 상황과 무관하지 않다. 그리고 누구나 가진 기복 신앙을 두고는 교회 안과 밖의 경계가 없다.

기복 신앙에 관하여 말하려면 기복 신앙의 본질이 무엇인지를 먼저 규명해야 할 것이다. 기복 신앙은 성경이 가르치는 복 개념에 미치지 못하는 복 이해를 가지고 복을 구하는 신앙이라고 할 수 있을 것이다. 성경에 따르면,

복은 복의 근원이신 하나님께서 주시는 것이다. 창세기에 보면, 하나님께서 생물과 사람을 창조하시면서 복을 주시고 생육하고 번성하게 하셨다. 복은 하나님께서 주시는 것인데, 생물과 사람의 생육과 번성과 하나님께서 맡기신 과업을 수행할 수 있기 위하여 필요한 근원적인 활력소요, 생존을 위한 기본 요건이다(창 1:22,28).

그러나 범죄로 인하여 사람들은 복의 결과를 충분히 누리지 못할 뿐 아니라, 복을 주시는 하나님과 함께 복이 하나님께로부터 오는 사실도 망각하게 되었다. 그래서 사람들은 하나님께서 복을 주셔서 얻는 것들, 즉 부귀와 권세와 건강과 장수를 복 자체인 것으로 착각한다. 기복 신앙이 무엇이냐 하면 복 주시는 하나님보다는 복으로 말미암아 얻는 요소들에 더 관심을 두고 그것을 추구하는 신앙이다. 그래서 하나님을 중심으로 하고 하나님을 높이는 신앙이 아니고 자기를 중심으로 하는 이기적인 신앙이다.

평북 강계읍 교회

하나님께서는 아브라함을 택하시고 그에게 복을 주시며 그의 자손들에게 그의 자손, 그리스도로 인하여 만민에게 복 내리실 것을 약속하신다. 복의 내용은 자손들이 하나님의 백성이 되고 하나님의 백성으로서 하나님을 사랑하고 섬기며 순종하는 삶을 사는 것이다. 복은 미래적이고 영적이며 영원한 것임을 가르치신다. 하나님께서는 이러한 약속을 모세와 여러 선지자들을 통하여 새롭게 하시고 예수 그리스도에게서 성취하신다.

기복 신앙은 사람이 자기 자신의 안녕을 위하여 복을 구하는 신앙이다. 사람은 알지 못하는 신적인 능력을 믿으면서 자신에게 있는 불안을 떨쳐버리고 안녕과 평화를 희구한다. 기복 신앙은 진정한 복을 미처 이해하지 못하는 신앙이지만, 온통 부정적으로만 평가할 수 없다. 기복 신앙은 하나님을 자신의 안전이나 욕구 충족을 위하여 찾는 신앙이지만, 그래도 자신의 한계와 불안을 인식하고 하나님이 필요하므로 찾는다는 점에서 긍정적인 면이 있다. 기복 신앙은 기독교 신앙으로 접목될 수 있으며 기독교 신앙으로 승화될 수 있는 종교적인 신앙이다.

성경에서도 기복 신앙을 부정적으로만 보지 않는다. "내가 어떻게 하여야 구원을 얻겠습니까" 하는 종교적인 질문은 자기 자신의 안녕과 행복을 추구하는 생각에서 묻는 다분히 기복적인 질문이지만, 기독교 신앙으로 자랄 수 있는 씨를 배태하고 있는 질문이다.

예수님 당시의 백성들은 로마의 압제에서 해방되어 자주 독립국의 시민으로 당당하게 살며 불행한 처지에서 벗어나 더 나은 삶을 살고 싶었다. 그래서 그들은 이적과 기사를 행하며 능력 있는 말씀으로 가르치시는 예수를 자기들에게 해방과 평화를 가져다 줄 메시아로 알고 따랐다. 예수님께서는 이러한 기복 신앙을 가진 백성들을 물리치지 않으시고 부르신다.

> 수고하고 무거운 짐 진 자들아 다 내게 오라 내가 너희를 쉬게 하리라(마 111:28).

예수님께서는 병든 자를 고치시고, 배고픈 군중을 먹이시면서 그들의 욕구를 채워 주셨다.

그러나 예수님께서는 백성들의 기복 신앙을 마냥 용인하시지 않으신다. 악하고 음란한 세대가 기적을 구한다고 나무라시고 저들이 당신을 찾는 것은 기적을 본 때문이 아니고 먹고 배부른 때문이라고 탄식하신다. 예수님은 백성들에게, 아니 우리에게 성숙한 신앙을 가지도록, 하나님 아버지의 거룩하심과 같이 거룩하게 되라고 타이르시며, 천국에 관하여 가르치신다. 우리 각자가 어떻게 하면 하나님의 다스림을 받는 천국의 백성이 될 수 있는지 가르치신다.

천국의 백성은 하나님을 마음과 뜻과 정성을 다하여 사랑하고 섬기며 이웃을 자기 자신과 같이 사랑하고 섬겨야 한다고 가르치신다. 또한 산상설교에서 천국의 백성이 누릴 참된 복이 무엇인지 가르치신다. 부와 권세를 가진 자에게 복이 있는 것이 아니고, 심령이 가난한 자, 애통하는 자, 온유한 자, 의에 주리고 목마른 자, 긍휼히 여기는 자, 마음이 청결한 자, 화평케 하는 자, 의를 위하여 핍박을 받은 자, 예수 당신을 위하여 핍박을 받는 자가 복이 있다고 가르치신다.

부 혹은 명예를 얻거나 권세를 누리거나 병도 없고 모자람이 없이 괴로움을 당치 않고 평안히 살며 장수하는 것을 복으로 생각하는 사람들에게 예수님의 가르치심은 기존의 사고나 가치관에 대한 거역이며 도전이다. 그래서 많은 사람들이 예수님의 가르침을 얼른 이해하지 못할 뿐 아니라 이해하려고도 않는다. 기복 신앙을 가리켜 물질적인 복을 구하는 신앙이라고 하면 부분적으로 옳은 대답일 뿐이다. 부자 청년이나 제자들처럼 영생을 구하거나 하늘나라의 영광을 구하더라도 하나님을 중심하지 않고 자기를 중심으로 사고하며 사는 신앙은 기복 신앙이다.

성경은 복을 추구하여 교회로 나와 예수를 믿어 구원 얻은 신자들은 자기 중심의 기복 신앙을 지양하고 하나님께 영광과 감사와 존귀함을 드리며 하나님의 뜻대로 생각하고 실천하며 사는 하나님 중심적 신앙을 가지도록 가르친다. 한국 교회의 신앙이 예수님의 가르침을 따라 보다 정화되는 방향으로 성장하기는커녕 기복 신앙 쪽으로 더 왕성해져 온 것이 문제이다. 그것이 언제부터 어떤 요인 때문에 그렇게 되었을까?

한국 교회에 기복 신앙이 두드러지게 된 것은 아마도 1960년대부터인 것 같다. 온 나라가 새마을 운동을 하면서 "잘 살아보세" 구호를 외치며 경제 성장을 이룩하자고 할 때였다. 교회 일각에서 "적극적인 사고"라느니 "삼박자 축복" 등을 내용으로 설교하는 교회가 크게 성장을 하면서 그러한 주제의 설교가 온 한국 교회에 만연하였다. 예수를 믿으면 병 나음을 얻고 많이 바치고 헌신하면 그 만큼 하나님께서 축복하신다고 말하는 설교는 사람들의 기복 신앙을 부추긴다. 그런데 한국 교회에 기복 신앙이 만연할 수 있는 기틀은 이러한 설교가 보편화되기 훨씬 이전부터 마련되어 있었다고 보아야 한다.

교회가 해야 할 과업이 선교와 구제인데 한국 교회가 일찍이 자립하는 교회가 되면서 전도, 즉 선교에는 힘을 기울였으나 구제 봉사는 소홀히 해 왔다. 한국 전쟁 당시에 많은 기독교인들이 고아원을 운영하여 전쟁 고아들을 돌보았으나 이를 지원한 것은 한국 교회가 아니고 외국의 교회와 외국 그리스도인들이었다. 당시는 어려워서 그랬겠지만 후에 나라 살림이 나아지면서 교회도 여유가 있게 되었으나 그런 일에는 별로 관심을 보이지 않았다. 서양에서는 교회가 사회 사업을 시작하여 키우고 나중에 복지 사회를 지향하는 국가가 이러한 사업의 상당 부분을 담당하였다. 이런 과정을 세속화 과정이라고 한다. 한국에서는 오히려 정부가 앞지르고 있어서 교회는 유감스럽게도 이런 과정을 경험하지 못하게 된 것이다.

초기 한국의 기독교 병원들이 수익금으로 전도에 힘쓰고 개척 교회를 돕는 것을 큰 미덕으로 생각하였다. 그러나 그것은 바람직한 일이 못 된다. 병원은 소위 인술을 펴는 일에 전념해야 하는 기관이다. 기독교 병원도 예외가 아니다. 아니 보다 모범적으로 그런 일을 수행해야 한다. 기독교 병원은 가난한 환자, 다른 병원에서 받아 주지 않는 환자를 치료해 줌으로써 그리스도의 사랑을 베푸는 일을 실천해야 하는 기관이다.

그런데 기독교 병원이 선교를 위하여 혹은 신학교나 기독교 기관을 위하여 수익을 올려 돕는 것을 잘하는 일로 평가하고 그것을 당연시하다 보니까 기독교 병원은 그리스도의 사랑을 베푸는 본래의 기능을 못하게 되고 말았다. 그 결과로 오늘의 많은 기독교 병원들이 일반 병원이나 다름없이 가난한 환자 받기를 꺼려하거나 거부하는 지경에까지 이른 것이다.

교회나 선교 기관은 병원의 도움을 받으면 안 된다. 교회 역사에서 그런

예는 없다. 교회가 병원을 도와야 한다. 그것이 교회가 해야 하는 일 가운데 하나이다. 교회는 연보하여 기금을 조성하고 기독교 병원이나 일반 병원으로 하여금 가난한 환자들을 치료할 수 있도록 도와야 한다. 한국 교회는 그런 일을 거의 하지 못했다.

　디아코니아, 즉 이웃의 가난한 과부와 고아들은 돌보지 않고 사회봉사에 인색한 한국 교회는 결국 종교적인 면에만 관심을 가지고 전도함으로써 결과적으로 자기 비대만 추구해 온 편이다. 한국 교회가 하나님을 사랑하고 이웃을 사랑해야 하는데, 이웃 사랑을 영적으로만 해석하여 전도에만 힘쓰고 실제적인 구제 사업은 소홀히 함으로써 특히 야고보서가 가르치는 사랑을 실천하지 못해 왔다. 이웃 사랑을 실천하지 않는 교회의 신앙은 기복적인 신앙이다. 야고보서에 따르면 죽은 믿음이다.

　한국 사회가 오늘에 보는 바와 같이 부패하게 된 것은 이승만 정부가 친일파를 기용함으로써 사회 정의에 대한 가치관이 전도된 데에서 온 것이라는 설명이 있다. 그것은 교회의 경우에도 마찬가지이다. 한국 교회의 많은 지도자들은 일제의 신사 참배 강요에 굴복한 것을 철저하게 회개하지 않고 그냥 덮어둠으로써 의를 위하여 핍박을 받는 것이 복이 있다는 가치관을 흐리게 만들었다. 죄를 회개하지 않은 지도자들이 이끄는 교회는 윤리 의식이 둔감한 교회가 되기 마련이다. 윤리에 둔감한 채로 종교만 추구하는 신앙은 자기 중심의 기복 신앙으로 발전할 수밖에 없다.

주일 성수

기독신자들의 주일 성수를 방해하는 유혹들과 요소들이 많이 있다. 그 가운데 가장 큰 걸림돌은 국가 및 공공 기관의 주일 행사이다. 많은 신자들의 신앙의 자유를 동시에 침해하는 강제성을 띠기 때문이다. 한국복음주의협의회는 1993년부터 줄곧 주일 행사 반대 서명 운동을 벌여왔다. 1993년 5월 10일 한국복음주의협의회 중앙 위원회는 국가 및 기관이 시행하는 주일 행사에 반대하는 운동을 벌이기로 하고, 초중고 교사 임용 고시, 각급 공무원 고시, 특수 고등학교 입학시험 등을 평일에 실시해 주기를 관계 당국에 요청하는 한편, 적극적인 투쟁 방안으로 일천만 서명 운동을 전개하기로 결의하고 실행에 옮겼다.

다종교 사회에서 어느 특정한 종교인들이 자신들의 신앙의 자유를 위하여 정치적 혹은 사회적 의사를 관철할 때 사용하는 시민 운동의 표현 수단을 사용하는 것은 바람직하지 않다. 그러나 한편 주일 행사는 국민들의 휴식의 자유권을 침해하는 처사임을 감안하면 반대 서명 운동은 국민의 기본 권리를 보호받기 위한 명분 있는 운동이다. 한국복음주의협의회가 서명 운동을 추진함과 동시에 정부에 주일 행사 철회를 호소함으로써 상당한 결실을 보게 되었다. 그러나 서명 운동에 참여한 사람들의 수로 말하면 기대치에 미치지 못하고 있다. 우리는 그 원인을 먼저 점검하고 옳게 판단해야 할 것이다.

주일 성수는 하나님의 계명을 좇아 행하는 것이므로 의식 있는 신자들, 즉 성숙한 신자들이 아닌 일반 신자들이 자의적으로 행할 수 있는 성격의 일이 아니다. 하나님의 계명

경성 연동 교회

을 지키는 일은 본래 백성들이 자의로 결정하고 참여하는 성격의 것이 아니기 때문이다. 백성들은 법을 어기고 죄를 범하므로 하나님의 계명을 지키도록 가르침을 받아야 하는 대상이다. 그러므로 주일 행사 반대 운동 역시 종교적인 차원에서 볼 때 백성들이 자발적으로 서명을 함으로써 참여하도록 호소해야 할 성격의 일이 아니고, 하나님의 말씀을 가르치는 설교자들이 주도해야 하며, 교회의 이름으로, 즉 노회나 총회의 이름으로 추진해야 할 운동이다.

한국복음주의협의회도 그런 원리를 몰라서 서명 운동을 시작한 것은 아니고, 교회의 지도자들이 그런 움직임을 보이지 않기 때문에 그냥 문제를 좌시할 수 없으므로 궁여지책으로 벌인 것이다. 그간에 서명 운동을 통하여 정부 기관을 어느 정도 움직일 수 있었던 것은 상당한 성과라고 할 수 있다.

그런데 만일 이를 통하여 교회의 많은 설교자들이 주일 성수의 중요성을 인식하게 되었다면 그것이 더 큰 결실이라고 할 수 있을 것이다. 여하튼 교회의 지도자나 의식 있는 신자들은 대외적으로 주일 행사 반대 운동을 지속적으로 추진하는 한편, 실은 그에 앞서 대내적으로 주일 성수 운동을

전개하도록 해야 한다.

주일 성수에 관한 것을 규명한다고 할 때 우리가 살펴야 하는 것은 하나님의 말씀과 말씀에 대한 교회와 성도의 응답이다. 다시 말하면, 하나님의 말씀인 성경과 교회의 응답인 교회 역사를 고찰함으로써 주일 성수에 대하여 바른 이해를 가질 수 있다. 그러므로 이 글에서는 주일 성수에 대한 하나님의 말씀과 그에 대한 성도들의 응답을 교회사적인 관점에서 고찰하기로 한다.

주일 행사 반대 운동

일제 강점기에는 한국 교회가 신사 참배를 하도록, 즉 하나님의 첫째 계명을 범하도록 강요를 당하던 때였으므로 주일 행사 반대 운동 같은 것은 생각할 겨를이 없었다. 그것은 해방 이후 신앙의 자유를 보장받을 수 있는 사회 환경이 조성되면서 일어나게 되었다.

유엔 총회는 한반도의 자주 독립을 위한 총선거를 선거 가능한 지역에서 실시하기로 하여 공보처에서는 1948년 2월 8일에 그 해 5월 9일을 총선거일로 공포하였다. 그러나 그 날이 바로 주일이므로 남한 각 지역 교회들과 단체들은 교회적으로 또는 단체적으로 특별 강연회가 부당한 것임을 확인하고 당국에 진정하여 선거일을 변경해 주도록 요청하였다. 그해 3월 5일에는 조선 예수교 장로회 총회, 기독교 감리회, 성결교회, 구세군, 이북신도 연합회, 서북 연합회, 기독교청년회, 여자기독교청년회, 기독교출판문화협회, 기독공보사와 기독신보사, 그리고 한국 기독교연합회와 각 노회들이 선거일을 변경해 주도록 요망하였다(기독공보 1948년 3월 19일자).

그 후에도 주일 행사 반대 운동은 종종 있었다. 1952년 10월 16일 대한기독교교육협회 제5회 총회는 주일 국가행사, 학교 집회 등 출석을 강요함으로써 신앙의 자유를 침해하는 행사가 점차 더 자주 거행되는 것을 묵과할 수 없다는 성명을 발표하였다(기독공보 1952년 10월 27일자). 1955년 3월에는 주일에 입시가 있어서 교회가 이를 여론화하였다. 문교부 당국은 휴시를 지시했으나 시, 도 당국과 많은 학교에서는 상부의 명령을 불복하였다(기독공보 1955년 3월 21일자).

1955년 5월 8일에는 서울에서 통장 선거가 있었다. NCC가 이의 변경을 건의한 일이 있었다. 1955년 5월 24일자로 이승만 대통령이 비서실을 통하여 앞으로 주일에는 어떠한 행사도 하지 못하도록 분부하였다. 대통령의 이러한 지시에도 불구하고 주일 행사는 거듭되었으며 그치지 않았다. 1956년 9월 16일 부산에서는 동회장 선거가 있었다. 9월 5일 부산의 기독신자 10만 명이 궐기하여 항의를 하였다. 1960년 보사부에서는 의사 국가 시험 일자를 4월 3일 주일로 공고하여 교계의 여론이 비등하였다.

군사 혁명 이후에는 주일 행사가 더 자주 있었다. 1963년 48회 장로회 총회(통합)는 주일 행사를 철폐하여 주도록 건의하고 교회당 주변의 오락 시설 철폐에 관한 법안 제정을 요구하는 한편, 고도 경주에 의화 획득을 위한 불상 건립에 반대하였다. 1970년 총회 임원회서는 주일 예비군 훈련 금지 대책위를 결의하였다. 1973년 대구산업선교 위원회에서 종업원에게 주일을 성수할 수 있도록 진정하였다. 1977년 2월 27일 구로지구 교회협의회는 기업체의 휴무일을 평일로 변경하도록 한 것을 일요일로 환원하도록 정부에 촉구하였다.

1977년 5월 23일 서울 동노회는 주일 성수 침해 조치를 시정해 주도록 관계 당국에 진정하였다. 부산에서는 교파 연합으로 YMCA 회관에서 주일 성수 대책위를 발족하여 특별 예배를 드리는 한편, 대예배 시에 같은 제목으로 설교하고 기도하기로 하였으며, 부산 시장을 방문하여 협조해 주도록 요구하여 그렇게 하겠다는 다짐을 받았다. 1977년 9월 24일 고신측 총회는 주일 성수 문제로 정부에 건의하였다.

정부 기관에서는 교회의 이러한 끈질긴 건의와 요청에도 불구하고 주일 행사를 철폐하지 않고 계속하였다. 그런데 1990년에 들어서는 주일 행사에 반대하는 교회의 열의가 식은 것 같은 인상이었다.

역사에서 보는 주일 성수

교회 역사에서 교회는 주일을 안식일로 지켜 왔다. 교회가 언제부터 그렇게 한 것인지, 또 그렇게 한 것이 타당성이 있는 일인지를 검토하고자 한다.

최초의 예루살렘 교회는 오순절 성령 강림 사건이 있은 이후 날마다 성전에 모여 예배하는 일과 성도들과 더불어 교제하는 일에 힘썼다(행 2:46~47). 그러다가 교회는 차츰 이레 중 첫 날에 떡을 떼기 위하여 모였다(행 20:7).

이레 중 첫 날, 즉 주일은 유대인들에게는 별다른 의미가 없는 날이었다. 그러나 그리스도인들이 그 날에 모인 것은 주께서 부활하신 날이었기 때문이다. 초대 교회와 유대인들 간에 점차로 긴장이 고조되자 그리스도인들은 유대인들과의 차별화를 위하여 첫 날에, 즉 주일에 집회를 가졌다. 당시 유대인, 특히 바리새인들은 한 주간에 두 번, 즉 월요일과 목요일에 금식하였다. 그런데 그리스도인들은 유대인들의 금식 날을 피하여 화요일과 금요일에 금식하였다. 금요일은 그리스도께서 죽으신 날이므로 그리스도인들은 그 날이 금식을 위하여 적절한 날로 여겼다. 그러나 주일은 기쁨의 날이므로 그 날에는 금식하거나, 무릎을 꿇지 않고 늘 선 채로 기도하였다.

2세기의 초에 기록된 문서 『디다케』(Didache)는 그리스도인들이 이레 중 첫날인 주의 날에 모여 떡을 떼며 감사를 올려야 한다고 기록하고 있다.

> 매 주일마다, 이 날은 주의 특별한 날이므로, 함께 모여 떡을 떼며 감사를 드릴 것이다. 그러나 먼저 죄를 고백하여 드리는 자가 깨끗하게 해야 한다.

안디옥의 감독 이그나티우스(Ignatius, 35~107)는 마그네시아에 보내는 자신의 편지에서 그리스도인들은 유대교의 습관을 버리고 그리스도의 은혜에 속한 자로서 살도록 권면하면서 그리스도인들은 이제는 안식일을 지키지 않고 주일을 지키고 있다고 지적한다. 2세기의 변증가 순교자 저스틴(Justin,

100~165)도 그리스도인들은 일요일에 한 곳에 모여 사도들과 선지자들의 글을 읽고 설교를 들으며 함께 기도하고 떡과 물탄 술을 함께 나누며 고아와 과부들을 위하여 연보한다고 기록하고 있다.[1]

기독신자가 아닌 사람의 증언도 있다. 소아시아 비투니아 지방의 총독 플리니우스가 112년경에 로마 황제 트라야누스에게 보낸 편지에서 그리스도인들은 '정한 날'(status dies) 이른 새벽에 함께 모여 그리스도를 신처럼 찬미하고 헤어졌다가 다시 모여 해롭지 않은 평범한 음식을 함께 나눈다고 보고하였다. 플리니우스가 말한 '정한 날'은 곧 '주의 날'(dies dominicus)이었음을 알 수 있다. 그는 그리스도인들이 정한 날에 모여 종교의식을 가지며 떡을 떼었다고 보고한다.

동방에서는 주일을 부활의 날로 이해하였으며, 서방에서는 창조의 날로, 혹은 성령께서 강림하신 날로 이해하였다. 1세기에는 동방과 서방을 막론하고 주일을 안식일과 예배하는 날로는 관련지었으나 휴식하는 날, 즉 십계명의 넷째 계명을 좇아 지키는 안식일과는 관련짓지 않았다. 그러다가 4세기에 이르러 비로소 분명히 안식의 의미를 강조하기 시작하였다.

313년에 기독교를 공인한 콘스탄티누스 대제는 점차로 기독교의 영향을 받게 되어 인간의 존엄성을 존중하도록 하는 법을 공포하였다. 이를테면, 원형 극장에서 일하는 사람들의 얼굴에 관례를 따라 흠을 내던 것을 금한다든지, 그리스도인들이 노예에게 임의로 자유를 주는 것을 허용한다는 법이었다.

321년 콘스탄티누스는 일요일 법을 제정하고 선포하여 이 "경외할 만한 날"에는 법정 일도 쉬고 공공 일이나 손으로 하는 노동에서 벗어나 쉬도록 명하였다. 단 노예를 해방하는 일 등 경건한 일에 속하는 것은 제외한다고 했다. 일요일은 본래 태양에게 바친다는 날이었으나 콘스탄티누스는 이 날을 기독교 교회를 위한 주의 날로 구별하여 예배할 수 있도록 특전을 베풀었다.

---

1) Justin, First Apology, 67, in *Early Christian Fathers*, 287.

황제가 유대교나 다른 종교 그룹을 위하여 그런 특전을 베푼 일은 없었다. 콘스탄티누스의 주일 법 선포로 비로소 그리스도인들이 주일을 성수한 것은 아니고 그리스도인들이 지켜 온 주일을 공휴일로 선포한 것뿐이다. 380년 기독교를 국교화한 테오도시우스(Theodosius I)는 386년 칙령을 내려 일요일 휴식의 법을 더 강화하였다.

주일 법의 선포로 그리스도인들은 방해를 받는 일없이 예배하며 온 하루를 거룩히 지킬 수 있는 문화적인 환경을 만끽할 수 있게 되었으며, 나머지 주민들은 노동으로부터 휴식할 수 있게 되었다. 얼마 후에는 노예들에게도 쉴 수 있는 특전을 베풀어 예배에 참석할 수 있도록 배려하였다. 게르만들은 자유인들에게도 주일에 중한 노동을 못하도록 금했으며, 이를 위반하는 자는 벌을 받게 했다. 교회 공의회는 일찍부터 주일에 대한 국법을 확인하고 안식을 범하는 자는 하나님의 심판을 면하지 못할 것이라고 선포하였다.

중세의 로마 가톨릭교회는 주일을 안식하는 날로 이해하게 되면서 율법주의적인 동기에서 주일 성수를 강조하였다. 구약 시대에는 토요일이 안식일이었으나 신약 시대에 와서는 주일로 변경되었기 때문에 신자들은 교회가 제정해 놓은 주일 성수의 규례를 그대로 지키면 자동적으로 축복을 받게 된다고 가르쳤다. 그것은 성찬을 그 의미를 모르고도 받으면 은혜를 받게 된다고 하는 것이나 같은 가르침이다.

일요일을 축복의 날로 강조하기 위하여 이 날에 일어났던 사건들을 수없이 나열한다. 즉 빛의 창조, 천사의 창조, 홍해를 건넌 일, 만나가 내린 일, 예수님의 잉태, 탄생, 수세, 가나의 혼인 잔치, 오천 명을 먹이신 일, 예루살렘 입성, 부활, 제자들의 파송, 오순절 성령 강림, 밧모섬 요한에게 계시가 임한 날 등이 주일에 있었다고 하며, 그리스도의 재림과 신천지의 회복도 주일에 있게 될 것이라고 한다.

10세기의 아일랜드 교회는 주일에 아래의 일들은 해서는 안 된다고 율법주의적으로 엄격히 규정하였다. 즉 글쓰기, 여행을 시작하는 일, 매매하는 일, 계약 체결, 소송, 재판, 이발과 면도, 목욕, 불의한 행위, 목적 없이 뛰는 일, 옥수수 찧는 일, 빵 굽는 일, 버터 만들기, 나무패기, 집 청소, 짐 싣기, 노예의 일, 거주 구역 이탈 등을 금하였으며, 범하는 자는 엄벌에 처하였다.[2]

토마스 아퀴나스는 스콜라주의적인 자연법 이론에 기초하여 주일을 안식일의 대체일로 간주하였으며, 주일을 기독교의 안식일로 지킬 것을 주장함으로써 위에 말한 가톨릭교회의 견해를 지지하였다.

주일을 안식일로 지키면서 해서는 안 되는 일을 규정한 것은 예수님 당시의 유대교에서 안식일 수칙을 정한 것이나 별 다름이 없는 일이다. 유대교에서는 안식을 지키는 법을 사십에 하나 감한 39개 조항으로 정하고 각 조항에 또 7개의 세칙을 달아서 지켜야 한다고 하였다. 그리고 심지어는 이러한 규정을 면제받을 수 있는 세칙도 만들었다.

예를 들면, 안식일에 5리 이상의 길을 가지 않아야 한다는 법을 지켜야 했는데, 부득이 5리 이상을 가야 할 경우, 그 전날 미리 5리 되는 지점에다 음식을 갖다 두면 된다고 한다. 그러면 5리 되는 지점을 부엌 이쪽 끝에서 저 쪽 끝의 지점으로 간주될 수 있어서 이동하는 것을 합법적으로 여긴다고 한다. 더 멀리 가야 한다면 거기서 또 5리 되는 지점에 음식을 갖다 두면 된다고 한다.[3]

사도 바울이 안식일을 유대교적으로 지키는 것에 반대했듯이, 종교개혁자들은 중세 교회가 율법주의적으로 주일을 안식일로 지키는 것을 배격하였다. 마르틴 루터는 제4 계명이 과거의 특정한 시대와 사람들에게 적용되었던 것이지 자기 당대의 그리스도인들에게는 적용되지 않는다고 했다. 그리고 주일이 주일이기 때문에 거룩하다고 생각하여 거룩하게 지키는 것은 잘못된

---

[2] 같은 책.
[3] "The regulations in Rabbinic Literature", under the title "the Sabbath in Judaism" of 'σάββατον'(pp. 6-20), Kittel, the *New Testament Dictionary,* Vol. VII, ed. by Gehard Friedrich, 12.

율법주의적 사고라고 하였다. 칼빈 역시 안식일 제도가 그리스도 안에서 폐지되었다고 말하고 안식일 성수를 주장하는 것은 율법주의적이며 미신적인 사고에 기인하는 것이라고 말했다.

칼빈은 그리스도께서 오셨으므로 넷째 계명의 의식적인 부분이 폐지된 것은 의심할 여지가 없으니, 그리스도는 안식일의 참된 완성이라고 말한다. 그리스도인들이 미신적인 생각에서 날들을 지키는 일은 전적으로 금해야 할 일이지만, 말씀을 듣고 떡을 떼며 함께 기도하기 위하여 일정한 날에 모여야 할 경우는 있으며, 일꾼들이 노동에서 쉬어야 하는 경우도 있다고 한다. 칼빈의 주일 성수에 대한 견해가 소극적이라고 보는 견해도 있으나 안식일을 주일이 된 것으로 말하고 날 자체를 율법주의적으로 주일을 지키는 것에 반대한 것이지 안식일의 원리를 부정한 것은 아니었다.

루터의 대소 요리문답과 하이델베르크 요리문답(문 103)에서는 주일을 안식일이라고 말하나 노동을 금해야 한다는 언급은 없다. 그리고 하나님의 말씀을 거룩하게 지키며 즐겨 듣고 순종하고 배우며 주일을 거룩히 구별하도록 해야 한다는 권면의 말은 율법적인 의미를 띠는 것이 아니다. 아우구스부르크 신앙고백 28, 59 이하에 따르면 성경은 안식일을 폐지하였으며, 주일 성수는 그리스도인들이 누리는 자유를 대표하는 것이라고 한다.

그러나 종교개혁자들의 시대를 지나 정통주의 시대 이르러서는 주일을 좀 더 철저하게 안식일로 인식한다. 정통주의 시대란 종교개혁 이후, 즉 16세기 중반부터 약 100년간 가톨릭에 대항하여 루터교회와 개혁교회가 각기 교회와 신학의 정통성을 주장하거나 변증하던 시대를 말한다.

청교도들은 17세기에 이르러 종교개혁 이전의 안식일을 엄수하는 방향으로 되돌아갔다. 웨스트민스터 신앙 고백서 21장은 종교적 예배와 안식일에 관하여 서술한다. 하나님께 예배하는 최선의 방법은 하나님 자신이 제정하셨으며, 하나님 자신의 계시하신 뜻에 의해 제한되었다고 규정한다. 그러므로 인간적인 고안에 따르는 예배는 불가하다고 말한다. 하나님께 예배하기 위하여 일정한 시간을 성별하는 것은 자연의 법칙에 해당하는 것으로서 하나님께서는 당신의 모든 말씀에서 모든 시대의 모든 사람에게 적극적이며 영구적인 명령으로 특별히 칠일 중 하루를 안식일로 정하여 거룩히 지키게 하셨다고 말한다.

창세로부터 그리스도의 부활 전까지는 그 날이 제 칠일이지만, 그 후부터는 매주의 첫날이 기독교의 안식일이며 이것이 오늘의 주일이 되었다고 한다. 하나님께서 제정하신 이 안식일을 거룩히 지킬 수 있는 것은 거룩하게 쉼으로써 가능하며 모든 세상적인 일을 중단하고 오락을 금해야 하며, 부득이한 자선 사업 외에는 전적으로 예배를 드리는 것을 기쁨으로 삼아야 한다고 말한다.

잘 알려진 청교도 신학자 윌리엄 에임스(William Ames, 1576~1633), 브래드포드(J. Bradford) 등은 안식일을 엄수해야 할 것을 강조하였으며, 안식일 계명은 폐지될 수 있는 의식법이 아니고 영구적으로 지켜야 하는 도덕법이라고 주장하였다. 왓슨(T. Watson)은 안식일이 일곱째 날에서 첫째 날로 바뀐 것으로 보고, 그렇게 바뀐 것은 안식일의 주인이신 그리스도께서 제정하셨기 때문이라고 주장하였다. 조나단 에드워즈(Jonathan Edwards, 1703~1758)도 안식일의 영속성을 강조하면서 안식일 제도가 본래 의도했던 목적과 내용이 주일 제도에서 완성되었다고 주장하였으며, 찰스 하지(Charles Hodge, 1797~1878) 역시 그러하였다.

독일의 루터교에서는 루터의 계승자 멜란히톤에 이르자 벌써 주일 성수에 대한 소극적인 자세를 지양하고 있음을 볼 수 있다. 멜란히톤은 민수기 15:32 이하에 있는 안식일을 범한 자는 제3 계명을 범한 자라고 정죄한다. 경건주의의 창시자 슈페너(Philipp Jakob Spener, 1635~1705)는 종교개혁자들이 말하는 주일 성수의 자유를 포기하고 주일 성수를 강조하였다. 독일에서는 엄격한 휴식의 법을 따라 경찰이 단속하도록 했으나, 18세기와 19세기에 많은 사람들이 주일에 일해야 하는 상황을 막을 수 없었다.

서독(BRD)의 법(Artkel 140 GG)은 바이마르(Weimar) 공화국의 헌법 제139조를 넘겨받아 일요일과 국가가 인정한 공휴일에는 누구나 노동을 하지 않고 휴식을 취하며 영적 혹은 정신적인 수양을 하도록 보호받아야 한다고 말한다. 공산 치하의 동독(DDR)에서도 일요일과 공휴일 및 5월 1일은 일을 쉬도록 법으로 보장받는다고 헌법 16조에 규정하고 있었다.[4]

오랜 역사에서 주일을 휴일로 지켜온 유럽의 나라에서는 그리스도인들이 주일을 자유롭게 거룩하게 지킬 수 있는 문화가 조성된 것이다. 예를 들면, 영국과 독일의 경우 주일이면 상점 문도 닫고 도시가 조용하다. 독일에서는 주일이면 빨래하는 사람도 없으며, 집 밖에서 빨래를 말리는 사람도 없다. 마을의 식료품 가게가 주일이나 토요일 오후에는 문을 열지 못하도록 되어 있으며, 열 경우에는 법적인 제재를 받게 되어 있다.

로마 가톨릭교회는 오늘날도 신명기 15:12 이하의 말씀에 근거하여 주일에 불필요한 종노릇과 같은 노동을 죄로 정하였으나 이제는 일하는 것을 금하기보다는 미사에 참석해야 하는 것을 의무화하고 있다.[5]

교회 역사에서 보면, 안식일의 연속성을 주장하는 이들과 그러한 주장을 따르는 시대가 있었는가 하면, 안식일 법이 폐지되었다고 하는 이들과 그러한 주장을 좇는 시대가 있었음을 발견한다. 안식일 법이 폐지되었다고 주장하는 이들은 안식일과 절기에 대한 바울의 말과 더러는 예수 그리스도께서 안식일에 대하여 하신 말씀과 취하신 태도를 나름대로 해석하여 그런 주장을 하며, 종교개혁자들의 경우와 같이, 그리스도께서 안식의 법을 성취하셨으므로 의식의 법의 의미는 종결되었다고 말한다. 그리스도 안에서 율법은 종결되었다고 주장하는 반율법주의자의 경우는 물론 안식일이 폐지되었다고 주장하며, 성경을 하나님의 말씀으로 믿지 않는 자유주의 신학자들은 안식일의 법이 유효하다는 주장을 무의미한 것으로 여기는 것은 물론이다.

---

[4] *Religion und Geschichte in Gegenwart*, Dritte Auflage(*RGG*^{3}), VI Band (Tübingen: J. C. B. Mohr-Paul Siebeck, 1957), 142.
[5] Katechismus der Bistümer Deutschlands, 1956년 Lehrst. 103f.; *RGG*^{3} 같은 곳.

독일 루터교회 배경에서 나온 경건주의자들 역시 칼빈주의의 청교도처럼 주일을 안식일로 간주하고 주일 성수를 강조하였으나, 독일 신학자들은 미국의 칼빈주의 신학자들처럼 주일 성수에 철저하지는 못한 편이다. 독일 교회는 국민 교회이므로 국가가 주일을 공휴일로 지키는 법을 비교적 엄격히 시행하고 있는 반면에, 미국은 다양한 교파가 있는 나라인데다가 종교와 국가의 분리를 법으로 정하고 있는 나라이므로 국가가 종교적인 동기에서 주일을 공휴일로 정하고 감독하는 일에는 국가 교회 제도를 가진 유럽에 미치지 못한다. 그러므로 하나님의 말씀에 충실하려는 미국의 신앙인들은 유럽보다는 불리한 환경에서 교회적으로 주일 성수를 그만큼 더 강조하게 되었다.

국가 교회 제도를 가진 유럽 나라의 경우, 정부가 주일을 공휴일로 철저히 지키도록 법으로 정하고, 경우에 따라서는 강제력도 행사하였으나, 그것은 어디까지나 일을 쉼으로써 안식할 수 있는 환경의 여건을 제공할 뿐이었다. 그런데 그런 좋은 환경에서 교회와 그리스도인 개개인이 종교적인 의미에서 주일을 거룩하게 지켜왔으며 또 지키고 있느냐 하는 것은 별개의 문제이다.

독일의 경우 계몽사조 이후 합리주의 사상과 자유주의 사상이 만연함으로 말미암아 사회의 분위기나 개개인의 의식에 안식하는 주일은 각인되어 있으나 하나님을 예배하고 거룩한 생활을 위한 주일 성수 의식은 트릿한 편이다. 결국 주일 성수는 하나님을 섬기는 일에 대한 그리스도인들의 의식, 즉 주일 성수를 이해하는 신학과 관련된 문제이므로 우리는 하나님께서 주일 성수에 대하여 무엇을 말씀하시는지 알아야 하겠다.

안식의 법은 유효한가

안식을 문자 그대로 구약 식으로 제7일에 지켜야 한다는 주장이나 주일을 안식일로 지킬 필요가 없다는 주장들이 다 구약과 신약의 연속성과 불연속성에 대한 신학적인 이해의 차이에서 나온다. 그러므로 우리가 이를 바로 이해하려면 율법 가운데 어떤 것은 폐지되고 어떤 것은 계속되고 있는지를 옳게 이해해야 한다.

먼저 율법 가운데 폐하여 진 것을 들자면,

첫째, 제사 의식이다. 그리스도께서 희생의 제물이 되셔서 우리를 단번에 영원히 구속하셨으므로 우리는 이제 규례를 따라 제사를 드리지 않고 주님의 제물 되심에 근거하여 하나님께 예배한다.

둘째, 유대인들이 지키던 절기, 유월절 등을 지키지 않는다.

셋째, 할례나 정결의 법은 폐지되었다.

할례는 세례로 대치되었으며, 정결의 법은 택한 백성인 유대인들과 이방 백성들을 구별하는 법이므로 폐지되었다. 그리스도의 복음은 유대인뿐 아니라 이방인들을, 즉 만백성을 위한 것이기 때문이다. 오순절에 성령의 강림하심이 있은 이후 사도들이 각 나라 방언으로 예루살렘에 모여 든 사람들에게 복음을 전한 사실은 구원이 만민에게 미치는 것임을 알리는 사건이었다. 베드로가 고넬료의 가정에 보냄을 받기 전에 본 환상이 바로 정결의 법이 폐지되었음을 하나님께서 베드로에게 가르치려고 보여 주신 것이다(행 10:9~16).

둘째로 율법 가운데 그대로 유효한 것은 근본적인 종교적인 법과 윤리적인 법이다. 그리고 법 정신이다. 이는 이로 눈은 눈으로 갚으라는 법을 실제로는 문자 그대로 지키지 않으나 보상의 원리를 가르치는 법으로 받아들인다. 그리고 특히 율법과 선지자의 강령, 즉 하나님을 사랑하고 이웃을 네 몸과 같이 사랑하라고 분명히 말씀하는 십계명은 하나님을 섬기고 이웃을 섬기라는 강령으로, 즉 기본법으로 변함이 없다.

에스겔서에 보면 "또 내가 그들을 거룩하게 하는 여호와인 줄 알게 하려고 내 안식일을 주어 그들과 나 사이에 표징을 삼았노라"(겔 20:12), "또 나의 안식일을 거룩하게 할지어다 이것이 나와 너희 사이에 표징이 되어 내가 여호와 너희 하나님인 줄을 너희가 알게 하리라 하였노라"(겔 20:20) 하는

평북 강계읍 교회, 김선두 목사

말씀이 있다.

여기 말씀과 같이 주일에는 쉬어야 하고 쉬어야 예배할 수 있으며, 예배해야 하나님을 만난다. 예배에서 우리는 하나님께서 우리의 하나님이시고 우리는 그의 백성임을 인식하고 확인하게 된다. 그리고 주일을 안식일로 알고 지켜야 안식을 주신 하나님의 축복과 하나님의 뜻을 알 수 있다. 그래야만 하나님께서 세우신 안식의 법을 이해하고 하나님의 자비와 은총을 찬양할 수 있다. 그러므로 우리는 먼저 제4계명을 잘 살펴보아야 하겠다.

십계명을 일반적으로 두 부분으로 구분해 본다. 1~4계명은 하나님을 사랑하고 섬기라는 종교적인 계명이요 5~10계명은 이웃을 사랑하라는 윤리적인 계명이다. 그러나 십계명의 두 부분은 분리될 수 없는 하나이다. 야고보서와 요한일서의 말씀과 같이, 하나님 사랑 없이 이웃 사랑이 있을 수 없으며, 이웃 사랑 없이는 하나님을 향한 사랑이 확인될 수 없다. 하나님을 사랑한다면서 이웃 사랑이 없으면 모든 것이 헛것이고 하나님을 거짓으로 섬기는 것일 뿐임을 성경은 가르친다.

제4계명을 잘 살펴보면, 그 계명이 십계명의 두 부분을 연결하고 있음을 발견한다. 즉 하나님을 섬기라는 부분과 이웃을 섬기라는 부분을 연결하고 있다. "안식일을 기억하여 거룩히 지키라"는 말씀은 안식하면서 하나님을 예배하라는 말씀이다. 레위기 19:30에 "내 안식일을 지키고 내 성소를 공경하라 나는 여호와니라"고 말씀하신다. 그러나 제4계명의 후반에서는 이웃을 생각해 주어서 이웃도 안식하도록 하라고 말씀하신다.

십계명은 출애굽기 20장과 신명기 5장에 기록되어 있다. 신명기에서는 제4계명의 경우 말씀이 약간 다르다. 출애굽기에서는 안식일을 지켜야 할 동기를 창조주 하나님께서 창조 후 안식하셨으므로 창조의 질서를 따르는 것임을 상기하게 하신다.

> 이는 엿새 동안에 나 여호와가 하늘과 땅과 바다와 그 가운데 모든 것을 만들고 제칠일에 쉬었음이라. 그러므로 나 여호와가 안식일을 복되게 하여 그 날을 거룩하게 하였느니라(출 20:11).

그런데 신명기에서는 특별히 구원의 하나님께 네가 종 되었을 때 구원하셨음을 기억하라고 말씀하신다.

> 너는 기억하라 네가 애굽 땅에서 종이 되었더니 너의 하나님 여호와가 강한 손과 편 팔로 너를 거기서 인도하여 내었나니 그러므로 너의 하나님 여호와가 너를 명하여 안식일을 지키라 하느니라(신 5:15).

신명기의 말씀도 물론 하나님의 창조와 창조의 질서를 전제로 하고 있으나, 종들도 안식하게 하라는 말씀을 강조하면서 그 이유로 하나님께서 구원하시는 하나님이심을 강조하고 이스라엘 백성도 출애굽의 해방을 경험하였음을 상기하라고 말씀하신다. 그렇다면 그 말씀은 종들이 단순히 안식일에 일을 멈추고 아무것도 하지 않는 정도로 족하다고 하시는 말씀이 아니고, 함께 안식일을 거룩하게 지킬 것을 다짐하는 말씀임을 알 수 있다.

"육축도 일하지 말며" 하는 말씀에 우리는 주의를 기울여야 한다. 신명기에는 "네 소나 네 나귀나 모든 육축이나……" 하고 좀 더 자상하게 말씀하신다. 소나 나귀를 경운기 정도로 밭 갈고 짐을 옮기는 도구로 생각할 것이 아니고, 하나님께서 지으신, 생명을 가진 피조물이므로 귀하게 여겨 함께 안식하게 하라는 말씀이다. 하나님께서는 이렇게 크신 자비로 종들과 나그네와 모든 사람들과 그리고 짐승들까지 배려하심을 제4계명은 보여준다.

안식법과 안식년

레위기 25장에서는 안식년에 대하여 말씀하고 있다. 즉 땅의 안식에 대하여 말씀하신다.

> 너희는 내가 주는 땅에 들어간 후에 그 땅으로 여호와 앞에 안식하게 하라(레 25:2).

땅도 하나님의 피조물이므로 쉬어야 한다는 말씀이다. 땅이 사람들에게 봉사하는 데서, 혹은 혹사당하는 데서 해방을 받아 쉬도록 하기 위해서이다.

> 너는 육년 동안 그 밭에 파종하여 육년 동안 그 포도원을 다스려 그 열매를 거둘 것이나 제칠년에는 땅으로 쉬어 안식하게 할지니 여호와께 대한 안식이라 너는 밭에 파종하거나 포도원을 다스리지 말며 너의 곡물의 스스로 난 것을 거두지 말고 다스리지 아니한 포도나무 열매를 거두지 말라 이는 땅의 안식년임이니라(레 25:3~5).

이 말씀은 "입산금지"를 실시하여 산으로 하여금 한 동안 쉬게 하는 조치를 연상케 한다. 하나님께서는 생태계의 파괴를 원치 않으신다. 여기서도 또한 우리는 하나님께서 모든 사람과 동물에 대하여 배려하시는 사랑을 발견한다.

> 안식년의 소출은 너희의 먹을 것이니 너와 네 남종과 네 여종과 네 품꾼과 너와 함께 거하는 객과 네 육축과 네 땅에 있는 들짐승들이 다 그 소산으로 식물을 삼을지니라(레 25:6).

너희는 거두어서 곡간에 쌓거나 하지 말고, 그냥 먹을 만큼만 거두어 먹으라. 그래서 네 종들과 객과 육축과 네 땅에 있는 들짐승들로 하여금 먹게 하라는 말씀이다. 안식년의 제정은 땅으로 하여금 쉬게 할 뿐 아니라,

종들과 짐승들까지 열매를 풍성히 나누어 축복을 누리도록 하시는 하나님의 배려하심이다. 그런데 안식년을 지키는 것은 믿음으로만 가능함을 말씀하신다.

> 혹 너희 말이 우리가 만일 제칠년에 심지도 못하고 그 산물을 거두지도 못하면 무엇을 먹으리요 하겠으나 내가 명하여 제육년에 내 복을 너희에게 내려서 소출이 삼 년 쓰기에 족하게 할지라(레 25:21).

안식의 법과 희년

레위기 25:8 이하에 말씀한다. 7년을 7번 지난 다음 해, 즉 49년이 지난 50년째를 희년으로 구별하여 거룩하게 지키라고 말씀하신다. 그리고 7월 10일은 속죄일로 지키라고 말씀하신다. 희년이 되면 나팔을 크게 불며 제50년을 거룩하게 하며 온 백성에게 자유를 공포하라고 말씀하신다.

- 희년에는 안식년처럼 파종이나 수확을 하지 않는다(레 25:11~12).

- 각기 기업으로 돌아가야 한다. 땅은 하나님의 소유이므로 팔고 사는 것을 금하신다. 그러나 가난하여 부득이 팔았을 경우, 조상으로부터 물려받은 분깃(유업)을 도로 찾도록 하라고 하신다. 가까운 친척이 와서 동족이 판 것을 물어야 한다고 말씀한다. 즉 구속해야 한다는 말씀이다. 룻기 4장에 보면 보아스가 나오미로 하여금 남편 엘리멜렉의 기업을 관할할 권리가 있으므로 땅을 도로 찾게 해주는 얘기가 있다.

- 종 된 자를 해방하라고 말씀한다. 레위기 25:39에 보면, "네 동족이 빈한하게 되어 네게 몸이 팔리거든 너는 그를 종으로 부리지 말고 품꾼이나 우거하는 자같이 너와 함께 있게 하여 희년까지 너를 섬기게 하라"고 말씀하신다.

희년이 되면 하나님의 백성인 동족이 종이 될 수 없다. 종이 되더라도 종으로 부리지 말고 희년이 되면 자유를 주라고 말씀하신다. 희년의 법에서 하나님께서는 인권을 존중할 것과 사회적 평등과 경제적 평등이 보장되는 사회를 구현할 것을 말씀하신다.

위의 말씀을 다시 요약한다.
하나님께서는 제4계명으로 안식일을 거룩하게 지키라고 말씀하시며, 안식의 축복을 누리며 당신을 예배하라고 하신다. 하나님께서는 창조주이시며, 구원의 주님이시므로 우리는 그 하나님을 예배한다. 택한 백성 이스라엘을 이집트에서 구원하신 하나님께서는 이제는 독생자를 희생하셔서 새 이스라엘인 우리를 죄와 사망에서, 죄와 사망의 종노릇하는 데서 구원하시는 하나님이시므로, 사도들과 그리스도인들은 독생자 예수께서 우리를 위하여 죽으시고 다시 사신 날, 우리의 구속 사역을 완성하신 날, 우리를 하나님의 새 이스라엘로 새로 지으신 날, 즉 이레 중 첫 날을 안식일로, 예배하는 날로 거룩하게 지키기 시작하였다. 하나님께서는 우리에게 속한 모든 사람과 더불어, 육축도 함께 안식의 축복을 누리며 하나님을 찬양하고 경배하도록 말씀하신다.
유대 사회에서도 안식년이나 희년은 실제로 잘 지키지 못했다. 그것이 쉬운 일이 아니었기 때문이다. 그러나 안식년과 희년의 법은 자연을 사랑하시는 하나님, 모든 피조물에게 찬송을 받으시는 하나님께서 그들에게도 휴식과 해방을 주신다는 뜻을 보여 주시는 것이다.
농목 사회가 아닌 산업 사회에 사는 우리는, 또한 유대 사회와는 다른 나라에 사는 우리는 안식년이나 희년을 실제로 지킬 수 없다. 땅에 관한 것은 나라의 법을 따르기 때문에도 그러하다. 그러나 우리는 안식법에서 그리스도의 교회, 즉 하나님의 백성인 공동체가 어떻게 해야 하는지를 말씀하시는 것임을 깨닫는다. 하나님의 백성인 그리스도의 교회는 하나님의 뜻에 순종하여 그 뜻을 이루도록 최선을 다해야 한다.

우리는 십계명의 제4계명을 이해함에 있어서 예수님 당시의 유대인들처럼, 안식하는 '날'에 관심을 가지거나 '날'에 역점을 두어 이해할 것이 아니고, 천지를 지으시고 우리를 구원하시는 살아 계신 하나님, 인격적인 하나님, 우리로 하여금 이레 중 한 날에 쉬도록 하시고 복 주시며 예배하게 하시는 하나님께 관심을 가지며 하나님께 역점을 두어야 한다. '날'에 역점을 둔 유대인들은 외식주의와 율법주의에 빠져 법의 노예가 되어 살아 계신, 인격적인 하나님을 망각하게 되었다.[6] 안식일을 거룩히 여기는 목적은 하나님을 거룩히 여기며, 하나님께 예배하고, 하나님께서 주시는 안식의 축복을 누리기 위해서 이다. "안식일은 사람을 위하여 있는 것이요 사람이 안식일을 위하여 있는 것이 아니니……" 하는 예수님의 말씀이 바로 이를 가리키는 말씀이다.

---

[6] "The regulations in Rabbinic Literature", under the title "the Sabbath in Judaism" of 'σάββατον', 앞의 책, 6~20.

4 성화와 윤리

안식년
목회자와 재물
구원과 성화

안식년

아마도 1970년대 이후부터일 것이다. 한국 교회에서는 다른 기독교 나라에서 경험할 수 없는 여러 가지 특이한 현상들을 볼 수 있게 되었다. 소위 목회자의 안식년이 그 가운데 하나이다. 그 간에 목회자의 안식년으로 인하여 교회가 겪었던 여러 가지 문제점들을 고려한다면 그것이 한국 교회가 범하고 있는 시행착오임을 반성함직도 한데, 많은 이들이 여러 가지 부작용에도 불구하고 목회자의 안식년은 당연히 있어야 할 것으로 생각하는 데는 변함이 없는 것 같다. 그렇게 생각하는 가장 큰 이유는 목회자의 안식년이 목회 원리에 맞는지 숙고해 보지 않아서 그럴 뿐 아니라, 그것이 성경적이라는 생각에 별 이의가 없기 때문이다. 그래서 과연 그런 것인지 살펴보고자 한다.

이를 규명하기 위하여 먼저 안식년의 개념을 적용하는 전문직의 직능부터 안식년과 관련하여 우선 비교 검토해 볼 수 있다. 우리가 아는 범위에서 장기 휴가의 주기(週期)와 기간(期間)에 구약의 '안식년'의 것을 적용하는 전문직이 목회자 이외에 선교사와 교수가 있다.

'안식년'을 먼저 제도화한 것이 선교사를 보내는 교회 선교부와 선교회이다. 그리고 대학이 교수들의 연구 활동을 위하여 안식년을 제도화하게 된 것은 아마도 훨씬 후의 일로 보인다. 대학에 따라서는 근래에 와서 안식년을 연구 년이라고도 부른다. 그런데 교수의 안식년 관례는 구미로부터 도입된 것인데 우리나라에서도 이를 운용하는 대학들이 늘어나고 있다.

그러나 목회자를 위한 안식년은 우리 한국 교회에서 자생한 것이며 한국에만 있다. 목회자의 안식년이 생겨난 것은 목회자의 직능이 아마도 선교사나 교수들의 직능과 비슷한 면이 있으므로 생겨났을 것이다. 그렇다면 우리의 주제를 밝히기 위하여 우선 선교사 및 교수의 직능과 목회자의 직능에 어떤 유사점과 차이점이 있는지를 가려내어야 할 것이다. 먼저 대학 교수가 안식년을 취하는 경우부터 고려하며 비교 검토하고자 한다.

교수의 안식년

교수들이 종사하는 학교 공동체와 목회자가 종사하는 교회 공동체는 동일하지 않다. 교수에게는 연구와 지식 습득이 자신의 직책을 충실히 이행하는 일에 거의 절대적인 비중을 차지하지만, 목회자의 경우는 그렇지가 않다. 목회자는 설교하고 가르치는 것 못지않게 사람들을 심방하고 보살피며 그들과 사랑의 교제를 나누는 일에 많은 시간을 할애해야 한다. 목회자는 교회를 이끌어 가는 중심 인물로서 가르치는 일과 함께 모든 교인들을 상대로 봉사하는 복합적인 목회라는 과업을 동시에 수행해야 한다.

교수는 교수하는 여러 동료의 일원으로서 전문적인 지식을 전달한다. 교수는 강의를 충실히 할 수 있기 위하여 늘 새로운 지식을 접해야 하고 연구하며 사색하고 글을 쓰며 저술 활동을 할 수 있는 시간이 필요하다. 그러므로 안식년은 교수 자신의 연구 활동과 강의를 듣는 학생들을 위하여, 그리고 학문의 발전을 위하여 유익하다.

교수 역시 학생들과 인격적인 관계를 가지며 그들의 교육을 위해 봉사한다.

그러나 강의실에서 만나는 학생들은 늘 바뀔 뿐 아니라, 학생을 지도하는 것은 교수 한 사람의 몫이 아니고 교수들이 공동으로 담당하는 것이므로 교수가 순번으로 안식년을 갖는다 해도 학교로서는 학생 지도에 아무런 지장이 없다. 그러므로 안식하는 교수의 빈자리를 사람들은 별로 의식하지 못한다.

그러나 목회자의 경우는 교수의 경우와 다르다. 목회자 역시 설교하고 성경을 가르쳐야 하므로 그 일을 위하여 준비하는 시간이 있어야 한다. 그래서 시간을 할애하여 기도하고 독서하며 연구를 해야 한다. 그러나 목회자가 설교하고 가르치는 대상은 학교 학생들과 다르다. 목회자는 교인들과 평생을 같이 산다. 교인들은 주일과 정해진 집회 시간에 목회자의 설교를 들으며 자신들의 영적인 생활을 목회자가 잘 지도해 주기를 바란다. 그러므로 목회자와 교인의 밀접한 유대 관계는 교수와 학생의 관계에 비할 바가 아니다. 따라서 목회자의 안식년은 교인들과의 사귐과 더불어 사는 삶을 전제로 하는 목회에 큰 공백과 지장을 초래하기 마련이다.

선교사의 안식년

목회자가 교수와는 다르다고 하더라도 선교사와는 별로 다를 것이 없다고 생각할 수 있다. 목회자나 선교사가 다 같이 복음과 그리스도의 교회를 위하여 일하는 봉사자인데 안식년 문제를 두고는 달리 대응해야 할 이유가 어디에 있느냐고 반문할 수 있다. 그러나 선교사와 목회자의 경우 사역하는 일터와 목표가 다르므로 역시 동일하게 생각할 수 없다.

선교사들은 문화와 풍속이 다른 외국으로 가서 선교 일을 하다가 고국으로 돌아와 안식년을 지내며 휴식하고 재충전을 하는 기회를 갖는다. 옛날 선교사들이 고국을 방문할 경우 1년간의 안식을 취한 일은 충분히 이해할 수 있다. 범선이나 증기선을 타고 오가는 데에만 한두 달씩 걸렸으므로 그들에게는 충분한 시간이 필요했다. 오늘날에는 사람들이 비행기로 왕래하며 전화와 인터넷을 통하여 소식을 주고받는 세상이므로 선교사들의 경우도 굳이 옛날과 같이 안식의 주기와 기간을 길게 잡기보다는 적절하게 단축하는 경향이다. 여하튼 안식년은 선교사를 위하여 필요한 제도이다. 선교사들이 고국에 돌아오면 가족과 친지도 만나고 파송한 교회들을 순방하며 선교 사역에 관한 보고를 하고 교회들로 하여금 선교지와 선교 사역을 위하여 새롭게 관심을 가지고 기도하며 지원해 주도록 요청하며 격려한다.

안식년은 이국에서 어려움을 겪으며 외롭게 지내던 선교사와 특히 그 가족을 위해서 반드시 필요하다. 자녀들은 자신들의 조국을 보고 친척을 만나며 정체성을 확인한다. 안식년을 가짐으로써 선교사와 가족은 위로와 격려를 받으며 선교지로 다시 가서 일할 수 있는 힘을 비축할 수 있다.

그뿐 아니라 선교사의 안식년은 선교지 교회의 토착화에도 유익한 것임을 관찰하게 되었다. 특히 윌리엄 캐리 이후 선교 정책에서 강조하는 것은 선교지 교회의 자립과 자영이다. 선교지 교회가 어느 정도 자립할 단계에 이르면 선교사들은 스스로 물러나야 한다는 것이 이러한 자립을 위한 원칙의 하나이다. 이를 일컬어 선교의 '유타나시아'(euthanasia, 安樂死)라고 한다.

선교사들은 그들이 선교지를 떠나 있는 동안 선교지 교회가 대부분의 경우 교인들이 서로 도우면서 성장하는 것을 일반적으로 경험하게 되었다. 선교사의 안식년 기간은 토착 교회의 자립과 성숙을 위하여 스스로 훈련할 수 있는 좋은 기회가 된다는 이야기이다.

넉다리골 전도소

그러나 목회자와 목회의 경우는 다르다. 목회자가 안식년을 취할 경우 선교사나 교수가 안식년을 취함으로써 얻는 그런 유익을 얻지 못한다. 목회자 자신의 학습을 통하여 지적인 발전을 다소라도 성취한다면 그것을 유익으로 볼 수 있을지는 몰라도 목회를 위해서는 잃는 것이 더 많다.

교회를 견학하며 목회의 실제를 배우기 위해서는 반드시 그렇게 오랜 기간이 필요한 것은 아니다. 특별하고 불가피한 이유가 없이 목회자가 교회를 일 년씩이나 떠나 지낸다는 것은 있을 수 없는 일이다. 처음부터 목회자를 두지 않는 제도를 가진 교회이면 몰라도 그렇지 않은 정상적인 교회라면 목회자가 자리를 장기간 비워서는 안 된다.

목회자가 안식년으로 교회를 떠나 있는 동안 교회가 더 부흥하고 성장한다면, 그런 경우가 다행히도 실제로는 거의 없지만, 목회자는 그 교회에 별로 필요 없는 존재가 되는 셈이 된다. 교회가 목회자를 별로 기다리는 눈치가 없으면 목회자는 묘한 소외감을 가지게 마련이다. 그러나 대부분의 경우는 목회자가 떠나 있는 사이에 교회는 손해를 입게 마련이다. 교회가 어려움을 겪게 된 사례들은 많다.

목회자를 대신하여 설교를 맡은 이가 교인들의 마음에 들지 않을 경우, 교인들은 교회 생활에 흥미를 잃고 흩어질 수 있다. 목회자가 돌아와서 남은 소수를 데리고 다시 개척 교회를 시작하듯 목회를 해야 하는 경우도 있으며, 교회가 완전히 폐쇄된 경우도 있다.

그와는 반대로 대신 설교를 맡은 이를 교인들이 좋아할 경우 교인이 흩어지는 시험은 없을 뿐 아니라 새 신자가 더 늘어 날 수도 있다. 그러나 그것이 안식년을 하고 돌아온 목회자에게는 큰 시련이 될 수 있다. 교회가 임시 설교자를 목사로 모시기로 하여 안식년을 보내고 돌아온 목회자는 문밖에 선 이방인 신세가 되는 경우다. 이런 경우는 목회자에게는 최악의 경우이다. 목회자에게는 이런 경우보다 좀 낫다고 볼 수 있을지는 몰라도 교회를 보아서는 더 못한 경우가 있다. 즉 임시 설교자를 좋아하는 그룹이 형성되어 교회가 분열하게 되는 경우이다.

그래서 이런 모든 위험을 미연에 방지하기 위하여 좀 더 지혜롭게 조처하느라 목회할 가능성이 없는 설교자에게, 이를테면 신학교 교수에게 설교를 맡기고 안식년을 떠나기도 한다. 그러나 교인들이 한 해 동안 담임 목사 아닌 다른 설교자의 설교를 듣다 보면 임시 설교자의 설교에 익숙해져버린다. 그래서 나중에 다시 돌아온 담임목사의 설교가 교인들에게 오히려 낯설어 교인들이 새롭게 적응하는 데 힘들어한 사례도 있다. 모두가 슬기롭게 극복한다고 하더라도 크든 작든 목회자와 교회 양측이 겪게 되는 진통의 경험은 피차에게 상당한 기간 동안 상처로 남을 수도 있다.

대신하는 설교자가 주일마다 바뀌는 경우 위에서 언급한 문제점은 피할 수 있을 것이다. 그러나 교인들이 매주 설교만 하고 가버리는 낯선 설교자들의 설교를 듣는 것은 교회 공동체의 건강을 위해 좋을 것이 없다. 사랑으로 돌보는 목회가 결여된 설교만으로는 교회는 욕구 불만에 빠지기 마련이다.

목회자 안식년의 문제점

우리나라에서는 소위 목회자의 안식년이 생겨나게 된 경위와 요인으로 그것이 대형교회의 산물이라는 점을 먼저 들 수 있다. 옛날에는 목회자들이 한 교회를 계속 담임한 것이 아니고 장로교의 경우는 4~5년을 주기로, 감리교의 경우는 그보다 짧게 교회를 옮기면서 목회하였다. 그러던 것이 1950년대 이후부터 한 교회에서 오래 목회하는 목회자들이 많아지게 되었다. 큰 교회에서는 장기간 목회하고 은퇴하는 목사의 노고에 감사하며 그를 위로하기 위하여 안식년에 해당하는 장기 휴가를 드리는 일이 있게 되었다.

1970년대에 큰 교회들이 많이 생겨나면서 목회자의 안식년은 제도화되다시피 하였다. 큰 교회의 목회자들은 3부, 4부, 5부로 반복해서 드리는 주일 예배에 설교하는 일을 위해서도 탈진할 정도로 정력을 소모할 뿐 아니라, 많은 교인들과 교회 일을 돌보아야 하므로 그만큼 스트레스도 많이 받는다. 큰 교회의 목회자들이 병이 나고 몸이 쇠약해져서 장기간 요양을 받기 위해 쉰다는 소식은 가끔 듣는 이야기이다.

목회자가 안식년을 갖는 것도 우리에게만 있는 특이한 관례이지만, 몸이 부서지도록 혹사하며 목회를 하는 경우도 우리 한국 교회에서나 볼 수 있는 특이한 현상이다. 건강 회복을 위하여 목회자는 당연히 쉬어야 한다. 그러나 안식년으로 제도화하면서 쉬는 것은 문제이다.

큰 교회의 경우 목회자 개인에게 기대는 교인들의 의존도가 작은 교회에 비하여 낮을 뿐 아니라 여러 방면으로 일을 대신할 수 있는 부교역자들이 있어서 목회자는 별 어려움 없이 교회를 떠나 있을 수 있다. 대교회의 목회자는 경영자로서의 기능을 다한다. 교회의 구조와 조직이 잘 갖추어져 있으므로 담임목사가 떠나 있어도 모든 것이 비교적 원활히 진행될 수 있다.

그러나 작은 교회의 경우는 그렇지 않다. 그럼에도 많은 목회자들이 교회 성장을 희구하는 나머지 큰 교회의 목회를 모델로 생각하는 경향 때문에 목회자의 안식년도 받아들이지 않았는가 싶다.

큰 교회는 예배에서 연극으로 설교를 대신하거나 보조 수단으로 활용하는 그런 실험도 하며 화려한 교육 프로그램을 갖는다. 주일학교 교사들의 연수를 위하여 이름 있는 강사들을 초청하기도 한다. 큰 교회는 작은 교회들이 도저히 모방할 수 없는 일을 해 낸다. 대형 교회에서는 부목사들을 순서를 따라 안식년을 주어 유학을 하게도 한다. 그런 것은 장려할 만한 일이다. 부목사는 목회의 책임자가 아니므로 부목사의 장기 휴가는 교회 목회에는 아무런 지장이 없다. 그러나 이런 일을 아무 교회나 할 수 있는 것은 물론 아니다.

목회자들이 자신들이 목회하는 교회의 상황과 대형 교회의 상황이 얼마나 다른 것인지를 별로 고려하지 않은 채 안식년만은 대교회의 목회자처럼 가지려는 데 문제가 있다. 작은 교회의 교인들은 목회자에 대한 의존도가 높으므로 목회자가 오랜 기간 자리를 비우면 교회 목회는 공백 상태에 빠진다. 교인들이 목회자를 가까이에서 보고 접할 수 있으며 가족적인 분위기 속에서 교제를 나누는 것은 작은 교회가 지니는 장점이다. 그런데 이러한 장점이 목회자의 안식년으로 말미암아 상실된 상태가 된다. 그래서 목회자의 안식년에 대하여 작은 교회의 교인들은 큰 교회 교인들만큼 관대하지 못하다. 그들은 자신들의 목회자가 접근하기 힘든 대교회의 목사로 변신한 것 같은 느낌을 갖게 되며 막연한 배신감까지 갖게 된다.

목회자에게 안식년이 불가한 것은 이런 현실적이며 실제적인 문제들 때문만은 아니다. 그것이 목회 원리에 어긋나는 일이기 때문이다. 사실 그런 실제적인 문제가 야기되는 것은 구약성경의 안식년을 핑계로 교회가 해서는 안 될 불합리한 일을 결행하기 때문이다.

교회는 하나님의 말씀을 들으며 그리스도 안에서 성도의 교제를 가지는 사랑의 공동체이다. 성도들이 함께 거룩한 하나님의 성전으로 지어져가야 하고 함께 그리스도의 분량에 이르기까지 자라가야 하는 사랑의 공동체이다. 하나님의 성전으로 함께 지어져가야 하는 건설 현장에서, 성도들이 함께 살아가며 교제하는 중심부에서 모든 것이 원활히 진행되고 이루어지도록 지휘하고 감독하는 직무를 맡은 목회자가 1년씩이나 자리를 비운다는 것은 도저히 불가한 일이다. 학교의 경우 교수는 안식년을 취하더라고 행정과 운영의 책임을 맡은 총장이 임기 동안에 안식년을 취한다면서 자리를 비우는 일은 없다.

구약의 안식년은 목회자와 무관

구약의 안식년을 들어 목회자의 안식년의 정당성을 말하지만, 그것은 성경을 잘못 해석한 데서 비롯한 것이다. 구약 시대에도 이스라엘 백성들이 옳게 시행하지 못한 규례를 오늘 우리의 삶과 특히 중요한 목회에 적용하는 것은 옳지 않다. 구약성경도 안식년을 모든 생업에 적용해야 한다고 말씀하지 않고 농경지의 안식에 한하여 말씀하고 있음에 유의해야 한다.

> ……너희는 내가 너희에게 주는 땅에 들어간 후에 그 땅으로 여호와 앞에 안식하게 하라. 너는 육년 동안 그 밭에 파종하며 육년 동안 그 포도원을

가꾸어 그 소출을 거둘 것이나 일곱째 해에는 그 땅이 쉬어 안식하게 할지니 여호와께 대한 안식이라 너는 그 밭에 파종하거나 포도원을 가꾸지 말며 네가 거둔 후에 나라난 것을 거두지 말고 가꾸지 아니한 포도나무가 맺은 열매를 거두지 말라 이는 땅의 안식년임이니라 안식년의 소출은 너희의 먹을 것이니 너와 네 남종과 네 여종과 네 품꾼과 너와 함께 거류하는 자들과 네 가축과 네 땅에 있는 들짐승들이 다 그 소출로 먹을 것을 삼을지니라(레 25:2~7).

안식년은 파종하는 것을 쉬어 땅으로 하여금 사람들에게 봉사하는 데서, 혹은 혹사당하는 데서 해방을 받아 쉬도록 하는 것이 목적이다. 포도나무 등에서 나오는 소출은 종들과 거류민들과 가축과 들짐승들로 하여금 먹게 하도록 배려하라고 말씀하신다.

안식년의 주목적은 땅으로 하여금 쉬게 하는 것이다. 땅을 놀리는 일과 목회자가 쉬는 일은 전혀 무관하다. 안식년과 목회자의 쉼에는 어떤 유추의 가능성도 없다. 안식년의 규례는 경작하는 사람에게 해당되는 것이지 목축하는 사람에게도 해당이 되는 것은 아니다. 당시의 제사장에 해당되지 않음은 말할 것도 없다.

목회를 목양(牧羊)이라고 한다. 헬라어로 목사(poimen)라는 명칭은 바로 목자란 말이다(엡 4:11). 그렇다면 목회의 유추는 농경작이 아니고 목축이다. 교회의 유추는 땅이 아니고 양떼이다. 목축을 하는 사람은 심지어 안식일에도 가축은 돌보아야 한다. 마치 주부가 가족들을 돌보듯이 해야 한다. 쉼 없이 돌보아야 할 양떼를 오랜 기간 동안 팽개쳐 두는 그런 목자는 없다.

구약의 안식년을 목회자의 안식년과 관련이 있는 것으로 말하는 성경 해석은 전혀 맞지 않는 어이없는 것이다. 아니 좀 더 숙고하면 목회자의 안식년이란 있을 수 없음을 발견한다. 미국이나 유럽의 교회에서 '목회자의 안식년'이라는 말을 들어 볼 수 없는 것은 다 그런 까닭이다. 그런 합성어가 어떤 의미를 부여할 수 있는 말이 아니기 때문이다.

안식년 아닌 휴가를

목회자는 그러면 쉴 틈도 없이 일해야 하는 것인가? 그렇지 않다. 목회자는 초인이 아니고 그냥 연약한 육체를 가진 사람이므로 계속 일만 할 수 없다. 목회자도 보통 사람들이 일하는 만큼 일하고 또 다음 일을 위해서도 휴식을 취해야 한다. 실제로는 지키기 힘들지만, 목회자도 이레 중 하루는 안식을 취해야 한다. 그리고 목회자들도 해마다 적어도 보통의 근로자들이 갖는 법정 휴가 기간 정도의 휴가는 가져야 한다.

목회자는 설교하고 가르쳐야 하며 연속되는 긴장과 격무 속에서 일하는 사람이므로 휴가를 가져 재충전할 수 있도록 해야 한다. 비록 학교 교사들이 방학하듯이 장기간의 휴가는 못 가진다고 하더라도, 일반 근로자들이 갖는 법정 기간보다는 좀 더 여유 있게 안식할 수 있는 기간을 가지도록 교회는 이해와 사랑을 가지고 배려해야 한다. 휴가 기간에 목회자는 안식할 뿐 아니라 기도하며 목회를 점검하고 새로운 계획을 세우거나 혹은 견문을 넓혀 목회에 도움이 되는 정보와 지식을 얻을 수 있는 기회로 삼을 것이다.

한국 교회가 목회자의 안식년을 당연한 것으로 여기는 것은 해당 성경 말씀의 피상적인 해석과 교회관의 빈곤에서 온 것이라고 할 수밖에 없다. 목회자는 파수꾼으로서, 교회의 머리이신 주께서 맡기신 일을 충실히 수행하는 청지기로서 자기 자리를 지켜야 하며 양을 먹이는 목자의 심정으로 교회를 돌보아야 한다. 그것이 주님의 교회를 양육하는 목회이다. 그러므로 목회자는 여러 해를 쉬지 않고 일하다가 한꺼번에 취하는 안식년은 말고, 해마다 몇 주간의 충분한 휴식을 취하도록 해야 한다. 교회는 그런 배려를 아끼지 않아야 한다. 그것은 그리스도의 교회에서 시행되는 보편적인 관례요 옛날 우리 목회자들이 따랐던 바이다.

목회자와 재물

　　1536년에 작성된 스위스 제1 신앙고백서 제19조에 보면 교회의 직능에 관하여 말하면서 직분자인 목사의 직능을 이렇게 언급한다.

　　교회의 직능 가운데 가장 중한 일은 교회의 목사가 백성들에게 회개할 것과 죄를 슬퍼하며 생활을 도덕적으로 개선할 것과 죄의 용서에 관하여 설교하는 일이다. 그런데 이 모든 것을 그리스도를 통하여 해야 한다. 그뿐 아니라 목사들은 백성들을 위하여 쉬지 않고 기도해야 하고 부지런히 열심을 다하여 성경과 하나님의 말씀대로 살기를 힘쓰며, 성령의 검인 하나님의 말씀으로 혼신의 힘을 다하여 마귀를 추적하여 그 세력을 쳐부수고 약화시킴으로써 그리스도의 충실한 시민들을 보호하며, 악한 자들을 경고하고 물리치며 축출하도록 해야 한다.

　　스위스 제1 신앙고백서와 같은 해에 나온 제네바 신앙고백에서는 제20조에 목사의 직능에 대하여 간명하게 쓰고 있다.

우리는 교회 안에서 하나님의 말씀에 충실한 목사 이외에는 어떠한 목사도 인정하지 않는다. 하나님의 말씀을 사역하는 목사는 가르치고 징계하고 위로하며 칭찬하고 경고함으로써 예수 그리스도의 양을 먹이는 한편, 모든 잘못된 교리와 마귀의 기만에 항거하고 성경의 순수한 교리에다 그들의 꿈이나 어리석은 상상을 혼합하지 않는다. 목사는 하나님의 말씀으로 그들에게 맡겨진 권세와 권위만을 위임받아 하나님의 백성을 인도하고 다스린다. 그들은 하나님의 말씀이 아니고는 아무것도 할 수 없으며 해서도 안 된다. 우리는 하나님의 말씀을 받들어 섬기는 진실한 목사를 하나님의 사자요 대사로 받아들이기 때문에, 그들의 말을 직접 하나님의 말씀을 듣듯이 들어야 한다.

그런가 하면 우리는 유혹하는 모든 거짓 선지자들, 즉 복음의 순수성을 버리고 그들 자신들이 조작한 교리를 가르치는 자들은 고난을 당하지도 않지만, 백성들의 지지도 받을 수 없다. 이런 사람들은 목사로 행세하나 실은 목사가 아니다. 그들은 도리어 약탈하는 늑대들처럼 사냥되어야 하고 하나님의 백성으로부터 내어쫓김을 받아 마땅하다.

위에서 든 종교 개혁 당시의 개혁주의 교회의 신앙고백은 목사가 얼마나 고귀한 직분임을 잘 말하고 있다. 목사는 교회를 잘 돌보고 존경 받는 훌륭한 말씀의 사역자요 하나님의 사자요 대사가 되어야 할 것을 말하는 한편, 거짓 목사에 대한 경고의 말을 곁들여 쓴 것을 보면 당시에도 거짓 목사들이 많았던 것임을 알 수 있다.

사이비 목사에 대한 경고의 말씀은 이미 신약 여러 곳에서 볼 수 있다. 예를 들어, 바울이 밀레도에서 에베소에 있는 장로들을 불러 작별 인사를 하면서 권면하는 말씀에도 잘 반영되고 있다. 바울은 자기가 떠난 후에 흉악한 이리가 들어와서 그 양떼를 아끼지 아니하며, 신자들을 끌어 추종하게 하려고 어그러진 말을 하는 사람들이 일어날 줄을 알고 조심하라고 경고한다 (행 20:29 이하). 그러면서 자기가 에베소 교회에서 목회하는 동안 순결하게 부끄럼 없이 목회하였음을 말한다. 그는 순수한 복음을 전하는 일에 온 힘을 다하였으며, 밤낮으로 쉼 없이 눈물로 각 사람을 훈계하였다고 상기시킨다. 그러면서 아무 사람에게서도 은이나 금이나 의복을 탐하지 아니하였다고 말한다. 우리는 이 점을 특별한 관심을 가지고 보아야 하겠다.

목회자가 갖추어야 할 덕목으로 여러 가지로 들어 말할 수 있지만 바울은 구체적으로 재물에 대한 결백과 정직성을 들어 말한다. 공동체의 지도자로서 갖추어야 하는 윤리성을 말함에 있어서 재물에 대한 청렴결백이 가장 기본적인 것임을 표현하는 말씀으로 이해할 수 있다. 그것은 구약의 역사에서 사사 시대가 끝나고 왕정 시대가 시작되는 즈음에, 사사 직을 은퇴하는 선지자 사무엘이 백성들을 향하여 말한 고별사에서도 바울이 한 것과 같은 말을 하고 있음을 발견한다.

전계은 목사

> 내가 뉘 소를 취하였느냐 뉘 나귀를 취하였느냐 누구를 속였느냐 내 눈을 흐리게 하는 뇌물을 뉘 손에서 취하였느냐 그리하였으면 내가 그것을 너희에게 갚으리라 (삼상 12:3).

부정부패의 척결과 도덕성의 회복을 최우선 과제로 내세운 문민정부의 대통령은 취임과 동시에 자신의 재산을 공개하고 부정하지 않기로 약속하였다. 그러자, 모든 고위 공직자들이 뒤따라 재산을 공개하였다. 그런데 사무엘과 바울의 경우는 임직하면서 공약을 한 것이 아니고, 임기를 끝내고 이임하면서 자신들이 깨끗한 삶을 산 사실을 백성들로 하여금 확인하도록 한 것이다.

재물에 대한 하나님의 사람의 결백은 일찍이 믿음의 조상 아브라함에게서도 그 실례를 볼 수 있다. 그는 기름지고 살기 좋은 평야의 땅을 조카 롯에게 양보하였다. 또한 그는 조카 롯을 구하기 위한 전쟁에서 얻은 전리품 가운데 10분의 1은 자기를 축복하면서 환대하는, 지극히 높으신 이의 제사장,

살렘 왕 멜기세덱에게 준다. 그리고 전쟁을 치른 군사들이 먹은 것과 동맹군의 몫을 제하고는 나머지를 모두 다 소돔 왕에게 돌려주었다. 자신을 위해서는 "한 실이나 신들메"도 취하지 않았다(창 14장). 그는 마땅히 취할 수도 있는 전리품을 자신이 군사를 일으켜 그들을 구원한 대의명분과 자신의 명예를 위하여 거들떠보지도 않았다.

하나님의 나라를 위하여 부르심을 받은 사역자는 자신의 소유를 갖지 않고, 재물에 대한 미련을 버려야 했다. 이스라엘의 열두 지파 가운데 레위 족은 성막과 성전을 받드는 제사장 족이라고 하여 토지나 생활의 근거지를 취하지 못하게 된 것 역시 상징적인 의미를 가지는 것이다. 엘리야의 후계자로 부르심을 받은 엘리사는 밭 갈던 소를 잡아 이웃에게 나누어 주고 엘리야를 따라 나섰다(왕상 19:19~21).

엘리사는 시리아의 군대 장관 나아만의 문둥병을 고쳐준 일이 있었다. 나아만은 병을 고침 받은 데 대한 감사의 표로 예물을 주려고 하였으나, 엘리사는 단호히 사절한다. 엘리사의 종 게하시는 그 예물을 탐하다가 저주를 받아 문둥병에 걸렸다(왕하 5장). 재물을 탐하여 하나님의 말씀을 거역하고 축복해야 할 이스라엘 백성을 저주하려던 발람은 영의 눈이 어두워 자기를 징벌하려고 칼을 들고 길을 막아 선 하나님의 사자를 보지 못했다가 자기가 탄 나귀 덕분으로 영의 눈을 뜰 수 있는 기회를 얻어 생명을 부지한다(민 22:21~35).

신약에 보면 재물에 대한 하나님의 종들의 청빈의 전통은 그대로 이어지고 있다. 메시아의 길을 예비하는 임무를 띤 구약 시대의 마지막 선지자 세례 요한은 기인처럼 원시적이고 청빈한 삶을 살았다. 예수 그리스도께서는 사역을 시작하실 때 먼저 마귀에게 시험을 받으셨다. 우리 인간이 늘 시험 받는 그런 시험을 예수님께서는 받고 이기신 것이다.

그 시험 가운데 하나가 세상의 부귀영화에 대한 유혹이다. 돌로 떡을 만들라는 시험도 비슷한 시험이다. 허기를 채우고 본능적인 욕구를 채우기 위해서는 무슨 일이든지 하려 들며, 떡을 하나님의 말씀과 질서보다 더 중요하게 여기는, 전도된 가치관을 가지기 마련인 인간의 약점을 노출케 하는 시험이어서 재물에 대한 탐욕을 드러내게 하는 시험과 별로 다를 것이 없다.

이러한 시험을 이기신 예수님께서는, 여우도 굴이 있고 공중의 새도 거처가 있으나, 머리 둘 곳이 없는 삶을 사셨다(마 8:20). 예수님의 제자들도 역시 재물과는 거리가 먼 삶을 살아야 했다. 주님의 부르심을 받은 베드로는 배와 그물을 버리고 주를 좇았다(마 4:18~22; 막 1:16~20; 눅 5:1~11). 예수님께서 제자들을 전도하러 내 보내시면서 하신 말씀은 전도자의 삶의 모습이 어떠해야 함을 분명하게 가르치는 말씀이다.

> 여행을 위하여 아무것도 가지지 말라 지팡이나 주머니나 양식이나 돈이나 두벌 옷을 가지지 말며, 어느 집에 들어가든지 거기서 유하다가 거기서 떠나라(눅 9:3~4).

이 말씀은 전도자가 남의 신세나 지면서 살라는 말씀이 아니다. 무엇을 먹을까 무엇을 입을까 염려하거나 재물을 탐하지 말고, 온 마음과 정성을 복음을 전하는 일에, 신령한 하나님의 나라를 가르치는 일에 전념해야 함을 타이르는 말씀이다. 『디다케』에는 이런 말이 있다.

> 사도라는 사람이 하루나 이틀 이상을 머물면 안 된다. 만일 그가 사흘을 머물면 거짓 선지자이다. 그 사람이 떠날 때는 밤에 유하기까지 먹을 것을 마련해 드려야 한다. 그런데 만일 그가 돈을 요구하면 거짓 선지자이다.

이 말은 초대 교회 때의 복음의 사역자들이 예수님께서 하신 말씀을 엄격히 그대로 지키는 생활을 한 것임을 보여 준다. 그런가 하면 반면에 돈을 요구하는 사이비 전도자들이 없지 않았음을 반영하고 있다. 여하튼 사역자의 모습을 말해 주는 이러한 규범은 얼마 가지 않아서 적용하기 어려운 것이 되고 만다.

4세기에 이르러 기독교가 로마 제국의 공인된 종교가 되고, 마침내 국교가 되면서부터, 교회는 안정된 가운데 성장하게 되었다. 예배당이 웅장하게 서게 되고, 교회가 제도적인 짜임새를 갖추게 되었다. 계층적인 교직제도, 즉 교계제도(敎階制度)가 확립되면서부터 목회자의 신분은 다양하게 되었다. 소위 고위 성직자들은 복음서에서 말씀하는 전도자의 상과는 거리가 먼 신분이 된 것이다. 예배가 점차 복잡한 의식을 갖추면서 성직자는 현란한 사제복을 입게 되었다. 사제복은 곧 성직자의 신분을 대변하게 되었다. 사제복의 색깔의 화려함에 따라 성직자의 신분의 높고 낮음과 생활 수준의 차이를 나타내는 것이기도 하였다.

7~8세기에는 유럽의 많은 국민들이 기독교로 개종하게 되었다. 신성 로마 제국의 황제 카를 대제(768~814)는 주변의 나라들을 무력으로 정복할 뿐 아니라 이교도들로 하여금 기독교로 개종하는 것을 의무화하였다. 그리고 785년에는 온 국민들이 교회에 십일조를 바치도록 법으로 정하여 시행하도록 하였다. 동방 교회에서는 일찍부터 구약의 규례를 따라, 신자들이 십일조를 바쳤으나, 서방 교회에서는 3세기까지는 그런 일이 알려지지는 않았다. 아직 교인 수가 소수일 때는 신자들이 십일조를 바쳐야 하고 그 이상의 재물을 바치기도 해야 한다. 그러나 온 국민이 수입의 십분의 일을 강제하는 법에 따라 바칠 경우는 문제가 복잡해진다.

온 국민이 수입의 십분의 일을 바친다면 그것은 엄청난 재정이다. 국가의 재정과 맞먹는 것임을 쉽게 산정할 수 있다. 그 밖에도 유력한 사람들이 유산 등 재산을 바치는 경우도 있어서 교회는 이제 부를 축적하는 전당이 되었다. 수도원만 하더라도 청렴결백한 금욕적인 삶을 추구하는 곳이었으나 세월이 가면서 부를 소유함으로써 마침내 부패한 집단이 되었다.

7세기에 설립되어 온 유럽에 확산된 베네딕트 수도원은 처음에는 자급자족하는 공동체였으나 9세기에 이르러 다른 모습으로 변하였다. 수도사들은 그들이 하던 육체 노동은 농노에게 맡기고 예배하고 교육하는 일을 전담하였다. 9세기에 이르러서는 수도사들이 사회의 여러 계층에서 온 사람들이 아니고 주로 부유층과 귀족 가문 출신들이었다. 수도원들은 왕들과 귀족들에게서 기증 받은 재산으로 말미암아 굉장히 부유해졌으며, 수도원장들은 많은 소작인들을 거느린 지주가 되었으며 지역 주민들에게 정치적인 영향력과 사법권을 행사할 뿐 아니라 왕 혹은 공작 또는 영주, 기사 등의 계층으로 구성되는 봉건주 제도의 반열에 들게 봉건 영주로 역할하게 되었다.

　백성들은 어렵게 살아도 교회의 재산은 눈덩이처럼 불어갔다. 예를 들어, 종교개혁 당시 보헤미아에서는 국토의 50%가 교회의 소유였다고 한다. 이런 큰 재산을 관리하는 성직자들의 상은 돈 주머니도 차지 않아야 하는 전도자의 상과는 너무나 거리가 먼 것이었다. 제왕들은 이런 큰 수입원을 가진 교회를 그냥 둘 리가 없었다.

　9세기 후반에 이르러 '평신도 성직 수임권'(lay investiture)에 대한 언급이 있었다. 평신도인 제왕이 교회의 성직자를 임면하는 권한을 가진다는 말이었다. 그것이 실시되기 시작한 것은 오토 대제(Otto the Great, 936-973) 치하에서였다. 말하자면 제왕이 교황의 권한을 가로챈 것이다. 그 일로 말미암아 무자격자들이 대거 교회로 들어와 성직을 점하게 되었으며, 이런 무자격자들은 성직매매를 공공연히 시행하였다. 성직 수임권이 남용되면서 교회는 걷잡을 수 없는 부패의 늪에 빠지게 되었다.

　11세기 중반에 교황 그레고리 7세는 교회의 정화를 위하여 성직 임면권을 도로 찾으려고 단안을 내렸다. 그러나 그는 이미 불법으로 주교가 된 자들을 제어할 도리가 없었다. 그리하여 그는 성직을 돈으로 산 주교는 주교가 아니라고 선언하고서 평신도들로 하여금 이러한 사제들을 반대하고 그들의 목회 활동을 거부하도록 하였다. 그러나 교회 안에는 이미 정치적인 배경을 업고 돈으로 성직을 산 사이비 주교들이 너무 많이 들어와 주교구(主敎區)들을 점하고 있어서 이러한 조치는 사회적으로 큰 혼란만 야기했을 뿐 실효를 거두지 못했다. 세속화된 성직자의 손에서 성찬 받기를 거부하고 그들을 반대하는 폭동이 여기저기서 일어났다. 주교들은 무력으로 이들을 진압하였다.

그레고리 7세는 성직 서임권을 고집하는 하인리히 4세를 파문까지 하면서 투쟁했으나, 결국 뜻을 이루지 못하였다. 하인리히 4세의 경우, 그는 섭정 하에서 자라왔기 때문에, 정치적 기반이 취약한 편이었다. 그러므로 성직 서임권의 포기는, 오늘날의 말로 하자면, 정치 자금의 보고를 포기하는 것이었으므로, 자신의 정치적 기반의 와해를 면하기 위하여 수임권을 결사적으로 지키려고 한 것이다. 그레고리 7세의 후계자들도 교회의 정화를 시도했으나 무위로 그치고 말았다. 그리고 마침내는 교황청 자체가 성직매매를 자행하기에 이르렀다.

교황청은 주교나 대주교를 이동시킴으로써 수입을 올렸다. 주교와 대주교는 자기의 자리를 지키기 위하여, 혹은 보다 나은 자리로 옮기기 위하여 상부에 거금을 헌납해야 했다. 교황청은 이런 재미를 톡톡히 보느라고 고위 성직자의 전임 발령을 되도록 자주 내렸다. 1365년의 3개 문서에 보면 7명의 대주교, 49명의 주교, 123명의 수도원장을 거짓 맹세한 자로 선포하고 출교한 사실을 발견할 수 있다고 한다.

부를 소유하는 것, 그것 자체는 결코 죄가 아니다. 그러나 부자가 천국에 들어가기는 약대가 바늘구멍을 통과하기보다 어렵다고 하신 예수님의 말씀을 가르쳐야 할 뿐 아니라, 전대도 차지 않아야 할 사역자들이 막대한 재정을 관장하고 부를 축적하며 호사하는 생활을 한다면, 그것은 제자의 삶이 아니며, 주님의 신실한 청지기의 삶은 아니다. 천국과는 거리가 먼 삶이라고 아니할 수 없다.

제도적인 교회가 부를 소유하였다고 하여, 사역자들이 고르게 혜택을 받은 것은 아니었다. 목사들 간의 빈부의 격차는 대단히 심하였다. 소수의 고위 성직자들은 부를 향유하면서 살았으나, 대다수의 지방 교회 목사들은 가난하게 살았다.

16세기의 잉글랜드 경우를 예를 들면, 7개 감독 교구의 감독들이 1000파운드 이상의 연봉을 받았다. 많은 주교들은 40명이 넘는 하인을 두었으며, 행차 시에는 10여명의 수행원을 거느렸다. 교구 목사 가운데도 많이 받는 사람이 있었다. 예를 들면, 영국 위간(Wigan)의 교구 목사는 600파운드의 연봉을 받았다. 그런가 하면 어떤 교구 목사는 겨우 10파운드의 연봉을 받았다. 위간 교구 목사 자리는 500파운드를 호가했다고 한다. 성직자들 가운데는 이중 삼중으로 교구를 맡은 사람들도 있었다. 최저 생활의 보장을 위하여 그렇게 한 경우도 있었지만, 대개의 경우는 수입의 증대를 위하여 그렇게 한 것이었다. 어떤 주교는 12세의 아들을 콜체스터(Colchester)의 대부제(Archdeacon)로 만들어 수익을 독점하기도 하였다.

중세 말에 이르러 성직자의 상은 참으로 암담하였다. 성직자들 사이에 돈 얘기가 흔히 중요한 화제로 떠올랐다. 성직자들은 영적으로 혹은 지적으로 무지하고 무책임하였다. 예를 들어, 대주교 마그데부르크의 귄터(Günter)는 사제가 된 지 35년 만에 처음으로 미사를 집례하였으며, 슈트라스부르크의 주교 로버트(Robert)는 평생 한 번도 미사를 집례한 적이 없었다고 한다.

하위 성직자들도 무식하고 부패하기는 마찬가지였다. 라틴어를 모르는 무지에서 예배 의식을 불성실하고 부정직하게 집례하는 것이 다반사였으며, 가정부와 실제로 부부생활을 하는 예가 허다하였다. 문예부흥의 작가 보카치오의 『데카메론』은 성직자들의 무지와 성적인 퇴패 행위를 풍자적으로 묘사하고 있는데, 그것은 교회 역사가들이 당시의 상황을 서술하는 것과 일치한다. 재물에 대한 탐욕을 제어하지 못하고 그러한 시험에 자신을 내맡길 경우, 인간 내면에 잠재해 있거나 꿈틀대는 색욕과 명예욕 등 여러 욕망을 제어하지 못하고 마냥 노출하기 마련이다.

중세 교회에는 이와 같이 부를 축적하기 위하여 파렴치한 온갖 부정을 서슴지 않고 자행하며, 성적인 범죄에 빠진 무리들이 있었는가 하면, 이를 시정하고 교회를 쇄신하려는 경건한 사람들이 없지 않았다. 클루니의 수도원 운동이 그런 것이었고, 프란체스코 교단과 도미니코 교단의 수도원이 그래서 설립되었다. 그들은 성경이 가르치는 대로 스스로가 청빈한 생활을 함으로써 교회를 정화하려고 했다. 종교개혁이 일어나자 가톨릭 내에서도 자체의 쇄신을 도모하는, 소위 반종교개혁 운동이 일어나면서 교회는 도덕성을 다소 회복하게 되었다.

최봉석 목사

1960년대 이전까지는 한국의 목회자는 가난하게 살았다. 일제하에서는 물론이고 해방 이후에도 6·25 동란을 겪으면서 온 국민이 가난하게 살았기 때문에, 그럴 수밖에 없었고, 그것은 자연스러운 것이었다. 목사의 청빈한 생활은 선비는 청렴하게 산다는 유교의 전통과도 일치하는 것이어서 자타가 당연한 것으로 받아들였다. 그래서 목사들은 애절하고 아름다운 많은 일화도 남겼으며, 까마귀를 통하여 엘리야를 먹이시는 하나님의 자비와 돌보심을 경험하였다. 교인들에게 끼니거리가 떨어진 것을 내색하지 않기 위하여 가마솥에다 맹물을 끓였다는 이야기, 가족이 먹지를 못해서 얼굴이 누렇게 되는 것을 보면서도 그저 하나님께만 기도했다는 이야기, 그럴 즈음에 누군가가 담 너머로 쌀자루를 던지고 갔다는 이야기 등, 눈시울을 뜨겁게 하는 이야기들이 많다.

그러나 당시의 목회자들은 자기들의 없음을 내색하지 않는 자존심을 가졌으며, 교인들의 마음을 다치지 않으려고 사랑으로 배려하였다. 전대를 차지 않아야 하는 것이 사역자의 길임을 그들은 깊이 인식하고 체험하였던 것이다. 그들은 선비답게, 아니 예수님의 제자답게 청렴하게 살며, 예절을 지키고, 자존심을 지키면서 살았다.

목회자와 교회 간에 문제가 있을 때면, 흔히 목회자는 후임자가 오면 문제가 해결될 것을 믿고 맡기면서 떠났다. 목회자들은 자신들이 주님의 교회를 섬기기 위하여 있는 존재임을 바르게 인식하고 실천하였다. 교인들 가운데 비록 소수가 극력 반대하면, 그들의 영혼을 위하여 다른 동료가 와서 목회해야 한다는 자세였다. 그런 것을 교회 헌법에도 명시했을 정도다. 하기는 이러한 이야기는 아직 한국 교회가 장로교나 감리교를 막론하고 개교회주의화가 되지 않고, 교구 교회 제도를 유지하고 있었으며, 목사를 모시지 못한 교회의 수가 아직 많았던 시절의 이야기이다.

목사 후보생인 신학생들이 교회에 교육전도사로 봉사하면서 사례금의 많고 적음을 따지고, 돈 받는 것만큼 일하겠다는 생각을 한다면, 그것은 제자의 길을 수업하는 참 목사 후보생의 자세는 아니다. 본래 전도자는 돈과는 관계없이 일하게 되어 있다. 전도자는 일한 대가에 대하여 지불받는 것이 아니고, 예수님의 포도원 비유에서 하루 종일 일한 사람이나 단 한 시간 일한 사람이나 다 한 데나리온을 받았듯이, 생활비로 받는 것이다. 아직 학생인 전도사는 교회에서 받는 돈을 장학금으로 생각해야 한다. 교회가 목사에게 드리는 월급을 정중한 말로 '사례금'(謝禮金)이라 하고 있는데, 전도자는 일한 대가에 따라 급료를 받는 것이 아니라면, 사례금이라고 할 것이 아니라, '생활비'라고 해야 한다.

오늘날 한국 교회에는 사례금이 너무나 보편화되어 있다. 혼인 예식을 주례하면 옛날에는 혼가에서 신부 신랑의 이름으로 주례자에게 넥타이나 와이셔츠를 선물함으로써 감사의 뜻을 표하였다. 그러던 것이 언제부터인지는 몰라도 오늘에는 사례금 봉투로 사의를 표한다. 아니 사례금을 지불한다고 해야 할는지 모르겠다. 심지어는 장례식을 집례한 목사에게 사례금을 지불하는데, 그러한 풍속은 결코 바람직한 풍속일 수가 없다. 심방할 경우에도 돈 봉투를 주는 경우가 있는데, 그것 역시 바람직하지 않은 일이다. 심방에 대하여 감사한다면, 다음 주일 예배에 감사헌금을 하면 될 것이지, 심방

온 목사나 전도사에게 돈 봉투를 건네는 것은 어색한 일이다. 목사가 마땅히 해야 하는 일에 대하여 일일이 사례를 하는 것은 옳지 않다. 목회자에게 빈번히 건네는 여러 종류의 돈 봉투는 청렴결백을 지켜야 하는 목사의 윤리 의식을 마비시킨다.

돈 봉투를 건네는 일이 유독 한국 교회에서만 볼 수 있는 일로 알고, 그렇지 않은 독일 교회의 일을 예로 들고자 한다. 그곳에는 사례금 봉투가 없다. 목사는 목사로 위임 받고나면, 노회장은 총회 사무처에서 발행하는 임명장을 준다. 거기에는 목사가 할 일이 기록되어 있다. 영어로 말하자면 'job description'이 명시되어 있다. 교회의 예배를 인도하며, 설교하고, 성례를 집례하며, 청소년에게 신앙 교육을 시행하며, 결혼식과 장례식을 주례하며, 가정과 노약자와 환자를 심방하고 위로하며, 교회 내의 각종 모임을 주도하며 주관하는 과업을 맡는 일 등, 목회 사역의 세목을 상세히 적고 있다.

목사는 생활비를 받기 때문에 위에 적힌 결혼식이나 장례식을 주례하더라도 사례를 별도로 받는 법이 없다. 다만 오르간 반주자와 교회 사찰에게는 정한 액수대로 사례하도록 한다. 목사가 같은 지역 노회 안에 있는 이웃 교회에 가서 예배 인도를 하고 설교할 경우 사례금을 주고받는 일도 없다. 어디서든지 설교하는 것은 목사가 으레 해야 할 과업이기 때문이다. 다만 왕복 여비만을 거리에 따라 계산하여 은행 구좌로 송금한다.

미국에서는 자기 교회에 속하지 않은 사람의 혼인 예식을 교회에서 주례할 때는 교회의 사용료 및 오르간 반주자의 사례비와 함께 주례에 대한 사례비도 받는다. 그러나 자기 교회에 속한 교인을 주례할 때 목사는 아무것도 받지 않는다.

한국 교회는 돈 봉투로 얼룩진 사회 속에 살고 있다. 관혼 상제 때의 부조금도 이웃과 더불어 기쁨과 슬픔을 나누며 서로 돕는 미풍 양속에서 나온 것이기는 하지만, 그 도수가 빈번하고 액수가 많아지면서는 서로에게 부담이 되고 있다. 그래서 정부가 관혼 상제를 간소화하도록 법으로 다스리는 희한한 일까지 감행하기도 하였다.

여하튼 우리 사람들은 빈번히 오가는 돈 봉투에는 익숙해졌다. 그래서 그것이 부조 혹은 사례를 위한 것이든, 뇌물에 속하는 것이든, 하긴 뇌물의 돈 봉투는 상자로 커져버렸지만, 우리네 사람들은 돈 봉투의 윤리성에는 무감각하게 된 것 같다. 학교의 학부모가 교사들에게 건네는 돈 봉투는 사례하는 정을 표하는 데서 나온 것이라고는 하지만, 이제는 폐습이요 사회악의 하나가 되었다. 대학의 부정 입학으로 사회에 물의를 빚게 된 일도 초등학교에서부터 돈 봉투를 예사로 교육자에게 건네주는 해묵은 악습에서 비롯된 것이라고 보아야 한다.

교회 교인들이나 교역자가 이런 풍습에 젖어 있는 사회에 살기 때문에, 예사롭게 돈 봉투를 주고받는 것이라면 문제가 아닐 수 없다. 부흥회 집회를 하면서 예배의 서두에 개별적으로 특별 헌금을 내는 것을 환영하거나 강조하는 전도자는, 『디다케』의 교훈에 비추어 말할 것 같으면, 거짓 선지자이다. 송구영신 예배에 강단에다 수북이 쌓인 헌금 봉투에다 안수하고서는 축복기도를 하는 목사가 있다는데, 그런 행위는 무당을 뺨치는 거짓 선지자의 행위임에 틀림없다. 돈 바치기를 장려하고 강요하거나 돈을 바치는 대로 복을 빌어주는 목사는 복채를 파는 무당이나 부패한 중세 교회의 면죄부 판매자와 하등 다를 것이 없다. 돈을 바치면 축복을 받는다는 생각은, 다시 말하여, 돈으로 하나님의 축복도 살 수 있다는 생각은 황금 만능주의 사상의 극치가 아니겠는가.

정부의 공직자들이 재산 공개를 해야 한다는 발상은 임기 동안에 깨끗하게 생활할 것을 다짐하는 의미에서 하는 것이다. 공무원의 봉급으로 정직하고 청렴하게 살자면 눈물겹고 감동을 줄 정도로 가난하게 살아야 하는 것이 현실인데, 실제로 그렇게 사는 갸륵한 이들도 없지 않다. 세상 나라의 공직자도 청렴하게 살아야 한다면, 하나님 나라의 사역자이면 더욱 그래야 할 것이다. 아무리 큰 교회 목사라고 하더라도 여유 돈이 있어서 그 돈으로 땅을 사둔다거나 골프 회원권을 산다면, 그것은 양식 없는 파렴치한 행위이다. 예수님의 제자가 할 일은 못된다. 큰 교회 목사라고 하여 생활비 이상으로 많은 사례금을 받는다면, 그것 역시 예수님의 제자로서는 할 일이 못된다. 교인을 많이 가진 교회요 연보가 많이 걷히는 교회라고 하더라도 교회는 회사가 아니기 때문이다. 교회는 연보가 아무리 많이 들어온다고 하더라도 그 돈을 비영리 사업, 즉 선교나 구제 사업 혹은 교육 사업을 위하여 써야지, 수익을 얻을 수 있거나 얻어야 하는 영리적인 사업에 써서는 안 된다. 목회자가 그런 것을 분별하지 못하고, 경영의 합리화를 통하여 수지 균형을 맞추어야 할 그런 유의 사업의 적자를 연보 돈으로 메우게 한다면 그것은 윤리 의식이 흐려지고 분별력을 잃어서 그러는 것일 뿐이다.

1980년대 후반에 연 수억 불의 헌금을 모은, 가장 인기 있는 미국의 텔레비전 전도자가 제7 계명을 범하는가 하면, 재정 관리를 부정하게 하는 바람에 법의 심판을 받아 백 수십 년의 징역형을 선고 받게 된 사실을 기억한다. 그를 비난하던 다른 동료 텔레비전 전도자 역시 제 7계명을 범한 일이 드러나 곤욕을 치렀다. 그 바람에 텔레비전을 통하여 전도하는 일이 큰 타격을 입게 되었다. 주님을 사랑하고 복음이 전파되기를 위하여 기도하며, 헌금하던 많은 사람들이 기만을 당했던 것이다. 많은 시청자들이 실망하고 복음을 전하는 프로를 외면하게 되었다. 그것은 하나님께 욕을 돌리는 너무나 두렵고 죄송한 일이다. 전도자는 많은 교인과 청중을 가질수록 더 겸손해야 하고, 더 많은 돈을 관리하는 직분자는 두렵고 떨림으로 신실하게 청지기의 일을 수행해야 한다.

성경은 종교와 윤리가 하나임을 가르친다. 하나님을 사랑한다고 하면서 이웃을 사랑하지 않으면, 하나님을 사랑한다는 것이 거짓이라고 성경은 말씀한다. 즉 종교적인 것을 추구한다면서 윤리적인 것을 소홀히 하면, 그것은 외식이요 위선일 뿐이다. 이스라엘 백성이 선지자들을 통하여 하나님께로부터 책망과 경고의 말씀을 듣고 나라를 잃는 징벌을 받은 것은 하나님을 종교적으로는 섬긴다고 하면서도 정의와 인애를 버렸기 때문이었다.

목회자는 하나님의 말씀을 시중드는 하나님의 사자요 대사로서 하나님의 구원의 복음을 전파하고, 하나님께서 당신의 백성을 위하여 주시는 종교적인 삶과 윤리적인 삶의 규범, 즉 하나님의 계명을 진실하게 가르쳐야 하는 직분자이다. 목회자는 주님의 몸인 교회를 섬기는 지도자로서 하나님의 뜻을 말로만 가르칠 뿐 아니라, 실천하는 일에 솔선수범해야 하는 사람이다. 즉 하나님을 마음과 뜻과 정성을 다하여 사랑하고 섬기는 일에 먼저 실천해야 하며, 이웃을 자신의 몸을 사랑하듯이 사랑하고 섬기는 일에 모범이 되기 위하여 최선을 다해야 한다.

그러나 그것을 만족스럽게 행한다고 말할 사람은 아무도 없다. 누구든지 하나님 앞에서 자신을 살피면 죄인 중에 괴수임을 발견할 뿐이다. 그러므로 회개를 가르치는 목사는 자신이 먼저 회개할 수밖에 없으며, 회개하는 일에도 남 먼저 실천해야 하는 사람임을 인식한다. 목사는 성도를 성화시키시는 성령님의 도우심을 간구하면서 종교적으로, 그리고 윤리적으로 자기 완성을 위하여 부단히 노력하는 한, 그는 하나님의 신실한 사자요 대사로 인정받고 존경 받을 수가 있다.

교회 역사에는, 그리고 오늘의 교회에는 하나님의 신실한 사자요 대사로 존경을 받을 만한 목회자들이 많다. 반면에, 사이비 목사도 비일비재하다. 그런데 나도 그러한 후자의 부류에 속하는지도 모르는, 속하기 쉬운 존재임을 인식한다. 그러므로 겸손히 하나님의 자비와 도우심을 간구하며 살아야 한다.

목사는 주님의 복음을 전하고 말씀을 가르치는 사자요 대사이기 때문에, 진실해야 하고 주님을 닮아야 한다. 경건한 주님의 제자요 종으로서 존경 받을만한 인격의 소유자이기를 교회의 머리이신 주님께서 바라시고 명하신다. 그리고 교인들이, 아니 세상 사람들이 다들 그렇게 바라고 기대하며 주시하는 것임을 인식한다.

구원과 성화

　한국 교회의 구원과 성화라는 주제는 교리뿐 아니라 교회와 기독신자의 삶에 관해서도 다루어야 하므로 광범하고 막연한 주제이다. 한국 교회의 구원과 성화라는 주제를 논의하는 동기는 한국 교회와 그리스도인들의 윤리적인 삶의 수준이 믿지 않는 사람들에게 본이 되지 못할뿐더러 사람들의 기대에 미치지 못하기 때문에, 그 요인이 무엇인지 알고자함에 있다. 이를테면, 교회가 사람이 어떻게 구원 받을 것인가에만 관심을 가지고 구원받은 그리스도인이 어떻게 살아야 할지에 대하여는 별로 고민하지 않아서 그렇게 된 것은 아닌지 점검해 보자는 데 있다.

한국 교회의 성화

　한국 교회의 성화를 논하자면, 한국 교회의 신앙고백서들이나 한국 신학자들의 성화에 대한 이해와 논의를 찾아 충분한 자료에 근거를 두고 논해야 한다고 기대할 수 있겠으나 그것이 그렇게 단순하지가 않다. 한국 교회의 성화에 대한 논의는 한국 교회의 삼위일체론의 경우와 같이 다룰 수 있는 뚜렷한 자료도 없을 뿐 아니라 성화에 관한 논문이나 설교를 논하는 것만으로 소기의 목적을 달성할 수 없다. 왜냐하면 성화에 대한 신학적인 견해뿐 아니라 한국 교회의 실천적인 삶을 함께 고려해야 하기 때문이다.

성화 교리의 특이성

한국 교회의 구원과 성화에서 구원과 성화라는 말은 흔히 구원 그리고 구원 이후의 성화란 뜻으로 이해한다. 하나님의 백성이 되는 것을 일컬어 구원이라고 하고 하나님의 백성으로 사는 것을 성화라고 하는 이해이다.

그러나 달리 또 구원의 과정으로서의 성화란 뜻으로도 이해할 수 있다. 하나님의 백성이 되는 것과 하나님의 백성으로 사는 것을 다 포괄하여 구원으로 이해하는 것이다. 특히 요한일서, 야고보서, 베드로후서 1:4~11의 말씀과 같이 성화의 삶을 강조하는 여러 말씀들은 후자의 이해를 지원한다.

성화의 교리는 신학에서 구원론의 일부인 '구원의 서정'에서 다룬다. 교회의 신앙고백이나 교의학은 우리가 믿어야 할 대상과 내용, 즉 성경이 말씀하는 기독교 진리를 신론, 기독론, 인간론, 구원론, 교회론, 종말론 등의 주제별로 구분하여 고백하거나 논의하며 거기에 많은 지면을 할애한다. 그에 반하여, 신앙의 주체인 우리 사람이 신앙의 대상과 내용을 어떻게 믿고 받아들여 하나님의 백성이 되며 또한 하나님의 백성이 된 사람으로서 어떻게 살 것인가 하는 것을 가르치는 구원의 서정은 구원론에서 비교적 짧게 언급한다.

교회 역사에서 '구원의 서정'은 중세에 이르러 신학자들이 그리스도의 직능과 구원론에 관심을 가지면서 말하게 된 것인데, 종교개혁자들은 칭의 교리를 재발견하고 이를 강조하면서 구원의 서정에 더 많은 관심을 기울이게 되었다. 그들은 신앙고백서를 작성하는 한편, 백성들의 신앙 교육을 위하여 요리문답서를 내놓았다.

광혜원

요리문답서는 신앙고백서와는 달리 기독교 신앙의 대상이나 내용은 사도신경에 관한 문답으로 비교적 간략히 다루는 한편, 주로 구원의 서정에 관하여 설명한다. 즉 사람이 그리스도를 믿어 죄를 회개하고 회심하고 중생하며 칭의, 즉 의롭다고 함을 얻어 하나님의 백성이 되는 과정, 즉 칭의의 과정과 하나님의 백성으로 사는 성화의 과정으로 구분하여 설명한다.

그것은 사람이 어떻게 해서 구원을 얻는지에 대한 문답으로 시작하는 루터의 요리문답과 하이델베르크의 요리문답에서나 인생의 목적이 하나님을 영화롭게 하고 그를 즐거워하는 것이라는 문답으로 시작하는 제네바나 웨스트민스터 요리문답에서도 마찬가지이다. 평신도의 신앙 교육을 위하여 썼다는 네 권으로 된 칼빈의 기독교강요(1559)는 창조, 구원, 성화와 종말론을 포함하는 교회론을 각권에서 다루고 있다.

구원의 서정에서 회심이나 중생은 모두 성령께서 일하심으로 이루어지는 것이지만, 회심은 죄를 회개하고 하나님께로 돌아서는 사람이 스스로 경험하는 의식과 심리의 변화를 가리킴에 반하여, 중생은 그 과정에서 사람으로 하여금 새 사람이 되도록 하나님 편에서 하시는 일을 의미한다. 중생은 칭의와 마찬가지로 우리에게 일어났음을 말씀을 통하여, 즉 성화의 삶을 살면서 깨달아 알게 된다.

칭의의 과정은 성경이 말씀하는 대로 기독교 진리와 그리스도로 말미암아 하나님께서 주시는 구원의 은혜를 받아들이도록 요구함과 동시에 그리스도로 말미암아 성령을 통하여 신자에게 일어나는 일을 단순히 시인하는 믿음을 요구하지만, 성화는 그리스도로 말미암아 성령을 통하여 신자에게 일어나는 일을 시인할 뿐 아니라 성령을 좇아 사는 실제의 삶을 요청한다. 이를 단순화해서 말하자면, 칭의의 과정은 믿음을 요청하고 성화는 행함을 요청한다. 그리고 그리스도인으로 사는 성화의 삶은 하나님의 말씀과 계명을 좇아 사는 삶이요(요일 2:3~11), 그리스도를 목표로 그를 닮아가는 삶이다.

칭의의 과정에서 율법과 계명은 우리 사람이 자신의 의지로는 선을 행할 수 없는 무능한 자임을 알게 하여 자신이 죄인임을 깨닫고 회개하여 그리스도 안에서 나타내 보이시는 하나님의 의를 받아들이는 것을 지향하게 하는 역할을 하지만, 성화의 삶에서는 율법과 계명이 삶의 규범으로 새로운 의미를 지닌다.

하나님께서는 구약의 이스라엘 백성에게 주신 율법 가운데 종교적인 의식이나 제사를 위한 법은 그리스도로 말미암아 성취됨과 동시에 종결되었으며, 정결의 법은 그리스도로 말미암아 만백성에게 구원의 은혜가 미치므로 종결되었다. 그밖에 민법 혹은 형법에 해당하는 법은 조문이나 표현에는 차이가 있으나 법 정신은 널리 나라와 민족들의 법에서 볼 수 있으며, 율법과 선지자의 강령인 십계명은 그리스도 안에서 새 계명, 즉 그리스도로 말미암아 새롭게 부여된 계명으로 오늘에도 유효하다(마 22:37~40).

십계명은 하나님을 사랑하고 섬기라는 종교적인 계명과 이웃을 사랑하라는 윤리적인 계명으로 구분된다. 십계명은 하나님의 백성에게 주신 것이지만, 만백성이 다 따라야 할 계명이다. 다만 하나님을 알지 못하는 백성은 믿지 않으므로 하나님과 함께 종교적인 계명을 거부한다.

그러므로 종교적인 계명은 하나님의 백성에게 유효하지만, 윤리적인 계명은 하나님의 백성뿐 아니라 만민에게 다 유효하다. 하나님께서 당신의 형상으로 지으신 사람의 마음에 하나님을 찾는 종교심과 함께 윤리적인 계명을 새겨 주셨다(롬 1:19; 2:14~15). 종교적인 계명은 특별은총에 속하나 윤리적인 계명은 일반은총에 속한다. 그러므로 기독교 윤리와 일반 윤리에 무슨 차이가 있는 것이 아니다. 있다면 그것은 인식의 문제이다.

하나님의 백성은 윤리적인 규범을 종교적인 계명과 하나로, 다시 말하면, 살아 계신 하나님께서 말씀하시는 계명, 즉 명령으로 인식하는 반면에, 아직 믿지 않는 사람들은 계명이 아닌 윤리적인 규범으로 인식한다는 점이 다르다. 윤리적인 규범을 하나님의 계명으로 인식하는 사람은 윤리적인 규범을 절대적인 선(善)으로 인식하지만, 그렇지 않은 사람은 윤리적인 규범을 상대적인 것으로 인식할 수 있다. 그래서 최선의 것을 찾아 추구한다. 하나님을 알지 못하는 사람은 선을 행하고는 자신의 선행을 상대적으로 평가할 수 있을 뿐이므로 윤리적인 규범을 지킨 것으로 자족할 수 있으나, 하나님을 믿는 사람은 선을 행하고도 살아 계신 하나님 앞에서 늘 부족한 자신을 발견하고 자신이 죄인임을 고백한다. 이웃에게 잘못을 범했을 경우 용서를 구하고 보상하는 것은 윤리적으로 마땅히 할 일이다. 그러나 하나님을 믿는 이는 그것이 곧 죄책이므로 이웃에게 용서를 구하고 보상할 뿐 아니라 하나님께 용서를 빌어야 한다. 구약에서는 하나님께 속건제를 드려야 했다.

윤리적인 삶이 곧 성화의 삶은 아니지만, 성화의 삶은 윤리적인 삶을 포괄하고 그것을 요청하므로 윤리적인 삶이 없는 성화의 삶은 성립되지 않는다. 그러므로 한국 교회에 윤리적인 삶이 결여되었다면, 그것은 곧 성화의 삶에 결함이 있다는 말이 된다. 성화는 신자들을 위한 것이고 신자들이 지향하는 삶이지만, 윤리는 만백성에게 다 적용되는 보편적인 것이므로, 교회와 신자들의 삶에 윤리가 결여되었을 경우, 그 점을 분석적으로 지적하기는 어려우나 신자나 불신자를 막론하고 모두가 감지하고 공감하기 마련이다.

한국 교회에 윤리가 부재하다든가 결여되어 있다는 말에 많은 사람들이 공감하고 그것을 사실로 인정한다면, 우리는 이런 상황에 이르게 된 요인을 찾아 분석해 보아야 한다. 그러기 위해서는 비단 교회 강단의 설교뿐 아니라,

한국 교회의 역사와 교회 구조 및 예배 등 여러 요소들을 점검하고 고찰해야 한다고 생각한다.

성화 설교

한국 교회는 성화에 대한 설교를 소홀히 했는가? 어떻게 하나님의 백성으로 사느냐에 대한 설교보다는 대체로 어떻게 하나님의 백성이 되느냐 하는 설교에 더 치중한 것으로 생각한다. 선교지에서는 소위 복음주의적인 전도 설교를 주로 하게 되어 있으므로 그렇게 설교하는 것은 한국 교회의 초기만 아니라 오늘에도 필요하고 바람직한 일이다. 그러나 칭의의 과정과 성화의 과정이 불가분의 것이라면 한국 교회가 성화의 삶에 관한 설교도 해 온 것으로 알 수 있다.

세브란스

행함을 요청하는 성화의 삶에 관한 설교와 가르침을 교인들이 듣고 배운 대로 실천에 옮기느냐 하는 것은 옛날 구약시대부터 상존해 오는 미해결의 과제이다. 말씀을 듣고 배운 대로 행할 수 없는 것이 우리 인간이고 그것이 곧 인간의 약점이다. 사람은 그래서 죄인이다. 믿음과 행함의 간극이 좁혀지지 않는 것이 현실이지만, 하나님께서는 이를 용납하지 않으시므로 그리스도께서 오셔서 사죄를 위한 제물로 십자가를 지셨으며, 우리 사람은 그리스도를 믿음으로 의롭다함을 받는다.

그러나 성화의 삶이라는 과제 앞에서는 믿는 것과 실천하는 것 사이에 있는 간극 또는 괴리는 다시금 부각된다. 그리고 설교자는 이 틈을 메우기 위하여 끊임없이 가르치고 설교해야 한다. 구약 시대의 모세와 선지자들이 그랬고, 신약의 사도들 역시 그랬다. 사도들은 교회에 보내는 편지에서 성화의 삶을 살도록 강조하며 호소하고 있다.

중세 교회의 공로주의나 고해 제도 등도 믿음과 행함의 간극을 메우기 위한 고민에서 초래된 것으로 볼 수 있으며, 면죄부 판매는 이러한 간극을 쉽게 해소할 수 있는 길이라고 하며 백성들을 우롱한 사건이다. 종교개혁 이후 17~18세기에 일어난 반율법주의(antinomianism), 즉 구약의 율법은 예수 그리스도께서 성취하셔서 폐하여졌으므로 그리스도 안에 있는 사람은 죄로부터의 자유를 받음과 동시에 율법으로부터도 자유롭게 되었으므로 율법이 더 이상 우리를 정죄하지 않는다면서 율법의 무용론을 말하는 사상이다. 이러한 사상 역시 믿음과 행함의 간극에 대한 고민을 마비시키는 사상이고, 그에 대한 반발로 일어난 완전주의도 그것이 성화의 목표를 지향하는 것이 아니고 현세에서 완전함이 실현되는 것이라고 말하는 것이라면, 반율법주의나 다를 바 없이 믿음과 행함의 간극을 극복할 수 있다면서 스스로 최면에 거는 사상이다.

초기 한국 교회 선교사들과 초기 교회의 설교자들은 구원론 중심의 설교를 주로 하였다. 선교 교회는 어떤 문제가 있으면 신앙고백을 참고하지 않고 성경을 상고한다는 것이 어느 선교학자의 말이다. 신자들의 교육을 위해서는, 위에서 언급한 바와 같이, 요리문답서를 사용하였으므로 설교 역시 구원론 중심의 설교를 하였다. 그럴 경우, 칭의의 과정만 설교한 것이 아니고 성화의 삶에 관해서도 설교한 것이다. 왜냐하면 성경의 많은 말씀들이 그렇게 가르치기 때문이다. 성경이 가르치는 모든 말씀과 성령의 은사가 하나님의 백성으로 사는 성화의 삶을 위한 것이다.

특히 구약성경은 하나님의 백성인 이스라엘이 살아온 역사를 말씀하고 있으므로 구약이 말씀하는 역사를 본문으로 설교할 경우 설교자들은 이스라엘 백성들의 삶을 긍정적으로든 혹은 부정적으로든 모델로 삼고 그리스도인들이 하나님의 백성으로서 어떻게 살아야 하는지를 설교한다. 설교의 예화만 하더라도 거의 다 어떻게 믿음으로 사느냐를 모델로 한 예화이다. 그리고

1950년대 이전에 한국 장로교회는 예배에서 거의 매주일 십계명을 교독하였음을 기억해야 한다. 다만 종교적인 생활과 윤리적인 생활에 관하여 얼마나 균형 있게 설교했는지는 의문할 만하다.

1960년대 이전에 한국의 많은 교회들이 거의 해마다 한두 번씩 부흥사경회를 개최하였다. 한 주간 동안 매일 새벽 기도로부터 시작하여 오전에 성경 공부를 하고 저녁에는 예배하는 집회를 가졌다. 그럴 때면 칭의 과정과 성화의 삶에 관하여 교인들이 흡족히 은혜를 나눌 정도로 설교하고 가르쳤다. 교회의 목회자들도 일 년을 통틀어 보아 구원의 복음을 설교하면서 구원 받은 사람이 어떻게 살아야 할 것을 설교하였다. 한국 교회가 율법주의적인 성향을 보인 것도 행함, 즉 성화의 삶을 그만큼 강조했음을 말해 준다.

1903~1907년 한국 교회의 초기 대부흥은 한국 교인들이 영적으로 각성하여 그리스도를 확신하는 믿음에 이름과 동시에 도덕적으로 정화되게 하였으며, 열심히 전도할 힘을 얻게 한 운동이었다. 크램 선교사는 1906년에 송도(개성)에서 일어난 부흥을 이렇게 보고한다.

> 성령의 주재 하에서 사람들이 회개하고 죄를 고백하는 일들이 순수한 것이었다. 그리스도께서 그들의 죄를 도말하여 주시는 것을 확실히 믿고 마음으로부터 기뻐하고 즐거워하는 광경을 보는 것은 정말 감동적이었다……돈을 훔친 자는 돌려주고, 형제를 미워한 자는 당사자에게 용서를 빌며, 돈을 위하여 예수를 믿는다고 한 사람들은 이제는 참으로 주님을 섬기겠다고 고백하였다. 양반이라고 하여 천민을 멸시하던 사람이 이제부터는 그 사람들을 종으로 알지 않고 친구요 형제로 대하겠다고 했다……진실로 하나님께서는 우리에게 대부흥을 주셨다……부흥의 불길을 주신 하나님께 감사한다. 이 불길이 교회에서 교회로, 전도소에서 전도소로 번져가서 마침내 한국 교회가 명실상부하게 마음에서부터 기독교 교회가 되기를 빈다.[1]

---

1) W. G. Cram, "The Revival in Songdo", *K.M.F.* Vol. 2, No. 6(April 1906), 112f.

한국 교회의 설교자들은 부흥 사경회에서 어떻게 하나님의 백성이 되느냐 하는 칭의 과정에 관한 설교와 아울러 하나님의 백성으로 어떻게 사느냐 하는 성화에 관한 설교도 했다. 설사 어떻게 하나님의 백성이 되느냐 하는 일에 관한 설교에 더 비중을 두었다고 하더라도 사람들은 영적 각성을 통하여 윤리적인 삶의 열매를 맺게 되었던 것이다.

윤리보다는 종교를 강조

그런데 한국 교회의 설교자들은 시민으로 사는 윤리적인 삶을 포함하는 넓은 의미의 성화의 삶에 대하여 가르치기보다는 존 번연의 『천로역정』에서 볼 수 있는 바와 같이 종교적인 경건 생활에 대하여 주로 가르친 것임을 알 수 있다. 개혁주의를 표방하는 장로교회가 한국 교회의 다수를 점해 왔으며, 특별은총과 함께 일반은총을 강조한다는 점이 개혁주의 신학의 중요한 특징이기는 하나, 아직 교회 역사가 오래지 않은 선교 교회가 일반은총에 대한 이해나 지식을 충분히 갖는다는 것은 기대기 어려운 일이다. 게다가 한국 장로교회는 세대주의, 부흥주의 및 경건주의 등 신령주의의 전통에 속한 교회와 함께 교제하며 부흥의 은혜를 나누어 온 터이므로 일반은총에 대한 인식이나 지식이 빈약한 편이었다.

신령주의는 우리를 구원하시는 하나님의 특별은총을 강조하고 영적인 세계와 우리의 영적인 삶에 주로 관심을 가지는 사상이다. 일반은총에 대한 이해는 우리를 구원하시는 하나님께서 만물을 지으시고 만물을 당신의 주권으로 다스리시는 창조주 하나님이심을 아는 데서 오는 이해이다.

한국 교회가, 보수적인 장로교회를 포함하여, 보다 신령주의적인 신앙을 가졌다는 것은 천년왕국의 종말론 신앙에서도 드러난다. 개혁주의 교회의 공적인 견해요 대다수의 신학자들이 지지하는 견해가 무천년 신앙임에도 불구하고 한국 장로교회는 일찍부터 신령주의자들이 선호하는 세대주의적인 천년왕국 신앙을 전수 받은 것으로 밝혀지고 있다.

한국 교회가 일찍부터 전도와 선교에는 열심을 보였으나 구제 봉사에는 소극적이었던 사실도 그것을 말한다. 많은 설교자들이 누가복음 10장의 선한 사마리아인의 비유를 문장 관계는 고려하지 않고 풍유적이며 영적으로 해석함으로써 이웃 사랑을 가르치는 말씀을 왜곡하여 영적인 구원을 강조하는 말씀으로 해석하는 것 역시 그러하다. 그런 풍유적인 해석은 교부들에게서도 볼 수 있는 것이긴 하나 본문에 충실한 해석은 아니다.

초기 선교사들은 복음 전파 이외에 의료 사업, 학교 교육, 한글의 개발 등에 힘썼다. 기독교의 영향으로 여권 신장 운동이 시작되었으며, 신분 평등화 운동이 촉진되었다. 1919년의 독립 만세 운동에 기독교인들이 대거 적극적으로 참여하였으며, YMCA나 YWCA의 문화를 위한 활동이나 1930년대에 농촌 진흥 운동을 전개한 사실은 기독교인들이 사회를 위해서도 어떻게 살아야 하는지에 무관심하지 않았음을 말해 준다.

그러나 그 중의 어떤 것은 선교사들이 주도한 것이며, 한국인 신자들이 주도한 운동들도 성숙한 신학적인 사고를 통하여 나온 것은 아니었다. 그리고 위에서 언급한 활동 가운데 독립 만세 운동을 제외한 다른 활동에 적극적이었던 신자들 중에는 진보적이며 자유주의적인 신앙 사상을 가진 이들이 많았으며, 넓은 의미의 복음주의적인 신앙을 가진 이들은 소극적이었다. 그리고 그리스도인들의 이러한 자세는 1950년대의 교회 분열 이후 양극화 현상을 보였다.

자유주의적이며 진보적인 신자들은 사회 윤리에 관심을 보인 편이고 구조의 변혁을 통한 사회 개혁을 주창하며 사회 참여에 열을 올린 반면에, 보수적이며 복음주의적인 신자들은 주로 선교와 교회 성장에 관심을 보여 왔다. 1980년대 이후 일부 복음주의적인 신자들이 정치와 사회에 대한 관심을 가지고 북한 돕기 등 운동을 벌였으나 그것은 고전적인 구제 봉사의 틀 안에서 벌이는 운동이라고 할 수 있다.

성화의 삶에 준 손상

신사 참배

한국 교회 역사 있었던 신사 참배 사건은 한국 교회의 윤리적인 삶과 성화의 삶에 손상을 입혔다. 1930년대 중반 이후 신사 참배를 강요하는 일제의 탄압으로 한국 교회는 공적으로 신사 참배 강요에 굴복하였으며, 교회는 핍박에서 살아남기 위하여 자체의 생존에 부심하였다. 교회는 종교적으로 하나님께 대한 충절만 저버린 것이 아니고 윤리적으로도 퇴폐에 빠졌다.

해방 이후 쇄신 운동에 많은 교회의 지도자들이 반대하거나 소극적이었던 사실도 교회가 윤리적임을 상실하게 된 하나의 중요한 계기가 된 것이다. 쇄신 운동은 교회가 범한 잘못을 반성하고 자신의 잘못을 솔직히 시인하며 회개하는 것인데, 이를 소홀히 한 것은 그 자체가 비신앙적이고 비윤리적인 일이다. 하나님 앞에 회개가 없거나 사죄에 대한 감격과 감사가 결여되는 곳에는 형제와 이웃끼리도 용서를 빌고 용서하는 문화가 풍성하게 형성될 수 없다. 우리는 일본과 독일에서 그런 실례를 본다. 전후 배상과 사죄를 두고 기독교 문화를 가진 독일은 자발적이고 적극적인 반면에, 용서와 사죄의 문화가 없는 일본의 경우는 자신들의 잘못을 시인하는 일에 너무나 인색함을 본다.

교회적으로 범한 과오를 마땅히 회개해야 함에도 불구하고 그냥 얼버무려 넘긴 한국 장로교회는 1950년대 초반에 교회 쇄신 문제로 혹은 신학적인 문제로 세 교단으로 분열되었으며, 1950년대 말에 이르러서는 큰 교단이 또 한 번의 분열로 네 교단으로 분열되었다. 그리고 그 이후 교회 분열은 기하급수로 급증하여 교회 역사상 유례가 없는 많은 교단으로 분열하게 되었다. 분열된 교단들이 교세 확장에 힘을 기울이면서 여러 가지로 교회들은 부정적인 모습을 드러내게 되었다.

교회 분열

교회 분열은 그 자체가 바람직하지 못한 것이다. 교회들은 분열하는 과정에서 서로가 반목하며 물리적인 충돌을 자행하는 등, 교인 확보와 예배당 쟁탈을 위한 분규와 재산 분배를 위한 법정 투쟁을 불사하는 일은 비윤리적일 뿐 아니라, 성화를 지향해야 하는 교회의 모습에 손상을 초래하였다. 이러한 것을 경험하면서 교회는 그만큼 윤리적인 감각이 무디어졌다.

교회가 하나 둘 있던 작은 지역 사회에 사분오열된 교단 교회들이 제가끔 예배당을 세움으로 말미암아 교구 교회 제도는 와해되고 교세 확장을 위한 무분별한 경쟁에 돌입하게 되었다. 그것은 도시에서도 마찬가지였다. 이전에는 교회의 이름이 지역이나 동리 이름을 따랐다. 이를테면, 새문안교회는 새문안에 있는 그리스도의 교회, 초동교회는 초동에 있는 그리스도의 교회, 영락교회는 영락동에 있는 그리스도의 교회라는 뜻으로 그렇게 이름을 지었다. 그러나 이제는 교회 분열로 인하여 그런 식으로 이름을 짓는 일이 거의 불가능하게 되었다.

교회 분열로 인하여 시찰회와 노회의 권위와 기능이 약화되면서 교회는 개교회주의적인 성향을 갖게 되었다. 교회 분열이 심화되기 이전에는 소위 개척 교회를 세울 경우 지역 교회는 시찰회와 노회의 허락을 받아 먼저 교회에서 멀리 있는 곳에 기도소를 설치하고 장로든 집사든 그 주변에 거주하는 교인들로 하여금 그 기도소로 출석하게 하여 교회로 성장하게 하였다.

그러나 교회 분열 이후에는 전도자나 그를 지원하는 소수의 교인들이 임의로 교회를 개척하는 것이 오늘의 현실이다. 예배당 바로 옆에 혹은 바로 위층이나 아래층에 예배당이 들어서는 일도 비일비재하다. 상도덕을 지키는 약방이나 다방보다 더 못한 무질서한 난립의 모습은 정말 서글픈 풍경이다. 교회가 자본주의 원리를 따르는 것을 예사롭게 여기거나 당연한 것으로 생각하게 되었다면 그만큼 윤리 의식이 무디어진 것이다.

개척한 전도자가 그 교회를 떠날 경우 다른 데 가서 또 개척한다는 명분으로 떠나는 교회에 투자한 개척 자금을 회수하는 일도 공공연히 자행되고 있다. 이러한 행위는 교회 매매로 비쳐질 수밖에 없다. 교회들이 이렇게 무질서하게 서고, 상식적인 도리를 벗어나는 일을 자행하는 이런 환경에서 그리스도인의 삶을 위한 성화의 설교가 교인들에게 감동을 줄 수 있다고 기대할 수 없는 일이다.

옛날에는 또한 교인들이 이사할 경우 이명(移名) 증서를 써주었으나 교회 분열 이후는 그런 관행이 없어졌다. 그것은 교회들이 그만큼 개교회주의화 되었음을 의미하며, 교인들의 권징이 제대로 시행될 수 없게 되었음을 뜻한다. 교회가 존립을 위해 서로 경쟁하는 마당에서 교인들은 이명 증서 없이 얼마든지 마음대로 이동할 수 있으므로 교회는 권징을 시행할 수 없게 된 것이다. 개혁주의 교회에서는 말씀과 성찬과 함께 교회의 표지라고까지 말해 왔던 권징을 시행할 수 없는 교회로 전락하였다. 교회가 공동체의 정화를 위한 권징을 시행할 수 없다는 것은 교회의 지체들이 하나님의 성전으로 함께 지어져 가는 성화에 큰 장애를 갖게 된 것을 의미한다.

교구 교회적인 제도가 무너지고 회중교회적인 개교회주의 교회로 변형되면서 교인들 중에는 취향에 맞는 설교자를 찾아 이동하는 이들이 많아졌다. 그 결과 많은 대형 교회의 출현을 보게 되었다. 교회를 옮기는 것을 예사롭게 여기는 한, 교회가 사랑의 공동체라는 인식을 옳게 하지 못하기 마련이다. 신자들이 스스로 서로 돕고 의지하는 공동체의 책임 있는 지체임을 인식하지 못하고, 대중 속에서 묻혀 아무런 감시나 간섭도 받지 않는 자유로운 개인으로 지내기를 좋아한다면, 그리고 그렇게 스스로 은닉하는 기독신자들이 많아진다면, 기독교 윤리는 그만큼 퇴보할 수밖에 없다.

교회 분열로 인하여 정통적인 교단들의 틈새에서 이단적인 종교 집단들이 전통적인 교회의 이름으로 서식하게 된 것은 한국 교회가 안게 된 심각한 문제이다. 그들의 비윤리적이며 반사회적인 행태가 한국 교회의 위상에 손상을 줄 뿐 아니라 윤리적인 삶과 성화의 삶에 손상을 준다.

성찬에 대한 소홀함

종교개혁자들은 말씀과 함께 성찬을 교회의 표지라고 하며 중세 교회가 말씀과 함께 소홀히 했던 성찬의 회복에 많은 관심을 기울였다. 루터교회와 앵글리칸 교회는 매주 성찬을 시행하고 있으며, 개혁주의 교회는 대체로 1년에 네 번을 시행한다. 오늘에는 미국 장로교 가운데 더 자주 행하는 교회들이 늘어났다. 칼빈 역시 매주 성찬을 행하기를 소원했으나 제네바의 당회, 즉 시의회가 츠빙글리의 영향을 받아 결정한 한 대로 시행해야 했으므로 거기에 순응하였다.

세례가 칭의에 부응하는 성례라면, 성찬은 성화에 부응하는 성례인데, 한국 교회는 성찬을 1년에 겨우 두 차례 정도 시행해 왔다. 성화의 삶을 위한 교훈과 감동을 설교에서 얻는데 설교에다 성찬을 행한다면 거기서 얻는 교훈과 감동은 더 효과적이며 클 것이다. 성찬을 자주 행하면 설교 역시 그리스도 중심의 설교를 하기 마련이다.

그리스도를 본받고 그리스도의 분량에 이르는 것이 성화의 삶의 방도요 목표라면 목회자는 교인들에게 설교에서 그리고 성찬을 통하여 그리스도의 삶과 죽음을 자주 보여주고 묵상하게 해야 할 것이다. 그리고 교회의 권징에서 출교 다음으로 중한 징계가 '수찬 정지'인데 성찬을 드물게 시행하는 교회에서는 수찬 정지가 권징의 효력을 수반할 수 없다. 그렇다고 하여 성찬이 물론 권징을 위한 것은 아니다.

교회 성장주의와 기복 신앙

1965년이면 분열된 교단 교회와 여러 교파 교회들이 교세 확장에 열을 올릴 무렵이었다. 그 해 교회들이 연합하여 민족 복음화 운동에 합세하게 된 것은 감사할 일이다. 그것은 한국 교회 부흥과 성장을 촉진하는 하나의 전기가 되었다. 그러나 분열된 교단 교회들은 제가끔 이를 교세 확장을 위하여 매진하는 계기로 삼았다.

그 결과로 많은 결신자를 얻었으나 위에서 언급한 무질서하고 무분별한 개척 교회의 사태도 초래되었다. 1970년에 들어서 빈곤에서 벗어나 "잘 살아보세" 하는 구호를 따라 나라의 경제가 성장하자 교회의 재정도 풍부해졌으며, 때마침 교회 성장학이 도입되어 교회 성장에 불을 지피게 되었다. 많은 교회들이 대교회를 지향하는 교회 성장주의에 편승하게 되었다.

이러한 사회 상황에서 가난 속에 사는 서민들의 욕구에 부응하여 카리스마적 목회와 교회 경영으로 1970년대에 초대형 교회를 이룩한 여의도 순복음 교회 목사는 사회적인 시류에 맞게 물질적인 축복을 설교하였다. 그는 오순절 교회가 가르치는 이론적인 오중(五重) 복음에다 그 실천적 내용이 된다는 "삼중(三重) 구원의 축복"을 설교하는 한편, 방언과 병 고치는 은사를 내세웠다. 오중 복음이란 중생의 복음, 성령 충만의 복음, 신유의 복음, 가난과 저주에서 놓여나서 풍성한 생활을 누리는 축복, 천국 재림의 축복인데, 이것은 성결교회에서 말하는 중심 교리인 중생과 성결과 신유와 재림의 4중 복음에다 풍요한 생활을 누리는 축복을 하나 더 첨가한 것이다. "삼중 구원의 축복"에서는 현세적인 축복을 더 강조한다. 즉 영혼이 잘되는 축복, 범사에 잘 되는 축복, 강건하게 되는 축복을 말한다.[2]

여의도 순복음 교회는 대형교회를 지향하는 한국의 많은 교회들에게 견인차 역할을 하였다. 만물과 함께 우리를 지으신 창조주 하나님을 그리스도 안에서 아버지로 아는 신자는 병들고 가난하고 고난을 당하는 가운데도 창조주 하나님께 예배하고 그를 찬양해야 하는 것이 당연한 일임에도 불구하고(욥기 1:21), 또한 믿는 자에게는 영적으로나 육적으로 만사형통하게 된다는 가르침이 성경의 진리를 균형 있게 가르치는 것이 아님에도 불구하고, 이러한 설교는 기복신앙을 가진 대중들의 종교심과 욕구에 부응하려는 한국의 많은

---

2) 조용기, 『오중 복음과 삼박자 축복』 (서울: 영산출판사, 1983) 참조.

설교자들에게 영향을 미쳤다. 설교자들이 무속 신앙의 배경에서 온 대중의 종교심에 부응하려다 보니까 예배 형식도 그런 방향으로 바뀌었다.

1970년대부터 국가의 경제 성장과 함께 대교회를 지향하는 많은 교회들이 재정의 풍요를 누리면서부터 1950년대 이전과는 달리 한층 더 각종 헌금을 강조한다. 예배에서 헌금을 바친 사람을 광고하거나 위하여 복을 빌며 기도하는 일은 한국 교회에서만 볼 수 있는 기이한 광경이다. 1950년대 이전에는 볼 수 없던 풍습이다. 그것은 물질적인 복을 갈구하는 대중의 기복적인 종교심을 만족시켜 준다는 목회적인 배려에서 생겨난 관행이기도 한데, 전능하신 창조주 하나님께 영광과 감사와 찬양을 돌리는 예배에는 전혀 맞지 않을뿐더러, 회중들로 하여금 하나님을 은밀한 가운데 보시는 거룩하신 하나님으로, 장차 영원한 나라에서 상급을 주시는 하나님으로 이해하지 못하게 만들고, 물질을 바치는 데 따라서 복을 내리는 저급한 샤먼의 신 이해에 머물게 한다. 성화의 삶과는 맞지 않는, 쇄신되어야 할 풍조이다.

성화의 과업, 즉 선교와 구제 봉사의 불균형

'교회 봉사'라면 교인이 교회를 위하여 봉사한다는 말로 주로 이해한다. 즉 교회를 봉사의 목적이요 대상으로 이해한다. 그러나 교회를 봉사의 주격으로 아는 이해가 선행해야 한다. 교회의 지체인 교인들은 교회가 공동체로서 해야 하는 봉사를 위하여 봉사한다. 교회가 하는 봉사는 예배요, 선교와 구제 봉사이다.

선교와 구제는 하나님을 사랑하고 이웃을 사랑해야 하는 교회와 그리스도인들에게 주어진 성화의 삶의 과업이다. 선교의 과업이 주어지지 않았던 구약 시대의 이스라엘 백성에게는 구제가 유일한 과업이었으나 신약 시대의 교회에서는 선교와 구제가 나란히 교회가 힘써야 할 과업이다. 예수 그리스도께서 말씀과 실천으로 그렇게 가르치셨고 사도들이 그 말씀을 따라 실천하였다. 선교는 사람들로 하여금 하나님의 구원의 은총, 즉 특별은총을 함께 받아 누리도록 복음으로, 즉 예수 그리스도에게로 초대하는 것이고, 구제는 예수의 사랑 안에서 하나님의 일반은총을 나누는 일이다.

한국 교회는 설립 초기부터 전도와 선교에 힘썼다. 장로교회가 1907년 독노회를 조직하는 노회에서 제주도로 선교사를 파송했으며, 이듬해 일본으로 선교사를 파송하였다. 1912년 총회를 조직하면서는 중국 산동성에 선교사를 파송하였다. 지역교회에서는 세례를 베풀 때 전도한 경험이 있는지를 무를 정도로 전도를 독려했다. 그것은 마땅히 해야 할 일이고 잘 한 일이다.

전도는 성숙한 그리스도인이 되고 난 이후에 하는 것이 아니다. 그것은 마치 구제를 부자가 되거나 여유 있게 살게 되고나서 하는 것이 아닌 것과 마찬가지이다. 예수께서 가장 많은 것으로 칭찬하신 과부가 바친 두 푼의 돈이 구제 헌금이었음을 기억한다.

전도는 어설픈 신앙을 가졌을 때부터 하는 것이다. 마치 안드레가 시몬 베드로를 예수께 인도했듯이, 그리고 빌립이 나다나엘에게 '와 보라'고 했듯이 함께 보고 배우자고 하면서 사람을 예수께로 인도하는 것이 전도요 선교이다(요 1:41~46). 예수께서는 아직 미숙한 제자들을, 아직 예수를 그리스도로 고백하기 훨씬 전에 둘씩 내어 보내어 천국 복음을 전하게 하셨다(막 6:7~13; 눅 10:1~20). 제자들은 전도하는 일을 통하여 하나님 나라가 임하시는 놀라운 경험을 하였다. 교회는 선교와 구제를 하면서 성화를 이루어간다.

그런데 이미 언급한 바와 같이 한국 교회가 선교만을 지상 과업으로 생각하고 거기에만 가치를 부여하는 것은 문제이다. 그러면 교회가 선교와 교회의 확장을 위하여 하는 일이면 어느 것이든 정당시하게 된다. 더 많은 사람을 인도하기 위하여서 교회당을 크게 지어야 하고 그러기 위해서는 더 많은 재정을 확보해야 한다. 그러다 보니까 사회의 눈에는 교회가 막대한 예산을 집행하면서도 사회에 환원할 줄 모르고 자기 비대화만 추구하는 이기적인 종교 집단으로 비칠 수밖에 없다.

선교만을 강조하고 구제 봉사를 소홀히 하는 경향, 다시 말해서, 영혼 구원만을 강조하고 육적인 생명과 실제적인 이웃 사랑을 소홀히 하는 경향으로 신자들은 윤리 의식의 결핍을 갖게 된다. 1990년대 이후 많은 교회들이 점차 구제에 힘쓰고 있고 그것을 주도하는 많은 단체들이 생기게 된 것은 다행스럽고 감사할 일이다. 그러나 통화 위기를 당했을 때, 고아원 혹은 양로원을 찾아 이웃 사랑을 실천하는 일에 교회가 별로 관심을 두지 않고 있음이 드러났다.

은사 운동

한국 교회 안에서 일어난 은사 운동이 한국 교회와 사회에 많은 부정적인 영향을 미쳤다. 초기 한국 교회가 경험한 대부흥은 성도들이 성경 말씀을 열심히 공부하며 기도에 힘쓰는 가운데 성령의 충만함을 부음 받아 일어난 불가항력적인 회개 운동이었다.

다른 선교 교회에서도 그러하지만 한국 교회 역사에 부흥사들 가운데 병 고치는 기적을 행하는 이들이 있었다. 초기 대부흥 시의 길선주(吉善柱), 1920년대와 30년대에 활동한 김익두(金益斗), 그리고 해방 후에 활약한 부흥 목사로 박재봉(朴在奉)이 그러한 대표적인 인물이다. 그러나 그들은 사람들로 하여금 병 고치는 일에 관심을 두기보다는 복음의 말씀을 듣고 영원한 생명으로 구원을 얻는 일에 관심을 기울이도록 강조하며 배려하였다. 병 고치는 일을 과시하는 일도 없었다. 그들은 신약 성경에 나타난 사도들과 마찬가지로 집회의 목적이나 중심을 항상 말씀 선포에다 두었다.

이에 반하여 은사 운동을 주도하는 대부분의 사람들은 회중으로 하여금 영원한 생명의 구원에 이르게 하는 복음의 말씀보다는 방언과 병의 치유 등 감각적인 경험과 현세적인 안녕과 복에 더 관심을 갖게 한다. 동조자를 얻어 조직을 형성하고, 많은 사람을 동원하기 위하여 광고 매체를 통하여 선전하며, 대형 집회를 열어 병 고치는 일을 주요 행사로 삼으며 이를 과시한다.

교회의 유익을 위하여 성령께서 각기 다른 은사를 부어주셨으므로 각기 받은 은사로 교회에 덕 세우기를 힘쓰며, 각기 남의 은사를 존중하라는 말씀(고전 12장)을 무시하고 방언이나 병 고치는 은사를 성령의 은사를 대표하는 것인 양 주장한다. 그중에는 방언하는 것이나 혹은 치유의 기적을 행하는 것을 배워주거나 전수한다는 경우가 있는데, 성경에는 그렇게 가르치는 예가 없으며 그것은 초자연적인 은사라는 개념과 모순되는 것이고 신학적인 이치에 전혀 맞지 않는 일이다.

여하튼 이러한 은사 운동은 초자연적인 세계와 기적에 대한 대중들의 호기심을 유발하거나 자기중심적이고 이기적인 기복 신앙을 부추기는 반면에, 하나님께서 우리에게 요구하시는 올바른 예배와 경건하고 윤리적인 삶에는 무관심하게 만든다. 참으로 병 고치는 능력을 행하는 이라도 배타적으로 자기가 받은 은사만을 내세우면, 스스로 교만하여져서 능력을 행하는 지도자로 군림하면서 성경을 제 멋대로 해석하고 가르치는 이단의 길로 가기가 쉽다. 그러다가 결국에는 많은 사람을 미혹하며 부를 축적하는 적그리스도적인 교주가 되는 것이 통례임을 관찰하게 된다.

기복 신앙은 종교적인 신앙의 첫 걸음이라고 할 수 있다. 그래서 예수께서도 이를 용인하셨다. 그러나 그것을 조장하지는 않으셨다. 인간 중심의 이기적인 동기에서 하나님을 찾는 신앙이 천지를 지으신 거룩하신 하나님을 믿는 참 신앙일 수는 없기 때문이다. 교회의 지도자들이 이러한 기복 신앙을 참 신앙으로 승화하도록 순화시키기는커녕 이를 방치하거나 오히려 조장한다면 문제이다. 그래서는 교인들이 윤리적인 삶과 성화의 삶을 지향하며 힘쓰는 것이 하나님께서 바라시는 가치 있는 신앙 생활임을 알지 못한다.

성화의 삶과 윤리적인 삶

성화의 삶은 윤리적인 삶을 포괄하므로 윤리적인 삶이 없으면 성화의 삶은 성립되지 않는다. 윤리적인 삶이 없는 성화의 삶이 있다면 그것은 거짓이다. 그러면 성화의 삶이 윤리적인 삶으로 표현되어야 하나 윤리적인 삶이 곧 성화의 삶은 아니다. 둘은 불가분의 관계에 있지만 동일한 것은 아니다. 회개하고 예수를 믿어 의롭다함을 받아 하나님의 백성이 된 사람, 즉 성도가 된 사람은 하나님의 백성답게 거룩한 삶을 살아야 한다. 하나님께서는 당신의 백성을 위하여 일찍이 거룩하게 살도록 율법과 계명을 주셨다. 율법에는 구약시대에만 유효한 법들이 있으나, 십계명은 하나님의 백성으로서 지켜야 할 기본적인 법을 말씀하는 것이므로 구약 시대의 이스라엘뿐 아니라 신약 시대의 그리스도 안에 새 이스라엘이 된 우리 성도들도 지켜야 하는 계명이다. 그리스도인은 계명을 지키되 그리스도 안에서 그리스도께서 행하시고 가르치신 대로 사랑의 계명으로 알고 지킨다.

윤리적인 계명은 모든 사람에게 주신 계명이다. 하나님께서 당신의 형상으로 지음 받은 모든 사람의 양심에 그것을 새겨주셨으므로 모든 족속과 인간의 공동체가 계명에 상응하는 윤리적인 규범을 가지고 있다. 하나님의 백성들은 그것을 살아 계신 하나님께서 말씀하는 계명으로 알고 그렇지 않은 백성들은 그냥 법 또는 규범으로 아는 것이 다를 뿐이다.

성경에 보면, 한 부자 청년이 예수님께 와서 어떻게 하면 영생을 얻을 수 있느냐고 여쭈었다. 예수님께서는 그 청년이 계명을 지키는지 물으시면서 윤리적인 계명을 들어 물으셨다(마 19:16~22). 그는 자기가 다 지켜 왔다고 대답한다. 자기 나름으로 윤리적인 삶을 산 것이라고 확신한 것이다. 예수님께서는 그렇다면 너의 가진 것을 팔아 가난한 사람들에게 나누어주고 당신을 따르라고 말씀하신다. 청년은 재산이 많으므로 염려하면서 갔다고 성경은 말씀한다.

청년으로서는 나름대로 윤리적인 삶을 살았으나 성화의 삶을 살지 못한 것이다. 아니 성화의 삶을 시작하지도 못했다. 그는 예수 그리스도를 좇아 그리스도와 더불어 살아야 하는데 그러지 못했다. 그는 그리스도를 좇은 다른 제자들과 같이 그리스도의 말씀을 듣고 그리스도를 배우며 더 놀라운 하늘나라의 기적을 경험하며 살아야 할 터인데 이러한 성화의 삶을 시작도 못해 보고 슬픔에 싸여 자기 길로 갔다. 실은 청년의 윤리적인 삶도 예수님께서 가르치신 대로 하나님께서 요청하시는 수준에는 미치지 못했던 것이다. 청년의 율법 이해는 바리새인들의 이해 수준에 머물렀으므로 자기가 율법을 다 지킨 것으로 착각한 것일 뿐이다.

그리스도인들은 윤리적인 삶을 살아야 할 터인데 그렇지 못한 경우가 많다. 유감스런 일이다. 믿지 않는 사람들이 그리스도인들 못지않게 윤리적으로 살 뿐 아니라 오히려 그리스도인들을 능가하여 윤리적인 삶을 사는 경우는 얼마든지 있다.

윤리적인 규범의 잣대는 엄격한 반면에 성화의 경계는 훨씬 크고 넓다. 윤리적인 삶에는 규범과 법에 대한 의식(意識)이 중심이 되고 있으나, 성화의 삶에는 예수 그리스도의 십자가의 구속과 우리 죄인들의 회개와 감격과 감사가 있다. 성화에는 하나님의 용서와 자비와 긍휼이 있다. 윤리적인 삶에는 시종 규범을 지키는 자의적인 노력과 상당한 정도의 교양과 자의식이 전제가 되고 있으나, 성화는 그리스도의 십자가 앞에서 스스로 연약하고 부족한 죄인임을 인식하고 죄를 회개함으로써 시작하여 그리스도의 온전하심과 같은 온전함을 지향한다. 성화의 삶은 의롭다고 해 주시는 하나님 앞에 자신의 무능을 고백하고 그리스도 안에서 우리를 변화시키시는 성령을 좇아 사는 삶, 즉 사랑과 희락과 화평과 오래 참음과 자비와 양선과 충성과 온유와 절제라는 성령의 열매를 맺는 삶이다.

성화의 삶은 혼자 온전한 사람이 되어가기 위하여 수련을 쌓는 그런 삶이 아니다. 성화의 삶은 그리스도의 몸 된 교회의 지체인 형제 자매들이 모두 함께 그리스도 안에서 거룩한 하나님의 성전으로 지어져 가는 삶이다(엡 2:20-22). 윤리적인 삶은 하나님 없이도 그리고 성도의 교제가 없이도 성립하고 그 가치를 인정받지만, 성화의 삶은 예수 그리스도의 은혜와 하나님의 사랑과 성령의 교통이 없이는, 그리고 성도의 교제가 없이는 성립되지 않는다. 사랑은 윤리적인 삶의 규범이요 열매임과 동시에 성화의 삶의 규범이요 열매이다. 그러나 성화에는 사랑이 항상 믿음과 소망을 동반한다(고전 13:13). 믿음과 소망이 없는 사랑의 삶은 윤리적인 삶일 뿐이고 성화의 삶일 수는 없다. 예수 그리스도의 구속의 은혜를 모르거나 믿지 않는 사람들과 그런 공동체에는 성화의 설교는 그냥 윤리적인 삶을 위한 설교가 될 뿐이다. 우리는 윤리적인 삶이 없는 성화의 삶은 있을 수 없음을 명심함과 동시에 윤리적인 삶이 있으나 성화의 삶이 없는 삶이나 그런 공동체가 얼마나 두렵고 비극적인 삶이요 공동체인지를 깊이 인식해야 한다. 기독교의 오랜 역사와 문화 속에서 기독교적인 신앙 교육을 통하여 상당한 수준의 윤리와 도덕은 갖추었으나 하나님을 믿는 신앙은 상실해 가는 유럽의 기독교 세계에서 우리는 그런 실례를 목격한다.

1960년대 후반부터 한국에서 일어난 세속화 신학이 예수 그리스도 안에서 베푸시는 하나님의 사죄의 은총을 말하거나 추구하지 않으면서 교회 공동체의 사회와 정치에의 참여를 주창하는 것은 성화의 삶에서는 유리된 윤리적인 삶을 추구하는 것일 뿐이다.

한국 교회는 비록 연약하고 부족한 점이 많으나 우리의 참 모습을 말씀에 비추어 보고 예수 그리스도의 십자가의 구속과 그의 부활로 인하여 새 생명을 얻어 그리스도의 분량에까지 자라게 하시는 성령을 좇아 살기를 힘쓴다면, 한국 교회는 복되고 희망이 있다. 한국 교회의 지체 된 우리는 민속 신앙의 배경에서 자라왔고 거짓말 잘하고 부정과 부패가 창궐한 우리 사회에서 우리 자신과 우리 자신이 속해 있는 교회 공동체가 하나님의 말씀을 따라 성화의 삶을 살지 못하는 것을 회개하며 긍휼과 자비를 베푸셔서 날마다 성령을 좇아 살며 날마다 새롭게 지음 받는 삶을 살게 해 달라고 삼위일체 하나님께 간구해야 한다.

그리하여 세상을 비추는 빛으로 세상을 밝히며 세상의 소금으로 우리가 사는 사회를 정화하고 쇄신하는 일에 참여하며 우리의 공동체가 아니 우리가 지체가 되고 있는 그리스도의 교회가 새로워져 산 위에 우뚝 선 성과 같이 권위를 회복하여 사람들이 경이로움과 경외로 대하는 그런 교회로 세워 주시도록 하나님께 간구해야 한다.

그리스도인에게는 종교적인 계명과 윤리적인 계명이 하나이듯이 윤리적인 삶과 성화의 삶이 하나이다. 예수께서는 계명을 지키는지를 물으실 때 윤리적인 계명을 들어 말씀하셨으며, 야고보서나 요한일서에서도 하나님에 대한 사랑은 이웃을 사랑하는 사랑으로 입증된다고 거듭 밝혀 말씀한다. 그리고 이웃 사랑은 비단 사람뿐 아니라 창세기에서 창조주 하나님께서 명하신 대로 모든 생물과 만물을 사랑하고 돌보는 것이다. 그것이 곧 성화의 삶을 사는 성도가 알고 행해야 할 윤리적인 실천의 범위이다.

성화의 삶을 사는 우리 그리스도인은 우리의 허물과 죄를 그대로 갚지 않으시고 긍휼과 자비를 베푸시는 하나님께 예배하며 영광과 감사와 찬송을 돌린다. 우리 성도는 우리 안에서 우리를 새롭게 하시는 성령으로 말미암아 성경 말씀을 하나님의 말씀으로 깨닫고 알며 말씀에 순종하는 삶에 최선을 다할 뿐 아니라, 귀가 열리고 눈이 뜨여서 하늘이 하나님의 영광을 선포하고 궁창이 그 손으로 하신 일을 나타내는 것을 듣고 보게 되며(시 19:1~4), 창조주 하나님을 만물과 함께 찬양한다(시 148). 우리 그리스도인은 우리 사람의 죄악으로 인하여 오염되고 파괴되어 가는 부조리한 세상에서 피조물이 썩어짐의 종노릇 하는 데서 해방되어 하나님의 자녀들의 영광의 자유에 이르기를 고대하며 탄식하는 소리를 들으며 함께 탄식하는 가운데 양자될 것, 곧 소망 가운데서 몸의 구속을 참음으로 기다린다(롬 8:18~25).

5 | 봉사

교회와 사회 봉사
여성의 교회 봉사

교회와 사회 봉사

'교회 봉사' 하면 우리 개개인의 그리스도인들이 교회를 위하여 헌금을 바치고 헌신적으로 일하는 봉사를 의미하는 말로 이해한다. 다시 말하면 우리는 '교회 봉사'라고 할 때 교회를 봉사의 대상으로만 생각하여 '교회를 위한 봉사'만을 주로 생각하고 강조한다. 그러나 사실은 교회를 봉사의 대상으로만이 아닌 봉사의 주격으로 생각하여 '교회가 하는 봉사'를 동시에 생각해야 한다. 그럴 경우 그리스도인의 공동체인 교회가 주체가 되어 섬겨야 할 대상이 무엇인지 고려하게 된다.

교회가 하는 봉사는 첫째로 예배이다. '예배'(עֲבֹדָה, latreia)는 본래 노예나 종이 주인을 섬기는 일을 가리키는 말인데, 종이 주인을 섬기는 일은 종이 주인 앞에서 머리를 조아리며 아뢰고 일을 맡는 데서 시작한다. 그런 뜻에서 경배(proskuneo)라고도 한다(요 6:29). 예배는 개별적으로 하는 것이 아니고 하나님의 백성이 함께, 즉 교회가 하는 것이다. 전도의 목표가 무엇인가? "하나님께로 돌아오라. 다 와서 주께 경배하자"는 것이다.

예배는 예배하는 공동체인 교회의 정체성 그 자체이다. 예배는 교회가 하는 봉사의 원천이다. 교회의 과업은 예배에서 발원하고 출발한다. 그리스도의 교회가 수행해 온 2대 과업은 선교와 디아코니아, 즉 구제 봉사이다. 예수 그리스도께서 하신 일이 천국 복음 전파와 디아코니아 사역이었다.

그러나 한국 교회는 초기부터 선교에는 대단한 열의를 보여 왔다. 교회가 크게 성장했을 뿐 아니라 2004년 현재 만여 명의 선교사를 세계 각 곳으로 보내고 있다. 그에 비하여 디아코니아는 너무나 소홀히 하고 있어서 교회가 마땅히 해야 할 과업에 균형을 상실하고 있다. 그 결과 사회에 환원할 줄 모르고 자체의 비대만을 추구하는 종교 기관이라는 비판을 듣게 된 지가 벌써 오래 되었다. 한국 교회의 이러한 모습이 옳은 그리스도의 교회의 모습인지 우리는 성경과 교회 역사에 비추어 점검하면서 반성하고자 한다.

성경의 교훈

예수님께서는 복음을 전하고 가르치시는 한편 가난한 자들의 친구가 되시고 병 고치는 일을 하셨다. 다시 말하면 육신의 생활을 위하여 필요한 부분에 대하여 배려하셨다. 예수님께서는 하나님을 사랑하고 이웃을 사랑하라(마22:37~40; 레 19:17~18)는 두 계명은 율법과 선지자의 강령이라고 말씀하신다. 교회 공동체가 하나님의 말씀을 따르려면 하나님께 예배하고 선교하며 가난한 자들을 위하여 봉사하는 일을 하게 마련이다. 사도들도 복음 전파와 함께 구제하는 일을 수행하였다. 예수님의 이러한 가르침과 실천은 당신 자신이 창의적으로 하신 것이 아니고, 하늘 아버지께서 구약에서 이미 그 뜻을 밝히 드러내신 말씀을 따르고 순종하신 것이다.

구약의 선지자들은 제사로 하나님을 섬기는 예배 행위에는 이웃 사랑을 실천하는 행위가 반드시 동반되어야 함을 강조한다. 이웃 사랑의 실천이 없는 예배 행위는 하나님께서 증오하고 분노하시는 위선이라고 질타하면서 하나님께서 원하시는 것은 과부와 고아를 불쌍히 여기며, 사람을 사랑하며 공의를 행하는 것이라고 말씀한다(사 1:10~17; 암 5:21~27; 미 6:6~8).

예수께서는 구원을 찾는 사람에게 하나님의 계명을 행할 것을 요구하시면서 십계명 가운데 윤리적인 계명을 지키는지 여부를 물으신다. 십계명은 종교적인 계명과 윤리적인 계명으로 구성되어 있다. 종교적인 계명과 윤리적인 계명을 연결하고 있는 안식의 계명과 안식년과 희년의 규례에는 나그네와 객은 물론 가축과 들짐승에게까지 자비를 베풀도록 말씀하신다. 예수님 당시 성전의 연보궤는 구제 헌금을 위한 것이었다.

하나님을 섬기라는 계명에 따르면 종교와 윤리는 하나이다. 율법에 따르면 윤리적인 계명을 어긴 자는 이웃에게 사과하고 배상할 뿐 아니라 하나님께 속건제를 드려야 한다. 그것은 하나님을 섬김에 있어서 그리고 이웃을 사랑함에 있어서 종교와 윤리는 하나라는 뜻이다.

흔히 선교를 이웃 사랑의 실천이라고들 말한다. 영혼을 구원하고자 하는 선교 역시 이웃 사랑에 속한다고 할 수 있다. 그러나 선교는 종교적인 행위에 속하는 반면에, 구제 봉사는 윤리적인 행위에 속한다. 선교는 하나님의 특별 은총을 사람들로 하여금 깨달으며 받아들이도록 하는 일임에 반하여 구제 봉사는 하나님의 일반 은총을 나누는 일이다. 하나님을 섬기는 일에는 종교와 윤리가 하나이므로 선교와 구제 봉사는 병행되어야 한다.

초대 교회의 사회 봉사

4~5세기의 혼인과 가정에 대한 교회의 평가를 보면 목사들의 설교와 교부들의 글에는 차이가 있다. 교회는 당시의 세속의 혼인법을 상당한 정도로 인정하고 받아들이고 있었다. 기독교 저술가들은 혼인에 대한 교회의 법과 세속의 법에 차이가 있음을 구체적으로 지적하면서도 혼인에 대한 민법(民法)을 전적으로 거부하려고 하지는 않았다. 그리고 기독 신자들은 세속적인 관습을 그대로 지키는 경향이었다. 그러나 교회는 이방 종교와 관련된 것이나 기독교적 정서에 적합하지 않은 것들 때문에 도전을 받았다. 이를테면 이혼에 관한 한, 교회는 세상법과는 상반되는 원칙을 유지하였다.

4세기에 이르러 교회는 기독교인과 이교도 혹은 유대인과 혼인하는 것을 반대하였다. 기독교인과 비기독교인간의 혼인을 교회는 금하였다. 그러나 여러 노회의 기록에 따르면, 그런 혼사가 이루어졌을 경우, 교회는 혼인 당사자들의 부모를 징계했을 뿐, 혼인 그 자체를 부정하지는 않았다. 이에 반하여 로마 제국의 민법(民法)은 교회의 견해나 조치보다 더 엄격하였다. 즉 국가는 기독교인과 유대인 간의 혼인을 금지하였으며, 법을 어겼을 경우에는 사형에 처하거나 간통죄에 해당하는 벌을 내렸다.

당시 로마의 법은 노예들 간의 혼인을 인정하지 않은 반면에, 교회는 그것을 유효한 것으로 간주하였으며, 이의 허락 여부는 노예의 주인의 권리로 인정하였다. 또한 콘스탄티누스 당시의 법에 따르면 노예의 주인은 자신의 재산이 분배되거나 분할될 경우에 자기에게 속한 노예의 가정이 파괴되지 않도록 해야 한다고 말하고 있는데, 그것은 교회의 영향으로 말미암은 것이었다.

남녀 노예가 같은 주인에게 속하지 않았을 경우에는 양 주인이 동의해야만 교회는 그들의 혼인을 인정하였다. 그러나 문제는 민법이 금하는 자유 시민과 노예 간에 맺어진 혼인이 문제였다. 교회는 이런 경우 혼인을 인정할 수도 없었고 인정하려고도 하지 않았다. 만일 이런 경우를 당면하면, 교회는 두 사람이 혼인하기 이전에 노예의 주인에게 먼저 노예를 해방시켜 주도록 요구하였다. 그렇다고 교회가 노예 소유주에게 강요한 것은 아니고 자의에 맡겼다.

교회는 원만한 혼인 생활을 위하여 민법이 규정하고 있는 것보다 더 사려 깊게 관여하였다. 혼인은 사랑에 기초해야 한다는 것이며, 가정에서 아내는 남편에게 복종해야 하되 남녀의 성별에 따른 주종 관계에서가 아니고, 남녀의 동등함을 인정하는 가운데 가정생활의 역할 분담을 위하여 아내가 남편에게 복종해야 하는 것이라고 가르쳤다. 설교자들은 아내가 남편과 자녀들을 위하고 가정을 지키는 것이 곧 여자의 미덕임을 강조하였다.

또한 부모는 자식을 돌보며 자식은 늙은 부모를 공경하는 것이 사람이 마땅히 해야 할 의무라고 가르쳤으며, 이를 소홀히 하는 자는 교회가 징계로 다스렸다. 빈민층의 사람들이 자식을 팔거나 자녀들의 자유를 박탈할 경우, 교회는 이런 사람들을 벌하였다. 교회의 영향을 받은 로마 제국의 법 역시 391~451년 기간에 그러한 관행을 금하였다. 또한 콘스탄티누스 치하에서 생부모가 양자(養子)를 양육하는 양부모로부터 나중에 자녀를 데려 올 수 있는 권리를 인정하던 관습을 331년에 처음으로 법적으로 제한하였으나 실제로는 관용하였다.

그러나 발렌티니아누스 1세(Valentinianus I, 364~375) 치하에서는 교회의 영향으로 그러한 생부모는 벌을 받아야 했다. 412년 호노리우스(Honorius, 395~423) 황제는 아이들을 버리는 부모를 처벌하는 법을 새삼 강화하였다. 갈리아 지역의 노회는 버림받은 아이들을 데려와 양육한 지 10일 이상이 지나면 양부모에게 양육권을 인정한다는 원칙을 정하기도 하였다. 그럼으로써 그리스도인들로 하여금 버려진 아이들에 대하여 관심을 갖게 하고 사랑으로 돌보도록 고무하였다. 아나스타시우스(Anastasius I, 491~518) 황제 시대에 동방에는 교회가 운영하는 고아원이 있었다. 그것은 이미 5세기 중엽부터 있었던 것인데, 정부는 이런 일에는 관여하지 않고 교회에 맡겨두었다. 디오클레티안 황제가 추진하기 시작한 로마 제국의 사회 개혁은 콘스탄티누스 때에 이르러 종결되었다. 황제의 정치적인 권력이 더 강화되었으며, 변방에 있는 모든 지역을 다스리고 외적의 침입을 방어하기 위하여 관료 제도와 군사력이 강화되었다. 그 결과 정부는 엄청나게 불어난 국가 예산을 충당하기 위하여 세율을 높이고 세금 징수를 강행하지 않을 수 없었다. 소농(小農)들과 수공업자들은 무자비하게 부과된 세금과 그에 따른 물가 상승 때문에 어려움을 겪게 되었다. 소농들은 소작인으로 전락했으며, 소작인들은 생존을 위하여 그들이 향유해 왔던 자유를 대가로 지불하였다. 그 바람에 그들의 자손들은 영영 그들의 새 주인의 땅에 종속되는 존재가 되었다. 후에 그들이 자유를 돌려받도록 법을 제정하곤 했으나 실제로는 잘 실현되지 않았다. 중산층은 몰락하여 빈민층이 되고 빈민층은 노예가 되었다.

교회가 로마 제국의 절대 군주의 권력에 대하여, 혹은 그 경제적인 제도나 사회 구조에 대하여 의문을 표하거나 무슨 의견을 말하는 경우는 없었다. 어거스틴에 의하면, 노예 제도는 인간을 자유인으로 만드신 하나님의 뜻에 위배되는 것이며, 인간들 사이에 있는 불평등은 불의와 권력으로 말미암아 초래된 것이다. 교부들은 노예들을 비인도적으로 취급하는 것을 비판하기는 하나, 법이나 혁명을 통하여 노예 제도를 폐지해야 한다고 요구하지는 않았다. 당시의 경제와 사회적인 상황으로 보아서 노예 제도가 필요한 것이라고 인정하기도 하였다.

그러나 교회는 노예의 신분을 향상시키는 일에 많은 기여를 하였다. 예루살렘의 키릴루스를 위시하여 나지안주스의 그레고리, 어거스틴, 크리소스토무스 등 많은 설교자들이 빌레몬서를 본문으로 설교할 때, 하나님 앞에서는 사회적인 신분의 차이가 별로 중요하지 않다고 강조하였다. 노예와 주인 두 사람이 다 그리스도인일 경우, 그들은 다 같이 세례를 받은 형제요, 황제나 거지나 노예나 주인의 기도를 차별 없이 들어주시는 한 하나님의 자녀라고 가르쳤다.

교회는 도주한 노예에게 도피처를 제공하기도 하였다. 그러나 이러한 관행에 노예의 주인들이 항의하는 사례가 적지 않았으므로 국가는 법으로 교회가 도피처를 제공할 수 있는 권리를 제한하였다. 398년의 법에 따르면, 교회는 교회를 피난처로 삼으려는 노예가 본 주인에게 되돌아가도록 협조해야 한다고 규정하고 있다. 432년의 법령에는 교회로 도주한 비무장한 노예는 그 다음 날로 "그가 도움을 구하여 간 곳의 명예를 위하여" 주인이 벌을 면해준다는 조건으로 주인에게 인도되어야 한다고 규정하고 있다.

또한 노예가 수도원으로 도주하는 사건이 국가와 교회 간에 마찰을 야기하였다. 국가는 경제적인 이유에서 노예들이 대거 수도원으로 도주해 가는 것을 방임할 수 없었다. 반면에 수도원에서는 상당한 곡절이 있어서 도주해 오는 노예들을 거절할 수가 없었다. 그러나 교회는 유스타티안파들처럼 노예들로 하여금 주인에게 맞서도록 선동하는 종파를 엄중히 경계하였다.

바실리우스는 주인이 노예로 하여금 죄를 짓도록 강요할 경우에만 노예가 수도원에 들어오는 것을 허락해야 한다고 했으며, 제롬과 알렉산드리아의 키릴루스 역시 노예가 주인에게 복종해야 하지만 한계가 있음을 말하였다. 어떤 경우에는 국가가 노예들에게 교회의 보호를 보증한 일도 있었다. 황제 아르카디우스와 호노리우스는 노예들에게 그들이 도나투스파를 떠난다면 자유를 얻게 하고 교회의 보호를 받도록 해 준다고 약속하였다. 칼케돈 회의에서는 노예가 주인이 문서로 동의한다면 수도사도 될 수 있다는 점에 국가와 교회 양측은 합의하였다.

교회는 빈민들을 구제하는 일을 두고 가진 자들의 양심에만 호소하지 않고 사회 사업을 적극적으로 추진하였다. 크리소스토무스에 의하면, 안디옥의 경우 주민의 대다수가 기독교 신자인데, 주민들의 10%는 부유층에, 같은 비율의 수가 빈민층에 속하였으며, 나머지 80%의 인구는 경제적으로 중산층에 속한다고 했다. 빈민들 가운데 매일 보조를 받는 과부들과 처녀들이 약 3,000명이나 되었다. 게다가 포로들과 병자들과 나그네들과 불구자들과 성직자 등이 또한 교회의 보조를 받았다. 안디옥 교회의 재정은 부자 한 사람의 것에도 미치지 못하는 것이어서 어려운 사람들을 만족스럽게 돕기에는 턱없이 모자랐다.

이 시기에 자선을 베푸는 집들이 생겨났다. 전적으로 병자를 돌보고 가난한 자와 고아와 나그네를 돌보는 기관이었다. 감독들은 일찍부터 이 일을 챙겼다. 그 가운데서도 제일 먼저 생긴 자선 기관이 지나가는 나그네를 위한 여인숙(旅人宿)이었는데, 아마도 예루살렘을 순례하는 이들을 위하여 숙박 시설을 마련한 데서부터 발전한 것이라고 한다. 수도원들 역시 자선 기관의 역할을 다하였다. 나그네에게 숙박을 제공하였으며, 병자들과 어려움에 처한 사람들을 받아들여 도왔다.

356년에 세바스테(Sebaste)에 있었던 수도원은 병든 자와 나환자를 수용하였다. 에뎃사에 기근이 왔을 때 시리아인들이 부자들에게 간청하여 그들의 헌금으로 300명을 수용할 수 있는 '호스피탈'을 지어 인근 농촌의 어려운 사람들을 받아들였다. 교회의 자선 사업에 수도원도 참여하게 함으로써 교회는 원군을 얻었을 뿐 아니라 수도원과 긴밀히 협조하는 관계를 갖게 된 것을 바실리우스는 긍정적으로 평가하였다.

바실리우스는 가이사리아 시 교외에 수도원과 교직자들의 숙소, 순례자들을 위한 호스피스, 가난한 자를 위한 병원, 의사와 간호원들의 숙소에다 점포 및 교통수단을 갖춘 대규모의 단지를 조성하였다. 이 새로운 단지가 워낙 크다보니까 이를 중심으로 도시가 형성되었다. 그러면서 이 단지가 신, 구 도시의 새로운 중심부가 되었다. 5세기에는 이 단지의 창설자 바실리우스(Basilius)의 이름을 따라 가이사리아 도시를 바실리아(Basilia)라고 불렀다. 안디옥에도 교회가 큰 병원과 특히 나그네를 위한 호스텔을 가졌다. 서방에서도 5세기 초에 자선 기관을 갖게 되었다. 고용인들의 이름이 그리스인들의 이름인 것으로 보아 동방의 모범을 따랐던 것으로 추정한다.

국가는 교회의 자선 사업을 보조하고 기관 설립을 허가했으며, 초기 비잔틴 시대에는 이러한 기관들을 감독하기도 했다. 그러나 사회 문제에 대한 국가의 관여는 효율적인 면에서나 윤리적인 면에서 4~5세기에 교회가 보인 관심과 다양한 활동에는 비견할 수 없을 정도였다.

중세 교회의 사회 봉사

중세의 복지 시설은 '호스피탈'(hospital)이었다. 이것은 단지 병자들만을 위한 기관은 아니고 가난하고 불우한 여러 사람들을 돕는 기관이었다. 교회는 가난한 사람들을 동정하도록 촉구하였을 뿐 아니라, 이들을 지속적으로 구제할 수 있는 재원을 마련하도록 권면하고 실천하였다. 교회와 수도원

근처에 호스피탈이 서기 시작하였다. 호스피탈은 실은 더 거슬러 올라가 5세기 경 교회의 '파밀리아'(familia)에서 운영하던 '호스피티움'(hospitium)에 그 뿌리를 둔 것이다.

'파밀리아'는 처음에 목회자가 자발적으로 운영하기 시작하였으나, 교회는 감독이 교구의 수입 가운데 일부를 구제 사업에 쓰도록 규정하였으므로, 감독들은 구제금의 대부분을 빈자들을 돌보는 '호스피티움'을 위하여 지출하였다. 왕실과 귀족들도 토지와 건물을 기증함으로써 이 일에 협조하였다.

최초의 '호스피탈'은 병자와 나그네를 위하여 숙박 시설을 제공하였다. 오늘의 병원의 전신인 이러한 '호스피탈'은 이미 10세기 초반부터 서기 시작하였다. 캔터베리의 테오볼드(Theobald) 대주교는 1141년 성지로 향하여 가는 십자군 군사들과 순례자들을 위한 '호스피탈'을 도버에 세우도록 도왔다. '호스피탈'은 병자나 순례자들뿐 아니라 흑사병의 만연으로 집을 버리고 헤매는 노숙자들, 품팔이들과 도주한 농노들로 만원을 이루었다. 이러한 상황에서 도시의 조례와 병원의 규칙은 가난한 자들을 받되 병자들을 우선적으로 돌보도록 규정하기 시작하였다. 그리하여 점차로 병자들만 전문적으로 수용하고 돌보는 '호스피탈'이 생기게 되었다.

13세기에 병자들을 수용하고 그들의 질병을 고치기 위한 기관인 병원(hospital)이 로마의 성 베드로 대성당 근처에 설립되었다. 교황 인노켄트 3세의 노력으로 이루어진 것이다. 이에 자극을 받아 독일에서는 100개 이상의 유사한 기관을 설립하였으며, 잉글랜드와 프랑스에서도 이에 못지않게 많은 기관들을 설립하였다.

파리에 있는 호텔 듀(Hotel Dieu)는 환자들의 치료를 위한 일체의 경비를 국가로부터 지급받았으며, 성 루이(St. Louis) 병원은 특별세 징수를 통하여 지원을 받았다. 런던의 성 바돌로매와 브리스톨의 성 토마스 병원 등은 더 큰 규모로 발전하였다. 13세기 중반에 설립된 베드램(Bedlam)은 정신병자들을 위한 병원이 되었다. 14세기에는 주교 성당이 있는 모든 도시들은 호스피티움을 갖게 되었다. 캔터베리에는 병원이 8개, 요크(York)에는 18개, 런던에 17개, 노리치(Norwich)에 15개가 있었다. 이러한 병원의 수는 15세기에 이르러서는 더 불어났다.

현대의 모든 나라들이 민주주의 국가와 복지 사회를 지향하는 바인데, 실은 복지 사회 구현을 위한 노력이 유럽에서는 정치가 이를 제안하거나 주도하기 훨씬 이전인 중세 때부터 활발히 시작되었다는 사실은 특기할 만하다. 그리고 초대 교회 시대부터 그리스도의 교훈과 사랑의 모범을 따라 실천해 온 구제 봉사의 전통을 중세 교회와 수도원이 이어받아 더 발전시키고 제도화하도록 주도했다는 사실은 칭송할 만한 일이다.

근세 교회의 사회 봉사 운동

종교개혁 시대의 개신교는 로마 가톨릭과 대치하는 상태에서 종교개혁 신학의 정체성을 찾고 변증하느라 또 가톨릭과 전쟁을 치르기까지 하면서 교세 확장 및 유지를 위하여 힘을 쏟아야 하는 상황에 있었으므로 선교 혹은 구제 봉사에 조직적으로 힘을 기울일 여념이 없었다. 개신 교회의 사회 봉사 운동은 1675년 이후 슈페너, 프랑케, 친젠도르프로 말미암아 일어난 경건주의 운동으로 인하여 다시 전개되었다.

경건주의는 기독교의 객관적인 진리 변증에 관심을 쏟는 정통신학에 대한 반발에서 성경을 하나님의 말씀으로 믿는 신앙을 강조하면서 중생, 회개, 새 사람이 되는 것과 새사람으로 사는 삶을 강조하는 운동이었다. 그리고 그것은 거의 같은 시기에 일어난 계몽사조에 대항하여 기독교 진리를 보수하려는 운동이기도 했다.

그러나 경건주의는 계몽 사조를 내부로부터 극복할 수 있을 정도로 신학적이며 창조적인 힘을 지니지 못했다. 경건주의는 그럴 수 있을 만큼 성장하지도 못한 채 초기 시대를 지난 다음 세대부터 쇠퇴하였다. 그러나 신학적인 불균형과 교회관의 결함에도 불구하고 경건주의는 계몽사조의 합리주의와 관념론에 대항하여 성경의 진리를 강조하면서 독일 교회 내의 보수적인 세력으로 존속해 오고 있다. 열매 있는 신앙 생활에 대한 강조로 말미암아 독일 교회가 사회 봉사(Diakonie)의 실적을 올리게 된 것도 경건주의가 미친 긍정적인 영향이라고 할 수 있다.

프랑케는 목회에서는 가난하고 평범한 사람들을 상대하는 한편, 교수로서 학적인 분야에서 그와 버금가는 사람들과 상대하였다. 성경 해석, 상담, 설교, 교육, 저술 활동, 조직 활동 등이 그에게서는 하나로 조화를 이루었다.

프랑케는 1694년 초에 고아원을 경영하기 시작했다. 1695년 초 4탈러(Taler) 16전(Groschen)의 돈을 거두어 책을 사고, 학교를 시작하였다. 그는 귀족의 자녀도 입학시켰다. 그해 여름 어느 귀족으로부터 500탈러를 기부 받고, 얼마 후 친구로부터 또한 500탈러를 얻어 고아원에서 시작한 학교를 어디에도 손색없는 학교로 발전시켜 나갔다. 1727년 프랑케가 죽었을 때, 2,234명의 아동이 있었다. 그 중 137명은 실제로 고아였다. 프랑케는 그밖에 선교에도 종사하였다. 그의 아들 고트힐프(Gotthilf A. Francke)는 조지아에서 광부들을 위하여 선교하였다. 그들은 1734년 잘츠부르크에서 쫓겨 와 사는 사람들이었다.

19세기 말엽에서 20세기에 접어드는 기간에 서구 사회에는 산업화와 도시화 과정에서 빈부의 격차, 노동자의 저임금, 빈민촌의 생성, 경제적인 불안정과 실업 문제 등 잡다한 사회 문제가 야기되었다. 보수적인 신자들은 개인적인 구제 봉사에 힘쓰는 데 반하여, 자유주의적인 신자들은 사회의 변혁을 통하여 사회 문제를 정치적으로 해결해야 한다고 생각하고 기독교 사회주의 운동을 벌였다.

잉글랜드에서 웨슬리(John Wesley) 이후의 감리교는 영적인 부흥 운동에 힘을 기울였으나, 웨슬리는 주로 사회에서 소외된 계층을 대상으로 전도하였으며, 가난한 사람들도 회개하고 복음을 믿으면 올바른 교회 생활을 할 수 있다는 것을 보여주려고 했다. 감리교는 노동자 계층에 관심을 가지게 되었으며 그들을 위하고 그들을 중심으로 하는 사회 운동에도 관심을 갖게 되다 보니 잉글랜드의 노동조합 운동과 밀접한 관계를 갖게 되었다. 많은 감리교 지도자들이 노동조합의 지도자가 되었다. 그리하여 노동조합의 집회는 기도와 찬송으로 시작할 정도였다. 정부는 처음에 노동조합 운동을 억압하였으나 1824년부터 노동조합 운동을 법으로 인정하였다.

사회복음주의

프레드릭 모리스(Frederick Denison Maurice, 1805~1872)는 앵글리칸 교회에 속한 사람인데, 기독교 사회주의(Christian Socialism) 운동을 일으켜야 한다고 주장하였다. 그는 이 운동을 구원론적 관점에서 신학적으로 정당화하였다. 1838년에 펴낸 그의 책 『그리스도의 왕국』(The Kingdom of Christ)에서 그리스도는 참된 인간의 원형이며 그리스도의 왕국은 인간적인 사회 질서의 총체라고 설파하였다.

모리스가 일으킨 기독교 사회주의 운동의 구체적인 성과는 생산 협동조합 혹은 소비 협동조합 운동이었다. 그는 이러한 협동조합 운동이 교회의 지도로 운영되어야 한다는 지론을 폈으므로 결국에는 조합원들의 지지를 받지 못하게 되었다. 1854년 이후 모리스는 협동조합 운동에서 물러나 성인 근로자의 교육 사업에 힘썼다.

모리스 이후 잉글랜드의 기독교 사회주의 운동은 여러 분파로 나뉘었다. 그 가운데 하나가 스튜어트 헤들럼(Stewart Headlam, 1847~1924)이 창설한 성 마태 길드(St. Matthew Guild)였다. 그밖에도 1886년에 기독교 사회주의 협회(Christian Socialist Society)가 창설되었으며, 1889년에 기독교 사회 연맹(Christian Social Union)이, 1906년에 교회 사회주의자 연맹(Church Socialist Union)이 창설되었다.

미국의 많은 개신교회 지도자들은 사회 문제를 보수적인 개념으로 해결해 보려고 노력하였다. 그들은 자원 봉사 형식을 쇄신하려는 움직임에는 조심스러운 자세를 취하는 한편, 사회주의 사상을 반영하는 그 어떠한 방식에도 반대하면서 사회적으로 소외된 희생자들을 개인적인 차원에서 도우려고 하였다. 그리하여 사회 봉사 기관을 세우고 구제 사업에 힘썼다. YMCA와 YWCA는 실업자를 위한 프로그램들을 확대함으로써 사회 사업 활동을 벌였다.

그러나 자유주의적인 복음주의자들은 이러한 개인적인 차원의 사회 사업으로는 문제가 충분히 해결될 수 없다고 생각하고 '사회 복음'(social gospel) 사상을 발전시켰다. 미국에서 "사회 복음의 아버지"로 불리는 회중교회 목사 워싱턴 글래든(Washington Gladden, 1836~1918)은 경제와 사회의 발전에 대한 견해를 피력하며 정리하였다. 그밖에 감독교회의 평신도 경제학자 리처드 엘리(Richard T. Ely, 1854~1943)와 회중교회 목사 스트롱(Josiah Strong)도 사회 복음을 위하여 지도적인 역할을 한 이들이다. 엘리는 복음주의 연맹(Evangelical Alliance)의 총무로 있던 사람이었으나, 자신의 사회 복음 사상 때문에 그 직책을 사임하고 자신의 생각을 발전시켰다.

그러나 사회복음주의 사상으로 말미암아 누구보다 잘 알려 진 이는 월터 라우쉔부시(Walter Rauschenbusch, 1861~1918)이다. 그는 뉴욕 외각 지대에 있는 독일인 침례교회 목사였다. 그의 사회 복음 사상은 잉글랜드와 독일을 여행하면서 더 무르익게 되었다. 1907년에 출판된 그의 책 『기독교와 사회 위기』(Christianity and the Social Crisis)는 베스트셀러가 되었다. 그 바람에 온 나라가 사회 복음에 관심을 갖게 되었다. 라우쉔부시는 하나님의 나라는 경제적인 삶을 포괄한다는 것이며, 인간은 점진적으로 발전한다고 주장하였다. 그리고 그것이 곧 그리스도의 사상이요 정신이라고 했다. 1917년에 내 놓은 『사회 복음 신학』(A Theology of the Social Gospel)에서 그는 사회 복음 운동의 신학적인 근거를 제시하였다.

20세기 초반에 사회 복음은 여러 교파 교회들로부터 많은 호응을 얻게 되었다. 여러 신학교에서는 사회 윤리를 새로운 과목으로 개설하였으며,

여기저기에 초교파적인 사회 봉사 기관이 조직되었다. 그러나 보수적인 신앙인들은 하나님의 나라를 보다 종말론적으로 이해하였다. 그들은 주로 개인적인 영혼 구원에 관심을 두고, 사회 문제는 그 일에 종사하는 전문가에게 맡긴다는 것이었다.

성경을 비판하는 자유주의 신학과 진화론은 북미 대륙에 있는 교회와 여러 대학에 영향을 미쳤다. 자유주의 신학은 미국보다는 캐나다에서 더 널리 확산되었다. 캐나다에서는 대학과 연계되어 있는 신학교들이 조심스럽게 자유주의 신학을 받아들였다. 1890년에 빅토리아 대학교의 구약 교수 조지 워크맨(George C. Workman)은 그리스도는 이미 구약의 선지자들이 장차 오실 메시아로 예언했던 그 예언을 성취하신 분이라는 전통적인 관념에 대하여 도전하다가 교수직을 내놓게 되었다.

그리고 몬트리올 주교구 대학의 변증학 및 교회사 교수 프레드릭 스틴(Frederick J. Steen)은 1901년 자신의 자유주의 신학적 견해 때문에 교수직을 물러나야 했다. 그러나 1909년 영국에서 건너 온 목사 조지 잭슨(George Jackson)은 토론토 YMCA에서 행한 창세기 강의에서 창세기를 과학적인 방법으로 해석할 수 있다고 시사하였다. 1910년 그는 총회에서 그의 발언에 대하여 추궁 당했으나 정죄는 받지 않았다. 이후 캐나다 교회는 급속히 자유주의로 물들게 되었다. 19세기에 캐나다의 그리스도인들은 교파를 가릴 것 없이 고아와 장애인과 노인들과 가난한 자들을 위하여 기관을 만들고 돕는 일에 힘썼다. 산업화로 인한 도시화 현상으로 말미암아 19세기 말엽에는 실업자뿐 아니라 많은 피해자들이 속출하게 되었다. 사회 문제가 점점 심각해지자 사회복음주의 사상이 캐나다 전역에 만연하기 시작하였다.

독일에서는 18세기에서부터 요한네스 팔크(Johannes Falk, 1768~1826), 크리스천 하인리히 첼러(Christian Heinrich Zeller, 1779~1860) 등이 전쟁 고아들을 위한 고아원과 이재민들을 위한 구호소 등을 세워 경건주의 운동의 초기부터 시행하던 구제 봉사 활동을 이어 사회 사업을 시행했다.

19세기에 들어와서는 루터교의 목사 빌헬름 뢰에(Wilhelm Löhe, 1808~1872)가 디아코니아 기관을 세워 구제 활동을 폈다. 이러한 운동들이 독일의 인네레 미시온(Innere Mission)의 선구였다. 요하네스 하인리히 비케른(Johannes Heinrich Wichern, 1808~1881)은 함부르크에서 불쌍한 어린이를 돌보는 일을 시작함으로써 인네레 미시온이 시작되었다. 인네레 미시온은 교회의 한 부속 기관이 되어 주로 전통적인 의미에서 어려운 가운데 있는 사람들, 장애인, 알콜 중독자, 고아 등을 돕고 있다.

1875년 고타(Gotha)에서 사회주의의 결정체라고 할 수 있는 사회민주당(Sozialdemokratische Partei)이 칼 마르크스(Karl Marx)에게서 지대한 영향을 받은 아우구스트 베벨(Ausgust Bebel, 1840~1913)과 빌헬름 리프크네히트(Wilhelm Liebknecht, 1826~1900)의 주도하에 결성되었다. 그리고 1877년에는 왕국회의에 12개의 의석을 차지하게 되었다.

비케른과 인네레 미시온에 속한 모든 단체들은 사회민주당에 반기를 들었다. 그러나 1877년 마르크 부란덴부르크의 목사 루돌프 토트(Rudolf Todt, 1837~ 1887)는 『급진적 사회주의와 기독교적 사회 계층』(*Der radikale Sozialismus und die christliche Gesellschaft*)이라는 책을 써서 사회민주당이 사회 문제를 분석하고 고발하는 데에는 그럴만한 이유가 있다고 변호하였다. 그리고 신약 성경은 사회주의를 반대하지 않는다는 점을 역설함으로써 기독교 신자도 사회주의 사상에 동조할 수 있다고 말했다.

1890년 '인네레 미시온'에 종사하고 있던 프리트리히 나우만(Friedrich Nauman, 1860~1919)은 '개신교 사회주의 대회'(Evangelisch-Sozialen Kongreβ)를 조직하고서 '인네레 미시온'은 사회주의의 자매라 하고, '인네레 미시온'의 미래는 곧 사회주의의 미래라 하면서 기독교 사회주의 운동을 주창하였다. 그러나 1896년 선거에서 국회의 의석을 얻지 못하였다. 그리고 그는 팔레스타인 여행을 계기로 심경에 변화를 겪게 되었다. 그는 예수 그리스도께서 하신 일이 사회주의 운동과는 다른 것이었음을 깨닫게 되어 사회주의 사상을 접기로 하였다. 예수님의 말씀은 본래 문자적으로 이해할 수 있는 말씀이다. 그러나 그의 말씀은 유감스럽게도 아무도 문자적으로 성취할 수는 없다는 것이었다.

나우만과 더불어 기독교적 사회주의 운동이 종식되다시피 된 무렵에 정치적인 운동과는 전혀 관계없이 보델슈빙(Friedrich von Bodelschwingh)은 빌레펠드(Bielefeld)의 베델(Bethel)에서 기독교적인 사랑을 실천하는 운동을 벌였다. 보델슈빙은 프로이센의 보수파에 속하지만 정당 정치에 관여하지 않았다. 그의 기독교적인 사회주의 사상은 장애를 받고 있는 사람들에게 단순히 여러 모로 봉사해야 한다는 것이었다. 보델쉬빙이 처음에 정한 자신의 삶의 목표는 광산업과 농업에 종사하는 것이었으나 선교사가 되어야 한다는 소명을 받고 생의 행로를 바꾸었다. 바젤에서 신학을 공부한 후 파리에서 독일인 디아스포라 교회 목사로 일하였다. 목회를 하면서 그는 어려움과 낭패 속에 살아가야 하는 사람들을 알게 되었다.

보델슈빙은 델비히(Dellwig) 교회를 거처 빌레펠트(Bielefeld)로 가게 되었다. 그 곳에는 두 가지 일이 그를 기다리고 있었다. 하나는 간질환자들을 돌보는 일과 디아코니아 종사자들을 교육하는 일이었다. 그는 빌레펠트 시 외각에 있는 베델(Bethel) 마을에서 그가 바라던 것의 실현을 보게 되었다. 그는 대규모의 사회 사업 기관을 세웠다. 베델은 기독교적인 형제 사랑을 실현하는 상징적인 마을이 되었다. 보델슈빙은 간질환자를 위한 병원을 세우는 한편, 부랑아들을 위한 시설도 마련하였으며, 그밖에 다른 마을에도 집 없고 가정도 없는 사람들과 알코올 중독으로 걸인이 된 사람들을 수용하는 시설을 마련하였다. 보델슈빙은 빌레펠트에 신학교를 세워 목회자 후보생들을 교육함으로써 온 교회가 이러한 목적 사업을 추진할 수 있게 되기를 희망하였다.

베델은 디아코니아 활동의 종합적인 센터로 발전하였다. 그러나 보델슈빙과 비슷한 동기에서 출발하여 디아코니아 활동을 시작했으나 성공을 거두지 못한 사례도 있다. 구스타프 베르너(Gustav Werner, 1809~1887)는 남독 슈바벤의 엘자스(Elsaß)에서 병원 수간호원의 노력에 고무되어 어린이 구호원을 세웠다. 그후 그는 기독교적인 공장을 세워 불우한 사람들이 자활하는 일터로 마련했으나, 자신의 무지로 인하여 옳게 경영을 못했을 뿐 아니라, 늙은이나 장애자들의 생산성이 수준에 미치지 못하므로 소기의 목적을 달성하지 못하였다. 기독교적 사랑을 산업 현장에서 구현해 보려던 그의 시도는 좌절되고 말았다. 교회적인 혹은 사회적인 뒷받침과 사랑의 후원 없이 장애자들 자신들의 힘만으로 생산 산업에 뛰어들어 건강한 사람들과 경쟁을 벌여 이길 수는 없다는 사실이 입증된 셈이다.

비케른으로 인하여 시작된 인네레 미시온은 오늘에 와서는 독일의 국민교회 내에 중요한 사업부서로 자리 잡게 되었다. 그리고 디아코니아에 관여하며 실제로 관심을 가지고 종사하는 목사와 평신도들은 대부분 경건주의 출신이며, 독일에서 복음주의자(Evangelkal)로 분류되는 보수적인 신앙을 가진 목사와 평신도들이다. 현 독일 교회의 디아코니아 현황을 좀 더 상세히 아래에 소개하기로 한다.

독일 교회의 디아코니아 현황(1970년대)

독일 교회의 조직

소위 독일 국민교회(Volkskirche)라면 가톨릭교회와 독일 개신교회(Evangelische Kirche in Deutschland - 약자로 EKD)의 둘을 가리키는 말인데, 독일 개신교회에는 루터파와 연합교회(Unierte Kirche)와 개혁파 교회가 속해 있다. 그밖의 감리교라든지 침례교 등 대도시에서 볼 수 있는 개신교의 다른 교파 교회는 독립교회(Freiegemeinde)라고 하여 국민교회의 특혜를 누리지 못한다. EKD는 장로교의 총회에 해당하는 소위 상회(上會)가 아니라, 교회 연합(Kirchenbund)으로서 독일 개신교를 대외적으로 대표한다.

EKD는 임기 6년의 12명으로 구성된 상임위원회(Rat der EKD)와 120명의 대표로 모이는 연합 총회와 또한 교회 협의회의 조직을 갖고 있다. 독일 연방 정부가 함부르크와 브레멘을 포함한 13개 주로 구성되듯이, EKD 산하에는 총회 조직을 가진 22개의 주 교회(Landeskirche)가 있다. 교회가 정부보다 역사적인 전통을 더 고수하는 편이므로 주 교회 수가 정치적인 주보다 더 많다. 5개의 연합교회와 10개의 루터파 교회 및 두 개의 개혁파 교회와 그밖에 위의 세 교파가 다 같이 속하여 주 총회를 구성하는 Evangelische Kirchen Union(EKU)에 속하는 주 단위 교회가 셋이 있다. 이런 총회 산하의 교회 또는 노회도 제각기 역사와 전통을 따라 자기들의 신앙고백과 예배 모범을 고수한다. 가령 같은 주 총회 산하의 루터교 출신 목사가 개혁파 교회에서 시무할 경우 개혁파의 하이델베르크 요리 문답서를 신앙고백으로 받아 들여야 하고 짧으나마 소정의 교육을 받아야 한다.

주 교회는 가톨릭의 주교 관할구(Diocese)에 해당하는데 편의상 총회로 번역하기로 한다. 주 교회 총회 산하에는 Kirchenkreis(노회 관할 지역)가 있다. 편의상 노회로 번역한다. 노회는 여러 지역교회(Kirchengemeinde)로 구성된다. 지역 교회는 하나 또는 둘 이상의 목회 구역으로, 많을 경우에는 10개의 목회 구역으로 나누어진다. 도시에서는 하나의 교회당을 중심으로 3~4개의 목회 구역으로 나뉘는 것이 보통인데, 이런 경우 예배 인도와 설교는 목사들이 순번제로 하며 당회장도 1년씩 순번으로 돌아가면서 맡아 한다.

교회 재정

유럽에서 교회의 재정을 조달하는 일에 국가가 협력하게 된 것은 교회에 지대한 공헌을 한 카를 대제가 786년 교회에서 정한 교인들의 십일조 시행을 교회 역사상 처음으로 법으로 공인하여 실시한 후부터다. 유럽의 교회가 이러한 국가 또는 왕이 정한 법의 도움을 받아, 혹은 제후와 지주들의 특별한 재산 헌납을 통하여 부유해진 것이 사실인데, 국가에 의존하는 교회 재정은 위정자에 따라서 피해를 입기도 하였다.

영국의 경우 교회는 종교개혁을 겪으면서 헨리 8세와 엘리자베스 여왕에게 교회 재산을 많이 수탈당하였다. 헨리 8세 때만 해도 1백만 내지 150만 파운드의 교회 재산과 연 4만 파운드의 수익금이 왕실로 귀속되었다. 그뿐 아니라 봉건주의 체제에서 자본주의 체제로 사회가 변천되는 과정에서 영국교회는 또한 많은 재산의 손실을 보았으며, 교회가 십일조를 법에 따라 직접 징수하는 데에도 여러 가지 어려움과 부작용이 많았다.

현재 영국교회는 교회의 재정을 주로 중세 때부터 내려오는 교회의 자산에서 나오는 수익에서 얻고 있는데, 그 액수가 막대한 돈이긴 하지만, 전국의 교회를 유지하고 관리하는 데 충분하지 못하다. 그래서 교직자들은 부인들이 직업을 가져야 할 정도로 최저의 생활비를 받고 있다. 이에 비하여 독일 교회는 소위 종교세, 즉 교회세(Kirchensteuer)로써 교회의 재정을 충당하고 있어서 교회 자산의 수익에 주로 의존하는 영국 국교회와 비교해 볼 때 훨씬 재정이 풍부하다.

교회 재정 수입의 재원

교회세

독일의 세무청은 갑근세 및 수입세의 9%에 해당하는 금액을 교회세로 징수하여 가톨릭의 대교구와 개신교회의 각 주 교회(Landes-kirche) 총회 본부에 넘긴다. 즉 독일 정부는 교회세 징수의 업무를 대행해 주는 셈이다. 그러므로 교회는 서독 정부가 세법 개정을 논하거나 새로운 사회 정책을 시도할 때마다 지대한 관심을 가지고 귀추를 살핀다. 주 총회는 교회세의 배당금을 산하 각 노회(Kirchenkreis)에다 교인수에 비례하여 분배하며 기타 예산에 따라 집행한다. 교회 재정의 규모와 그 집행에 대하여 좀 더 구체적으로 알아보고자, 필자가 봉사하던 베스트팔렌의 주 교회 재정을 예를 들어 일별하기로 한다.

베스트팔렌 주 교회는 EKD 산하 20개의 주 교회 중에 큰 편에 속한다. 1970년도 서독 인구의 약 90%가 국민교회에 속한 것으로 보는데, 가톨릭 교인과 개신교회 교인의 수는 거의 동수이다. 1975년 12월 31일 통계에 따르면 EKD 산하의 교인수가 2천 7백 18만 4천명인데, 베스트팔렌의 교인수가 3백 21만 4천명이다. 베스트팔렌 주 교회 총회 산하에는 40개의 노회 교구(Kirchenkreis)가 있다.

1976년 예산 집행 규모는 총액이 약 4억 4천 5백만 마르크이며, 교회세로부터 수입이 4억 7백 50만 마르크이고, 베스트팔렌 교회세 납입액이 다른 주 총회에 비하여 높다는 이유에서 주정부 세무청으로부터 추가 보조금 4천 7백만 마르크를 보상금으로 받은 것을 합하면 예산 금액을 충당하고도 남는다. 주 총회 행정처에서 산하 노회에 예산의 배당액과 총액에 대한 비율은 아래와 같다.

(1) 노회 교구(Kirchenkreis)로 배당한 금액
  ① 목사의 급여: 60,200,579마르크/13.51%
  ② 목사관 관리비, 기타: 28,545,500마르크/6.41%
  ③ 보상비(적자 등을 메꾸는): 4,743,947마르크/1.07%
  ④ 교인수에 따라 배당되는 교회 재정비: 236,104,328마르크/53.00%
    계   329,594,354마르크/73.99%

(2) 주 총회 행정처의 자체 예산
  ① 일반 재정: 40,068,419마르크/9.00%
  ② 특별 재정: 75,783,480마르크/17.01%
    계   115,851,899마르크/26.01%

(1)과 (2)의 총액: 445,446,253마르크/100%

위의 예산 총액을 1974년의 예산 총액 4억 9천 4백 23만 3천 3백 16마르크에 비교하면 약 5천만 마르크가 감소한 것임을 알 수 있다. 1974년도 목사 급여액은 5천 4백 93만 6천 3백 34마르크인 것을 보면, 목사 급여액은 물가 지수와 공무원 및 근로자의 전체적인 급여 인상에 따라 올랐음을 알 수 있는데, 교회의 기타 재정은 숫자상으로만 줄었을 뿐 아니라, 물가 지수를 감안하면 훨씬 떨어졌음을 알 수 있다. 이것은 교회가 국민들의 부담을 덜기 위하여 그리고 임금 인상과 함께 근로 소득세 및 수입세와 함께 교회세도 그만큼 불어나므로 종래의 수입 세율의 10%에 해당하는 교회세를 9%로 인하하기로 결정하여 1975년부터 실시한 결과에서 온 것이다.

교회세를 내리기로 한 것과 동시에 사회당(SPD)과 자유당(FDP)의 연립 정부의 사회 정책에 따라 자녀 부양비를 근로 소득과 납입 세액의 과다에는 관계없이 자녀의 수에 따라 일률적으로 지급하기로 하면서 저소득자와 많은 자녀의 부양자를 위한 교회세를 포함한 제반 세금을 감면토록 하는 법안을 통과 시행하게 되었다. 이로 인하여 약 30%에 해당하는 근로자들이 교회세의 면제 또는 감면을 받는 바람에 교회의 수입이 현저히 줄어들게 되었다.

주총회 행정처는 목사 급여 이외의 다른 예산 항목을 줄이고 특히 행정처 자체의 행정 사무비를 대폭 줄임으로써 미처 예기치 못했던 교회 수입의 감소에 대처하였다.

연보(Kollekte)

독일 교회에서는 예배 시에 두 번씩 연보한다. 예배 중에 연보하는 것은 노인들과 병약자들을 위한 구제 헌금이고, 예배를 마치고 예배당 문을 나서면서 다시금 헌금을 하는데 이것은 주로 선교 또는 해외의 가난한 사람들을 돕는 구제 헌금 등 특별한 목적을 위하여 하는 연보이다. 연말이 되면 총회 행정처에서 내년 1년의 목적 헌금의 일정표를 광고문과 함께 인쇄하여 각 지역 교회에 배부한다. 목사는 예배 시에 일정표의 책자에 있는 대로 광고한다. 1년 중 몇 주일만 지역교회는 자체 교회를 위하여 헌금할 수 있게 되어 있는데, 이런 경우를 제외하고는 연보한 돈을 총회 행정처로 송금한다.

연보는 물론 출석 교인들이 하는 것이다. 그러나 목사 생활비나 교회 유지 및 활동비에는 관심을 가질 필요가 없고 연보의 목적부터 특정한 사업만을 위한 것이기 때문에 헌금하는 연보의 액수는 그다지 많지 않다. 그러나 총회적으로 모은 돈은 상당한 액수가 된다.

1976년 한 해 동안 46회에 걸쳐 예배 후에 거둔 연보의 총액은 664만 1,299마르크였다. 평균 매주 14만 마르크 정도 헌금이 된 셈이다. 그러나 크리스마스 전 주일에 해외 구제 헌금(Brot für die Welt)을 거둔 돈은 1백 38만 5천 20마르크이다. 이 헌금은 1년에도 두서너 번 하는데, 그 때마다 다른 목적 헌금보다도 액수가 훨씬 많다. 이것으로 보아 독일 교인들이 구제에 대하여 관심을 더 많이 보인다는 것을 알 수 있다. 이것은 구미 그리스도인들의 공통적인 경향이다.

1976년 7월 1일부터 1977년 6월 30일까지 세계 구제 헌금(Brot für die Welt)를 위한 캠페인을 벌여 거두어들인 금액이 532만 마르크이다. 이런 캠페인은 전국적으로 하는 것이므로 전체 총회들이 모은 것을 합하면 위의 액수보다 열배는 더 될 것이다.

선교, 구제 및 여러 목적 사업을 위하여 거둔 돈은 예산의 일부를 충당할 수 있을 뿐이다. 총회 행정처에서는 이런 목적을 위하여 특별 재정에서 할당한다. 경우에 따라서는 산하 노회의 재정에서 염출하도록 요청한다. 노회는 재정 처리에 대한 독립권을 가지므로 이런 경우, 노회의 결의를 거쳐 지원한다. 해외 선교 및 국외에 대한 복음 사업 관계는 총회적으로 하는 것을 원칙으로 하나, 노회 차원에서도 재량껏 특정한 나라의 교회와 관계를 맺으며 재정이 허락하는 대로 지원할 수도 있다. 이것은 규모는 작으나 지역교회에서도 같은 권한을 가진다.

지역 교회의 특별 재정원

지역 교구 교회(Kirchengemeinde)에서 특별 예산이 필요할 경우, 다시 말하면 교회당을 수리한다거나 목사관 혹은 교육관(Gemeinderaum)을 짓는다거나 또는 지역 교구 내에 새 예배당을 지을 경우, 지역 교회는 특별 재정을 위한 예산을 세우고 계획서를 작성하여 총회 행정처의 재가를 받는다. 재정의 조달을 위해서는 총회 행정처와 노회에 보조를 신청하는데 총회의 지원금이 보통 전체 예산의 1/3이상을 충당한다. 노회의 보조도 상당한 액수여서 지역 교회의 재정적 부담을 덜어준다.

지역 교구 교회는 특별 예산을 위하여 자체 교회를 위하여 헌금하는 주일에 헌금을 하거나, 개인적인 기부 형식의 헌금을 호소하기도 하며, 부인회 주최로 바자회를 열어 기금을 모으기도 한다. 교회에 부동산 등의 자산이 있을 경우에는 당회는 총회 행정처의 허가를 얻어 이를 처분하여 필요한 재원을 마련하기도 한다.

교회의 봉사 활동

교회의 봉사 활동을 독일어로 베스트팔렌 주 총회의 보고서에 따르면 'Kirche und ihre Dienste'라고 한다. 교회와 그의 봉사, 즉 교회와 교회가 하는 봉사라는 말이다. 교회 봉사라는 말에 익숙해 있고, 봉사라면 으레 교인들이 교회를 위하여 하는 봉사로만 알고 있는 우리 귀에는 교회가 하는 봉사란 말은 생소하게 들린다. 교회를 봉사의 대상이요, 목적으로만 아는 것과 교회를 봉사의 주체로 파악하는 것과는 너무나 큰 차이가 있다. 교회의 봉사를 교회를 위한 봉사로만 이해할 때에는 교회는 그것이 존립하고 있는 사회와는 격리된 채로 교회 자체의 비대만을 목적하므로 자족하는 폐쇄적인 교회주의를 지향하기 마련이다. 이런 견해에서 나오는 교회의 봉사는 결국 교회 내에서의 활동이요 교회 자체를 위하는 활동으로만 국한된다.

교회와 교회 봉사에 대한 이런 이해를 가진 풍토에서는 교회들이 상호 협동이나 연합 활동이나 노회적 또는 교단적인 활동도 외면하고 극단적인 개교회주의로 치닫는 기현상이 불가피하게 일어난다. 그러나 교회를 봉사의 주체로 이해할 때 교회 자체를 넘어서서 다른 것을 봉사의 대상이요 목적으로 한다. 말하자면 하나님과 이웃이 교회가 섬겨야 할 대상이다. 그래서 베스트팔렌 주 총회 행정처의 보고서에 따르면 교회와 그 봉사라는 제목 하에 다섯 가지를 들고 있다.

첫째는 말씀의 선포와 예배(Gottesdienst, 하나님에 대한 봉사)이다.

둘째로는 목회 상담(Seelsorge)이다. Seelsorge라면 개개인의 사람에 관심을 두고 개별적으로 접촉함으로써 하나님께로 인도하되 교회를 중심으로, 교회에 근거점을 두고 하는 영적 봉사임을 강조한다. 그러므로 Seelsorge는 일반적인 의미에서의 상담(Beratung, Counseling)과는 구별되지만 그러한 요소를 다분히 지닌다. 주 총회에서는 여러 분야별로 상담 목회자 또는 상담 요원을 두고 있으며 상담소를 설치하고 있는데 그것을 분야별로 들자면,

· 혼인과 교육과 생활 상담 - 혼인과 이혼 문제와 일반적인 교육에 대한 문제를 취급하므로 이것만은 일반적인 상담(Beratung)이라고 한다.

· 전화 목회 상담 - 1974년 이후에 개설한 것인데 1976년도 베스트팔렌의 6개 도시에 상담소를 설치하여 1년 내내 24시간 93명의 목사 또는 상담자들이 상담을 본다. 빌레펠드 한 도시에만 해도 연간 9천 9백 77회수의 전화가 있었으며, 해마다 불어나는 추세라고 한다.

· 병원 목회상담 - 70명의 원목이 이를 담당한다.

· 귀먹은 사람을 위한 목회 상담

· 맹인을 위한 목회 상담
· 교도소 목회 상담

셋째로는 선교이다.

· 국내 선교(Volksmission) - 국내 선교 기관을 설치하여 전도 및 사경회를 인도할 전문적인 목사들을 확보하며 교역자 수양회, 청소년 지도자 양성 등을 기획하고 시행한다. 예를 들어 1977년 가을 비트겐슈타인이라는 농촌 노회 지역에서는 동시에 15개의 교회에서 이들 전도 목사들의 인도로 부흥 사경회를 가진 일이 있다. 1975년에는 18회 그리고 76년에는 15회의 교직자 수양회를 열어 여러 노회 목사들을 순번으로 참석케 했다.

그밖에 휴가 또는 방학 기간에 청소년들과 가족들을 수양관에 합숙시키면서 성경 공부를 하고 영적 지도를 하는 것도 큰 행사 가운데 하나이다. 그밖에 수많은 휴양지에서도 성경을 나누어주며 상담에 응한다. 또한 선교 기관에서 신학적인 문제, 신흥 종파에 대한 문제 등 교인들의 관심과 질문에 대답하는 변증적인 세미나를 개최한다. 1976년 한 해 동안의 이런 강연회 회수는 약 2백 회에 달한다.

· 국외 선교 - 국외 선교비는 물론 지교회의 헌금으로 충당하지만 그것은 일부에 지나지 않는다. 주 총회에서 책정한 외국 선교비는 1974년 1천 9백 35만 3천 9백 23마르크이고 1976년에는 2천 62만 5천 마르크였다. 1974년의 경우 국외 선교비는 교회세 전체 수입의 2.5%에 해당하는 액수이다.

넷째로는 디아코니아이다. 이것은 사도행전에 의하면 초대 교회가 복음 전파와 함께 힘쓴 일이었으며, 중세 교회 시대로 이어오면서 시행해 오던 것으로, 근세에 이르러서는 경건주의 운동과 부흥 운동이 일어나면서부터 더욱 관심을 기울이게 된 구제 봉사이다. 베스트팔렌 교회 내에서 이 일에 종사하는 목사 평신도들은 거의가 경건주의 출신들이고 보수적인 신앙을 가진 이들이다. 디아코니아를 위해서는 또한 많은 요원이 필요하며, 이들의 교육과 재훈련을 위해서도 막대한 재정이 필요하다. 베스트팔렌 총회 산하에 있는 병원 수가 무려 49개이다.

1976년 10월 현재로 4천 5백 19명의 간호원이 여기 종사하는데 교회와 관계가 있고 교회의 보조로 교육을 받은 디아코니아 간호원(Diakonisse)들이 625명이다. 가가호호를 방문하는 보건 간호원(Gemindeflege) 일은 전적으로 교회에서 맡는다. 이것은 지역교회에서 하는데 보조금의 일부는 총회와 노회에서 지원받는다. 베스트팔렌 내에 1976년 12월 현재로 678개의 디아코니아 보건소가 있다. 거기서 일하는 간호원은 543명이었다. 고된 일인데다 신앙인과 그리스도의 사랑으로 근무 시간을 묻지 않고 해야 하므로 사람 구하기가 쉽지 않아서이다. 1975년의 통계에 의하면 환자수가 6만. 644명이고 치료 방문 회수가 78만 8천 518회이다. 물론 환자들은 무료로 봉사를 받는다.

다섯째로는 사회 사업처가 있어서 더 일반적인 사회 문제를 돌본다. 가정을 돌볼 사람이 없을 경우, 가령 주부가 장기간 병원에 입원했을 경우, 이런 가정을 돌보아 주는 일을 한다. 이 일을 위하여 1976년도에 4백만 마르크가 소요되었다.

또한 노인들을 돌보는 일(14만4천 마르크 소요), 청소년 직업 알선 및 직업 교육, 장애 아동 수양회(1976년 599,054마르크 소요) 등이 있는데, 이 중 주 정부의 보조금이 전체 액수의 23.55%이다. 기타 청소년 및 가족의 휴양을 주관하며, 역선교(驛宣敎)라고 하여 각 철도역에 사무실을 두고 장애 노인, 동독에서 온 사람, 외국인 등 도움을 필요로 하는 사람들에게 벗이 되어주며 때로는 밤을 지낼 곳도 제공한다.

그뿐 아니라 무숙자들을 수용하는 일, 또 중요한 사업으로는 알코올 중독자를 돌보는 일이다. 독일 주민의 2%가 치료를 요하는 알코올 중독자이므로 이것도 심각한 사회 문제 중 하나이다. 노회마다 디아코니아 사업으로 알코올 중독 상담자를 채용하고 있다. 또한 교회는 공산주의 세계에서 탈출 또는 이주해 온 이주민들을 돌본다. 1974년 1,559명이었으며, 1976년 5,217명이었다. 이 수는 물론 개신교도만의 숫자로 여러 주 교회들이 분담해서 정착을 알선한다.

1977년 유치원을 위하여 건축 및 시설비로 쓴 돈이 750만 마르크인데 그 중 50% 정도는 주 정부의 보조로 충당한다. 같은 해 장애인 작업소를 7천개 처에 마련하여 1,905명을 수용하였다. 그밖에도 여러 가지 외국 학생들 또는 외국인 노무자를 위한 일 등 봉사 사업을 더 많이 들 수 있다.

한국 교회와 디아코니아

한국에 온 선교사들은 복음 전도와 함께 사회 봉사와 문화 사업을 광범하게 수행했다. 선교사들은 네비우스 선교 정책에 따라 일찍 한국 교회가 자립하는 교회가 되도록 배려했으며, 교회는 교회 행정과 재정 면에서 자립하는 교회가 되었다. 그리하여 전도와 선교에 힘쓰는 교회가 되었으나 구제 봉사는 선교사들이 맡아하는 것으로 이해했던 것 같다.

6·25 동란을 겪으면서 전쟁 고아들을 돌보는 많은 고아원들이 생겼는데, 거의 절대 다수의 고아원들이 기독신자들에 의하여 설립되고 운영되었다. 그러나 한국 교회의 도움이 아니고 해외의 기독교 신자들과 단체들의 원조에 의지한 형편이었다. 당시는 교회도 구제의 대상이었으므로 그럴 수밖에 없었으나 1970년대 이후 교회의 재정이 나라의 경제 성장으로 인하여 나아졌음에도 불구하고 대체로 구제 봉사에 대한 무관심이 여전히 지속되고 있는 것은 유감이라고 아니할 수 없다.

한국 교회가 선교에는 열심이지만 구제 봉사에는 소홀히 한 것은 보수적이며 신령주의적인 성향 때문이기도 하다. 즉 특별 은총을 강조하고 일반 은총과 윤리에 대한 이해가 아직 부족하기 때문이라고 할 수 있다. 그러므로 기독교적인 가치관의 균형을 갖추지 못했다고 할 수 있다.

이를테면 기독교 병원이 초기에 인술을 폄으로써 복음 전도에 크게 기여한 것은 높이 평가해야 한다. 그러나 병원이 교회를 개척하는 일을 위하여 출자를 하거나 재정적으로 돕기도 했는데 그것을 결코 잘한 일이라고 할 수는 없다. 기독교 병원은 기독교 진료소를 세워 병원 사업을 확장함으로써 본래의 맡은 일에 충실해야 한다. 기독교 병원은 복음 전도를 환자를 돌봄으로 하는 기관이지, 교회가 하는 전도 사업이나 교육을 위하여 재정적으로 돕는 기관으로 간주하거나 그런 목적을 위하여 이용하는 것은 옳지 않다. 만일 그렇게 되면 기독교 병원은, 한국의 대다수 기독교 병원의 현실처럼, 수익 기관으로 실추되어 자선 병원으로서 기능을 다하지 못하게 된다.

기독교 병원은 가난한 환자를 치료해 주는 본래의 과업에 충실해야 한다. 그러려면 병원은 기금이 있어야 하므로 교회가 이 기금을 마련하는 일을 감당해야 한다. 그래야만 병원이 기독교 병원이라는 이름을 가질 수 있고 자선 병원으로서 본래의 과업을 다할 수 있다. 병원이 교회를 돕는 것이 아니고 교회가 병원을 도와야 한다. 병원은 교회가 구제 봉사를 수행할 수 있는 통로요 수단이다.

한국 교회가 1990년대로 들어서면서 성장의 침체에 빠졌다고들 말한다. 전도는 보험 가입자를 늘리거나 다단계식 판매원을 늘려 가듯 하는 것은 결코 아니다. 세상 사람들이 초대 교회 시대의 사람들처럼 교회에 대하여 무슨 경이로움을 발견하고 존경하고 흠모하는 마음을 갖게 되어야 한다. 그것은 교회가 전도뿐 아니라 디아코니아도 실천하여 교회의 과업을 균형 있게 수행할 때 가능한 것이다. 교회는 사람들을 그리스도인으로 만드는 일에 힘을 써야 한다. 그러나 그리스도인 된 사람들이 그리스도인답게 살아갈 때 아직 믿지 않는 사람들이 복음에 대한 관심을 갖게 된다.

한국 교회 역사에 목사로서 목회와 디아코니아를 함께 시행한 이들이 많이 있다. 한경직 목사는 1933년 신의주 제2 교회를 목회함과 동시에 보린원을 경영하여 자모들과 노인 및 고아들을 돌보았으며, 해방 이후 영락교회를 목회하면서도 디아코니아와 교육 사업 등을 위하여 다방면으로 활동하였다. 여수의 애양원에서 나환자들을 돌보며 목회한 손양원 목사도 목회와 디아코니아를 겸하여 한 분이다.

이와 같이 구제 봉사 사업을 개교회가 추진하는 교회들이 더러 있으나 이를 노회 단위로 추진하는 일은 드문 것으로 안다. 노회가 관할 지역에 기독교 봉사 기관이 얼마나 있는지를 알고 보조 대책을 세우는 경우는 극히 드문 것으로 안다. 디아코니아는 교회가 성장과는 관계없이 마땅히 해야 할 과업이지만, 이를 시행함으로써 교회가 수적으로 성장할 뿐 아니라 건강하고 활기가 넘치는 교회로 성장하게 된 사례가 있다.

한경직 목사

1978년에 천막을 치고 바닥에 가마니를 깔고 시작한 군포제일교회(담임목사 권태진)는 2003년 현재로 2,000명이 함께 예배하며 사랑의 봉사를 위하여 헌신하는 교회로 성장하였다. 권태진 목사는 복음 전도와 사회 복지 사역을 균형 있게 하는 것이 교회의 과업임을 철저하게 믿고 교회를 개척하는 시초부터 난관을 무릅쓰고 이를 추진하였다. 노인 복지를 위한 여러 사업과 기획들이 너무 많아 일일이 들어 말하기 어려울 정도로 다양하게 봉사 활동을 수행하고 있으며, 군포시와 시민들의 큰 호응을 얻고 있다.[1] 교회 이미지 개선 및 전도 효과가 만점이라고 한다. 군포제일교회 교인들은 교회 성장 요인의 87%가 사회 복지라고 평가한다.[2]

부산 평화교회(담임목사 임영문)는 1998년부터 모 선교 단체의 의료 사역팀과 협력하여 아가페 봉사단을 만들어 지역을 본격적으로 섬기기 시작하였다. 2001년의 보고에 따르면, 그간에 34차에 걸친 의료 봉사를 통해 약 3,500명의 동네 주민들이 진료를 받았으며, 매달 1회 실시하는 무의탁 노인 식사 대접을

---

1) 권태진, 『빚진 자의 마음으로 사회로 달려가라 - 사회복지로 부흥하는 군포제일교회 이야기』 (서울: 국민일보, 2004).
2) 같은 책, 253.

31차 행했는데, 약 2,400명의 노인들이 교회 문턱을 밟았다고 한다. 그 외에도 경로 관광, 이발, 미용 봉사, 목욕 봉사, 무의탁 노인 환자 병원 수송 섬김, 관내 경로당을 돌보는 사역 등으로 지역사회를 섬기며 전도하자 일평생 절에 다녔던 지역 주민들이 주께로 돌아오고, 동네 곳곳에 있던 점쟁이 집들이 하나 둘 떠나는 역사가 일어났다고 한다. 교회에 대해 무관심하거나 반대했던 주민들이 호의적으로 변했고, 동사무소도 교회가 지역주민을 섬기는 날이 되면 지역 방송을 통해 교회 사역을 광고해 준다고 한다. 구청에서도 교회가 하는 사역에 지대한 관심을 보이며 행정적으로 적극 협조하고 있다고 한다. 그리고 지역 주민들 가운데 어떤 사람들은 자신이 해야 할 일을 교회가 해줘서 감사하다며 정기적 혹은 부정기적으로 지역 주민을 섬기는 일에 사용해 달라고 돈과 물품을 보내어 오기도 한다고 한다.

　기도하고 모이기를 힘쓰며 복음 전도와 구제 봉사를 균형 있게 실천한 사도 시대의 예루살렘 교회가 곧 모든 그리스도의 교회가 지향해야 할 교회상이다.

여성의 교회 봉사

　근세에 들어와 비판 정신의 신장으로 말미암아 먼저 서구 사회는 정치 및 사회에 큰 변혁을 겪었다. 지동설로 말미암아 지구를 중심이라고 생각하던 과학적 세계관의 전도와 함께 사회 사상과 질서에도 큰 변화가 일어났다. 봉건주의 사회가 붕괴되고, 산업 혁명으로 인한 인구가 도시로 이동함으로 말미암아 대도시들이 출현하였다. 도시에서는 상업과 산업을 통하여 자본을 축적함으로써 사회에 영향력을 행사하는 시민 계급이 생기게 되었는가 하면, 도시 사회는 노동을 팖으로써 가난한 가운데 살아가는 노동자들이 다수를 차지하는 사회로 변모하였다.

　그러나 새로 대두된 두 사회 계층이 옛날의 봉건 영주와 농노의 경우와 같이 대치하게 된 것은 아니었다. 만민이 법 앞에서 평등하다는 민권 사상의 대두와 함께 군주정체는 점차로 붕괴되었고, 가부장적 사회 질서는 점차 와해되기 시작하였으며, 민주주의를 이상으로 하는 정치사상이 만연하였다. 복고주의나 보수적 사상은 진보적 사상과 수 없이 많은 마찰을 일으키며 피차 행동으로 대결하게 되었으나, 자유와 평등을 갈구하는 민권 사상은 점차 승리하게 되었다. 국가와 사회는 만민이 평등하게 잘 살 수 있는 민주적인 복지 국가를 지향하게 된 것이다.

19세기에 있었던 사회 계층의 변혁 가운데, 중요한 것은 노예 해방 사상의 대두와 노예 제도의 폐지였다. 영국에서는 1807년에 처음으로 노예 매매를 억제하는 법안이 통과되었다. 이에 공헌한 사람이 윌리엄 윌버포스(William Wilberforce, 1759~1833)였는데, 그 보다 앞서서 퀘이커 교도들이 노예 제도의 폐지를 요구하였으나 노예상들의 격렬한 반대로 실현을 보지 못하다가 1834년에 이르러 영국 국회는 노예 제도를 폐지하는 법안을 통과시켰다. 미국 합중국은 남북 시민전쟁이라는 큰 희생의 대가를 치르면서 1865년에 노예 제도를 폐지하였다.

이에 비하여 여권 운동은 훨씬 뒤늦게 19세기 중엽부터 서서히 시작되어 20세기에 들어서 비로소 빛을 보게 되었다. 독일의 경우 1920년대 말에 정치 참여권이 부여되었으며, 그와 동시에 교회에서도 선거에 참여할 수 있게 되었다. 여자의 신학 교육도 아울러 시행되었으나 제한된 범위에서 실시되었다. 미국에서 제일 처음으로 여성이 대학 교육을 받게 된 것은 1835년 오하이오 주의 오벌린 대학(Oberlin College)에서 남녀 공학을 통해서다.

여성에게 처음으로 학사 학위를 수여한 것은 1841년이었다. 1840년대에 여성도 재산권을 가질 수 있어야 한다는 운동이 확산되어 1848년에 재산권을 획득하게 되었다. 여성에게 참정권(參政權)을 부여한 최초의 나라는 뉴질랜드로서 1893년부터 이를 실시하였다. 그리고 오스트레일리아와 스칸디나비아의 나라들이 1900년 초에 여성의 참정권을 인정하였으며, 러시아는 1917년 볼셰비키 혁명 이후에 인정하였다. 영국에서는 여성들이 1928년 40년이란 긴 투쟁 끝에 참정권을 획득하였다.

여성들은 그들의 고등 교육을 위해서도 오랜 세월을 투쟁해야만 하였다. 1848년에 퀸즈 여자 대학(Queens College for Women)이 설립되었으나 옥스퍼

드에서 여성에게 학사 학위를 수여할 수 있도록 허락된 것은 1884년에 이르러서였다. 그리고 1920년에 와서야 비로소 여성을 정규 학생(fulltime student)으로 받아들였다. 영국에는 1877년까지만 해도 여의사가 없었으며, 여변호사가 탄생한 것은 1919년이었다. 미국에서는 그 이듬해인 1920년에 비로소 여자 변호사가 등장하게 되었다.

우리나라에서는 8·15 해방 이후 여성들이 사회적으로 남성들과 여러 면에서 동등한 권리를 갖게 되었다. 여성의 정치 및 사회 활동의 참여가 이제는 거의 당연한 것으로 받아들여지고 있다. 그러나 남존여비의 전통적인 사상과 인습은 쉽게 타파되지 않고 있으며, 여성들은 법적으로 아직 여러 가지 점에서 불이익을 감수해야 하는 처지에 있다.

그런데 그리스도인들 가운데는 소위 여성 해방이 불신적인 현대주의의 산물인 것처럼 보는 사람들이 있으며, 특히 여성의 종교 활동에는 부정적인 견해를 가지거나 지나치게 제한하려는 시각을 가지고 있다. 이러한 보수적인 견해가 전통적인 남존여비 사상에서 오는 것인지, 아니면 성경에 근거한 것인지를 알기 위해서는 성경과 역사를 잘 살펴보아야 할 줄 안다. 하나님의 나라와 교회를 섬기도록 부르심을 받은 여성들을 위하여, 아니 교회를 섬기는 모든 일꾼들이 바른 이해를 가지기 위하여, 그 점을 함께 생각해 보아야 할 것이다.

구약에서 보는 여성의 종교 생활

여성의 예배 참여

후기 유대교에서 말하는 것과는 달리 구약 시대의 이스라엘 여자들은 기도를 통하여 하나님께로 자유롭게 나아갈 수 있었다(한나의 경우, 삼상 1:10; 리브가의 경우, 창 25:22; 사라의 경우, 창 30:6,22). 하나님께서는 그들에게 응답하시고(창 25:23, 30:6, 22) 그들에게 나타나셨다(창 16:7~14, 삿 13:3,9). 그리고 여자들은 희생 제사에 참여할 수 있었다. 남자들이 가족의 머리로서 희생 제물을 드렸으나, 온 가족이 희생 제물을 나누어 먹을 수 있었다(삼상 1:4~5). 한나의 경우는 자신이 희생 제물을 드렸다(삼상 1:24). 성결의 의식을 위하여서는 여자들이 직접 제사장에게 별도로 제물을 가져갔다(레 12:6, 15:29). 나실인으로 하나님께 특별히 헌신할 것을 서약하는 일은 남녀 모두에게 열려 있었다(민 6:2~20).

여자들은 하나님께 개인적으로 예배와 가족의 예배에 참가할 수 있었을 뿐 아니라, 공적인 예배에서 특수한 역할을 담당하였다. 모세의 성막에 사용된 놋으로 만든 물두멍은 회막 문에서 시중드는 여자들의 거울로 만들어진 것이었다(출 38:8). 여자들은 노래로 예배에 참여하였으며(출 15:20~21), 성전의 찬양대원으로 역할하였다(대상 25:5, 대하 35:25).

여자와 제사장 및 선지자직

구약 시대의 이방 나라에서는 여제사장들이 있었다. 대개의 경우 그들의 직무에는 성적인 봉사를 하는 일(cultic prostitutes)도 포함되어 있었다. 그러나 유독 이스라엘에는 여제사장이 없었다. 구약의 제사장은 아무나 부름을 받아서 된 것이 아니었다. 레위족이면 성전의 일을 하였고, 레위족 가운데서도 아론의 가문의 남자들만이 제사장이 될 수 있었으며, 나머지 이스라엘의 남자들과 모든 여자들은 제사장이 될 수 없었다(출 28:1~3).

그러나 선지자는 혈통과 출신에 관계없이 백성들에게 하나님의 뜻을 전달하고, 때로는 지도자로서 역할하도록 부르심을 받은 사람이었다. 이스라엘의 역사에는 비록 적은 수이기는 하지만, 여자들도 선지자로 부르심을 받고 그 직임을 다한 예를 볼 수 있다.

출애굽기에서 아론의 누이 미리암을 가리켜 선지자라고 하고 있다(출 15:20). 미가서에는 미리암이 모세와 아론과 함께 백성의 지도자로 역할했다고

조선 예수교 장로회
여전도회 연합회
총회 5회 기념

말씀하고 있으며(미 6:4), 민수기에서는 미리암이 선지자로서의 자의식과 자부심을 갖고 있었음을 엿볼 수 있다(민 12:2, 3~6).

사사기에 나오는 드보라는 결혼하여 남편을 가진 여자로서, 선지자이며 동시에 사사로 세우심을 받아, 40년간을 이스라엘을 다스려 태평세월을 누리게 하였다(삿 4장, 5장). 요시아 왕 때 여선지자 훌다가 또한 중요한 직임을 수행한 것으로 기록된다(왕하 22:14~20). 힐기야가 율법책을 발견하자, 요시아 왕은 살룸의 아내였던 여선지자 훌다에게 여호와께서 그 민족의 율법에 대한 엄청난 불순종을 어떻게 처리하실 것인가를 묻기 위하여 다섯 사람의 사신을 보냈다(왕하 22:11~13). 그들의 질문에 대한 훌다의 답변은 하나님께로부터 온 것이었다.

느헤미야 6:14에는 느헤미야가 여선지자 노아댜와 다른 선지자들을 비난하고 있다. 느헤미야가 여선지자들을 나무란 것은 그들이 여자이기 때문이 아니고, 그들의 잘못된 처신 때문이었다. 여하튼 느헤미야서는 당시에도 여선지자가 있었음을 말해 준다. 아달랴는 이스라엘을 다스린 유일한 여자 군주였다. 그러나 하나님의 기뻐하시는 뜻을 따라 군주 노릇을 한 것은 아니었다. 아하시야의 모친이 그 아들이 죽자 왕의 자손을 다 멸하고 자신이 나라를 다스림으로써 악을 행하였다. 제7년에 제사장 여호야다가 아하시야의 아들 가운데 용케 피신함을 받은 요아스를 왕으로 옹립하려고 군대를 일으켜 아달랴를 권좌에서 내쫓았으며, 쫓김을 받은 아달랴는 백성들의 손에 죽임을 당하였다(왕하 11:1~21).

여성의 사회적 위치

잠언 31:10~31의 말씀은 현숙한 주부를 칭송하는 잠언이다. 주부로서 혹은 현모양처로서의 여자의 역할이 얼마나 중요하며 존경할 만한 것인지를 역설한다.

> 그 자식들은 일어나 사례하며 그 남편은 칭찬하기를 덕행 있는 여자가 많으나 그대는 여러 여자보다 뛰어나다 하느니라 고운 것도 거짓되고 아름다운 것도 헛되나 오직 여호와를 경외하는 여자는 칭찬을 받을 것이라 그 손의 열매가 그에게로 돌아갈 것이요 그 행한 일을 인하여 성문에서 칭찬을 받으리라(잠 31:28~31).

신구약 중간 시대의 유대교의 여성관

집회서(Ecclesiasticus)로 알려져 있는 '예수 벤 시락(Jesus Ben Sirach)의 지혜서'에는 아내의 가치를 높이 평가하고 있다. "여자의 아름다움은 보는 자를 즐겁게 하며, 남자가 그보다 더 좋아하는 것은 없다. 만일 그녀의 말투가 친절하고 부드럽다면, 그의 아들들이라도 아내를 대신할 수 없을 것이다. 아내를 취한 남자는 행운을 얻은 자이며, 자신을 돕는 조력자요 기댈 기둥을 얻은 자이다"(Ecc. 36:22~27). 그런가 하면 악한 여자에 대하여서는 강경하게 "그런 여자는 없애버려라"고 말한다.[1] 그러나 중간 시대의 랍비들은 대체로 구약과는 달리 여자를 평가절하 해서 말한다.

필로(Philo)와 요세푸스(Josephus)는 여자는 남자보다 열등하다고 한다. 필로는 남녀 간의 차이에 대하여 말하기를, 남자의 태도는 이성(理性)으로 파악할 수 있으며, 여자의 태도는 관능(aisthesis, sensuality)으로 파악할 수

---

1) 제임스 헐리, 『성경이 말하는 남녀의 위치』, 김진우 역(서울: 여수룬 1989), 89.

있다는 것이었다. 요세푸스는 훨씬 더 간명하게 자신의 견해를 말하여, 여자는 모든 면에서 남자보다 열등하다고 했다.

탈무드는 훨씬 더 명백하게 여자들이 열등하다고 가르치며, 여자를 이방인 및 노예와 함께 분류한다. 예를 들면, 랍비 유다 벤 엘라이는 세 가지 조건에 대하여 감사해야 한다면서 이렇게 가르친다.

"남자는 날마다 다음의 세 가지 축복에 대한 기도문을 암송해야 한다. '나를 이방인으로 만들지 않으신······나를 여자로 만들지 않으신······나를 야만인으로 만들지 않으신 분에게 감사드리나이다.'"

"노예가 되는 것과 여자가 되는 것은 같은 것이 아닌가요?" 하는 아들의 질문에 랍비 아하 벤 야곱은 대답한다. "노예가 더 치욕스러운 것이다."

랍비들 가운데서도 여자를 아주 열등한 존재로 이야기한 사람은 엘리에셀이었다. 어떤 여자가 출애굽기 32장에 나오는 사건에 대하여 질문을 하자, 그는 이렇게 대답하였다. "여자에게는 물레질을 제외하고는 지혜가 없소. 그래서 성경도 이렇게 말하고 있는 것이오. '마음이 슬기로운 모든 여인은 손수 실을 낳고(출 35:25)'."

랍비들은 대체로 여자들은 종교적인 문제를 이해할 수 없는 존재로 생각하였으며, 어떤 랍비들은 여자들에게 종교적인 진리를 가르치는 것을 금하였다.[2] 미쉬나에서 벤 아자이는 말한다.

> 만일 자기 딸이 쓴 물을 마셔야 한다면 아버지는 그녀가 습득한 공적이 그녀의 형벌을 면케 해 줄 것이라는 율법에 대한 지식을 전달해 주어야 한다. 그러나 랍비 엘리에셀은 말한다. '만일 남자가 자기 딸에게 율법에 대한 지식을 전달해 준다면 그것은 마치 그녀에게 호색을 가르치는 것과 같다.'

탈무드의 예루살렘 역본에는 또 이런 말이 있다. "율법의 말씀이 여자에게

---

2) 같은 책, 94쪽.

주어지느니보다는 차라리 불에 타버리는 편이 낫다."랍비 홀쿠에노스가 배우려는 어떤 부유한 여자의 청을 거절하면서 한 말이다. 여자에게 가르치는 것은 옳지 못하다는 뜻의 말이었다.3) 성경 아닌 랍비들의 가르침은 모든 인류 사회에서 볼 수 있는 남존여비 사상을 극명하게 대변하는 것이었음을 알 수 있다.

신약성경의 가르침

신약성경의 가르침은, 그리고 예수님의 행하심은, 여자를 무시하고 낮추어 보는 당시의 유대교의 가르침과는 너무나 대조적으로, 여자를 귀하게 평가하고 있음을 발견한다.

1) 신약의 누가복음에는 마리아가 예수님을 잉태하고서는 예언의 노래를 한 것을 볼 수 있으며(눅 1:46-55), 엘리사벳은 마리아를 만나, 성령에 충만하여 예언하고 축복하였음을 볼 수 있다(눅 1:41~45). "성령의 충만"이 누가의 글에서는 예언이나 복음을 전하는 자에게 적용한 기술(記述)이었음을 미루어 보아 엘리사벳이나 마리아가 예언하는 능력을 힘입었던 것이다. 성전에서 아기 예수를 만난 안나는 84세 난 과부로 오랜 세월 동안 성전을 떠나지 않고 금식과 기도로 섬긴 선지자(προφήτης)였다(눅 2:36~37).

사도행전 2:18에 인용한 요엘 2:28~32의 말씀 가운데는 이런 말씀이 있다. "그 때에 내 영으로 내 남종과 여종에게 부어 주리니 저희가 예언할 것이요." 말세에 예언하는 영을 남종에게만이 아니라, 여종에게도 부어 주신다는 말씀이다.

사도행전 21:8~9에는 빌립에게 딸 넷이 있었는데, 처녀로 예언하는 자라고 말씀한다. 빌립은 그리스도의 교회에서 최초로 집사직을 위하여 선임 받은 일곱 사람 가운데 한 사람이다. 바울은 로마서를 전달한 뵈뵈를 겐그리아

---

3) 같은 책, 107쪽.

교회의 집사로 소개한다. 사도행전 18장 서두에 누가는 바울이 고린도에서 만난 동업자인 ("업이 같으므로", δία τὸ ὁμότεχνον εἶναι) 아굴라를 먼저 소개하고는 그의 아내 브리스길라를 소개한다(행 18:1~3). 그러나 그 다음부터는 브리스길라(또는 브리스가)가 남편보다 먼저 호칭되고 있음을 보아서, 그는 남편보다 복음 사역에 더 적극적이었으며, 또 그렇게 인정을 받았던 것으로 알 수 있다(행 18:18,26; 딤후 4:19).

로마서 16장에서 바울은 브리스가와 아굴라를 그리스도 안에 있는 "나의 동역자들"이라고 부르고 있으며, 바울을 위하여서는 생명을 내어놓았다고 말한다(롬 16:3~4). 그리고 간 곳마다 교회를 봉사했는데, 고린도전서에 보면, 그들의 집을 교회로 사용했음을 알 수 있다(고전 16:19). 그들은 말씀을 가르치는 일에도 힘썼다(행 18:26).

그리고 디모데전서는 집사직을 맡을 수 있는 자격에 관하여 언급하고, 이어서 "여자들도 이와 같이 단정하고 참소하지 말며 모든 일에 충성된 자라야 할찌니라"고 말씀한다. 이 말씀은 집사가 될 사람의 부인을 가리켜 말씀한 것으로 볼 수 있는가 하면, 여자도 집사직을 맡을 수 있음을 시사하는 말씀으로 이해할 수도 있다(딤전 3:12). 그러나 감독의 부인에 대한 언급이 없는 것으로 보아서 후자로 보는 것이 더 타당하다.

2) 예수님께서는 율법과 하나님의 뜻을 이해하는 모든 면에서 유대교 지도자들과는 대조를 이루셨으니, 가히 혁명적이었다고 말할 수 있을 만하다. 예수님께서는 하나님의 나라에 들어가는 데는 남녀가 차별이 없음을 가르치시고, 실제로 사람들을 그렇게 대하셨다. 남자나 여자가 다 하나님께로부터 멀리 떠나 방황하는 자식이고, 누구나 다 하나님의 나라의 복음을 들을 수 있고, 들어야 하며, 죄를 뉘우치고 하나님께로 돌아와서 하나님의 자녀가 되어야 함을 가르치셨다. 이를테면, "누구든지 하늘에 계신 내 아버지의 뜻대로 하는 자가 내 형제요 자매요 모친이니라 하시더라"(마 12:50) 하는

말씀이 그런 가르침이다. 바울도 예수님의 말씀과 같은 뜻으로 말씀한다. "너희는 유대인이나 종이나 자주자나 남자나 여자 없이 다 그리스도 안에서 하나이니 너희가 그리스도께 속한 자면 곧 아브라함의 자손이요 약속대로 유업을 이을 자니라"(갈 3:28~29).

누가복음 10장에 보면, 마리아와 마르다가 예수님을 영접하면서 경험했던 일에 관한 얘기가 있다. 마르다는 여자로서 으레 해야 한다고 생각하는 일을 하면서 그러지 않는 마리아에 대하여 불만을 토로한다. 여자가 율법을 강론하는 말씀을 듣고 앉아 있다는 것은 당시 시대적인 배경으로 보아서는 있을 수 없는 일이었다. 그러나 예수님께서는 당시의 상식에 어긋나는 일을 하는 마리아가 보다 나은 일을 택한 것이라고 칭찬하시는 한편, 여자로서 마땅히 할 일을 하면서 마리아에 대하여 불평하는 마르다를 나무라시면서 말씀을 배우는 일에 보다 관심을 기울여야 한다고 말씀하셨다(눅 10:38~42).

요한복음 4장에 보면, 예수님께서는 사마리아의 어느 우물가에서 사마리아의 여자와 대화를 나누시면서 영생으로 인도하는 하나님 나라가 임하였음을 가르치신다. 유대인의 랍비로서는 도저히 상상도 할 수 없는 일을 하신 것이다. 사마리아의 여자는 동네 사람들에게 메시아가 오셨다는 복음을 전파한다.

3) 바울 사도는 "여자는 교회에서 잠잠하라"(고전 14:34)고 말한 것으로 보아, 여자에 대하여 유대교의 랍비들과 같은 입장을 취한 것으로 생각할 수도 있겠으나, 반드시 그런 것은 아니다. 모든 성도의 교회에서 하듯이, 여자는 교회에서 잠잠하는 것이 좋다고 하면서, "만일 무엇을 배우려거든 집에서 자기 남편에게 물을 것임이라"고 하였다. 이 말씀은 교회에 파벌과 자기주장과 무분별한 방언 등, 문제가 많은 교회에서 여자들이 말썽을 더 많게 만들지 말고 자제하라는 뜻의 말씀이지, 복음 전하는 일을 해서도 안 된다는 말씀은 아닌 것으로 이해한다.

고린도전서 11:5의 말씀, "여자로서 머리에 쓴 것을 벗고 기도나 예언을 하는 자는 그 머리를 욕되게 하는 것이니"라고 하는 말씀은 여자가 교회에서 예언하는 것을 기정사실로 인정하면서 하는 말씀이다. 또한 위에서 인용한 갈라디아서 3장의 말씀과 같이, 하나님의 나라에는 유대인이나 이방인이나 자유자나 노예나 남자나 여자가 차별이 없이 다 하나임을 말씀한다. 고린도전서 11장에서는 창조의 질서를 따라 말하자면 남자가 우위에 있다고 하지만 그리스도 안에서는 서로가 동등한 새 질서를 회복하게 됨을 말씀한다.

> 남자는 하나님의 형상과 영광이니 그 머리에 마땅히 쓰지 않거니와 여자는 남자의 영광이니라 남자가 여자에게서 난 것이 아니요 여자가 남자에게서 났으며 또 남자가 여자를 위하여 지음을 받지 아니하고 여자가 남자를 위하여 지음을 받은 것이니 이러므로 여자는 천사들을 인하여 권세 아래 있는 표를 그 머리 위에 둘지니라 그러나 주 안에서는 남자 없이 여자만 있지 않고 여자 없이 남자만 있지 아니하니라 여자가 남자에게서 난 것같이 남자도 여자로 말미암아 났으나 모든 것이 하나님에게서 났느니라(고전 11:7~12).

이 말씀은 사회적인 현실과 인습적인 인식을 따라 말하면 남자가 우위이고 여자는 종속적이지만, 예수 그리스도 안에서는, 다시 말하면, 구속함을 받은 하나님의 백성으로서는 남녀 관계가 새로운 동등한 관계를 갖게 된 것임을 말씀하며, 그리스도인들은 그러한 인간관과 세계관을 가져야 하는 것임을 일컫는 말씀이다. 또한 이 말씀은 하나님께서 창조하실 때 의도하시고 축복하신 남녀의 관계를 회복하는 것임을 말씀한다.

창세기의 말씀을 주의 깊게 읽어보면 하나님께서는 남녀를 동등하게 지으셨음을 알 수 있다. 유대교의 랍비들뿐 아니라, 터툴리안(Tertullian, 160 경~220)과 같은 고대의 교부들도 창세기의 말씀을 왜곡되게 이해했음을 알 수 있다. 하나님께서 사람을 창조하실 때, "자기 형상대로 창조하시되 남자와 여자를 창조하셨다"(창 1:27). 그리고 그들에게, 즉 남자와 여자에게 복을 주시며, 그들에게, 즉 남자와 여자에게 생육하고 번성하여 땅에 충만하며, 모든 다른 피조물을 다스릴 권세와 직임을 주신 것이다(창 1:28).

남녀를 창조하신 일을 좀더 구체적으로 서술하고 있는 말씀(창 2:21~25)을 보더라도, 인습에 젖은 편견에서 벗어나 이해한다면, 남녀가 동등하게 지음을 받았다는 사실에 의문할 여지가 없다. 하나님께서는 따로 또 흙으로 여자를 만드신 것이 아니고, 아담을 깊은 잠에 빠지게 하고서는 갈빗대를 취하여 여자를 만드셨다. 즉 하나님께서는 남녀를 다 같은 한 몸에서 만드신 것이다. 그러므로 아담은 여자를 보고 "내 뼈 중의 뼈요 살 중의 살"이라고 말한다. 하나님께서는 남자를 섬기는 종으로서가 아니고, 돕는 배필로 지으셨다(창 2:20), 즉 돕는 자요 동반자 혹은 배우자로 지으셨다. '돕는 자'라는 말에서 조수(助手), 보조자(補助者) 혹은 조사(助事)를 연상하여, 돕는 자는 도움을 받는 자보다 열등한 존재라고 생각하면 잘못이다. 돕는 자(ezel)라는 말은 주로 "하나님은 이스라엘을 돕는 자"라고 할 때 쓰인 말임을 보아서 전혀 그렇게 해석할 수 없다(시 33:20, 70:5, 115:9,11, 124:8, 146:5; 신 33:7,26,29).[4] "너는 남편을 사모하고 남편은 너를 다스릴 것이니라"(창 3:16) 하는 말씀은 남편에게 대한 아내의 종속을 의미하는 말이다. 하지만 그것은 타락 후에 하나님께서 여자에게 주신 말씀이다. 그러나 그리스도 안에서 구속함을 받은 남편과 아내는 하나님께서 창조하실 때의 본래의 관계 회복을 지향해야 한다. 에베소서 5장에서 바울은 예수 그리스도와 교회의 관계에 비유하여 남자가 여자의 머리됨을 말씀하면서 여자는 남자에게 복종하라고 명한다. 그러면서 또한 남편들에게는 그리스도께서 자기를 희생하여 교회를 사랑하시듯이 남편은 아내를 사랑해야 함을 말씀한다.

여기서 남편에 대한 교훈의 말씀이 아내에게 대한 말씀보다 훨씬 길게 거듭 강조하여 말하고 있는 것은, 남편이 아내를 헌신적으로 사랑하는 것이

---

[4] Joon Surh Park, "Bibilcal theology and creation", 「제3회 숭실대학교 국제학술 심포지엄」(1993), 168.

사회적인 인습과 현실을 거슬러 달성해야 하는 이상이기 때문이라고 이해할 수 있다. 바울은 창조의 질서에 따라 남녀의 차이점과 각자의 기능을 인정하는 가운데서, 자연적인 질서 안에서 본능의 욕구를 따라 남자의 우위를 주장하거나 여자의 갈등을 표출할 것이 아니라, 그리스도 안에서 하나가 되어 서로를 존중하고 사랑하는 새 창조의 질서를 추구해야 할 것을 말씀한다.

우리는 또한 "남자는 여자의 머리"라고 하는 에베소서 5장의 말씀은, 남편과 아내의 관계를 두고 하는 말이지, 일반 사회에서의 남녀 관계의 질서를 두고 하는 말씀이 아님에 유의해야 한다. 가정에서 가장은 남편이어야 하며, 남편은 아내를 자기 몸을 사랑하듯 헌신적으로 사랑해야 하고, 아내는 남편에게 복종하여 가정의 질서를 바로 지켜야 한다. 그러나 사회적인 위계 질서를 두고 말하자면, 남자 종은 여주인을 마땅히 섬겨야 하고, 남자 직원은 여자 사장이나 여자 상사에게 복종해야 하는 법이다.

한국 교회와 여성의 봉사

1893년 장로교 선교사들은 장로교 공의회를 조직하고, 그들의 첫 회합에서 네비우스의 선교 방법에 근거한 선교 정책을 작성하여 채택하였다. 10개 항의 선교 정책 가운데 둘째 항이 부녀자들에게 전도하고 소녀들을 교육하는 일에 주력해야 할 것을 다짐하고 있다. 제2세의 교육에는 부인들이 더 크게 영향을 미치기 때문이라는 것이었다.

한국에 온 선교사들은 이와 같이 부녀자들에게 전도하는 것과 그들을 교육하는 일을 중요하게 생각하였다. 그러므로 그들은 일찍부터 남자 학교를 세움과 동시에, 당시 한국의 인습을 거스르면서 여자 학교를 세웠던 것이다. 스크랜턴 부인의 여자 교육을 위한 이화학당(梨花學堂)은 배재(培材)와 경신(儆新)이 시작된 것과 같은 해인 1886년에 설립되었다.

한국의 여자들이 신교육을 받게 되고, 사회적 지위의 향상을 얻게 된 것은 기독교로 말미암은 것이다. 기녀(妓女)와 무녀(巫女), 의녀(醫女) 외에는 사회에서 일하는 여성이 없었는데, 이화학당의 이경숙(1888)과 연동 정신여학교의 신마리아(1896)는 한국 최초의 여교사가 되었다. 한국에서 여자 기도회를 시작한 이화학당의 김점동은 1896년 미국에 가서 의학 공부를 하고, 1900년에 미국의 의사 면허를 갖고 박에스더라는 이름으로 귀국하여, 서재필에 이어 두 번째의 의사가 되었다.5)

1897년에는 교회 내의 부녀자들이 여자 선교사들과 함께 복음 전도를 목적으로 최초의 기독교 여성 단체인 '가정 선교회'(The House Missionary Society)를 조직하였다. 1898년 장로교의 이신행은 평양 넉다리꼴 교회에서 신반석, 박관선, 김정신 등과 함께 전도회를 조직하여, 그들이 모은 돈으로 순안(順安) 지방에 전도사를 파송하여 복음을 전하도록 하였다.

1898년 9월에는 100명의 부인들이 모여 '찬양회'라는 이름의 순성학교 부인회를 조직하고 여성 교육의 필요성을 역설하며 여성 교육을 추진하는 일을 도모하였다. 회원 가운데 기독교인이 얼마나 되었는지는 알 수 없으나 '찬양회'라는 이름으로 미루어 보아 기독교인들이 주도적인 역할을 한 것이라고 짐작할 수 있다.

1899년 3월에는 기독교 부녀자들로 조직된 여우회(女友會)의 정혜숙이 50명의 회원들과 함께 덕수궁 문 앞에서 축첩을 반대하는 시위를 벌이는 한편, 왕에게 상소하고자 한 일도 있었다. 말하자면, 선교사들이 부녀자들에게 대한 복음 전도와 그들의 교육을 선교 정책의 중요한 사항으로 내세우기 이전부터, 복음을 통하여 눈을 뜬 한국의 여성들은 여자를 비하하고 억압하는 남존여비 사상으로 찌든 완고한 사회의 인습을 타파하고 개혁하려는 운동을 벌였다.

1905년 한국이 일본에게 수교권(修交權)을 박탈당한 이후부터 일어난 구국 운동에는 물론 여성들도 참여하였다. 황애덕, 이효덕, 박현순 등은 숭의학교를

---

5) 『한국여성사 II』 (서울: 이화대학출판부), 53. 주선애, "한국 기독교 여성운동 백년의 회고", 「기독교사상」, 1984년 12월호, 54.

중심으로 비밀 결사 단체인 송죽회(松竹會)를 조직하여 독립지사의 생활비와 운동 자금을 조달하였으며, 회원들로 하여금 각 교회에서 여성의 인권에 대한 자각을 불러일으키고 민족 정신을 앙양함과 동시에, 독립 사상을 고취하도록 하였다. 그밖에 많은 기독교 여성들은 한국 여성들의 정신적 지도자로서, 국민들을 깨우치는 계몽자로서, 소외자들을 위하여 헌신하는 봉사자로서, 영혼을 구원하는 전도자로서 활동하였다.

1907년에 최초의 신학 졸업생 7인을 목사로 안수함과 동시에 탄생을 보게 된 장로교 독노회는 이기풍 목사를 제주도에 선교사로 파송하였으며, 얼마 후에는 일본과 만주와 연해주로 선교사들을 파송하였다. 1909년 평양 여전도회는 여전도인 이관선(李寬善)을 제주도에 선교사로 보내어 5년간 전도 활동을 하도록 하였다. 1919년에는 산동성에서 선교하는 박상순(朴尙純) 목사의 사택 건립을 위하여 800원의 돈을 모아 총회 선교부에다 전달하였다.

여전도사의 위치와 역할

정규 신학교를 졸업한 남자들은 목사 안수를 받고 교회에서 경력을 쌓음에 따라 교회를 전담하는 목회자가 되는 데 반하여, 같은 신학 과정을 마친 여자들은 늘 전도사로 머물면서 제한된 과업을 위하여 일해야 하는 데서 열등의식 내지는 갈등을 갖게 된다고 하는 말이 있다.

옛날에는 여전도사가 교회 목회자의 동역자 내지 동반자로서 교회를 돌아보는 일에 큰 역할을 담당하였다. 아직도 남녀의 유별이 심한 그러한 시절에 여전도사는 부녀자들을 위한 상담자로서 역할하였으며, 그들의 지도자로서 "선생님"이라는 호칭으로 존경을 받으며 일하였다. 격의 없이 집을 찾아갈 수 있는 심방인으로서, 교인들의 사정을 잘 파악하여 목회자로 하여금 사전 지식을 가지고 심방하도록 하며, 원활히 목회할 수 있도록 도왔다. 대체로 연세가 많은 교역자들이 여성 사역에 오히려 더 많은 이해와 관심을 가지는 이유는, 여성들이 교회 내에서 어떻게 사역한 역사를 알기 때문이며, 여자 전도사의 역할이 목회 사역에 얼마나 도움이 되었던 사실을 직접 경험했기 때문이다.

그러나 한국 교회가 1950년대 이후, 6·25 동란과 교회의 분열, 산업화로 인한 인구의 도시 집중화로 말미암아 교구 교회 제도가 무너지는 등, 교회가 구조적인 변화를 경험하면서부터 여전도사는 옛날의 그와 같은 위치를 상실하게 된 것이다. 많은 교회들이 대형화되자 여전도사가 이제는 목회자의 동반자적인 동역자(counter-partner)가 아니고, 다만 교회 내의 한 부서를 맡아 목회자의 목회 활동의 일부를 돕는 부목사와 교육전도사 등 여러 보조자들의 한 사람으로서 역할하게 된 것이다.

여전도사의 직분을 옛날처럼 귀하게 여기지는 않게 된 데에는 일반 사람들의 사회적인 의식의 변화에도 기인하는 것으로 본다. 말하자면, 여전도사가 '선생님'으로 존경을 받던 시절에는 초등학교 교사 역시 학부모로부터도 '선생님'으로 존경 받았음을 상기한다. 모든 분야에서 남녀가 동등한 권리를 주장할 수 있는 방향으로 나아가는 것이 사회의 추세가 되고 있다. 예를 들면, 미국의 경우 거의 반에 달하는 교회들이 여자를 목사로 안수하여 장립하고 있다.

여교역자의 안수 문제

여자도 목사로 장립을 받을 수 있느냐 하는 문제는 미국에서는 물론, 한국에서도 자유주의적이며 진보적인 교회에서는 이미 긍정적인 것으로 해결을 보았다. 한국의 감리교회는 미국의 감리교회보다도 더 일찍이 여자의 목사 안수를 결정하였다. 그것은 아마도 교회의 역사가 짧은데다가 자유주의적 성향이 강하기 때문에 그럴 수 있었던 것으로 생각한다. 상당히 보수 성향을 띠어 온 미국의 개혁파교회(C.R.C.)에서는 아직 해결을 보지 못한 현안의 문제로 삼고 있다. 여자를 목사로 세우는 교회가 늘어남에 따라 그렇지 못한 교회에 속한 여교역자들은 스스로 갈등과 위축감을 가질 뿐 아니라, 이에 찬성하지 않는 교회들은 반발하여 여자 교역자의 위치나 역할을 더 평가절하하는 경향이 없지 않다.

평양 숭의 여학교
최초 입학생
1901

주후 2~3세기에 동방교회에서는 여자를 여집사(αί διάκονοι 또는 γυναῖκες διάκονοι)로 세워 예배를 인도하고, 가난한 자를 돌보며 세례를 베풀게 하기도 하였다.[6] 당시의 교회는 침수함으로써 세례를 베풀었으므로, 남녀의 유별이 더 엄격했던 동방에서는 여자를 위한 세례 의식은 여집사로 하여금 집례하도록 한 것이었고, 그래서 여집사를 필요로 한 것으로 추정한다. 그러나 서방에서는 여자가 교직자인 여집사가 되었다는 기록은 없다.

교회의 목사를 제사장으로 간주한다면, 여자가 교직자가 되는 것은 성경적으로 보아 있을 수 없는 일이다. 그러므로 로마 가톨릭교회는 이 점에서 엄격하다. 그러나 목사를 복음 전도자로 볼 경우에는 문제에 대한 답변이 달라진다. 위에서도 논한 바와 같이, 구약 종교에서 여제사장은 없었으나, 여선지자는 있었으며, 신약에서도 여선지자는 있었기 때문이다.

종교개혁자들은 목사를 제사장으로는 보지 않으나, 여자가 목회 일을 담당할 수 있느냐 하는 문제에 대한 언급은 없다. 루터는, 부득이한 경우, 여자가 목회자로 일할 수 있으나, 전쟁이 일어났을 때와 같은 극히 예외적인

---

[6] Karl Heussi, *Kompendium der Kirchengeschichte* (Tübingen: J. C. B. Mohr-Paul Siebeck, 1956^1, 1976^{14}), 38.

경우에 한하는 것으로 말하였다. 이러한 견해는 여자도 경우에 따라서는 목회 일을 할 수 있음을 배제하지 않으나, 여자 목사를 제도화 하는 일에 대하여는 부정적으로 답한 것으로 이해할 수 있다.

칼빈은 교회의 직분을 목사, 교사, 장로, 집사의 넷으로 말하였다.7) 그는 이 가운데 첫째의 두 직분을 구분하여 설명하면서, 교사(Doctor)는 성경의 교리를 변증하고 가르치는 직분인 반면에, 목사(Pastor)는 교사가 하는 일을 함과 동시에 성례를 집례하고 목회하는 일 전반을 다 맡아 하는 직무라고 말하였다. 개신교에서는 목사가 제사장이 아님을 강조하지만, 예배를 인도하고 성례를 집례하는 목사의 직능이 구약 시대에 예배를 인도하던 제사장의 직능을 수행하는 것이라고 간주하면, 구약 시대에 여자 선지자는 있었으나 여자 제사장은 없었으므로, 여자가 교사가 되는 것은 가하나 목사가 되는 것은 불가한 것으로 볼 수 있다. 신약에도 여자가 사도나 장로로 세움을 받은 예는 없다.

그러나 구약과 신약에서 여자가 선지자로서는 역할한 예들이 있으며, 또한 그러한 은사를 약속하고 있으므로, 여자도 복음을 설교하고 가르치는 일을 맡을 수 있다고 인정할 수 있는 일이다. 칼빈의 개념을 빌려 다시 말하자면, 여자가 목사로서는 복음 사역에 참여할 수는 없다고 하더라도, 교사로서는 참여할 수 있음을 인정해야 한다.

여자에게 설교할 수 있는 권한을 인정한다면 여자도 강도사(講道師)가 될 수 있다는 말인가 하고 물을 수도 있다. 현재 교회의 법으로 강도사는 목사가 되기 위한 과정에 있는 소위 준목사(準牧師)에 해당하는 잠정적이며, 과도적인 직분이다. 그러므로 여자가 목사가 될 수 없다면 강도사도 될 수 없다.

디모데전서 2:11 이하의 말씀, "여자는 일절 순종함으로 종용히 배우라 여자의 가르치는 것과 남자를 주관하는 것을 허락지 아니하노니 오직 종용할

---

7) 『기독교강요』, IV, 3, 4.

지니라"8) 하는 말씀을 교회에서 여자는 잠잠하라는 말씀으로 이해하여, 여자가 목사는 될 수 없음을 가르치는 말씀으로 이해한다고 하더라도, 여자에게도 예언의 은사를 주셨다는 말씀이나 신약에 나타나 있는 그러한 실례는 그대로 인정해야 할 것이다.

성경 안에 있는 두 다른 말씀이 상치되는 듯이 보일 경우에는 그 어느 하나를 취하여 다른 말씀을 부인하거나, 어느 한 견해를 교의화하면 안 되고, 여러 각도로 많은 것을 살펴 이해하려고 해야 한다.

여자가 복음을 전하는 선생이라는 뜻을 함축하는 '전도사'로서, 필요에 따라, 혹은 받은 은사에 따라, 복음을 가르치고 설교할 수 있음을 한국 교회는 인정해 왔다.

한국 교회의 여전도사들은 주로 심방하는 일로 교회를 봉사하였으나, 그들 가운데서는 가르치는 은사나 설교하는 은사를 받은 이들이 있어서 부흥사경회를 인도한 이들이 있었다. 선교사로 일하는 여자들은 성경을 가르치고 설교하는 일을 감당한다. 그리고 그것을 당연한 것으로 생각하고 기대한다. 여자가 이러한 은사와 직무를 감당하는 일을 전적으로 인정하지 않으려고 하는 것은 성경과 개혁주의 전통에 근거한 것이기보다는 세속적인 인습과 편견에 근거한 것으로 볼 수 있다. 자유주의적이며 진보적인 교회에서 여자를 목사로 세우는 일에 대한 반발로 보수적인 교회에서는 여교역자의 직무를 지나치게 과소평가하거나 억제하는 경향이 있는데, 그것은 옳지 않은 일이다. 성경 말씀의 원리를 충실히 따르자면, 좌우로 치우치지 않아야 한다.

여자의 능력과 여자가 할 수 있는 역할을 정당하게 평가하며 인정하는

---

8) 여성의 사역을 다루는 모든 책에서 이 성경 구절을 난해절로 이해하고 여러 해석을 시도하거나 소개한다. 참고:Gilbert Bilezikian, *Beyond Sex Roles* (Grand Rapids, Michigan: Baker Book House, 1985), 176; Mickelsen, *Women, Authority & The Bible* (Illinois, Downers Grove: IVP, 1981), 225; *Women in Ministry*, ed. by Bonnidell Clouse & Robert G. Clouse (Illinois, Downers Grove: IVP, 1989).

것은 결코 현대주의의 산물이 아니고, 예수 그리스도 안에서 남자나 여자가 다 같이 구원함을 받았으며, 받아야 할 존재임을 새롭게 인식한 데서 온 것임을 명심해야 한다. 여성의 인권에 대하여 새로운 인식을 갖게 된 것은 어린이에 대한 존중, 노예 해방 등 세상에서 불이익을 당하며, 소외된 계층에 대하여 사회가 관심을 갖기 시작한 시기와 때를 같이한다.

어린이를 성인들보다 천국에 더 가까운 인격으로 보시고 가르치신 분이 바로 예수 그리스도이시고, 소외된 빈민들을 친구로 여기신 이가 예수 그리스도이시다. 그분이 또한 남성 우월주의의 사회적 배경을 거슬러 여자를 존중하셨던 것이다. 서양의 기독교 세계도 이런 면에서는 오랜 암흑 속에 살다가 19세기에 이르러서야 기독교 세계 안에서 일어난 인문주의와 사회 사상에 자극을 받아 복음이 가르치는 말씀에 눈을 뜨고 실천하기 시작한 것이다.

6 전통과 신앙

두 신앙 전통
개혁주의 전통과 한국 교회
자유주의 신학

두 신앙 전통

한국 교회와 두 신앙 전통

 한국에 와서 일하는 장로교 선교사들은 1960년대에 선교 초기에 활동한 그들의 선배 선교사들이 칼빈주의를 전수할 자질을 충분히 가지고 있었는지, 혹은 그들이 원하는 대로 잘 전수했고 한국 교회가 그것을 잘 수용했는지를 검토한 적이 있다. 그들은 아마도 한국 교회에서 바람직한 결과를 보지 못해서 그런 논의를 한 것으로 안다.

 어떤 신앙이나 신학 사상이 선교지에 전수될 때, 선교하는 교회와는 문화적 역사적으로 배경을 달리하는 선교지 교회는 전수되는 신앙과 사상을 무의식적으로 여과해서 받기 마련이다. 그런 점을 100년의 한국 교회 역사에서도 발견할 수 있다. 청교도적인 신학 전통 역시 그런 과정에서 여과된 것으로 볼 수 있는데 거기에는 문화적이고 역사적인 배경의 차이만 작용한 것이 아니고 개신교에서 전수되어 오는 또 다른 신앙적 경향도 영향을 미친 것으로 본다.

 한국에 온 선교사들이 청교도형이거나 경건주의형이어서 그러한 신앙이 한국 교회에 이식된 것이라면 경건주의도 아울러 청교도와 동질의 운동인지 아니면 어떤 차이가 있는 것인지를 고찰해야 할 것이다. 여기서는 위에서 기술한 두 신앙 운동을 요약하는 의미에서 양자의 차이를 간단히 살펴 보려고 한다.

두 운동이 경건하게 잘 믿어보려는 신앙 운동이라는 점에서는 공통점을 지니고 있다. 청교도 운동은 한 세기 후에 일어난 경건주의 운동에 영향을 준 것은 사실이지만, 역사적인 배경이나 신학의 강조점에는 차이가 있을 뿐 아니라 역사적으로 교회와 신앙 운동에 각기 달리 영향을 미쳤다.

청교도 운동은 종교개혁이 일어난 16세기에 잉글랜드에서 앵글리칸 교회가 개혁을 어설프게 하는 데 대하여 불만을 가지고 보다 철저한 개혁을 주창하면서 일어난 신앙 운동인 반면에, 경건주의는 17세기 후반에 종교개혁의 교회가 로마 가톨릭에 대항하여 혹은 루터교회와 개혁 교회가 서로 대치하면서 각자의 기독교 교리 이해를 변증하거나 객관적으로 논증하던 나머지 사변적인 신학으로 경직된 정통주의 신학에 반기를 들고 회개, 중생, 새 사람으로 사는 일 등 실제적인 경건 생활을 강조하면서 네덜란드와 독일에서 일어난 신앙 운동이다.

청교도 운동은 칼빈의 신학적 전통에 속하는 신앙운동인 반면에, 경건주의는 보다 루터의 신학적 전통에 속하는 운동이다. 다시 말하면, 두 운동의 신학이 각기 칼빈과 루터의 신학적 특징을 반영하고 있다. 칭의 교리를 새롭게 발견한 루터는 로마 가톨릭의 공로주의에 반대하면서 내내 칭의 교리를 밝히는 일에 정진하였다. 그리하여 구원론에 우선적인 관심을 기울였다. 그러한 경향은 구원론을 먼저 다루는 루터교의 신앙고백에 그대로 반영되고 있으며, 루터의 종교개혁 정신을 되살린다고 자부하는 경건주의자들 역시 구원론을 중심으로 한 신학을 펼치며 비교적 주관적인 감정에 호소하는 것임을 발견한다.

이에 반하여 청교도들은 하나님의 주권을 강조하는 한편 보다 기독교 교리 전체를 균형 있게 강조한다. 다시 말하면, 루터교의 신앙고백이나 경건주의자들의 신학적인 관심은 "사람이 어떻게 구원을 얻느냐" 하는 질문에서 시작하는 반면에, 칼빈주의자와 청교도들은 "사람의 제일 되는 목적이 하나님을 영화롭게 하며 그를 즐거워하는 것"이라는 말로 시작하는 제네바와 웨스트민스터 요리문답에서 보듯이 사람을 구원하시는 하나님에 대하여 더 많은 관심을 둔다.

두 운동의 차이는 교회관에서 좀 더 두드러지게 드러난다. 루터는 교회를 '신자의 모임'(communio sanctorum)이라고 정의하는 한편, 종교개혁 운동 초기에 만인제사장론을 말했다. 그것은 아마도 종교개혁의 개척자로서 로마의 교계주의와 교황주의에 반대하는 나머지 그렇게 정의하게 된 것으로 이해할 수 있다. 그에 반하여, 칼빈은 교회를 "신자의 모임이면서 동시에 하나님께서 제정하신 기구(institution)"라고 말하며, 칼빈을 비롯한 개혁교회의 개혁자들은 만인제사장이란 말을 거의 사용하지 않는다. 다만 불링거가 그 말을 언급했으나, 그가 쓴 스위스 제2 신앙고백서에서 만인제사장이란 말을 영적인 의미로 이해해야 하지 교회의 직분을 두고 그렇게 말하는 것이 아니라고 밝힌다.

이러한 각기 다소 다른 교회관은 청교도 운동과 경건주의 운동에 그대로 투영되었음을 발견한다. 루터는 그의 다소 소극적인 교회관 때문에 교회 제도의 개혁에 관심이 없었던 반면에, 교회를 기구로 본 칼빈은 교회 제도에 대한 적극적인 개혁을 단행하게 되어 장로교의 기초를 놓게 되었으며, 교회의 직분에도 변혁을 초래하였다. 즉 칼빈은 초대 교회 때부터 내내 소위 성직이었던 장로와 집사를 평신도가 봉사하는 직분으로 바꾸어 놓은 것이다. 그러나 로마 가톨릭교회와 앵글리칸 교회에서는 장로와 집사가 여전히 교직자의 직위요 명칭임에는 변함이 없다.

경건주의자들은 루터가 말한 '만인제사장'을 새롭게 강조할 뿐 아니라, 제도적인 교회에 대하여 소극적인 견해를 가지고 있다. 형제 교회를 따로 세운 친젠도르프(Zinzendorf) 계의 모라비안들을 제외한 나머지 대다수의 경건주의자들은 자신들의 공동체를 교회 안의 작은 교회(ecclesiola in ecclesiae)라 하고 독일 국민 교회 안에 그냥 머물러 있으면서 자기들만의 집회를 주일 오후에 덤으로 가진다. 요한 웨슬리 아래서 영국의 감리교가 자신들의 집회를 따로 가지면서도 앵글리칸 교회 안에 머물러 있었을 때와 같은 관계를 유지한다. 반면에 칼빈주의 전통에 속하는 청교도들은 자신들의 신앙 공동체를 위하여 적극적으로 교회를 조직하였다.

이렇게 각기 다른 경향은 위에서 언급한 바와 같이, 두 운동이 일어나게 된 동기에서 비롯된 것이라고도 볼 수 있다. 즉 청교도 운동은 처음부터 교회의 예배 의식이나 제도를 개혁하자는 데서 일어난 운동인 반면에, 경건주의 운동은 중생과 회개 및 경건 생활을 강조하는 데서 일어난 운동이라는 점이다.

새문안 교회

청교도들은 장로교회, 회중교회, 침례교회 등의 교회를 조직함으로써 교회 제도와 함께 칼빈주의 신학과 교회의 전통을 전수한 반면에, 구원을 강조한 경건주의는 18세기 이후의 부흥 운동과 복음주의 운동 혹은 선교 운동에 많은 영향을 미치게 되었고 교파를 넘나드는 신앙 운동으로 발전하였다.

청교도들은 본래 합리적인 사고를 근거로 하는 개혁주의의 전통을 따라 통전적(統全的, holistic)인 신학을 가져서 신학의 모든 분야를 균형 있게 강조하고 발전시킨 반면에, 경건주의는 구원론을 특별히 강조해서도 그러하지만, 신령주의적 경향이 비교적 강한데다가 그들의 교회관 때문에 조직적인 지도자 양성을 소홀히 하였으므로 충분한 신학 교육을 받지 못한 평신도 순회 설교자들이 경건주의 집회를 간헐적으로 인도하게 되면서 경건주의자들은 점차로 반지성주의적인 그룹으로 발전하였다.

청교도 전통과 한국 장로교회

한국 장로교회는 미국 북장로교, 남장로교, 호주 장로교와 캐나다 장로교에서 온 선교사들이 1893년 장로교 공의회를 형성하여 한국에 하나의 장로교회를 설립하기로 결정하였다. 이들 장로교회들이 다 청교도의 전통에 속하며 선교사들

정동 교회

은 그들의 후예라고 할 수 있다. 그리고 한국 장로교는 1907년 독로회로 출범하면서 12신조를 교회의 신앙고백서로 채택하는 한편, 웨스트민스터 대·소 요리문답을 성경과 교리문답을 위한 책으로 채택하였다.

웨스트민스터 신앙고백서 채택은 한국 장로교회가 성장한 이후에 스스로 결정할 숙제로 남겨두었으나, 언제부터인지 목사 장립에서 웨스트민스터를 신조로 받는다는 서약을 하게 되었고, 1960년대 이후 여러 분립된 장로교회들이 으레 교회의 신앙고백서인 것으로 인정하고 있거나 총회의 결의로 받아들이고 있다.

다시 말하면, 한국 장로교회는 청교도들의 일부가 선호한 장로교회 제도를 따르고 있을 뿐 아니라, 그들이 남긴 신앙과 신학의 결정인 웨스트민스터 신앙고백을 교회의 신앙고백으로 받아들이고 있는 것이다. 그래서 청교도들을 언제나 본받을 만한 신앙의 선조로 알고 있으며, 그들의 신앙 유형과 자세를 본받아야 할 것으로 여겨왔다.

한국 교회가 주일 성수를 강조한 것은 청교도적 유산이라고 할 수 있으나 오늘에 와서는 장로교 내에서도 많이 해이해지고 있는 것은 유감이다. 한국

교회가 주초를 금하게 된 것도 청교도적인 영향이라고 말하나 청교도들이 일반적으로 다 주초를 금기시한 것은 아니다. 그러나 엄격한 신앙 생활을 하려다가 '아디아포리즘'에 빠지는 경향은 청교도뿐 아니라 경건주의자들에게서도 볼 수 있는 것이므로 한국 교회도 그런 영향을 받은 것이라고 할 수 있다.

성경이 하나님의 말씀임을 강조하는 것은 모든 복음적인 교파들에게 공통이지만, 개혁주의 신학에서는 교회의 역사와 전통을 존중하는 가운데 성경을 이해하려고 하여 주관적인 성경 해석을 지양한다. 한국 장로교는 초기부터 사경회를 열었으나 1960대 이후부터는 부흥회라는 이름으로 열리며 성경 공부를 하는 집회의 성격이 희석되고 있음은 유감이다. 한국 교회의 설교가 성경의 본문에 충실한 강해 설교이기보다는 제목 설교였던 점도 반성해야 할 점이다.

한국 교회가 청교도들이 핍박을 견디면서 경건한 생활을 영위한 그런 신앙적인 자세에 대하여는 많이 언급하면서도 그들의 신앙이나 사상 내용에 관해서는 간과하는 점이 있음을 반성한다. 청교도 운동의 역사가 1550년대부터 1689년 명예혁명 때까지 근 한 세기 반에 걸쳐 오랜 세월 동안 지속되었으므로 사람들이 그 운동에 관하여 아마도 부분적인 지식을 갖게 된 데서 초래된 결과일 것이다.

초기 청교도들의 주요 관심사는 영국 교회 안에서 가톨릭의 잔재가 일소되는 것인 반면에, 17세기 때의 주요 관심사는 신학적으로는 아르미니우스주의에 반대하는 것과 사회적으로는 압제하는 세력에 대하여 능동적으로 대응하는 일이었다. 그래서 17세기 중반에 나온 웨스트민스터 신앙고백에 깔린 신학적인 기조는 아르미니우스의 사상에 반대하는 예정론임을 알 수 있다. 한국 장로교회는 16세기의 청교도 초기의 운동보다는 17세기의 '순례자들'과 웨스트민스터 신앙고백에 익숙한 편이다. 그래서 청교도의 신앙적인 자세에 관하여 많은 말을 하고 하나님의 주권 사상과 예정론을 강조하고 요리문답의 제1 문답을 자주 언급하였다. 그러나 16세기의 청교도 초기 운동의 역사에 관한 언급은 없는 편이다.

종교개혁이 일어나고 난 이후의 개혁자들의 관심은 로마 가톨릭의 잘못된 신앙과 사상과 관행에 반대하는 것이었다. 그 가운데서도 중요한 것은 면죄부를 낳게 된 공로주의 사상, 민속 신앙을 허용한 성상 숭배와 유물 숭배와 화체설에 근거하는 미사, 교황주의와 사제주의와 고해 제도였다. 루터교의 아우구스부르크 신앙고백서(1530)와 슈말칼덴 신조(1537)에는 이러한 문제를 언급하며 반가톨릭적인 주장을 강력하게 펴고 있음을 발견한다. 그리고 여러 개혁주의 신앙고백서에 보면 그런 문제를 지적하고 반대하는 어조가 더 강해지기도 하나 주제에 따라서는 더 약화되고 있음을 발견한다. 이를테면 성상 숭배 같은 것은 이미 종교개혁 교회 안에서는 해결이 되었으므로 그러한 문제에 대한 언급은 차츰 약화되고 있음을 발견한다.

1560년대에 일어난 청교도들은 앵글리칸 교회 사상에 반대한 것이므로 교황주의에 대한 직접적인 비판보다는 로마 가톨릭의 유물과 관행을 일소하는 일에 더 많은 관심을 표명하였다. 그리고 그 가운데서도 중요한 것이 사제주의(clericalism)에 반대하는 것이었다. 중세의 사제주의는 목사를 제사장으로 간주하는 사상이므로 16세기의 여러 종교개혁 신앙고백서들은 사제주의를 반대하고 있음을 발견한다.

청교도 운동이 외면으로 드러나게 된 것은 예배에서 사제복 착용을 거부함으로써 교회를 획일화하려는 엘리자베스 여왕의 칙령(Act of Uniformity)을 어긴 데서 비롯되었다. 옷 입는 문제가 무엇이 그렇게 중요하냐고 말하는 사람도 있으나 청교도들에게는 그것이 그들의 신앙과 개혁 의지와 관계되는 중요한 문제였다. 제사장임을 상징하는 제사장복을 입는 것, 그것은 단순히 예배 의식상의 문제만이 아니고 목사를 제사장으로 보는 로마 가톨릭의 사제주의를 그대로 인정하는 것이므로 청교도들은 한사코 이를 반대한 것이다.

우리는 종교개혁과 개혁주의 신앙을 가톨릭의 것과 구별해 주는 가장 중요한 것이 성찬의 화체설과 사제주의를 반대하는 것임을 청교도의 그러한 투쟁의 역사를 보아서도 알 수 있으나 우리 한국 장로교회는 이를 간과해 왔다. 아니 간과했다고 하기보다는 잘 모르고 지내왔다. 한국에서는 목사를 제사장으로 알고 있으므로 거기에 걸맞게 강단을 성역화 하는 등 예배당 내부의 구조가 이러한 이해에 맞는 방향으로 발전해 오게 되었다. 강단에 줄을 치거나 울타리를 치는 일, 신을 벗고 올라가는 일 등이 그러한 것이다. '제단', '예물' 또는 '제물' '기름 부음 받은 종' 등 구약의 용어를 즐겨 사용한다. 한국 교회의 이러한 면은 로마 가톨릭에 가깝기보다는 오히려 구약에 더 가깝다고 할 수 있다. 구약을 신약을 통하여 보는 신학적인 안목이 없어서 그러하고 토착적인 샤머니즘의 배경 때문에도 그러한 것으로 안다.

청교도들은 반지성적인 경향을 가진 경건주의자들과는 달리 칼빈주의 전통을 따라 특별 은총과 함께 일반 은총을 존중하였다. 잉글랜드에서는 많은 지성인들이 시민전쟁을 전후하여 청교도 운동에 대거 참여하여 정치와 사회의 개혁에 힘썼던 것을 상기한다.

미국에 이주한 청교도들은 자신들의 신앙의 자유를 보장해 줄 수 있는 정부를 직접 수립하려고 했으며, 또한 그렇게 할 수 있는 입지에 있었으므로 정치와 사회 참여에 적극적이었다. 설교자 역시 설교에서 정치와 사회 문제를 언급하기를 주저하지 않았다. 미국의 독립 운동에 그들은 적극적으로 참여했음은 물론이다.

청교도의 이러한 전통은 우리 한국 교회에는 제대로 소개되지 않았다. 그것은 한국 교회가 처해 있는 역사적인 상황이 달라서도 그러하지만, 일반 은총에 대한 이해 부족에서도 그렇게 된 것이다. 하기는 일반 은총에 대한 이해를 가지려면 교회 역사와 신학 전통의 연륜이 있어야 한다. 오랜 기독교 역사와 전통 속에서 교회의 개혁을 주창하고 실천한 종교개혁자들이나 청교도들과 이제 선교를 받아 교회의 성장을 이룩하고 있는 한국 교회를 단적으로 비교할 수는 없는 일이다.

종교와 정치의 분리라는 구호가 미국에서는 여러 다른 교파들의 신앙의 자유를 보장하기 위한 것이고 교파 간의 평화로운 공존을 위한 것이었다. 잉글랜드에서 일어났던 일이 미국에서는 역으로 적용되었기 때문이다. 펜실베이니아에서는 퀘이커 교도들이 우위를 점했으며, 메릴랜드에서는 로마 가톨릭이, 뉴잉글랜드에서는 청교도인 회중교도들이 우위를 점하게 되었는가 하면, 앵글리칸들은 소수민으로서 불이익을 감수해야 했다. 소수의 그룹이 핍박과 괴로움을 당하는 경우도 있었다. 그러나 마침내 모든 교회들이 동등하게 신앙의 자유를 누리는 상황으로 발전하였다. 미국에서 국가와 종교의 분리를 헌법으로 규정하게 된 것은 바로 교파 간의 자유를 보장하기 위함이었다.

　그러나 한국에서는 종교와 정치의 분리를 다른 의미로 이해하게 되었다. 한국에 처음 온 선교사들은 조선 정부에 대하여 그리고 일제 식민 정부에 대하여 선교의 자유를 확보하려고 종교와 정치의 분리를 말하면서 교인들로 하여금 정치에 관여하거나 개입하지 말라고 가르쳤다. 그리하여 신앙의 자유를 위하여 정치에는 소극적으로 대하는 자세가 전통처럼 되어버린 것이다. 하기는 신앙의 자유를 억압받는 상황에서 정치에 대하여 소극적인 자세를 취한 것은 청교도들도 마찬가지였다. 그래서 엘리자베스 치하에서 그들은 영적인 일에 더 관여하였던 것이다. 그러다가도 역사적인 상황이 달라졌을 때는 달리 대응하였다.

청교도적 개혁주의 신앙과 경건주의적 복음주의 요소

　구원론을 두고 사람이 어떻게 구원을 얻느냐에 주로 관심을 두는 신학적 경향과 사람에게 구원을 베푸시는 하나님께 대하여 더 많은 관심을 두는 신학적 경향, 이 둘은 개신교 역사에서 큰 흐름을 형성하게 되었다. 초기의 루터교와 경건주의, 그리고 경건주의에서부터 일어난 부흥 운동으로 말미암아 생겨난 복음주의가 전자의 것이고, 개혁주의는 후자의 것이다. 경건주의자들은 자신들이 루터의 가르침을 다시 회복한다고 스스로 평가하며 자부한다.

경건주의와 복음주의가 관심을 두는 것이 사람의 회심과 중생, 새 사람이 되고 새 사람으로 사는 삶이다. 다시 말하면, "비참한 상태에서 벗어나는" 인간의 구원에 관심을 집중한다. 그래서 경건주의와 복음주의는 회개와 중생의 주관적인 체험을 강조한다. 이러한 구원에 대한 관심은 루터가 칭의를 발견하고 그것을 밝히 드러내려고 노력한 것과 일맥상통한다.

복음주의 신학에 보탬이 되고 영향을 준 것이 아르미니우스주의이다. 그런 점은 청교도의 개혁주의 신학과 정면으로 대치되는 것이다. 합리주의자들이 아르미니우스주의를 환영한 것은 사실이지만, 복음주의자들도 아르미니우스주의를 받아들였다. 아르미니우스주의가 하나님의 전적인 은혜와 절대 주권보다는 구원으로 초대하시는 하나님의 부르심에 대하여 인간이 자의적으로 응답해야 하며 또한 그럴 수 있다고 강조하는 것이므로 경건주의 및 복음주의의 신앙과 상통하는 점이 있다.

뉴잉글랜드에서는 조나단 에드워즈로 말미암아 칼빈주의 신학에 근거하는 각성 운동이 일어났으나 미국 전역을 보아서는 웨슬리와 같이 아르미니우스주의를 수용하는 복음주의자들의 참여가 두드러졌다. 복음주의자들은 복음을 전하면서 청중에게 자의적인 결단을 강렬하게 촉구하면서 더 활발하고 적극적으로 부흥 운동에 참여하고 그 운동을 주도한 것이 사실이다.

그러나 미국의 교회 역사에서 사람이 어떻게 하여 구원을 얻느냐 하는 관심을 넘어서 구원을 베푸시는 하나님께 더 관심을 두는 고전적인, 청교도적인 개혁주의자들은 부흥 운동에 냉담한 반응을 보이는 경향을 보였다. 미국의 장로교와 회중교회는 부흥 운동에 대한 반응으로 말미암아 한때 분열을 겪었다. 하나님의 주권을 강조하는 개혁주의 전통에 지나치게 충실하다 보면 그런 경향을 보일 수가 있다. 이런 점은 개혁주의를 표방하며 그 전통을 존중하는 이들이 조심해야 할 부분이다.

뉴잉글랜드의 청교도의 2세대와 3세대들 가운데 많은 사람들이 아르미니우스주의와 계몽주의의 영향으로 자유주의와 삼위일체 교리를 부인하는 유니테리언 사상을 갖게 되었으며 각성 운동에 반대하였다는 사실을 우리는 또한 타산지석의 교훈으로 삼아야 할 것으로 안다. 신앙의 자유를 위하여 소극적으로 투쟁하기보다는 자유를 마음껏 누릴 수 있는 환경에서 신앙의 세계를 개척하는 적극적인 삶을 사는 것이 더 어려운 과제임을 우리는 성경과 교회 역사를 통하여 안다. 주지적이며 합리적인 사고와 객관적인 진리에 대한 강조는 사람들로 하여금 정통주의의 스콜라주의적 사변에 익숙하게 만드는 대신에 자칫 생동성이 결여된 신앙의 삶을 영위하게 하는 것임을 인식한다. 많은 청교도들이 이러한 경향을 드러냈다.[1]

인생의 목적이 하나님을 알고 하나님께 영광을 돌리는 것임을 아는 것, 그것이 그리스도 안에서 하나님의 백성이 된 사람이 추구해야 할 일이요. 그것이 성숙한 신앙인의 고백이요 목표이다. 그러나 신앙의 초보자는 그런 성숙한 신앙을 가지기 어렵다. 아직 기독교 신앙을 가지지 못한 사람, 아직 하나님을 모르는 사람에게는 제네바 신앙교육문답이나 웨스트민스터 요리문답의 제1 문답은 아직 단계 너머에 있는 문답이다.

아직 하나님을 모르는 사람에게는 "내가 어떻게 하면 구원을 얻을 수 있는가?" 하는 종교적인 질문과 그에 대한 답변이 호소력을 가진다. 이러한 질문은 믿음으로 진입하도록 하기 위한 첫 단계의 질문이다. 복음주의가 개혁주의보다는 이러한 질문을 더 집중적으로 다루면서 부흥 운동을 주도하게 되었으며, 전도와 선교에 더 큰 열심을 보였으므로 복음주의 교회들이 크게 성장하게 되었다.

유럽이나 미국이 19세기를 지나 20세기 후반에 이르면서 진화론과 과학주의 혹은 자유주의 신학으로 교회를 이탈하는 교인들이 점점 많아졌으며, 산업화와 도시화가 촉진되는 과정에서 불안정한 사회 계층이 늘어났다. 그럼에도 불구하고 개혁주의 교회는 그러한 현실에 적응하여 소위 복음주의적

---

1) Ahlstrom, 같은 책, 390.

인 신학의 요소를 강화함으로써 종교를 갈구하는 사람들에게 알아들을 수 있는 말로 커뮤니케이션을 하지 못함으로 신앙을 필요로 하는 사람들의 욕구를 충족시켜 주지 못하는 것이다. 종교적인 질문을 던지는 사람들에게 그들의 질문에 답하고 그들의 갈증을 해소해 줄 수 있는 신학을 말하지 않고, 그들이 이해하기 힘든 하나님 중심 신학만을 말하고 설교한다면, 그 신학이 아무리 깊이가 있는 신학이라고 하더라도 그것은 커뮤니케이션을 이루지 못하는 스콜라적인 사변 신학을 전하는 설교가 될 뿐이다.

성령론을 두고도 개혁주의 신학은 성령의 사역에서 회개와 회심을 통하여 비그리스도인이 그리스도인 되게 하는 성령의 역사보다는 성도를 성화시키시는 성령의 역사에 관하여 더 많이 말한다. 그리고 사람의 회개와 회심을 위하여 때에 따라 필요한 성령의 은사에 대하여는 부정적으로 혹은 소극적으로 말하는 경우가 많다. 우리는 은사주의는 배격해도 성령의 은사는 성경대로 존중해야 한다. 회개와 회심의 사건은, 비록 그것이 조용한 가운데 이루어진다고 하더라도, 새로운 생명을 낳는 극적인 사건이요 기적이다.

그와 반면에 이미 그리스도인이 된 사람이 말씀과 성령의 감동으로 성화를 이루어 나가는 것은 새로운 생명이 그 배태된 세계 안에서 성장해 가는 것이므로 자연스런 성장처럼 인식된다. 전도와 선교가 이루어지지 않고, 따라서 회심을, 즉 기적을 경험하지 못하고 다만 성화만 설교하는 그러한 교회적인 환경에서는 하나님께서 살아 계심과 성령께서 능력으로 역사하심을 그만큼 덜 경험하기 마련이다. 회개와 회심의 경험이 없는 사람들에게 성화를 위한 설교는 윤리와 도덕을 가르치는 설교가 될 뿐이다. 그러한 설교와 신학만으로는 회심은 물론이고 성도의 각성도 기대하기 어렵다. 그래서는 교회가 성장을 멈추거나 쇠퇴할 수밖에 없다.

하나님을 중심하며 성화에 역점을 두는 개혁주의 신학은 신자들을 성숙한 그리스도인으로 만드는 신학이면서 그들이 이해할 수 있는 신학인 반면에, 아직 믿지 않는 사람이나 미숙한 신자들에게 호소력이 있는 신학이 되지 못한다. 예정론만 하더라도 성경이 말하는 진리이며, 하나님의 주권을 믿는 신자에게는 쉽게 이해될 수 있는 교리이지만, 믿지 않는 사람이나 아직 믿는 일에 미숙한 신자들에게는 이해하기 어려운 교리이다. 그러므로 전도와 선교 및 교회 성장에는 개혁주의 신학보다는 복음주의 신학이 더 주효했던 것은 충분히 수긍할 수 있다.

개신교 신학의 두 전통이 한국 교회의 신앙에 어떤 영향을 미쳤으며 어떻게 적용해야 하느냐 하는 문제는 '개혁주의 전통과 한국 교회'라는 주제로 다시 더 논하기로 한다.

개혁주의 전통과 한국 교회

청교도들에게서 비롯된 장로교는 개혁주의를 표방하는 교회이다. 그런데 장로교뿐 아니라 감리교와 성결교와 침례교도 넓은 의미에서는 개혁주의 전통에 속한다. 후자의 교회들은 종교개혁 이후의 교회 역사에 있었던 여러 신앙 운동과 신학적인 요소들을 수용함으로써 생성된 교회이므로 개혁주의의 비주류 교회로 간주할 수 있다. 그렇다면 개혁주의를 표방하는 한국 장로교회는 순수한 개혁주의 신앙과 신학을 전수받았으며 그것을 잘 보전하고 있는지, 혹은 개혁주의 전통에 속한 소위 비주류의 교회들이 가진 그런 요소들에서는 자유로운지, 아니면 공유하는 것인지를 검토하는 것은 교회사 연구에서 다루어야 할 과제이다. 그래서 먼저 개혁주의가 무엇인지를 고찰하고자 한다.

개혁주의는 종교개혁으로 말미암아 서방의 가톨릭교회에서 분립하게 된 개신교 내에서 루터교회 및 그 신학과 더불어 공존하게 된 교회와 신학 전통을 일컫는 말이다. 개혁주의는 루터교회를 비롯한 다른 교회들과 그들의 신학 전통과 함께 공존하면서 기독교의 전통을 이루고 있으므로, 개혁주의의 특징과 윤곽 또는 그 역할은 다른 교회 및 신학적 전통과의 차이와 관계를 비교하고 검토할 때 보다 분명히 드러난다.

그러므로 개혁주의를 바르게 이해하려면 그것이 태동할 당시의 역사적인 상황, 개신교와 로마 가톨릭의 대립적인 관계, 개신교 상호간의 관계에 대한 이해가 있어야 하며, 개혁주의가 존속해 오는 동안 교회사에서 일어난 신앙 운동이나 신학과의 관계도 함께 고려해야 한다. 그리고 개신교 교회가 종교개혁이 일어나면서 비로소 존재하게 된 교회가 아니고 중세의 교회를 개혁하려는 의도에서 로마 가톨릭교회에서 분립하여 대치하게 된 교회라는 의미에서는 물론 종교개혁 이전의 모든 교회 역사와 신학도 아울러 함께 고려해야 한다. 그러고 보면 개혁주의를 이해하기 위한 작업은 방대할 수밖에 없다.

개혁주의의 어의와 생성의 역사적 배경

'개혁주의'(改革主義)의 직역에 해당하는 'Reformism'이라는 유럽 말은 없다. 'Reformed Church' 혹은 'Reformed theology'라는 말만 있을 뿐이다. 그런데 한문화권(漢文化圈)에서 'Reformed'를 '개혁주의'로 번역하고 있다. 'Reformed'가 붙은 말도 일률적으로 번역하지 않고 달리 번역하여 사용한다. 즉 'Reformed theology'는 '개혁주의 신학'으로 번역되고 있으나, 'Reformed Church'는 유럽에 실제로 존재해 온 교회를 가리키는 말로서 '개혁주의 교회'가 아니고 '개혁파 교회'로 번역하고 있다. 그리고 개혁주의 교회와 신학을 통틀어 역사를 의식하면서 개혁주의 전통(Reformed tradition)이라고 한다. 개혁주의를 표방하는 교회가 유럽 대륙에서는 '개혁파 교회'라는 이름을 얻었고 잉글랜드와 스코틀랜드에서는 '장로교회'(Presbyterian Church)라는 이름을 얻었다. '개혁파 교회'는 개혁주의 교회와 신학의 전통을 따라 그대로 부른 이름이고, 장로교회는 개혁주의 교회의 교회 조직에서 장로의 역할을 강화하고 있는 특징을 따라 붙인 이름이다.

루터교(Lutheranism, Luthertum)는 1517년 10월 31일 종교개혁을 시작한 마르틴 루터의 사상을 따르는 교회와 신학 사상이다. 루터교는 루터의 이름을 따라 이름을 얻게 된 반면에, 개혁주의 교회와 신학은 스위스를 중심으로 하는 여러 지역에서 동시에 일어난 종교개혁 운동으로서 보다 확실하게 개혁을 지향한다는 의미에서 붙여진 이름이다. 개혁주의 교회는, 베자 등 그 선구자들이 밝힌 바와 같이, 문자 그대로 "개혁된"(reformed, reformierte) 교회가 아니고 "항상 개혁하는 교회"(ecclesia reformata semper reformanda est)임을 표방한다. 개혁 교회의 종교개혁은 1523년 1월 29일 츠빙글리가 스위스의 취리히에서 67개 조항을 제시함으로써 시작되어 스위스와 인접한 여러 도시와 지방과 나라로 확산되었다. 베른에서는 1528년에 신앙고백을 내놓았다. 이 신앙고백은 베른의 설교자 할러와 그의 동역자 프란츠 콜프(Franz Kolf)가 츠빙글리를 비롯하여 부쩌, 카피토, 외콜람파디우스 등과 함께 작성한 것이다. 바젤에서는 1534년에 제1 바젤 신앙고백서에 이어 1536년에 제2의 신앙고백서, 즉 제1 스위스 신앙고백서가 나오는 등 60여 개나 되는 교리문답과 신앙고백서들이 나왔다.

개혁주의는 종교개혁 제2 세대에 속하는 존 칼빈으로 인하여 교회의 조직과 신학의 체계를 보다 확고히 갖추게 되었다. 그의 사상을 따르는 교회와 신학을 칼빈주의(Calvinism)라고 하는데 칼빈의 사상적인 영향이 너무나 크기 때문에 '칼빈주의'를 '개혁주의'와 동의어로 사용하기도 한다. 특히 영어권 나라에서 '칼빈주의'라는 말을 더 자주 사용한다. 그러나 유럽 대륙에서는 개혁주의를 칼빈주의보다는 광의의 개념으로 이해한다. 그리고 독일어로는 '칼빈적'(Calvinisch)이라는 말과 '칼빈주의적'(Calvinisitisch)이라는 말을 구별하여 사용한다. 전자는 칼빈 자신의 사상을 언급하며 사용하는 말이고, 후자는 칼빈주의자들의 사상을 언급하여 사용하는 말이다.

루터교와 개혁주의는 개신교의 두 중요한 교회와 신학의 전통이다. 여기에 앵글리칸 교회 및 신학(Anglicanism, 성공회)까지 포함하여 세 전통이라고 말하기도 한다. 루터교는 독일 전역에 확산되었으며, 특히 북부 지방과 스칸디나비아에서는 거의 독점적인 교세를 이루고 있다.

종교개혁의 제삼 세력이라고 불리는 재세례파들은 신령주의 전통에 속한다. 신령주의란 교회 역사나 전통보다는 신앙의 영적인 생동성을 존중하고 추구하는 태도나 사상을 일컫는 말이다. 재세례파들은 종교개혁 당시 20여 개의 그룹이 있었으나 세력이 크지 못하였다. 재세례파는 국가 교회를 반대하고 믿는 자들만의 교회를 추구하는 한편, 신교와 구교 양측을 다 부정했으므로 핍박을 양측 모두로부터 받은 나머지 더러는 폭력에 호소하는 과격한 그룹으로 발전하였다. 농민 소요를 일으킨 토마스 뮌처와 뮌스터에 '그리스도의 왕국' 건설을 시도한 멜키올 호프만의 추종자들이 대표적인 예이다.

그러나 재세례파의 여러 그룹들은 미국으로 이주하여 다른 많은 교파들과 동등하게 신앙의 자유를 얻게 되었다. 종교와 정치의 분리를 시행하고 있는 미국의 역사적인 상황은 종교개혁 당시의 유럽의 역사적인 상황과는 전혀 다르므로 재세례파의 전통에 대한 평가는 자연 다를 수밖에 없다. 세례를 두고 재세례파와 견해를 같이하는 침례교회는 미국에서 제일 큰 복음주의 교파 교회로 성장하여 미국 교회에 중요한 위치에 서있다. 침례교회 역시 청교도들이 세웠으므로 칼빈주의 전통에 속한다.

개혁주의는 제네바 교회에서 행한 칼빈의 목회와 신학 활동을 통하여 유럽의 여러 나라로 널리 영향을 미치게 되었다. 독일의 라인 지방, 나사우(Nassau), 벤젤(Wensel), 브란덴부르크(Brandenburg)를 비롯한 독일 전역과 네덜란드, 잉글랜드, 스코틀랜드, 폴란드, 보헤미아, 헝가리 등 여러 나라로 확산되었다. 앵글리칸 교회는 종교개혁 초기에는 루터교의 영향을 받았으나 로마 가톨릭 신앙을 가진 메리 여왕의 개신교 탄압 정책으로 인하여 유럽 대륙으로 피신했던 개신교의 지도적인 인물들이 1562년 엘리자베스 1세가 등극한 이후 다시 귀국함으로 말미암아 주로 칼빈주의의 영향을 받게 되었다. 루터교보다는 개혁교회가 더 관용적이었으므로 대륙으로 망명한 이들이 칼빈주의의 영향을 받았기 때문이다. 앵글리칸 교회의 39개 신조는 개혁주의 예정론과 성찬론을 따르고 있다. 개혁주의 교회와 신학은 유럽의 이민들을 따라, 특히 영어권 이주민들을 따라 미국과 캐나다와 호주로 이식되었으며, 그들의 선교를 통하여 온 세계로 확산되었다.

개혁주의 전통의 특징

개혁주의자들은 루터교의 개혁자들과 마찬가지로 초대 교회로부터 중세 교회를 거쳐 전수된 사도신경과 삼위일체 교리를 고백하는 니케아 신경(325년)과 아타나시우스 신경(500년경)을 기독교의 3대 신경으로 받아들였다. 로마 가톨릭교회도 삼위일체 교리에 충실하려는 점에서는 개신교와 다름이 없다. 그러나 개혁자들은 로마 교회의 부패와 잘못된 교리들을 지적하고 개혁을 부르짖었다. 교황주의와 목사를 제사장으로 보는 사제주의, 성만찬의 화체설, 면죄의 관례와 면죄부의 발행, 성상 숭배, 미사와 예배 의식에서 비성경적인 것 등을 반대한 점에서 개혁주의는 루터교와 다름이 없다.

그뿐 아니라 '성경만으로' 신앙과 생활의 규범을 삼는다는 것, 구원은 하나님의 '은혜로만' 가능하며 '믿음으로만' 의롭다함을 받는다는 교리를 내세우는 일에 양측의 개혁자들은 목소리를 같이하였다. 루터교와 개혁주의가 다 같이 교회의 개혁을 주창했으므로 로마 가톨릭을 대항하여 하나로 연합할 수 있을 법했으나, 양측은 다소의 신학적 견해 차이로 하나가 되지 못했다. 가장 두드러진 견해의 차이는 바로 성만찬에서 드러났다.

성찬과 그리스도에 대한 견해

루터는 성만찬에 그리스도가 몸으로 임재한다는 소위 공재설(共在說, consubstantiation)을 주장한 데 반하여, 츠빙글리는 성찬은 그리스도의 죽으심을 기념하며 취하는 것이라고 하는 소위 기념설을 말했다. 개혁주의자들은 나름대로 루터가 말하는 공재설이 역시 실체(substance)를 전제하는 개념에서 벗어나지 못한 것으로 보아 로마 가톨릭의 화체설(transubstantiation)과 그렇게 많이 다른 것이 아니라고 이해하였다.

1529년 마르부르크에서 성찬에 대한 이견을 조종하기 위한 회담이 열렸다. 그 때는 아직 칼빈이 종교개혁의 대열에 참여하기 이전이었다. 그러나 루터와 츠빙글리와 여러 종교개혁자들이 성찬의 이해에 대한 합의점을 찾지 못하자 회담은 무위로 끝났다. 그 이후 양측은 각자의 길을 걷게 되었다. 칼빈은 성찬에 그리스도께서 영(靈)으로 임재하신다는 견해를 말하고 성찬이 그리스도 안에서 주시는 구원에 대한 보증이요 은혜 주시는 수단이라고 말함으로써 루터와 츠빙글리 두 개혁자의 견해를 조화하려고 했으나 뜻을 이루지 못했다.

종교 개혁자들이 성만찬에 대한 견해의 차이를 중요하게 생각한 것은 그것이 그리스도에 대한 이해와 직결되기 때문이다. 루터는 칼케돈의 기독론을 받아들임과 동시에 그리스도의 인성과 신성이 상호교관(相互交灌, communicatio idiomatum) 된다는 개념과 하나님은 계시지 않는 곳이 없다는 편재설(遍在說)에 근거하여 그리스도의 신성이 계신 곳에는 그리스도의 몸도 있다는 견해에서 성찬의 공재설을 주장하였다.

이에 반하여 개혁주의는 유한은 무한을 포괄할 수 없다(finitum non est capax infiniti)는 합리적인 이해에 따라 천상에서 하나님 우편에 계시는 그리스도께서 성찬에 영으로 임재하시는 것이지 몸으로 임재하시는 것은 아니라고 믿었다. 성만찬에 대한 이해를 두고는 루터교가 자신들의 견해를 견지하는데에 더 철저하였다. 그래서 루터교회는 오랫동안 성찬식에 개혁주의 신자가 참석하는 것을 용인하지 않았다.

루터교회는 자신들의 견해를 지키는 일에 개혁주의보다는 더 '도그마'적이고 폐쇄적이었다. 루터교에서 신령주의 전통을 존중하는 데 반하여, 개혁주의는 보다 합리적인 사고와 이해를 존중하였으므로 더 개방적이었다. 성경을 하나님의 말씀으로 믿고 충실하려는 사람이면 해석상의 약간의 차이가 있다고 하더라도 관용한다는 생각이었다.

루터는 위에서 말한 바와 같이 칼케돈의 결정을 따라 그리스도의 인성과 신성이 분리되거나 혼합되는 일이 없으며, 그리스도는 참 하나님이요 참 사람이심을 재확인하는 일에 머물렀다. 그리고 루터는 그리스도의 직분론에서 기독론을 전개한 적은 없으나, 루터의 신학을 체계화한 멜란히톤은 그리스도를 중보자, 구속자(Erlöser), 구세주(Heiland), 왕, 제사장, 목자 등 여러 가지 직명을 들어 말한다.

그러나 칼빈은 칼케돈의 결정을 받아들일 뿐 아니라 더 나아가서 중보자의 사역을 구약에서 말하는 세 직분(三職)에 조명하여 말한다. 즉 예수 그리스도께서는 선지자요, 제사장이요 왕으로서 그 직능을 다하시는 분이시라고 한다. 다시 말하면, 루터는 먼저 그리스도를 존재론적으로 규명함으로써 그리스도의 직능을 말한 데 반하여, 칼빈은 그리스도의 직능에 대한 이해를 통하여 그리스도를 논한다.

성경관

칼빈이 구약의 세 직분에 조명하는 그리스도관을 갖게 된 것은, 그가 성경의 권위를 철저하게 믿었기 때문이다. 루터는 성경의 책들을 두고 우열을 가린 데 반하여, 칼빈은 구약과 신약을 다 같이 권위 있는 하나님의 말씀으로 믿는 일에 더 철저하였다. 종교개혁 교회들이 모두 다 '성경만으로'(sola scriptura)를 내세웠으나 개혁주의의 경우는 성경을 중심으로 하는 사상을 더 공고히 하였다.

개혁주의는 합리성과 논리를 따라 사고하지만, 인간의 자율적인 사고나 판단이나 신비적인 경험에 의존하는 일을 단연코 배제하고 성경만을 사색의 근거요 규범으로 삼는다. 성경 중심 사상은 개혁주의 신앙고백서들에 잘 표현되고 있다. 베른 신조(1528년), 제1 스위스 신앙고백서(1536년), 제2 스위스 신앙고백서(1566년), 프랑스 신앙고백서(1559년), 웨스트민스터 신앙고백서(1647년) 등이 계시와 성경을 서두에서 다루고 있음을 발견한다.

개혁주의는 성경이 성령께서 성경 기자들을 감동하셔서 기록하게 한 말씀으로 믿는다. 칼빈도 이 점을 분명하게 말한다. 성경에서 가르치고 있는 모든 것을 비판하지 않고 공손하고 온순한 마음으로 받아들여야 한다고 하고 성경은 성령의 학교이며 유익한 지식은 하나도 빠트리지 않는 동시에 유익한 지식이 아니면 아무것도 가르치지 않는다고 말한다.[1]

그런데 칼빈은 성경이 성령의 감동으로 기록된 것이라고 하나 영감의 양식에 대하여는 상세하게 논하지 않는다. 그가 확신하는 바는 성경은 그 기원을 하나님에게 두고 있으며 성경은 마치 우리가 하늘에서 말씀하시는 하나님의 살아있는 음성을 듣는 것과 마찬가지로 참된 하나님의 말씀이라는 것이다.[2] 칼빈주의자들이 후에 성경을 비판하는 사상에 대항하여 성경의 영감의 양식을 제각기 설명하지만, 시대적인 상황이 달라서도 그러했겠으나, 성경이 말씀한 것 이상은 말하지 않는 칼빈의 신학이 더 성경 중심의 신학이다.

교회관

그리스도의 이해에 대한 루터와 칼빈의 이러한 견해의 차이는 그들의 교회관에도 병행하여 드러난다. 루터는 교회를 성도들의 모임(communio sanctorum)이라고 하는 반면에, 칼빈은 교회는 성도들의 모임일 뿐 아니라 하나님께서 제정하신 기구(機構, institution) 또는 제도라고 말하고, 하나님의 말씀이 먼저 있고 이에 응답하는 성도들의 모임이 성립되는 것이므로 교회가

---

[1] 신복윤, 『칼빈의 신학사상』 (서울: 성광문화사, 1993), 135.
[2] 같은 책.

하나님께서 제정하신 기구라는 개념이 성도들의 모임이라는 개념보다 선행한다고 한다. 그러므로 칼빈은 "주님께서는 직분자를 통하여 교회를 다스리기를 원하신다"고 말한다(기독교강요 IV. 3. 1).

교회를 하나님께서 제정하신 기구로 인정한다는 것은 교직 제도를 인정한다는 말이다. 그 말은 또한 말씀을 전하는 목회자가 먼저 있어서 교회가 성립된다는 것이다. 그것은 그리스도의 교회가 신앙고백에만 근거하는 교회가 아니고, 복음의 증언자요 성경을 기록한 사도와 선지자의 터 위에 선 역사적인 교회임을 인식하는 것이다. 교회에 대한 루터와 칼빈의 견해 차이는 마태복음 16:18의 말씀에 대한 해석에도 그대로 반영된다. "이 반석 위에 내 교회를 세우리라"고 하는 말씀에서 "이 반석 위에"를 루터는 신앙고백으로 해석하여 "그리스도 위"에로 해석하는 데 반하여 칼빈은 "사도들과 선지자의 터 위에"로 해석한다. 에베소서는 사도와 선지자의 터 위에 그리스도께서 머릿돌이 되심을 말씀한다(엡 2:20).

루터는 또한 종교개혁 초기에 교황주의에 강하게 반발하는 나머지 만인제사장론을 말했으나 칼빈은 그런 말을 일절 언급하지 않았다. 츠빙글리의 후계자인 불링거는 만인제자상론을 언급하고 있으나 성도들이 누구나 다 그리스도 안에서 하나님께 직접 나아갈 수 있다는 영적인 의미를 가질 뿐, 교회를 봉사하는 직분을 두고 한 말은 아니라고 천명하였다. 루터의 만인제사장론은 교직 제도에 대하여 소극적인 견해를 가지는 경건주의자들이 다시금 강조하는 말이 되었으며, 교직 제도를 부정하는 그룹들에게 영향을 미쳤다는 것은 역사에서 알 수 있다. 오늘 한국 교회 안에서도 많은 사람들이 그 말을 개혁주의 견지에서 이해하기보다는 경건주의자들처럼 이해하고 있음을 발견한다.

개혁주의 교회는 선교에서 교회를 세우는 일에 적극적인 반면에, 루터교는 소극적이었던 사실도 양 교회의 교회관과 무관하지 않다. 루터는 교회 제도에 관심이 적었으므로 루터교회는 그대로 감독교회로 머물렀으나, 칼빈은 반대로 교회 제도에 관심이 컸으므로 교회를 감독교회와 개교회주의 교회의 중간 형태인 장로교회 제도로 개혁하였다.

교회 역사에서 감독교회는 전제적인 교황주의로 발전하였으므로 개혁주의는 이러한 위험성을 내포하고 있는 감독교회 제도를 지양하였다. 그러나 이와 대조가 되는 개교회주의 제도는 성경이 가르치는 교회의 보편성을 덜 고려하는 제도이다. 그러므로 개혁주의는 개교회주의 제도도 마다하고 두 유형의 중간 형태인 장로교회 제도를 채택하고 있다.

장로교회 제도는 목사가 감독의 기능을 다하는 노회에 속함으로써 노회의 형제들이 서로가 순복하는 가운데 노회가 위임한 교회를 목회하도록 하는 제도이다. 노회는 목회자가 당회를 중심으로 목회하는 지교회의 성장과 유익을 위하여 당회의 의사를 존중하는 가운데서 감독하는 한편, 다른 지역의 노회들과 함께 대회 혹은 총회를 구성하여 교회의 치리와 교리에 관한 문제를 상의하고 피차 순복한다. 말하자면, 개혁주의의 장로 정치 제도는 지교회의 독립성과 교회의 보편성을 최대한으로 존중하며 조화를 기한다. 유럽의 개혁파 교회의 제도는 장로회 제도이면서도 노회 업무를 관장하는 직분자를 'superintendent'라고 하여 4년 혹은 5년간 그 직무를 수행하도록 하고 있다는 점에서 감독 교회 제도에 좀 더 가까울 따름이다.

종교개혁자들은 부패한 중세 교회, 즉 기구로서의 교회를 염두에 두고 교회의 쇄신을 주창하면서 교회의 개념을 이분하였다. 로마 가톨릭교회는 자기 교회를 예수 그리스도의 신비적인 몸의 성장과 동일시함으로써 보이는 하나의 교회가 있을 뿐이라고 말하는 데 반하여, 루터는 '내적인 교회'와 '외적인 교회'로, 칼빈은 '보이는 교회'와 '보이지 않는 교회'로 구분한다. 완전한 구원으로 택함을 받은 성도의 모임을 내적인 교회 혹은 보이지 않는 교회라고 하고, 최종적인 구원은 받지 못하나 교회에 적을 두거나 출석하는 교인들을 다 포용하는 현실의 교회를 외적인 교회 또는 보이는 교회라고 한다. 그런데 보이는 교회를 지나치게 강조하면 로마 가톨릭교회처럼 교권주의 교회가 되고, 보이지 않는 교회를 추구하면 분리주의 교회가 되는 것임을 유의해야 한다.

칼빈은 교회 개념을 이분하면서도 실제 우리가 관여해야 할 교회는 보이는 교회라고 말함으로써 보이지 않는 교회, 즉 신자들만의 교회를 추구하는 재세례파를 반대하고 칼빈 자신은 제네바의 시 교회를 목회하는 일에 혼신의 힘을 다하였다.

칼빈의 교회관은 곧 바울의 교회관과 상통한다. 바울은 문제가 많은 고린도 교회를 향하여서 "너희는 그리스도의 몸"이라고 말하는 한편, 흠이 많고 불완전한 현실의 교회가 지향해야 할 이상적인 교회 상을 가르친다. 현실의 교회는 성화의 과정에 있는 교회, 즉 항상 개혁되어야 하는 불완전한 교회이므로 교회의 지체인 성도들과 교회를 섬기는 사역자는 현실의 불완전한 교회에 충실해야 하며, 그럼으로써 함께 성화를 이루어 가야 한다고 가르친다. 말하자면, 칼빈은 보이지 않는 교회를 전제하면서도 보이는 교회에 충실하고, 또한 보이는 교회에 충실하면서도 보이지 않는 교회를 지향한 것이다.

신령주의 전통을 가진 경건주의는 재세례파와 마찬가지로 믿는 자들만의 교회를 추구하므로 그들의 교회관은 분리주의적이다. 한국 교회는 여러 경로를 통하여 분리주의적인 교회관의 영향을 받았음을 인식한다. 미국 교회가 많은 교파 교회로 되어 있는 것은 본래 신령주의에 속하는 신자들이 신앙의 자유를 찾아 이민한데다가, 같은 신앙고백을 가졌다고 하더라도 유럽의 여러 다른 언어와 민족의 배경을 따라 제 각기 종족 교회(ethnic churches)를 세웠기 때문이다.

한국 장로교회는 건전한 개혁주의 교회관을 가지지 못하고 분리주의적인 교회관을 가지는 바람에 역사상에 유례를 볼 수 없는 막심한 교회 분열의 현실에 처하게 되었다. 건전한 개혁주의 교회관을 가지느냐 분리주의 교회관을 가지느냐 하는 것은 교회의 분열 혹은 연합에만 반영되는 것이 아니고, 목회와 교회 정치와 사회 및 문화 전반에 대한 자세와 세계관에도 반영된다.

신령주의자는 현실의 불완전한 교회를 정죄하면서 보이지 않는 교회, 즉 '신앙인들만의 교회'를 추구하는 반면에, 하나님의 주권 사상을 강조하는 개혁주의자는 보이지 않는 교회를 시인하면서 '거룩한 교회'를 지향해야 하는 불완전한 현실의 교회를 중요시하며 목회한다.

신령주의는 특별 은총을 강조하고 일반 은총에 대한 개념이 취약한 반면에, 개혁주의는 특별 은총과 함께 일반 은총을 균형 있게 인식하고 강조한다. 신령주의는 죄악으로 가득한 현세와 세속의 역사와 문화를 정죄하는 나머지 반지성적이며 반문화적인 경향을 보이며, 영적인 삶에 치중하여 윤리를 소홀히 하는 반면에, 개혁주의는 그러한 현세와 세속의 역사와 문화가 하나님의 주권과 심판 아래 있음을 인식하면서 영적인 삶과 함께 윤리적인 삶을 강조하며, 하나님의 나라의 확장을 위하고, 역사에 참여하며 현세와 문화의 변혁을 위하여 최선을 다한다. 개혁주의와 신령주의가 문화에 대응하는 이러한 차이는 실은 교회관 이전에 구원론에 대한 신학적인 관심의 차이에서 오게 된 것이다.

칭의 교리와 성화 교리

루터는 그리스도 안에서 믿는 자를 의롭다 여겨주신다고 성경이 가르치는 칭의의 교리를 말한다. 바울 이후 교회 역사에서 그냥 묻혀 지내온 위대한 교리를 발견하고 발굴했던 것이다. 칭의 교리는 사람이 구원을 얻는 것은 오직 하나님의 은혜로 말미암는 것이라고 어거스틴이 강조한 교리를 더 깊이 천착하며 더 강도 높게 드러내는 교리이다. 그것은 루터가 말한 바와 같이 또한 기독교를 자력으로 하나님을 찾고 구원을 찾는 일반 종교와 구별되게 하는 가장 핵심적인 교리이다.

중세 교회는 은혜 교리를 오랫동안 망각하고 반(半)펠라기우스주의에 근거한 공로주의 사상에 젖어든 바람에 공로주의가 만연하게 되었고, 따라서 교회가 그리스도 중심에서 떠나 부패하게 되었다. 12세기경부터 면죄부 제도가 생겨났으며, 16세기에 와서는 종교개혁 운동의 근인(近因)이 된 면죄부 발매를 대대적으로 시행하였다. 13~14세기에 여러 신학자들이 다시금 은혜 교리를 상기하고 논의하였으나 공로주의 사상을 벗어나지 못했는데, 루터가 성경에서 칭의 교리를 발견함으로 말미암아 비로소 중세 교회의 공로주의를 극복할 수 있었다.

공로주의가 상식으로 통하는 중세의 교회적 상황에서 이신득의(以信得義) 교리의 발견은 위대한 발견이었으며, 그것을 발굴한 것은 대단한 작업이었다. 그러므로 루터는 중세의 공로주의에 대항하여 이를 극복하는 칭의 교리를 강조하는 일에 많은 관심을 쏟았다. 그는 그리스도 안에서 의롭다함을 받은 그리스도인의 자유에 관하여 말하고 그리스도인들은 율법주의나 공로 사상에서 선을 행할 것이 아니고 구원의 은혜에 감사하는 마음에서 행해야 한다고 강조한다.

루터는 사람이 어떻게 구원을 받으며 무엇을 해야 하는지에 관심을 쏟은 반면에, 칼빈은 하나님을 높이고 하나님의 영광을 드러내는 일에 더 많은 관심과 정력을 기울였다고 하는데, 루터가 공로주의에 포로가 된 로마 가톨릭 교회에 대항하여 믿음으로 의롭다함을 얻는다는 사실을 강조해야 하는 역사적인 상황에서 충분히 그럴 수 있었음을 이해하게 된다.

루터는 실로 그 일을 통하여 종교개혁의 개척자로서 종교개혁 신학에 큰 물꼬를 트는 위대한 과업을 수행하였다. 그런데 구원에 대한 루터의 집중적인 관심은 결국 루터교의 특징으로 각인되었다. 개혁주의 신앙고백서들이 성경 말씀에 대한 고백에서부터 시작하고 있는 데 반하여, 루터교의 신앙고백은 구원에 대한 고백에서부터 시작하고 있음을 발견한다. 그리고 이러한 경향은 신령주의 및 복음주의의 경향과도 상통한다.

칼빈과 개혁주의자들은 칭의 교리를 그대로 받을 뿐 아니라, 은혜 교리를 더 발전적으로 이해하였다. 즉 사람이 어떻게 하여야 구원을 얻느냐 하는 데 대한 관심을 넘어 서서, 사람을 그리스도 안에서 의롭다고 하심으로 구원의 은혜를 베푸시는 하나님의 위대하심을 재발견하고 찬양하는 신학을 폈다. 그리하여 개혁주의 신학은 하나님의 은혜와 칭의 교리를 뒷받침하는 하나님의 절대 주권 사상을 말하게 되었으며, 나아가서는 예정론을 강조하게 된 것이다. 개혁주의 신앙고백으로 대표적인 것 가운데 하나가 1563년에 나온 하이델베르크 요리문답이다. 이 신앙문답서는 세 부분으로 구분되는데, 학자들 가운데 어떤 이들은 이 요리문답서가 루터교의 영향을 받은 것이라고 말한다. 감사함으로 하나님의 계명을 지켜야 할 것을 말하는 셋째 부분 때문에 그렇게 말하는 것으로 알고 있으나 그뿐이 아니다. 문답서 서두를 인간이 어떻게 하여 구원을 얻느냐 하는 문답으로 시작하고 있는 점 때문에 루터교의 영향을 받은 것으로 여긴다. 칼빈이 작성한 제네바 신앙교육문답서(요리문답서)와 웨스트민스터 요리문답서에서는 인생의 주된 목적이 하나님을 아는 것과 하나님을 영화롭게 하는 것이라는 문답으로 시작하고 있어서 하이델베르크 요리문답과는 차이가 있음을 발견한다. "칼빈에게 있어서 중요한 것은 피조물의 자기중심적 구원이나 사랑이라는 신적 의지의 보편성이 아니라, 하나님의 영광이었다."[3]

개혁주의 신학은 사람의 구원을 두고 죄에 대한 회개와 회심과 중생, 칭의와 성화, 그리고 영화에 이르기까지의 구원의 서정을 말한다. 이 모든 과정은 그리스도 안에서 성령께서 일하심으로 이루어진다. 그러므로 개혁주의에서 성화는 칭의를 전제로 하고 있다. 그러나 현실에서 그리스도인으로 사는 삶을 강조하다 보면 그리스도인 되는 일을 강조하는 것을 소홀히 하는 경향에 빠지기 쉽다. 칭의는 성도에게 단 한 번에 부여되는 것이다. 그러나 그것은 단순히 과거에 속하고 마는 사건이 아니고 매일의 삶에서 지은 죄를 회개하는 우리를 사유하시는 예수 그리스도 안에서 새롭게 상기되고 신선한 감격을 안겨다 주는 사건이며, 그럼으로써 우리를 새롭게 하며 성화를 이루게 하는 현재적인 것으로 인식되어야 하는 사건이다.

---

3) 존 레이스, 『개혁주의란 무엇인가?』, 오창윤 역(서울: 도서출판 풍만, 1989), 80.

하나님 중심 신학

루터는 칭의 교리를 강조하는 한편, 그리스도인이 선을 행해야 한다고 동시에 강조한다. 칭의 교리가 선행에 대한 의지를 약화시킨다는 오해도 있었으므로, 루터는 칭의를 강조하다가는 다시금 선행을 강조하고, 그러다가는 칭의 교리가 약화될까 보아 다시금 칭의를 강조한다. 다시 말하면, 칭의와 선행 이 둘을 역설적(paradoxically)으로 강조한다. 그러나 칼빈과 개혁주의에서는 성화의 교리로 더 체계 있게 설명한다. 루터가 칭의 교리에 집중한 반면에, 칼빈은 성령을 통하여 그리스도 안에서 사람을 의롭다하시며 성화시키시는 하나님께 더 많은 관심을 가지기 때문이다. 인간이 어떻게 해야 구원을 얻느냐 하는 문제를 두고 하나님의 은혜에 대한 인간의 반응에 주로 관심을 둘 경우보다는 구원을 베푸시는 하나님께 더 많은 관심을 둘 때, 우리의 시야는 더 넓어지며 하나님께서 우리 사람과 만물을 위하여 하시는 일을 더 많이 보게 되고 하나님의 위대하신 주권적인 경륜과 역사에 대하여 찬양하기 마련이다.

개혁주의는 구원의 하나님을 곧 창조주 하나님으로 인식한다. 하나님께서는 창조주 하나님이시므로 모든 만물을 운행하시고 다스리시며, 죄 아래 버려져 죄의 종노릇하는 인생을 독생자 예수 그리스도의 희생을 통하여 구원하신다. 창조주 하나님, 만물을 다스리시고 섭리하시는 하나님께서는 능력이 있고 권능이 있으시다. 개혁주의는 구원을 받아야 하는 사람에 대한 관심을 넘어서서 구원하시는 하나님을 바라보고 하나님께 영광을 돌리는 일에 열중하므로 하나님은 위대하시고 하나님의 사랑은 한없이 넓고 크심을 사색하며 찬양한다.

하나님께서는 죄인을 구원하시기 위하여 오래 참으시고, 악인과 선인에게 골고루 일반 은총을 베푸신다. 우리가 가진 모든 것, 우리의 재능과 능력과 우리의 생명이 다 주님의 것임을 인식한다. 하나님의 이름이 높임을 받고 하나님께서 영광을 받으신다면, 모세와 같이, 자신의 구원 문제까지라도

다 하나님께 맡김으로써 하나님의 절대 주권에 순종하고 복종하기를 마다하지 않는다. 자신의 죽고 사는 일과 영원한 구원까지도 하나님의 처분에 다 맡기고 하나님께 영광과 존귀와 감사와 찬송을 돌리는 개혁주의 신앙인은 하나님께서 만세 전에 우리를 사랑하셔서 구원에 참여하도록 예정하셨다는 예정론을 성경이 가르치는 대로 믿고 그 일로 인하여 하나님을 찬양한다.

예정 교리

칼빈을 위시한 개혁주의 신학자들은 거의 예외 없이 예정 교리를 대단히 중요시한다. 그들은 한 걸음 더 나아가 칭의 교리를 예정과 성화의 교리와 구원 얻은 성도들에게 구원의 확신과 위로를 주는 견인(堅忍)의 교리까지 다 함께 엮어서 생각한다. 츠빙글리를 위시하여 여러 개혁주의 신학자들이 예정론을 중요한 교리로 다루고 있다.

하나님의 절대 주권과 섭리를 믿는 믿음에서 개혁주의자는 하나님께서는 만세 전에 우리를 그리스도 안에서 하나님의 자녀가 되도록 예정하신 하나님의 은혜를 깨닫고 찬양한다. 구원을 얻어 하나님을 향하는 마음을 가진 그리스도인은 예정론을 어렵지 않게 그대로 믿는다. 그러나 예정론을 쉽게 받아들이지 못하고 의문하는 사람들이 많음이 현실이다. 드디어 예정론에 대한 반론이 제기되었다.

1603년 아르미니우스(Jacob Arminius)는 종교개혁자들, 특히 칼빈이 강조한 예정론에 반론을 폈다. 예정의 교리는 인간의 자유 의지를 무시할뿐더러 하나님을 죄의 원동자로 만드는 것이라고 주장하였다. 아르미니우스의 이러한 견해는 로마 가톨릭의 트렌트 회의의 견해와 유사한 점이 있다. 중세교회는 오렌지(Orange) 종교회의(Arausicanum, 529년)에서 어거스틴이 말한 은혜 교리를 신조화(信條化) 하는 등 한때는 그 교리를 받아들였으나 어거스틴주의를 약화시킨 그레고리 대교황 이후 어거스틴의 은혜 교리를 망각하고 인간이 선행을 통하여 자의적으로 구원에 이를 수 있다는 반(半)펠라기우스주의를 견지하게 되었다.

아르미니우스는 하나님의 선택을 부정하지는 않았으나, 선택을 위하여 하나님께서는 주권적으로 작정하신 것이 아니고 인간의 공로에 대한 예지(豫知)에 근거하여 작정하셨다고 말함으로써 칼빈과 개혁주의 신학자들의 예정 이해에 도전하였다. 그의 사상에 동조하는 아르미니우스주의자들은 자신들을 항론파(抗論派, Remonstrants)라고 칭하고 5개 조항으로 그들의 신앙을 발표하였다. 이에 네덜란드 개혁교회는 1618년 도르트 노회를 열어 아르미니우스주의에 대항하여 하나님의 예정을 확인하는 신조를 작성하면서 인간의 전적 타락, 무조건적인 선택, 불가항력적인 은혜, 성도의 궁극적인 구원(聖徒의 堅忍) 등 소위 칼빈주의 5대 강령을 함축하는 신조를 채택하였다. 이러한 구원론은 하나님의 절대주권과 예정 교리를 믿는 데 근거한 것이다.

특별 계시와 자연 계시

개혁주의의 하나님 중심 신학은 하나님을 창조주이시며 섭리하시고 다스리시는 하나님으로 인식하므로 창조 세계와 역사에 대한 관심을 가진다. 개혁주의는 성경을 통한 특별 계시와 자연을 통한 일반 계시가 있음을 인정한다. 일반 계시를 자연 계시라고도 한다. 자연 계시를 인정한다면 자연 신학도 성립하는 것으로 인정해야 하지 않느냐 하는 문제가 제기된다. 그러나 칼빈과 개혁주의자들은 토마스 아퀴나스가 하나님과 피조물 사이에 존재의 유추(ananlogia entis)를 인정하면서도 하나님의 존재를 인식할 수 있다고 하지 않는다. 다시 말하면, 인간의 합리적인 논리로 하나님의 존재를 인식하는 데까지 이를 수 있다는 자연 신학은 인정하지 않는다.

하나님의 계시와 그에 대한 응답인 인간의 인식을 혼동하는 경우가 있으나 마땅히 구별해야 한다. 하나님께서 만물 가운데 당신의 신성을 계시하셨다는 것과, 그러므로 사람이 하나님을 자연을 통하여 인식할 수 있다는 말은 다르기 때문이다. 하나님께서 당신의 피조물 가운데 신성을 보여 주셨으나 타락한 인간은 참 하나님을 인식하지 못하고 피조물을 하나님으로 섬길 뿐이다(롬 1:20). 특별 계시를 통하여 하나님을 인식한 신자는 비로소 만물이 하나님의 영광을 드러내고 찬양하는 것임을 인식한다(시 19; 148).

일반 은총과 특별 은총

개혁주의는 특별 계시와 자연 계시를 말하는 한편, 그리스도 안에서 영원한 구원을 베푸시는 하나님의 특별 은총을 말함과 동시에 모든 피조물과 만민에게 땅 위에서의 삶을 위하여 베푸시는 하나님의 일반 은총을 말한다. 개혁주의 신학자들 가운데는 일반 은총의 개념을 배제하려는 이도 있다. 그러나 특별 은총과 일반 은총의 구분이 특별 계시와 자연 계시의 구분과 형식에 있어서는 병행하지만 내용에 있어서는 병행하는 것이 아니다.

자연 계시로 하나님께서는 당신의 신성을 보여 주시지만 인간은 죄로 말미암아 하나님을 옳게 인식할 수 없으며 특별 계시를 통하여 하나님을 믿고 인식할 때 비로소 만물이 하나님께서 지으신 피조물이며 그것들이 하나님의 영광을 드러내는 것임을 인식하게 된다. 그러나 일반 은총은 사람과 모든 만물을 생성하게 하시며 존재하고 생존하게 하시는 하나님의 자비와 은혜를 가리키는 말이다. 사람이 인식하든 않든 간에 만물과 모든 사람들이 이미 그것을 누리고 있다.

계시의 경우, 우리는 특별 계시를 통하여 자연 계시가 있음을 인식하지만, 은총의 경우는 일반 은총을 누리는 삶에서 구원의 은총을 덤으로 향유한다. 사람이 이미 누리는 삶과 모든 것, 즉 일반 은총이 어디서 누구로 말미암아 오게 되었는지를 알도록 말씀하는 것이 하나님의 계시이며 이를 깨달아 확실한 지식을 얻어 창조주 하나님을 그리스도 안에서 아버지라고 부르며 예배하게 해 주시는 하나님의 모든 배려와 은사가 특별 은총이다.

19세기 네덜란드의 아브라함 카이퍼(Abraham Kuyper)와 신칼빈주의자들은 일반 은총을 강조하여 신자들이 정치와 사회에 적극 참여하였다. 카이퍼는 성령의 사역을 훨씬 광범하게 이해한다. 성령께서 권능과 능력으로 창조에 관여하시며 만물을 보존하신다는 언급은 칼빈에게서도 볼 수 있지만, 카이퍼는 이러한 성령의 사역을 훨씬 더 부연해서 말한다. 카이퍼의 이러한 성령론은 구원을 중심으로 일하시는 성령의 사역을 강조함과 더불어 일어나게 된 당시의 부흥 운동과 부흥주의 신학에서 말하는 성령론과는 대조를 이룬다.

칼빈에게서도 이미 정치와 사회에 대한 참여를 말하고 있음을 발견하지만, 네덜란드는 종교개혁 이후 국가와 종교를 구분하는 개혁주의 사상에 근거하여 로마 가톨릭 신앙을 대변하는 스페인으로부터 정치적인 독립과 신앙의 자유를 쟁취함으로써 개혁교회가 왕성하게 된 국가로 출발한 나라임을 인식해야 한다. 기독교의 문화에 대한 대응은 그리스도의 공동체와 사회와의 상관관계에서 달리 나타났음을 우리는 염두에 두어야 한다.

네덜란드에서 신칼빈주의(Neo-Calvinism)가 일어나던 19세기에 이웃 나라 독일에서는 자유주의 신학자들이 신개신교 사상(Neo-Protestantismus), 즉 문화개신교 사상(Kulturprotestantismus)을 주창하던 때였음을 기억한다. 네덜란드에서도 신칼빈주의 운동에 대하여는 기독교 신자들로 하여금 기독교 신앙의 비본질적인 것을 추구하게 만든다는 비판이 있으나, 일반 은총을 인정하고 하나님께서 역사를 주관하시는 하나님이심을 인식한다면, 그리고 하나님을 사랑하고 이웃을 사랑하라는 말씀을 좇아 기독교 윤리를 실천한다면, 문화의 변혁을 위하여 최선을 다하지 않을 수 없다. 청교도들이 영국에서는 앵글리칸 교회를 국교로 하는 종교 획일 정책 아래 소극적으로 핍박을 감내했으나, 뉴잉글랜드로 간 청교도들은 새 나라의 개척자로서 하나님 나라를 구현하는 일을 이상으로 삼으면서 정치와 사회의 개혁에 주역으로 적극 참여하였다.

일반 은총의 교리에서 많은 개혁주의자들이 정치와 사회에의 참여 및 문화 변혁을 위한 사상을 펼쳤으나, 하나님의 창조에 대한 신학적인 사고는 별로 없었다. 그간에 신학자들은 구원론에 관심을 집중하는 한편, 창조를 두고도 역시 인간 중심적인 이해에 머물었으며, 일반 은총의 교리로 과학의 발전에 대한 낙관론을 지지하는 일에 봉사하였다. 20세기에 2차에 걸친 세계 대전으로 사람들은 인류의 미래에 대하여 비관하기 시작하였으며, 보수적인 신자들은 그리스도의 재림으로 인한 종말적인 구원을 바라지만 어디까지나 인간의 구원을 중심하는 생각에 머물렀다.

그러나 20세기 후반에 이르러 환경오염으로 생태계가 위협을 당하게 되면서 하나님의 창조와 피조물에 대한 새로운 이해가 기독교 윤리의 당면 과제가 되었다. 성경에 보면, 하나님께서는 당신의 형상으로 지으신 사람을 사랑하실 뿐 아니라 흙으로 지으신 모든 생물을 아끼고 사랑하시며, 사람에게 생물들을 다스리고 돌보도록 임무를 부여하신다(창 1:22, 1:28). 홍수 후에 하나님께서는 사람뿐 아니라 생물들에게도 언약을 세우시며(창 9:8-17), 지으신 모든 만물에게서 찬양을 받으신다(시 148). 창조주 하나님을 예배하는 백성들은 하나님께서 지으신 만물을 보고 주를 찬양하며 당신이 지으신 만물을 귀하게 여기고 사랑해야 한다.

신칼빈주의를 지지하는 이들은 창세기 1:28의 말씀을 "문화 명령"이라고 하며 그리스도인의 문화 활동의 근거를 여기에 두려고 한다. 그러나 그 말씀은 문화 명령이라고 하기보다는 하나님께서 사람과 모든 생물에 생존하도록 복을 주신다는 선포요 축원이라고 해야 할 것이다. 문화가 사람들의 삶의 총체를 일컫는 말이라면 그리스도인이 문화에 참여하는 것이 타당하다는 것을 구태여 한두 마디의 성경 구절에서 찾을 이유가 없다. 성경 전체가 사람들의 삶, 즉 문화에 대하여 말씀하고 있기 때문이다.

신칼빈주의에 대하여 다른 견해를 가진 이들은 창세기 1:28의 말씀은 인간이 타락하기 이전에 주신 말씀이므로 타락한 사람들에게는 더 이상 적용이 될 수 없는 말씀이라고도 하지만, 그것은 옳지 않은 논리이다. 모세를 통하여 주신 하나님의 계명과 율법은 여전히 유효하듯이 그 말씀도 여전히 유효한 하나님의 말씀이다.

율법과 관련해서 말하자면, 그리스도인은 그리스도 안에서 계명과 율법의 종노릇을 하고 정죄 아래 있는 것이 아니고 자유를 누린다. 구약의 율법 가운데 제사와 종교 의식의 법은 그리스도께서 성취하심으로 폐하여졌다. 그러나 하나님을 사랑하고 이웃을 사랑하라는 종교와 윤리에 대한 기본적인 법은 그리스도인들이 여전히 지켜야 한다. 이제는 죄의 종으로서가 아니고 의의 종으로서 지키는 것이다. 마찬가지로 창세기 1:28의 말씀은 여전히 유효한 하나님의 말씀이다. 그 말씀은 노아 홍수 후에도 되풀이하신 말씀이다(창 9:1,7). 하나님의 자녀가 된 사람은 하나님의 창조와 피조물에 대하여 다스리고 보살피는 인간 본래의 과업을 수행해야 한다.

종말 신앙

개혁주의뿐 아니라 모든 기독교 교회가 성경이 가르치는 대로, 또한 사도신경과 니케아 신경이 고백하는 대로 세상의 종말을 믿는다. 마지막 날에 그리스도께서 재림하셔서 산 자와 죽은 자를 심판하실 것을 믿으며, 신자는 영원한 구원으로, 불신자는 영원한 형벌로 심판하실 것을 믿는다. 천년왕국에 대하여는 개혁주의 신학자들도 각기 견해를 달리한다. 그들은 시한부 종말론은 배격하지만 무천년설, 전천년설, 후천년설을 다 용인한다.

어거스틴 이후 중세 교회는 그리스도의 재림 이후에 천년왕국이 있다고 믿는 신앙을 정죄하였다. 루터와 칼빈도 어거스틴과 견해를 같이하며, 루터교와 개혁주의 교회의 신앙고백서들은 루터와 칼빈의 견해를 따르고 있으며, 개혁주의 신학자들의 대다수가 역시 그러하다. 한국에서 전천년설이 우세한 것은 신령주의, 경건주의, 세대주의, 부흥주의의 영향 때문이다.

개혁주의 신학과 목회 실제

구원론을 두고 사람이 어떻게 구원을 받느냐에 주로 관심을 두는 신학적 경향과 사람에게 구원을 베푸시는 하나님께 대하여 더 많은 관심을 두는 신학적 경향, 이 둘이 개신교 역사에서 두 큰 흐름을 형성하게 되었음은 위에서 이미 논한 바이다. 초기의 루터와 경건주의, 그리고 경건주의에서부터 일어난 부흥 운동으로 말미암아 생겨난 복음주의가 전자의 것이고, 개혁주의가 후자의 것이다.

경건주의자들은 자신들이 루터의 가르침을 다시 회복한다고 스스로 평가하며 자부한다. 경건주의와 복음주의가 관심을 두는 것이 사람의 회심과 중생, 새 사람이 되고 새 사람으로 사는 삶이다. 다시 말하면, "비참한 상태에서 벗어나는" 인간의 구원에 관심을 집중하는 것이다. 그래서 경건주의와 복음주의는 회개와 중생의 주관적인 체험을 강조한다. 이러한 구원에 대한 관심은 루터가 칭의를 발견하고 그것을 밝히 드러내려고 노력한 것과 일맥상통한다고 할 수 있다. 경건주의자들은 교회관을 두고도 교회를 '성도의 모임'으로 보는 루터의 교회관과 만인제사장론에 영향을 받아 이를 더 극단화하여 이해하고 적용해 왔다. 경건주의자들 가운데 대다수는 제도적인 교회에 대하여 소극적인 견해를 가지는 한편, 교회 안의 교회의 모임을 가져왔다.

존 웨슬리는 경건주의자들의 한 그룹인 '모라비안'들과의 접촉에서 자신이 중생하였음을 깨달았으며, 18세기 잉글랜드 부흥 운동의 주역으로 활동하게 되었고 감리교의 창시자가 되었다. 웨슬리는 청교도적인 경건의 전통에서 자랐으나 칼빈의 예정론을 반대하는 아르미니우스주의를 수용하였다. 반율법주의(antinomianism)가 만연하고 있는 시대적인 상황에서 성화를 위하여 적극적으로 행동하는 삶을 설교하면서 예정론을 마다하고 인간의 자유 의지를 강조하였다. 그럼으로써 복음주의 신학과 부흥 운동의 선도자가 되었다.

복음주의라는 말은 오늘에 와서 넓은 의미로 자유주의 신학에 반대하는 보수적인 신앙과 사상을 대변하는 말로 이해하기도 하나, 역사적으로는 보다 협의의 개념으로 사용되어 왔으며 현재도 그렇게 사용되기도 한다. 복음주의는 본래 감리교 부흥 운동에서 파생된 한 교회 그룹을 지칭한 데서 나온 말이다. 독일인 올브라이트(Jacob Albright, 1759~1808)가 감리교로 개종하여 설교자가 된 다음 추종자들을 모아 복음주의자 협회(Evangelical Asscociation)라는 교회 그룹을 만들고 1807년 그 교회의 감독이 되었다. 그러나 그 후 사람들이 부흥 운동에 적극적으로 참여하며 구원론에 관심을 가지고 전도와 선교에 힘쓰면서 그러한 신학을 가진 이들을 복음주의자(Evangelicals)라고 부르며, 그들의 사상을 복음주의(Evangelicalism)라고 하게 되었다.

한 가지 주의할 것은 독일어 'Evangelisch'는 '복음주의'로 이해하거나 번역해서는 안 된다는 사실이다. 독일에서는 개신교를 '프로테스탄트'라고 칭하는 라인란트의 팔츠(Pfalz) 주 교회를 제외하고는 다 'Evangelische Kirche'라고 한다. 즉 그것은 개신교에 해당하는 말이다. 그러므로 'Evangelische Theologie'는 '개신교 신학'이라고 번역해야지 '복음주의 신학'으로 번역하는 것은 잘못이다. 'Evangelische Theologie'는 독일의 자유주의 신학과 현대의 진보주의 신학을 다 포괄하는 신학을 말하는 것이기 때문이다.[4] 독일에서는 영미에서 통용되는 '복음주의'(evangelical, evangelicalism)를 'evangelikal'이라고 한다.

복음주의 신학에 보탬이 되고 영향을 준 것이 아르미니우스주의이다. 합리주의자들이 아르미니우스주의를 환영한 것은 사실이지만, 많은 복음주의자들도 아르미니우스주의를 받아들였다. 아르미니우스주의가 하나님의 전적인 은혜와 절대주권보다는 구원으로 초대하시는 하나님의 부르심에 대하여 인간이 자의적으로 응답해야 하며 또한 그럴 수 있음을 강조하는

---

[4] 종로서적이 간행한 바르트, 불트만, 캐제만 등 주로 독일의 현대 신학자들의 책의 모음을 '福音主義神學叢書'(全景淵 편집)라고 칭하고 있어서 혼란스러운데, Evangelische Theologie를 통상적으로 사용되는 '복음주의'의 개념을 고려하지 않고 직역한 것이다.

것이므로 경건주의 및 복음주의의 신앙과 상통하는 점이 있다. 아르미니우스주의를 따르는 복음주의자들은 복음을 전하면서 청중에게 자의적인 결단을 강렬하게 촉구하면서 더 활발하고 적극적으로 부흥 운동에 참여하고 그 운동을 주도한 것이 사실이다.

그러나 복음주의 신학의 취약점을 우리는 안다. 회심과 새 사람이 되는 것을 강조하고 사람을 극적으로 변화시키시는 성령의 능력을 호소하는 정도가 지나치면 신비적인 신령주의에 기울어진다. 복음주의는 지나치게 구원론을 중심하여 신학을 체계화하려는 잘못도 범한다. 예를 들면, 세례가 구원과 직접적인 관계가 없으므로 부수적인 것으로 보려고 하는 것 등이다. 다시 말하면, 세례의 중요성을 교회론적으로 보지 않고 구원론적으로 고찰하려고 하는 것이다.

선교와 봉사를 강조하는 나머지 사람들로 하여금 일을 중심하는 율법주의적인 삶으로 오도하는 경향도 없지 않다. 그런가 하면 구원론을 중심으로 하는 사고에서 반율법주의에 빠질 위험성도 내포한다. 주관적인 감정에 호소하는 나머지 예배도 성례도 자신들에게 은혜로운 감정을 중심으로 고려하는 경향에 빠질 수도 있다. 이를테면 성찬식을 오래간만에 하면 더 은혜롭다거나 자주 하면 매너리즘에 빠져 은혜로움을 덜 느끼게 되므로 이따금씩 한번 행하는 것이 좋다고 하는 생각을 한다. 그러나 예배와 성례는 우리의 은혜로운 감정에 따라 자주 혹은 가끔 행하도록 결정지을 그런 것이 아니다. 복음주의 신학은 신자들로 하여금 성숙한 그리스도인이 되게 하는 신학 내용이 개혁주의에 비하여 부족하다.

그럼에도 불구하고 복음주의는 부흥 운동의 산물이며 부흥 운동을 주도해 왔다. 그러나 미국 교회 역사에서 사람이 어떻게 하여 구원을 얻느냐 하는 관심을 넘어서서 구원을 베푸시는 하나님께 더 관심을 두는 고전적인 개혁주의자들은 부흥 운동에 냉담한 반응을 보이는 경향을 드러냈다.

인생의 목적이 하나님을 알고 하나님께 영광을 돌리는 것임을 아는 것,

그것이 그리스도 안에서 하나님의 백성이 된 사람이 추구해야 할 일이요, 그것이 성숙한 신앙인의 고백이요 목표이다. 그리고 그것이 신학다운 신학이다. 그러나 신앙의 초보자는 그런 성숙한 신앙을 가지기가 쉽지 않다. 아직 기독교 신앙을 가지지 못한 사람, 아직 하나님을 모르는 사람에게는 제네바 요리문답이나 웨스트민스터 요리문답의 제1문의 문답은 아직 한 단계 저 너머에 있는 문답이다.

아직 하나님을 모르는 사람에게는 "내가 어떻게 하면 구원을 얻을 수 있는가?" 하는 종교적인 질문과 그에 대한 답변이 호소력을 가진다. 이러한 질문은 신앙으로 진입하기 위한 첫 단계의 질문이다. 복음주의가 개혁주의보다는 이러한 질문을 더 집중적으로 다루면서 부흥 운동을 주도하게 되었으며, 전도와 선교에 더 큰 열심을 보였으므로 복음주의 교회들이 크게 성장하게 되었다.

개혁주의 신학이 발전한 나라로 알려진 네덜란드에서는 성인 세례는 없고 유아 세례만 있다. 1960년대에 영국의 국교회나 독일의 국민 교회의 등록교인의 5%정도가 교회에 출석한 데 비하여 네덜란드에서는 등록 교인의 50%가 주일 예배에 참석하였으며, 도시에 따라서는 주민의 90%가 참석하는 곳도 있었다. 19세기에는 예배 참석률이 더 나았음은 물론이다. 네덜란드 사람들의 전도는 아기를 많이 낳는 것이라고 말하기도 한다. 이러한 환경에서 목회자는 회심을 촉구하는 등 사람들로 하여금 기독교 신자가 되게 하는 설교를 하기보다는 기독교인으로 어떻게 살아야 한다는 성화를 위한 보다 신학적이며 윤리적인 설교를 하게 마련이다.

영국에서 웨슬리와 휫필드가 주도한 부흥 운동이 주로 교회에서 소외되었던 계층에 확산되었다. 미국에서 각성 운동에 대한 호응이 지적이며 중산층의 사회 계층보다는 그렇지 못한 계층에서 더 컸었다. 18세기와 19세기의 미국 사회는 기독교를 국교로 하고 있는 유럽과는 달리 다양한 종족들이 여러 다른 목적으로 이민해 와서 사는, 변화가 많은 사회였다. 복음 전도를 필요로 하며 또한 그것이 활발히 전개될 수 있는 사회였다. 미국에서 복음주의 교회인 감리교와 침례교가 부흥 운동으로 말미암아 급속히 성장한 반면에 개혁주의 신학에 충실하려고 한 교회는 거기에 미치지 못했다. 그것은 20세기를 거쳐 오늘에도 경험하는 것이다. 예를 들면, 보수적인 정통 장로교회(O.P.C.)나 개혁파 교회(C.R.C.) 등은 성장을 못하고 있다.

하나님을 중심하며 성화에 역점을 두는 개혁주의 신학이 신자들을 성숙한 그리스도인으로 만드는 신학이면서 그들이 이해할 수 있는 신학인 반면에, 아직 믿지 않는 사람이나 미숙한 신자들에게 호소력이 있는 신학이 되지 못한다. 예정론만 하더라도 성경이 말하는 진리이며, 하나님의 주권을 믿는 신자는 쉽게 이해할 수 있는 교리이지만, 믿지 않는 사람이나 아직 신앙하는 일에 미숙한 신자들은 이해하기 어려운 교리이다. 그러므로 전도와 선교 및 교회 성장에는 균형 잡힌 개혁주의 신학보다는 구원론에 더 무게를 두는 복음주의 신학이 더 주효했던 것은 충분히 수긍할 수 있는 사실이다.

한국 사회는 기독교 인구가 아직 20%미만인 다원종교 사회이다. 교회는 아직도 성장 도상에 있으며 선교의 과업을 충실히 이행해야 하는 상황에 있다. 그러므로 한국 교회의 목회자는 네덜란드의 목회자처럼 교인들의 신앙적인 성숙을 위하여 설교하며 교인들을 돌아보는 'Seelsorge' 개념의 목회, 즉 교인의 신앙적인 성장을 중심으로 하는 목회만을 할 수는 없고, 사람들로 하여금 그리스도께로 돌아오게 하는 전도와 선교의 과업도 아울러 감당해야 한다. 한국과 같은 선교지에서는 복음주의적인 전도 설교가 필요하며 주효하다.

개혁주의 목회자는 개혁주의 신학 역시 소위 복음주의적인 요소를 갖추고 있음을 명심해야 한다. 개혁주의 신학은 본래 균형과 체계를 갖춘 통전적인 신학이지만, 다른 신학과 차별되는 특성을 말하다 보니까, 예를 들면 예정론 등 논란이 되는 교리를 변증하다 보니까 예정론과 더불어 하나님을 중심하는 신학을 더 강조하게 되었으며 그것이 특징으로 부각된 것이다. 그러므로 개혁주의 신학이 내포하고 있는 복음주의적 요소를 강화함으로써 균형을 회복해야 한다.

그와 동시에 한국 교회의 복음주의적 목회자는 성화를 위한 설교와 교육도 병행해야 한다. 교회는 교회답게 자라야 하기 때문이다. 인생의 목적이 하나님을 영화롭게 하며 그분을 즐거워하는 것임을 인식하고 그렇게 살기를 노력하는 신자들이 많은 성숙한 교회로 자라가야 한다. 더 많은 성도들이 자신의 구원에만 관심을 두는 자기중심적인 신앙을 넘어서서 더 많은 백성이 하나님께로 돌아와 하나님께 영광과 찬송 돌리기를 소원하며 기뻐하며, 모든 분야의 삶에서 하나님을 높이고 하나님의 뜻을 따라 거룩하고 윤리적인 삶을 살려는 그런 교회로 함께 자라가야 한다. 그래야만 교회가 전하는 구원의 복음이 사람들로부터 신뢰를 얻을 수 있다.

구원을 받아 하나님의 백성이 된 그리스도인은 자신의 안녕과 생사를 초월하여 하나님의 이름을 높이고 그분에게 영광을 돌리는 삶을 지향해야 한다. 당신의 백성을 구원하시기 위하여 독생자를 희생하신 하나님께서는 더 많은 사람을 구원하시기를 기뻐하시며 그 일을 통하여 영광을 받으시므로 그리스도인들은 그 일을 기원하며 순종하는 삶을 기뻐하신다.

그러나 병상에 있는 환자나 아무 일도 할 수 없는 처지에 있는 사람에게, 아니 하나님을 중심하며 하나님의 뜻대로 살려고 하지만 무능한 자신을 발견하고 자신이 죄인 중에 괴수임을 고백할 수밖에 없는 우리 모든 신자에게 하나님의 예정과 견인의 교리를 성경대로 가르치는 개혁주의 신학은 형언할 수 없는 위로와 하나님께 대한 확신을 준다.

견인의 교리는 제삼자의 구원 문제를 두고 사변하도록 허용된 교리가 아니다. 그것은 자신의 구원 문제를 두고 "사망이나 생명이나 천사들이나 권세자들이나 현재 일이나 장래 일이나 높음이나 깊음이나 다른 아무 피조물이라도 우리를 우리 주 그리스도 예수 안에 있는 하나님의 사랑에서 끊을 수 없으리라"(롬 8:38-39)고 하면서 하나님을 신뢰하며 하나님을 찬양하게 하는 교리이다.

그러나 개혁주의 신앙인의 궁극적인 관심은 나 자신의 문제를 넘어서서 "만물이 주에게서 나오고 주로 말미암고 주에게로 돌아감이라 영광이 그에게 세세에 있으리로다" 하는 말씀을 따라 고백하며, 천지와 만물을 창조하시고 다스리시며, 죄를 범한 인생을 찾아 오셔서 용서하시고 구원하시며 만물을 새롭게 하시는 성부 성자 성령 삼위일체 하나님께 구원받은 백성들과 천사들과 찬양하는 만물과 더불어 영광과 존귀와 감사와 찬송을 영원무궁토록 돌리며 예배하는 것이다.

자유주의 신학

자유주의 신학의 개념을 정의하고 그 적용 범위를 어느 정도로 이해하느냐 하는 것은 그렇게 간단한 일은 아니다. 신학사적으로 말하자면 그것은 19세기 초의 슐라이어마허를 비롯하여 20세기 초의 하르낙에 이르기까지 있었던 진보적인 신학을 지칭하는 말이다. 다시 말하면, 교회의 전통적인 교의를 무시하고 성경 연구에 역사비판적인 방법을 적용하며, 성경의 절대적인 권위를 인정하지 않을 뿐 아니라, 기독교 진리와 문화의 조화를 추구하며, 기독교의 진리를 상대화하고, 인본주의적인 윤리와 사랑을 강조하며, 하나님의 나라의 실현을 이상 사회 건설로 이해하는 19세기의 신학을 가리켜 자유주의 신학이라고 한다.

그런데 우리나라에서는 자유주의 신학이라면 성경이 오류가 없는 하나님의 말씀으로 믿으며 전통적인 교리를 받아들이고 고수하려는 보수주의 신학에 대립하는 신학 사상으로 이해하고 19세기의 자유주의 신학에 반대하여 일어난 신정통주의 신학도 자유주의 신학으로 간주한다.

'반자유주의'(反自由主義) 신학을 표방하고 일어난 신정통주의 신학이 한국에서는 어떻게 자유주의 신학으로 간주된 것인지가 궁금한 일이다. 그렇게 간주하는 것이 정당한지 아닌지는 검토해 보아야 하겠으며 소위 자유주의 신학이 한국 교회와 사회에 어떤 역할을 해 왔으며 어떤 비중을 가지고 있는 것인지 살피려고 한다.

한국 자유주의 신학의 태동

선교가 시작된 이래 1930년 중엽까지 한국 장로교 안에는 보수적인 신학 사상이 지배적이었으나 감리교는 일찍부터 신학을 두고는 개방적이었다. 그것은 1930년 남북 감리교회가 합동하여 하나의 교회가 되면서 내 놓은 신조에도 잘 나타나 있다. 하나님의 내재를 초월보다 강조하고 있는 점, 인본주의적인 윤리에 더 많은 관심을 표현하고 있는 점, 지상에 이상 사회 건설이 실현될 것을 믿는다는 표현 등이 자유주의 신학 사상을 대변하고 있음을 본다.

한국 감리교 목사들 역시 대다수가 보수적이며 근본주의적인 신앙의 소유자였음에도 불구하고 이러한 신앙고백이 다수의 찬동을 얻어 신조로 채택된 사실을 두고 그것은 기독교 신앙의 토착화의 한 승리적 과정이라고 평가하기도 하는데, 그러한 평가는 너무 성급한 평가이다. 오히려 그것은 대부분의 목사들이 '교리 없는 기독교'를 지향하는 '경건주의적' 혹은 '복음주의적' 신앙을 가진데다가 그들의 실제적인 신앙과 신학의 조화를 모색하고 견지하는 신학적인 안목을 갖지 못해서 일어난 것이라고 보는 편이 옳다. 사실 본래 교리 문제에 비교적 관심이 적은 것이 감리교의 전통이기도 하다. 그래서 감리교회에서는 별로 주목을 끄는 신학적인 논쟁도 없었으며, 신사 참배 문제를 두고도 두드러진 반대 운동도 없었다.

한국 교회에서 자유주의 신학의 선구자라고 하는 감리교의 정경옥(鄭景玉)은 아무런 주저 없이 자유주의 신학적인 사상을 펼 수 있었다. 정경옥은 협성신학교를 졸업하고 미국 에반스톤에 있는 가렛(Garrett) 신학교(1927~1929)에서 조직신학을 공부하였고 같은 캠퍼스 안에 있는 노스웨스턴 대학교 대학원에서 수업하고 문학석사 학위를 받았다. 그는 슐라이어마허, 리츨, 칸트와 바르트의 사상에 심취하였으며, 1930년대 초반에 「신앙세계」 등 잡지를 통하여 바르트의 사상과 디벨리우스와 불트만의 양식비판 연구를 소개하였다.[1)]

한국 장로교회에서 자유주의 신학이 태동하게 된 것은 1920년대 중반이었다. 교회 밖에서 일어나고 있는 비판적인 사회 사상의 발전과 때를 같이하여 교회 안에서는 신학적인 자유주의가 태동하게 되었다. 1917년 10월의 러시아 공산혁명 이후 공산주의 운동은 러시아와 중국을 통하여 한반도에까지 파급되었다. 그리하여 1920년 초부터 공산주의자들은 벌써 반기독교 운동을 벌이기 시작하였다. 1922년에는 몇몇 노동조합이 조직되어 공산주의자들의 지배를 받게 되었으며, 1925년에는 '조선공산당'이 결성되었다. 이동휘, 여운형의 경우와 같이 기독교 신자들 가운데 더러는 교회를 떠나 공산당에 가입한 예도 있었다.

이러한 시기에 캐나다 선교부의 선교 지역인 함경도에서는 스콧 선교사와 미국에서 공부를 마치고 돌아온 목사들, 즉 김관식(金觀植)과 조희염(曹喜炎)이 1926년 가을에 열린 함경도 노회의 교역자 연수회에서 새로운 신학을 소개하기 시작하였다. 소개한 새로운 신학은 우선 역사비판적인 방법으로 보는 성경관이었다.

"성경 전체를 하나님의 말씀으로 믿는 것은 큰 잘못이다. 성경에는 하나님의 말씀 아닌 것도 포함되어 있다. 문학적 오류는 물론, 다수의 역사적 오류와 과학적 오류가 포함되어 있다."는 조희염의 말은 고전적인 자유주의 신학의 견해임에 틀림없다. 그리고 그의 말은 성경을 정확하고 오류가 없는 하나님의 말씀으로 믿고 있는 교역자들에게는 충격적인 폭탄 선언이었다. 교역자들의 반발로 연수회는 중단되었다. 그러나 그 이후 성경 비판학 강의는 비공개적으

---

1) 참고: 유동식, 『한국신학의 광맥: 한국신학사상사 서설』 (서울: 전망사, 1986); 송길섭, 『한국신학사상사』 (서울: 대한기독교출판사, 1987), 319-349쪽; 김영한, "개혁신학과 한국신학", 『개혁신학 한국 교회 한국신학』 (서울: 도서출판 대학촌, 1991), 81이하.

로 진행되었다.

초기 자유주의 신학의 성격

한국 교회 내에 본격적으로 자유주의 신학 운동을 시작하고 그 기초를 닦은 이는 조선신학교를 설립하고 그 후신인 한국신학대학을 육성한 김재준(金在俊)이다. 그는 일본 아오야마(靑山) 학원에서 공부하는 시절에 바르트와 브루너, 니버, 틸리히 혹은 불트만의 변증법적 신학에 접하면서 그 영향을 받았다. 1928년에 도미하여 프린스턴을 거쳐 당시 극히 자유주의적인 웨스튼 신학교에서 수학한 후 1932년에 귀국하였다.

김재준 목사

김재준은 신정통주의 신학을 "그리스도교의 가장 근본적인 요소들을 누구보다도 강력하게 주장함과 동시에 현대 자유주의적 진리 탐구에 의한 기독교적 결실을 함께 살린 것이었으며 전후의 긴박한 종말 의식에서 얻은 진지한 신앙운동의 제창이기도 하다."고 평가한다.[2) 그리고 그것이 정통주의와 자유주의의 대립과 그 일로 인한 교회 분열을 지양하며 전 세계 교회의 신앙을 재조정해 주는 신학으로 인식하고는 자신이 신정통주의 신학을 지향하는 것임을 표방하고 나섰다. "자유주의, 정통주의, 신정통주의의 세 가지 주류의 신학 사상 가운데 신정통주의가 취할 만한 것이고 가장 성경적"이라고 한다.

김재준은 귀국 후 평양신학교에서 가르치기를 희망하였으나 당시 교수로 있던 박형룡과 보수적인 선교사들의 반대로 목적을 달성하지 못하고, 평양 숭인상업학교에서 성경을 가르치는 한편, 「神學指南」의 주필로 있던 교수 남궁혁의 배려로 「神學指南」의 편집위원으로 일하면서 새로운 신학의 길을 틀 수 있는 기회를 기다렸다. 김재준은 약 2년간 신학지남을 위하여 일하는

---

2) 김재준, 『하늘과 땅의 해후』, "신학의 길", 187.

동안에 신학지남에는 8편의 글을 기고하였다.

그러나 역사비판적인 성경 연구 방법을 두드러지게 적용한 글은 없었다. '그리스도의 부활에 대한 연구'라는 글에서는 예수의 부활을 전통적이며 보수적인 어조로 변증한다.

> 부활하신 그리스도의 몸은 그러면 그의 육체적 전존재의 하나도 잃지 않는 동시에 그의 영적 생명을 표현함에 가장 적응된 표현 기관인 몸, 즉 영화(榮化), 영화(靈化), 영원화한 몸이었던 것이다.
> 그리스도가 살으셨다면 복음은 참말이다. 그러나 그가 다시 살지 않으셨다면 전 기독교는 허망 중의 허망이다.[3]

박형룡 목사

김재준이 신정통신학을 지향하는 만큼, 바르트를 따라 예수의 부활을 강조하는 것은 당연하다고 할 수 있다. 그러나 바르트가 예수의 부활에 관하여 논하는 바와 같은 현저한 변증법적 표현은 따르고 있지 않다. 그러나 이사야 7:10~17의 임마누엘에 대한 해석에서는 변증법적 방법론으로 구약신학을 다루는 구약신학자들의 해석을 따르고 있음이 보인다. 즉 이사야가 직접적으로 예수 그리스도를 예언한 것이 아니고 '이상왕'(理想王)의 탄생을 믿는 신앙에서 한 것인데, 그것이 우리가 볼 때 그리스도에게서 성취되었음을 알 수 있다고 한다.[4] 게다가 또한 동정녀로 번역된 히브리어 '알마'는 젊은 여자로 보고 해석하는 점이다.

한국 교회사 연구의 개척자로 공헌한 김양선은 김재준이 극단적인 자유주의 신학자이기보다는 신정통주의자로서 초기에는 보수적인 경향을 다분히 지녔으나 "정통주의와 대결하여 싸우려는 철저한 자유주의 신학자"라고

---
3) 김재준, "그리스도의 부활에 대한 연구", 「神學指南」 17권 2호(1935), 26이하.
4) 「神學指南」 16권 1호(1934), 32이하.

평한다.5)

　독일에서는 '반자유주의'(反自由主義)를 표방하고 일어난 변증법적 신학은 좌에서 우로 향하는 신학 운동이었다. 하인쯔 짠트(Heinz Zahnt, *Die Sache mit Gott*)에 의하면 신정통주의는 자유주의보다는 정통주의에 더 가깝다고 한다. 그러나 소위 고전적인 자유주의가 없었던 우리나라에서는 신정통주의가 대결을 벌인 신학적 입장은 자유주의가 아니고 정통주의 신학 또는 신학적 보수주의였다. 신정통주의가 독일에서는 '반자유주의'의 기치를 들고 출발한 것이지만, 그것이 우리나라에 도입되어서는 '반정통주의'의 사상으로 출발한 격이었으며, 날이 감에 따라 '반정통주의적' 자유주의 신학 운동으로 표면화되고 발전하게 되었다.

　다시 말하면, 신정통주의가 독일에서는 처음에 우로 향하는 운동이었으나 한국에서는 좌로 향하는 운동이 되었다. 김재준은 실제로 신학적 보수주의에 대하여 점점 더 공격하는 자세를 취하게 된다. 그리하여 1946년 「새사람」지 11호에는 정통신학을 이단(異端)이라고 혹평하기에 이른다. "정통신학은 신신학보다 더 교묘하게 위장한 실제적 인본주의요 정통적 이단이다."6)

　김재준이 엄밀히 말해서는 신정통주의 신학자였다고 하더라도 송창근과 함께 신학의 자유를 구가하였다는 점에서와 그럼으로써 자유로운 신학으로 가는 길을 튼 장본인이라는 점에서 자유주의 신학자라고 칭함을 받는 것은 마땅하다. 그것은 '반자유주의'의 기치를 들고 자신의 신학을 '신정통주의' 신학으로 표방하였던 칼 바르트가 말년에 이르러 자신을 가리켜 '자유주의자'("Ich bin ein Liberaler.")라고 결연히 선언한 것을 보아서도 그러하다. 하기는 바르트가 자신이 모든 방면으로 책임감을 가지고 솔직하게 말하고 생각했다는 의미에서 자유주의자라고 한 것이다.7)

　1922년 바르트의 로마서 주석의 수정 증보판이 나오고부터 1933년까지

---

5) 김양선, 『韓國基督教解放十年史』(서울: 大韓예수教長老會總會 宗教教育部, 1984), 190.
6) 같은 책, 199.
7) Karl Barth: *Letzte Zeugnisse* (Zürich, 1969), 35; Gerhard Wehr, *Karl Barth*, 18.

'쯔비셴 덴 짜이텐'지(Zwischen den Zeiten)를 중심으로 처음에는 반자유주의를 표방하여 새로운 신학 운동을 전개하던 신학자들이 그들의 변증법적인 신학 방법에 따라 제가끔 달리 발전하게 되었다. 불트만과 고가르텐은 바르트와는 대조적으로 성경에 대한 역사비판의 방법을 보다 긍정적으로 인정하고 그것을 성경 연구에 적용할 뿐 아니라 더욱 발전시킨다. 그리하여 새로운 '자유주의'로 발전한다. 바르트 자신도 사회와 정치 문제에 많은 관심을 가지고 시대적 환경에 대응하면서 그의 신학을 전개하였으며, 그의 신학의 영향을 받은 신학자들의 신학은 정치신학으로, 해방신학으로 발전하게 된다. 휴머니즘과 정치 및 사회 문제에 많은 관심을 가지고 있는 김재준은 1970년대 말에 이르러서는 1930년대에 보수적인 어조로 구약의 주제에 관한 글을 쓰던 것과는 전혀 다른 각도에서 민중신학의 구약성서적 근거를 추구하기에 이른다.[8]

신사 참배 문제와 자유주의 신학 운동

김재준이 자유주의 신학 운동을 활발히 전개하기 시작한 것은 1930년대 말경부터이다. 한국을 영구적인 식민지로 만들기 위하여 한국인의 황국신민화(皇國臣民化) 정책의 일환으로 일본 식민 정부가 우리 국민들에게 신사 참배를 강요하였을 때 보수적인 신학자들과 신앙인들은 이에 순응하지 않았다. 평양신학교는 문을 닫게 되었으며 많은 보수적인 신학자와 신앙인들은 옥에 갇히거나 혹은 지방에 숨어 지내거나 만주 등지로 망명하였다. 이리하여 자유주의 신학의 성장을 감시하고 제재하던 교회의 보수적인 지도 세력이 극도로 약화되었다.

1940년 4월에 장로교 측의 자유주의 신학의 보루로 역할하게 되는 한국신학대학의 전신인 '조선신학교'는 승동교회 하층에서 개강을 시작함으로써 설립을 보게 되었다. 김재준은 이 학교의 설립 의의를 "서양 선교사들의 지배와

---

8) 김재준, 『역사와 신앙』, 254 이하 참조.

보수신학으로부터의 해방"이라고 말하면서 신학의 자유를 구가하였다. 한국 교회는 신도(神道)와 혼합 정책 때문에 위기에 처해 있었으며 많은 보수적인 신앙인들이 '신앙의 자유'를 위하여 고난을 감수하고 있을 때, 자유주의 신학자들은 '신앙의 자유'를 희생한 대가로 신학교를 설립하면서 '신학의 자유'를 구가한 것이다.

신사 참배 문제로 말미암아 자유주의 신학의 성격이 밝히 드러나게 되었으며 보수주의와는 더 양극화의 길을 걷게 되었다. 한국 교회가 신사 참배를 처음에는 우상 숭배라고 하여 반대했으나, 그것은 다만 국민 의례일 뿐이라는 일제 당국의 설득과 회유를 차츰 받아들이기 시작하였다. 그리하여 맨 나중까지 버티던 장로교회도 마침내 1938년 9월 제27회 총회에서 이러한 설명을 받아들여 신사 참배를 가결하고 말았다.

해방 이후에 옥중 성도들이 회개와 교회의 쇄신을 제의했으나 그러한 제의는 일제에 부역한 교권주의자들에 의하여 쉽게 받아들여지지 않았다. 게다가 자유주의 신학자들은 신사 참배를 우상 숭배로 보는 것은 신학적인 무지에서 나온 것이라고 말함으로써 신사 참배를 신학적으로 정당화하기까지 하였다. 그러면서 한국의 주기철 목사는 순교자라고 할 수 없고 독일 나치에 항거한 본회퍼가 옳은 순교자라고 하는 등 지각없는 망언도 서슴없이 했다.9)

신앙 양심의 자유를 위하여 많은 신자들이 희생을 치르던 시절에 신학교를 설립하고 신학의 자유를 구가하던 과거를 치욕의 역사로 인정할 아량이 없어서 그랬던 것으로 생각하지만, 오늘날 자유주의 신학이 종교 다원주의로 발전하는 것으로 보아서는 자유주의 신학자들에게는 신사 참배나 신도(神道)와의 동화 정책이 신학적으로 별 문제 될 것이 없다고 말한 것임을 이해할 수 있을 것 같다. 그러나 나치 하의 독일 교회와 당시의 독일 교회 내의 고백 교회 운동과 전후의 독일 교회의 과거 청산의 역사는 옳게 알아야

---

9) Chung Ha Eun, "Eighty Years History of Korean Christian Social Ethics," in: *Korea Struggles for Christ*, 45.

한다.

독일 민족의 우월성을 주장하며 침략전을 감행한 독일 민족사회주의 정부, 즉 나치 정부가 '독일 그리스도인들'(Deutsche Christen)을 조직하게 하여 교회를 그 산하에 두어 정부의 시종으로 삼으려고 했을 때, 이에 반대한 사람들이 고백 교회를 조직하였다. 그리고 이에 주도적인 역할을 한 이가 마르틴 니묄러(Martin Niemöler)와 칼 바르트였다. 바르트는 1934년 고백 교회가 채택한 바르멘 선언문을 작성했을 뿐 아니라, 니묄러가 옥고를 치르는 동안 그는 나치 세력이 미치지 못했던 자기 고향 스위스 바젤에 가 있으면서 계속 고백 교회의 정신적이며 신학적인 지도자로서 역할하였다.

바르멘 선언문의 요지는 나치를 적그리스도의 세력으로 규정하고 "다른 신을 내게 있게 하지 말지니라"고 하는 첫째 계명에 충실해야 한다는 것과 교회와 국가의 분리의 원리를 내세워 교회가 정치의 시녀 노릇을 할 수 없음을 주창하는 것이었다.10) 독일 교회는 제2차 세계대전이 끝난 후 나치 정부에 부역한 교회 지도자들은 국민들과 함께 잘못을 뉘우치며 교회의 독자성과 신앙의 자유를 위하여 나치 정부에 불복한 고백 교회가 교회의 정체성을 지킨 것으로 인정하고 수년간 교회의 지도권을 니묄러와 고백 교회 지도자들에게 일임하였다.11)

자유주의 신학의 사회와 문화에 대한 관심

해방 이후 자유주의 신학자들은 성경에 대한 역사비판학을 주저함이 없이 소신껏 가르쳤다. 그 결과 신학적 보수주의와 자유주의의 대립은 격화되고 충돌하게 되어 1953년 6월에 자유주의 신학의 노선을 따르는 목사와 교회들이 함께 총회를 조직하고 기독교 장로교회란 이름으로 분립하였다.

---

10) Karl Kupisch, *Kirchengeschichte* V, 1815-1945 (Stuttgart, Verlag W. Kohlhammer) 103.
11) 김영재, "한국 교회의 죄책 고백과 독일 교회의 사례", 「기독교사상」, 2005년 11월호, 216-233 참조.

기독교 장로교회 분립 이후의 보수적인 장로교회의 분열과 분립에는 신학적인 문제보다는 교회 정치적인 문제가 주요 원인으로 작용하였다. 여하튼 자유주의 신학은 기독교 장로교로 분립을 해서는 아무런 제한도 받지 않고 자유롭게 신학을 연구하고 강의할 수 있었다.

자유주의 신학의 주요한 특징 가운데 하나가 사회와 문화에 대한 관심인데 자유주의 신학자들이 이러한 관심을 보이기 시작한 것은 1960년대에 이르러서부터이다. 해방 이후에는 아직 일제에 순응한 과거 때문에도 그러하지만 신학적인 대립 문제, 신학교를 둘러싼 교회 정치 문제 때문에, 6·25 동란으로 인한 피난 생활과 그 이후의 재건 등의 산적한 문제와 일 때문에, 그리고 아직은 자유주의 신학의 학풍을 조성하는 단계에 있었기 때문에 폭넓게 신학적인 관심을 보일 여유가 없었다. 남북이 분단된 이후 이북의 공산당 정권의 종교 탄압과 핍박을 피하여 많은 기독신자들이 남쪽으로 왔으며, 6·25 동란으로 수많은 피난민들이 남으로 넘어 온 지 얼마 되지 않은 시절이었으므로 많은 기독신자들이 참여하여 활동한 자유당 정부 아래서는 종교의 자유를 감사함으로 향유할 뿐 정치에 대한 비판 의식을 말과 행동으로 표출하는 일은 별로 없었다.

1960년 자유당의 3·15 부정 선거에 이어 4·19 학생 의거가 일어난 이후 교회의 일각에서는 타락한 정치에 대하여 침묵만을 지킨 데 대하여 부끄러워한다는 자성의 소리가 일어났다. 그런데 이러한 소리들은 주로 자유주의 신학을 표방하는 교회에서 나왔다. 4·19 학생 의거로 수많은 학생들의 희생이 특히 자유주의 신학자들에게 각성할 수 있는 계기가 된 것이다. 한국에 장로교회가 다수이고, 장로교회가 개혁주의(Calvinism)를 표방한다면 교회가 일반적으로 사회와 문화에 대하여 으레 관심을 가져야 하지만, 그렇지 못한 데에는 여러 가지 원인을 들 수 있을 것이다.

먼저는 경건주의와 복음주의의 영향으로 개인의 회개와 구원에 관심을 두고 그것을 주로 강조하는 경향 때문이다. 열심히 전도하고 선교하는 교회로 자라 왔으며 계속 선교에 힘써야 할 한국 교회로서 개인의 구원을 우선으로 생각하고 거기에 관심을 두는 것은 마땅한 일이다.

그러나 개혁주의 신학의 전통은 그 이상의 것을 포괄한다. 또한 자유주의 신학에 대결하여 성경의 권위를 옹호하고 변증하는 일에 몰두하느라고 근본주의가 주장하는 교리, 즉 처녀 탄생, 그리스도의 신성, 이적, 속죄, 부활의 교리를 변증하는 일에 몰두하면서 그 이상의 개혁주의 신학의 전통에 관심을 기울일 여유가 없었던 것이다. 그리고 개인을 구원하는 선교를 위하여서는 이러한 근본적인 기독교 교리만으로 충분하기 때문에 하나님의 주권에 대한 교리도 좁은 의미로만 이해하고 일반 은총에 대한 교리는 특별 은총을 위한 하나의 거쳐 지나가는 이론적인 단계로만 이해해 온 것 같다. 따라서 4·19 학생 의거라는 하나의 사회적인 변동이 보수적이며 복음적인 교회에는 충격은커녕 별 자극도 되지 못했다.

교회의 분열로 말미암아 신학의 양극화는 더욱 가속화되었다. 사회와 문화에 지대한 관심을 갖는 자유주의 신학은 보수적인 교회와 대립하는 입장에서 전통적인 신학과는 더욱 단절하는 방향으로 줄달음치며 사회와 문화에 대한 관심을 신학화하는 작업을 진행하기 시작하였다.

토착화신학과 기독교 진리의 규범 상실

1962년대 초반에 있었던 토착화신학에 대한 논의가 그 시작이었다. 20세기 후반에 접어들면서 소위 '신민족주의'(Neo-nationalism)가 세계의 도처에서 볼 수 있는 추세가 되었을 즈음에 한국에서도 유신정권을 통하여 한국적 민주주의란 말과 민족주의가 고양되었으며 민족 고유의 것을 되찾자는 운동도 아울러 전개되었다.

이러한 사회적인 변화와 때를 같이하여, 자유주의 신학자들은 서양 선교사들이 전해준 신학이 아닌, 우리의 역사와 문화에 맞는, 우리 한국인의 신학이 필요하다는 견지에서 토착화신학을 주창하였다. 각 나라와 지역에 따라 예배 형식과 교회의 생활과 의식이 다르거나 혹은 신학적인 강조점이 다르며, 제각기 어떤 특색을 지니는 것이므로 기독교의 토착화는 실제로 이루어져 왔으며, 앞으로도 토착화는 진행될 것으로 이해해야 한다.

그렇다면 우리가 선교사를 통하여 전수 받은 기독교가 서양의 관습과 문화 속에서 성장해 오면서 서양 것으로 채색된 것이기 때문에 우리 한국인에게 생소하고 어설픈 문화적인 면을 할 수 있는 대로 제거하고 한국의 문화와 관습에 접붙여 우리에게 친숙한 한국 문화로 채색된 기독교가 되도록 해야 한다는 주장이 있었다. 이 점에는 김정준, 이종성, 전경연, 한철하, 홍현설 등 교회의 역사적인 전통을 존중하는 비교적 온건한, 긍정적이고 복음주의적인 신학자들이 이에 동의하였다. 그러나 유동식, 윤성범, 김광식 등 보다 진보적인 신학자들은 서양의 기독교는 이미 복음 자체가 서양의 문화와 세계관으로 해석된 것이기 때문에 복음, 즉 '케리그마'에 대한 이해가 무엇보다도 선행되어야 한다고 말한다.

그러나 기독교의 토착화를 위해서는 한국의 재래 문화와 역사에 대한 이해가 있어야 할 뿐 아니라 교회의 전통과 기독교의 세계성도 함께 고려되어야 한다는 소리가 더 높은 상황에서 1960년대 초반에 있었던 토착화신학의 토론이 막을 내린 것으로 이해하는데, 실제로 토착화신학은 기독교의 역사적인 전통과는 단절하는 방향으로 발전해 온 것임이 드러났다. 1980년대에 이르러서는 복음의 재해석을 주장하던 신학자들은 이젠 아무런 주저 없이 종교 다원주의를 추구하고 있음을 본다.[12]

기독교의 역사적인 전통을 무시하면서 한국의 문화와 사상으로 복음을 재해석한다는 의미에서의 토착화신학은 비신화화(非神話化) 작업을 통하여 '케리그마'를 도출하려는 불트만에게서 그 방법론적 전형을 발견하는 한편, 역사 속에서 하나님의 뜻을 나타내는 역사적 연속성을 거부하고 수직적인

---

12) 참조: 邊鮮煥, "他宗敎와 神學", 「基督敎思想」, 1984 겨울호, 687-717; 柳東植, "韓國의 文化와 神學思想", 같은 책, 718-735.

계시 이해를 강조하는 바르트의 신학에서 그 동기를 발견한다. 바르트를 따른다는 신학자들이 다 교회의 전통을 무시하지는 않는 것은 바르트의 긍정과 부정의 진술 속에서, 다시 말하면 역설의 변증법적으로 파악한다는 그의 신학적인 방법론을 따르다 보면, 그들의 신학이 다양한 결론으로 전개될 수 있기 때문이라고 본다.

1972년에 나온 민경배의 『한국기독교회사』와 1974년의 『민족교회형성사론』은 교회사 부문에 있어서의 토착화신학의 열매라고 할 수 있다. 교회사를 기술하는 데 있어서 민족사관에 근거한다거나 혹은 경건을 규범으로 본다는 것은 토착화신학적인 역사 이해요 바르트주의적 역사 이해이다. 사도 시대 이후 존속해 온 그리스도의 교회의 전통을 존중하거나 고려함이 없이 한국 교회와 신학의 독자성 또는 주체성을 지나치게 강조하면 탈 기독도교적인 이단 운동에 대하여 아무런 비판도 가할 수 없게 된다. 경건을 규범으로 삼을 경우 다른 이단들도 그들의 사상과 교리를 동등하게 경건에 호소할 수 있기 때문이다.

토착화신학에서 발전하여 민중 신학을 배태하게 하는 일에 공헌한 서남동은 '통일교의 원리 강론의 비판적 연구'라는 글에서 자신의 비판은 정통을 전제로 하여 이단 사냥을 하는 태도를 지양하고 현대 신학의 성취의 입장에서 자유롭게 토론하는 것이라고 하면서 통일교의 윤리 강론이 그 당시까지 "한국의 신학계가 산출한 신학서 중에서 그 양에 있어서나, 그 조직에 있어서나, 그 상상력과 독창성에 있어서 최고의 것을 인정됨직한 것"이라고 극찬한다. 그러면서, 그것이 "한국적인 신학을 지향하고 있는 점에서도 특이하여 여타의 시도들과 제안들에 도전하고 있다"고 평가한다.[13]

그리고 기독론을 평가하면서는 "전통적인 교리적 신학보다 여러 모로 과감한 타당한 새 해석을 내리고 있는 것을 발견하게 되나 그것이 현대신학과의 대화가 결여되어 있다는 아쉬움이 있다"[14]고 긍정적으로 평가할 뿐

---

13) 徐南同, 『轉換時代의 神學』 (서울: 한국신학연구소, 1971), 435.

아니라 원리강론은 다시금 성 프란시스가 산기슭에 서 있는 허물어져 가는 절간 옆을 지날 때 받은 계시의 말씀, "이 교회를 새롭게 하라"는 말씀이 메아리치고 있다면서 원리강론의 "민족적 소명의식"을 중요한 공헌으로 본다.15)

이와 같이 교회의 전통에 대하여 단절을 선언하고 한국 교회 자체의 경건이나 지나친 주체성 또는 독자성을 주장하거나 추구하다 보면 탈 기독교적인 교리나 교회 현상에 대하여 아무런 비판도 가할 수 없고 모든 것을 동등한 신앙 운동이요 신학 활동으로 수용할 수밖에 없게 된다. 문선명의 통일교회가 서구의 기독교 교회에서는 비기독교적이며 반사회적인 종파 운동으로 간주되고 있으며, 그것이 젊은이들 사이에 유포되는 일을 하나의 사회 문제로 취급하고 골머리를 앓고 있다. 그에 반하여, 한국의 신학자라는 이가 그것을 찬양하는 것을 보면 기독교 전통의 단절을 주창하는 토착화신학이 얼마든지 비기독교적인 방향으로 발전하는 것임을 알 수 있다.

이를테면 사람의 죽은 영혼이 경우에 따라서는 이 세상에 유령으로 남아서 배회한다는 소위 귀신론을 말하는 이단적인 가르침도 영혼에 대한 한국적인 샤머니즘에서 나온 신학적인 해석이라고 하여 용납해야 하고, 최근에 제7차 세계 기독교 연합회에서 죽은 사람들의 이름을 부르며 그들의 영도 오라고 부름과 동시에 "성령이여 오소서" 하고 부르짖으면서 춤추고 죽은 영혼들의 이름을 적은 종이를 불태운 뒤 하늘로 뿌려 올리는 정현경의 무당 놀음도 토착화신학이라는 이름으로 수용할 수밖에 없다. 그리고 보면 기독교적인 규범과 정체성은 상실한 것이 되고 만다.

1972년에 한국 기독교 장로교회에서는 토착화신학과 1960년대 후반에 논의되었던 세속화 신학을 반영하는 신앙고백 선언문을 내어 놓았다. 한국 교회 자체가 작성한 신앙고백을 가짐으로써 한국 교회의 주체성을 확립한다는

---

14) 같은 책, 455.
15) 같은 책, 463.

점에서는 토착화신학을 현실화한 것이고, 교회의 적극적인 정치 참여 및 사회 참여를 중요한 내용으로 하고 있다는 점에서는 세속화 신학을 신조화한 것이었다. 그런데 제1장 제1절에 보면 삼위일체 하나님에 관한 조항에 3세기 초에 이단으로 정죄된 사벨리우스의 양태론적 단일신론 교리와 흡사한 표현을 발견한다.

> 하나님은 하늘과 땅의 창조와 이스라엘의 역사에서 거룩하신 아버지로 나타나셨고 계시의 정점인 예수 그리스도에게서 아들로 나타나셨고 또 예수의 이름으로 모인 교회에서 성령으로 나타나셨다. 우리는 한 하나님을 세 품격에서 만나며 그 하나의 품격에서 다른 두 품격과 만난다.

이러한 단일신론적인 이해는 슐라이어마허를 비롯한 19세기의 자유주의 신학자들이 선호한 것이었고 유니테리언의 하나님 이해와 같은 것이다. 기독교 전통과의 단절을 무릅쓰면서 한국 교회와 신학의 독자성을 찾는 길은 극단적인 자유주의와 이단적인 하나님 이해로 가는 것임을 말해준다.

세속화 신학과 사회 참여와 선교

1960년대 후반에 들어서는 강문교, 서남동, 유동식, 최신덕 등에 의하여 세속화 신학이 소개되고 논의되었다. 자유주의 신학자들이 일찍부터 한국 교회와 신학의 독자성을 주창하는 나머지 기독교적인 전통을 무시하는 가운데서 토착화신학을 논하곤 하지만, 신학적인 주제나 방법론은 역시 서양의 신학자들에게서 배운 것이다. 세속화 신학은 본회퍼(Dietrich Bonhoeffer), 존 로빈슨(John Robinson), 하비 콕스(Harvey Cox)의 신학에서 비롯된 것이다.

당시의 한국에 87%의 인구가 종교를 가지지 않고 산다고 보고하면서, 유동식은 본회퍼의 '종교 없는 기독교'(religionsloses Christentum)의 사상으로써 이 사람들을 복음으로 인도할 수 있는 계기로 삼을 수 있다고 한다. 유동식은 본회퍼가 말한 바와 같이 한국 교회가 복음의 본질에서부터 하나의 종교로 타락한 상태에 있다고 전제하고, 따라서 한국 교회는 종교의 옷을 벗고 종교가 없는 상태가 되어야 한다고 한다. 다시 말하면 교회는 개인 구원의 개념과 피안적인 신앙과 미래적인 영혼 구원과 비인간적인 율법주의에서 벗어나야 한다고 한다.16)

서구의 신학자들의 신학적인 주제나 발상을 그대로 옮겨 올 때 그곳과 이곳의 교회적인 배경과 사회적인 상황이 같지 않으므로 그러한 주제나 개념이 얼른 이해가 되지 않거나 달리 이해될 수 있음은 이미 위에서 고찰한 바이다. '세속화'의 개념을 두고도 그것은 마찬가지이다. 본회퍼가 '세속화'니 '종교 없는 기독교를 지향한다'고 한 말은 우리와는 전혀 다른 문화와 사회 상황을 두고 한 말이다.

독일 사회는 90% 이상의 인구가 로마 가톨릭교회 또는 개신교 교회에 속해 있어서 교회세도 바치는 상황에서 5% 미만의 사람들이 교회를 찾는 기독교 사회이다. 90% 이상의 주민이 목사의 주례 하에 결혼식과 장례식을 올리는가 하면, 유아 세례를 받은 아이들이 14세가 되면 견신례(입교식)를 받고, 입교의 선언을 받음과 동시에 대부분이 교회를 떠났다가 결혼 주례를 받기 위하여 목사를 찾고 자녀를 낳아서는 유아 세례를 위하여 한시적으로 교회로 나오는 그러한 형편에 있는 사회이다.

이렇게 전혀 다른 사회 상황에서 나온 개념으로 아직 기독교인이 소수인 다종교 사회에 살고 있는 우리 사회를 위한 선교의 열쇠로 적용한다는 것은 어불성설이다. 서구의 사회를 가리켜서는 틸리히가 말한 대로 '크리스천 시대(The Christian era)의 종말'이라고 할 수 있겠으나, 한국은 아직 '이방인'에게 복음이 전파되고 교회가 수적으로 성장하는 크리스천 시대의 초기에 혹은 성장기에 있다.

세속화 신학에서 온 '하나님의 선교'(missio Dei) 개념은 전통적인 선교 개념과는 다르다. 급속히 성장해 온 한국 교회는 한국의 경제 성장에 힘입어

---

16) 서남동, "세속화의 과정과 그리스도교", 「基督敎思想」, 1966년 2월호, 15-26 참조.

해외 선교에 많은 열을 올리고 있다. 거기에는 비판을 받아야 하고 수정되어야 할 점이 많이 있는 줄 안다. 그러나 선교에 열을 올리는 교회는 보수적이며 복음적인 교회이다. 또한 선교사로 나가는 사람은 거의가 다 한 사람의 생명을 온 천하보다 귀하게 여기는 경건주의적이며 복음주의적인 신앙과 열정으로 그 한 생명을 그리스도께로 영생으로 인도하기 위하여 간다.

모든 종교가 기독교적인 진리를 내포하고 있으므로 대화를 통하여 기독교적인 진리에 대한 이해를 일깨운다는 '하나님의 선교' 이해로는 선교에 따르는 고난과 핍박을 감수하며 견딜 수 있는 힘도 용기도 나지 않는다.

모든 종교에서 발견하는 기독교적 진리라는 것은 종교가 가진 보편적인 진리이지 기독교 특유의 것이 아니므로 그것을 기독교적 진리라고 부르기보다는 기독교 안에 있는 보편적인 종교적 진리라고 해야 한다. 그러나 전통적인 기독교 신학이 추구하는 것은 보편적인 종교적 진리를 넘어선, 전혀 보편성이 없는 유일한 진리이다.

바울이 그리스도의 십자가와 부활만을 전한다고 말한 경우가 그러하다. 선교사로 나가는 사람들은 사회 참여를 가르치며 민주주의를 심는 이데올로기나 문화의 전수자(Kulturträger)로서 아니라, 복음의 사자(使者)로서 선교지로 향하고 있으며, 그래야만 한다. 현 시대는 소위 제삼 세계가 서양의 문물을 도입하려던 시기에 선교사들이 문화의 전수자로서도 역할하던 그런 시대가 아니며, 한국 선교사들은 그럴 입장에 있지도 않다.

위에서 언급한 바와 같이 기독교 장교회는 토착화신학과 특히 세속화신학을 반영하는 신앙고백 선언서를 내어 놓았는데 선교의 항목에서 '구원'이란 말은 찾아 볼 수 없다. 개개인의 영혼을 구원한다는 전통적인 선교 개념보다는 '하나님의 선교' 사상이 반영되고 있어서 사회의 혁신에다 선교의 초점을 두고 있다.

선교는 언제나 전 기독교계의 변혁과 사람의 생리의 신앙심과 문화를 혁신할 사명도 다해야 한다. 우리의 선교 대상은 현실의 인간이기 때문에 일반 문화와 타종교와의 접촉은 불가피하다. 일반 문화와의 접촉에서는 마음을 열고 창조의 하나님이 설정하신 진리를 이해할 수 있는 능력을 기르고 나아가서는 그것을 선교에 활용하도록 한다. 타종교와의 만남에서는 인간의 근본 곤경을 해결하고 인류의 복지를 이룩하는 일에 협력한다.

거듭하는 말이지만, 세속화 신학이나 '하나님 선교'의 이념으로는 선교의 열정이나 의지에 동기 부여를 할 수 없다. 1973/74년에 각 교파에서 선교계획서를 내놓았는데, 기독교 장로교회는 선교함에 있어서 수적이며 양적인 증가를 소홀히 하고 교회가 사회와 역사와 세계에 대하여 사명을 다할 수 있으려면 개개의 교회가 수적으로 성장할 때 비로소 가능하다는 사실을 망각했음을 반성할 뿐 아니라, 신학의 자유를 추구하는 나머지 개혁교회의 신학적인 전통을 저버렸으며, 영적인 은사와 경건의 훈련을 무시하였고, 교회에 대한 관리와 내세에 대한 신앙을 과소평가하는 여러 가지 부족함 때문에 신앙과 선교 전선에 이상이 있었다고 고백한다.[17]

1964년에서 1975년까지의 교회 성장 비율을 보면 예수교 장로고 합동교단의 경우 1,496개 교회에서 2,484개 교회로 증가하여 증가율이 66.8%이며, 통합의 경우는 2,130개 교회에서 2,685개 교회로 성장하여 증가율이 26.0%인데 비하여 기독교 장로교회는 679개 교회에서 738개교회로 증가하여 증가율이 8.6%에 지나지 않는다. 기독교 장로교회는 이러한 현실을 감안하고 반성했던 것이다.[18]

민중 신학으로의 발전

위에서 본 바와 같이 교회의 백서와 계획서는 비교적 교회의 전통을

---

17) 심일섭, "한국 개신교의 선교정책 평가", 「基督教思想」 1978년 1월호, 144.
18) 「神學思想」, 제17권(1977): 363 참조.

찾고 전통적인 선교 개념이나 경건 혹은 기독교가 전통적으로 이해해 온 성경의 가르침에 대한 평가를 다시금 하려는 의향을 표현하고 있으나 신학자들의 사상은 토착화신학과 세속화 신학의 논의를 거쳐 다시금 정치 신학과 해방 신학을 도입하여 민중 신학으로 발전하고 있음을 본다.

민중 신학은 기독교 복음이 역사적으로 사회에서 소외되고 권력층에 억눌리고 지배를 받아 온 민중의 해방과 구원을 위한 것이라고 하는 한국적인 상황에서 발전한 정치 신학이다. 민중 신학의 발전을 위하여 1970년대 말부터 자유주의 신학자들이 다 같이 참여하여 구약과 신약, 특히 마가복음과 교회사뿐 아니라 일반 역사에서 민중 신학을 뒷받침할 수 있는 소재를 찾으며 인용하고 민중 신학의 타당성을 논증하려고 한다.

민중 신학은 성경이 가난하고 불쌍한 계층의 사람들의 구원에 대하여 말하고 있음을 밝히는 점에서는 공감할 수 있다. 그리고 민중 신학이 교회로 하여금 민중에 대하여 눈을 떠서 가난한 민중을 돌아보아야 한다는 강한 신학적인 외침이라고 간주한다면 그러한 역할을 다한다는 점에서 긍정적으로 평가할 수 있다. 그러나 민중 신학이 성경의 진리를 민중의 정치적인 구원이라는 초점에만 맞추어서 보며 그것이 전부인 것처럼 말하는 것은 옳지 않다.

그렇다면 오히려 자유주의자들이 편협하다고 비판하는 근본주의자들의 성경 교리에 대한 이해가 훨씬 폭넓은 것이라고 말하지 않을 수 없다. 그리고 민중 신학을 앞으로는 조직신학적인 체계를 갖추도록 발전시켜야 한다고도 하는데, 민중 신학이 전통적인 신학의 내용을 거부하면서 그러한 신학적인 체계를 답습하려한다는 것도 모순이지만, 성경의 진리를 민중 신학이라는 프리즘을 통하여 보겠다는 것이어서 말이 되지 않는다.

민중 신학이 정치 신학이라면, 그것은 심일섭이 지적하는 바와 같이 어디까지나 상황 신학으로서의 성격과 한계성을 지니는 것이며,[19] 그러한 한계성을 민중 신학이 자인할 때만 신학으로서의 의미를 다소라도 가진다고 본다.

---

19) 심일섭, 『韓國民族運動과 基督敎受容史考』 (서울: 아세아문화사, 1982), 328.

정치적 및 사회적으로 억눌리고 가난에 시달려 온 민중이 그러한 굴레에서 벗어나기 위하여 스스로가 정치적인 해방 운동은 할 수 있을지는 몰라도 퇴폐적인 도덕 생활에서의 해방은 자신의 힘으로 할 수 있는 것이 아니다. 민중이 선각자의 지도나 선동에 따라 정치적인 해방 운동의 주체가 될 수는 있어도 도덕이나 영적인 문제를 두고는 항상 가르침을 받아야 하는 교화(敎化)의 대상일 뿐이다. 종교개혁자들은 교회의 징표 또는 본질을 말씀의 선포와 성례의 집행이라고 말하며, 개혁교회에서는 여기에다 권징을 하나 덧붙여 말하는데, 백성을 깨우치고 그리스도와 연합하게 하며 성결하게 하는 교회의 역할은 변함없이 수행될 수밖에 없다.

민중 신학이 성경의 가르침을 민중의 정치적인 구원에다 초점을 맞추려다 보니까 성경 말씀을 취사선택하며, 또한 선택한 말씀에 대해서도 보편타당한 해석을 전적으로 포기한다. 이를테면, "마가는 민중이라는 개념 내용이 필요했는데 다른 말이 없어서 '오클로스'라고 하는 단어를 빌려 썼다고 말해야 한다"[20])는 정도로 견강부회하는 종파적인 성경 이해를 시도한다. 그러므로 마가복음의 '오클로스'라는 말이 어의학적으로 무엇인가를 따지는 것은 아무런 의미가 없어진다. 그리고 서남동의 경우 서양에서 전통적으로 이해해 온 복음은 비정치화된 기독교로 보는 반면에, 기독교 역사에 있었던 종파적 운동에는 가치를 부여한다.

또한 주재용의 경우, 그는 한국에 전해진 기독교의 수용과 성장을 민중의 정치적인 의식과 활동을 위한 것이며 그 의식의 발전으로 본다. 그리하여 초대 교회를 처음부터 의식화된 성장한 교회로 보거나 그러하기를 기대한다. 교회의 구성원을 복음을 듣고 회개하여 젖먹이의 상태로부터 새롭게 자라가는 하나님의 백성으로 보지 않고, 교회의 주체를 복음 이전에 이미 존재하는 민중으로 보기 때문에 그럴 수밖에 없다.

민중 신학은 한국적인 상황에서 민중의 해방과 구원을 위한다는 정치

---

20) 서남동, "두 이야기의 합류", 『民衆과 韓國神學』(서울: 한국신학연구소, 1982), 345.

신학을 위하여 기독교 교회의 전통적인 복음 이해와 교회관을 철저하게 전도하고 거부하는 것은 너무나 많은 값을 치르는 것이다. 한국의 기독교로 말하자면 전통적으로 이해해 온 복음에 근거하여, 그리고 그 복음의 전파로 말미암아 교회가 서고 자라고 기독교 인구가 증가해 왔다는 사실과, 그럼으로써 기독교를 민중의 것으로 말할 수 있을 정도가 되었음을 상기한다면, 한국 교회를 있게 한 전통적인 복음 이해와 교회관을 송두리째 부정할 수는 없는 일이다. 만일 그렇다면 민중 신학 자체의 설 자리도 없게 되는 것임을 인식해야 한다.

민중 신학자 가운데서는 공산주의 세계의 공산당 체제가 붕괴되고 있으며 실제적으로 마르크스주의 이론을 폐기하는 단계에 이른 현실에는 아랑곳하지 않고 유물론적인 마르크스주의와 신학을 접붙이는 작업을 시도하기도 한다니 이해가 안 되는 일이다.

자유의 향유에는 책임이 따르고 질서의 존중이 요구되듯이 '신학의 자유'에도 그것은 마찬가지일 것이다. '신학의 자유'라면 논리의 플레이를 무한정으로 실험하며 향유하는 자유가 아니고 신학의 사회성을 의식하여 신학 논리(theology)의 질서(rule)를 지키는 양식은 갖추고 있는 자유이어야 할 것이다. 그렇지 않으면 그것은 기독교의 정체성은 전혀 고려하지 않는 하나의 퇴폐적인 예술 행위 정도가 될 뿐이다.

1980년도 하반기에 군사 정권이 물러나고 문민 정부가 들어서자 민중 신학도 함께 시들어 더 이상 그것을 들먹이는 일이 없어졌다. 한국의 정치와 사회 상황이 바뀌자 상황 신학으로서 정체성을 가지는 민중 신학은 그것에게 동기를 부여하던 군사 정권과 함께 과거사로 사라진 것이다. 민중 신학자들은 그래서 이제 종교 다원주의라는 주제를 논의한다. 종교 다원주의는 새로운 주제 같으나 자유주의 신학이 태동할 때부터 지향하게끔 되어 있던 신학적 관심의 종착점이다.

정통주의와 보수주의적 신앙을 가진 한국 교회에 최초로 자유주의 신학이 소개되었을 때 교회의 많은 지도자들은 경악하고 분노하였다. 그러나 그것은 어차피 필연적으로 소개될 수밖에 없는 것이다. 기독교 역사에 자유와 정통은 늘 공존해 왔다. 정통 신학은 자유주의 신학이 좌편에 있음을 의식하고 그것을 자신의 완성을 위하여 필요한 자극제로 인식해야 한다. 그렇다고 보수주의 신학이 자유주의 신학과 타협해야 한다는 의미는 결코 아니다. 자신의 입장을 더 분명히 의식하며 자신의 결점과 단점을 더 보완하고 보다 온전하게 발전하기 위하여 대화와 토론을 부단히 전개해야 한다.

자유주의 신학 쪽에서 보여준 정치와 사회에 대한 관심과 거기서 나온 행동은, 비록 급진적인 새로운 신학 이론이 그것을 뒷받침하고 있다손 치더라도, 적절히 평가해야 한다. 유신 정권에 대한 투쟁이라든지 공해 산업 도입에 반대한 일 등은 긍정적으로 평가할 수 있다. 자유주의 신학이 그것이 지향하는 사회와 문화와 벌인 대화와 접촉이라는 나름의 역할을 다하려고 했음을 인정해야 한다.

그러나 자유주의 신학자들은 그것이 마치 교회나 그리스도인들이 해야 할 일의 전부인 듯이 생각하는 것은 옳지 않다. 그리고 자유주의 신학이 추구해 온 급진적인 신학이 대중과는 괴리된 하나의 현학(衒學)이 아닌지에 대한 평가도 있어야 한다. 성경에 근거하고 교회를 위하는 신학이요 교회가 따를 수 있는 신학이 아니면, 자유주의 신학이나 정통 신학을 막론하고 그것은 이데올로기이거나 자가 만족의 현학임을 면치 못한다.

정치와 사회에 대한 관심이 반드시 자유주의의 독점물은 아니다. 나라와 사회의 구성원이면 누구나 다 정치와 사회에 대한 관심을 가지게 마련이다. 일반 은총과 역사와 세계를 다스리는 하나님의 주권을 인식하고 강조하는 개혁주의 신학은 정치와 사회뿐 아니라 자연과 환경 문제에도 관심을 갖는다. 통전적인 신학을 말하는 개혁주의 전통은 구원론 중심의 신학을 강조하는 복음주의와는 구별된다. 개혁주의와 복음주의는 동의어가 아니다.

7 연합과 분열

교회 분열과 연합
한국 장로교회 연합의 전망
독일 민족교회와 고백 교회

교회 분열과 연합

한 하나님을 믿고 한 그리스도를 믿는다면서 그리스도의 교회에 왜 이렇게 교파들이 많은가 하고 사람들이 더러 묻는다. 당연히 할 만한 질문이다. 그리스도의 교회는 2000년의 역사를 지내오는 동안에 수많은 분파의 교회로 분열하였다. 교회의 분열에는 여러 가지 요인과 동기가 있겠으나, 중요한 것을 들자면, 기독교 교리에 대한 견해 차이, 언어와 문화를 달리하는 인종적 혹은 민족적 배경의 차이, 그 밖에 자기를 고집하는 인간의 못된 속성 등으로 말미암아 교회가 분열하거나 하나를 이루지 못하는 경우가 허다하게 되었다.

초대 교회의 분파

교회의 분파는 이미 사도 시대부터 있었음을 발견한다. 사도행전 6장에 보면 구제하고 구제를 받는 일을 두고 헬라파 유대인들과 히브리파 사람들 사이에 갈등이 있었다. 사도들은 곧 구제를 전담할 집사들을 세워 이러한 갈등을 해소하려고 하였다. 고린도 교회 사람들은 별 이유도 없이 바울파, 아볼로파, 게바파, 심지어는 그리스도파니 하면서 분쟁을 일삼았다. 바울은 분쟁이나 분열이 있어서는 안 된다고 엄히 경고하고 하나 됨을 힘쓰라고 타이른다(고전 1:10~17). 속사도 교부 클레멘트가 고린도 교회에 보낸 편지에서 장로와 평신도 간의 분쟁에 대하여 경고하는 말을 보면 고린도 교회의 분쟁은 고질적이었던 것으로 보인다. 에베소 교회에도 분열의 기미가 있었던지 바울은 하나가 되기 힘쓰라고 권고한다.

> 모든 겸손과 온유로 하고 오래 참음으로 사랑 가운데서 서로 용납하고 평안의 매는 줄로 성령의 하나 되게 하신 것을 힘써 지키라 몸이 하나이요 성령이 하나이니 이같이 너희가 부르심의 한 소망 안에서 부르심을 입었느니라 주도 하나이요 믿음도 하나이요 세례도 하나이요 하나님도 하나이시니 곧 만유의 아버지시라. 만유 위에 계시고 만유를 통일하시고 만유 가운데 계시도다(엡 4:2~6).

하나가 되는 것, 그것은 곧 예수 그리스도께서, "거룩하신 아버지여 내게 주신 아버지의 이름으로 저희를 보전하사 우리와 같이 저희도 하나가 되게 하옵소서"(요 17:11하) 하고 기도하셨듯이, 제자들을 향하신 교회의 머리이신 주님의 뜻이다.

역사에서 보면 그리스도의 교회는 할 수 있는 대로 분열을 피하려고 노력하였다. 2세기 중엽에 신비주의적인 몬타누스파, 3세기 중엽에 노바티안파, 4세기 초에 북아프리카에 도나투스파의 분파 운동들이 있었고, 4세기와 5세기에는 삼위일체 교리와 기독론 교리 문제로 이단으로 낙인이 찍힌 분파가 생겼으나, 대다수의 교회는 '가톨릭' 교회로 하나임을 유지하고 있었다.

초대 교회 시대부터 기독교 세계는 행정적으로 독립한 다섯 개의 대주교구로 나뉘어 있었다. 예루살렘을 중심으로 하는 유대와 시리아 지역, 알렉산드리아를 중심으로 한 이집트 지역, 안디옥을 중심으로 한 중앙 아세아 지역, 콘스탄티노플을 중심으로 한 발칸 반도 지역, 로마를 중심으로 한 이탈리아

반도를 포함하는 서방 지역으로 구분되었다. 그러나 중요한 의제가 있을 때는 범 교회적인 공의회를 열었다.

7세기에 이르러 이슬람교가 일어나서 서방으로 침공하여 팔레스타인과 이집트 및 터키 지역을 점령하는 바람에, 기독교 세계의 큰 다섯 대주교구 가운데 두 개만 남게 되었다. 콘스탄티노플을 중심으로 하는 교회를 동방 교회라고 하고 로마를 중심으로 하는 교회를 서방 교회라고 한다. 동방 교회는 그리스 문화적인 배경을 가진 반면에, 서방 교회는 라틴-게르만 문화적인 배경을 가진데다가 정치적으로 동, 서 로마로 나뉘어서 오랫동안 양 교회는 6~7세기경부터 갈등 관계에 있다가 1054년을 기하여 완전히 결별함으로써 단교를 하게 되었다.

동방 교회와 서방 교회

동방 교회는 그들의 정통성을 주장하여 스스로를 정통 교회(Orthodox Church)라고 칭하였다. 일반적으로 그리스 정교(希臘正敎)라고 부른다. 이에 대응하여 서방 교회는 보편적, 다시 말하면, 범세계적인 교회라고 하여 '가톨릭' 교회(Catholic Church)라고 불렀다. 로마를 중심으로 한 것이기 때문에 로마 가톨릭교회라고 부른다. 양 교회가 나누어진 것은 유감스러운 일이지만, 수세기 동안 갈등 관계에 있으면서도 서로가 관용하면서 한 교회로 있으려고 노력한 사실을 우리는 충분히 감안하고 평가해야 할 것이다.

서 유럽 여러 나라의 교회들은 로마의 교황 제도 아래 통일을 유지하였다. 그러한 통일은 우연히 이루어진 것은 아니었다. 로마 가톨릭교회 안에서도 일찍부터 로마 교황으로부터 독립하여 나라를 단위로 하는 소위 국민 교회를 가지려는 움직임이 없었던 것은 아니다. 그러나 로마의 교황 가운데 출중한 인물이 있어서 교회의 통일을 이끌었던 것이다.

6세기 말에 영국인을 위하여 선교한 베네딕트 교단의 수도사 어거스틴이라든지 독일인을 위하여 선교한 보니파티우스와 같은 선교사들이 영국과 독일

승동 교회

교회를 교황을 중심으로 하는 교회가 되도록 하는데 많은 기여를 했다. 로마 가톨릭교회에서 동일한 예배 의식서를 가지고 라틴어로 예배하는 일은, 백성들이 알아듣지 못하는 일이어서 폐단이기는 했으나 교회를 하나로 지키는 일에는 기여한 것이라고 평가한다. 중세에 접어들어 교회가 극도로 부패하게 되자 드디어 16세기 초에 종교개혁 운동이 일어났다.

종교개혁으로 인한 교회 분파

종교개혁자들은 교회의 부패를 초래한 로마 가톨릭교회의 잘못된 교리와 교회 제도에 반대하였다. 즉 사람이 의롭다함을 받고 구원을 얻는 것은 행함으로 말미암는 것이 아니고, 오직 예수 그리스도를 믿음으로 말미암는다고 말하여, 행함을 강조하여 면죄부를 사도록 만드는 율법주의적인 공로주의에 반대하였다. 그리고 교황보다는 성경의 말씀이 우위에 있음을 말하면서 오직 성경 말씀이 우리의 신앙과 생활의 규범이 된다고 강조하고, 마리아를 포함하는 성상 숭배와 목사에게 고해하는 일 등에 반대하며, 예수 그리스도만이 중보자이시고 하나님 아버지와 함께 우리의 예배를 받으실 분이시라고 주장하였다.

종교개혁 운동은 1517년 10월 31일 마르틴 루터가 면죄부 강매에 반대하는 글을 발표하면서부터 시작되었다. 루터의 사상을 따르는 교회들은 주로 독일의 북부 지방과 인접한 스칸디나비아에 있는 교회들이어서 종교 개혁 운동이 진척됨에 따라 루터교회(Lutheran Church)라는 이름을 갖게 되었다.

스위스에서는 1522년 츠빙글리로 말미암아 종교개혁 운동이 시작되었으며, 여기저기서 호응하는 여러 신학자들이 거의 동시에 일어났다. 이들을 따르는 교회를 개혁 교회(Reformed Church)라고 하며, 그들의 신학 사상을 개혁 신학(Reformed theology)이라고 하고, 칼빈의 이름을 따라 칼빈주의라고도 한다. 개혁 신학 사상은 스위스와 독일의 접경 지대와 라인 하류, 네덜란드, 스코틀랜드, 프랑스와 동 유럽의 여러 나라에까지 널리 확산되어 갔다. 종교개혁 사상을 따르는 유럽 각처의 교회들이 로마 가톨릭교회에 속해 있을 때 라틴어로 예배하던 일을 지양하고, 백성들이 다 참여할 수 있도록 각기 자기 나라의 말로 예배하도록 하였다. 그리하여 제도뿐 아니라 예배의 언어를 달리 하는 민족 혹은 국가 단위의 교회로 발전하게 된 것이다.

종교개혁자들은 개혁 운동의 벽두부터 따로 교회를 독립하려는 생각은 없었다. 그들은 로마 교황청과 불편한 관계에 들어가게 되고 난 후, 수십 년 동안 개혁 의지를 굽히지 않으면서도 로마 교회와 다시금 화합할 수 있기를 위하여 노력하였다. 종교 개혁 운동을 일으키고 그 운동에 참여한 루터교회와 개혁주의 교회는 하나의 통일된 교회로 출발하려고 노력하였으나, 성만찬에 대한 상이한 견해의 차이를 좁히지 못하는 바람에, 양 교회가 통일된 하나의 개신교를 이루는 일에는 실패하였다. 성만찬의 이해는 그리스도의 이해와 관련이 있으므로 양보할 수 없는 중요한 교리로 여긴 것이다.

종교개혁과 더불어 재세례파라는 제3의 그룹이 일어났다. 루터교회와 개혁주의 교회를 이룬 종교개혁자들은 성경을 지극히 강조하면서도 교회의 전통을 그것이 잘못되었을 경우를 제외하고는 존중해야 한다고 주장하였으므로 할 수만 있으면 가톨릭교회 안에 머물려고 노력하였다. 성경을 옳게 이해하려면 주관적인 해석에만 의존해서는 안 되고 교회 역사에 있었던 신학자들의 견해를 참조해야 한다는 것이며, 특히 초대 교부들의 사상을 존중해야 한다고 생각하는 한편, 교회의 전통은 성경 말씀에 따라 옳고 그른 것을 분별하여 받아들여야 한다고 믿었다.

이에 반하여 재세례파는 성경을 문자적으로, 주관적으로만 이해하면서 교회의 전통을 거의 전적으로 부정하였다. 그들은 유아 세례는 성경적이 아니라는 이유로 다시금 성인으로서 세례를 받아야 한다고 주장한 데서 재세례파라는 이름을 얻었다. 그리하여 그들은 로마 가톨릭교회와 개신교로부터 이단시되었다.

잉글랜드에서는 정치적인 문제가 동기가 되어 영국 교회는 로마 가톨릭교회와는 단절을 선언하는 가운데, 왕을 교회의 수장(首長)으로 하는 영국 성공회(Anglican Church)가 국교회가 되었다. 왕을 교회의 수장으로 하는 영국 교회는 새로 즉위하는 왕의 신앙에 따라 로마가톨릭으로 반전했다가 다시금 개신교로 돌아오는 우여곡절을 겪으면서 종교개혁의 교회로 발전하였다. 그런데 성공회는 여러 면에서 개혁의 정도가 미온적이었으므로, 청교도들이 일어나 보다 적극적인 개혁을 주장하였다. 청교도 운동에서 장로교회를 비롯하여 회중 교회, 침례 교회 또는 독립 교회 등 여러 다른 교회 운동이 일어났다.

엘리자베스 여왕은 교회가 하나로 있지 못하면 국론이 분열되어 국운의 쇠퇴를 가져 올 것이라는 생각에서 칙령(Acts of Uniformity)을 내려 국교인 성공회 안에서 통일을 이루도록 하였다. 그러나 이런 칙령으로 말미암아 영국에서는 신앙의 자유를 외치면서 여러 작은 교파들이 더 많이 일어나게 되었다.

유럽에서는 종교개혁 당시 각 지역에 사는 목사들과 교인들은 그 지역을 다스리는 제후나 성주가 어느 교회의 신앙을 택하느냐에 따라 로마 가톨릭으로 남든지, 아니면 루터교회의 신앙 혹은 개혁주의 교회의 신앙을 택하게 되었다. 그래서 지역과 나라에 따라 교파를 달리하게 된 것이다.

미국 교회: 이식된 교파 교회

17세기에 이르러 유럽인들이 대거 신대륙인 미국으로 이민을 하기 시작하였다. 지역과 나라를 따라 구분되어 있던 여러 교파 교회의 교인들이 미국으로 건너 와서는 제각기 자신들의 신앙을 따라 교파 교회를 형성하였다. 이를테면,

루터파 사람들은 루터교회를, 개혁파 사람들은 개혁 교회를 세웠다. 그뿐 아니라 같은 교파의 신앙을 가진 사람들도 그들의 출신 나라와 언어를 따라 다른 교회를 세웠다. 이를테면, 개혁주의 신앙을 따르는 사람 가운데도 잉글랜드나 스코틀랜드 출신들은 장로교회를 세웠으며, 화란 출신들은 개혁파 교회를 세웠다. 그러므로 미국에는 결국 유럽의 여러 다른 민족에다 다른 교파의 수를 곱한 수만큼의 많은 교파 교회가 서게 된 것이다.

17세기 말에 독일에서 일어난 경건주의 운동, 18세기에 영국에서 일어난 웨슬리의 감리교 부흥 운동 등 많은 영적인 운동이 일어났는가 하면 또한 합리주의를 따르는 자유주의 운동이 있으면서 교파의 수는 점점 더 늘어났으며, 50개 주로 형성된 넓은 미국 나라에는 그러한 교파들이 산재하면서 피차 영향을 주고받는 가운데서 더 다양한 교파 교회의 나라로 발전하게 되었다.

한국의 교파 교회와 분열

1884/5년, 선교 초기부터 우리나라는 주로 미국에서 온 선교사들로부터 장로교와 감리교, 성결교, 침례교, 안식교, 구세군, 자유교회 등 다양한 교파 교회의 선교를 받게 되었다. 장로교회만 하더라도 미국의 북장로교와 남장로교, 호주 장로교와 캐나다 장로교, 이렇게 네 장로교의 선교사들이 들어와 선교 활동을 하였다. 감리교는 미국의 북 감리교와 남감리교 선교회가 각각 들어와 선교 활동을 폈다. 그러나 장로교 선교사들은 장로교 공의회를 구성하여 한국에 하나의 장로교회를 세웠고, 감리교회는 한참 뒤늦게 1930년에 하나의 감리교회가 되었다.

여러 다른 선교회의 선교사들은 서로가 같은 지역에서 선교할 경우 피차 경쟁함으로써 필요 없는 힘을 낭비하거나 마찰을 일으키는 일이 없도록 하기 위하여 선교지 분담 협정(comity)을 맺었다. 선교지 분담 협정은 한국을 지역적으로 나눈 것이므로 분열의 소지를 만든 것으로 생각하는 사람도 있으나, 실은 그게 아니고 한국 교회를 하나로 성장하게 하려는 배려에서 한 것이다.

장로교회와 감리교회도 서로 선교지 분담 협정을 맺었다. 인구 5000명이 못되는 지역에서는 장로교든 감리교든 먼저 선교한 교회가 있으면 다른 선교회는 그 지역에 또 하나의 교회를 세우는 것을 피하기로 하였다. 장로교와 감리교의 이러한 지역 분담 협정은 선교사들을 보낸 선교부가 동의하지 않았기 때문에 공식화되지는 못하였으나 선교사들은 이러한 원칙을 잘 지켰으며, 나중에 한국인들이 교회의 행정을 맡고 난 후에도 1920년대까지 잘 지켰다.

감리교는 감독 제도의 교회이므로 교구 제도의 교회로 발전하였으며, 장로교회 역시 교구 제도적인 교회로 발전하였다. 이러한 제도가 와해된 것은 1950년대 6·25 동란을 겪으면서였다. 교회 분열로 인한 교단간의 교세 확장을 위한 경쟁과 이북에서 피난 온 목사들과 신자들이 무지역 노회를 조직하면서부터였다. 그 후 산업화로 인한 인구의 도시 집중으로 교회의 난립과 교회의 분열은 가속화되었다. 교회 분열의 장본이 되고 있는 장로교회의 경우 분열의 역사를 더듬어 보면 이러하다.

1930년대부터 장로교 안에 자유주의 신학이 도입되면서 신학적인 균열이 일어나기 시작하였다. 일제의 신사 참배 강요로 말미암아 이러한 균열의 골은 깊어졌다. 신사 참배를 않으려고 피신하거나, 이를 거부하다가 순교하거나 옥고를 겪은 사람들이 있는가 하면, 이에 굴종한 사람들이 있었다. 대다수의 사람들이 굴종하였으므로 대부분의 한국 교회가 공적으로 굴복하고 만 것이다.

해방 이후에 신사 참배를 한 것을 회개해야 한다고 주장하는 이들과 이를 선선히 받아들이려고 하지 않는 이들 간에 의견이 대립되고, 또한 성경을 전적으로 하나님의 말씀으로 믿는 보수적인 신앙을 가진 사람들과 성경을 문서의 하나로 보거나 성경을 해석함에 있어서 문서 비평이나 역사적인 비평의 방법을 인정하는 자유주의적인 견해를 가진 사람들이 맞서게 된 결과로 교회가 분열하게 되었다.

신사 참배 회개를 주장하던 고려파 교회는 1952년에 장로교 총회로부터 분리를 당하였고, 신학의 자유를 주창한 기장파 교회는 1953년에 분리를 당하였다. 그리고 1959년에는 남은 큰 덩치의 소위 총회파 교회는 세계교회연합회(W.C.C.)가 신학의 자유주의를 용납한다는 견해에서 이를 거부하는 합동 측과 그런 것을 개의할 것 없이 거기에 가입하여 세계 교회와 교류해야 한다는 통합 측으로 양분되었다. 1960년대 이후부터 장로교회는 걷잡을 수 없는 분열을 거듭하여 많은 교단으로 갈라졌다. 1991년판 『기독교대연감』에 따르면 장로교가 무려 59개 교단이고, 감리교가 4, 성결교가 2, 침례교가 6, 오순절 교회가 8개 교단으로 나타나 있고, 그밖에 구세군, 그리스도의 교회, 복음교회, 루터교와 성공회 등의 교파 교회가 있음을 알 수 있다.

한국에 여러 교파 교회가 있는 것은 선교사들이 가져다 준 기독교를 무분별하게 받음으로써 이식된 것이기 때문에 어쩔 수 없는 것이지만, 선교사들이 하나의 교회로 심은 장로교회가 수많은 교단으로 분열된 것은 분명히 우리 한국 사람들에게 문제가 있으며 한국 교회가 책임을 져야 한다.

장로교가 특히 분열이 많은 데는 그럴 만한 이유가 있는 것으로 안다. 교리를 중요하게 생각하는 보수성 때문에 그러하고, 장로회 정치가 감독 정치가 아닌 민주 정치를 닮은 데서 온 것이라고 생각할 수 있다. 과반수의 결의로 결정되면 승복할 줄 아는 민주주의 훈련이 되어 있지 못해서이며, 우리의 문화가 되다시피 한 파벌 의식과 당파 의식도 관계가 있는 것으로 반성한다. 그것은 민주화의 과정에 있는 우리의 정치 풍토에서 볼 수 있는 현상과 흡사한 것이다.

신앙을 획일적으로 관리하는, 부패한 중세 가톨릭교회에 반대하여 종교개혁 운동은 각처에서 일어났다. 개신교 교회는 언어와 민족을 따라 혹은 신앙의 특색을 따라 독자적인 교회로 다양하게 출발하여 발전하였다. 개신교는 성경을 신앙과 생활의 척도요 규범으로 생각하지만 성경 이해에서 차이가 나므로 교회의 다양화는 불가피한 것이다. 다시 말하면, 성경 말씀을 이해하는 교리에도 차이가 있고, 성경에 근거한다는 교회의 제도에도 다소 차이가 있기 때문에 교파는 더 다양하게 생겨난 것이다.

어느 한 교파 교회의 교리나 교회 제도가 다른 교파의 것보다 낫다고 주관적으로 말할 수 있으나, 그것이 반드시 성경적이라고 말할 수 있는 객관적인 근거는 없다. 그것은 로마 가톨릭이 하나의 교회를 유지한다는 장점이 바로 단점으로 나타나고, 개신교의 취약점인 분열 현상이 가톨릭의 단점을 개혁하려는 데서 온 것과 같은 이치이다. 그러므로 개신교의 여러 교파의 교회들은, 성경과 교회의 역사에 비추어 보아서 명백히 잘못된 교리를 주장하지 않는 한, 서로가 보완하는 것으로 이해할 수 있다.

이를테면, 장로교회가 우리의 구원은 전적으로 하나님의 은혜로 말미암은 것을 말하면서 성경이 가르치는 대로 예정론을 말하는 반면에, 감리교에서는 구원을 얻기 위해서는 회개를 해야 하고 마음을 열어 믿음으로 구원의 은총을 받아들여야 함을 강조한다. 이러한 교리를 강조하는 것을 더 넓게 보면, 각자가 주장하는 교리를 지나치게 강조할 경우 빠지기 쉬운 취약점을 서로 보완하고 있다고 볼 수 있다. 그것은 교회의 정치 제도를 두고도 마찬가지이다.

그러나 같은 신앙고백을 가진 장로교가 수십을 헤아리는 교단으로 나누어진 사실은 결코 정당하게 볼 수 없다. 그것은 그리스도의 교회에 누를 끼치는 것일 뿐임을 교회 지도자들은 절실히 인식하고 통합하기 위하여 노력해야 한다. 통합이 현실적으로 어려우면 연합이라도 해야 할 것이다. 교회가 교회의 본 모습을 회복하기 위하여 그리고 선교와 사회 봉사의 사명을 다하기 위하여 같은 신앙고백을 가진 교파간의 연합과 교단들의 연합과 통합은 시급하며 절실한 과제이다.

한국 장로교회 연합의 전망

한국 교회는 선교 역사상 유래를 볼 수 없을 정도로 급속히 성장한 것을 자타가 인정하며 칭송하고 자부하며 감사한다. 그러나 장로교회의 경우 교회는 간단없이 분열하여 100여 교단을 헤아리게 된 사실은 교회 역사상에 없는 일이다. 하나 되기를 간곡히 부탁하시는 교회의 머리되신 주님께와 세계 교회와 한국 사회 앞에 부끄러운 일이 아닐 수 없다. 공산권의 붕괴로 남북 통일이 곧 실현될 수 있다는 희망적인 사안으로 논의가 되면서 한국 교회는 새삼스럽게 자체의 분열의 실상을 의식하게 되었다. 그리하여 교회의 연합을 모색하기에 이른 것이다.

교회 분열의 현실과 연합의 과제

교회 연합이라고 할 때, 신학과 신앙고백을 같이하는 교단간의 연합과 다른 교파 교회간의 연합을 구별해야 한다. 다른 교파 교회간의 하나 됨이라고 할 때, 그것을 반드시 교회의 구조와 행정의 일치를 달성함으로써 성취할 수 있는 일로 생각할 필요는 없다. 보이는 지상 교회는 불완전하므로 개신교의 여러 건전한 교파 교회들은 조금씩 다른 신앙고백과 교회 제도를 가짐으로써 서로를 보완하는 관계에 있는 것으로 보아야 한다. 획일적인 가톨릭교회에 반대하는 개신교의 교파 교회들이 각자의 신학적이며 교회 제도적인 특징을 무시하고 획일화하려는 것은 또 하나의 가톨릭교회를 지향하는 것일 뿐이다.

개신교 교회는 종교개혁의 벽두부터 루터교회, 개혁주의 교회, 앵글리칸 교회로 출발했으며, 같은 루터교나 개혁주의 교회이면서도 나라와 언어를 따라 각기 독립적인 조직을 가진 교회로 출발했던 것이다. 역사의 흐름과 동시에 침례교회, 감리교회 등이 생겨났으며, 나름의 신학과 실천과 교회 제도의 특이성을 갖게 되었다. 그러므로 교파를 초월하는 교회의 하나 됨은 각 교파의 특성을 유지하면서, 서로 존중하는 가운데서 추구할 수 있다. 선교라든지 성경 발간 사업이나 기타 기독교적인 행사를 기획하고 시행하는 일이나 사회봉사 사업 등을 위해서는 협력하고 연합을 도모하며 영적으로 하나 됨을 지향해야 한다. 그러나 같은 신학과 신앙고백을 가진 교단들, 즉, 한국 장로교회의 연합은 교파 교회들의 연합 정도로 생각해서는 안 되고 더 적극적으로 합동을 통하여 기구적(機構的)인 하나 됨을 추구해야 하는 것이다.

1990년대에 들어와서 자유주의 노선을 걷는 교회 연합 기구인 WCC와 연계된 NCC에 불만을 가진 보수적인 성향을 띤 여러 교파와 교단 교회들이 한국기독교총연합회를 구성하였다. 1992년에는 보수적인 장로교 교단들이 예장 협의회를 결성하였다. 50여 장로교 교단이 총회적인 결의를 얻어 이에 가입하고 있으며, 장로교의 동질성을 의식하는 가운데, 각 교단의 총무들이 모여 장로교의 좀 더 적극적인 연합 활동을 도모하며, 나아가서는 교회의 합동에 이르는 길까지 모색하고 논의한다는 것이다. 합동 계열의 모 개혁 장로교단의 노회에서는 합동 주류 측과의 실질적인 합동을 건의하는 헌의를 총회에 상정하여 논의하기도 하였다.

장로교회 안에는 이러한 움직임을 환영하는 사람들이 있는가 하면, 부정적

YMCA 회관

으로 혹은 소극적으로 대응하는 사람들도 있다. 비주류에 속해 있으면서 교회 연합에 소극적으로 대응하는 사람들 가운데는 교단이 분립할 당시의 개혁 정신이 많이 퇴색된 데 대하여 유감을 표시하면서 당시의 정신을 되살릴 것을 촉구한다. 교회는 항상 개혁되어야 하는 것이므로 개혁은 합동을 환영하든 않든 간에, 어떠한 상황에서도 주창할 일이다.

그러나 분립의 명분을 새롭게 인식하여 분립의 길을 더 굳히는 것이 곧 개혁 정신을 공고히 하는 일이라고 생각한다면 그것은 착각이다. 왜냐하면 역사는 정체해 있지 않고 흘러가며 역사적 상황은 변하기 때문이다. 동서가 이념으로 대치했던 시절에 현재와 같이 공산 국가에 선교사를 보내면서 왕래할 수 있는 날이 쉽게 오리라고는 아무도 생각하지 못했다. 그러나 역사적 상황은 바뀌어 그것이 가능하게 된 것이다.

우리는 역사적인 상황을 바로 인식할 수 있기 위하여 먼저 한국 장로교회가 분열해 온 여러 시점의 상황을 돌이켜 보아야 할 것이다. 한국 장로교의 교단들이 분립할 당시에 제가끔 나름대로 충분한 명분을 가진 것으로 확신하였으나, 그러한 명분들이 정말 교회 분열의 충분한 명분이 되는 것인지도 반성해야 한다. 한국 장로교회의 분열에서 타의에 의하여 어쩔 수 없이, 다시 말하면 큰 그룹의 주류가 작은 그룹의 비주류를 거부함으로 말미암아 분립하게 된 것은 두 세 경우에 지나지 않는다.

1952년 고신 교단이 분립하게 되었을 때, 명분은 신사 참배 회개 문제였으며, 총회가 회개를 촉구하는 고신 측 경남노회의 총대를 받아 주지 않고, 고려신학교 졸업생을 강도사 시취 자격자로 인정해 주지 않음으로써 고신 교단이 분립하게 되었다. 그 이듬해에 있었던 자유주의 신학 노선을 걷게 된 기장

교단의 분립도 역시 비슷한 경로를 거쳐 진행되었다. 1959년에는 남은 주류의 큰 장로교 교단은 WCC의 가입 문제를 두고 이를 찬성하는 통합측과 반대하는 합동측으로 분립하였다.

1961년에는 합동측과 고신측이 합동함으로써 감격스러운 일을 성취하였다. 그러나 한 해 남짓 지난 1963년 유감스럽게도 합동한 교단은 고신측의 환원으로 말미암아 다시금 분열하였다. 1970년대 후반부터 제3단계의 장로교 분열이 일어났다. 합동측에 속한 많은 지도자들이 개혁을 외치면서 분립하는 바람에, 한국의 보수적인 장로교회는 마치 핵분열과 같은 연쇄적인 분열의 진통을 겪게 되었다.

여러 교단 지도자들은 분립 당시 그럴 수밖에 없는 상황으로 판단하고 분립을 감행한 것으로 안다. 그리고 각 교단의 지도자들은 안으로는 그 명분을 위하여 노력해 온 것으로 생각한다. 그런데 그 명분을 얼마나 달성했는지, 그리고 교단들 자체가 무슨 유익을 얻었는지에 대하여는 각 교단 스스로가 평가할 줄 아는데, 스스로 만족스럽게 여기는 교단 지도자들이 있는지도 모를 일이다. 그러나 교단 지도자들은 교단 내의 상황만 검토하여 긍정적으로 혹은 부정적으로 평가할 것이 아니고, 보다 넓은 역사적인 안목을 가지고 교단들이 분립함으로써 한국 교회에 어떤 영향을 미쳤으며 어떤 결과를 초래하게 되었는지에 눈을 돌려 검토해 보아야 할 것이다.

100여 개로 분열한 대부분의 교단들이 거의 예외 없이 한국 장로교 독노회의 역사를 이어 받은 것으로 자처하며, 총회의 회기도 1907년부터 기산(起算)한다. 그러나 많은 교단들 가운데는 분립의 역사적 계보를 추적할 수 있는 것이 있는가 하면, 그렇지 못한 자생적인 교단들도 있다. 불건전한 신학을 가진 종교 집단도 버젓이 장로 교단이라는 간판을 가지고 수많은 교단들 틈새에서 안전하게 서식하고 있다. 교회의 분열로 인하여 많은 소위 무인가 신학교들이 서게 되었으며, 신학 교육이 부실하게 이루어지게 되었다.

교회 분열로 말미암아 교회의 교권이 실추되었으며, 교단간의 경쟁으로 인하여 장로교회의 교구 교회적인 제도는 이미 오래 전부터 와해되었다. 그리고 그로 인하여 한국 교회 안에는 개교회주의가 팽배하게 되었다. 교회 개혁을 명분으로 한 분립이 결국은 개혁에 역행하는 부정적인 결과를 초래하게 된 것이다. 이러한 현실은 교단들이 분립하던 당시와는 전혀 다른 역사적 상황이다. 분립을 감행할 때는 이러한 결과를 아무도 예상하지 못했으며 고려하지도 않았다.

그러므로 소위 주류의 큰 교단이든 비주류의 작은 교단이든, 개혁주의 신학과 개혁 의지에 투철한 교단이라면, 한국 교회가 분열로 말미암아 거두게 된 이런 부정적인 결과를 볼 수 있어야 하며, 그에 대한 책임 의식을 가져야 한다. 이러한 역사적인 상황을 간과하면서 자체 교단의 교세에 만족하거나 혹은 교단의 개혁 의지만 점검하며 분립의 명분을 찾아 새롭게 함으로써 교단 내의 비교적 양호한 분위기에 자위하거나 자족하려는 것은 옳지 않다. 그것은 역사 의식의 결여에서 오는 생각이요 자세이다.

성경은 교회의 하나 됨을 권한다. 교회의 머리되신 주 예수 그리스도께서도 교회의 하나 됨을 간곡히 부탁하신다. 역사를 보면 그리스도의 교회는 이 말씀을 지키려고 노력하였다. 11세기에 분립하게 된 동방 교회와 서방 교회는 언어와 정치와 문화적인 배경이 서로 다름에도 불구하고 분열을 피해 보려고 3~4세기에 걸쳐 노력하였다. 그런데 동서 교회의 분립은 엄격한 의미에서 그저 지역적으로 나누어진 분단이었지 분립은 아니었다. 본격적인 교회 분립은 16세기에 종교개혁으로 말미암아 일어나게 되었다.

종교개혁의 교회는 성경관, 교회관, 교황주의와 교회의 제도, 구원론 등 너무나 많은 문제를 두고 로마 가톨릭과 견해를 달리하였다. 종교개혁자들에게는 교회를 부득이 분립하지 않을 수 없는 명분이 충분하였다. 그럼에도 불구하고 그들은 로마 가톨릭과의 연합을 위하여 빈번히 종교회의를 열어 논의를 하는 등 오랜 세월을 참으며 노력하였다. 루터의 경우는 슈말칼덴 회의(1537)까지 20년을 기다렸으며, 칼빈의 경우는 평생 그 희망을 버리지 않았다.

  한국 교회의 지도자들도 역시 교회가 분열할 때 아픔을 경험했으며, 분립의 명분을 두고 고민하였을 것으로 안다. 그러나 종교개혁자들에 비하면 우리의 지도자들은 너무나 쉽게 명분을 내세웠으며, 너무 쉽게 고민을 처리했음이 사실이다. 1959년 소위 총회측 장로교단이 통합과 합동으로 분열하면서부터는 분립한 교단들이 제가끔 자의로 분립을 감행하였다는 점이 1950년대 초에 고신측과 기장측이 총회에서 밀려나옴으로써, 즉 타의에 의하여 부득이 분립하게 되었던 상황과는 다른 점이라고 할 수 있다. 1950년대 말부터 있었던 장로교의 분열이 이와 같이 자의로 분립을 감행함으로써 일어났다는 사실은 비록 그것이 절차나 형식상의 차이에 지나지 않은 것 같으나 대단히 중요한 의미를 띠는 것으로 볼 수 있다. 말하자면, 교회의 지도자들이 교회의 분열을 그만큼 가볍게 생각한 것이라고 해석할 수 있다.

  그러나 교회 지도자들이 교회 분립을 두고 당시에 다소라도 고민했다면, 그 고민을 늘 지니고 있어야 한다. 그리고 분립 당시 내세웠던 명분이 참으로 명분이 될 수 있었던 것인지 늘 되돌아보며 검토해야 한다. 이제 한국 교회가 교회 연합 혹은 합동을 하나의 역사적인 과제로 인식하게 된 시점에서는 개혁 의지를 가진 교단들은 교회의 재결합을 위하여 고민하고 그 가능성을 검토하며 실제적인 노력을 기울여야 한다.

  분리주의자로 비난을 받기도 하는 메이천은 교회 분립의 명분으로 교회의 순결을 내세웠다. 그런데 그가 말한 교회의 순결만 하더라도 교리적이며 신학적인 순결을 의미하였던 것이다. 통합과 합동 장로교의 분리는 아마도 그런 명분을 위한 것이라고 볼 수 있을 것이다. 그러나 그 이후의 보수 장로교 내의 분열은 교리나 신학적인 문제로 인한 것은 아니었다. 장로교 교단들이 모두 웨스트민스터 신앙고백에 충실할 것과 전통적인 신앙을 보수할 것을 표방하고 있기 때문이다. 그러므로 실제의 경건 생활 문제를 분립의 명분으로 할 때, 분립의 명분은 상황의 변화에 따라 희석될 수밖에 없다.

가령 충실한 신학 교육이 부재한 것으로 생각되던 신학교가 꾸준한 노력 끝에 어떤 계기를 맞이하여 보다 충실한 신학교로 발전할 수도 있다. 그럴 경우 교육의 개혁을 위하여 새로 시작했던 신학교의 명분은 상대적으로 그만큼 희석될 수밖에 없다.

개혁주의 교회관과 분리주의 교회관

교회의 분열에는 여러 가지 요인이 작용한 것으로 알지마는, 그 가운데서 가장 중요하고 결정적인 것은 잘못된 교회관이라고 생각한다. 교회의 분열을 조금이라도 정당화해 주는 교회관을 가졌다면, 그것이 가장 큰 요인이 아닐 수 없다. 한국 장로교회의 분열과 분립이 비교적 쉽게 이루어졌으며, 분립한 교단들이 내세운 개혁 혹은 진리 보수라는 명분이 교리적인 것이 아니고, 도덕적이며 상대적인 것에 지나지 않는 것이라면, 교회의 분열이나 분립은 그것을 너무나 가볍게 생각하는 분리주의적 교회관에서 비롯된 것으로 귀결된다.

교회를 문자적으로 그리스도의 신비체로 이해하며, 자신들의 교회를 그리스도의 신비체와 동일시하고, 따라서 신성불가침의 유일한 교회로 자처하는 가톨릭교회는 분열이 거의 없다. 그런데 한국의 여러 교파 교회 가운데서도 개혁주의를 표방하는 장로교회가 가장 많은 분열을 겪었다. 그 가운데서도 교회의 통합을 이념으로 세계기독교연합회의 회원이 되고 있는 기독교 장로교와 예수교 장로회 통합측에서는 분열이 거의 없는 반면에, 개혁주의와 개혁을 더 많이 강조하는 합동을 비롯한 보수측 장로교회가 주로 분열한 사실을 보면, 교회관이 역시 교회 분열의 큰 요인이 되고 있음을 알 수 있다. 그것은 보수적인 교단들이 개혁주의를 표방하기는 하나 세대주의, 근본주의, 경건주의 혹은 부흥주의 등의 영향을 받아 개혁주의적이기보다는 신령주의적인 (Spiritualistic), 다시 말하여, 분리주의적인 교회관을 갖게 된 때문인 것으로 볼 수 있다. 개혁주의 교회관이 교회의 분열을 정당화하는 것으로 잘못

이해한 것이다.

웨스트민스터 신앙고백은 교회에 대한 조항에서 교회를 "보이는 교회"(可視的 教會)와 "보이지 않는 교회"(不可視的 教會)로 구분하여 설명하는 것으로 그친다. 17세기의 사변적인 정통주의 신학자들은 종교개혁자들이 말한 교회론 가운데, 특히 교회에 관한 사변적인 교리를 부연하는 일에 관심을 기울임과 동시에 그것을 단순화하였음을 알 수 있다. 16세기의 종교개혁자들은 부패한 가톨릭교회, 즉 기구로서의 교회를 염두에 두고 교회의 쇄신을 주창하면서 교회의 개념을 이분하였다.

로마 가톨릭교회를 예수 그리스도의 신비적인 몸의 성장과 동일시함으로써 보이는 하나의 교회가 있을 뿐이라는 로마 가톨릭의 교회관에 반하여, 루터는 '내적인 교회'와 '외적인 교회'로 나누어 말하고, 칼빈은 '보이는 교회'와 '보이지 않는 교회'로 구분하여 말하였다. 완전한 구원으로 택함을 받은 성도의 모임을 '내적인 교회' 혹은 '보이지 않는 교회'라고 하고, 최종적인 구원은 받지 못했으나 교회에 적을 두거나 출석하는 교인들을 다 포용하는 현실의 교회를 '외적인 교회' 또는 '보이는 교회'라고 하였다.

선택의 교리를 따라 추론하자면 당연히 이분하여 말할 수 있다. "청함을 받은 자는 많되 택함을 입은 자는 적으니라"(마 22:14)고 하는 말씀도 그것을 가르치는 말씀으로 이해할 수 있다. 그러나 성경에서는 교회를 그런 이름으로 뚜렷하게 이분해서 말하고 있지 않다. 바울은 문제가 많은 고린도 교회를 향하여서 "너희는 그리스도의 몸"이라고 말하는 한편, 흠이 많고 불완전한 현실의 교회가 지향해야 할 이상적인 교회상을 가르친다. 신약이 가르치는 바람직한 교회는 현실 교회의 구성원 가운데서 선택된 사람들만으로 구성되는 '보이지 않는 교회'가 아니고, 현재의 "여러분", 즉 허물과 죄가 많으며, 믿고 바라고 사랑하는 일에 불완전한 "여러분"이, 즉 "우리"가 성령의 일하심을 통하여 날마다 성화되며 하나님의 성전으로 함께 지어져 가는 교회이다.

바울은 교회를 이분화하지 않고 하나로 말하지만, 그렇다고 로마 가톨릭이 현실의 교회를 그리스도의 신비적인 유기적 몸과 동일시함으로써 오류가 없이 자족한 교회로 주장하는 그러한 교회관을 뒷받침하는 것은 전혀 아니다. 바울은 허물 많은 현실의 교회를 바람직한 하나님의 성전으로 성화됨을 지향해야 하는 교회로 말한다. 그러므로 현실의 교회는 성화의 과정에 있는 교회, 즉, 항상 개혁되어야 하는 불완전한 교회이다. 그러나 이 불완전한 교회가 온전한 교회를 지향하여 성장해 가야 하는 교회이므로, 교회의 지체나 교회를 섬기는 사역자는 현실의 불완전한 교회에 충실해야 하며, 그럼으로써 함께 성화를 이루어 가야 한다는 것이다.

칼빈은 교회를 '보이는 교회'와 '보이지 않는 교회'로 이분화해서 말하면서도 우리가 정작 논할 수 있는 교회는 보이는 교회라고 말하였다. 즉 바울이 말하는 교회관을 옳게 파악한 것으로 이해할 수 있다. 그 말은 우리는 '보이지 않는 교회'를 염두에 두고 온전하고 거룩한 성도의 공동체를 지향하면서, 그리고 지향하기 때문에, 제도적인 교회에 충실해야 함을 뜻하는 말이다. 칼빈 자신은 그것을 위하여 최선을 다하였다. 그래서 그는 제네바의 대부분의 시민이 속한 소위 국가 교회를 목회하는 일에 혼신의 힘을 다하면서, 신앙인들만의 별개의 교회를 주장하는 재세례파를 철저히 배격하였다. 그래서 그는 교회의 건덕을 위하여 목회 이념을 충분히 펴지 못하고 좌절을 맛보는 일을 개의치 않았다. 칼빈은 개신교의 하나 됨을 위하여 부단히 힘쓰는 한편, 교리적인 타협은 거부하면서도 가톨릭교회와의 재연합에 대한 희망을 평생토록 간직하였던 것이다.

분열로 말미암아 교회상이 추락되고 있는 한국적인 현실에서는 '보이는 교회'와 '보이지 않는 교회'로 이분하는 교회론을 종교개혁자들이 말한 것이라고 하여 그냥 교과서를 외우듯이 복창할 것이 아니고, 성경이 말하는 교회상의 여러 측면을 밝히 조명하면서, 우리의 교회적인 상황에서 어떻게 소화해야 할 것인지를 생각하면서 교회론을 말해야 할 것이다. 종교개혁자들은 '보이는 교회'와 '보이지 않는 교회'의 긴장 관계에서 교회를 이해하였다. 그런데 누구든지 종교개혁자들이 말한 '보이는 교회'와 '보이지 않는 교회'의 개념을 그들의 의도와 역사적인 상황을 충분히 고려하면서 균형 있게 이해하지 않고 단순화하여 이해하면, 즉 그 어느 하나를 소홀히 하고 포기하든지, 다른 하나에 치중하거나 역점을 두면, 로마 가톨릭과 같이 교권주의에 기울어지거나 신령주의자들과 같이 분리주의에 빠지게 된다.

종교개혁 이후 객관적인 진리를 지나치게 강조하고 사변주의 신학에 흐른 정통주의에 반발하여 17세기 말에 독일에서는 회개와 중생과 구원을 강조하는 경건주의 운동이 일어났다. 경건주의는 종교개혁자들이 말하는 '성경만으로'를 복창하나 그들의 성경 이해는 종교개혁자들의 성경 이해와는 차이가 있다.

경건주의는 종파적 교회사관을 가져 교회의 역사와 전통을 존중하지 않으며, 따라서 교리 없는 기독교를 주창하며 성경의 계시를 주관적으로 이해한다. 즉 경건주의는 신령주의 전통에 속하는 운동으로서 '보이지 않는 교회'에 역점을 두고 신앙인들만의 교회를 추구한다. 신령파(Spiritualists)의 교회사 이해는 '외형주의로 변하는 것' 또는 '세속화'가 교회사를 지배하는 법칙이라는 것이다.

세바스찬 프랑크(Sebastian Franck)는 "모든 내적인 것은 외적인 것이 된다"는 관점에서 교회를 보고 교회사를 본다. 따라서 그에게 있어서 교회사는 타기할 수밖에 없는 종결로 끝나는 것이며, 정신에서 형식으로 퇴락하며, 생동하는 교회가 제도적인 교회로 되고, 즉흥적인 것에서 의식적인 것으로 타락하는 역사가 된다.

경건주의의 대표적인 교회사가 고트프리트 아놀드(Gottfried Arnold, 1666~1714)는 신령주의적 견해를 더 예리하게 표현하였다. 그는 문제의 저작 *"Unparteiische Kirchen- und Ketzer-Historie"*(편견 없이 본 교회와 이단의 역사, 1699~1700)를 써서 가톨릭뿐 아니라 정통주의 개신교회도 비판적으로 보는 한편, 교회 역사에서 이단으로 정죄 받았던 분파 운동을 옹호한다.

교회사의 계속성은 그리스도가 산헤드린의 공회에서 심판을 받은 사실에서 근거하는 것인데, 이러한 심판을 받는 과정이 모든 시대에 반복된다는 것이었다. 교회사를 기록하는 사람들이 힘없는 경건한 사람들을 압제하여 이단으로 낙인을 찍었다는 것이다. 교회사에서 두 가지 사건이 대조적으로 발전한다는 것인데, 제도로서 교회가 타락하여 세속화되는 반면에 영적인 참된 교회는 '시온'으로 참 신자를 모으는 과정이 진행된다는 것이었다. 이러한 견해는 루터나 칼빈이 가졌던 교회관과는 달리 재세례파의 분리주의적인 교회관과 일치한다.

이러한 경건주의는 루터가 로마 가톨릭에 반대하여 자신의 개혁 초기에 말한 만인제사장론을 재강조함으로써 역사적이며 제도적인 교회를 부정적으로 본다. 루터가 종교개혁 초기에 '만인제사장'을 언급한 것은 중세 로마 가톨릭교회의 교계주의(敎階主義)와 교황주의에 대한 반발에서 한 말이었다.

칼빈은 '만인제사장'을 언급하지 않는다. 루터는 교회를 '성도의 모임'(communio sanctorum)으로 정의하는 데 반하여, 칼빈은 교회는 '성도의 모임'일 뿐 아니라, 하나님께서 제정하신 '기구'(機構 혹은 制度, institution)임을 강조한다. 그리고 하나님의 말씀이 먼저 있고 이에 응답하는 '성도의 모임'이 있는 것이므로, '기구'의 개념이 '성도의 모임'의 개념에 선행한다는 것이다. 스위스 제2 신앙고백에서 불링거는 '만인제사장'을 언급하지만, 영적인 의미에서 말할 뿐, 교회의 직분이나 제도를 부정하는 의미로 이해해서는 안 된다고 주의를 환기시키면서 목사의 직분의 고귀함과 중요함을 강조한다.

대부분의 경건주의자들이 교직 제도를 전적으로 부정하는 것은 아니지만, 교회 안에 교회(ecclesiola ecclesiae)를 형성하고 그들만이 모이는 집회를 위하여 평신도 출신의 설교자를 세우는 것을 보아서, 실제적으로는 교직 제도에 대하여 소극적인 자세를 취하여 왔음을 알 수 있다. 경건주의자들 가운데서도 슈페너(Spener)와 프랑케(Franke)를 좇는 사람들은 독일의 개신교회 안에 머물면서 그들 나름의 모임을 갖고 운동을 전개한 반면에, 친젠도르프가 이끄는, 영어로 모라비안(Moravian)이라고 부르는, 헤른후터 게마이네(Hernnhuter Gemeine)는 전통적인 교회에서 완전히 분파를 이루는 방향으로 발전하여 갔다.

영국에서는 일찍이 조지 폭스(George Fox, 1624~1691)로 말미암아 비롯된 퀘이커들은 교직 제도를 부정하는 교파를 형성했으며, 같은 경향의 플리머스 형제단(Plymouth Brethren)은 모라비안의 영향을 받은 것이다. 일본의 우찌무라(內村)에 의하여 시작된 무교회(無敎會)는 퀘이커와 플리머스 형제단의 한 형태이다. 우리나라에는 일찍이 자유교회라는 이름으로 선교 되었으며, 김교신과 함석헌 등이 지도자로서 역할하였다.

우찌무라의 영향은 한국 교회 전반에 큰 영향을 미친 것이라고 할 수 있다. 일본 말 책을 읽을 수 있는 연령층의 많은 한국의 목사들이 우찌무라의 책과 구로자끼(黑崎)의 주석을 즐겨 읽었으므로, 그들의 글에 스며있는 신령주의적인, 즉 분리주의적인 교회관의 영향을 무의식한 가운데 받아들이게 된 것으로 생각한다. 구로자끼의 주석을 보면 분리주의 교회관이 농후함을 발견한다. 그리고 한국 교회는 경건주의에서 발원된 부흥 운동을 경험하였으며, 세대주의, 근본주의, 복음주의 등 신령주의의 영향을 받았으므로, 많은 교회 지도자들이 '보이는 교회'에 보다는 '보이지 않는 교회'에 역점을 두는 경향을, 즉 분리주의적인 경향을 갖게 된 것으로 이해한다.

그뿐 아니라, 한국 교회는 우리에게 선교했으며, 직간접으로 영향을 미쳐 온 미국 교회, 즉 교파와 교단으로 형성되어 있는 미국 교회에 익숙해 있어서도 그러하다. 미국 교회가 많은 교파 교회로 되어 있는 것은 본래 신령주의에 속하는 신자들이 신앙의 자유를 찾아 이민한데다가, 같은 신앙고백을 가졌다고 하더라도 유럽의 여러 다른 언어와 민족적인 배경을 따라 제 각기 종족 교회들(ethnic churches)을 세웠기 때문이다. 그러나 우리는 미국 교회의 그러한 역사적인 배경까지는 미처 알지 못하고, 우리의 민족과 사회적 상황이 그들의 상황과 전혀 같지 않음을 충분히 인식하지 못하는 가운데, 그저 많은 갈래로 나누어진 미국의 교파와 교단 교회에 익숙하게 되었으며, 그것을 예사롭게 생각하게 된 것이다.

한국 장로교회는 개혁주의의 건전한 교회관을 회복해야 한다. 교회 지도자들이 개혁주의의 건전한 교회관을 가진다면, 무분별한 교회 분열 자체가 부조리한 것이며, 교회 분열이 초래한 부정적인 결과를 실감하는 가운데, 같은 신앙고백을 가진 장로교회의 실제적인 연합과 합동을 실현하기 위하여 진력할 것이다. 건전한 개혁주의 교회관을 가지느냐, 아니면 분리주의적인 교회관을 가지느냐 하는 것은, 비단 교회 분열의 현실이나 교회 연합의 과제에 대한 대응에만 반영되는 것이 아니고, 목회와 교회 정치와 사회와 문화 전반에 대한 자세 및 세계관에도 반영된다.

신령주의자는 현실의 불완전한 교회를 정죄하면서 '보이지 않는 교회', 즉 '신앙인들만의 교회'를 추구하는 반면에, 하나님의 주권 사상을 강조하는 개혁주의자는 '보이지 않는 교회'를 시인하면서 '거룩한 교회'를 지향해야 하는 불완전한 현실의 교회를 중요시하며 목회한다. 신령주의는 특별 은총을 강조하고 일반 은총에 대한 개념이 희박한 반면에, 개혁주의는 특별 은총과 함께 일반 은총을 균형 있게 인식하고 강조한다. 신령주의는 죄악으로 가득 찬 현세와 세속의 역사와 문화를 정죄하는 나머지 반지성적이며 반문화적인 경향을 보이며, 영적인 삶에 치중하여 윤리를 소홀히 하는 반면에, 개혁주의는 그러한 현세와 세속의 역사와 문화가 하나님의 주권과 심판 아래 있음을 인식하면서 영적인 삶과 함께 윤리적인 삶을 강조하며, 하나님의 나라의 확장을 위하고, 역사에 참여하며 현세와 문화의 변혁을 위하여 최선을 다한다.

개혁주의와 복음주의

장로교 교단 안에서는 개혁주의 신학에 충실하려면, 복음주의적인 연합 운동도 삼가야 하는 것으로 아는 이들이 없지 않다. 그러나 그것은 개혁주의와 복음주의의 개념을 충분히 잘 이해하지 못한 데서 가지는 생각으로 안다.

위에서 개혁주의와 신령주의의 차이점을 고찰했듯이, 개혁주의와 신령주의가 전혀 상치되는 사상이거나 신령주의가 개혁주의에서 전혀 수용될 수 없는 사상이 아님을 인식해야 한다.

개혁주의를 표방하는 교회에서 볼 때 신령주의는 교회가 지나치게 '보이는 교회' 쪽으로 치중하지 않고 균형을 갖추도록 도와주는 운동으로 간주할 수 있다. 다시 말하면 교회가 영적으로 각성하여 생동하는 교회로 존재하도록 자극을 주는 운동으로 이해하면 좋은 줄 안다.

복음주의는 신령주의의 전통과 요소를 가졌으나, 근본주의나 세대주의와는 달리 더 넓은 층을 포용하는 신앙 운동이라고 할 수 있다. 개혁주의는 성경과 교회와 우리의 삶 전체를 이해하는 신학적인 체계이며 전통임에 반하여, 복음주의는 성경이 가르치는 특정한 교리를, 즉 회개와 중생, 새사람으로 사는 일, 성령의 역사와 선교의 측면을 강조하는 신학이요 운동이다. 복음주의 신학에는 주관적이며 아르미니우스적인 경향이 없지 않다. 그 점을 충분히 인식하면서 개혁주의 교회는 복음주의를 수용하고 개혁주의 신학의 체계 안에서 소화하면서 그 운동에 참여할 수 있다.

복음주의 운동은 경건주의 운동에서부터 발원하여 18세기와 19세기의 부흥 운동과 대각성 운동을 경험하면서 형성된 신앙 운동이다. 개혁주의는 성경의 교리를 균형 있게 다루고 교회와 신자의 삶뿐 아니라 인간의 역사와 문화 모든 것이 하나님의 주권 아래 있음을 강조하는 신학적인 체계요 교회의 전통임에 반하여, 복음주의는 특정한 교리, 즉 개인의 구원과 복음 전파와 선교에 강조점을 두는 신앙 사상이요 운동이다.

복음주의는 경건주의적인 요소를 가져 중생과 회개, 새 사람 됨을 설교하고 성령의 사역과 그에 대한 우리의 체험을 강조한다. 성경 말씀에 충실하면서도 성경의 진리를 주관적으로 이해하려는 경향이 있다. 설교에서도 성경 본문의 내용을 가리지 않고 개인의 신앙에 적용하려는 경향이다.

예를 들면, 변화산의 사건은 예수 그리스도께서 영광 가운데 계셨고 장차

계실 하나님의 아들이심을 보여 주는 사건인데, 이러한 본문을 무리하게도 우리의 신앙에 적용해서 설명하려고 한다. 또 하나 예를 들면, 두 렙돈을 바친 과부를 헌신의 모델로만 보는 견해는 복음주의적인 접근이라고 할 수 있다. 그러나 하나님 중심 혹은 그리스도 중심으로 본다면, 보잘것없이 적게 바치는 여자를 가장 많이 바친 것으로 칭찬하시는 예수님의 위대하심과 그의 가치관을 새삼 발견하게 된다. 즉 사람의 생각과 하나님의 생각이 동이 서에서 먼 것같이 다름을 발견한다.

그러나 복음주의는 개혁주의와 상치되거나 대치되는 사상은 아님을 인식해야 한다. 복음주의 신학이나 그 어떠한 신학도 어느 특정한 교리를 강조하여 그 교리를 통하여 신학의 전체적인 체계를 세우려고 하면 곤란하다. 복음주의는 구원론에 특별한 관심을 두기 때문에 교회론에 속하는 교리도 구원론적으로 이해하려는 경향이 있다.

예를 들면, 성례를 구원론적으로 이해하면, 성례는 구원을 위하여 필요 불가결한 것이기보다는 이차적인 것이라고 말하게 되고, 그럼으로써 소홀히 하게 된다. 예를 들어, 세례를 반드시 받아야만 구원을 얻는 것인지를 묻고, 세례가 구원 얻는 데 절대적인 요건이 아니라면 생략해도 무방한 것이 아닌가 하는 식의 질문을 한다. 그러나 그러한 질문은 기독교의 진리를, 즉 성경의 진리를 구원만을 중심하여, 더 엄밀히 말하자면, 개인의 구원을 중심하여 보려는 데서 묻는 것이다.

예수 그리스도를 믿음으로 의롭다함을 받아 하나님의 백성이 됨과 동시에 우리의 구원의 과정이 종결되는 것이 아니고, 이제 시작되는 것이다. 의롭다함을 받은 사람은 하나님의 백성으로서 성화의 삶을 살아야 한다. 어떻게 하나님의 백성이 되느냐 하는 것이 구원론의 중요한 교리에 속한다면, 어떻게 하나님의 백성으로 살 것이냐 하는 것은 교회론적인 교리에 속한다. 그렇다고 하여서 구원론적인 교리와 교회론적인 교리가 확연히 구분되는 것은 아니다. 그 둘은 서로 연결되어 있다.

예를 들면, 교회를 '보이는 교회'와 '보이지 않는 교회'로 이분하는 개념을 따라 논의할 경우, '보이는 교회'는 물론 교회론의 대상이지만, '보이지 않는 교회'는 구원론에 귀결된다. 또한 세례의 경우, 물 세례는 교회론적으로 당위성을 지니지만, 우리를 거듭 나게 하며 참으로 우리의 죄를 씻기는 성령 세례는 구원론적으로 당위성을 가지는 것이다.

성찬을 다만 그리스도의 죽으심을 기념하는 것이라고 말하거나, 우리의 신앙의 표현으로만 보는 츠빙글리 식의 견해, 즉 복음주의적 견해는 성찬을 단지 '보이는 교회'에 속하는 의식으로만 보는 것이지만, 성찬에 그리스도께서 영으로 임재하신다고 말하며, 성찬은 구원을 위한 인치심이고 은혜 주시는 수단이라고 말하는 칼빈 식의 견해는 성찬을 '보이는 교회'에 속하는 규례임을 넘어서서 '보이지 않는 교회'에 속하는 보다 영적인 것으로, 구원을 위하여 불가결한 것으로 보게 한다.

사실, 구원론만 하더라도 사람이 어떻게 하면 구원을 얻느냐 하여 개인의 구원 여부에만 초점을 두고 생각할 교리는 아니다. 그보다는 한걸음 더 나아가 구원은 하나님께서 자비하심과 사랑하심에서 그의 절대 주권으로 죄인에게 베푸시는 하나님의 사역임을 인식하고 하나님을 중심으로 하여 더 많은 것을 생각하게 하는 교리이다. 구원을 받은 사람은 구원받은 사실에 대하여 기뻐하고 감격함과 동시에, 하나님의 자비와 사랑을 깨닫고 하나님의 위대하심을 찬양하게 된다. 하나님의 위대하심을 깨달으면, 하나님께서 우리에게 말씀하시는 모든 말씀을 다 중요하게 생각해야 한다. 개혁주의 신학이 지향하는 것은 하나님 중심으로 성경의 교리를 균형 있게 이해하고 실천하려는 것이다.

그러나 성경의 진리를 온전히 균형 있게 이해하고 지키는 것은 불가능하다. 성경은 하나님의 온전한 말씀이고 신학은 온전한 하나님의 말씀에 대한 불완전한 인간의 해석이기 때문이다. 그럼에도 불구하고 정통주의 시대의 루터교나 개혁주의 신학이 객관적인 진리를 발견한 것으로 생각하여 이를 불변하는 절대적인 것으로 보수한다고 할 때, 교회는 신앙적인 침체에 빠졌다.

그러므로 개혁주의 교회는 개혁주의 신학이 보다 균형 잡힌, 생동성 있는, 풍성한 신학이 되도록 하기 위하여 복음주의 신학의 한계점을 인식하면서, 개인의 구원에 초점을 두고 전도에 대한 관심과 열심을 고취하며 성령의 역사를 강조하는 복음주의를 수용하고 그 운동에 참여해야 한다.

선교를 위하여, 기독교가 해야 하는 사회 봉사를 위하여, 개혁주의 교회는 복음주의적인 교회와 연합을 도모해야 한다. 그리고 연합 운동을 함에 있어서 개혁주의 신학이나 교회의 특색은 더 선명히 드러나도록 해야 한다. 개혁주의를 표방하는 장로교회 신자들은 개혁주의 신학과 교회 제도가 성경의 가르침과 일치하는 것이 아니더라도 최선의 것임을 인식하며 장로교회의 신앙고백을 견지하는 가운데 다른 신앙고백을 가진 교회를 또한 존중해야 한다. 여러 다른 신앙고백과 교회의 제도를 하나로 혼합하거나 통합하는 것은 현실적으로도 불가능할 뿐 아니라, 그것은 종교개혁의 교회가 지향하는 원리도 아니다.

그러므로 개혁주의 교회는 개혁주의 신학의 전통을 존중하고 신학을 더 풍성하게 하려고 노력하는 한편, 교회의 다양성을 인정하는 가운데 교회의 영적인 일치를 희망한다. 그러나 개혁주의 신학과 교회 전통을 존중하고 지키며 같은 신앙고백을 가진 장로교 교단들은 연합을 위하여 더 적극적으로 힘써야 하며, 궁극적으로는 하나의 교회를 회복하기 위하여 합동의 길을 성실하게 모색해야 한다.

한국 장로교회의 연합과 신학교 문제

한국 교회 분열의 구체적인 요인은 사실 신학교 문제였다. 그러므로 교회의 연합을 논의하는 마당에서도 신학교의 처리 문제는 연합의 실제적인 걸림돌임과 동시에 관건임을 인식한다.

1950대 초에 장로교회 안에 신학교가 셋이 있었다. 장로교 총회 산하에 하나의 신학교만을 두어야 한다는 생각과 정책이 마침내 비극적인 교회 분열을 초래하게 되었다. 장로교 총회가 하나의 직영 신학교 이외의 신학교를 인준할 수 없다는 원칙을 고수하였으므로, 결국 나머지 신학교를 중심으로 결속하고 있던 두 그룹이 분립하여 세 개의 교단이 형성된 것이다.

조선신학교는 일제의 신사 참배 강요로 평양신학교가 문이 닫히고 보수적인 신학자와 목사들이 피신하거나 감옥에 갇혀 전혀 활동을 하지 못하던 시기에 신학적으로 자유주의적인 성향을 띤 목사들에 의하여 설립되었다. 해방 이후 조선신학교는 남한에서 유일한 신학교였다. 신사 참배를 반대하므로 옥고를 치른 목사들과 망명했던 목사들은 총회가 여전히 조선신학교를 유일한 신학교로 인준하고 있는 사실을 받아들일 수 없으므로 보수적인 신학의 재건을 위하여 1946년 9월에 부산에다 고려신학교를 설립하였다.

경남노회는 1946년 7월에 임시 노회를 열어 고려신학교의 설립을 환영했으나 그 해 12월에 가서는 교회의 재건 운동에 반대하는 세력의 영향으로 노회가 고려신학교를 인정하지 않으며 학생을 추천하지 않기로 결의하였다. 이러한 결의를 번복하다가 결국은 노회가 둘로 나누어 교회가 분립하게 되었다. 1948년 5월에 열린 총회에서 고려신학교를 인정하지 않자 동년 9월에 열린 경남노회는 다시금 고려신학교의 승인을 취소한다는 결의를 하였다. 그리하여 경남노회는 신학교 문제로 인하여 둘로 나뉘게 되었다. 1951년 총회가 고려신학교를 지지하는 측의 노회 총대 받기를 거부하자 1952년 9월에 고신측은 새 총회를 결성하여 분립하였다.

서울에서는 보수적인 교회 지도자들이 1948년 6월에 장로회신학교를 세웠다. 그 해 열린 제35회 총회는 이 신학교를 총회 직영 신학교로 인준함과 동시에 기존의 조선신학교와 병합하도록 결의하였다. 그것이 여의치 않게 되자 1951년 5월에 피난 중에 열린 총회는 양 신학교를 다 폐쇄하고 새로운 하나의 총회 직영 신학교를 설립하기로 결의하고 이를 시행하였다. 그것은 결과적으로 조선신학교가 직영 신학교임이 취소된 것을 의미하는 것이었다. 1952년 4월 대구에서 열린 총회가 김재준을 성경무오설을 부인한다고 하여 교회에서 제명하기로 가결하고 조선신학교 졸업생은 교역자로 받아들이지 않기로 가결하였다. 이듬해 1953년 제38회 총회가 김재준을 파면하자 조선신학교를 중심으로 하는 목사들이 따로 총회를 결성하여 기독교 장로교회로 분립하였다.

남은 큰 교단 총회는 1959년 WCC 문제로 합동측과 통합측으로 나뉘었으며, 그에 따라 신학교 역시 나뉘어 양 교단은 각각 총회신학교와 장로교신학교를 교단 직영 신학교로 갖게 되었다. 1960년 고신 측과 합동측이 합동했다가 1963년에 재분열을 하게 되었다. 이때의 분열 역시 신학교 문제에서 기인하였다. 합동한 총회는 한 교단 안에 두 개의 신학교를 둘 수 없다고 하여 병합하는 일에 서로 동의하였다. 그러나 이사회의 구성 문제와 교수 임용 문제 등을 두고 양측의 갈등이 표면화되면서 고려측이 환원하여 분립하고 말았다.

이미 다른 지역에 역사를 달리하며 성장하게 된 신학교를 하나로 통합한다는 것은 예사로운 일이 아니었다. 만일 합동한 총회가 서울과 부산에 있는 신학교를 다 같은 자격의 신학교로 인준했더라면, 재 분립은 없었을지도 모른다. 여하튼, 그 이후 장로교회가 분열할 때마다 새로운 신학교가 탄생했으며, 또한 신학교 까닭에 새로운 교단이 형성되었다. 1980년 초반에 한 교단에 신학교 하나를 허용한다는 정부의 방침은 교단마다 하나의 신학교를 가진다는 원칙을 더 굳혀 주었다.

한국 장로교회는 일찍이 1920년대 이전에 다른 교파 신학교를 졸업한 목사로서 장로교회에 가입할 경우 신조와 교회 정치를 1년간 장로교 신학교에서 이수하도록 규정하였다. 그런데 장로교회는 후에 이 규정을 해외에서 신학 공부를 한 모든 사람에게 적용시켰음은 물론이고, 교회가 분립된 이후에는 각 장로교 교단 총회들이 다른 교단 장로교 신학교 출신에게도 이 규칙을 적용하였다.

1970년대 말에 이르러 합동측 총회는 소위 군소 교단 목사들을 영입하는 편목 과정을 두면서 교육 연한을 2년으로 연장하였다. 이를 계기로 다른 장로교 교단들도 편목 과정은 2년으로 하는 것으로 알게 되었다. 다시 말하면 교단 목사로 가입하려면 이제는 2년의 신학 교육을 받아야만 했다. 그 바람에 장로교 교단간의 벽은 더 높고 두터워진 것이다.

교단 총회가 하나의 교단 신학교를 가진다는 원칙은 장로교회가 오랫동안 고수해 온 것이지만, 그것은 전혀 합리적인 원칙일 수 없다. 역사적인 상황이 달라진 것을 전혀 감안하지 않은 것이다. 교회가 아직 작을 때는 그럴 수 있다고 하더라도 교회가 크게 성장했을 경우에는 그러한 원칙을 고수할 수 없음을 고려해야 한다. 1925년의 통계에 따르면 한국인 10,000명 가운데 전문학교와 대학 취학자는 0.6명에 불과하였다. 그 시절에 감리교회와 장로교회는 각각 하나의 신학교를 가지고 있었다. 감리교에는 서울에 협성신학교가 있었고, 장로교에는 평양에 장로교신학교가 있을 뿐이었다.

그러나 해방 이후 교육 환경은 아주 달라졌다. 초등 교육은 의무화가 되고 대학의 취학 인구는 급격히 늘어났다. 경향 각처에 많은 대학들이 서게 되었다. 우리는 이제 누구나 다 대학 교육을 받으려고 하는 시대에 살고 있다. 시대적인 상황이 엄청나게 바뀐 것이다. 그럼에도 불구하고 교단 교회 지도자들은 여전히 하나의 신학교를 고수하려는, 어이없이 시대착오적인 사고에서 벗어나지를 못한다. 교회가 이렇게 크게 성장하여 기독교인 수가 천만을 넘어섰다는데, 신학교에 대한 정책은 교인 수만을 헤아릴 때의 것을 고수하려고 하니 일이 될 수가 없다.

장로교회가 하나의 신학교를 고수하려고 한 이유 가운데 가장 중요한 것은 한 학교에서 같은 교수들 아래 배워야 졸업생들이 일체감을 가질 수 있으며, 그럼으로써 교회 안에 파벌이 생기지 않게 되고 교회가 하나 됨을 유지하는 데 도움이 된다는 것이다. 그러나 그것은 실효성이 없음이 역사의 과정에서 드러났다. 교회 지도자들이 같은 하나의 신학교 출신임에도 불구하고 한국 교회는 그들에 의하여 수없이 나누어지는 교회 분열을 경험하게 된 것은 어떻게 설명할 수 있을 것인가.

교회의 지도자들은 결과적으로 시대의 변화에 둔감했고 교회 자체의 급속한 성장에 대처할 줄 몰랐던 것이라고 인식할 수밖에 없다. 가령 장로교가 분열하지 않고 하나 됨을 그대로 유지하고 있다고 가상할 경우, 그래서 단 하나의 신학교를 유지한다고 할 경우, 신학교의 규모는 어느 종합대학 못지않게 커야 할 것임에 틀림없다. 그런데 종합대학교 규모의 초대형 신학교에서 바람직한 신학 교육을 기할 수 있으리라고 생각할 사람은 없을 것이다. 신학교는 거기서 제자 훈련이 시행되고 경건과 인격 교육이 이루어져야 하는 특수한 학교이기 때문이다.

그리고 보면 수많은 교인과 지역 교회를 갖게 된 교단 교회는 하나 이상의 여러 신학교를 가져야 한다. 그것은 자연스러운 일이고 바람직한 일이다. 이러한 자연적인 추세와 원리를 억제하면서 단일 신학교를 고수하려는 생각은 너무나 부조리한 생각이다. 한국 장로교회가 이러한 부조리한 원칙을 고수하다 보니까 결국 자체의 몸을 쪼개고 가르는, 역사상 유례를 볼 수 없는 분열의 아픔을 겪게 된 것이다.

그러므로 이제는 하나의 신학교를 고수해야 한다는 고정 관념에서 탈피하여 신학교의 다원화를 인정해야 한다. 신학교의 다원화를 인정한다는 것은 장로교 교단간의 합동을 논의할 때, 신학교들을 통합하는 것을 전제로 하는 것이 아니고, 이미 나름대로 발전의 역사를 가진 교단의 신학교들을 서로 인정한다는 것을 의미한다. 그뿐 아니라 다른 장로 교단의 신학을 나왔다고 하더라도 강도사 시취 자격자로, 혹은 면접을 통하여 노회가 목사로 받아들일 수 있는 자격자로 인정해 주는 것을 의미한다.

신학교의 다원화에 대한 인정은 시대적 요청임을 인식해야 한다. 그리고 그것을 인정하면, 교단간의 실질적인 담은 허물어진 것이나 다름이 없게 된다. 신학교의 다원화를 인정하는 것, 그것은 연합 혹은 합동을 가능케 하는 아주 중요하고 구체적인 방안의 하나임을 인식하여 감히 제언하는 바이다. 먼저 역사적인 연고가 있고 충실하게 신학 교육을 실시해 온 교단들은 어렵지 않게 상호간을 인정하고 이를 실시할 수 있기를 삼가 바란다.

독일 민족 교회와 고백 교회

　교회 아닌 한 기독교 단체가, 비록 그것이 목회자의 협의체라고 하더라도, 죄책 고백을 두고 논의하는 것은 교회를 향한 하나의 목소리는 될 수 있으나 그것이 교회적인 공감과 결의를 이끌어내기에는 아직 거리가 있다. 교회의 죄책 고백은 교회, 즉 노회와 총회가 해야 하고 고백문도 교회가 받아들여야 하기 때문이다. 1990년대 후반에 한국 교회의 죄책 고백이 나오기는 했으나 이른바 한국의 주류 교단들이 내내 침묵으로 일관해 왔으므로 교회의 일각에서나마 죄책을 고백하는 목소리는 당연히 있어야 할 것이다. 이에 참여하는 목회자가 많아지면 그러한 목소리는 곧 교회를 움직이는 목소리가 될 것이고 마침내는 온 교회가 죄책을 함께 회개하고 고백하는 결실을 가져올 것이라고 믿고 희망한다.

죄책 고백의 사례와 한국 교회

　한국의 많은 교회들이 죄책 고백 같은 것은 생각지도 않고 있을 때 이웃 일본에서는 1967년 3월 26일자로 일본기독교단 총회의장 스스기 마사히로(鈴

木正久)의 이름으로 죄책 고백문을 내놓았다.[1]

> ……조국이 죄를 범했을 때 우리의 교회도 그 죄에 빠졌습니다. 우리는 파수꾼의 사명을 헛되게 했습니다. 마음속에 깊은 아픔을 가지고 이 죄를 회개하고 주님의 용서를 구하는 동시에 세계를 향하여 특히 아시아의 여러 나라, 그곳에 있는 교회와 형제자매, 또 우리나라의 백성들에게 참된 마음으로 용서를 구합니다……

그 이후 일본기독개혁파가 1976년 4월 28일자로 "교회와 국가에 관한 신앙의 선언"이라는 긴 선언문을 발표하였으며, 1990년에는 대한예수교장로회(고신)에 "선교 협력에 즈음한 죄 고백과 사죄"의 선언문을 보내 왔다. 같은 해에 일본 기독교회가 "한국·조선의 기독교회에 행한 신사 참배 강요에 대한 죄의 고백과 사죄"라는 글을 내놓은 데 이어서 일본의 여러 교파 교회들이 고백문을 내놓았다.

제2차 세계대전 당시 나치의 점령 아래 있었던 프랑스에서는 정부 차원에서 나치에 부역한 인사들을 재판하여 처형하는 등 과거사 청산을 시행했었는데, 그것이 철저하게 시행되지 않았다고 프랑스 사회에서 물의가 되고 있을 즈음에, 즉 1997년에 가톨릭교회는 뒤늦게 "제2차 세계대전과 유태인에 대한 참회 선언"을 발표하였다.[2]

독일 교회는 일찍이 1945년 10월 19일에 슈투트가르트에서 죄책 선언문을 내놓았다. 이 선언문은 비록 짧지만 그것은 전범국의 교회로서 그리고 나치에 동조한 교회로서 말로 다할 수 없는 아픔을 담고 있으며, 말보다는 실천으로 참회하는 역사를 동반한 고백이다.

한국 교회의 죄책 문제를 논할 때 독일 교회의 죄책과 그것에 대한 고백은

---

1) 최덕성, 『일본기독교의 양심선언』 (서울: 본문과현장사이, 2000), 269-385에 여러 고백문들의 전문을 소개하고 있다.
2) 같은 책, 19-47, 그리고 255-264에 있는 선언서 참조.

일찍부터 자주 비교하고 논의해 왔으나 독일 교회가 겪은 역사에 관하여서는 충분히 알지 못했거나 잘못 이해하고 있었으므로 여기서는 독일 교회의 죄책의 역사와 고백을 사례로 고찰하려고 한다. 사례로 다룬다는 말은 한국 교회의 죄책을 바르게 이해하고 죄책 고백의 방향을 가늠하기 위한 것이므로 한국 교회의 과거사도 간략하게나마 언급하지 않을 수 없다.

일제하에 한국 교회가 신사 참배를 한 죄를 회개하자는 목소리는 교회의 일각에서 이미 해방 직후부터 있어왔다. 그러나 그런 목소리를 받아들이는 문제를 두고 한국 교회는 유감스럽게도 분열의 아픔까지 겪게 되었다. 장로교를 두고 하는 얘기이지만, 죄책의 회개를 외치던 고려측이 1952년 장로교 총회에서 거세됨으로 말미암아 분립하게 되었으며, 그 이듬해인 1953년에 기장측이 신학적인 문제로 분립하게 되어 한국 장로교회는 세 교단으로 분열되었다. 그리고 1959년 WCC 가입 문제로 장로교의 큰 교단이 통합과 합동으로 분열된 이후 한국 장로교회는 연쇄적으로 분열을 거듭하여 수많은 교단들로 분립하고 있는 오늘의 참담한 상황에 이르게 되었다.

신사 참배의 죄책을 두고 고신 교단은 죄책의 회개를 주창한 반면에, 나머지 교단들은 침묵하는 가운데 신학자에 따라서는 신사 참배가 대수로운 것이 아니었다고 강변하는 이들도 있었다.

신사 참배는 국민의례일 뿐이라고 일제 정부가 한 말을 되풀이하는가 하면, 신사 참배 반대자들의 반대 운동은 사회 참여 의식이 결여된 신자들이 한 무가치한 것으로 폄하하는 발언도 있었다.[3] 심지어는 독일의 본회퍼가 진정한 순교자이고 주기철 목사는 근본주의적인 열광주의의 환상에 희생된 인물에 지나지 않는다고 하는 말도 있었다.[4] 이러한 발언에 대하여 신사

---

3) 金在俊과 鄭賀恩은 신사 참배 반대자들이 이렇게 믿는 것은 신학적인 무지에서 온 것이라고 말한다. 참고: 洪致模, "韓國教會와 神社參拜", 「新東亞」, 1973년 2월호, 193.
4) Chung Ha-Eun, "Eighty Years History of Korean Christian Social Ethics" in: *Korea Struggles for Christ* (Seoul: Christian Literature Society of Korea 1965), 45: "2차 대전 당시 독일의 나치스 정권 치하에서 죽임을 당한 본회퍼와는 달리 주기철의 죽음은 기독교적 선교(宣教)와 사회에 대한 책임을 다하기 위하여 죽은 죽음으로는 간주할 수 없다. 그것은 어떤 의미에서는

참배를 회개하자는 측에서는 비판하고 반박하는 말이 있었으나 위의 발언을 감행한 신학자들이 속해 있는 교단이나 나머지 교단들은 그냥 침묵했을 뿐이다.

그런데 한국 교회의 죄책 고백을 논하려면 신사 참배 반대 운동을 폄하하는 그러한 발언이 어떠한 역사적인 이해와 시각에서 있게 된 것인지를 밝혀야 할 줄 안다. 과거의 죄책을 인식하고 바르게 고백하려면 죄를 범한 과거의 역사를 먼저 숙지해야 한다. 그리고 죄책 고백을 하려면 먼저 죄책에 대한 참회가 있어야 한다. 참회는 하나님 앞에서 죄를 범한 것을 인정하고 마음 아프게 여기며 진정으로 뉘우치는 것이고, 고백은 뉘우치는 마음을 이성적으로 정리하고 말과 글로 표현하는 것이라는 뜻에서 하는 말이다.

한국 교회에서 신사 참배에 대한 회개를 제의한 이들과 그들을 따라 회개 운동에 참여한 이들의 회개하는 마음과, 죄책 고백문을 내놓은 독일 교회 사람들이 회개하는 마음에는 별로 다른 점이 없었다. 그러나 죄책을 고백하는 데에는 차이를 보였다. 한국 교회에는 죄책을 회개하자는 짧은 문장으로 된 제의만이 문서로 남은 반면에, 독일 교회는 죄책에 대한 고백을 문서로 남길 뿐 아니라 참회하는 역사를 남겼다. 그것은 회개의 제의에 대한 양 교회의 호응의 차이에도 관계가 있으며, 역사 의식이나 문화적인 배경의 차이와도 관계가 있고 신학적인 전통의 연륜과도 관계가 있으며, 양 교회가 처한 사회적인 상황과도 무관하지 않은 것으로 안다.

한국 교회는 다수가 소수의 제의에 불응함으로 말미암아 교회가 분열하게 된 반면에, 독일 교회는 다수가 소수의 정당함을 인정하고 호응함으로 말미암

사상을 위하여 희생당한 것으로 볼 수 있다. 그러나 그것은 근본주의적 신학과 교리 때문에 있게 된 자기소외(自己疏外)에 지나지 않는다……; 박봉배는 또한 이렇게 말한다. "다른 말로 하자면 그들의 초월 개념에는 영적인 천당을 생각하는 것만이 있을 뿐이고 어떤 사회적인 의미 인식은 없다. 그들의 태도나 저항에는 기독교적 사회 윤리에 대한 책임 의식은 반영되고 있지 않다. 그런 뜻에서 그들의 초월 개념은 무속적·불교적 도피주의와 흡사하다." (Park Pong Bae, *The Encounter of Christianity with Traditional Culture and Ethics in Korea*, 학위논문, Vanderbilt University, 1970, p. 197.)

아 분열 없이 하나가 되었다. 한국에서는 교회 지도자들의 다수가 죄책을 회개하는 일에 마음을 열지 않은 반면에, 독일에서는 모든 교회 지도자들이 죄책의 회개를 진정으로 받아들였다. 위에서 언급한 바와 같이, 한국 교회의 죄책 내용과 독일의 것이 동질적인 것이 아니었다고 하거나 거기에 대응한 사람들의 신학적인 이해가 달랐고 하는 말이 있었으나, 그것은 독일 교회의 역사를 모르고 하는 말이다. 독일 교회 역사를 보면 양자의 교회 사정과 죄책에 대한 이해에 다른 점이 없으며, 양 교회가 핍박을 받은 시대에 겪은 정치와 사회적인 상황에 크게 상이점이 없다.

구태여 상이점을 든다면, 양 교회 지도자들의 주변 상황에 대한 의식 때문에 양자의 죄의식에 다소 차이가 있었던 것이라고 볼 수 있다. 독일 교회 지도자들은 전범국의 국민으로서 교회가 전범자들에게 굴종한 것이라고 하기보다는 동조한 과오에 대하여 책임 의식을 동반하는 죄책감을 가진 반면에, 한국 교회의 많은 지도자들은 민족의 해방을 맞이하여 희열과 새 희망으로 들뜬 사회 분위기 속에서 차분히 회개를 하기보다는 조국을 잃은 백성으로 이민족의 압제에 어쩔 수 없이 굴종했던 일들을 악몽으로 얼른 잊어버리려고 했던 것이라고 할 수 있다. 이제 두 교회의 죄책에 대한 고백과 죄를 범하게 된 역사를 좀 더 구체적으로 알아보기로 한다.

한국 교회의 죄책 회개 제안

신사 참배를 반대하다가 투옥되어 옥고를 치르다 살아남은 성도들이 해방을 맞이하여 자유의 몸이 된 후, 1945년 9월 20일 주기철 목사가 시무하던 평양의 산정현교회에 모여 한국 교회의 쇄신을 위하여 함께 의논하던 끝에 아래와 같은 기본 원칙을 정하였다.5)

① 교회의 지도자(목사 및 장로)들은 모두 신사에 참배하였으니 권징(勸懲)의

---

5) 金良善, 『韓國基督敎解放十年史』 (서울: 大韓예수敎長老會總會 宗敎敎育部, 1956), 45.

　　　　길을 취하여 통회 정화한 후 교역에 나아갈 것.
　② 권징은 자책 혹은 자숙의 방법으로 하되 목사는 최소한 2개월간 휴직하고 통회 자복할 것.
　③ 목사와 장로의 휴직 중에는 집사나 혹은 평신도가 예배를 인도할 것.
　④ 교회 재건의 기본 원칙을 전국 각 노회 또는 지교회에 전달하여 일제히 이것을 실행케 할 것.
　⑤ 교역자 양성을 위한 신학교를 복구 재건할 것.

　이 원칙은 1945년 11월 14일 평북노회 주최로 선천(宣川)의 월곡교회에서 열린 퇴수회(退修會)에서 제의되었으나 다수를 점하는 지도자들의 반대에 부딪쳤다. 옥중에서 고생한 사람이나 교회를 지키기 위하여 고생한 사람이나 그 고생은 마찬가지였다고 하며, 교회를 버리고 해외로 도피 생활을 했거나 혹은 은거 생활을 한 사람의 수고보다는 교회를 등에 지고 일제의 강제에 할 수 없이 굴복한 사람의 수고가 더 높이 평가되어야 한다고 하며 신사 참배에 대한 회개와 책벌은 하나님과의 직접 관계에서 해결될 성질의 것이라는 주장이 있었다.[6] 1938년의 장로교 총회에서 신사 참배를 주도한 홍택기의 발언이었다. 신사 참배에 굴종한 대다수의 지도자들은 이 발언에 동조하였으므로 신사 참배를 회개하자는 제안은 무효화되었다. 그래서 대다수의 교회에서는 죄책에 대한 회개도 없었고 고백도 없었다.

　북한에서는 1946년 1월 20일 5개 도(道)의 16개 노회의 대표들로 구성된 오도연합회는 "출옥 성도"들의 교회 재건 원칙을 받아들였다.[7] 그러나 남한에서는 월곡 퇴수회의 분위기가 그대로 이어졌다. 1946년 9월 12일에서 15일까지의 기간에 '남부 총회'라는 이름으로 서울 승동교회에서 모인 장로교 총회는 1938년의 제27회 총회가 신사 참배하기로 한 결정은 합법적으로 가결된 것이 아니므로 무효로 한다는 결의를 하였다. 총회는 이러한 결의를

---

6) 같은 책, 46.
7) 같은 책, 45.

1947년과 1954년에 거듭 반복하였다. 말하자면, 총회는 과거의 과오를 형식상의 과오, 즉 회의 절차상의 과오로 인정할 뿐, 하나의 실제적인 역사적인 과오로 인정하지 않는다는 결의였다. 그리하여 교회의 회개 운동은 부분적으로 옥고를 치른 성도들이 주도한 '고려파' 교회 내에서 추진되었다. 그리고 그 일로 인하여 교회의 분열이 야기되었다.

북한의 지도적인 교회 인사들이 남한의 교회 지도자보다도 더 보수적이어서 교회 재건 원칙을 받아들인 것만은 아니고 국토의 분단 이후 각기 다른 정치적, 사회적 환경에 처하게 되었기 때문에 각기 다른 반응을 보인 것이라고 할 수도 있다.

북한에서는 공산 치하에서 사회의 급격한 구조 변화가 있었다. 주로 친일파에 속하는 중산층이 공산주의자들에 의하여 완전히 거세를 당하였다. 남한에서도 북한에서와 마찬가지로 소위 '친일파'는 한때 '민족 반역자'로 간주되었으나, 남한에서는 사회적인 변혁이 없었기 때문에 친일적인 인사들이 그들의 사회적 위치를 계속 보전할 수가 있었다. 그뿐 아니라 그들은 민주주의적 기독교 정치가인 이승만의 보호 아래 보수적인 정치 세력을 형성하게 되었다.[8]

다시 말하면, 남한에서는 이렇다 할 사회적 큰 변혁이 없었으므로 교회의 재건 또는 쇄신을 심각하게 고려하도록 해줄 만한 사회적인 자극이 없었다. 비록 사회는 그렇더라도 교회는 달랐어야 하는데 그러지를 못했다. 일본에 굴종했던 '교단'(敎團)의 지도적인 인물들이 이러한 사회적 상황에서 계속 교회 안에서 주도권을 가지고 활동했기 때문이다. 그러다 보니 교회가 새로 이룩되는 사회를 향하여 제사장이요 선지자의 사명을 다하는 기능을 상실하게 되었을 뿐 아니라, 윤리 부재의 교회로 성장하게 되었다.

출옥 성도들이 중심이 되어 회개를 주창하는 원칙을 내놓기 이전에, 경남 노회원들이 1945년 9월 18일 재건 노회를 조직하고 현 교직자들의 자숙을

---

[8] 참고: 송건호, "친일파와 반공", 「기독교사상」, 1978년 11월호, 52-58.

제안하는 안을 내놓았다.9)

① 목사, 전도사, 장로는 일제히 자숙에 들어가며 현재 시무하는 교회를 일단 사면할 것.
② 자숙 기간이 지나면 교회는 교직자에 대하여 시무 투표를 시행하여 그 진퇴를 결정한다.

그러나 이러한 자숙 원칙을 스스로 제안하고 찬동한 많은 목사들이 이를 제대로 지키지 못함으로 말미암아 자숙안은 무효가 되었다. 노회가 교회 재건의 명분은 내세운다고 했으나 영적인 쇄신을 추진하지는 못한 것이다. 그런데 자숙안 이전에 내놓은 그들의 성명서를 보면 그 이유를 알 만하다. 성명문은 경남노회원 20명이 1945년 9월 2일에 모여 신앙 부흥 운동 준비 위원회를 조직하고 작성한 것이다.10)

과거 장구한 시일에 가혹한 위력 하에 교회는 정로를 잃고 복음은 악마의 유린을 당하고 신도는 가련한 곤경에 들어 있었다. 이를 저항 구호하기 위하여 일선에 선 우리 하나님의 성군들은 순교의 제물이 되기도 하고, 혹은 옥중에서 최후까지 결사적 충의를 다하였던 것이다. 어시호 세계대전은 종국을 고하고 하나님의 성지(聖旨)가 우주에 나타나며, 암흑의 위력은 물러가고 정의의 은광이 오인(吾人)을 맞이하자 어찌 이 기쁨을 말할 수 있으랴. 오늘까지 노예의 속박 하에 끌려오던 모든 제도 일체는 자연 해소의 운명에 이르고 말았다. 우리는 과거의 모든 불순한 요소를 청산 배제하고 순복음적 입장에서 교회의 근본 사명을 봉행하려는 의도에서 좌기에 의하여 조선 예수교 장로회 경남노회를 재건하려는 것이다. 백만 신도는 이에 순응하심을 바란다.

과거사의 청산을 언급하는 고백에 해당함직한 그들의 성명서에는 과거의

---

9) 金良善, 앞의 책, 149.
10) 심군식, 『세상 끝날까지, 한상동 목사 전기』 (서울: 소망사, 1977), 268.

죄책에 대한 언급이나 참회하는 말은 일절 찾아볼 수가 없다.

1959년 주류의 장로교회가 소위 연동측과 승동측으로 분열한 후, 승동측이 고려측과 합동할 때 합동의 조건으로 승동측이 신사 참배 회개를 주창해 온 고려측의 정당성을 인정하였으나 과거의 역사적인 과오를 시인하는 것일 뿐 죄책을 참회하고 고백하는 어떤 구체적인 행위도 취하지 않았다. 그밖의 교단들은 과거사에 대하여는 망각한 듯 침묵하기를 일관해 왔다.

일제하에 범한 교회의 죄책을 반세기가 훨씬 지난 오늘에 논하거나 그것에 대한 회개와 고백을 제의하는 데 대하여 구태여 그럴 필요가 있느냐고 하면서 부정적인 견해를 가지는 이들이 없지 않으나, 우리는 교회의 주체성과 역사적인 계속성과 연대성을 인식하는 가운데, 앞서간 세대의 지도자들이 범한 죄책과 그것을 회개하지 않은 과오를 유산으로 물려받은 것임을 인식하고 죄책을 회개하고 고백하는 것이 마땅하다.

독일 교회의 죄책 고백

독일 교회가 전후에 교회의 쇄신 문제를 두고 경험한 것을 보면 우리와는 다르게 처리하였음을 알 수 있다. 독일 교회 지도자들은 제2차 세계대전 후, 1945년 8월 21일에서 24일 사이에 프랑크푸르트에서, 그리고 그해 10월 18일과 19일에는 슈투트가르트에 모여 지난 날의 잘못을 참회하는 고백서를 내어놓았다.

니묄러 (Martin Niemöller)

거기에 보면 히틀러의 치하에서 7년간 옥고를 치른 마르틴 니묄러(Martin Niemöller)는 1945년 8월 트라이자(Treysa)의 교회 집회에서 "……그러나 우리는, 우리 교회는, 가슴을 치며 회개할 수밖에 없습니다. 나의 죄, 나의 죄, 너무나 큰 나의 죄를 회개합니다"고 했던 말을 인용하고 있다.11)

마르틴 니묄러의 형제 빌헬름 니묄러(Wilhelm Niemöller)는 1962년에 '개신교의 저항'(Evangelischer Widerstand)이라는 제목으로 행한 그의 강연을 이런 말로 끝맺고 있다.

> 우리가 무슨 말을 할 수 있겠습니까? 그저 침묵할 뿐인 줄 압니다. 그러나 말을 한다면 다니엘서(9:3~10)를 펼쳐 거기 쓰인 말씀을 한마디 한마디씩 읽으며 다니엘 선지가 기도한 말씀을 따라 기도할 뿐인 줄 압니다:
>
> 우리는 이미 범죄하여 패역하며…
> 이는 우리의 죄와 우리의 열조의 죄악을 인하여
> 예루살렘과 주의 백성이 사면에 있는 자에게 치욕을 받음이니이다…
> 우리가 주의 앞에 간구하옵는 것은 우리의 의를 의지하는 것이 아니요
> 주의 큰 긍휼을 의지하여 함이오니
> 주여 들으소서, 용서하소서.12)

위의 글은 과거사를 청산하자면서 내놓은 경남노회의 선언문과는 월등히 다르다. 이것은 죄책을 회개하자는 제의가 아니고 실제로 죄책을 회개하고 고백하는 말이어서 감동적이다. 그런데 우리는 독일 교회가 회개한 과거사는 어떤 것이었는지 좀 더 자세히 알아야 하겠다.

나치 정권하의 '독일 그리스도인들'

세계 제1차 대전 이후 베르사이유 조약으로 인하여 독일은 패전의 결과에서 오는 굴욕을 감수해야 했으며 그 결과 경제적으로 극도로 어려운 궁지에 빠졌다. 국제 사회는 독일을 전범국이라고 하여 전쟁에서 입은 피해에 대한 천문학적인 보상액을 요구하였으며, 라인 지역을 계속 점령 하에 두고 있었다.

---

11) 첨부문서의 고백문 참조.
12) Wilhelm Niemöller, *Wort und Tat im Kirchenkampf*, (München: Chr. Kaiser Verlag, 1969), 268; 김영재, 『한국 교회사』 (서울: 이레서원, 2004), 244이하에 인용.

독일은 정부가 화폐를 난발하는 바람에 엄청난 인플레이션에 시달리면서 나라의 경제는 파탄에 이르렀다. 수많은 사람들이 직장을 잃고 걸인 신세가 되었다. 이탈리아의 사회 상황도 더 나을 것이 없었다. 1922년 파시스트들이 로마로 진군한 지 약 10년 후인 1933년 독일에서는 히틀러가 권력을 장악하고 모든 영역의 사람들의 활동과 생활을 통제하였다. 놀랍게도 질서는 회복되고 고속도로가 건설되는 등 경제 부흥을 보게 되었다.

그러나 반면에 반대자들은 투옥되고, 사법부는 권력자의 시녀가 되었으며, 인종주의의 증오와 국수주의가 독일 전국에 만연하였다. 그러나 이에 대하여 반대하는 목소리는 거의 없었다. 언론은 입에 재갈이 물려 비판의 소리를 내기는커녕 오히려 나치 정권의 독재를 지지하고 찬양하는 선전 매체로 전락하였다. 그리고 양서들은 '분서'(焚書)의 화를 당하였다.[13]

히틀러가 혼돈의 사회적 상황에서 질서를 회복하고 경제 부흥의 기틀을 마련한 것은 장한 일을 한 것이었다. 그러나 그는 독재자로 군림하여 자신의 우상화를 허용하거나 부추김으로써 비극을 초래하였다. 히틀러는 합리주의와 지성주의를 배격하고 다윈의 진화론에서 말하는 양육 강식의 적자 생존의 원리를 그대로 받아들이고 신봉하여 인종주의에 적용하였다. 그 결과 그는 전쟁을 일으켰을 뿐 아니라 무려 600만의 유대인을 학살하는 천하 무도한 범죄를 저질렀다.

히틀러는 소위 아리안 족, 즉 독일 민족이 가장 우수한 민족으로 살아남기 위하여 유대인이 제거되어야 한다는 반유대주의(antisemitism)의 망상에 사로잡혔다. 기독교화 된 유럽의 역사에, 특히 중세부터 늘 있어 왔던 반유대주의 사상은 19세기에도 유럽의 여러 나라에서 그 자취가 드러났다. 반유대주의는 러시아, 프랑스, 폴란드에서도 볼 수 있었으며, 오스트리아와 보헤미아 지역에서는 더 강하게 표출되었다. 독일에서는 1881년 프로이센의 비스마르크가

---

13) L. Praamsma, *The Church in the Twentieth Century* (St. Catharines: Paideia Press, 1981), 89f.

22만 5천 명이 서명한 반유대주의 진정서를 받았다고 한다.14) 동유럽으로부터 넘어오는 유대인의 이주를 막아주고 고위 관직과 교육을 맡은 고위직에서 모든 유대인들을 축출해 달라는 진정이었다. 반유대주의 사상이 강했던 비엔나 지역 출신인 히틀러는 자신을 유대인을 제거하는 섭리의 대행자로 자처하였다.

민족 사회주의 정권은 교회에 대하여서는 민족 사회주의와 기독교는 양립할 수 없다는 원칙에서 정책을 펴나갔다. 나치(Nazi)는 민족 사회주의(National Sozialismus)의 준말이다. 히틀러의 부관 마르틴 보어만(Martin Bormann)은 독일 전역의 지방 장관에게 하달하는 비밀 문서에서 말했다.

> 민족 사회주의와 기독교는 양립할 수 없다. 교회는 무지에 근거하고 있으며, 가능한 많은 백성들을 무지한 상태로 묶어 두려고 한다. 교회는 오직 이 방법으로만 교권을 유지할 수 있기 때문이다. 이에 반하여 민족 사회주의는 과학적인 기반에 근거를 두고 있다. 그러므로 해로운 영향을 미치는 점성가, 점쟁이나 다른 사기꾼들을 국가가 제거하고 압제했듯이 교회가 영향을 미칠 수 있는 모든 가능성 역시 마땅히 발본색원해야 한다.15)

무솔리니와 히틀러 양자가 똑 같이 바티칸을 압박하였다. 1929년의 라테란 조약으로 교황은 바티칸 시의 지존으로 인정을 받는 대신에 로마를 이탈리아의 수도로 인정하였다. 그리고 정부는 로마 가톨릭을 이탈리아의 국교로 받아들이고 감독들에게 그들의 직능을 행사하는 완전한 자유를 보장하는 대신에 기독교적인 혼인과 학교와 단체들은 국가가 감독한다는 조건을 첨부하였다. 그러나 얼마 있다가 가톨릭의 청소년 그룹 활동을 두고는 종교적인 것만 하도록 제한하였다.

---

14) 같은 책, 96
15) *Trial of War Criminal*, Nüremberg 1947-1949, Document 075, XXXV, 7-13; 앞의 책, 97에서 재인용.

히틀러 역시 1933년 교황에게 종교적인 자유를 보장한다고 합의했으나 이행하지 않았다. 얼마 가지 않아 로마 가톨릭의 조직을 금하였으며, 1939년에는 기독교 학교를 법으로 금하였다. 교사들과 학생들 모두 '인도자'(Führer)[16]에게 충성할 것을 맹세하도록 하였다. 성직자들을 금품을 횡령했거나 부도덕한 죄를 지었다고 고소함으로써 핍박하였다.

독일 민족 사회주의와 '독일 그리스도인들'

독일 개신 교회는 22개 주 단위 교회(Landeskirche)들이 느슨한 연방 체제를 형성해 왔는데, 1922년에 '독일 개신교'(DEK=Deutsche Evangelische Kirche)의 연합적인 조직을 갖게 되었다. 이것이 1933년에는 하나의 민족 교회, 즉 제국 교회(Reichskirche)로 결성되었으며, 그 해 7월 23일에 실시한 독일 개신교 선거에서 소위 '독일 그리스도인들'(Deutsche Christen)에 속한 회원들이 정부의 도움을 받아 각 노회와 교회 지도부 임원의 중요한 자리들을 거의 다 차지하였다. 1933년 말에 개신교 청소년 담당 루트비히 뮐러(Ludwig Müller)는 25세의 나이로 제국 청소년 지도자가 된 발두어 폰 쉬라하(Baldur von Schirach)에게 개신교 청소년을 히틀러 청소년(Hitlerjügend)에게 넘긴다는 조약을 맺었다.[17]

'독일 그리스도인들의 신앙 운동'(die Glaubensbewegung der Deutschen Christen)은 1932년 요아킴 호센펠더(Joachim Hossenfelder)에 의하여 조직되었다. 1933년에 채택된 이 운동의 첫 강령은 "하나님은 나를 독일인으로 창조하셨다. 독일인인 것은 하나님의 선물이다. 하나님은 내가 독일인이기를 위하여 투쟁하는 것을 원하신다"는 것이었다.

'독일 기독교인들'은 민족 사회주의의 인종주의와 '인도자'의 교리에 적극

---

16) 일반적으로 익숙한 '영도자'라고 번역을 않고 '인도자'라고 한 것은 성경에서 말하는 하나님의 인도하심을 연상케 하는 말로 이해한 까닭이다.
17) Klaus Scholder, *Die Kirchen und das Dritte Reich*, Band 1(Frankfurt am Main, Berlin, Wien: Propyläen Verlag, 1977), 448-9.

적으로 찬성하며 독일 교회를 유대인 없는 교회로 정화하는 것을 목표로 정하였다. 구 프로이센(프러시아)의 연합교회의 총노회에서 '아리안 조례'(Arierpargraphen)를 교회법으로 정하였다. 그 조례의 1장 2조에는 '아리안'이 아니거나 아리안 출신이 아닌 사람과 혼인한 사람은 목사가 되거나 교회 행정을 위한 종사자가 될 수 없으며, 그런 사람들은 현직에서 떠나야 한다고 되어 있다.[18]

'독일 그리스도인'의 위원장 크라우제(Reinhold Krause)는 민족 교회를 세워야 한다고 역설하였다.

> 우리는 예전과 고백문에서 모든 비독일적인 요소로부터 자유로워야 하고, 구약에서 유대인들이 가르치는 도덕을 말하는 부분에서도 자유로워야 한다. 그리고 구약에 있는 가축 모리꾼들과 뚜쟁이들의 이야기로부터 우리는 자유로워야 한다. 이 구약 책을 세계 역사를 말하는 책들 가운데서 의문으로 가득한 책으로 규정하는 것은 정당하다……만일 우리 민족 사회주의자들이 유대인으로부터 넥타이 하나를 사는 것을 부끄러워한다면, 우리는 먼저 우리 영혼에게 그 어떤 것을 말하는 것, 즉 유대인으로부터 그들의 가장 내적인 종교를 받아들이도록 말하는 것을 당연히 부끄럽게 여겨야 할 것이다.
> 그뿐 아니라 우리 교회는 유대인의 피가 섞인 그 어떤 사람도 받아들여서는 안 된다는 것도 덧붙여 말하고자 한다. 명약관화하게 거짓되고 미신적인 신약의 보도를 멀리해야 하고 랍비 출신인 바울이 말하는 속죄양의 신학과 열등 의식의 신학을 온통 철저하게 거부하자고 말해야 한다……만일 우리가 복음서에서 우리 독일인들의 마음에 호소하는 말을 찾아낸다면, 예수의 교훈의 본질적인 것이 분명히 드러날 것이다. 그것은 곧 민족 사회주의의 요청에 부응하는 것인데, 우리는 그것을 자랑스럽게 여긴다.[19]

---

18) "Aus dem Kirchengesetz betereffend die Rechtsverhältnisse der Geistlichen vom 6. September 1933 - 〉Arierparagraph〈: in *Karl Kupisch, Quellen zur Geschichte des deutschen Protestantismus 1871-1945* (München und Hamburg: Siebenstern Taschenbuch Verlag, 1960), 267.

19) Günther van Norden, *Kirche in der Krise* - die Stellung der Evangelischen Kirche

그러므로 우리는 십자가에서 죽은 이에 대하여 과장되게 묘사하는 것을 반대한다. 우리는 저 멀리 보좌에 있는 신(神)인 '인도자'는 소용이 없다. 우리가 필요한 것은 겁 없는 전사이다. 영웅 숭배가 곧 예배이어야 한다.[20]

1933년 11월 13일에 대 베를린 지역의 '독일 그리스도인들'의 집회가 거대한 실내 스포츠스타디움에서 열렸다. 온 사방에 나치 휘장이 그려진 긴 플래카드들이 횡으로 혹은 종으로 걸려 있었고 '독일 그리스도인들'의 지지자들과 나치 휘장의 완장을 찬 군복 차림의 군인들과 관료 등 2만 2천명의 사람들로 만원을 이루었다.[21] 거기서 크라우제는 독일 개신교 교회의 제2 혁명(Revolution)의 프로그램을 펼쳐 보였다.

"한 민족에 한 인도자," "한 하나님에 하나의 교회"라고 외치면서 루터가 남긴 귀중한 유산, 즉 '제3 제국에서 독일 종교개혁을 완성하는 과제'를 수행하려고 한다고 말했다.

> '조성되어 가는 민족'(das werdende Volk)은 하나의 새 교회를 형성하려고 한다. 오늘에 루터의 불과 같은 정신이 자기 일을 완성하도록 우리를 도울 것이다. 그것은 바로 우리가 루터교회도 아니고 개혁파 교회도 아니고, 연합교회도 아니며, 감독이나 감리사의 교회도 아니고, 이 모든 것을 포용하는 위대한 하나의 교회, 즉 독일 민족교회(die deutsche Volkskirche)를 이룩하는 일이다. 이 교회는 국가 옆에 나란히 형성되는 것이 아니고, 오직 국가 안에 있을 것이며 국가의 생활 법칙이 교회에도 적용될 것이다. 즉 영웅적인 경건(heldische Frömmigkeit)과 종족에 부응하는 기독교(Artgemäb Christentum)를 지향하는 교회이다.[22]

---

zum Nationalsozialistischen Staat im Jahre 1933 - (Düsseldorf, Verlag: Presseverband der Evangelischen Kirche im Rheinland, 1963), 131.
20) F. W. Katzenbach, *Christentum in der Gesellschaft*, Vol. II(1976), 397; Praamsma의 같은 책 99에서 재인용.
21) Klaus Scholder, 앞의 책, 같은 곳

크라우제는 '독일 그리스도인들'이 지향하는 독일인들만의 교회는 성경이 말하는 교회도 아니고 역사적으로 존재해 온 교회도 아닌, 전혀 교회답지 않은 교회를 지향한다고 말할 뿐 아니라, 하나님과 그리스도에 대하여서도 왜곡된 생각을 거침없이 말하고 있다. 슐라이어마허 이후 신학의 자유를 향유하며 문화 개신교를 주창하던 자유주의 신학이 역력히 투영된 연설이다.

나치 사상의 종교화와 히틀러의 우상화

민족 사회주의의 사이비 메시아적 성격 때문에 그리고 하나님의 섭리를 빙자하는 말 때문에 기독 신자들을 포함한 많은 사람들이 나치 운동이 악마적인 것임을 초기에는 분별하지 못했다. 말하자면, 많은 사람들이 십자가와 나치의 꼬부라진 십자(Hakenkreuz)가 서로 상치되는 줄을 미처 몰랐다. 그러나 곧 이것을 간파한 사람들이 이것 때문에 고백 교회를 중심으로 거세게 반대 운동을 벌였다. 교회사가 칼 쿠피쉬는, 만일 히틀러가 교회를 장악하려고 하지 않았거나 '섭리'를 빙자하지 않고 가끔 교회에 감사한다는 눈짓만 보냈어도, 고백 교회 운동이 일어나지는 않았을 것이라고 말한다.[23] 나치의 꼬부라진 십자는 기독교의 상징인 십자가를 꼬부라트린 것이라고 이해하면 된다. 그것은 기독교의 진리를 왜곡하는 악랄한 적그리스도의 상징이다.

독일의 민족 사회주의는 소련의 공산주의나 마찬가지로 사이비 종교이다. 그것은 정치적인 활동이나 사회적인 기관을 독점할 뿐 아니라 사상과 행동, 교의와 예배, 설교와 교회의 윤리 등을 포함하는 삶 전체를 통제하는 것을 목표로 하고 있음이 드러나게 되었다. 나치 하에서는 교회도 국가라는 우상을 섬기는 하나의 도구로 전락할 수밖에 없었다. 그것은 곧 교회의 멸절을 의미하는 것일 뿐이었다.

---

22) Klaus Scholder, 앞의 책, 703.
23) Karl Kupisch, *Kirchengeschichte V, 1815-1945*, 126.

독일의 민족 사회주의가 소련의 볼셰비즘이나 일본 군국주의의 신도(神道)와 마찬가지로 정치적인 권력자를 우상화하는 악마적인 종교임을 알게 해주는 좀 더 직접적인 예가 있다. 쾰른에서는 어린이들을 위한 파티에서 식사 전과 후에 하는 감사 기도의 기도문에 '인도자'를 우상화하고 있음을 볼 수 있다.

식사전 기도:

인도자(Führer)여, 주께서 나에게 주신, 나의 인도자여,
내가 사는 날 동안 나를 보호하시고 지켜주세요.
당신은 독일을 깊은 고통의 수렁에서 건지셨어요.
오늘 나의 일용할 양식을 주셔서 당신에게 감사해요.
나와 함께 오래도록 계시고 나를 떠나지 마세요.
인도자, 나의 인도자, 나의 믿음과 나의 빛,
구원은 당신에게, 나의 인도자!

식사 후 기도:

이 많은 음식을 주셔서 감사해요.
당신은 젊은이의 보호자요 늙은이의 친구에요.
당신은 할 일이 많은 분이에요, 하지만 걱정하지 마세요.
나는 밤에도 낮에도 당신과 함께 있어요.
나의 무릎을 베고 쉬세요.
나의 인도자, 당신은 위대하신 이니까요.
구원은 당신에게, 나의 인도자![24)

이 기도문은 나치가 사이비 종교이고 히틀러가 기도를 받는 우상이 되고

---

24) Praamsma, 앞의 책, 100.

있었음을 여실히 보여준다. '하일 히틀러'(Heil Hitler)라는 인사가 그러하다. '하일 히틀러'라는 말은 "히틀러는 구세주", "구원은 히틀러에게", "구원은 히틀러를 통하여" 등으로 해석할 수 있는 말이다.

칼 바르트는 민족 사회주의는 교회에 대하여 얼마나 위험한 존재인지를 처음 시작 때부터 알고 있었다. 1933년 6월 히틀러가 권력을 장악하고 '독일 그리스도인들'이 하나의 민족 교회를 외치기 시작할 때, 바르트는 '오늘의 신학적인 존립'(Theologische Existenz heute)이라는 글을 써서 민족 사회주의의 이념을 결연히 거부하였다. 그는 '독일 그리스도인들'의 교리는 잘못된 교리(Irrlehre)라고 서슴지 않고 규탄하였다. 왜냐하면 교회가 사람들을, 즉 독일 민족을 섬겨야 하는 것이 아니기 때문이며, 교회는 제3 제국 안에서도 복음을 선포해야 하지만, 국가 아래서나 국가의 정신으로 하는 것이 아니라고 했다.25) 만일 독일 개신교 교회가 유대인 그리스도인을 배제하거나 그들을 2류 그리스도인으로 취급한다면, 그것은 곧 독일 복음 교회는 그리스도의 교회임을 중지하는 것임을 의미한다고 했다.

칼 바르트

• 교회는 백성에게 국가 안에서 하나님의 말씀을 성경을 따라 설명해 주어야 한다. 복음의 자유는 그것이 교회의 선포 이외에는 다른 아무런 원천(자료)이 없다는 데 달려 있다. 운명, 역사, 자연, 경험, 이성에 관한 어떠한 책이나, 요즘 성급하게 인용되고 있는 『역사적인 시간』(die geschichtliche Stunden)이라는 책도 교회 안에서 성경책이나 성경을 해석한

---

25) Eberhard Busch, *Karl Barths Lebenslauf* (München: Chr. Kaiser Verlag, 1975, 1978³), 239.

책과 나란히 두거나 교훈의 기초로 삼을 수 없다.

• 교회는 사람들에게, 즉 민족 속에 그리고 국가 안에 있는 사람들에게 주님을, 즉 하나님을 자비와 능력 가운데 계신 주님으로 알고 바라보도록 가르쳐야 한다. 교회는 사람들에게 이 주님밖에 다른 것을 선포해서는 안 된다. 다시 말하면 도덕이나 사적 혹은 공적인 일이나 국제적인 혹은 민족적인 도덕을 선포해서는 안 된다. 우리를 돕는 말씀, 즉 복음은 사람들을 위하여 주시는 하나님의 말씀이다. 하나님의 말씀이지 다른 어느 누구의 말씀이 아니다.

• 교회는 시간 안에 그리고 이 시대에 사는 사람들 사이에서, 땅 위에와 이 땅의 조각들이 가진 특이성을 대하면서, 그리고 지상에서 이러 저러한 사람들이 이 세상의 고향에서 그들 나름의 삶을 살고 그들 나름의 길을 가고 또한 그들 각자가 사는 이 세상의 고향을 위하여 충실하도록 해야 한다. 교회 안의 지체임은 종족이나 혈족의 지체임을 통하여 결정되는 것이 아니다. 성령과 세례만이 사람들을 교회의 제자로 만든다……26)

바르트는 실제로 온 나라가 날마다 '하일 히틀러'를 외치며 히틀러를 찬양함에도 불구하고 그는 우상 앞에 절하여 무릎을 꿇지 않았다. 바르트가 본 대학에서 교수할 때 강의실에 들어서면 학생들이 모두 일어서 '하일 히틀러' 하면서 인사했다. 아무런 대꾸도 않는 바르트에게 한 학생이 항의조로 왜 '하일 히틀러'를 하지 않는지를 묻자, 바르트는 "자네들이나 실컷 죄지어라"고 했다는 일화가 있다. 바르트는 교수 재계약 때 히틀러에게 충성을 맹서하는 서명을 거부함으로 말미암아 본을 떠나야만 했다. 그는 나치의 손이 미치지 않는 고향 바젤로 갔다.

1937년에 그가 서방에 있는 교회, 특별히 영국과 미국의 교회들을 향하여 한 연설에서 이를 알 수 있다. 바르트는 나치가 새로운 계시에 근거하여

---

26) Karl Barth, *Theologische Existenz heute* (München: Chr. Kaiser Verlag, 1933), 71; Gerhard Wehr, *Karl Barth*, GTB Biographie, 44f.에서 재인용.

새로운 믿음을 설교함에도 불구하고 독일 교회가 민족 사회주의의 악마적인 성격을 즉시 알아보지 못했음을 유감스럽게 여긴다고 했다. 바르트는 심지어 나치를 가리켜 '독일 이슬람 혹은 독일 볼셰비즘'이라고도 했다. 그는 성경을 새롭게 더 집중적으로 연구하게 된 것을 감사하게 여긴다고 하면서 회개와 회심의 필요성을 지적한다. 그리고 서방 세계도 마땅히 그래야 하고 복음적인 신앙의 원천으로 되돌아가야 하며 세계의 모든 교회들이 범하고 있는 잘못을 밝혀야 한다고 했다.

독일 고백 교회의 저항

1933년 말에 이르러 '독일 그리스도인들'의 이질적인 신앙 운동에 저항하는 운동들이 일어나기 시작하였다. 베를린-달렘(Berlin-Dahlem) 교회의 목사 마르틴 니묄러(Martin Niemöller)의 주도로 먼저 '위기에 대처하는 목사 협의회'(Pfarrernotbund)가 조직되었다. 이것이 소수의 사람들이지만 독일 전역으로 널리 호응을 받으면서 고백 교회(die Bekennende Kirche)로 발전하였다. 고백 교회의 투쟁은 민족 사회주의에 정면으로 대항하는 그런 것이기보다는 교회가 장래에도 교회로 남

바르멘-게마르크 교회

을 수 있을 것인지에 관심을 두고 교회를 지키자는 운동이었다. 그뿐이라면 그것은 너무 편협하다는 견해도 있었으며, 바르트는 앞으로 교회 내의 저항이 조만간 정치화 될 가능성도 배제할 수 없다고 했으나 그런 한계를 넘지는 않았다. 본회퍼의 경우는 교회와는 관계없이 단독으로 행한 예외적인 행각이다.27)

1934년 초에 한 개혁파 노회가 고백 교회를 형성하고 공고히 하는 중요한 계기를 마련하였다. 고백 교회 내에서 개혁파들은 보다 적극성을 띤 그룹이었으나 고백 교회 운동은 독일에 있는 모든 개신교 교회 그룹의 대표들이 다 함께 참여한 운동이다. 1934년 1월 4일 노회 회기 중에 독일 전국의 167개의 개혁파 개신교 교회들의 대표가 바르멘에 모였으며, 3월 7일에는 베를린-달렘에서 베를린-브란덴부르크 교회에서 보냄을 받은 440명의 회원이 모였다. 그리고 3월 16일에는 도르트문트에서 베스트팔렌 노회가 열렸으나 게슈타포에 의하여 즉시 해산되었다.

　1934년 5월 8일에 모인 부퍼탈의 바르멘 노회는 회기 중에 바르트가 기초한 '바르멘 선언'을 수정 없이 받아들여 노회의 결정과 함께 발표하였다. 선언문의 표제는 '현 독일 개신교에 속한 개혁파의 신앙고백을 옳게 이해함에 대한 선언'이었다.[28] 이 선언서는 6개 조항으로 구성된 것인데 매 조항마다 먼저 긍정문으로 신앙을 고백하고 이어서 이 신앙과 상반되는 주장이나 가르침에 대하여 경고한다. 이 선언문 제5조에는 '정치와 종교의 분리'를 뚜렷이 명시하면서 교회의 정치로부터의 자유를 주장하고 있는데, 이 선언문을 받아들이는 고백 교회 노회에서는 제1조를 제일 중요하게 보고 관심을 두었다.[29] 즉 성경이 증언하는 대로 예수 그리스도는 하나님의 말씀이므로 생명을 다하여 그의 말씀을 순종해야 한다는 것과 교회는 이 말씀 이외의 다른 것을 계시로 인정할 수 있다는 가르침은 거짓이므로 배격해야 한다는 진술이다. 아래에 있는 바르멘 신학 선언문의 전문과 번역을 참고하기 바란다.

　바르트는 개혁파의 동의를 얻는 것이 우선적인 목적이었으나 현 독일 개신교를 언급한 바와 같이 루터교 측도 얼마든지 참여할 수 있다는 설명을

---

27) Karl Kupisch, *Kirchengeschichte V, 1815-1945*, 125.
28) Eberhard Busch, 앞의 책, 253; "Die Erklärung über das rechte Verständnis der reformatorischen Bekenntnis in der Deutschen Evangelischen Kirche der Gegenwart." 발멘 신학 선언은 노회 결정 전체 선언문의 일부이다. Karl Kupisch, *Quellen zur Geschichte des deutschen Protestantismus 1871-1945*, 273f. 참조.
29) Karl Kupisch, *Kirchengeschichte V, 1815-1945*, 103.

덧붙였다. 그러면서 현 시점에서 신앙적인 동의를 위하여 논의할 것은 성만찬 문제가 아니라, 교회 내에서 오늘날 문제가 되고 있는 것이 첫째 계명이므로 이를 함께 고백해야 할 것이라고 했다.30)

1935년 3월 5일에 모인 달렘의 두 번째 고백 노회에서도 같은 말이 나왔다.31)

> 우리는 우리 백성이 절대 절명의 위험에 처했음을 직시한다. 위험이란 새 종교로 말미암은 것이다……새 종교는 첫째 계명에 대한 반항이다.
>
> ① 새 종교에서는 인종을 차별하는 민족주의 세계관이 신화가 되고 있으며, 혈족과 종족, 민속적인 것과 명예와 자유가 우상이 되고 있다.
> ② 이 종교가 요구하는 '영원한 독일'에 대한 신앙은 우리 주요 구세주이신 예수 그리스도를 믿는 신앙을 대신한다.
> ③ 이 거짓 신앙은 인간의 형상과 본질을 따라 자기들의 신을 만든다. 새 종교에서는 인간이 자기 자신을 높이고 의롭다하며 구원한다. 이러한 우상 숭배는 긍정적인 기독교와는 아무런 상관이 없다. 새 종교는 적그리스도 종교이다.

베를린-스테그리츠(Berlin-Steglitz) 노회는 1835년 9월 26일에 신앙고백 선문을 내놓았다.32) 여기서 우리는 독일 고백 교회가 투쟁한 것이 첫째 계명을 지키기 위하여, 그리고 교회가 참 그리스도의 교회임을 유지하기 위하여 한 것임을 재삼 인식한다.

제2차 세계 대전 후의 독일 교회 재건

독일에서는 종전 이후에 교회 재건을 위하여 종래의 독일 국민 교회의

---

30) Eberhard Busch, 앞의 책, 254.
31) Wilhelm Niemöller, 앞의 책, 259f.; 전문은 Karl Kupisch, *Quellen zur Geschichte des deutschen Protestantismus 1871-1945*, 282 이하에 있다.
32) 같은 자료집, 284쪽 이하 참조.

연속성은 고백 교회가 유지해온 만큼 고백 교회가 국민 교회의 재건을 위하여 역할해야 한다는 생각에 모두가 공감하였다. 민족 사회주의 정권 하에서 고백 교회 운동에 참여한 신자들은 소수에 불과하였다. 그럼에도 불구하고 독일 교회 지도부의 정체성을 대표하고 이를 계승할 이들이 고백 교회에 속한 지도자들임을 자타가 인정한 것이다.

나치 하에서 독일 전역에 있는 그 많은 노회들 가운데 겨우 4개처의 노회가 참여했을 따름이다. 1933년의 선거에서 독일 주민의 90%가 히틀러를 지지했다니까 고백 교회가 얼마나 외로운 길을 걸었는지 짐작할 수 있다.[33] 독일에서는 거의 온 주민이 가톨릭이든 개신교이든 교회에 속해 있는 상황이었으니 말이다.

교회 재건을 위한 모임에 칼 바르트와 옥살이를 하다가 풀려난 지 얼마 안 되는 마르틴 니묄러도 참석하였다. 우선 잠정적으로 사용할 교회 헌법을 내놓는 일에 착수하였다. 베를린의 감독 디벨리우스(Dibelius)는 "새 것이 나와야 하는데, 이 새 것은 어떻든 옛날 것이어야 한다"고 했다. 교회를 개혁함에 있어서 인상적인 것 가운데 하나는 독일 교회를 'Deutsche Evangelische Kirche'(DEK)라고 부르던 것을 'Evangelische Kirche in Deutschland'라고 부르기로 한 일이다. 독일 교회가 독일인들의 개신 교회가 아니고 독일에 있는 개신 교회라는 뜻에서다. 민족 사회주의(나치) 치하에서 독일인만으로 구성되는 민족 교회를 강요당한 악몽 때문에 그런 의식을 갖게 된 것이다. 처음에는 약자로 EKiD라고 표기하다가 얼마 후부터는 EKD라고 하게 되었다.

EKiD에는 12명의 위원으로 구성되는 지도부를 두기로 했다. 연합교회(Unierte) 5명, 루터교회 6명, 개혁파 2명이었다. 부름(Wurm)이 의장이 되고 마르틴 니묄러가 상임 위원장 직을 맡았다. 니묄러의 주도로 10월의 슈투트가

---

33) Wihelm Niemöller, *Wort und Tat im Kirchenkampf* (*M*ünchen, Chr. Kaiser Verlag), 253.

르트 죄책 고백이 나옴에 따라 세계교회협의회와 관계를 갖는 길이 열렸다. 1948년 아이제나흐(Eisenach)에서 열린 교회 대회에서 EKiD의 정식 헌법이 나왔으며, 1949년 보델쉬빙이 있는 베델(Bethel)에서 EKiD의 첫 노회가 모였다.

독일에서는 '독일 그리스도인들'로 활동한 이들은 고백 교회가 은밀히 추진한 저항 운동이 독일에 있는 그리스도의 교회의 정체성을 지킨 것을 시인하여 그들에게 교회의 잠정적인 지도부를 맡길 뿐 아니라 1년간 직무를 떠나 근신함으로써 자신들의 죄책을 실천적인 행동으로 시인하고 참회하였다. 그런가 하면 고백 교회에 속한 이들도 자기들이 충분히 소임을 다하지 못한 것을 뉘우치며 위에서 인용한 니묄러 형제의 기도가 말하듯이 "우리가 다 함께 죄를 범하였습니다"고 참회함으로써 민족 사회주의와 '독일 그리스도인들'의 죄책을 다 자신들의 것으로 고백하였으며, '독일 그리스도인들'을 용서하고 그들과 하나가 되어 독일 교회를 재건하였다.

독일의 민족 사회주의가 전통적인 기독교 신앙과 교회를 말살하려던 것이나 일본의 군국주의가 기독교 신자들로 하여금 하나님의 계명을 어기고 신도(神道)에 무릎을 꿇게 하여 교회로 하여금 교회임을 벗어나게 하려던 것이 다를 바가 없다. 그리고 독일 고백 교회가 하나님의 첫째 계명을 지키기 위하여 투쟁한 것이나 한국의 신사 참배 반대자들이 하나님의 첫째 계명을 지키기 위하여 옥고와 순교를 감수한 것이 전혀 다를 바가 없다.

고백 교회 운동에게서 힘을 얻은 많은 사람들이 민족 사회주의에 저항함으로 말미암아 적어도 3,000명의 목사들이 한 번은 감옥에 갇혔었다.[34] 그리고 나치의 종노릇하는 다수의 '독일 그리스도인들'에 대항하여 그리스도의 교회를 지키려고 고백 교회 운동을 한 것이나, 신도에 굴종한 다수가 자리를 차지한 노회에서 제명된 신사 참배 반대자들이 신앙의 동지들을 규합하여 신사 참배 반대 운동을 펴고 옳게 믿는 교회를 조직하려고 한 것이 또한

---

34) 같은 책, 267.

다를 바가 없다.

　신사 참배 반대자들이 시도한 당시의 교회 운동을 가리켜 교회를 나누는 분리주의 운동이라고 규정하는 평가에 오랫동안 많은 사람들이 동조해 왔거나 혹은 그런 말에는 무감각함을 보여 온 사실은 참으로 슬픈 일이다. 어떤 교회 역사가도 독일의 고백 교회 운동을 의미 있고 정당한 운동으로 보지 않는 경우는 없다.

　교회의 정체성은 교회의 규모나 외적인 기구가 아니고 그리스도 안에서 하나님의 말씀에 순종하는 하나님의 백성의 공동체이다. 독일 고백 교회의 운동을 옳고 값진 운동이었음을 인정한다면, 신사 참배 반대자들의 저항과 신앙 운동 역시 옳고 값진 것이었으며 한국 교회의 정체성의 명맥을 이어온 고귀한 것이었다고 재평가하는 것이 마땅하다. 그러한 재평가가 무시되거나 널리 동조를 얻지 못한다면 과거사의 죄책에 대한 회개는 있을 수 없고 회개가 없이는 고백이 있을 수 없다. 범죄에 대한 회개 없이 그리고 옳은 신앙 운동에 대한 재평가도 없이 순교자를 자랑하고 높이고 앞에 내세움으로써 모든 과거사를 그 뒤에 숨기고 얼버무리는 것은 진정한 죄책 고백과는 역행하는 일이다.

　모 교단 총회에서 주기철 목사를 복권시키기로 결의했다고 하는데 좋은 의도에서 그렇게 했겠지만, 그것은 어이없는 잘못을 범한 것이다. 천주교회가 안중근 의사를 복권한 것은 할 만한 일을 한 것이다. 로마 가톨릭은 오류가 없는 교회로 자처하는 터인데다가, 안중근 의사가 여하튼 살인죄를 범했다고 하여 출교했기 때문이다. 그러나 신도에 굴복하고 교회의 정체성을 상실한 장로교 총회가 어떻게 첫째 계명을 지킴으로 교회 정체성을 지키려 한 주기철 목사를 마치 잘못을 범한 과거사를 용서한다는 듯이 복권을 감행한 것인지 이해가 되지 않는다. 죄를 회개하고 고백하지 않고 역사에 대한 올바른 평가를 하지 못한데서 온 가치 판단의 착란 때문이라고 해야 할 것 같다.

해방 이후 오늘까지 역대의 우리 정부들이 부정을 저지르고 인권을 억압한 데 대하여 교회가 선지자적 사명을 다하지 못한 것을 참회하는 일은 마땅히 할 만한 일이다. 그러나 그것은 일제하에서 한국 교회가 범한 죄책과는 차원이 다르다. 한국 교회는 지도자들이 신사에 가서 절함으로 첫째 계명을 범했으며 온 성도들로 하여금 같은 죄를 범하게 하였다. 일제 말기에는 미소기 바라이, 즉 신도의 세례를 받기까지 하였다. 예배에서 회중이 먼저 궁성 요배와 황국 신민 선서를 하고 군국주의 일본의 전몰 장병을 위하여 묵도부터 함으로써 하나님을 우롱하는 불경죄를 범하였다. 노회는 하나님의 계명에 충실하려는 목사 노회원들을 축출하고 제명하는 죄를 범했다.

해방 후 우리의 그 어느 정부도 독일의 민족 사회주의나 일본의 군국주의처럼 거짓 종교를 택하도록 강요하고 통치자를 우상화함으로써 신앙의 자유를 억압하거나 박탈한 악마적인 정부는 없었다. 정부의 부정 부패나 인권의 유린을 보고 침묵한 것과 정부나 식민 정부가 강요하는 우상 종교에 절함으로써 기독교의 신앙의 정체성을 상실하는 것과는 현격한 차이가 있음을 인식해야 한다. 우리는 과거사의 죄책을 고백함에 있어서 그러한 차이를 인식하고 분별해야 한다. 그러지 않고 시대별로 나열하는 식으로 죄책을 고백한다면, 그것은 첫째 계명을 범한 엄청나게 큰 죄책을 희석하는 것이 되고 말 것이다.

한국과 중국과 동남아시아에 가해자로 군림했던 일본은 과거의 역사를 반성하지 못한다. 그래서 주변 나라들의 심기를 불편하고 불안하게 만든다. 더욱이 자신들이 저지른 민간인 학살 사건이나 위안부 사건 등의 치욕적인 사건은 밝히 드러난 일임에도 불구하고 한사코 부인한다. 심지어 역사를 왜곡하는 교과서를 펴낸다. 이러한 자세는 현충일이 오면 유럽의 이웃 나라에 외상이나 수상이 머리를 조아리며 사죄하는 독일의 자세와는 너무나 대조적이다. 독일은 회개와 사죄의 종교, 즉 기독교 문화권에 속한 나라임에 반하여 일본은 그런 것과는 생소한 문화권에 속한 나라여서 그런 것으로 인식한다. 일본의 교회들이, 비록 교세는 미미하지만, 근래에 와서 연이어 죄책을 고백하는 것은 그나마 다행스런 일이다.

　우리 교회가 신사 참배를 한 역사를 회개하지 않은 것을 보면 우리의 신앙이 아직도 기복적임을 벗어나지 못하고 있으며 기독교적인 문화를 형성하는 단계에는 이르지 못해서 그런 것인지 반성하게 된다. 교회 성장은 감사할 일이지만, 교회가 이단적인 종파들이 자라듯 성장해서는 안 된다. 교회는 전통적인 신앙고백을 따라 신앙을 고백하는 그리스도의 교회다운 교회로 성장해 가야 한다.

　회개에 인색하면 용서에도 인색할 수밖에 없다. 회개와 용서와 관용이 없는 교회, 사랑이 결여된 교회는 건전한 교회일 수 없다. 한국 교회가 무분별하게 분열하게 된 중요한 요인은 분리주의적인 교회관 때문이라고 생각하지만, 마땅히 했어야 할 회개를 건너뜀으로 말미암아 용서와 관용이 없는 교회가 되다보니까 결국 오늘과 같이 교회가 하나를 이루지 못하고 있다. 그리고 마치 수술해 내어야만 할 파편을 몸속에 그냥 지니고 있어서 신경이 무디어진 채 사는 사람처럼 한국 교회는 과거의 수치스런 상흔을 그저 망각하고 의젓함을 가장해 왔다. 이러한 것이 한국 교회의 죄의식이나 윤리 의식을 무디게 만든 요인 가운데 하나요 그 시발임을 인식해야 한다. 회개와 속죄, 하나님과의 화해와 그로 인한 사람들 간의 사죄와 용서는 기독교 진리의 특이함이요 그 기초이다. 그것을 위하여 그리스도께서 십자가에 죽으셨다.

　우리 교회의 과거사 청산은 정치계에서 하듯이 누구를 고발하고 정죄하여 매장하며 누구의 공적인 삶을 마감하게 하거나 해방 후 반세기의 역사를 함께 해 온 삶과 공적을 무효화하는 그런 것일 수는 없다. 우리의 죄책 고백은 우리의 역사를 옳게 보고 우리의 죄책을 바로 깨달아 하나님께 용서를 빌고 서로 용서하고 화해함으로써 하나 됨을 지향하고 함께 결실을 거두는 회개와 고백이기를 희망한다.

첨부 문서 1

바르멘 선언 1934년

우리는 황폐해 가는 교회 앞에 신앙을 고백한다. 그럼으로써 하나인 독일 개신(복음) 교회가 '독일 그리스도인들'과 현 제국 교회 행정부의 엄청난 잘못을 알고 복음적인 진리를 따르도록 하고자 한다.

1. 나는 길이요 진리요 생명이니 나로 말미암지 않고서는 아버지께로 올 자가 없느니라(요 14:6).

   성경이 증언하는 대로 예수 그리스도는 하나님의 그 하나의 말씀으로 우리는 그의 말씀을 들어야 되고, 우리는 살아서나 죽어서나 그를 신뢰하고 순종해야 한다. 우리는 교회가 하나님의 그 하나의 말씀을 제쳐놓고 그리고 그 말씀과 나란히 다른 사건이나 권력을 교회가 선포하는 원천으로 인식하거나 형상이나 진리들을 하나님의 계시로 인식할 수 있다거나 인식해야 한다는 거짓된 가르침을 배격한다.

2. 예수는 하나님께로 나와서 우리에게 지혜와 의로움과 거룩함과 구속함이 되셨으니(고전 1:30).

   예수 그리스도는 온갖 우리의 죄를 용서하신다는 하나님의 약속이듯이, 그분은 또한 진실로 우리의 삶 전체를 주관하시는 하나님의 강력한 요청이시다. 그분을 통하여 우리는 이 세상의 불경건한 속박으로부터 벗어나 그가 지으신 사람들에게 자유롭게 감사함으로 봉사하는 자유의 기쁨을 누린다.

우리의 삶의 영역에서 예수 그리스도 아닌 다른 주들을 가질 수 있는 영역이 있다고 하거나, 그분을 통하여 얻는 칭의와 성화를 필요로 하지 않는 영역이 있다고 하는 거짓된 가르침을 우리는 배격한다.

3. 오직 사랑 안에서 참된 것을 하여 범사에 그에게까지 자랄지라. 그는 머리니 곧 그리스도라 그에게서 온 몸이 각 마디를 통하여 도움을 입음으로 연락하고 상합하여……(엡 4:15,16).

그리스도의 교회는 예수 그리스도께서 성령을 통하여 말씀과 성례 가운데 주님으로 임재하시면서 주관하시는 형제들의 공동체이다. 교회 공동체는 은혜를 입은 죄인들로서 죄악 세상 가운데서 자신들이 가진 믿음과 순종으로써, 그리고 말씀 선포와 질서로써 자신들이 오직 예수 그리스도의 소유이며 그의 위로와 인도하심 가운데 그의 나타나심을 기다리면서 살며 살고 싶어 하는 것임을 보여 주어야 한다.
우리는 교회가 자신의 사명과 질서의 형상을 현재 지배적인 세계관과 정치적인 신념을 선호하는 대로 그리고 그것이 변하는 대로 내버려 두어도 된다는 거짓된 가르침을 배격한다.

4. 이방인의 집권자들이 너희를 저희 임의로 주관하고 그 대인들이 저희에게 권세를 부리는 줄을 너희가 알거니와 너희 중에는 그렇지 아니하니 누구든지 크고자 하는 자는 너희를 섬기는 자가 되고……(마 20:25,26)

교회 안에 있는 여러 다양한 직분들은 하나가 다른 것을 지배하는 것이 아니고 모두가 온 교회 공동체를 섬기도록 맡겨주시고 명하신 봉사를 실천하는 것이다.
우리는 교회가 이러한 특별한 봉사를 떠나서 다스리는 권능을 부여받은 인도자가 있을 수 있다거나 있도록 해도 좋다고 하는 거짓된 가르침을 배격한다.

5. 하나님을 두려워하며 왕을 공경하라(벧전 2:17).
성경은 우리에게 국가는 하나님의 부여하시는 과업을 따라 갖는다고 말씀한다. 즉 국가는 교회가 그 가운데 있는 세상에서, 아직 구원 받지 못한 세상에서 인간의 통찰과 인간의 능력을 따라 정의와 평화를 유지하도록 경고하고 권력을 행사하는 것이다. 교회는 국가의 이러한 기능을 인정하고 고맙게 여기고 경외한다. 국가는 하나님의 나라와 하나님의 계명과 공의를 상기시키며, 따라서 다스리는 자와 다스림을 받는 자의 책임을 상기시킨다. 교회는 하나님께서 만물을 유지하시는 말씀의 능력을 믿고 순종한다.
우리는 국가가 그 맡은 특별한 임무를 넘어서 인간 생활의 유일한 질서이며 질서의 전부가 되어야 하고 또한 교회의 목적까지 성취해야 하고, 할 수 있다는 잘못된 가르침을 배격한다. 우리는 또한 교회가 그 맡은 임무를 넘어서 국가가 하는 식으로 국가적인 과업을 수행하며 국가적인 권위를 소유할 수 있어서 결과적으로 국가의 한 기관이 되어야 하며 될 수 있다는 거짓된 가르침을 배격한다.

6. 볼지어다 내가 세상 끝날까지 너희와 항상 함께 있으리라(마 28:20). 하나님의 말씀은 매이지 아니하니라(딤후 2:9).

교회가 누리는 자유의 근거인 교회의 과업은 그리스도를 대신하여 그리고 그리스도 자신의 말씀들과 일들을 설교와 성례를 통하여 하나님의 거저 주시는 은혜의 복음을 모든 백성에게 전하는 것이다.
우리는 교회가 인간적인 자신의 영광 가운데 자신이 선택한 그 어떤 소원과 목적과 계획을 이루기 위하여 말씀 사역과 일을 할 수 있다고 하는 거짓된 가르침을 배격한다.

독일 복음 교회의 고백 노회는 이 진리를 인지함과 동시에 이 과오들을 배격하는 가운데 고백 교회가 독일 복음 교회의 변함없는 신학적인 기초를 고백 교회 연합의 기초로 본다는 사실을 선언한다. 고백 교회는 이 선언에 참여할 수 있는 모든 교회들에게 이 신학적인 인식을 기억하도록 교회 정치적으로 결정해 주기를 요청한다. 고백 교회는 관계있는 모든 교회에 믿음, 소망, 사랑으로 하나가 되기 위하여 돌아오기를 빈다.

하나님의 말씀은 영원히 있으리라.

첨부 문서 2

슈투트가르트 죄책 고백, 1945년 10월 19일

독일 개신교회의 지도부는 1945년 10월 18~19일에 슈투트가르트에서 모인 회합에서 세계교회협의회(WCC) 대표자들에게 인사를 드립니다.

우리는 이번 방문에 깊이 감사하면서 독일 백성과 더불어 지금 큰 고통 가운데 있을 뿐 아니라 모두가 죄책을 통감하고 있습니다. 우리는 많은 백성들과 국가들에게 끊임없는 고통을 안겨주었음을 마음 아프게 여기며 고백합니다. 우리는 우리 교회들에게 자주 증언해 왔던 것을 이제 전체 교회의 이름으로 말씀드립니다. 우리는 무력으로 통치하는 민족 사회주의 정부 내에서 공포로 몰아넣는 말을 마구 하는 영(Geist)에 대항하여 여러 해 동안 예수 그리스도의 이름으로 투쟁해 왔습니다. 그러나 더 용감히 증언하지 않고, 더 진실하게 기도하지 않고, 더 즐겁게 믿지 않고, 더 열정적으로 사랑하지 않은 데 대하여 우리는 자신들을 책망합니다.

이제 우리 교회는 새로운 출발을 해야 합니다. 우리 교회는 성경에 기초하여 교회의 유일하신 주님께 온 정성을 다할 것이며, 이제 바른 신앙에 저촉되는 이질적인 영향들로부터 우리 자신들을 정화하고 질서를 세울 것입니다. 우리는 은혜롭고 자비하신 하나님께서 우리의 교회들을 우리 자신과 우리 온 백성에게 당신의 말씀을 선포하고 당신의 뜻에 순종하게 만드는 당신의 도구로 사용하시기를 바라며, 교회들에게 그럴 수 있는 권세를 주시기를 바랍니다.

이와 같이 새롭게 시작하는 시점에 우리가 세계의 다른 교회들과 진정으로 결속되어 있다는 사실로 인하여 우리는 마음속 깊이 기뻐합니다.

우리는 하나님 안에서 교회의 보편적인 봉사를 통하여 오늘날 다시 강력해지려고 하는 폭력과 복수의 영은 온 세계에서 통제되고 평화와 사랑의 영이 다스리는 세계가 되어, 오직 그 안에서 고통 받는 인간성이 치유되기를 희망합니다.

온 세계가 새로운 시작을 필요로 하는 때에 우리는 기도합니다. 오소서, 창조자 성령이시여!

D. Wurm　　Dr. Lilje　　Dr. Heinemann　　Martin Niemöller
Asmussen DD　　Hahn　　Semend D. Dr.　　Lic. Niesel
D. Meiser　　Held　　Dibelius[35]

---

35) 첨부 문서 1의 원문은 Karl Kupisch, *Quellen zur Geschichte des deutschen Protestanismus 1871-1945*, 273-277, 첨부 문서 2의 원문은 같은 책, 309 참고. 첨부 문서 2의 서명자들 이름 앞에 있는 D. 는 Dr.와 마찬가지로 Doktor의 약자이다.

8 종말론과 사이비 종교

종말론 시비
기독교와 이단
단군상과 '홍익인간'

종말론 시비

한국 개신교 교회의 선교는 한반도에서 1884/85년에 시작되었다. 선교가 진척됨에 따라 장로교와 감리교를 위시하여 여러 선교사들의 교파를 따라 각 선교 교회의 제도와 신학이 이식되었다. 한국 교회는 백년이란 세월 동안 교파별로 성장해 왔으나, 교회의 정치와 제도는 그간의 역사적 환경을 겪으면서 교파 상호간에 영향을 주고받는 가운데서 최초의 제도와는 다른 모습으로 발전하게 되었음을 관찰할 수 있다.

이를테면, 감리교나 성결교가 장로교의 영향을 받아 장로를 두고 있는 점이라든지, 근래에 와서는 장로교는 물론 감리교까지도 개교회주의적인 회중교회의 제도를 닮아 가는 교회들이 많이 생기고 있는 점 역시 그러하다. 이러한 경향은, 우리가 그것을 긍정적으로든 혹은 부정적으로든 어떻게 평가하든지 간에, 신학에서도 볼 수 있는 현상이다.

장로교 선교사들과 신학자들은 한국 장로교회의 신앙과 신학이 개혁주의 전통을 따라 충실하게 발전하지 못하고 있다는 반성에서, 초기 선교사들이 개혁주의 신학을 충실하게 전수하였느냐는 의문을 종종 제기하였다. 그러나 그것은 초기 선교사들이 얼마나 개혁주의 신학 지식을 갖추었으며, 또한 그것을 얼마나 충실히 전수했느냐 하는 데에만 달린 것이 아니고, 선교지의 교회가 어떻게 수용하였는지에도 달린 문제이다.

초기의 한국 교회는 선교사들이 개혁주의 신학을 균형 있게 전수할 수 있을 정도로 제반 여건들을 갖추지 못한 것이 사실이었으며, 또한 이제 방금 자라나는 교회에게 그러한 여건이 갖추어졌기를 바라는 것도 무리였다. 선교지 교회는 어떤 문제가 있을 때 신앙고백에 호소하기보다는 바로 성경을 상고한다고 하는데, 한국 교회 역시 개혁주의 전통에 대한 인식이나 관심보다는 성경을 직접 이해하는 일에 더 관심을 가졌던 것이기 때문이다.

그러므로 설사 서양 선교사들이 개혁주의 신학을 균형 있게 전수하였다고 하더라도 선교사들과는 문화와 역사적인 배경을 달리하는 피선교 교회인 한국 교회는 신학의 주제들을 상당한 정도로 여과하여 받아들이게 마련이며, 어떤 주제는 선교사들이 의도한 것보다도 더 강조되어 나름대로 발전하기 마련이다. 이를테면 종말론이 바로 그러한 것이다. 한국 교회 신자들은 초기부터 기독교 신학의 내용이나 주제 가운데 종말론에 보다 많은 관심을 가졌다.

초기 한국 교회의 신앙적 특징

한국 교회 초기 선교사들의 신앙적인 특징을 일컬어 근본주의적이며 청교도적, 경건주의적 신앙이라고 일반적으로 말한다. 대부분의 초기 선교사들은 19세기에 있었던 각성 운동을 통하여 선교적 소명을 받았으며, 그러한 열정으로 선교지를 찾아 온 이들이었다. 그들은 신학과 성경 이해에서는 아주 보수적이며, 그리스도의 천년기 전 재림설을 핵심 진리로 믿고 있었다. 그러므로 초기 한국 교회의 설교의 중요한 주제는 회개와 중생, 구원이었으며, 구원과 직결하여 내세 신앙, 즉 종말 신앙을 강조하였다. 하긴 종말 신앙이란 다름 아닌 종교적 신앙이다.

그러한 경향은 19세기 이후의 세계 어느 나라 선교지에서나 볼 수 있는 공통적인 것이지만, 한국을 식민지화하려는 열강의 각축 속에서 나라의 운명을 예측할 수 없는 험난한 상황에 살던 초기의 한국 신자들 가운데 내세 지향적인 종말 신앙은 구원의 복음으로 뿌리를 내리게 된 것이다. 한국 장로교의 초대 목사이며 1907년 전후의 대부흥 때부터 부흥사로 활약한 길선주 목사가 요한계시록을 만 번이나 읽었다는 이야기는 잘 알려진 사실이다. 길선주를 위시한 많은 부흥사들이 사경회와 부흥회에서 요한계시록을 사경회의 교과서로 사용하였다.

성경 전권(全卷)을 주석하는 일을 필생의 사업으로 삼고, 이를 이룩한 박윤선(朴允善)이 일찍이 미국으로 유학 갈 때, 배에서 요한계시록을 암송했다는 사실과 그가 제일 먼저 탈고하여 출판한 책이 요한계시록 주석이었다는 사실 역시 종말론이 일반적으로 한국 교회의 신학적인 주요 관심사였음을 말해 주고 있다. 그리고 1920/30년대에 최봉석(崔鳳奭) 목사가 "예수 천당"의 구호로 복음을 전하였다는 일화 역시 당시의 한국 교회의 신앙이 내세적 종말 신앙으로 결정(結晶)되고 있었음을 짐작하게 해 주는 이야기이다.

그것은 한국 교회가 초대 교회와 비슷한 상황에 있었기 때문이라고 이해할 수 있다. 사도 시대의 신앙의 특징 가운데 하나가 예수 그리스도의 임박한 재림을 고대하는 신앙이었음은 잘 알려진 사실이다. 사도 시대의 교회가 예수 그리스도의 임박한 재림에 대한 신앙을 강하게 가지게 된 것은, 먼저 복음 자체가 그러한 성격을 내포하고 있기 때문이었다. 세례 요한도 그랬지만, 예수 그리스도께서는 "천국이 임하였다"고 선포하는 말씀으로 복음 사역을 시작하셨으며, 천국에 대한 가르침이 비유로 하신 설교의 주제이었다. 나라를 잃고 오랫동안 정치적으로, 그리고 종교적으로 이민족의 압제 하에 살아오던 유대인들은, 그들이 처한 역사를 의식하면서, 자기들이 처해 있는 불행한 처지에서 구원해 주실 메시아의 출현을 대망하며 살았다.

예수님의 제자들 역시 이러한 유대교의 역사적 배경에서 나왔으므로 그러한 기대 속에서 살았던 것이다. 그들은 나사렛 예수가 고대하던 그리스도 이심을 믿고 그를 따랐다. 그러나 천국의 주인공으로서 천국의 임함을 실현할 메시아로 기대했던 예수 그리스도께서 십자가에 달려 죽으셨을 때, 제자들의 실망과 허전함은 이루 말할 수 없이 큰 것이었다. 예수의 부활은 제자들에게 새로운 희망의 서광을 비쳐주는 것이었으나, 주님의 승천으로 인하여 천국의 실현은 여전히 불투명한 것이었다. 그러한 상황에 있던 제자들은 오순절의 성령 강림으로 그리스도의 생애와 죽으심과 부활의 사실을, 그리고 그 의미를 밝히 깨달아 알게 되었다. 예수 그리스도의 재림에 대한 약속이 그들에게는 위로요, 그것을 대망하는 것이 그들의 기쁨이었다.

이와 같이 예수 그리스도의 재림에 대한 신앙은 천국 복음을 믿는 신앙과 불가분의 관계에 있다. 그러므로 그리스도의 복음을 새롭게 접한 초기 한국 교회에는 그리스도의 재림을 고대하는 종말론적인 신앙이 그만큼 왕성하였다. 성경을 문자적으로 이해하는 것 또한 선교지 교회의 일반적인 경향이었듯이, 한국 기독 신자들은 요한계시록 20:1~6의 말씀에 나오는 천년기(千年期)를 두고는 천년기 전에 그리스도가 재림한다는 전(前) 천년 신앙을 갖게 된 것이다.

대한 예수교 서회

한국 교회의 천년 왕국 신앙

한국 교회는 종말론과 요한계시록에 관심을 가지면서부터 천년 왕국설을 신봉해 왔다. 칼빈을 위시한, 바빙크, 카이퍼, 워필드 등 유수한 개혁주의자들과 대다수의 개혁주의 신학자들이 천년기를 영적으로 해석하는 소위 무천년설을 취하고 있다. 그것은 루터를 위시한 루터교 신학자들도 마찬가지이다.

이를 테면 미조리 대회 루터교회(Missouri Synod Lutheran Church), 한국의 보수적인 장로교와 교류를 하고 있는 기독 개혁교회(Christian Reformed Church), 정통 장로교회(Orthodox Presbyterian Church)에서는 무천년설을 공식 견해로 받아들이고 있다.[1] 이와 같이 개신교와 개혁주의의 전통적인 신앙이 무천년설을 말하고 있음에도 불구하고, 한국 교회에서는 보수적인 장로교 목사들과 신학자들을 비롯하여 대부분의 신자들이 그리스도께서 천년기 전에 재림하신다는 신앙을 갖게 되었다. 그것은 물론 초기의 선교사들에게서 그렇게 전수받았기 때문이다. 말하자면, 종말론에 관한 한, 한국 교회는 보다 넓은 개혁교회, 아니 개신교회의 전통과 원만히 연결된 것은 아니었다.

그리스도의 교회가 로마의 국교가 된 지 얼마 지나지 않아 로마 가톨릭교회가 어거스틴의 무천년설을 교회의 공적인 견해로 받아들인 이후 잠적하게 된 천년 왕국 신앙은 12세기경부터 민간에서 천년 왕국 운동을 유발했으며, 종교개혁 시대에 와서 재세례파와 17세기 경건주의자 등 신령주의자들을 통하여 전수되어 오다가 18,19세기의 각성 운동과 함께 미국에서 다시금 되살아나 파급되었다. 한국에 온 초기 선교사들은 세대주의적인 천년 왕국 신앙을 가진 무디의 영향으로 선교의 사명을 받고 복음주의적인 신앙과 함께 천년 왕국에 대한 신앙을 가져와 전수하였던 것이다.[2]

한국 교회의 대부흥을 주도한 길선주 목사는 사경회 때, 특히 "주 재림에 대한 연구"라는 주제로 말세론을 강론하고, 무천년설과 후천년설을 강력하게 비판하는 한편, 전천년설을 주장하며 가르쳤다. 길선주는 예수 그리스도의 재림을 통한 세계의 종말을 "영적 세계의 전제이며 복음의 승리요 교회의 결론"으로 보았다.

---

1) 박윤선, 『요한계시록주석』 (서울: 영음사, 1949[1], 2000[20]), 235.
2) 1990년대의 한국 교회사 연구자들이 한국에 온 선교사들이 무디의 세대주의적 전천년설을 전수 받았다고 밝힌다. 참조 박웅규의 박사학위 논문: Pak, Ung Kyu, *From fear to hope: The shaping of premillennialism in Korea 1884-1945* (Westminster theological Seminary, 1998).

주의 재림이야 말로 우리 신앙의 과녁이요 소망의 영역이다. ······주의 재림은 하나님의 경륜을 완성하시는 최후의 시기임을 의미하는 것으로서······주께서는 반드시 오셔서 천년 안식 세계를 건설하실 것은 성경 전부를 자세히 연구할수록 더 확실히 깨달을 뿐더러, 주께서 빨리 재림하실 것이 사실임을 더욱이 깨닫게 되는 것이다. ······오! 형제들이여, 신자들의 변함없고 썩지 않는 무궁한 소망은 주님이 다시 오셔서 평화의 낙원을 건설함에 있는 것이다. 깨어 준비하고 믿음에 굳게 서서 소망 가운데 즐거움으로 주님의 재림을 기다리기를 바라는 바이다.3)

길선주 목사의 부흥 사경회를 통하여 이러한 종말론 신앙은 장로교 내에 널리 파급되었다. 다른 교파의 부흥사들 역시 같은 신앙을 가지고 설교하였다. 일찍부터 평양신학교에서 조직신학을 교수한 남장로교 출신의 레이놀즈(W.D. Reynolds)는 전천년설을 가르쳤다.4) 박형룡(朴亨龍)은 1930년부터 평양신학교의 교수로 재직하였으며, 해방 이후 1970년대 후반까지 개혁주의 신학을 소개하고 체계를 세우는 데 공헌하였다. 그는 자신의 조직신학을 여러 개혁주의 신학자들의 저서를 참고하여, 특히 벌코프의 책을 주로 많이 참고하여 저술하였음에도 불구하고, 천년 왕국에 대한 견해는 소위 무천년설을 주장하는 벌코프를 따르지 않고, 역사적 전천년설을 따르고 있음은 주목할 만하다.

박형룡은 "대한 예수교 장로회의 신학적 전통은 역사적 천년기전 재림론이다"5)고 하면서 평양신학교의 교수들의 가르침을 이어 받아 전천년설을 한국 교회의 전통으로 받아들여 이를 가르쳤다. 길선주 목사의 신앙적인 감화가 또한 컸음을 알 수 있다. 박형룡뿐 아니라 주경신학자로서 개혁주의 전통에 충실하려고 한 박윤선 역시 같은 견해를 가르쳤다.

1930년대부터 그리고 해방 이후 조직신학과 주경신학 분야에서 개혁주의

---

3) 심창섭, "한국 교회사에 나타난 종말사상", 「목회와 신학」, 1990년 4월호, 44.
4) 박형룡박사저작전집 VII, 278.
5) 같은 책.

적인 보수적 신학을 대표하는 독보적인 두 신학자가 똑 같이 전천년설 신앙을 견지하였기 때문에, 그것이 더욱 한국 교회와 한국 장로교회의 전통이 된 것이다. 1920년대에 세대주의 사상을 가진 선교사들이 들어온 이후부터는, 세대주의적인 전천년설이 부흥사들을 통하여 유포되었으며, 역사적 전천년설은 세대주의적인 전천년설로 채색되었다.

천년기에 관하여서는 후천년설과 전천년설, 그리고 무천년설이 다 같이 용인되어 왔음에도 불구하고, 한국 교회에서는 1960년대까지만 하더라도 종말론에 관한 한 전천년설이어야 하고, 무천년설을 지지하는 사람은 이단시되거나 신신학자로 인정받을 정도였다.

그러나 두 원로 교수의 다음 세대에 속하는 신학자들 가운데 어떤 이들은 소위 무천년설의 견해를 피력하기 시작하였다. 보수적인 장로교회 역시 점차로 개혁주의 교회의 전통적인 종말관을 수용하게 되었다. 미국 로스앤젤레스의 국제성서대학장으로 있은 김승곤(金勝坤) 목사는 1968년에 출판한 『요한계시록 강해』에서 외롭게 그리고 과감하게 무천년설을 말하였다. 박형룡을 이어 1970년대에 총신대에서 그리고 1980년대 이후 합동신학교에서 조직신학을 교수한 신복윤(申福潤)은 무천년기를 믿는 신앙을 말한다. 총신대의 조직신학 교수였던 박아론(朴雅論)과 차영배(車榮培)는 박형룡 신학의 종말론 전통을 계승하여 전천년설 신앙을 견지하였다. 그러나 젊은 세대에 속하는 교수들은 무천년기 신앙을 말하는 미국의 웨스트민스터와 칼빈 신학교를 따라 주로 무천년기 신앙을 가르쳤다.[6]

1986년에 이상근, 곽선희, 림인식, 박창환, 한철하, 김형태, 이종성, 한완석 등 여러 목사들이 기초한 것을 통합측 장로교회가 받아들여 내놓은 신앙고백서는 제10장 제4항에서 무천년설을 공적인 견해로 채택하고 있다.[7]

신령주의적인 전통이 강한 성결교회, 순복음교회의 신학자들과 목사들은

---

6) 신성종, 『요한계시록강해』 (서울: 도서출판 엠마오, 1983), 132.
7) 『대한예수교장로교 헌법』 (1987), 180.

세대주의적 전천년설에 충실한 편이며, 침례교의 경우에 목회자들은 장로교 목회자들과 마찬가지로 전천년설을 설교하는 반면에, 다수의 교수들은 무천년설 신앙을 가르친다. 1980년대 말까지 출판된 요한계시록 강해서 혹은 주석서를 보면 전천년설을 지지하는 편이 다수임을 발견한다.[8]

그런데 민중신학의 기수인 서남동 교수가 기독교의 종말론을 역사적인 지평에서 이해하려는 자유주의적인 입장에서 무천년 신앙을 비판하고 교회 역사에 있었던 천년 왕국에 대한 신앙을 긍정적으로 평가한다는 점은 주목할 만하다. 즉 신국은 피안적이고 궁극적인 것에 대한 상징인데 비해서 천년 왕국은 차안적이며 준궁극적인 것에 대한 상징이라는 것이며, 이 역사와 사회가 새로워지는 데로 이해되는 것이라고 한다. 따라서 신국은 개인 인격의 구원을 보장하지만, 천년 왕국은 사회적·집단적 인간의 구원에 대한 보장이며, 신국은 타력적인 구원을 전제하는 것으로 지배자들의 지배 이데올로기로 이용되지만, 천년 왕국은 보다 자력적인 구원에 기울어지는 것이므로 민중의 갈망에 대한 상징이라고 한다.[9] 물론 천년 왕국 신앙을 가진 사람의 견지에서 볼 때 그의 지론은 후천년설자의 것으로 분류될 수 있다.

한국 교회는 그리스도의 복음을 받을 당시부터 6·25 동란을 겪을 때까지

---

8) 전천년설을 지지하는 주석 혹은 강해서로는 박윤선,『성경주석 요한계시록』(서울: 영음사 1955); 조용기,『요한계시록강해』(서울: 영산출판사 1976); 이병규,『요한계시록』(서울: 성광문화사 1978); 이종우,『요한계시록(해석)』(서울: 성광문화사 1979); 유인식,『요한계시록 강화』(서울: 성광문화사 1982); 조성근,『예수 그리스도의 계시』(서울: 규정문화사 1982); 김시원,『재림공부해설』(서울: 성광문화사 1983) 등이 있으며, 번역서로는 찰스 C. 라이리,『전천년설 신앙』(서울: 보이스사, 1989) 등이 있다. 무천년설을 말하는 것으로는 김승곤,『요한계시록강해』(서울: 정음출판사, 1968); 신성종,『요한계시록강해』(서울: 도서출판 엠마오, 1983); 이순한,『요한계시록 강해』(서울: 한국기독교 교육연구원, 1985) 등이 있고, 번역서로는 W.J.그리어,『재림과 천년왕국』, 명종남 역(서울: 새순출판사, 1987) 등이 있다. 로버트 지. 클파우스 편집,『千年王國』, 권호덕 옮김(서울: 성광문화사, 1980)은 죠오지 엘돈 래드의 "역사적 전천년기설", 헤르만 에이 호이트의 "세대주의적 전천년기설", 로레인 뵈트너의 "후천년기설", 안토니 에이 후크마의 "무천년기설"을 단권에다 편집하고 있다.
9) 서남동, "두 이야기의 합류",『民衆과 韓國神學』(서울: 한국신학연구소, 1982), 249.

줄곧 불안한 사회적인 상황에서 살아 왔으며, 핍박 하에서와 고난 속에서 살아 왔다. 그러므로 불안 속에서 안정을 찾는 백성들은 쉽게 내세 지향적인 종말 신앙을 복음으로 받아들였다. 선교사 왓슨(Alfred W. Wasson)과 서명원(Roy E. Shearer)이 쓴 한국 교회의 성장에 관하여 쓴 논문에 따르면, 한국 교회 신도수가 대체로 십년을 주기로 사회적인 불안 요소가 비교적 많을 때 그와 병행하여 성장한 사실을 관찰하였다.10)

그런 면에서는 1960년대 이전까지는 내세 지향적인 신앙의 복음이 전도에 긍정적인 역할을 한 것이었다고 본다. 또한 이러한 종말론적인 신앙은 고난을 당하는 성도들에게 위로가 되었고, 특히 신사 참배 반대자들에게는 옥고를 이기고 순교의 길을 갈 수 있도록 위로와 활력을 불어 넣어준 신앙이 되었다. 특히 천년 왕국에 대한 신앙은 현재 당하는 고난의 역사와 대조적으로, 현재 압제를 가하는 원수를 역사의 지평 위에서 다스리며 심판할 수 있다는 좀 더 현실적인 희망을 안겨주는 것이었으므로 더 호소력이 있었다.

천년 왕국을 믿는 신사 참배 반대자들의 종말에 대한 신앙은 광신적이거나 종파적인 메시아를 대망하는 신앙과는 구별된다. 그들의 천년 왕국 신앙은 어떤 특정한 집단에 속한 자기들만의 구원을 믿는 배타적인 종파적 메시아 신앙과는 달랐다. 신사 참배 반대자들의 천년 왕국 신앙은 그 초점을 예수 그리스도의 왕적인 통치에다 둔 것이었다.11)

역사적 전천년설과 세대주의 전천년설

한국 교회에 편만한 천년기 전 주님의 재림에 대한 신앙은 이러하다. 즉 모든 민족에게 전도가 되면, 대배교와 대환난이 있고 불법한 사람들이 나타나는 그런 사건들이 있을 것이다. 교회도 그 앞에 닥치는 흑암과 미혹하는

---

10) Alfred W. Wasson, *Factors in Growth of the Church in Korea*, (International Missionary Council New York 1934); Roy E. Shearer, *Wild Fire: Church Growth in Korea*, (William B. Erdmans Publishing Company Grands Rapids, Michigan 1966).
11) 김영재, 「한국 교회사」 (서울: 이레서원, 2004), 227.

시험으로 가득한 기간을 맞이할 뿐 아니라 대환난을 통과하지 않을 수 없다. 재림은 거창하고 단회적이며, 눈 부시는 영광스러운 사건인데, 거기에는 몇 가지 사건들이 동반하여 일어난다. 즉 죽은 성도들이 부활하고 생존해 있는 성도들은 변형되어, 모두 함께 주를 영접하러 승천한다.

적그리스도와 그의 악한 동맹자들은 살해될 것이요, 옛 하나님의 백성 이스라엘은 회개하여 구원을 얻고 성지(聖地)에 회복될 것이다. 다음에 선지자들이 예언했던 하나님의 나라는 변형된 세계에 건설된다. 평화와 의의 상태는 전 세계에 충만할 것이다. 그리스도의 지상 통치가 만기가 되면 곡과 마곡의 반란이 일어났다가 하늘 불에 소멸된 후에 나머지 죽은 자들이 부활한다. 이어서 최후의 심판과 신천신지의 창조가 있을 것이라고 한다.[12]

전천년설에서는 교회가 환난을 통과하리라는 것, 그리스도가 귀환하시는 때에 그는 즉각적으로 천년 왕국을 세우시리라는 것을 믿는다. 그러나 세대주의적 전천년설에서는 그리스도께서 공적으로 나타나시기 7년 전에 비밀 휴거가 있게 될 것이라는 것이며, 다니엘의 예언의 제70주가 그리스도의 두 재림 사이에 성취된다고 하는 등, 훨씬 더 과정을 복잡하게 이해한다는 점이 역사적 전천년설과 다른 점이다.

그뿐 아니라 세대주의는 역사를 그리스도의 성육과 생애와 고난과 부활을 중심으로 하여 보지 않고, 7천년기로 구분하여 각 시대를 독립적으로 의미가 있는 것으로 보며, 육적인 이스라엘 백성을 구원 역사에 아직도 큰 역할을 담당하는 것으로 보는 점 등이 역사적 전천년설과 다르다. 세대주의 역시 성경을 하나님의 말씀으로 강조하고 있으며, 문자적인 성경 해석에 근거하고 있으므로, 한국 교회의 보수적인 신자들은 아무런 의혹이나 거부감 없이 세대주의를 받아들였다. 하기는 무천년설을 믿는 입장에서 보면 역사적 전천년설과 세대주의적 전천년설 간에 별로 차이점이 있음을 발견하지 못한다. 더욱이 평신도들은 양자 간의 사소한 차이를 분간하지 못한다. 문자적인

---

12) 박형룡박사저작전집, VII, 249 이하.

해석에 충실하면서 천년 왕국에 관심을 가지다 보면 자연 천년 왕국을 전후하여 혹은 그 안에서 일어날 상세한 사건에 흥미를 가지고 추적하게 된다.

그릇된 종말론과 이단 운동

전천년설을 지지하는 이들의 약점은 계시록에 나타난 사건을 역사에서 일어난 인물과 사건에 맞추어 해석하기 때문에, 잘못된 메시아주의에 빠지거나 메시아를 사칭하는 자들의 유혹에 넘어가기 쉽다. 다시 말하면, 전천년설은 종말에 대한 지나친 관심을 유발하기 때문에, 이단 운동이 일어날 소지를 제공한다는 말이다. 더욱이 세대주의적 전천년설의 '휴거'는 이단들이 자신들의 정체를 가려주는 연막(煙幕)으로 활용된다. 한국 교회가 일제의 핍박 아래 많은 신자들이 종말론 신앙을 통하여 위로와 활력을 받은 반면에, 중세기에 서양 교회가 경험했듯이, 1920년대와 30년대에 메시아를 사칭하는 무리들이 일어났다.

1927년 감리교 신자인 원산의 유명화(劉明花)는 예수가 자기에게 강림하였다고 하여 마치 자신이 예수인 양 처신하였다. 부흥회 인도로 많은 사람들에게 감동을 주던 이용도(李龍道)는 유명화를 찾아 큰 절을 했다고 한다. 이로 인해 그가 장로교와 감리교로부터 이단으로 정죄를 당하게 된 단서가 된 것이다.

황국주(黃國柱)는 자신이 육신을 입은 예수라고 자칭하고, "머리도 예수의 머리, 피도 예수의 피, 마음도 예수의 마음, ……전부가 예수화되었다"고 주장하고 예수와의 영체 교환을 실현하였다고 주장하며, 많은 여자 신도들을 유혹하여 혼음을 자행하였다.[13] 이러한 이단 운동은 6·25 동란을 겪은 혼란한 사회 상황 속에 있는 한국 교회 안팎에서 우후죽순처럼 일어났다.

박태선(朴泰善)은 자신이 말세 대환난기에 나타날 '감람나무'(계 11:4)요

---
13) 이상규, "한국 교회사에 나타난 거짓 계시 운동", 「聖經과 神學」, 제12권, 121.

'동방의 의인'(사 41:2)이라고 단언하면서 종말 의식을 고취시켰다. 그리고는 천년성을 마련하여 신도들로 하여금 공동 사회를 형성하여 종말을 기다리고 준비하도록 한다면서 가진 재산을 다 처분하여 신앙촌으로 들어가도록 유인하였다. 문선명(文鮮明)은 예수 재림의 소재지를 한국이라고 주장하면서 자신이 재림주라 하고 '문예수'로 활동하였으며, 계속 활동하고 있다. 박태선과 문선명은 적그리스도적 거짓 메시아 운동가로서 공통성을 가진 자들이다. 그들은 절대권을 행사하는 교주로서 '맘몬' 운동을 전개함으로써, 신봉자들의 희생적인 봉사를 통하여, 막대한 재산을 축적하게 되었다는 점 역시 비슷하다.

6·25 당시에 경남 지역에서 시한부 종말론을 주장한 사람이 있었다. 다니엘서와 계시록을 연구한 끝에 예수님의 재림 날짜를 알게 되었다는 것이었다. 이재명(李在明)은 장로로 있을 당시 1951년 11월 25일이 바로 재림 날이라고 했으며, 그후 그는 목사가 된 이후에도 재림 날짜를 몇 번이고 수정하였다. 그는 요한계시록과 다니엘의 묵시를 현 역사상의 사건에 결부시켜 해석하려 하였다.

예를 들면, 요한계시록 6:2의 '흰 말'은 현재의 자본주의나 제국주의의 침략으로, 5절의 '검은 말'은 제2차 대전 당시의 무솔리니의 파시즘으로 해석하였고, 6절의 '감람유와 포도주'는 가솔린과 알코올을 상징하는 것으로 해석하였다. 그의 계시록과 다니엘서 해석은 세대주의적 전천년설에 근거한 것이다. 한국의 부흥사들 가운데는 이런 유의 해석을 하는 사람들이 한두 사람이 아니다.

한에녹은 장로로서 수차례 40일 금식 기도를 행하며, 직접 신적 계시를 경험하였다고 주장하고, 『영원한 복음』과 『말세론』을 출판하였다. 그는 예수 그리스도의 삼림(三臨)을 말하여, 예수의 탄생을 초림, 천년 왕국 전에 오심을 재림, 천년 왕국 후에 오심을 삼림이라고 하면서 예수의 재림은 2023년이라고 주장하였다.[14] 한에녹은 이재명과 마찬가지로 다니엘서

---

14) 같은 책, 131.

12:11~12의 말씀에 근거하여 예수님의 재림 날짜를 계산한 것이다. 이재명은 "멸망케 할 미운 물건을 세울 때부터"라는 말씀에서 그 때를 이스라엘이 독립한 한 날로 이해하여, 1948년 3월 5일부터 계산하여 1335일 째가 되는 날을 예수의 재림 날로 이해하였다. 그런가 하면 한에녹은 미운 물건을 예루살렘 성전 자리에 선 회교 사원으로 해석하여 그 사원이 건립된 연도를 688년으로 보고, 여기다 하루를 1년으로 잡아 1335년을 가산하여 얻은 연도가 2023년이었다. 이런 경우 무슨 사건에서부터 기산(起算)하느냐에 따라 수 없는 변수가 산출된다.

1990년대 초에 사회적으로 물의를 일으켰던 다미선교회의 시한부 종말론 소동은 그들이 예수의 공중 재림과 휴거가 일어날 것이라고 주장하던 1992년 10월 28일이 지나감으로 말미암아 매스컴의 초점을 벗어났다. 어리석은 신도들이 교주 이장림이 그들로부터 돈을 긁어모은 죄로 기소되어 유죄 판결을 받았음에도 불구하고 여전히 그를 추종하는 일은 중세 때부터 있었던 일이긴 하지만 불가사의한 일이다. 사람들이 적그리스도에게 미혹을 받아 눈이 멀면 악의 세력에서 벗어나지 못하는가 싶다.

시한부 종말론은 두 종류로 구별된다. 성경의 여러 예언들에 근거한다면서 재림 날짜를 계산하는 부류가 있는가 하면, 환상이나 입신 등을 통하여 특별 계시를 받았다고 주장하면서 재림의 날을 말하는 주장이 있다. 여하튼 시한부 종말론을 말하는 자는 미혹하는 자일 뿐 아니라 그들의 대다수가 그리스도임을 자처하는 적그리스도로 행세하는 것을 우리는 역사에서 본다. 문제는 현재 한국에는 이런 유의 적그리스도가 너무나 많은 것이 혐오스럽고 개탄할 일이다. 2007년 10월에 한국기독교총연합회에서 발간한 『이단 사이비 연구 종합 자료 II』에 보면 무려 43개의 교주와 사이비 교회와 단체 이름을 수록하고 있다.[15]

---

15) 한국기독교총연합회 이단사이비문제상담소, 『이단 사이비 연구 종합 자료 II』 (서울: 도서출판 한국교회문화사, 2007). 이 책 말미에는(171쪽 이하) 각 단체들을 이단, 이단 사이비, 경계 대상 단체 등 등급별로 나누고, 그 단체들을 정죄하거나 결정한 교회와 연도를

교회 역사에서 보는 천년 왕국 신앙

기독교 종말론을 개인적 종말론과 역사적 종말론으로 분류한다. 개인적 종말론은 종교 일반에서 보편적인 것이지만, 예수 그리스도의 재림을 말하는 역사적 종말론은 기독교의 특이한 교리요 신앙이다. 역사적 종말론에서 늘 논쟁의 쟁점이 되어 온 것은 천년 왕국 신앙이다.

천년 왕국에 대한 신앙 혹은 견해는 셋으로 분류된다. 그리스도의 재림이 천년 왕국 이전에 있다는 견해를 전천년설(Premillennialism)이라고 하고, 천년 왕국 이후에 있다는 견해를 후천년설(Postmillennialism)이라고 한다. 전천년설은 그리스도의 임박한 재림, 휴거, 공중 잔치, 유대인들의 회복, 그리스도의 천년 왕국 건설과 통치를 믿는다. 후천년설은 그리스도의 재림이 있기 이전에 복음이 온 세계에 전파되고 교회가 왕성하여 황금기를 누린다는 견해이다.

전천년설이 전통적인 천년 왕국 신앙(Chiliasm, Millennialism)에 해당하는 것이지만, 후천년설 역시 천년 왕국 신앙의 특색을 지니고 있다. 무천년설(Amillennialism)은 천년기를 교회 시대를 가리키는 상징으로 해석하면서 그리스도의 영적 통치가 신자들의 마음속에 이미 시작된 것이라고 보는 견해이다.16)

천년 왕국 신앙을 믿는 사람은 천년기를 문자적으로 해석하는 입장에서 모든 과정과 사건을 상세하게 설명할 것을 요구하는가 하면, 무천년설을 믿는 사람은 천년기에 대한 말씀을 문자적인 해석을 지양하여 영적으로 해석하기 때문에, 양자 간에는 해석상의 공통적인 근거가 없다. 그러므로 양자는 각자가 자신의 입장에서 상대방의 허점을 발견하고 지적한다. 그러나 해석상의 근거가 근본적으로 다르기 때문에 피차가 합의점에 도달하지 못한다.

그러므로 천년 왕국설과 무천년설 그 어느 것을 택할 것이냐 하는 문제는

표시한 "주요 이단 사이비 관견 규정 목록"을 책 내용과 함께 참고하기 바란다.
16) 신복윤, "無千年期說", 「神學正論」, 제11권 1호(1993. 4): 245-257 참조.

성경을 어떻게 보고 해석할 것이냐 하는 문제로 귀결된다. 그럴 경우, 우리는 주관적으로 선호하는 것을 택할 수 있다. 주관적으로 보아서 해석상 문제가 비교적 적어 보이는 편을 택하는 것이 더 타당하다고 생각한다. 그러나 그것만이 선택의 기준이 될 수는 없다. 그 해석이, 혹은 그 해석으로 말미암은 신앙이, 교회 역사에서 어떻게 작용하였으며 어떤 영향을 미쳤는지를 아울러 살펴보아야 한다.

다시 말하면, 한 신앙적인 견해가 성경 해석으로는 잘 판가름이 나지 않을 경우에는, 그것과 관련되며, 그것으로 말미암아 파생된 실제 문제를 보아서 판단해야 할 것이다. 그러므로 우리는 한국 교회의 종말론 신앙의 성격을 좀 더 잘 규명하고 평가하기 위하여 교회 역사에서 한국 교회가 주로 신봉하고 있는 천년 왕국 신앙이 어떻게 발전하였으며, 신학자들 간에 그리고 교회 역사에서 어떤 위치를 점하고 있는지를 알아야 하겠다.[17]

천년 왕국에 대한 신앙은 대부분의 속사도 교부들과 많은 초대 교부들에게서 볼 수 있다. 특히 유대교적인 배경을 가진 교부들의 글에서 천년 왕국에 대한 신앙이 더 현저함을 발견한다. 바나바서(Barnabas), 파피아스(Papias), 클레멘트(Clement)의 첫 편지, 이그나티우스(Ignatius) 등을 비롯하여 순교자 저스틴(Justin Martyr), 이레니우스(Irenaeus), 몬타누스주의 운동에 가담한 터툴리안(Tertullian), 히폴리투스(Hipolytus) 등, 여러 교부들이 천년 왕국에 대한 신앙을 말하였다.

바나바서는 창세기 2:2에 나타나는 안식일의 제정을 종말론적으로 이해하면서 이 세상의 역사가 6천년으로 끝나게 될 것으로 믿었으며, 제7일에 해당하는 천년 동안을 안식일로 지키게 될 것이라고 말하였다. 그리고 많은 교부들이 이러한 시대 구분과 함께 그의 견해를 받아들였다. 그러고 보면 세대주의자들이 말하는 시대 구분과 천년 왕국은 이미 2세기 초부터 전해 내려오던 것임을 알 수 있다.

---

17) 아래의 기독교 역사에 나타난 종말론 참조.

오리겐(?~253/54)은 천년기를 풍유적으로 혹은 영적인 의미로 해석한 최초의 사람이었다. 어거스틴은 오리겐의 영적인 해석을 받아들여 천년 왕국은 그리스도의 탄생에서 시작하여 교회에서 실현되는 것으로 보았다. 대다수의 초대 교부들이 "이것은 나의 몸이니……" 하는 주님의 성찬 제정의 말씀을 문자적으로, 다시 말하면, 실재론적(實在論的)으로 해석했으나, 오리겐이 이를 영적으로 해석하였으며, 어거스틴 역시 이를 받아 상징적인 의미로 이해하였다. 그 점에서 천년 왕국에 대한 양자의 이해는 유사성이 있음을 알 수 있다.

어거스틴이 말하는 하나님의 도성은 한편 미래적인 것이어서 교회와 국가가 다 같이 일정한 형태를 갖추며, 구속 받은 개개인들은 하나님의 도성에서 하늘의 축복을 받는다고 하는 반면에, 가톨릭교회는 역사적인 그들의 교회의 가시적인 형상을 바로 이 하나님의 도성과 동일한 것으로 보았다.

313년 콘스탄틴 황제의 기독교의 공인과 380년 테오도시우스의 기독교의 국교화로 인하여 그리스도의 교회가 이제는 박해가 없는 평온한 태평 시대를 맞이하게 된 것과 거의 때를 같이 하여, 그리스도의 재림을 그림으로 보듯 좀 더 생생하게 고대하게 해 주는 천년 왕국설은 소위 무천년설로 대치되었다. 가톨릭교회는 어거스틴의 견해를 정통적인 교리로 받아들여, 431년 에베소 회의에서는 천년 왕국 신앙을 미신적인 탈선으로 정죄하였다.

초대 교회 이후 기독교인들은 자신들의 종말 신앙을 성경에서만 취한 것이 아니었다. 2세기 기독교인들이 쓴 많은 위경(僞經)들이 나왔는데, 대부분이 상징적인 언어로 되어 있다는 점과 그것이 함축하는 신학적인 사상으로 보아 유대인들의 묵시 문학에 속하는 것이었다. 도덕적인 권면과 세상의 심판과 구원을 말하고 그리스와 로마 문명이 몰락할 날이 가까웠음을 말하고 있는 것이 유대인들의 묵시 문학과 유사한 것이었다. 기독신자들이 쓴 이러한 문서에는 성경적인 신앙에서 말하는 소망이 표현되고 있는가 하면, 또한 박해로 정치적인 자유와 종교의 자유를 잃은 데 대한 좌절과 불안 등이 반영되고 있음을 발견한다.

후기 유대교의 묵시록인 바룩(Baruch)서에 의하면 마지막이며 최악의 제국, 즉 로마 제국 시대에, 즉 고난과 부정이 극에 달하는 때에 메시아가 나타난다는 것이다. 권능 있는 전사(戰士)인 메시아는 로마의 지도자를 포로로 만들어 시온에 가두었다가 죽이고 왕국을 건설할 것이라고 한다. 그 왕국은 세상 끝 날까지 존속할 것이며, 이스라엘을 지배하던 나라들은 칼에 죽임을 당하고, 살아남은 사람들은 선민에게 항복한다. 그러면 축복의 시대가 열린다고 한다. 고통, 질병, 갑작스런 죽음, 폭력과 분쟁이 없고, 궁핍과 기근이 없는 세상이 될 것이며, 땅도 그 열매를 만 배나 더 생산한다고 한다. 이 지상의 낙원은 영원히 혹은 수백 년간 계속된다는 것이다. 에스라서 4서는 메시아를 주로 인자(人子)로 지칭하면서 이스라엘의 열 지파를 먼 이국으로부터 불러 모아 팔레스타인에 왕국을 건설한다는 것이며, 재연합된 이스라엘은 평화와 영광중에 번영한다고 한다.

로마의 점령 하에서 총독들의 탄압 정치가 가중되자 많은 유대인들은 메시아를 대망하는 사상에 사로 잡혔다. 요세푸스에 의하면, 메시아의 임박한 출현을 믿는 믿음에서 유대인들은 자살적인 전쟁을 치렀다. 그 결과 주후 70년에 예루살렘과 성전은 파괴되었다. 시몬 바르 코크바(Simon bar-Cochba)의 독립 전쟁(132~135) 역시 그러한 것이었다. 주후 131년 시몬은 유대인들로부터 메시아로 인정을 받았다. 그러나 그를 중심하여 정치적인 독립을 쟁취하려는 유대인들의 묵시적인 신앙과 군사적인 행동은 로마 제국의 가차 없는 진압으로 말미암아 종막을 고하게 되었다.

그 후 수백 년 간 유대인의 여러 디아스포라 공동체에서 자칭 메시아들이 일어났으나, 이스라엘 국가의 회복을 약속하는 정도였고, 종말적인 세계적 왕국 건설에 대한 언급은 없었다. 유럽에 흩어진 유대인들에게서는 무력 봉기가 거의 없었다. 그리하여 다니엘서에 있는 메시아의 오심을 기다리는 사람들이 이제는 유대인이 아니고 기독신자들이었다.

천년 왕국 신앙은 431년의 에베소 회의의 결정 이후 공적으로 억제를 당하게 되자 신학자들의 세계에서 잠적하여 "시빌의 예언서"(Sybylline Oracles), 은자의 소책자 "아스클레피우스"(Asclepius) 등, 비기독교적인 묵시록과 함께 일반 민간 사이에 유포되고 전달되면서 명맥을 잇게 되었다. 그러다가 중세에 이르러, 사회적인 상황이 극도로 불안해지자 메시아를 사칭하는 사람들로 말미암아 천년 왕국 신앙이 민간에 퍼지게 되었다. 시빌의 예언서의 첫 5권 등은 본래 유대교적 문서인데, 기독교적 메시지를 담아 다시 쓴 것이다. 시빌(Sibyl)은 그리스·로마 세계의 무당을 지칭하는 말이다.

12세기에서 16세기에 이르기까지 민간의 종말론 신앙이 폭력을 동반한 천년 왕국 운동으로 발전하는 일이 되풀이되었다. 철장을 가지고 원수를 제압하고 악인을 심판하는 일을 시행한다는 명분으로 유대인을 학살하고 성직자와 수도사를 응징하는 일을 자행하였다. 1110년경에 일어난 탄쉘름(Tanshelm) 운동, 1140년경에 일어난 유드 드 레토아(Eude de l'Etoile) 운동, 수차에 걸친 광신적인 비정규군의 십자군 운동 등, 거짓 메시아 운동이 꼬리를 물고 일어났다. 이러한 운동들이 얼마나 적그리스도적인 운동이었는지 그리고 적그리스도의 행태가 얼마나 두렵고 가증스러운 것이 탄쉘름의 예를 보기로 한다.

탄쉘름은 예언자로 자처하여 추종자들을 얻게 되었다.[18] 네덜란드의 여러 지역에서 사회적인 급격한 변화를 겪고 있었다. 교역이 활발해지면서 인구가 도시로 집중하게 되자 도시에는 빈민들이 늘어나게 되었다. 이러한 사회 상황에서 탄쉘름은 성직자를 매도하며 교회를 공격하였다. 십일조를 바치는 것을 부정한 것이라 비난하였다. 그는 수도사처럼 검소하게 옷을 입고 옥외에서 설교를 시작하였다. 그의 언변은 비상하여 사람들은 천사의 말을 듣듯이 그의 설교에 귀를 기울였다.

---

18) Norman Cohn, 같은 책, 35f.

탄쉘름은 처음에 금욕적인 자세로 시작하였다. 그러나 추종자들이 많아지자 그의 태도는 돌변하였다. 설교하러 나가면서 십자가를 손에 드는 대신에 칼과 깃발을 들고 호위병에 둘러싸여 군중 앞으로 나아갔다. 수도사의 옷 대신에 현란한 사제복을 걸치고 금으로 장식한 주교의 관을 썼다. 마침내 탄쉘름은 자신이 그리스도와 같을 정도로 성령을 소유했다고 주장하며, 그리스도와 같이 자기도 하나님이라고 선포하였다. 추종자들은 이러한 말을 그대로 받아들였다. 그는 자기가 목욕한 물을 나누어주어 성찬을 대신하도록 하였다. 그는 또한 성모 마리아 상을 가져오게 하여 회중이 보는 앞에서 엄숙하게 결혼식을 거행하였다. 마리아 상의 양편에 상자를 갖다 두고 남녀 추종자들에게 결혼 선물로 채우라고 명하였다. 상자는 순식간에 넘치도록 가득 찼다.

탄쉘름은 추종자의 핵심 조직을 사도의 것을 모방하여 12인과 한 여자로 구성하였다. 측근들은 탄쉘름과 매일 잔치를 벌이면서 이를 천국의 잔치라고 하였다. 그의 방약무인은 극에 달하였다. 드디어 1112년 탄쉘름은 쾰른의 대주교에게 체포되었다. 그러나 감옥에 갔다가는 곧 탈출하였다. 그 후 탄쉘름과 그의 추종자들은 대량 학살을 자행하다가 1115년 탄쉘름은 한 사제의 손에 죽임을 당하였다. 안트베르프에서는 그가 죽고 난 후에도 그의 추종자들의 행패가 10년이나 계속되었다.[19]

13세기에 이르러 피오르(Fiore)의 요아킴(Joachim)이 새로운 예언서를 내어 요한계시록에 나타나는 사건들과 서술들을 역사에 나타나는 인물 및 사건과 일일이 맞추어 설명하는 것이었다. 이러한 예언서의 영향으로 출중한 황제를 메시아로 보려는 운동이 파급되었다. 요아킴은 역사를 성부의 시대, 성자의 시대, 그리고 성령의 시대로 구분하면서, 예수의 재림과 더불어 제3의 성령 시대가 시작된다는 것인데, 그 해가 바로 1260년이라고 했다.

13세기에는 자신을 자학하는 고행으로 매질하는 플레절런트(Flagellants)

---

19) 같은 책, 38.

운동이 있었는가 하면, 15세기에 보헤미아에서는 사회 평등을 지향하는 천년 왕국 운동(Egalitarian Chiliasm)이 있었다. 이 운동이 16세기에는 재세례파의 천년 왕국 운동으로 발전하게 된 것이다.[20]

초대 교회 시대의 천년 왕국 신앙은 누구나 자유롭게 양자택일 할 수 있는 무해한 종말론 신앙의 하나일 뿐이었으나, 기근과 가난, 질병과 역병에 시달리는 중세 시대의 사람들에게는, 그들이 처한 비참한 현실을 기적적으로 벗어나서 이상 사회 건설이 이루어진다는 꿈이요 약속이었다. 중세에는 메시아를 사칭하는 수많은 거짓 선지자들이 끊임없이 일어나 사람들을 미혹하여 참혹한 범죄의 늪과 구렁텅이에 빠지도록 오도했음을 발견한다.

'오직 말씀으로' 신앙의 척도를 삼아야 한다고 주창한 루터와 칼빈은, 그들의 종말론에서, 천년 왕국 신앙을 배격하였다. 그들은 초대 교회 신앙을 본받는 것을 이상으로 하였으나, 천년 왕국 신앙이 초대 교부들이 모두 지지한 전통은 아니었다. 중세의 천년 왕국 신앙에는 이교적인 종말론이 뒤섞여 있었으며, 또한 그러한 신앙으로 말미암아 야기된 가공할 일들이 연출되었기 때문에, 천년 왕국 신앙에 대하여 부정적으로 말한 것이다.

루터는 성경에서 유래한 묵시록의 전통을 존중하면서 그리스도의 재림이 임박한 시대에 살고 있음을 믿고, 교황을 적그리스도라고 하는 등 말세의 징조를 들어 말한다. 그러나 천년 왕국 신앙은 배격한다. 그는 죽은 자의 부활이 있기 이전에 거룩한 자들과 경건한 자들만이 세상적인 나라를 향유하며 불신자들을 멸절시킨다는 것은 있을 수 없는 일이라고 하고, 역사가 존속하는 한 하나님의 사역은 다 드러나지 않는 것이므로 그리스도인들은 여전히 고난 가운데 살며, 그리스도의 적과 싸워야 한다는 것이다. 부활의 실제 세계를 현재로는 다만 믿음과 소망에서만 도달할 수 있으며, 우리의 삶의 특징이 십자가이므로 역사 안에 있는 왕국에서 세상적인 즐거움을 누린다는 것은 있을 수 없다고 거부한다.[21]

---

20) Norman Cohn, 앞의 책, 195-226.

1530년 루터교의 신앙고백서로 채택된 아우구스부르크 신앙고백서는 천년 왕국설을 유대인의 견해라고 하여 배격한다. 이 신앙고백은 멜란히톤이 작성한 것이다.

> 우리는 또한 우리 주 예수 그리스도가 산 사람과 죽은 사람을 심판하시기 위하여 마지막 날에 오셔서 신자와 선택된 사람에게는 영생과 영원한 기쁨을 주시되 불경한 사람들과 악마에게는 지옥과 영원한 벌을 주시기 위하여 오실 것을 가르친다. 그러므로 악마와 정죄된 사람들이 영원한 고통을 받지 않을 것이라고 가르치는 재세례파는 배격되어야 한다. 또한 어떤 유대인들의 견해가 지금도 나타나서 죽은 사람들의 부활에 앞서서 신도들과 경건한 사람들이 세상의 왕국을 소유하여 불경한 사람들을 다 진멸할 것이라고 가르치는 것을 배격해야 한다.[22]

칼빈은 천년왕국 신앙을 "광신자들의 겁주는 말"(horrendum dictu delirium)이라고 하면서 거부한다. 그리스도의 다스리심이 천년으로 한정될 수는 없다는 것이며,[23] 루터가 말한 바와 마찬가지로, 주님께서 영광 가운데 심판주로 오시면, 이 세상은 끝나고 새 하늘과 새 땅의 세계로 들어가는데, 다시금 현세의 연장을 바란다는 것은 이치에 맞지 않는다고 말한다.[24]

전천년설을 주장하는 사람들 중에는 초대 교부들 가운데 다수가 천년 왕국 신앙을 가졌다는 점을 가지고 호소한다. 그러나 초대 교부들의 성경 이해가 성경의 진리에는 미치지 못하는 것을 발견한다. 삼위일체의 교리와 기독론의 교리 등 성경이 가르치는 교리를 충분히 이해하여 교의로 받아들이기까지는 오랜 세월이 걸렸다. 초대 교부들에게서는 바울의 신학에서 볼

---

[21] Erhard Kunz, *Protestantische Eschatologie von der Reofrmation bis zur Aufklärung* (Freiburg, Basel, Wien, 1980), 15f.
[22] 아우구스부르크 신앙고백서 제 17조; 李章植,『基督教信條史』I (서울: 컨콜디아사, 1979), 41; W.J. 그리어,『재림과 천년왕국』, 명종남 역(서울: 새순출판사, 1987), 42.
[23] *CR*, 80, 167; Erhard Kunz, 위의 책, 37 .
[24]『기독교강요』, III, 25, 5.

수 있는 칭의 교리를 발견하지 못하는 것도 교부들의 기독교 진리 이해가 성경이 가르치는 교리에 미치지 못했음을 잘 말해주는 것이다.

초대 교회 교부들의 종말론에는 마지막 심판 날에 있을 상벌을 말하면서 현세의 도덕적인 생활을 강조하는 율법주의적인 색채가 농후한데 반하여, '칭의 교리'를 재발견한 종교개혁자들은 은혜의 교리를 말한 어거스틴과 같이, 천년 왕국 신앙을 부정적으로 말한다는 사실도 우연한 일은 아니다. 종교개혁자들이 어거스틴의 신학적인 전통을 재발굴하여 계승한 것이라고 하는데, 종말론에 관해서도 역시 그 사실을 입증하는 것이라고 할 수 있다.

중세 교회가 칭의 교리와는 멀리 율법주의적 공로 사상에 더 깊이 빠지면서, 즉 기독교를 일반 종교와 구별하게 해 주는 가장 기본적인 특성을 잃음으로 말미암아, 교회에는 이교적인 관행이 범람하게 되어 부패하게 되었으며, 가난과 무지 속에 사는 백성들은 미신적이며 광신적인 신앙에 내버려둠을 당한 것이다. 이러한 배경에서 루터교회와 개혁교회가 다 같이 무천년설을 교회의 공식적인 신앙으로 지지해 온 것이다.

종교개혁 이후 100년간을 유럽에서는 정통주의가 지배한 시대이다. 로마 가톨릭에 대항하여 개신교 신학은 교리를 더 확고히 하고 체계화하던 시대이다. 종말론은 정통주의 교리의 핵심은 아니었으나, 정통주의 신학은 그런대로 종말론에 많은 관심을 나타내었다. 고전적이며 조화의 미를 추구하는 바로크 시대 사람들은 세상을 좋아하였으며, 세상에 애착을 두다 보니까 세상의 덧없음에 대한 불안감에서 그만큼 종말에 관한 관심을 갖게 된 것이다. 즉 세속의 생활에 대한 위협을 느끼는 사람들에게 신학은 영원하고 변함이 없는 삶을 추구하는 것이 순례자의 생활의 목표임을 가르쳤다.

정통주의 시대의 관심사는 역사적인 종말보다는 개인적 종말이었다. 죽음은 곧 몸과 영혼의 분리를 의미하는 것이었으며, 그것은 또한 죄의 결과인 것으로 말하였다. 따라서 신학은 죽음 후에 영혼이 어디서 어떻게 사는 것인지를 사변하였다. 대부분의 정통주의 신학자들은 사람이 죽을 때 몸만

죽고 영혼은 불멸하기 때문에 계속 사는 것이라고 믿었다. 루터는 최후의 날이 임박하다고 말했는데, 루터교회는 이러한 견해를 오랫동안 견지하였다. 17세기 초만 하더라도 사람들은 세상이 곧 끝날 것이라고 생각하고, 그것이 언제냐 하는 문제를 두고 사변하였다. 경건주의는 정통주의에 대한 반발에서 나온 사상이요 운동이지만, 세상 끝 날이 언제 올 것이냐 하는 사변은 그대로 물려받아 더 많은 관심을 기울였다.

경건주의자들의 종말론은 신학자에 따라 특색이 있음에도 불구하고 공통점을 지니고 있다. 그들의 종말론 사상은 모두가 현세에서 새 사람이 되는 것, 중생 그리고 현재를 기독교적으로 승리하는 일을 위하여 힘쓰는 일에 관하여 언급하고 있다. 경건주의에서는 대체로 개인적인 종말보다는 역사적인 종말에 더 관심을 표명하였으며 천년 왕국에 대한 신앙을 견지하였다. 경건주의의 대표적인 성경학자 벵겔(Johann Albrecht Bengel, 1687~1752)은 많은 사람들이 신학 전체를 죽는 일에 두고 있음을 비판하고, 그리스도인이 죄를 벗어나 은혜로 들어오는 일이 가장 중요한 일이며, 은혜로 들어왔으면 죽음을 기대하는 것이 아니고, 예수의 나타나심을 기대하는 일이 가장 중요한 일이라고 말하면서 기독교를 '죽음의 예술'로 격하시키면 안 된다고 함으로써 관심을 역사적인 종말론에다 돌리도록 하였다.[25]

경건주의를 탄생시키는 일에 기초를 놓은 요한 아른트(Johann Arndt, 1555~1621)는 경건은 영원 속에 장차 이루어지는 완성을 지향하는 것이라고 하여 지금 그리스도와 연합하는 것을 목표로 해야 한다고 가르쳤다. 뷔르템베르크의 경건주의의 선구자 안드레(Johann Valentin Andreae, 1586~1654)는 아른트의 종말론을 그대로 받아들여 사람을 새롭게 하는 천국의 현재성을 개인적인 차원에서 사회적인 차원으로 넓혀 말하고, 기독교 사회(Societas Christiana) 건설을 말하면서, 인간 사회에서 영원한 삶을 미리 준비하는 일이 일어난다고

---

[25] E. Stählin, *Die Verkündigung des Reiches Gottes in der Kirche Jesu Christi* IV(Basel 1957), 373; Erhard Kunz, 앞의 책, 83에서 재인용.

했다. 즉 인간의 실제적인 변화를 통하여 먼저 역사 안에서 시작된다는 것이다.

경건주의의 창시자 슈페너(Philipp Jakob Spener, 1635~1705)는 이러한 사상을 이어 받으면서 천년 왕국 신앙을 받아들였다. 그가 천년 왕국 신앙을 받아들인 것은 생동성 있고 실천적인 신앙을 가지려는 열심 및 교회 생활의 개선에 대한 열망과 관계가 있다고 보아야 한다. 하나님의 나라가 장래의 역사 속에 영광으로 나타난다는 데 대한 소망은 슈페너에게 지금 열심히 하나님 나라를 위하여 일하는 것을 전제하는 것이었다.[26]

경건주의의 천년 왕국 신앙은 벵겔(Johann Albrecht Bengel, 1687~1752)이 특히 강조하고 있다. 벵겔은 정통주의 신학의 영감설을 따라 성경을 '하나님의 책'이라고 말하면서, 성경에서 우리가 충분히 이해하지 못하는 부분도 하나님께서 말씀하신 것이므로 의미가 있다고 생각한다. 그는 요한계시록에는 역사의 종말에 이르기까지 시대별로 일어나는 모든 사건들이 정밀하게 기록되고 있어서 계시록을 통하여 전체 역사와 세계의 설계도를 한눈에 볼 수 있다고 한다.

벵겔은 계시록에 나오는 숫자의 비밀을 알려고 애를 쓰며, 그것을 나머지 다른 성경책에서 보는 숫자와 연결하여 이해하려고 한다. 그는 요한계시록 20:2에 말씀하고 있는 천년 왕국의 시작은 멀지 않다고 말하고, 약간 불확실한 대로 1836년 6월 18일에 시작된다고 추정한다. 벵겔의 이러한 종말 사상과 역사의 자세한 부분까지 요한계시록에서 읽을 수 있다는 생각은 오늘의 한국 신자들에게 이르기까지 대단한 영향을 미쳤음을 알 수 있다. 벵겔은 요한계시록 20장 서두에 언급된 천년 왕국과 20:4~6에 언급된 천년 왕국을 구별한다.

첫째 천년 왕국이 지상에서 끝나면 사탄이 다시 놓임을 받을 것이며, 부활한 순교자들은 그리스도와 함께 하늘에서 다스리신다는 것이다. 그동안

---

26) Erhard Kunz, 앞의 책, 75.

땅 위에 있는 사람들은 다시금 해이해지고 자기의 안전을 도모한다는 것이다 (비교: 마태복음 24:37 이하, 누가복음 18:8). 둘째 천년 왕국이 끝날 때 그리스도의 재림이 있을 것이며, 죽은 자들이 부활하게 되고, 최후의 심판이 있을 것이며 세상은 끝나고, 새 하늘과 새 땅에서 영원한 삶이 시작된다고 한다.

벵겔의 천년 왕국 신앙은 18세기와 19세기에 일어난 부흥주의 신학에 크게 영향을 미쳤다. 19세기에는 성경을 문서화하는 자유주의 운동이 만연되었으므로, 부흥주의는 이에 대항하여 성경의 권위를 강조하는 나머지 성경을 지나치게 문자적으로 이해하려는 성경 문자주의(Biblicism)의 경향을 갖게 되었다. 요한계시록 20장의 천년기에 관한 말씀을 문자적으로 해석하는 천년 왕국설이 더 신빙할만한 것으로 받아들여졌던 것이다.

경건주의 신학은 중생과 새 사람이 되는 일과 성령의 충만한 새 생활을 역설하며, 역사적인 종말론을 강조하는 등, 긍정적인 면을 가지고 있으나, 열정적이지만 주관적인 신앙을 가지는 것과 성경주의의 경향을 나타내는 것이라든지, 천년 왕국 신앙을 강조하는 일, 신령주의(Spiritualism)의 전통을 잇는 점 등에서는 재세례파와 맥락을 같이한다.

역사적으로 고찰할 때 천년 왕국 신앙을 가지는 사람들이 종말론에 더 많은 관심을 가지고 그리스도의 재림을 더 생생하게 기다리는 부류의 사람들이었음을 발견한다. 그리고 또한 열심이 지나쳐 광신적으로 기다리는 사람들을 낳게 되었음을 발견한다. 그리고 천년 왕국설은 성경을 문자적으로 이해하는 것을 전제로 하기 때문에, 요한계시록의 사실을 역사적인 인물이나 사건에 맞추어 보려고 한다. 따라서 성경을 주관적으로 잘못된 해석을 할 수 있는 가능성과 다양한 해석의 가능성을 제공한다. 그리하여 종말에 대한 거짓 메시아의 준동을 유발하고, 사람들로 하여금 잘못된 메시아주의에 빠지게 하는 소지를 제공한다. 초대 교회의 몬타누스주의 운동을 비롯하여 중세에 수 없이 많이 일어난 메시아주의 운동이 그것을 말한다. 이러한 운동이 열광적인 것만큼 독선적이고 비타협적이며, 따라서 비사회적인 성격을 드러내기도 하는 것이다.

　서양에서는 위에서도 언급한 바와 같이 개혁주의 교회나 루터교회가 무천년설을 교회의 공식적인 견해로 하고 있다. 그리고 이러한 교회가 다수를 점하고 있다. 그리고 이러한 교회는 천국에 대한 이해도 단지 피안적으로 하지 않는다. 천국은 그리스도와 함께 이미 왔으며, 교회를 통하여 현재도 임하고 있으며, 주님의 재림과 함께 장차 완전히 올 것으로 믿는다. 그러므로 이러한 교회는 문화에 관심을 두고 문화에 기여하기를 힘쓴다. 다시 말하면, 피안적인 신앙을 지나치게 강조하지 않음으로써 교회가 이 세상에서 마땅히 할 일을 찾으며, 그것을 수행하기를 위하여 힘쓴다. 그리하여 교회가 윤리성을 갖추게 된다. 이웃 사랑에 관심을 두며, 교회가 위치한 사회 공동체에 관심을 두고, 자기들이 사는 공동체를 위하여 교회로서 마땅히 할 일을 찾아서 한다.

　이에 비하여 피안적인 내세적 종말 신앙을 너무 강조해 온 한국 교회에서는 천국 개념이 정립되어 있지 않다. 저 세상인 천당(天堂, heaven)과 천국(天國, kingdom of heaven) 혹은 하나님의 나라(kingdom of God)를 구별이 없이 동의어로 이해한다. 찬송가를 개편하면서 '천당'을 모조리 '천국'으로 바꾸어 놓은 바람에 더욱 그러하다. 찬송가가 신약에서 가르치는, 그리스도와 함께 시작된 '천국'을 이해하기 더 어렵게 만들어 버려서 그리스도인들이 현실 속에서 천국의 시민으로 천국을 실현하면서 살아야 한다는 것을 인식하는 신앙을 갖기 힘들게 하고 있다. 다시 말하면, 개혁주의에서 말하는 하나님의 주권 사상을 이해하기 어렵게 만들어 놓았다.

　그런데 천국의 현재성을 지나치게 강조하면, 예수의 재림에 대한 신앙이 흐려질 수도 있다. 그렇게 되면, 정통주의 신앙도 현세에 역점을 두는 자유주의 신앙과 별다름이 없게 된다. 현실의 세계에 관심을 모으다 보면 영적인 세계에 대한 의식이 흐려진다. 그래서 이러한 교회와 그리스도인들을 영적으로 깨우치는 부흥 운동이 일어난 것이다.

부흥 운동은 주관적인 영적 체험을 강조하며, 대부분의 경우 임박한 재림을 강조하여 깨어 있기를 강조한다. 이러한 운동은 열광적인 면을 동반한다. 그러나 그것이 지나치면 피안적인 신앙만을 강조하게 되어 그리스도의 공동체는 건전한 신앙에서 탈선하게 되고 비윤리적인, 비사회적인 집단으로 전락한다.

유럽 교회보다는 미국 교회가 보다 생동성이 있다고 일반적으로 생각한다. 부흥 운동에 가담하고 열광적인 요소를 띤 교회 수가 비교적 많기 때문이다. 그러나 미국에서도 이러한 교회는 수적으로 소수이다. 그래서 교회가 전체적으로는 기독교 윤리를 의식하며 윤리성을 갖춘 교회로 평가를 받는다. 그와 반면에 한국의 경우는 부흥주의와 전천년설을 믿는 신앙에서 과도히 종말에 대한 신앙을 강조하는 교회가 절대 다수이다.

말하자면, 서양의 교회와 완전히 그 비율이 반대이다. 따라서 한국 교회는 스스로 생동성이 있는 교회로 자처하며, 다른 나라 교회들도 그렇게 평가해 주기도 한다. 그러나 한편, 그렇기 때문에, 윤리성이 빈약하고, 폐쇄적이며, 사회성을 망각한 교회로 인식되기도 한다. 해방 이후보다도, 1960년대와 1970년대에, 그리고 근래에 와서 교회는 열정을 더해 간다. 교세를 위한 경쟁 때문인지도 모르겠다.

집회의 수를 더 빈번히 가진다. 금요 철야 기도의 관습도 생겨서, 이제는 교회가 주일을 거룩하게 지키듯이, 많은 교회들이 금요 철야 모임도 반드시 가져야 하는 것으로 알고 있다. 교인들로 하여금 가정을 중심하여 착실히 생활하고 사회생활을 원활히 하는 데서 떠나, 좀 더 많은 시간을 교회에서 보내며 생활하도록 제도화한다. 그리고 보면, 교회는 점점 더 구원 중심의 피안적인 신앙에 폐쇄된 종교 집단이 되어 가는 것이다.

한국의 기독신자들이 메시아임을 주장하는 이단 운동에, 혹은 시한부 종말론에 쉽게 동요를 받는 것은, 교회가 지나치게 율법주의적 피안의 신앙을 강조하고 있기 때문이 아닌가 싶다. 다시 말하면, 기독교를 일반 종교와 구별해 주는, 종교개혁자들이 새롭게 발견한 칭의 교리를 충분히 이해하고 강조하지 못한 채, 교인들에게 내용이 없는 믿음을, 막연한 믿음의 열심만을 강조하기 때문이 아닌지 반성해 본다.

이제는 한국 교회도, 아니 한국의 보수적인 교회도 전천년설이 가장 성경적인 것이라고 생각할 때가 지나간 것으로 안다. 여하튼 한국 교회는 전천년설 일변도의 교회임을 면해야 한다. 윤리성을 갖춘 성숙한 교회가 되기 위해서도 그러하다. 그렇다고 젊은 세대의 신학자들이 만장일치로 무천년의 종말론을 믿게 된다면 그것도 문제이다. 혹시라도 주님의 재림을 고대하며 각성한 가운데 사는 신앙의 열정이 식어서는 안 되고, 그리스도인의 삶이 해이해져서는 안 된다. 역사적 종말론보다는 개인적인 종말론에 관심을 가지고 안주하며 교회 생활의 정체를 초래한 중세 스콜라적 종말론이나 계몽 신학이나 자유주의 및 현대주의 종말론에 대비가 될 수 있는 종말 신앙은 천년 왕국 신앙이다. 17세기 이후 침체되고 잠든 교회를 각성케 한 경건주의와 부흥 운동이 가진 종말 신앙은 천년 왕국 신앙이었음을 상기할 필요가 있다. 한국 교회가 종말론 신앙을 두고 양편의 견해를 고루 가져 보완하는 가운데 균형 잡힌 신앙과 신학을 가지는 것이 바람직한 일일 것이다.

기독교와 이단

계시를 받았다고 주장을 하면 이단이다

이단이라면 기독교의 진리를 왜곡하는 잘못된 교리를 가르치는 사람이나 그를 따르는 무리를 가리켜 일컫는 말이다. 이단은 사도 시대부터 교회 역사상 늘 있어왔다. 구약시대에는 거짓 선지자가 있어서 사람을 미혹하였다. 그 때는 선지자가 하나님으로부터 직접 계시를 받아 말씀을 전하는 시대였으므로 거짓 선지자를 분별하는 일이 쉽지 않았을 것으로 안다. 거짓 선지자들 역시 하나님께로부터 계시를 받은 것으로 주장했기 때문이다. 그들의 거짓됨은 주로 역사의 과정에서 사건의 진행을 통하여 드러나게 되었다.

사도 시대와 그 이후의 초기 교회 시대 역시 그런 점에서는 구약 시대와 비슷하였다. 그러므로 사도들의 서신에는 그리스도의 복음을 훼방하며 미혹하는 무리에 대하여 경계하였다.

> 다른 복음은 없나니 다만 어떤 사람들이 너희를 요란케 하여 그리스도의 복음을 변하려 함이라 그러나 우리나 혹 하늘로부터 온 천사라도 우리가

너희에게 전한 복음 외에 다른 복음을 전하면 저주를 받을지어다(갈 1:8).

이것은 바울이 갈라디아 교회를 향하여 경고한 말씀이다. 초대 교회에는 복음에 유사한 여러 문서들이 있었으나 교회는 사도와 선지자들이 증언하고 기록한 말씀을 가려서 정경으로 받아들였으며, 정경은 성령의 감동을 통하여 기록된 말씀으로 믿었다. 그러므로 누구든지 성경 말씀을 왜곡하거나 성경 말씀 이외에 무슨 특별 계시를 받은 것으로 주장하는 자는 거짓 선지자요 이단임이 분명하게 되었다. 그리스도의 교회는 "주는 그리스도시요 살아계신 하나님의 아들이십니다" 하고 신앙을 고백하는 사도들과 선지자들의 터 위에 세움을 받은 교회이기 때문이다.

예수가 하나님의 아들이심을 부인하면 이단이다

교회 역사에서는 시초부터 예수께서 그리스도시요 하나님의 아들이심을 부인하는 이단들이 있었다. 예수 그리스도의 신성을 부인하는 에비온주의와 인성을 부인하는 영지주의의 주장은 곧 모든 이단들의 대표적인 두 전형이다.

유대교적 에비온주의는 예수께서 영원 전부터 하나님의 아들이 아니고 그냥 사람이라는 것이며, 하나님께서 그를 양자로 삼으시고 그리스도로 세우셨다고 한 반면에, 영지주의적 신령주의에서는 그리스도를 하나님으로 지나치게 강조하는 한편 사람이심을 소홀히 하거나 부인하는, 소위 가현설(假現說)을 말함으로써 예수 그리스도께서 사람이 되셔서 고난을 당하시고 대속의 죽음을 죽으신 그 모든 역사적인 사실을 추상화하고 신비화하였다.

교회의 신앙고백은 성경이 가르치는 기독교 진리를 밝힘으로써 미혹하는 이단의 가르침으로부터 교회를 보호하고 보존하기 위하여 교회가 작성하고 채택한 것이다. 초대 교회의 신앙고백은 곧 예수 그리스도께서 아버지와 동일한 본질을 가지신 하나님이시며, 영원 전에 나셔서 아버지와 성령과 함께 영광과 찬송과 존귀를 받으시는 분이시라는 삼위일체 교리와 예수 그리스도께서는 참 하나님이시요 동시에 참 사람이시라는 것을 시인하는 신앙고백이다.

초대 교회의 신앙고백, 즉 사도신경과 니케아-콘스탄티노플 신경(325년, 381년) 및 아타나시우스 신경(약 500년)은 종교개혁 이후에도 로마 가톨릭교회나 개신교의 교회가 다 같이 공유하는 신앙고백이다. 그러므로 그리스도의 하나님이심이나 사람이심을 부인하거나 그 진리를 저해하는 자는 언제 어디서나 적그리스도요 이단이다. 예를 들면, 몰몬교, 통일교, 여호와의 증인 등은 성경 이외의 경전과 특별 계시를 주장하는 점에서 출발부터 벌써 이단이며, 삼위일체 하나님과 예수가 하나님의 아들이심을 부인하므로 적그리스도적인 이단이다. 그렇다면 성경을 하나님의 말씀으로 믿지 않는 합리주의자나 삼위일체 하나님을 부인하는 유니테리언도 예외일 수는 없다.

그러나 교회 역사상 삼위일체 교리와 기독론 교리를 부인하는 자를 정죄하는 경우와 같이 교회가 잘못 가르치는 자를 이단으로 정죄함에 있어서 그 이유가 분명한 경우가 있었는가 하면, 또한 신학적인 견지에 따라서는 유동적으로 볼 수 있는 모호한 경우도 있었다. 로마 가톨릭교회는 그들의 교회가 그리스도의 신비적인 몸이요 교회의 역사는 그 유기적인 발전이요 성장이므로 오류를 범하지 않는 교회라고 생각한다. 따라서 신앙고백을 포함하는 교회의 결정은 오류가 없다는 것이다.

십자가 스케치

그러나 종교개혁자들은 초대교회의 신앙고백을 교회가 결정한 것이라고 하여 무조건 받는 것이 아니라 성경에 비추어 보아서 옳고 그른 것을 분별하여 받아들인다. 예컨대, 종교개혁의 교회는 중세 교회가 허용하기로 결정한 성상숭배와 성찬의 화체설은 잘못이라고 규정한다.

로마 가톨릭교회의 신앙고백과 개신교회의 신앙고백의 중요한 차이는 곧 성례론과 교회 제도와 교직자에 대한 이해를 포괄하는 교회론의 차이다. 중세 교회로부터 성례론 때문에 이단으로 정죄당한 사람의 견해를 개신교에서는 옳은 것으로 보기도 한다. 중세 말기에 이르러서 교회가 이단으로 처형한 사람들 가운데는 종교개혁의 선구자들도 있었다. 개신교의 견지에서 볼 때 기독교 진리에 대하여 옳고 그름을 판단하는 중세 교회의 척도나 규범은 전도된 것이었다. 로마 가톨릭교회는 이러한 전도된 규범의 많은 것을 그대로 견지하고 있는 점에서 개신교와 다르다.

종교개혁 당시의 루터파와 개혁파는 성찬에 대한 이해의 차이를 좁히지 못하여 개신교의 연합을 이루지 못하고 각자는 다른 교회로 발전하였다. 성찬의 이해는 기독론의 이해와 상관 관계가 있기 때문에 성찬에 대한 논의를 중요한 교리 문제로 생각하였다. 그리하여 초기에 루터파 교회에서는 오랫동안 성찬식에 개혁파 신자가 참여하는 것을 금하기까지 하였다. 그러나 성찬과 관련된 기독론의 논의는 부활 승천하신 그리스도의 신성과 인성의 관계에 대한 사변적이며 현학적인 논의이므로 결국은 서로 용인하게 된 것이다.

시한부 종말론을 주장하면 이단이다

중세 교회가 이단으로 정죄한 어떤 부류의 사람들은 종교개혁의 교회도 함께 정죄할 수밖에 없는 이단의 무리였다. 12세기부터 있게 된 천년 왕국 운동자들이 바로 그런 경우였다. 그리스도의 재림과 천년 왕국을 주창하는 수도사가 빈한한 농민층의 환심을 사고 지지를 받으면서 처음에는 사람들의 심금을 울리는 겸손한 설교자로 시작하였으나 얼마 지나서는 교주형의 지도자로, 나중에는 재림한 예수로 사칭하는 적그리스도로 변신하여 호사스런 생활을 하는 한편, 열광적인 지지자들로 하여금 폭력 집단으로 전락하게 만든 일들이 있었다. 1110년경에 일어난 탄쉘름(Tanshelm) 운동, 1140년경에 일어난 유드 드 레토아(Eude de l'Etoile) 운동을 비롯하여 수차에 걸친 광신적인 비정규군의 십자군 운동이나 거짓 메시아 운동이나 적그리스도 운동이나 폭력을 동반한 종말론 운동이 꼬리를 물고 일어났다.

종교개혁 당시에 신령주의와 교회 밖의 천년 왕국 운동의 전통을 이어받은 재세례파는 개신교 교회와 로마 가톨릭교회 양측이 다 이단시하였다. 종교개혁으로 인하여 분립하게 된 개신교 교회는 각기 자기 나라 말로 예배하는 민족 단위의 교회로 발전하였다. 그뿐 아니라 그리스도인 각자가 성경을 자유롭게 해석할 수 있는 자유를 구가하면서부터는 신학적인 견해의 차이를 가지는 그룹들이 많이 일어나 나름대로 신앙고백을 가진 다양한 교파 교회를 형성하였던 것이다.

16세기 중엽부터 일어난 영국의 청교도 운동, 17세기 말경부터 일어난 독일의 경건주의 운동, 18세기와 19세기의 부흥 운동과 그 여파로 인하여 많은 교파 교회가 생기게 되었다. 미국에서는 유럽에서 이주해 온 민족 단위의 그룹에다가 이러한 요소들이 곱해져서 수많은 교파 교회가 생기게 되었다. 이러한 교파 교회들의 대부분은 자기들이 속해 있는 현실 교회를 개혁하며 성경대로 교회를 이루겠다는 명분을 내세우고 있다. 그러나 루터교회나 장로교회 등 전통적인 개신교의 교파 교회에서 볼 때에는 이단적인 교파도 있으며, 또한 이단이라고 단정할 수는 없지만, 수긍할 수 없거나 묵과할 수 없는 교리를 가르치는 교파들도 생겨난 것이다.

신앙의 열정이 지나치면 이단의 유혹에 빠지기 쉽다

한국에는 장로교와 감리교 선교사들이 먼저 왔으며, 그들이 이식한 양 교회가 개신교 교회를 주도하는 교파 교회로 성장하게 되었다. 1907년을 전후로 하여 일어난 대부흥은 성령의 역사로 말미암은 것으로 한국 신자들의 경건 생활에 변화를 가져다주었으며 교회의 성장에 활력을 공급하였다. 그러나 미국 교회사에서도 볼 수 있듯이 부흥의 여파로 불건전한 이단 운동도 일어났다. 1920년대부터 한국 교회에 있게 된 이단들은 주로 종말론과 무속적인 접신주의에서 빚어진 것이 특징이라고 할 수 있다.

경건주의적 부흥 운동이 천년 왕국 신앙을 강조하는 것이었는데, 이것이 한국적인 메시아주의와 접합이 되어 메시아를 사칭하는 자들이 일어났다. 신자들 가운데 더러는 부흥을 열망하는 나머지 잘못된 열광주의에 빠지면서 메시아로 사칭하는 자들에게 쉽게 미혹을 받게 되었던 것이다.

한국 교회는 출발부터 주로 미국의 교파 교회에서 온 선교사들을 통하여 선교를 받아 다양한 교파 교회로 성장하게 되었다. 그러므로 한국 교회의 신앙고백이라고 할 때 그것은 단일한 획일적인 신앙고백이 아니고 교파마다 나름으로 갖는 신앙고백을 말하는 것이다. 이를테면 장로교회 혹은 감리교회의 경우 각 교회는 각자의 신앙고백을 가졌으므로 거기에 충실해야 한다.

그러나 다른 교파의 신앙을 자파 교회의 신앙과 비교하여 비평을 하거나 평가를 하되 독선적이 되어서는 안 된다. 상대방의 신앙고백에 동의하지 않더라도 그것이 전통적인 삼위일체 교리와 기독론 교리 또는 구원론에 어긋나는 것이 아니면 남의 신앙고백을 존중해야 한다. 그러나 이단에 가깝다고 생각되는 부분이 있거나, 그럴 위험성을 내포하고 있는 것이 있다면, 그것이 자파 교회 내에서 일어난 것이든, 아니면 다른 교파 교회에서 일어난 가르침이든 간에 비판적으로 논의하여 그 이단성이나 위험성을 경고해야 한다.

6·25 동란 이후 박태선이나 문선명과 거의 같은 시기에 활동을 시작한 자가 나운몽이다. 나운몽은 영지주의형의 이단이다. 그는 1960년대에 여러 교파의 교회로부터 이단으로 낙인이 찍혔으나, 그를 선두로 하여 기도원을 중심으로 한 운동, 입신, 방언, 신유, 진동 등 신비주의 운동과 은사 운동들이 일어나게 되었다. 또한 이러한 운동은 방언과 신유의 은사를 강조하는 오순절파의 순복음 교회가 대형 교회로 성장함으로 말미암아 더욱 일반화되었다. 개혁주의를 표방하는 장로교 교인들도 이런 은사 운동에 참여하는가 하면,

많은 사람들이 그것이 건전하지 못한 것임을 분별조차 못하는 불감증에 걸린 것으로 보아야 할 것 같다.

오순절 교회로 말미암아 시작된 방언의 은사 운동이나 치유의 은사 운동은 20세기 초에 미국에서 시작되어 20세기 후반에 와서 급속히 확산된 운동이다. 성령 세례를 성도가 경험하는 제2의 축복이라고 하는 오순절 교회의 견해는 성도들로 하여금 방언과 같은 은사를 받는 일을 절박한 과제로 생각하게 만들며, 이를 추구하게 만든다. 이러한 견해는 본래 육신적인 축복과 안녕에 관심을 가지고 그것을 추구하는 사람들의 기복적인 종교심을 순화하기보다는 오히려 더 자극하거나 조장하여 신자들로 하여금 현세적인 만족을 추구하는 신자로 머물게 한다. 여하튼 소위 은사 운동은 소위 삼박자 축복과 함께 오순절 교회가 가르치는 교리에 속한다. 그러나 장로교회로서는 그러한 가르침의 시비를 가려야 한다. 치유의 은사 운동에 대하여서도 그것을 그냥 묵과해서는 안 된다. 묵과하는 것은 묵인하는 것이기 때문이다.

성경은 은사에 관하여 말씀한다. 그러나 은사 운동은 성경이 가르치지 않는다. 여하튼 이런 문제를 두고 교회적으로 신학적인 견해의 천명이 있어야 한다. 어떤 교회는 담임목사의 가르침에 대한 비판을 용납하지 않고 절대시하며, 지교회의 예배에서 그 목사의 비디오나 테이프를 통하여 설교를 듣게 한다. 교리의 건전함과 불건전함을 막론하고 그것은 이단적인 교주나 할 수 있는 위험한 일이다.

교리 교육이 중요하다

한국 교회가 대체로 신앙고백에는 관심이 소홀한 편이다. 선교를 받아 이제 자라기 시작하는 교회는 신앙고백에는 관심이 적고 문제가 있으면 성경을 먼저 상고한다고 관찰한 선교학자의 말과 같이, 그것은 아직 연륜이 얕은 교회의 일반적인 경향이기도 하지만, 교리 없는 기독교를 내세우는 경건주의적 부흥 운동의 영향을 크게 입은 까닭이라고도 볼 수 있다.

한국기독교장로교회는 나름대로 토착화신학과 세속화 신학의 신학적인 논의가 있고 난 이후, 1972년에 그들의 신학에 맞는 신앙 선언서를 내어놓았다. 통합측 장로교회는 1987년에 새로운 신앙고백서를 내어놓았다. 그러나 보수적인 장로교회는 당면한 현실 문제와는 먼 거리에 있는, 그래서 늘 덮어두는 웨스트민스터 신앙고백을 새삼스럽게 교회의 신앙고백으로 받고 있을 뿐이다.

교회는 마땅히 당면한 여러 가지 문제들을 의식해야 하며, 그것을 어떤 형식으로든지 거기에 대처하는 신앙과 신학을 천명해야 한다. 즉 한국의 재래 종교에 대한 언급이나, 한국적인 이단에 대한 경계나 기독교 윤리 문제 등에 대하여 신학적인 논의를 해야 하고 공동의 고백을 내어놓는 해산의 수고가 있어야 한다. 신앙고백서에서 교회가 당면하는 문제들을 일일이 구체적으로 언급하면서 다룰 수는 없다. 그러나 신앙고백서에는 당면한 문제들에 대한 답변을 얻을 수 있는 포괄적인 서술이 있어야 할 것이다.

한국 교회의 교회 교육은 제자 훈련이나 성경 공부 일색으로 이루어지고 있다. 개혁주의를 표방하는 장로교회라면 교회 교육을 위하여 개혁주의적 신앙고백과 신앙교육서(요리문답)를 가르쳐 교인들로 하여금 기독교의 전통적인 교리를 이해하고 체계 있는 신앙을 갖도록 교육해야 한다. 그럼에도 불구하고 교회는 제자 훈련을 위한 교재나 선교 단체에서 사용하는 성경 공부 교재를 사용하거나 직접 성경을 교재로 사용하여 성경 공부에만 열중하게 만든다.

이것이 한국 교회의 전체적인 분위기이다. 그러나 그런 교육만으로는 성도들로 하여금 성숙한 분별력 있는 신자가 되도록 하는 데 충분하지 못하다. 모든 이단들도 그들의 주장을 성경에 호소하므로, 성경 공부를 좋아하고 거기에 익숙해 있으며 체계 없는 성경 지식을 가진 신자들에게 그들의 가르침은 동등한 설득력을 발휘할 수 있을 것이다.

그러므로 한국 교회는, 아니, 교회의 역사와 전통을 존중하는 교회는 교리 없는 기독교를 주창하는 경건주의적 부흥주의에만 머물지 말고, 신자들로 하여금 역사적이며 전통적인 교회의 신앙고백에 근거한, 기독교 교리를 갖춘 **뼈대** 있는 신앙을 갖도록 하여 이단과 이단적인 잘못된 가르침에 미혹을 받지 않고, 경건한, 윤리적인 그리스도인의 삶을 살도록 가르쳐야 한다.

단군상과 '홍익인간'

'한문화운동연합'이라는 단체가 주도하는 '통일국조 단군상 추진위원회'라는 조직이 전국의 초·중·고등학교에 단군상을 건립키로 하고 추진 중이다. 단군을 종교화하는 신봉자들의 활동은 갈수록 더 교묘하고 파렴치해지고 있다.

단군을 신격화하여 신앙하는 이들은 자기들의 종교를 대종교(大倧敎)라는 이름으로 문공부에 등록하고 있다. 그밖에도 금강대도, 단군성주교, 단군교 등 단군을 신으로 섬기는 단체들이 무려 34개나 있다.[1] 종교의 자유가 보장된 나라이기 때문에 단군을 신으로 섬기든 단군을 위하여 신전을 짓든, 그것은 그들의 자유라고 말할 수 있다. 그러나 그것은 어떤 특정한 종교가 정부나 관청의 비호를 받는 일이 없을 때, 그리고 국민의 종교적 자유를 침해하는 사상을 갖고 있지 않을 때 할 수 있는 말이다.

여하튼 우리 기독신자들은 단군 신전을 건립하거나 단군상을 세워 단군을 신으로 숭배하는 것은 우상 숭배이므로 반대할 뿐 아니라 공공 건물이나

---

1) 허태선 편저, 『자료를 통한 단군의 실체와 그 이해』 (2000), 137-156에서 17개를 든다.

장소에다 건립하는 것은 더욱이 반대한다. 우리 기독교 신자들은 단군 숭배를 기독교적 신앙의 주관적 견지에서만 반대하는 것이 아니고, 양식 있는 국민으로서 그럴만한 충분하고 타당한 이유가 있으므로 반대한다는 것을 천명하면서, 아래와 같이 그 이유를 밝히고자 한다.

단군 신화는 민족의 개국 설화이다

한국 역사가 단군 조선으로부터 시작된 것이라는 기록은 고려 충렬왕 때 일연이 지은 삼국유사와 이승휴가 지은 제왕운기(帝王韻紀)에 최초로 나타난다. 그밖에 발견되는 여러 기록들은 삼국유사와 제왕운기에 근거한 것이다.2) 당시 한반도에 침입하여 나라를 점령하고 있던 원(元)과의 관계에서 단일 민족으로서의 자각을 일깨운다는 동기로 단군의 이야기를 기록한 것이라고들 한다.

삼국유사에 쓰인 것을 한글로 옮겨 쓴 것은 이렇다. (일연 작품집/황패강/형설출판사)3)

위서에 이렇게 썼다.

지금으로부터 이 천년 전에 단군왕검이 아사달(阿斯達)에 서울을 정하고 나라를 열어 조선이라 불렀는데, 중국의 요(堯) 임금과 같은 때다.

고기(古記)는 같은 사실을 다음과 같이 신화로 형상화하여 기록하였다.

---

2) 李瑄根, 『大韓國史』 1 (서울: 신태양사, 1973¹, 1980), 46. 권남(權擥)의 응제시주(應制詩註), 고려사지리지(高麗史地理志), 세종실록지리지(世宗實錄地理志), 신증동국여지승람(新增東國輿地勝覽), 동국통감(東國通鑑) 등이 인용한 단군본기(檀君本紀), 단군고기(檀君古記), 단국기(檀君記) 등의 기사가 있으나 고기들이 현존하지도 않을 뿐 아니라 그 내용이 단편적이어서 사료적 가치도 의문할 수밖에 없다고 한다.
3) 같은 책, 25-27.

옛날에 천상을 다스리는 상제 환인(桓因)이 천하에 자주 뜻을 두고 인간 세상을 탐하고 구하였다. 아버지 환인이 아들의 뜻을 알고, 삼위태백(三危太白)을 내려다보니 인간을 널리 이롭게 할(弘益人間) 만했다. 아버지는 아들에게 천부인(天符印) 세 개를 주어, 그곳에 내려가 다스리게 하였다.
환웅은 무리 삼천 명을 거느리고 태백산 꼭대기의 신단수(神壇樹) 아래 강림하였다. 여기를 신시(神市)라고 불렀다. 그리고 이를 환웅·천왕(桓雄天王)이라고 불렀다. 그는 풍백(風伯), 우사(雨師), 운사(雲師)를 휘하에 두고 낟알과 목숨과 질병과 형벌과 선악을 맡아서 관장하고, 인간에 관한 삼백 예순 가지 일을 주장하면서 세상에 머물러 다스려 교화하였다.
이 때 곰 한 마리와 범 한 마리가 같이 굴에서 살았는데, 늘 신웅(神雄)에게 사람이 되게 해 줄 것을 빌었다. 환웅은 그들에게 신령한 쑥 한 심지와 마늘 스무 개를 주면서 말했다. "그대들은 이것을 먹고 백일 동안 햇빛을 보지 않는다면 곧 사람이 될 수 있을 것이다."
곰과 범은 이것을 받아서 먹었다. 곰은 금기(禁忌)한 지 21일(三七日)만에 여자의 몸이 되었으나, 범은 금기를 끝까지 지키지 못하였으므로 사람이 되지 못하였다. 여자가 된 곰은 그와 혼인할 상대가 없었으므로 매양 단수(壇樹) 아래에서 아이를 배게 해 주도록 빌었다. 환웅은 할 수 없이 잠깐 사람의 몸을 빌려 곰 여자와 결혼하였다. 그 결과 곰 여자는 임신하여 아들을 낳았다. 아들의 이름을 단 왕검이라고 불렀다.
왕검은 당요(唐堯)가 중국에서 왕위에 오른 지 50년 되던 경인(庚寅)에 평양성에 도읍을 정하고 처음으로 조선이라고 불렀다. 다시 백악산(白岳山) 아사달에 도읍을 옮겼다. 이곳은 궁(弓) 홀산(忽山) 또는 금미달(今彌達)이라고도 한다. 그는 일천 오백년 동안 나라를 다스렸다. 주(周) 나라 무왕(武王)이 왕위에 오른 기묘년에 기자(箕子)를 조선에 봉하게 되자 단군은 장당경(藏唐京)으로 옮겨갔고, 후에 다시 아사달로 돌아와 숨어서 산신(山神)이 되었는데, 나이가 일천 구백 여덟 살이었다.」

한편 당나라의 배구전(裵矩傳)에서는 다음과 같이 썼다.

고구려는 본시 고죽국(孤竹國)으로, 주(周)나라가 기자(箕子)를 봉하고 조선이라고 하였다. 한(漢)나라 때 나누어 세 군(郡)을 두었는데, 그 세 군은 현토(玄菟), 낙랑(樂浪), 대방(帶方)이다.
통전(通典)도 이 주장과 같다.

이규보·이승휴의 동명왕 편 제왕운기(박두포 역)에는 이렇게 쓰고 있다.

전조선기(前朝鮮紀)

처음에 어느 누가 나라를 열었던고
석제(釋帝) 손자 이름은 단군(檀君)일세.
요제(堯帝)와 같은 해 무진년(戊辰年)에 나라 세워
순(舜)을 지나 하국(夏國)까지 왕위에 계셨도다.
은(殷)나라 무정(武丁) 八년 을미년(乙未年)에
아사달(阿斯達)에 입산하여 사신이 되었으니,
나라를 누리기를 일천하고 二十八년.
그 조화 석제(釋帝)이신 환인(桓因)의 유전한 일
그 뒤의 一百 六十四년 만에
어진 사람 나타나서 군(君)과 신(臣)을 마련하다.

후조선기(後朝鮮紀)

후조선(後朝鮮)을 시작한 분 기자(箕子)인데,
주 무왕(周武王) 그 원년 기묘춘(己卯春)에
망명해 와 스스로 나라를 세우더라.
무왕(武王)이 멀리서 인끈을 보내오니,
예로써 갚으려고 찾아가 뵈올 적에
홍범구주(洪範九疇) 인륜(人倫)을 물어오다.
四十一대 손자 되는 준왕(準王)님은
남에게 나라 잃고 백성마저 앗겼도다.

구백이십팔 년이란 오랜 세월 다스리니
기자의 남긴 유풍 찬연히 전하였다.
나라 잃은 준왕은 금마군(金馬郡) 옮겨 앉아
도읍 이뤄 또다시 임금이 되었도다.

　　1485년 성종(成宗) 16년에 우리나라 최초의 통사(通史) 『東國通監』이 편찬되었다. 거기에는 단군 조선으로부터 고려 말까지의 역사를 편년체(編年體)로 적고 있다. 이 시대에는 민족 의식이 강하게 일어나서 단군을 민족의 시조로 받들어 평양에 사당을 세워 국가에서 제사를 지내기로 하던 때였으므로, 통사에서는 으레 단군 조선을 민족사의 기원으로 서술하였다고 본다. 그런데 이 개국 시조의 유래에 대한 이야기는 신화적인 설화로 꾸며진 것이어서 이에 대한 사학자들의 이해와 해석은 크게 두 가지로 나누어진다.
　　개국 시조 단군왕검(檀君王儉)이 태양신으로 추앙된 것으로 추정되는 환인(桓因)의 아들 환웅(桓雄)이라는 천신(天神)과 사람으로 변신한 웅녀(熊女) 사이에서 태어났다는 이야기는 현실적으로 있을 수 없는 이야기이므로 단군이란 있지도 않은 허구적인 존재라고 하는 견해가 있다. 한국 민족의 역사를 왜소하게 보려는, 식민사관을 심어준 일본인 학자들이 주로 이런 견해를 대변한다고 한다.
　　이에 반하여 설화가 가공적(架空的)이라고 하여 단군이 고대 국가의 통치자였다는 사실이나 역사마저도 부정하는 것은 잘못이라고 하는 견해가 있다. 다시 말하면, 단군 신화는 역사적인 인물이나 사실이 신화적으로 채색된 것일 뿐이므로 신화적인 것을 제거한 내용은 역사로 받아들여야 한다는 것이다. 민족주의 사학자들은 후자의 견해를 대변한다.
　　단군은 역사적인 인물을 지칭하는 고유 명사였거나 아니면 제사장으로서 제정일치의 고대 성읍국가(城邑國家)를 통치한 군장(君長)을 가리키는 보통 명사일 것이라고 한다. 단군 신화는 고대 국가나 민족의 시조에 관한 설화에서 일반적으로 볼 수 있는 그런 것이며, 웅녀(熊女)가 단군왕검을 낳았다는 이야기는 원시적인 부족 사회가 신앙으로 가졌던 토템 숭배(Totemism)에서 나온 것으로 이해한다는 것이다. 또 어떤 이는 토템 숭배라고 하기보다는 곰을 신으로 숭배했던 문화에서 온 것이라고도 한다. 즉 단군은 천신과 지신의 결합에서 태어났다고 말하는 설화로 해석한다.

사학자들에 의하면 고대의 국가가 형성된 시기는 청동기 문화가 시작될 때였다고 하는데, 한반도에서 청동기 문화가 시작된 시기와 장소가 과연 단군 조선의 기원 및 위치와 일치하느냐 하는 문제는 역사학자들이 추적하고 밝힐 문제이다. 우리는 다만 역사학자들과 함께 단군 신화를 우리 한민족의 개국 설화로 이해하면서, 동시에 이런 유의 설화는 다른 민족 국가에서도 볼 수 있는 것임에 유의한다.

단군 신화에서 보는 천강설화(天降說話)나 고주몽(高朱夢)이나 김수로왕(金首露王)의 경우와 같은 난생설화(卵生說話)는 공통성을 지니고 있는 것인데, 이러한 설화는 중국 산동 반도에서 일본 열도에까지 걸쳐 발견되는 그러한 유의 설화라고 한다. 일본의 개국 설화가 단군 신화와 유사한 점도 양 민족이 다 동북아시아의 문화권에 살고 있기 때문이다.

이러한 설화는 어느 날 영명한 통치자로 말미암아 부족들이 통일을 이루어 민족 국가가 탄생하게 되었으며, 백성들은 윤리와 질서를 갖춘 사회에서 문화를 누리며 살게 되었음을 말해주는, 즉 민족사의 기원을 설명하는 개국 설화이다. 그리고 단군 신화의 경우 그것은 토템 숭배와 다신론적인 무속 신앙을 벗어나지 못한 고대 사람들이 그들 나름의 세계관에서 이야기한 설화이다.

단군 신화는 설화로서 한민족이 그 어느 시기부터 공유하는 문화적인 유산이라고 할 수 있다. 기독신자들도 민족 공동체의 일원이기 때문에 한민족의 문화적인 유산을 공유하므로 단군을 개국의 시조에 관한 설화로 이해한다. 그러나 단군이 실제 역사적인 인물이라거나 통치자의 보통 명사였다는 사실을 검증할 길은 요원하다.

북한에서 1991년 단군릉을 발견했다고 하나 대부분의 남한 사학자들은 정치적인 의도가 담긴 발표일 것이라고 말한다. 단군의 역사성을 인정하고 싶어 하는 이들은 좀 더 긍정적으로 보아야 한다지만, 그렇게 말하는 자신들도 여러 가지가 맞지 않음을 지적한다. 이를테면, 시신의 뼈는 측정한 결과 5천여 년 전의 것이라고 발표하면서 여러 부장품은 고구려 시대의 것이라고 말하는 것이라든지 관에 박힌 못이 쇠못이었다는 등 일관성이 없다고 한다.

19세기에 독일의 고고학자 쉴리만이 호머의 일리아드에 등장하는 전설적인 트로이 성을 집념을 가지고 탐사한 결과 마침내 그 성의 유적을 발견하였다. 이와 같이 단군의 무덤도 발견할 수 있는 개연성은 인정할 수 있으나 가능성은 거의 없다. 트로이 성의 경우는 그것을 묘사하고 있는 일리아드가 있으나 단군 능에 관한 문헌 같은 것은 존재하지 않는다. 많은 고분들 가운데서 근사한 것을 발견한다고 하더라도 실체를 판별할 수 있는 근거가 없다. 다만 억측이나 주장이 있을 뿐이다.

단군 신화에 역사적인 인물 단군이 투영된 것으로 이해하고 단군 왕조의 역사성과 고조선의 실체를 밝히려고 하는 것은 역사학자들의 과제이다. 누구나 다 민족의 고대 역사 연구에 관심을 가져야 하는 줄 안다. 그러나 우리 그리스도인들은 단군이 설화 속의 인물이든 역사적인 인물이든 상관없이 단군을 신격화하여 신앙과 숭배의 대상으로 삼는 일에 반대한다. 더욱이 모든 국민이 개국의 시조로 알고 있는 단군을 일부 사람들이 신격화하고 종교화하면서 그것을 국민 모두의 종교가 되어야 하는 것처럼 생각하는 것은 독단이며 망상이다. 유교와 접목된 샤머니즘의 문화 속에서 조상 숭배 신앙을 가져 온 우리 국민들은 단군을 국조(國祖)라면서 쉽게 단군을 신격화하며 신앙과 숭배의 대상으로 삼을 수 있는 것이 사실인데, 그것을 국민적인 종교로 내세우고 퍼뜨리는 일에 정부가 방조하거나 묵인하거나 단속을 소홀히 하는 것은 매우 잘못된 일이다.

단군 종교의 실상

단군 신화는 설화이므로 그것은 역사 이전의 과거에 속하는 것이다. 그럼에도 불구하고 이를 확고부동한 역사적인 사건으로 사실화하면서 그것을 현재화하고 종교화하며 단군을 신격화하는 사람들이 있다. 단군을 국조로 모시는 사당은 옛날부터 있어 왔다. 삼국지에 나오는 중국의 관우를 섬기는 사당을 이 나라에 버젓이 갖는 그런 풍토이기 때문에 단군의 사당은 그런 의미를 갖는 것이다. 그러나 그것이 하나의 종교로서 출발한 것은 금세기에 들어와서부터이다. 한일 합방이 있을 무렵 나철(羅喆), 오혁(吳赫) 등이 민족의 얼을 되찾는다는 취지에서 단군 신앙을 부활시켜 단군교라고 하다가 일제의 탄압을 의식하여 대종교(大倧敎)라고 일컬었다.

그것의 시작은 하나의 신흥 종교의 시작과 다르지 않다. 1904년 백봉(白峯)이라는 사람이 단군에게 묵시를 받고 백두산 북쪽에 단군의 본존을 봉사할 대숭전(大崇殿) 안에 있는 석함(石函)에서 경전을 발견하였다는 것이다. 백봉은 자기 제자인 두일백(杜一白)에게 경전을 전해 주었으며, 1908년 11월에 두일백은 나철에게 이것을 전수하였다고 한다. 나철은 1909년 음력으로 대보름을 기하여 하늘에 제사하고 포교를 시작하였다. 1938년에는 단군교와 대종교의 교도가 약 일만 여명이 되었으나 일제 말엽에 식민정부의 탄압이 심해지자 신봉자들은 자취를 감추었다가 해방 이후에 다시 포교를 시작하였다.

정부의 단군 신화 사실화 작업

대종교는 신흥 종교의 하나이지만 국조로 알고 있는 단군을 섬기는 종교라는 구실로 해방 이후부터 우리나라의 정부에 영향력을 행사하였다. 정부는 대종교의 요청에 따라 개천절을 제정하였으며, 단기를 연호로 사용하도록 하였다. 정부가 단기를 연호로 사용하기로 한 것은 해방 이후 민족의 자주 사상을 고양하려는 그런 분위기에서 이루어진 것으로 볼 수 있다. 비록 그것이 역사에 근거한 것이 아니라고 하더라도 국민들은 정부가 정한 규정에 따라 연호를 사용할 수밖에 없었다.

그러나 단군 종교의 신당(神堂)인 소위 단군 신전을 국민의 이름으로 짓거나 정부가 이를 직접 혹은 간접으로 지원하는 일이나, 단군상을 각 학교에 세우도록 묵인함으로써 방조하는 일은 있을 수 없는 일이다. 그것은 종교의 자유를 보장하고 있는 헌법에 위배될 뿐 아니라 국가의 안녕과 국민 화합을 저해하며, 국민의 자유권을 침해하는 일이기 때문이다. 단군 신전을 짓거나 단군상을 세우는 일과 단군 종교가 국민 통합의 이념이 될 수 있다는 생각은 일본이 신사(神社)를 짓고 신도(神道)를 국가 종교로 만들어 국민의 정신적인 통일을 꾀한 일과 너무나 흡사한, 끔찍한 발상이다.

대종교에서는 일찍부터 단군 신전 건축을 추진해 왔으나 실현을 보지 못하였다. 그런데 이것을 정부가 뒷받침할 수 있는 것으로 본격적으로 거론하기는 5·16 군사혁명 이후였다는 점을 우리는 유념해야 한다.

박정희 대통령은 1966년 1월 31일 정일권 국무총리에게 단군상 건립에 대하여 지시하였다. 즉 남산 공원의 일본 신도의 신사 조센징구(朝鮮神宮)가 있던 바로 그 자리에 일억 원의 예산으로 건립하되, 건립 기간은 3개년으로 하고, 비용 갹출 방법은 국고 보조와 국민의 모금으로 하도록 한다는 것이었다. 그리고 국민들로 하여금 단군상 앞에 신앙을 불러일으킴으로써 주체 의식을 살려 보겠다는 담화를 발표하였다. 그러나 이러한 계획이 기독교계와 학계의 반대에 부딪치자 정부는 "우리는 이 일에 관여한 바 없다"고 하여 책임을 회피하였다. 그래서 다행히도 그 일은 추진되지 않았다.

박정희 대통령은 정치적인 소위 유신을 단행함으로써 민주화를 지향하는 민족의 역사를 역류하게 만든 장본인이다. 그가 또한 종교의 유신까지 생각하였다는 점과 그것을 실천에 옮기려고 했다는 사실은 경악할 수밖에 없는 일이다. 설화에 근거한 인위적인 종교로써 국민의 주체 의식을 고양하고 우상 종교를 국민 통합의 이념으로 이용하겠다는 생각은 역사에서 전제

군주나 독재자에게서 흔히 볼 수 있는 그러한 발상이다. 가장 비근한 사례를 우리는 일제 신도의 신사 참배에서 실제로 경험하였다.

일제의 신사 참배와 같은 악몽의 역사가 우리 안에서 우리의 정부에 의하여 다시금 현실로 되살아날 뻔했다는 사실에 우리는 경악한다. 위정자나 국민 모두가 단군 신화를 사실화(史實化)하고 개국의 시조인 단군을 신격화하는 일이 얼마나 불합리하고 위험한 일인지를 인식하지 못하는 한, 그러한 악몽의 역사가 되풀이될 가능성은 상존한다.

일본 정부가 처음부터 신도를 국민 종교라고 하여 신사 참배를 하도록 국민들에게 강요한 것은 아니었다. 명치유신 이후 1870년 일본 천황은 천황의 권세를 절대화하기 위하여 일본 황실의 계보가 황실의 조상신 아마데라스 오미가미(天照大神)에게서 시작된 것임을 선포하고, 황실의 조상과 천황을 신격화하는 신도를 국민적인 종교요 교육 이념으로 한다고 선포하였다. 일본은 군국주의적 제국주의 국가로 발전하면서 신도를 국민의 사상을 통일하는 이념으로 삼고, 국가 신도(國家神道)는 종교가 아니고 국민 의례이요, 국가적인 의식일 뿐이라고 주장하면서 모든 국민으로 하여금 신사를 참배하게 하였다.

1930년 이후 일본의 군벌이 권력을 장악하면서부터 일제는 소위 황국 신민화 정책의 일환으로 우리 국민에게 신사 참배를 강요하였다. 많은 기독신자들이 이 신사 참배 문제 때문에 고난과 희생을 당한 사실을 우리는 잊지 못한다.

처음에 2000명의 신자들이 일제 경찰에 연행되었고, 70여명의 기독교 지도자들이 장기 복역을 하게 되었으며, 50여명이 옥중에서 순교하였다. 신사 참배를 반대함으로써 신앙의 절개를 지킨 순교자들과 옥중 성도들은 한국 국민의 자존심을 지킨 최후의 사람들이기도 하다. 신사 참배로 인하여 한국 교회는 순결성을 잃게 되었으며 지도자들 간의 반목과 교회의 분열이 일어났다. 신사 참배는 한국 교회에 치유가 불가능하다고 할 정도로 깊은 상처를 입혔던 것이다. 신사에 참배하는 일은 기독신자 아닌 우리네 일반 국민에게도 결코 떳떳한 일이 아니었음은 마찬가지이다. 그것은 겨레의 자존심을 짓밟았고 한민족의 얼을 마비시켰다. 신사 참배는 일본의 많은 양심 있는 기독교 신자들과 지성인들을 굴종시키고 그들의 양심과 양식도 마비시켰다.

제2차 세계대전 이후 일본에서는 신도를 국교로 하는 것을 폐지하였다. 일본의 정치가들도 신사에 가는 일은 삼갔다. 그러나 일본이 경제 대국이 되면서 일부 국수주의자들이 군국주의 복고를 꿈꾸는 망상을 신도의 부흥을 외침으로써 노출시키곤 해 왔다. 그러다가 2001년 8월을 기하여 일본 총리가 공공연히 신사 참배를 함으로써 우리를 포함한 아시아의 주변의 나라들을 경악케 했다. 그것은 독일에서 나치주의가 고개를 들면 유럽의 주변 국가들이 긴장하는 것과 마찬가지이다. 신도와 나치주의가 국수주의 종교요 사상이기 때문에 그러한 것이다.

국조를 신격화하는 국수주의적 종교는 일본의 신도나 독일의 나치주의와 같이 국민들에게 민족적인 우월 사상과 과대망상을 갖게 한다. 정권이 이를 뒷받침하거나 이용할 경우, 그러한 정권은 자국민의 자유를 박탈하고 사상을 통제할 뿐 아니라, 이웃 민족을 멸시하며 세계 평화를 무시하고 국민을 파멸로 이끌 수 있는 악마적인 세력이 된다. 나라의 힘이 강할 경우에는 민족적인 우월 사상과 침략주의로, 약할 경우는 쇄국적인 배타주의로 발전한다.

제국주의적 군국주의 일본이 자기 나라의 온 국민을 꼭두각시로 만들 뿐 아니라, 온 우리 겨레를 노예로 만들기 위하여 사용하였던 개국신(天照大神)과 황실 조상 숭배 정책을 우리나라의 군사 정부가 그대로 답습하려는 생각을 가졌다면 그것은 정말 전율할 수밖에 없는 일이다. 정치적인 유신만으로도 국민들에게 많은 괴로움을 주었는데, 종교의 유신까지 단행하였더라면 얼마나 큰 혼란이 야기되었을 것인지 생각만 해도 끔찍할 뿐이다.

조선 시대에 수많은 천주교인들이 신앙의 자유를 위하여 조상에게 드리는 제사를 거부하면서 순교 당하였다. 순교자의 수는 무려 8000명에 달한다. 이제 우리는 신앙의 자유를 억압하여 무고한 자를 희생시키는 그러한 암울한 사회로 되돌아갈 수는 없다. 박정희 정부가 당시에 단군상 건립에 대한 기독교의 항의를 받아들여 그런 어리석음을 공적으로 범하지 않은 것은 다행한 일이다. 그러나 정부가 표면적으로는 기독교 신자들의 항의에 직면하여 특정한 종교를 지원하는 일은 없다고 부인하면서도 이면으로는 단군교의 국민 종교화 계획을 묵인하거나 방관하고 방조한 것으로 나타났다.

정부는 단군상 건립 방조를 중단해야 한다

정부는 지방 관청이 단군 신전이나 단군상 건립을 방조하거나 방치해 온 사실을 반성하고 이를 시정해야 한다. 1968년 현정회(顯正會)가 관계 당국의 허가 없이는 건물을 세울 수 없는 사직공원에다 단군 신전을 건립하였다. 정부는 이를 불과 5년 후인 1973년에 서울시 보호 문화재로 지정하였다. 1977년 문공부는 단군상을 만들어 국민 경모 단군상(國民敬慕檀君像)으로 지정했으며, 이 영상을 전국의 단군을 안치한 사당이나 장소에 똑같이 비치하게 하였다. 1978년에는 문공부 위촉으로 현정회가 단군 영정(檀君影幀)을 다시 제작하여 정부 표준 영정으로 지정하였다.4)

서울특별시는 1985년 2월에 그 해의 역점 사업으로 자라나는 세대에게 민족혼을 일깨워 준다는 목적으로 서울 사직공원에 있는 단군 신전을 크게 확충 건립하기로 결정하였다. 서울시장을 단군 성전 건립위원 위원장으로, 부시장을 부위원장으로 하여 그 해 5월에 설계를 착수하고 늦어도 1986년 초에 착공해서 1987년까지 완공하기로 결정하였다. 그러나 기독교계의 강한 항의에 부딪쳐 1985년 7월 3일 이 일을 백지화하겠다고 발표하였다.

---

4) 이금도 "단군전 건립운동에 대한 역사적 고찰", 김명혁 편, 『단군전 건립 운동 비판과 오늘의 기도 운동』(서울: 도서출판엠마오, 1987), 40-50.

그러나 서울시 문화 담당인 이명식씨는 "기독교계의 반대를 이해하지 못하는 바는 아니지만 그들을 설득, 당초 계획대로 추진하겠다. 다만 사업 추진이 다소 늦어질 것 같다"라고 말하였다. 단군전 건립 예산을 보면 군 단위로 20억원으로 하고 수입 내역으로는 회비 및 찬조금 10억원, 독지가와 정부의 보조금 10억원으로 산정하기도 하였다. 1985년 10월 4일자 중앙일보에는 "지리산에 단군 국조전을 세운다"라는 제목으로 지리산 천왕봉 아래에 있는 청학동 계곡에 사업비 10억을 투자하여 건립키로 하고 그 조감도까지 완성하였다고 보도한 바 있다.

기독교계의 거센 반대로 인하여 1985년 10월 22일 제128차 정기국회에서 단군 신전 건립에 대한 대정부 질의가 있었다. 당시의 이원홍 문공부장관은 개천절을 우리나라의 국경일로 정한 이상 국조의 단군을 인정하고 단군의 홍익인간의 정신으로 구심체를 만들어서 그 정신을 길러야 한다고 생각하지만, 정부가 단군을 종교적 차원으로 신격화해서 신전을 건립하여 종교의 대상으로 하는 것을 추진하고 있는 것은 아니라고 답변하였다.

1985년 12월 19일 노신영 국무총리는 한국 개신교 주요 교단장과 기독교 기관 대표들에게 정부는 단군 신전을 건립할 계획이 없었고, 또 그런 일은 하지 않겠다고 밝혔다. 그럼에도 불구하고 정부가 음성적으로 이 일을 지원하고 있다는 의혹을 씻지는 못하였다. 서울특별시가 이러한 계획을 세워 발표함으로 말미암아 기독교계가 전국적으로 반대함에도 불구하고 정부는 서울시의 처사에 대한 공식적인 조치를 내리지 않았다. 그런가 하면 국회위원, 군수, 교육감, 관청의 과장, 계장 등의 인사들이 단군 봉안 추진위원회의 고문으로 되어 있었다.

1985년 10월 3일 개천절을 전후해서 "개천절 국중 대회 부흥회"라는 단체에서 민족 통일을 위하여 나라 굿이라는 것을 거행했으며, '산신 호랑이와 치우 도깨비'를 주제로 한 개천절 기념 특별 전시회가 있었다. 또 '단군 진리회' 주최로 개천절 경축 세계 평화 굿이라는 것이 거행되었는데 거기에는 무당 40명이 동원되어 단군과 순국 선열의 혼을 부르는 굿판을 벌였다. 정부가 직접 주관한 것은 아니지만 원시적이며 미신적인 무당 종교를 간접적으로 장려한 것이다.5)

또한 공영 방송국인 KBS 중앙 방송 본부에서는 단군 신화를 역사적 사실로 조명하게 하여 현정회의 유력한 인사를 초청하여 소위 단군 성조를 모시는 것은 종교적 차원을 넘어서 국민 윤리의 문제라고 역설하고 국민을 오도하는 일을 하면서도 기독교의 반대에 대하여는 일언반구도 언급하지 않았다. 단군 종교를 일컬어 "종교적 차원을 넘어서 국민 윤리의 문제"라고 하는 발언은 옛날 일제가 신도는 종교가 아니고 국가 의식일 뿐이라고 한 말이나 똑 같은 말이다. 단군 종교를 국민 윤리화할 경우 문제는 참으로 심각해짐을 알아야 한다.

1985년 12월 18일 사단법인 '단군 정신 선양회'에서는 전국 시, 군에 지부 조직 협조 의뢰서를 보내어 협조를 의뢰하였다. 그럼에도 불구하고 1986년 2월 24일 현정회 상무이사 이수식은 얼마 전에 열린 이사 총회에서 기독교계 일부의 반대로 부진해진 단군 신전 문제를 논의했는데 국민들의 참여하에 기금을 조성하고 아담한 단군 성전을 꾸미기로 결정을 보았다고 했다. 사직공원에 500~600평 정도의 대지를 확보하여 10~15억 원의 예산을 가지고 본래의 계획대로 단군 성전을 지을 것이라고 결정한 것이다. "이 운동은 많은 관계 단체의 호응을 받게 될 것이고 또한 협조를 받아서 반드시 이루어질 것이다"라고 발표하였다.6)

기독교계의 반대로 잠잠하던 단군 신전 건립 운동이 1992년 대통령 선거와 정권의 교체의 과도기를 틈타 다시 시도되었다. 충북 중원군에 대규모의 단군 신전 건립이 당국의 허가도 없이 삼림을 훼손하며 진행되었다. 만일 그것이 준공되었다면, 정부는 사직공원의 단군 전의 예를 따라 문화재로

---

5) 이금도, 같은 글
6) 이금도, 같은 글.

지정했을 수 있으며, 독립 기념관처럼 수학여행과 학습과 관광을 위하여 찾는 명소가 되게 하고 단군 숭배를 조장하고 주도하는 단군 종교의 중심지로 성역화하게 되었을 것이다. 그런데 각급 학교의 교정에 단군 종교의 보편화를 위한 단군상 건립의 확산은 그보다 더 문제가 심각하다.

단군 종교의 국민 윤리화는 망국적 발상

위에서도 언급한 바와 같이, 1960대 이후 군사 정부가 단군 종교를 지원하는 동기가 민족주의를 고양하며, 민족의 주체성을 확립한다는 데서 나온 것인데, 민족 고유의 것을 부흥시킨다는 취지에서 무속 종교를 장려하고 KBS가 이를 홍보하는 것은 종교에 대한 이해가 없는 무정견한 소치임을 지적하면서 개탄해 마지않는다. 흔히 무속 종교가 한국 고유의 종교인 것처럼 말하는데, 무속 종교는 결코 한민족 특유의 종교가 아니다. 그것은 물활론(animism)과 같이 세계 도처에서 볼 수 있는 원시 종교의 하나이다. 우랄 알타이 이동에 널리 퍼져 있는 원시 종교를 일컬어 무속 종교(Shamanism)라고 부른다. 그러므로 정부가 직접 혹은 간접으로 공영 방송을 앞세워 무속 종교를 장려하며, 무속 종교의 배경에서 나온 단군 종교를 마치 국민 종교인 것처럼 간주하고 그것으로 국민의 단합과 통합의 이념으로 삼겠다는 것은 종교에 대한 몰이해와 사상의 빈곤에서 나온 발상이다.

기독교 나라 안에서도 정부가 어느 특정한 교파를 지지하거나 그것을 국교화할 경우, 그 일로 인하여 많은 문제가 야기되었음을 우리는 역사를 통하여 안다. 서양의 역사에서 종교개혁 이후 기독교 안에 여러 다른 교파가 있게 되었다. 전제 군주들은 자기들의 왕권의 신장과 유지를 위하여 유익하다고 생각하는 교파를 지지하고 그렇지 않은 교파를 억압하였다. 그 중에 교회가 나누어지면 국론이 분열된다는 이유에서 신앙의 통일을 기하려고 하는 군주도 있었다. 신 구교의 대립은 30년 전쟁(1618~1648)을 초래하기까지 하였으며, 특정한 신앙만을 인정하고 다른 신앙의 자유를 억압함으로써 신앙의 통일을 기하려던 그러한 정책은 오히려 더 많은 국론의 분열을 조장하는 결과를 초래하였다. 영국의 경우, 엘리자베스 여왕의 교회 일치를 위한 칙령(Acts of Uniformity, 1559)은 청교도 운동과 비국교도 운동을 낳게 했다. 이러한 일치를 위한 칙령은 우여곡절 끝에, 즉 왕이 국민의 자유권을 존중하게 되면서 철폐되었다.

유럽에서 많은 이들이 종교의 자유를 위하여 미국으로 이민하였다. 그들은 갈구하던 종교의 자유를 보장받기 위하여 미국의 헌법에 국가와 종교는 분리라는 조항을 두기에 이르렀다. 말하자면 국가가 어느 특정한 교파나 종교를 두둔하여 다른 교파나 종교를 탄압하는 일이 없도록 법적인 장치를 한 것이다. 특히 한국과 같은 다종교 사회에서 어느 특정한 종교를 국민 종교라고 하거나 국민 윤리와 주체사상을 낳는 종교라고 말하는 것은 전체주의적인 발상에서 나온 위헌적인 망언이다.

무속 종교의 배경에서 나온 개국 설화를 종교화하고 많은 국민들이 개국의 시조로 알고 있는 단군을 신격화하고 우상화함으로써 그것을 국민의 종교적인 혹은 사상적인 이념이 되게 하겠다는 생각은 이북에서 종교를 부정하면서도 김일성을 우상화하고 신격화하는 것으로 주체사상을 조성하고 강화하겠다는 것이나 다를 바가 없는 일이다. 북한에서 단군 묘를 건립하여 성지화하고 있는 것도 단군을 우상화함으로써 동시에 김일성의 우상화를 당연한 것으로 보게 하고 전체주의적 주체사상을 강화하기 위한 것으로 보인다.

홍익인간의 이념화

단군의 홍익인간은 민족 국가를 통치하기 위한 정치 이념이라고 이해할 수 있다. 그것은 어느 고대 사회에서나 통치자들이 나름대로 가졌던 보편적인 것이다. 그러므로 그 말은 백성을 위하여 선정을 베풀려고 했다는 일반적인 의미로 이해하면 된다. 그런데 홍익인간이 무슨 심오한 원리나 철학이 담긴 말인 양 내세우면서 그것을 부연하고 확대하여 설명하려는 것은 문화와 종교와 역사를 몰이해한 데서 나온 발상이다.

기독교나 유교 혹은 불교의 윤리적인 가르침을 흔히 한마디로 사랑(愛), 인(仁), 자비(慈悲)라는 말로 표현한다. 그런데 그 말들은 역사적인 내용을 가진 반면에 홍익인간은 그런 내용이 없다. 사랑, 인, 자비의 배후에는 경전이 있으며 역사가 있다. 그러나 홍익인간의 배후에는 경전도 역사도 없다. 있다면 짤막한 설화만 있을 뿐이다. 역사적인 내용을 가지고 있지 않은 말을 역사적인 내용을 가진 말과 단순하게 비교하여 대등한 것으로 보면서 그것을 부연하고 확대 해석하는 것은 부당하다. 왜냐하면 그 말이 마치 역사적인 배경을 가진 것으로 착각하게 만들기 때문이다.

그러므로 홍익인간에 의미를 부여하려는 운동은 단군 신화를 역사화하며 국민 윤리화하려는 작업의 일환이다. 교육부가 각 대학에서 교수를 선정하고 연구비를 지급하여 홍익인간을 주제로 논문을 쓰게 한 것은 학문의 자유를 무시하고 대학의 지성을 우롱하는 방자한 처사이다. 그것은 전체주의 국가에서나 할 수 있는 일이다.

우리 기독신자들은 다종교 사회에서 살고 있다. 사교(邪敎) 아닌 전통적인 종교에서 진리를 추구하고 신을 찾는 노력이 있고 개인과 사회의 유익을 위한 지혜와 윤리적인 교훈이 있음을 시인한다. 우리 기독신자들은 민족 공동체의 일원으로 사회생활을 함에 있어서는 종교를 묻지 않고 겨레와 함께 어울리고 협력하면서 더불어 산다. 3·1 독립 만세 운동 때 우리의 선배 신앙인들은 그 점을 과시하였음을 상기한다. 그러나 영원한 생명에 이르는 구원은 창조주 하나님과 그의 독생자 예수 그리스도를 믿음으로만 얻게 되는 것임을 믿으며, 이 세상에서부터 영원까지 하나님의 다스리심 아래 사는 것이 우리 인간의 본분이요 축복인 것으로 믿는다.

그러므로 우리는 동족과 온 인류가 이 복음을 받아들여 구원에 이르기를 기도하며 전도한다. 그러나 강권을 통해서가 아니고 남의 인격과 자유를 존중하는 가운데 겸손한 호소와 자기 희생적인 사랑의 봉사를 통하여 해야 하는 것임을 인식한다. 또한 하나님의 나라가 임하기를 기원하며 사는 우리 그리스도인들은 문화 속에 살면서도 전통 문화나 외래 문화를 무조건 다 수용하는 것이 아니고 하나님의 말씀을 따라 우리의 문화를 반성하며, 선별하여 수용하고, 하나님의 뜻을 좇는 방향으로 순화되도록 모색하며 노력한다.

그러므로 우리는 민족의 문화적인 유산에 속하는 단군 설화에 대해서도 올바른 이해를 가져야 하고, 정부가 그것을 사실화(史實化)하거나 일부 사람들이 그것을 종교화하는 일은 불합리하며 몰지각한 것임을 지적하는 바이다. 더욱이 단군 종교가 국민 주체사상이 될 수 있다고 하거나 신전을 건축하거나 단군상을 세움으로써 단군 숭배를 진작시키겠다고 하는 생각은 민주 국가 사회에서는 있을 수 없는, 전근대적인 망상임을 경고한다.

단군상 건립을 지지하는 이들은 단군상 건립이 기독교 나라에서도 동상을 세우는 것이나 다를 바가 없다고 말한다. 그러나 역사적인 인물의 동상을 만들어 그의 업적을 기념하는 것과 역사 이전의 설화 속의 인물을 역사적인 인물로 만드는 작업을 진행함과 동시에 종교화하면서 그의 동상을 만드는 것과는 엄청난 차이가 있음을 인식해야 한다.

우리 기독교인들은 세종대왕이나 이순신 장군의 동상을 탓하지 않는다. 그들의 동상은 그들의 업적을 기리며 존경심과 감사하는 마음을 가지게 함인 것을 안다. 그러나 단군상의 경우는 전혀 다르다. 단군을 국조로 떠받들어 민족의 단합을 위한 이념으로 삼아야 한다느니 홍익인간으로 국민 윤리로 이념화해야 한다는 주장을 하면서 단군의 동상을 만드는 것은 단군을 역사화하며 우상화하고 종교화하는 행위이다.

그러므로 공공장소에 단군상이나 신전을 건립하는 것은 헌법이 보장하는 국민의 종교 자유를 침해하며 불필요한 국론의 분열을 초래하여 국민적인 화합을 깨뜨리려는 획책이 될 뿐이다. 더욱이 학교에 단군상을 세우는 것은 학교 교정을 교묘하게 침범하여 청소년들에게 잘못된 역사관을 심어주려는 작업임을 고발하며 이를 반대한다. 정부는 마땅히 그러한 계획은 막아야 하며 진척된 작업은 철회하도록 해야 한다. 그리고 다시는 그런 일이 없도록 감시하는 책임을 다해야 한다.

9 신학의 쟁점

삼위일체 교리
성령 강림과 성령 세례
하나님의 예정과 인간의 인식
칼빈과 웨슬리 신학 공관

삼위일체 교리

한국 교회에 삼위일체 교리에 대한 양태론적인 이해가 일반화되어 있다. 그래서 윗트니스 리 같은 자가 큰 소리를 질러 사람들로 하여금 삼위일체 교리를 이해하는 데 혼란스럽게 만든다. 한국 교회에 왜 양태론적인 이해가 만연하고 있는지를 검토하는 한편, 올바른 정통적인 삼위일체 이해가 어떤 것인지를 살펴보며, 삼위일체 교리를 실제로 어떻게 이해해야 할 것인지를 논하기로 한다.

유일신 하나님은 삼위일체 하나님

세계 만물을 창조하시고 다스리시는 하나님은 삼위로 계신 한 하나님이시다. 세상에는 많은 종교가 있어서 제각기 하나님에 대한 신앙을 말하고 있으나, 창조주 하나님은 성경을 통하여 당신 자신을 나타내 보이시며 유일하게 참 하나님이심을 선포하신다. 성경이 말씀하는 하나님, 즉 스스로 계시는 여호와 하나님은 사람들이 상상하거나 만들어낸 신들과는 비교가 되지 않는 유일하신 참 하나님이시다. 그런 뜻에서 여호와 하나님은 유일신(唯一神)이시다. 유일신 하나님은 아버지와 아들과 성령 삼위로, 즉 세 분으로 계신 한 하나님이시므로 단일신(單一神)은 아니시다. 여호와의 증인들은 '유일신'이란 뜻을 '단일신'으로 이해하여 홀로 참 신이신 여호와 하나님께서 삼위일체 하나님이심을 부인한다.

하나님은 아버지 하나님(성부), 아들 하나님(성자), 성령 하나님(성령) 세 분이시나 한 하나님이시며, 한 하나님이시나 세 분으로 계시며 일하신다. '삼위일체'라는 단어는 성경에 없으나, 교회는 그것이 아버지와 아들과 성령 세 위(persons)가 한 하나님이신 진리를 가장 적절하게 표현하는 말로 받아들이게 되었다. 교회 역사에서 제일 처음 '삼위일체'라는 말을 사용한 이는 터툴리안이다.

삼위일체 교리는 예수 그리스도께서 참으로 하나님의 아들이신지를 물으면서, 아들이시면 아버지와 같이 동등하시며 영원하신 하나님이신지를 묻는 물음에 답하는 데서 성경의 가르침과 교회가 예배와 세례식에서 고백하고 찬양하는 성부, 성자, 성령이 한 하나님이심을 확인하게 된 교리이다.

사도들을 계승한 속사도 교부들은 많은 잘못된 가르침에 대항하여 교회가 실천에서 믿고 있는 성경의 진리를 변증하고 논의를 거듭한 끝에 325년 니케아 회의에서 삼위일체 교리를 확정하고 381년 콘스탄티노플 회의에서 재확인함으로써 교회의 교의로 받아들이게 되었다. 교의(敎義)란 성경이 가르치는 진리, 즉 교리(敎理)에 대한 신학자들의 서로 다를 수 있는 주관적인 이해를 교회 공의회에서 논의한 끝에 보편타당한 공적 이해로 확정한 교리를 말한다.

이단의 전형: 양자설과 가현설

예수 그리스도가 하나님의 아들이심에 대하여 부정적으로 잘못 가르친 초기의 이단은 영지주의와 에비온주의였다. 영지주의는 헬라의 철학과 동방의 여러 종교의 혼합 사상이며, 에비온주의는 유대교적 배경에서 나온 사상이었다. 영지주의는 예수가 하나님의 아들인 것은 신이 인간의 몸을 입고 나타났다는 뜻에서 그렇다고 말했다. 이러한 가르침을 가현설(假現說, docetism)이라고 한다.

가현설은 예수 그리스도께서 사람이 되시고 역사적인 인물로 사신 것을 부인하며, 그런 역사성에 의미를 부여하지 않는 사상이다. 반면에 에비온주의는 예수는 단지 인간일 뿐이지만 하나님께서 그를 양자(養子)로 삼으심으로 말미암아 하나님의 아들이 되었다고 가르쳤다. 가현설과 양자설 이 두 사상은 예수 그리스도에 대한 이단설을 대변하는 견해로서 그리스도와 삼위일체 교리를 부인하는 전형적인 것이다.

사도들을 계승한 속사도 교부들이나 그 다음 세대의 변증가들은 나사렛 예수는 성령으로 잉태되어 동정녀에게 나신 분으로 곧 하나님의 아들이시라는 사도들의 고백을 그대로 받아들였다. 그 진리를 설명함에 있어서 다소 표현상 미흡한 점은 있었으나 그 진리를 부인하거나 왜곡하는 이단적인 가르침에 대항하여 정통적인 신앙을 변증하며 전수하였다. 미흡한 점 가운데 대표적인 것은 아들 하나님을 헬레니즘 세계에서 일반적으로 이해하고 있는 '로고스' 사상으로 설명하는 데서 오는 것이었다. '로고스'는 순수한 신과 물질 세계를 중계하는 존재로 이해하고 있었으므로 아들을 '로고스'로 설명하자니까 아들 하나님이 아버지 하나님과 본질에 있어서 동등하시며 한가지로 영원하신 하나님이심을 충분히 설명할 수가 없었다.

양태론의 생성과 파급

3세기에 이르러 삼위일체 교리에 대한 논의가 활발해지면서 삼위일체를 결과적으로 부인하는 단일신론(單一神論)이 대두하게 되었다. 단일신론은 그 주장하는 내용을 따라 동적(動的) 단일신론과 양태론적 단일신론으로 분류할 수 있다. 동적 단일신론은 예수 그리스도를 하나님의 양자로 이해하는 에비온적 양자론과 비슷한 견지에서 삼위일체를 설명하는 것이고, 양태론적 단일신론은 예수 그리스도의 인성과 역사성은 무시하는 영지주의적 가현설의 견지에서 삼위일체를 말하는 것이다. 다시 말하면, 동적 단일신론은 에비온적 양자론에 가깝고 양태론적 단일신론은 영지주의적 가현설에 유사하다. 양태론적 단일신론은 그냥 양태론(樣態論, Modalism)이라고도 하고, 그것을 사벨리우스가 처음 말했다고 해서 사벨리우스주의(Sabellianism)라고도 한다.

   3세기 중반에 사벨리우스는 성부, 성자, 성령은 한 하나님이 구약과 신약과 교회 시대의 세 시기를 통하여 자신을 계시하신 이름들이라고 했다. 하나님은 단자(單子, monad)로서 하나님의 존재 내에서 구별이 없으며, 세계와의 관계에서 아버지, 아들, 성령으로 구별된다는 것이다. 하나님이 세 가지 이름과 양식으로 구별될 뿐이라고 하였다. 태양과 빛과 열을 비유로 사용하여 로고스를 통하여 세상이 창조되었다면 장차는 로고스가 다시금 흡수되고 하나님은 하나일 뿐이라고 한다. 사벨리우스는 그리스도의 인성은 완전히 무시하였으므로 그에게서 성육(成肉)의 개념은 찾아볼 수 없다.

   이러한 사벨리우스의 양태론은 물론 이단설로 정죄를 받았으나, 교회 역사에서 많은 사람들이 그러한 잘못된 삼위일체론에 빠지게 되었다. 그러한 경향은 합리주의적 사고를 하는 자유주의 신학자들과 신자들에게서 더 현저하

다. 17세기 이후의 계몽주의 신학자들과 19세기 이후의 자유주의 신학자들은 삼위일체 교리에는 별로 관심을 보이지 않았다. 왜냐하면, 삼위일체 교리는 예수를 하나님의 아들로 믿을 때 고백할 수 있는 교리이기 때문이다. 그러나 그들이 그 교리를 교회의 교의로 인정하고 형식을 따라 논할 경우에는 양태론을 말한다. 성경이 말씀하는 대로 예수가 하나님의 아들이심을 믿

지 못하는 신학자들은 역사적인 예수를 찾느라 예수전 연구에 헛되게 열을 올렸다. 종교개혁 당시부터 있었던 유니테리언(Unitarians)은 양태론적 단일신론을 따르는 것을 자신들의 정체성으로 표방하는 합리주의 신자들의 그룹이다.

한국 기독교장로교회가 1972년에 내 놓은 신앙선언서 제1장 1절에 보면 양태론적인 삼위일체 이해를 말하고 있음을 발견한다. 그것은 작성한 신학자들이 자유주의적인 성향을 가졌으므로 그렇게 고백하게 된 것으로 이해할 수 있다.

> 하나님은 하늘과 땅의 창조와 이스라엘의 역사에서 거룩하신 아버지로 나타나셨고 계시의 정점인 예수 그리스도에게서 아들로 나타나셨고, 또 예수의 이름으로 모인 교회에서 성령으로 나타나셨다. 우리는 한 하나님을 세 품격에서 만나며 그 하나의 품격에서 다른 두 품격과 만난다.

자유주의적인 신학자들이 양태론을 말하는 것은 알만한 일로 여기지만, 한국의 보수적인 신학자에게서도 양태론적 표현을 발견할 수 있어서 자못 긴장하게 된다. 예를 들어, 어느 보수적인 신학자의 글에서도 "이 세 위는 여러 사람의 여러 인격들처럼 전적으로 분리된 세 인격이 아니다. 오히려 이 세 위는 하나님의 본체(本體)가 존재하고 있는 세 형태에 지나지 않는다." 라는 표현을 본다.

이러한 양태론적 이해는 부흥사들이나 일반 목회자의 설교에서도 흔히 듣는 것이다. 많은 이들이 삼위일체를 설명하면서 해, 햇빛, 열, 혹은 물, 얼음, 수증기 등 눈으로 볼 수 있는 사물로 설명한다. 그러다 보면 불가피하게 양태론에 빠지게 된다. 신학자들의 경우는 하나님의 존재에 관하여 유신론적으로 논증을 하다가 그러한 논증의 잣대를 삼위일체론에게까지 적용하기 때문에 양태론에 빠지기가 쉽다.

이와 같이 양태론적 이해가 만연하고 있는데다가 한국 교회가 대체로 그냥 주관적인 성경 공부에만 열을 올리고 교리 교육에는 관심을 기울이지 않으므로 신자들은 이단들의 가르침에 무방비 상태로 노출되고 있다. 그러다 보니까 잘못된 양태론을 가르치는 윗트니스 리 같은 자가 많은 추종자를 얻는 것이다.

1996년부터 98년의 기간에 월간지 「교회와 신앙」의 발행인 최삼경 목사는 윗트니스 리와 벌인 논쟁에서 윗트니스 리의 삼위일체론을 변형된 양태론으로 옳게 규정한다. 양태론은 합리주의적 이해에서 출발하여 삼위일체 이해로 나름의 전제와 논리성을 갖추는 것인데 윗트니스는 논리성을 결여한 채로 겁 없이 거룩하신 하나님께 전혀 부적합하고 불경스런 비유를 들면서 조잡한 설명으로 일관하고 있어서 신학적으로 논쟁할 가치조차 없음을 발견한다.

삼위일체는 경외심을 가지고 신중히 말해야 한다

교리의 역사를 보면 교부들이나 신학자들이 그리스도에 대한 이해를 설명하거나 삼위일체 교리를 설명할 때 어휘 하나를 선택을 하는 데도 아주 신중을 기하고 조심스럽게 접근했음을 발견한다. 예를 들면, 니케아 공의회에서 하나님 아버지와 아들과 성령이 '동본질'(homoousios)이신 한 하나님이라고 했는데, '동본질'이란 말이 사벨리우스가 쓴 말이므로 처음에는 그 말을 사용하기를 주저하다가 삼위가 한 하나님이심을 그런 대로 가장 적절하게 이해하게 하는 말이라고 하면서 사용하였다. 루터와 칼빈도 그 말을 좋아하지 않지만 어쩔 수 없다면서 받아들인다.

목회자가 성경에 충실하다가도 삼위일체 교리에 대한 질문을 받으면, 이를 설명하기 위하여 성경과 교리사적인 지식을 동원하기보다는 자연을 비유로 설명하려고 시도한다. 어거스틴을 포함한 많은 교부들도 그랬으나 그것은 양태론에 문을 여는 것이므로 바람직한 시도가 못된다.

예수께서는 '하나님의 나라'를 가르치시면서 비유를 사용하셨다. 그러나 하나님의 실체를 비유로 설명하는 말씀은 성경에서 찾아볼 수 없다. 다만 하나님의 이름을 묻는 말에 하나님께서 스스로 답하시는 말씀, 즉 "나는 스스로 있는 자니라"(ehyeh asher ehyeh, 출 3:14) 하는 말씀을 발견할 뿐이다. 그밖에, 예컨대, 이사야 9:6에 하나님께 적용되고 있는 이름이나 유추들은 만물에 대한 하나님의 관계를 설명하는 말이거나, 아니면 하나님께서 인간과 만물을 다스리시고 섭리하시는 역할과 능력을 묘사하는 말일뿐이다.

창조주 하나님께서 당신 자신을 계시해 주시지 않으시면, 피조물인 우리는 하나님을 알 길이 없다는 것은 신학의 기본적인 전제이다. 철학적인 막연한 신관이나 다신론적인 혹은 범신론적인 신관이나 다른 종교적인 신관으로 성경에서 당신 자신을 계시하신 하나님을 이해하거나 설명하려고 하면, 그것은 잘못이다. 영원하신 하나님, 창조주 하나님, 물질 세계를 초월하시는 영이신 하나님을 하나님께서 지으신 자연계의 유추를 통한 설명으로는 바르게 이해할 수 없는 법이다. 그러한 설명은 약간의 이해에 도움을 주는 것 같으나, 사람들로 하여금 다시금 의문을 일으키게 하거나 잘못 이해하게 만들 뿐이다. 즉 양태론적 단일신론의 이해로 오도하기 마련이다.

삼위일체 교리를 삼각형을 그려 설명하려는 시도 역시 안 될 말이다. 그런 설명은 불충분한 정도가 아니라, 불경스러운 일이다. 하나님의 본체의 오묘한 것을 도식화함으로써 쉽게 이해하게 만들 수 있을 것이라는 생각은 전혀 비신학적인 발상이다. 셋이 어떻게 하나가 되느냐 하는 의문을 그대로 받아, 그 원리를 수적으로 혹은 기하학적으로 설명하려면 설명이 옳게 되지를 않는다.

그것은 예정론을 이해하려고 할 때 하나님의 주권과 인간의 자유의지를 대치시키면서 해결하는 식으로 이해해서는 안 되는 것과 마찬가지이다. 구원받은 성도가 모든 것을 값없이 주시는 하나님의 은혜로 된 것임을 고백할 때 비로소 하나님의 예정을 바로 이해하고 찬양할 수 있다.

우리는 속사도 시대 이후 로고스를 우주구조론(cosmogony)적으로 이해하려고 해오던 것을 이레니우스(~202년)가 구속론적으로 이해함으로써 삼위일체론과 기독론의 확립에 전기를 마련한 사실을 기억한다. 이레니우스는 당시까지 사람들이 그리스도를 로고스로써 설명하려는 것을 지양하여 그리스도로써 로고스를 설명하려고 하였다. 성경이 말하는 로고스, 즉 그리스도의 이해가 철학이 말하는 로고스 개념보다 선행하며 더 명확함을 인식해야 한다는 얘기이다.

삼위일체 교리 논증의 허점

그러므로 하나님 자신에 관한 지식은 무슨 사색으로나 비유를 사용하는 설명을 통하여서가 아니고, 하나님께서 계시하시는 말씀을 따라 논구하고 이해하도록 해야 한다. 삼위일체 교리는 신학자들만이 관심을 가져야 하고 이해하기를 시도해야 하는 현학적인 논리의 희롱이 아니다. 목회 현장에서 평신도들에게 삼위일체 교리를 설명하면서 난해한 교리라든지 신비 중의 신비라고 말함으로써 미리 겁을 주는 것은 그들이 교리를 배우는 일에 별로 유익이 되지 못한다. 기독교에서 말하는 '신비'는 초절적(超絶的)인 지식을 말하는 것이 아니다. 그것은 우리의 이성으로는 알 수 없는 하나님께 속한 것이지만, 우리에게 나타내신바 되었으므로 믿음으로 받아들일 수 있는 진리이다. 삼위일체 교리는 기독교 신자이면 누구나 다 가르침을 받아야 하고, 믿어야 하며, 이해할 수 있는 교리일 뿐 아니라, 또한 실제로 믿고 있는 교리이다.

토착화신학을 추구한다면서 삼위일체 교리를 유교적인 개념과 접목시키려고 하나님 아버지, 아들, 성령을 "성(誠), 경(敬), 신(神)"으로 설명하려는 시도가 있다. 그것은 그리스도를 로고스로 설명하려는 것보다 훨씬 잘못된 시도이다. 로고스는 헬레니즘 세계에서 보편적으로 통용되는 개념이었으나, "誠, 敬, 神"은 사람들에게 생소한 개념이다.[1]

---

[1] 안봉호, "칼빈의 성삼위체신론과 '聖經神'으로서의 '誠敬神'", 차영배 외, 『삼위일체론과 성령론』 (서울: 태학사, 1999), 325-370.

신학은 설교나 마찬가지로 성경의 진리를 사람들이 이해하도록 설명하는 것이다. 설명은 누구나 아는 말로 더 쉽게 이해하도록 말하는 것이다. 누구나 알고 있는 자명한 개념을 생소한 어려운 말로 설명한다는 것은 말이 되지 않는다. 아버지와 아들은 자명한 개념이므로 '誠'이니 '敬'이니 하는 말로 대치할 이유가 없다. 그것은 설명일 수가 없고 너무나 잘 아는 개념을 흐리고 가리는 것일 뿐이다. 삼위일체 하나님을 구체적인 물체로 비유하면 우상화하는 것이 되고 추상적인 개념으로 설명하면 하나님을 추상화하는 것이 될 뿐이다.

아버지 하나님과 아들 하나님은 인간인 아버지와 아들의 유추(analogy)라고 생각해서도 안 된다. 왜냐하면 사람이 되신 하나님의 아들 예수 그리스도께서 하나님 아버지를 아버지라고 하셨기 때문이다. 하나님께서 우리에게 "아버지"인 것은 하나님께서 우리를 창조하시고 생명을 주셔서 있게 하시는 분이시기 때문이다. 그러므로 아들 예수 그리스도 안에서 의롭다함을 받아 양자가 된 그리스도인들은 주저함이 없이 하나님 아버지를 아바 아버지라고 부른다(롬 8:14~15).

어거스틴은 하나님께서 창조하신 피조물에서 삼위일체의 모상(模像), 즉 흔적을 찾을 수 있다고 하면서 삼위일체를 논증하려고 했다. 그는 존재, 지식, 의욕이라든지, 마음, 의식, 사랑 혹은 기억, 지각, 의지 등 인간의 지각 혹은 감정에 관한 추상적 개념에서 삼위일체의 모상(vestigium Trinitatis)을 찾는다. 그러나 어거스틴이 셋을 들어 말하는 유추들은 필연적으로 셋이 한 묶음으로 인식될 수 있는 개념들이 아니다. 그럼에도 불구하고 그는 유사하고 상호 관련된 개념들을 셋씩 골라 하나로 묶는다. 그러므로 그러한 방법론 자체가 타당성을 결여하고 있다고 지적할 수 있다.

어떤 신학자는 어거스틴의 이론을 본받아 한 걸음 더 나아가 다신교적이며 범신론적인 타종교의 신 개념에서 삼위일체 신관의 모상을 발견한다고 한다. 즉 고대 중국의 3대 신(三大神)으로 꼽힌다는 "상제(上帝), 노군(老君), 황제노군

(黃帝老君)"이라는 신들의 이름을 들면서, 이러한 것은 그리스도교가 가르치는 삼위일체론과는 질적으로 차이가 있으나, 그 논리 구조에서 삼위일체론과 유사한 점이 있다고 말한다. 그리고는 수메르와 바빌론의 "다른 신들보다 특출한 삼신," 즉 "아누(Anu), 엔릴(Enlil), 에아(Ea)", 힌두교의 삼신, 즉 "브라마(Brahma), 비슈누(Vishnu), 시바(Siva)"와 로마의 "3대 신", 즉 "쥬피터(Jupiter), 마르스(Mars), 퀴리누스(Quirinus)"를 삼위일체의 모상으로 들고 있다.[2] 그가 삼신(三神)으로 꼽는 타종교의 신들은 많은 신들 가운데 한 신들인데, 그들 가운데 셋을 골라 삼위일체의 흔적이라고 하는 것은 말이 되지 않는다.

삼위일체 교리는 고백하며 예배하는 교리

삼위일체 교리는 325년의 니케아 신조가 작성되면서부터 있게 된 교리가 아니다. 그것은 신학자들이 교리 작성을 위하여 연구하고 논의하기 이전에 이미 교회가 인지하고 있던 교리이다. 교회는 예배에서 기도와 찬송으로 성부와 성자와 성령께 영광을 돌리고 있었고, 세례식을 행할 때 예수님의 명령을 따라 성부와 성자와 성령의 이름에 연합하는 세례를 베풀었으며, 수세자로 하여금 사도신경을 따라 삼위 하나님을 고백하게 하였다. 그러므로 삼위일체 교리는 하나님께 찬양하고 예배하는 자세로 고백해야 하는 교리이다.

위에서도 언급한 바와 같이, 삼위일체 교리를 두고 논의할 때, 논의의 주제는 바로 예수 그리스도께서 참 하나님이시냐 하는 것이다. 삼위일체 교리를 믿는다는 말은 예수 그리스도께서 하나님의 아들이시므로 아버지와 같이 참 하나님이심을 믿는다는 것이다.

삼위일체라는 말을 비록 만족할 만하게 설명은 못한다고 하더라도 누구든지 "주는 그리스도시요 살아 계신 하나님의 아들이십니다"(마 16:16)고 하는 베드로의 고백을 따라, 혹은 "나의 주시며 나의 하나님이시니이다"(요 20:28)

---

2) 李鍾聲, 『三位一體論』 (서울: 대한기독교출판사, 1991), 491-495.

하는 도마의 고백을 따라, 예수 그리스도께서는 주님이시고 하나님의 아들이심을 시인하고 고백하면, 그는 실제로 삼위일체 교리를 믿고 있음을 알아야 한다.

삼위일체 교리를 부인하는 것은 그리스도를 부인하는 것이다. 사람들은 그리스도를 하나님의 아들이심을 부인하기 때문에 삼위일체 교리를 부인한다. 그리고 삼위일체 교리를 먼저 이해함으로써 그리스도를 믿는 것이 아니고, 그리스도를 믿기 때문에 삼위일체 교리를 시인하고 이해하게 되는 것이다. 그러므로 그리스도를 부인하는 모든 이단은 단일신론적 신학을 지지한다.

초대 교회의 유대교적 에비온주의적 양자론과 영지주의적 가현설은 반기독교적인 이단의 전형이다. 영지주의는 그리스 철학 사상과 동방의 신비주의적 종교 사상이 혼합된 사상이었다. 양태론은 인간의 육체를 옷 입듯 입으셔서 사람인 것처럼 보였을 뿐이라고 말하는 가현설과 통한다. 합리주의적인 그리스도 이해나 신비주의적 그리스도 이해가 서로 통한다. 많은 신비주의자들은 하나님의 아들이 역사 안에 사람으로 나셨음을 믿지 않으며, 그럼으로써 사람으로 나신 예수께서 영원 전부터 하나님의 아들이심을 부인한다. 그들은 예수 그리스도를 그냥 종교적인 체험을 위하여 모범으로 삼을 만한 이로 생각할 뿐이다.

신비주의자들은 금식과 기도와 명상을 통하여 하나님과 접하여 하나가 될 수 있다고 함으로써 각자가 그리스도처럼 될 수 있다고 생각한다. 한국 교회에 양태론적 삼위일체 이해가 보수적인 교회에까지 일반화되어 있는 것은 시정되어야 한다. 양태론적 이해는 신비주의 운동이 준동할 수 있는 소지를 마련한다.

"그리스도 중심 신학"을 떠나서 "신 중심 신학"을 거점으로 한다는 종교다원주의자에게는 기독교의 삼위일체 교리는 완전히 폐기될 수밖에 없는 교리이다. 기독교적 신앙과 신학의 핵심을 떠나 단일신론적인 신관을 견지하는 자유주의 신학은 이제 기독교적 신학 세계를 벗어나 "우주론적 기독론"이란 말에 걸맞게 종교 다원주의의 무중력 세계로 접어들어 표류한다. "우주론적 기독론"은 종교 다원주의자들이 그들의 사상적 근거를 두려는 비역사적인 기독론이다.

그리스도의 교회는 성령께서 하나님의 능력임은 일찍부터 알았다. 그러나 성령께서 인격이심은 그리스도의 신성에 대한 고백을 확정하고 난 이후에, 즉 4세기 중엽에 이르러 인식하게 되었다. 성령이 인격이시라는 교리만 해도 성경에는 잘 명시되어 있다. 말씀을 깨닫고 보면, 그것이 진리임을 쉽게 알 수 있다. 예수님께서 친히 성령을 가리켜 보혜사(parakletos, 위로자)라고 하심으로써 성령께서 인격이심을 말씀하신다(요 14:26, 15:27, 16:7, 17:13~14, 참조: 롬 8:26~27). 교부들은 성령께서 인격이심을 알게 하는 구약의 말씀으로는 이사야 63:7~14를 인용하였다.

기독교의 삼위일체 신앙은 예수 그리스도를 임마누엘 하나님으로, 즉 그리스도시요 하나님의 아들로 믿는 신앙에서 출발한다. 구원을 약속하시고 이를 성취하시는 하나님은 당신 자신을 아들 예수 그리스도를 통하여 알게 해 주신다. 아들의 소원대로 계시를 받는 자 외에는 아버지를 아는 자가 없다(마 11:17). 즉 아들을 부인하는 자는 아버지를 알 수가 없다. 길이요 진리요 생명이신 아들 예수 그리스도를 말미암지 않고는 하나님 아버지께로 갈 수가 없다(요 14:6). 그리고 성령의 감동이 없이는 그리스도를 주라고 시인할 수 없다(롬 8:9; 요 3:5).

"성자는 성부에게서 영원 전에 나셨으며, 성령은 성부와 성자에게서 나오신다"는 것이 기독교 서방 교회의 전통적인 고백이다. 동방 교회는 성령은 성자를 통하여 성부에게서 나오신다고 고백하는 점에서 다소 다르다. 그러나 삼위일체 하나님을 고백하고 있는 점에서는 다를 바가 없다.

삼위일체 하나님은 사랑의 하나님

성부 성자 성령 삼위의 하나님은 한 하나님이시다. 요한일서에 보면 하나님은 곧 사랑이시라고 말씀한다(요일 4:9, 16). 그뿐 아니라 성경 전체에서 하나님은 사랑이심을 증언한다. 창조주 하나님께서는 만물을 당신의 작품으로서 좋게 여기시면서 사랑하기 시작하셔서 비로소 사랑의 하나님이 되신 것이 아니고 영원 전부터 사랑의 하나님이시다.

성경은 하나님 아버지께서는 영원 전부터 아들을 사랑하시며, 아버지와 아들이 성령과 더불어 사랑으로 교제(communion)하고 계심을 말씀하시며, 우리로 하여금 그것을 깨닫게 하신다. "삼위일체 하나님"은 하나님께서는 영원 전부터 사랑으로 충만하신 하나님이심을 함축한다(요 15:9, 17:24).

삼위일체 하나님은 사랑의 하나님이시므로 만물을 창조하셨고 섭리하신다. 사람을 지으시되 당신의 형상대로 지으시고 만물을 다스리게 하시며 서로 사랑하게 하신다. 성부, 성자, 성령, 삼위일체 하나님께서 구원을 이루신다. 하나님께서는 사랑의 하나님이시므로 성부 하나님께서 아들을 세상에 보내시고 성자 하나님께서는 순종하심으로 사람을 구원하시기 위하여 고난을 당하시고 십자가에서 당신을 희생하셨다. 성령께서는 우리로 하여금 하나님의 의가 독생자 예수 그리스도로 말미암아 나타났음을 믿게 하시며 하나님의 자녀로 거듭나게 하시고 하나님의 자녀로 거룩한 삶을 살아 구원을 이루게 하신다.

유신론적(有神論的) 논증은 철학과 종교에서 성경의 계시의 말씀을 접어둔 채 신의 존재를 논의하는 논증이다. 즉 자연 만물을 보아서 신이 존재함이 틀림없다고 설득하는 논증이다. 유신론적 논증으로는 신의 존재를 막연히 추측할 수 있게 해 줄 뿐이다. 이러한 지극히 제한된 일반적인 유신론적 논증을 삼위일체 하나님을 설명하는 일에 더 연장하여 적용하는 것은 잘못이다. 그것은 아주 불합리한 논리의 비약을 감행하는 것임을 인식해야 한다. 삼위일체 교리는 성경에서 예수 그리스도로 말미암아 계시된 하나님 자신에 대한 교리이기 때문이다.

삼위일체 교리는 하나님에 관한 부수적인 교리가 아니다. "하나님은 선하시고 의로우시다"고 하는 등 하나님의 속성을 논의할 경우처럼 술어(述語)나 보어(補語)로서 의미를 가지는 것이 아니고, 언제나 변함이 없는 주어(主語)로서 의미를 가진다. 즉 우리의 신앙고백과 예배를 받으시는 주격이신 하나님 자신에 관한 교리이다. 그러므로 삼위일체 교리는 논증할 수 있거나 논증을 감행할 수 있는 교리가 아니며, 필요 없이 많은 말로 설명해야 하는 교리가 아니고 신앙고백과 예배로 응답해야 하는 교리이다.

삼위일체 교리를 이해하거나 설명함에 있어서 유신론적 논증의 한계나 우리의 언어의 취약성과 한계를 인식하지 못하면 쉽게 양태론이나 잘못된 삼위일체론에 빠지기 마련이다. 한국 교회는 양태론을 극복해야 한다. 그것은 유신론적 논증의 한계점을 충분히 인식하는 가운데 당치않은 논리의 비약을 피하고, 예수 그리스도께서 하나님의 아들이심을 고백하면서 성경의 말씀을 따라 하나님의 구원 사역과 관련하여 이해할 때 가능하다.

성경이 가르치는 기독교의 구원 교리는, 아니 모든 교리는 온전히 그리고 철저히 삼위일체 교리에 근거하고 있음을 재삼 인식한다. 삼위일체 교리는 만물과 사람을 창조하시고 섭리하시며 사람의 역사를 주관하시고 심판하시며 구원을 베푸시는 성부와 성자와 성령 하나님에 관한 교리이기 때문이다.[3]

---

3) 김영재, 『기독교 교리사 강의』 (수원: 합동신학대학원출판부, 2006), 265-285 참조.

성령 강림과 성령 세례

성령 세례와 물 세례

신약성경에서 '성령 세례'는 물 세례와 대조되는 말로 나타난다. '성령 세례'라고 할 때, '세례'는 성령께서 사역하시는 일의 내용을 말하는 것이고 '성령'은 세례의 성격을 규정해 주는 말이 된다. '성령 세례'는 신약 시대의 세례 제도에 대응하여 일하시는 성령의 역사를 지칭하는 개념이다. 그러므로 '성령 세례'는 오순절 사건보다는 복음서에서부터 논의를 시작해야 한다.

요한은 자신의 물 세례와 예수께서 베푸실 '성령 세례'를 대조하여 말한다. "나는 너희에게 물로 세례를 주었거니와 그는 너희에게 성령으로 세례를 베푸시리라"(막 1:8). 요한복음에서는 예수님을 가리켜 "성령으로 세례를 주는 이"(요 1:33~34)로 말한다. 마태와 누가가 말하는 '성령과 불 세례'(마 3:11; 눅 3:16)는 별개의 세례가 아니고 성령께서 죄를 온전히 사하시는 능력을 강조하는 개념으로 이해해야 한다. 성령은 하나님이시므로 불과 양립될 수 있는 개념이 아니다. 죄 없으신 예수님께 당신이 받으시는 세례는 십자가의 대속의 죽음을 의미하는 것이다(마 3:15; 눅 12:50; 요 1:29~36).

"요한은 물로 세례를 베풀었으나 너희는 몇 날이 못 되어 성령으로 세례를 받으리라"(행 1:5, 11:16). 이 문장에서 주격이 되고 있는 '요한'과 '너희'(제자들)가 대구가 아니고 말씀하시는 예수가 '요한'의 대구임을 유의해야 한다. '너희' 이하의 수동형을 능동형으로 고쳐서 읽으면, "요한은 물로 세례를 베풀었으나 나는 너희에게 몇 날이 못 되어 성령으로 세례를 베풀리라"는 말씀이 된다.

"성령으로 세례를 베풀다"는 말씀에서 '성령'은 문법적으로 전치사 έν + 여격(dative) 명사로 되어 있어서 물과 대구를 이루고 있다. 문법적으로는 '성령'이 수단의 여격이지만, 의미상으로는 주격임을 명심해야 한다. 그리스도께서 참 세례를 베푸실 때 성령 하나님으로 하여금 이를 하게 하신다. 성령은 단순히 수단이 아니시고 그리스도와 함께 세례를 유효하게 하시는 주격이시다. 세례 요한이 그리스도께서 주실 성령 세례를 언급한 것은 자기가 죄 사함을 받게 하는 회개의 세례를 베풀되 그리스도께서 주시는 성령 세례를 전제로 하고 준다는 뜻이다.

예수님께서 오순절에 비로소 성령 세례를 베푸신 것은 십자가에 죽으시고 부활하심으로써 구속의 사역을 완성하셨기 때문이다. 그리스도의 대속의 죽으심이 있고 비로소 그의 죽으심과 함께 죽는 참된 의미의 세례가 성립되기 때문이다(롬 6:3~4). 그러므로 오순절 사건은 그리스도께서 죄 사함을 주시고 구원을 주려고 마련하신 터 위에 이를 믿는 자를 거듭나게 하시고 새롭게 하시며 그리스도의 교회를 위하여 성령께서 일하는 시대의 시작을 고하는 역사적인 사건이다.

물 세례는, 칼빈이 말한 바와 같이, 죄 씻음을 받고 정결함을 받아 새 사람이 되게 하는 성령 세례의 징표이다. 그것은 마치 성찬에서 떡과 포도주가 우리를 위하여 죽으신 예수 그리스도의 몸과 피의 징표인 것과 같다. 성령 세례는 물 세례가 상징하는 것이 실제로 일어나게 하는 성령의 일하심이다.

"물과 성령으로 거듭나지 아니하면"(요 3:5)이라고 하는 말씀은 "성령으로

이스탄불의
하기아 소피아 교회
536년

말미암아 죄 씻음을 받아 거듭나지 않으면"하는 말씀으로 이해한다. 물 세례와 성령 세례는 대칭되는 두 개의 독립된 별개의 개념이 아니고 하나이다. 성령 세례가 참 세례이고 물 세례는 성령 세례를 상징하는 징표라는 뜻에서 하나이다. 물 세례는 성령 세례가 있어서 비로소 의미 있는 의식이며, 은혜 주시는 수단의 징표요, 하나님의 백성으로 삼으시는 인치심의 표이다.

'성령 세례'는 성령의 사역을 이해하는 데 중요한 개념이 되고 있다. '성령 세례'는 성령께서 독립적으로 일하시는 것이 아니고, 그리스도의 구속 사역을 근거로 하여 일하시며, 그것을 계승하여 일하심을 함축하며, 성자 그리스도와 성령의 사역이 긴밀하게 연결되고 있음을 잘 나타내 주는 개념이다(요 14:26, 16:13).

오순절 성령 강림은 단회적이냐 반복적이냐

오순절 성령 강림 사건을 '단회적'(ἐφάπαξ, once for all)이라고 말하는 것은 지양되어야 한다. 예수 그리스도께서는 단 한 번 죽으심으로 우리 인류의 모든 죄를 대속하셨으므로 그 말을 그리스도의 구속 사역을 두고 말하는 것은 옳다(히 10:10). 그러나 성령의 강림 사건이 구속 사역과 연결되어 있다고 하여 성령께서 오순절에 강림하신 사건 역시 '단회적'이란 말로 표현하는 것은 옳지 않다.

성자의 오심과 성령의 오심을 다 같이 '강림'이라는 같은 말로 표현하지만,

그 내용은 동일하지 않다. 성자께서는 성육하셔서, 나서 죽기까지, 한 인생의 여정을 사는, 시간과 공간의 제약을 받는 인간으로서 오셔서 사신 반면에, 성령께서는 역사 세계를 초월하시면서 동시에 역사 안에 계시고 일하시는, 내재하시는 영으로 강림하신다.

그리스도의 강림은 역사적인 존재로의 성육인 반면에, 성령의 강림은 역사 세계를 초월하시는 가운데 내재하시며 일하시는 영으로서의 오심이다. 그리스도의 성육(成肉, Incarnation)을 위한 오심과 성령의 내주(內住, Indwelling)를 위한 오심은 구별되어야 한다.

그리스도께서 역사 안에 역사적인 존재로 사시면서 고난을 당하시고, 단 한 번 죽으시고 부활하심으로 구속 사역을 이루셨다. 그러나 성령께서는 시간과 공간을 초월하시는 영으로서 그리스도의 구속 사역에 근거하여, 그리스도께서 단 한 번에 이루신 구속 사역의 효능이 성도들에게 계속 유효하도록 하신다. 그리스도의 구속 사역과 사건은 믿음의 대상이 되는 객관적인 사건이지만, 성령의 사역은 그리스도께서 이루신 구속 사건을 성도로 하여금 믿도록 늘 역사하시는 주관적인 사역이다.

성령께서는 오고 오는 세대의 사람들을 감화시키시며, 사람들로 하여금 예수 그리스도를 믿어 회개하게 하시고, 거듭나게 하시며, 그들의 죄를 씻기시며 의롭다고 하시고, 그들을 성화시키시며, 교회를 보존하신다. 이러한 성령의 사역은 그리스도께서 재림하시는 날까지 늘 계속되는 것이다. 그러므로 역사를 초월하시며 동시에 우리 안에서 주관적으로 일하시는 성령의 오심과 그 계속적인 사역을 그리스도에게 적용할 수 있는 "단회적"이라는 말로 표현하는 것은 부적절하다.

오순절에 임하신 성령께서 사도들에게 주신 모든 은사나 그로 말미암아 일어난 사건 모두 다 단 한 번 있는 일은 아니었다. 이를테면, 사도들이 말씀을 깨닫고 전파하는 은사는 설교자들에게도 주시는 은사이며, 사도들의 설교를 들은 백성들이 회개하게 된 역사는 얼마든지 일어나는 사건이다.

오순절 성령 사건에는 말씀을 전하고 듣는 사람이 회개하는 역사가 포함되어 있으며, 실은 이것이 가장 크고 중요한 역사(役事)이며 사건이다. '단회적'이라는 표현은 이를 다 포괄하는 말이 될 수 없으므로 부적합하다.

'단회적'이란 개념은 성령의 강림이 오순절에 단 한 번 있었으며, 그 이후의 성령의 역사는 내재하시는 성령의 역사일 뿐인 것으로 이해하게 만든다. '단회적'이란 말은 성령의 강림하심까지 제한적으로 생각하게 만들므로 부적합하다.

'단회적'이란 말은 '반복적'이란 말과 반대되는 말이지만 같은 범주에 속하는 개념이므로, '단회적'이란 개념은 결국 '반복적'이란 개념을 유발한다. '단회적'이란 말로 오순절 성령 강림 사건을 충분히 설명할 수 없을 경우, 사람들은 곧 '반복적'이라는 개념을 선택하기 때문이다.

초월하시면서 동시에 내재하시는 하나님의 영이신 성령께서 동일하지 않고 변하는 역사의 현장으로 개입하시는 일을 두고 '반복'이란 말을 적용하여 서술하는 것은 잘못이다. '반복적'이란 말 대신에 '계속적'이라는 말을 사용하더라도 그 개념은 별로 다를 것이 없다.

성령께서 오순절에 비로소 처음으로 시간과 공간의 세계로 오신 것으로 혹은 처음으로 인류에게 오신 것으로 생각하면 그것은 큰 오해이다.[1] 창조주 하나님의 영이신 성령께서는 만물을 초월하심과 동시에 세계 안에 내재하시며 만물을 운행하시고 인간의 역사를 다스리시는 영이시므로, 구원을 위하여 하나님의 백성들 안에, 혹은 백성들 가운데 계시면서 동시에 위로부터 오시는 영이시다. 성령께서 우리 안에 계시는 '내주'(內住)는 영적인 내주이다. '내주'를 공간적으로 혹은 물질적으로 이해해서는 안 된다.

성령께서 위로부터 오신다는 것을 무슨 외계인이 지구를 찾아온다는

---

1) 서철원, 『성령의 사역』 (서울: 한국로고스연구원, 1990), 22 이하: "그런데 하나님은 인류에게 혹은 육체에 오시기 위해 먼저 예수 그리스도 안에 계셨고, 그의 육체 안에 성령을 한량없이 계시게 하셨습니다……. 인류 역사상 처음으로 하나님의 영이 육체 위에 부어지셨습니다. 이런 일이 인류 역사에 전혀 없었던 일이어서 참으로 기이하고 이해하기 어려운 사건입니다."

듯이 이 세상에 진입하시는 것으로 생각하면 잘못이다. 성경에서 기술되고 있는 성령의 강림하심은 하나님께서 목적하시는 특정한 사람에게, 혹은 사람의 무리에게 오시는 영적인 강림이다.

'오순절 성령 강림'이라고 할 때의 '오순절'은 단 한 번만 있었던 역사적 시점이지만 '성령 강림'은 그렇지 않다. 성경에는 성령의 강림에 대한 기술을 여러 곳에서 발견할 수 있다. 베드로가 고넬료의 가정에서 말씀을 전했을 때, "성령이 말씀 듣는 모든 사람에게 내려오시니 베드로와 함께 온 할례 받은 신자들이 이방인들에게도 성령 부어주심을(= 성령의 은사를 부으심을) 인하여 놀란" 사실을 보도한다(행 10:44~45).

베드로는 이를 다른 제자들에게 보고하면서 오순절에 성령께서 강림하시던 때와 같이 임하셨다고 말한다.

> 내가 말을 시작할 때에 성령이 그들에게 임하시기를 처음 우리에게 하신 것과 같이 하는지라(행 11:15).

바울이 에베소에서 경험한 사실을 두고도 마찬가지로 말씀한다(행 19:6). 신약에만 하더라도, 성령께서는 오순절 이전에도 임하심을 언급한다. 즉 예수께서 세례 받으실 때 임하셨다(마 3:16). 천사가 마리아에게 주신 말씀에는 "성령이 네게 임하시고"라고 표현된다(눅 1:35). 누가복음에는 예수님의 나심을 전후하여 여러 사람들이 "성령으로 충만"하였다는 말씀이 있는데, 성령 충만은 성령께서 임하심으로 있게 되는 것이다.

구약 민수기 11장에는 모세와 70인의 장로에게 하나님의 신이, 즉 성령께서 임하신 것으로 말씀한다. "여호와께서 구름 가운데 강림하사 모세에게 말씀하시고 그에게 임한 영을 칠십 장로에게도 임하게 하시니 영이 임하신 때에 그들이 예언을 하다가 다시는 아니하였더라"(민 11:25). 사사기에는 옷니엘에게(삿 3:10)와 삼손(삿 14:19)에게, 사무엘상 10장에서는 하나님의 영이 사울에게 임하심을 말씀한다(삼상 10:6, 10).

성령께서는 초월하심과 동시에 내재하시는 하나님의 영이시므로 필요에 따라, 하시고자 할 때에, 하나님 아버지와 아들에게서 보내심을 받아 언제든지 임의로 혹은 자의로 오신다. 교회는 전통적으로 "성령은 아버지와 아들에게서 혹은 아버지에게서 아들을 통하여 영원히 나오신다(procedens est)"고 고백해 왔음을 명심해야 한다. 그렇다고 하여 오순절에 성령께서 강림한 사건을 그 전에 혹은 그 이후에 신자들에게 임하신 사건과 동일하게 보는 것은 옳지 않다. 오순절에 성령께서 강림하신 사건은 여러 면에서 특이(unique)함을 간과해서는 안 된다.

- 성령의 임하심의 자체가 특이한 것이라기보다는, 성령께서 임하신 역사적인 시점이 다르고 성령을 받거나 맞이한 사람들이 다르기 때문에, 오순절에 성령께서 행하신 사역은 특이하다.
- 교회의 머리이신 그리스도를 대신하는 보혜사로서 단번에 다 이루신 그리스도의 구원 사역의 효능이 계속 발효되도록 하시는 성령의 임하심의 시작이라는 점에서 특이하다. 오순절 성령 강림은 구약의 예언의 말씀을 성취하심으로써 구원이 만백성에게 미치게 되는 구원 역사의 한 전기를 이룬다는 점에서 특이하다.[2]
- 성령께서는 오순절에 보혜사, 즉 위로하시는 자이심을 나타내 보이신 것이다. 성령께서는 오순절에 교회의 초석이 되는 사도들에게 임하셔서 그리스도의 교회가 시작되게 하신 것이다. 성령께서는 교회의 터가 되어야 하는 사도들로 하여금 사도의 직능을 다하도록 역사하셨다.
- 그러므로 오순절에 오신 성령의 임하심에 동반된 현상에 대한 묘사도 특이하며, 사도들이 받은 성령의 은사 역시 특이하다. 사도들이 받은 방언의 은사는 복음 전파를 위한 것으로서 그리스도의 복음과 교회가 유대인뿐 아니라 만백성을 위한 것임을 알리는 상징적인 것이었다.

---

[2] 욜 2:28, 겔 11:19, 36:26-27, 37:14, 39:29, 사 32:15, 44:3.

신약 교회의 시작은 언제

신약 시대의 그리스도의 교회의 출발이 오순절 강림부터인가 아니면 예수께서 지상 사역을 하실 때부터인가? 예수께서는 마태복음 16장에서 "내 교회를 세우리라"고 미래형으로 말씀하셨기 때문에 오순절에 성령께서 강림하심으로 비로소 교회가 서게 되었다는 견해가 있는가 하면, 그리스도께서 열두 제자를 사도로 세우셨을 뿐 아니라 신자들의 모임이 이미 구성되고 있었던 사실을 보아서 교회는 이미 시작된 것이라고 보는 견해가 있다. 이러한 논의는 전도소와 교회, 조직 교회와 미조직 교회를 두고 교회 설립 일자를 따지는 것과 비슷한 논의이다.

예수님께서는 사역의 시작과 더불어 하나님의 나라가 임하였음을 선포하셨다. 새 시대의 도래, 신약 시대의 시작을 선포하셨다. 오순절 성령 강림 이전에 120명의 성도가 함께 모여 기도하였으며 사도들은 사도의 조직을 재정비한 것이므로 예수께서 사역하실 때 그리스도의 공동체는 이미 형성되고 있었다. 성령께서는 모임을 이루고 있는 이 무리에게 강림하신 것이다.

그러나 오순절에 성령께서 강림하심으로 성부와 성자와 성령, 삼위 하나님이 자신을 계시하신 바 되었으며, 교회는 성부와 성자와 성령, 삼위일체 하나님을 예배하는 그리스도의 교회로 출발하게 되었다. 그러나 교회 형성의 기초는 그리스도의 사역에서 시작된 것이다.

오순절 성령 강림과 사도들이 받은 은사

사도들의 방언은 고린도교회 교인들의 방언과 동일하지 않다. 사도행전에서 사도들이 전하는 복음의 말씀을 듣고 성령으로 충만함을 받은 사람은 누구나 다 방언을 한 것으로 말씀하고 있지 않다. 예루살렘에서 베드로의 설교를 듣고 회개한 수많은 사람들의 경우와 에디오피아 내시의 경우(행 8:26~39)가 그러하다. 스데반은 은혜와 권능이 충만하여 큰 기사와 표적을 민간에 행하였다고 하고 그가 성령에 충만했다는 말씀은 거듭 발견할 수 있으나 방언했다는 말씀은 없다(행 6:5~7:60). 그러므로 방언이 사도 시대에 있었던 일반적인 은사는 아니었다.

사도행전에서 복음을 듣고 성령을 받아 방언을 했다고 말씀하는 두어 사례를 주의 깊게 검토해 보면, 방언은 필요에 따라 주신 성령의 은사임을 알 수 있다.

• 고넬료 가정에 성령께서 처음 제자들이 경험한 것처럼 임한 사실과 그들이 방언하며 하나님 높이는 말을 들은 사실을 보고하는 베드로의 말을 듣고 제자들은 "이방인이게도 생명 얻는 회개를 주셨음"에 대하여 하나님께 영광을 돌린다(행 11:15~18).

• 에베소에서도 비슷한 일이 일어났다. 요한의 세례만 알던 사람들이 방언을 하게 된 것이다. 성령과 성령의 세례에 대해서는 무지한 그들에게 성령께서 임하셔서 그 임하심의 현상을 알 수 있도록 표적을 주셨다(행 19:1~7).

• 사도행전 8장에는 유대인들과 종교적인 전통을 달리하면서 오랫동안 대립 관계에 있었던 사마리아 사람들이 복음을 듣고 그리스도의 이름으로 물 세례를 받았으나 성령을 받지 못했는데, 사도들이 가서 안수하자 안수 받은 사람들이 성령을 받았다. 방언에 관한 언급은 없으나 성령의 임하심의 현상이 나타난 것임을 알 수 있다(행 8:4~17).

비슷한 사례는 구약에서도 발견한다. 위에서 이미 인용한 모세와 70인 장로의 경우에, 하나님께서는 70인 장로들로 하여금 일시적으로 예언을 하게 하심으로써 하나님의 신이 모세뿐 아니라 그들에게도 임하심을 나타내 보여주신 것이다. 사울이 일시적으로 예언하게 된 경우도 역시 그러하다.

성령은 한 성령이시지만 사람을 따라 맡겨주시는 직분과 은사는 각각 다르다(고전 12:4~11). 그것은 지역 교회를 구성하는 지체를 두고도 그러하지만 보편적인 교회를 두고 보거나 교회의 역사를 보아서도 역시 그러하다. 성령께서는 시대와 상황을 따라 교회의 직분자들에게 그리스도의 몸인 교회를 섬기도록 각기 필요하고 알맞은 은사를 주신다. 그러므로 방언만 하더라도 역시 달리 주셨음을 신약성경 안에서도 발견한다.

사도들이 받은 방언과 일부 고린도의 성도들이 받은 방언이 같지 않다. 사도들의 방언은 남이 알아들을 수 있는, 복음 전파를 위한 예언의 방언이었으나, 고린도 교회 사람들의 방언은 남이 알아들을 수 없는 기도의 방언이었다.

성령께서는 오늘도 일하신다. 살아 계신 하나님께서는 오늘날도 방언을 주시고 병 고침을 주실 수 있다. 우리는 오늘날에도 하나님의 능력과 기적이 나타날 수 있다는 개연성을 인정해야 하고 부인해서는 안 된다. 그러나 성령을 받으면 누구나 사도와 같이 될 수 있다든지, 사도들이 받았던 그와 같은 능력과 기사가 오늘에도 있어야 한다고 생각하는 것은 잘못이다.

성령의 임하심은 같으나 역사적 상황은 다르다

오순절에 강림하신 성령은 오순절 이전에 하나님의 백성들과 종들에게 임하신 같은 성령이시고 오순절 이후에 그리스도를 믿고 고백하는 하나님의 백성들에게도 임하신 바로 그 성령이시다. 성령은 같은 성령이시고 한 성령이시지만 성령의 임하심을 경험하고 충만함을 받는 사람들은 같지 않으며, 그들이 처한 역사적인 상황과 사명이 동일하지 않다. 사도들은 성령의 충만함을 받아서 사도가 해야 할 일을 했다. 성령께서 그리스도의 교회의 기초가 되는 사도들(마 16:18; 엡 2:20)에게 임하셔서 그들에게 사도의 직분을 잘 수행하도록 능력과 필요한 은사를 주시고, 다른 세대의 직분자들에게는 주시지 않는 특이한 은사를 주신 것이다.

서로 죄를 고하며 병 낫기를 위하여 서로 기도하면 하나님께서 들어주신다고 야고보서는 말씀한다(약 5:13~18). 그러나 사도들의 병 고치는 역사는 그리스도의 사역에서와 같이 권위 있게 이루어진 것이었다.

그러나 사도들의 병 고치는 역사는 그리스도의 사역과는 달리, 복음을 전하는 일에 부수적으로 일어난 능력이었다. 예수님께서 병을 고치신 일은 메시아적 사역의 의미를 가지기 때문에 복음서에는 예수님께서 복음을 전파하시고 가르치시는 일과 나란히 기록된다. 그러나 사도행전은 사도들의 복음 전파로 인한 이방인의 회개와 교회의 설립과 성장에 관심의 초점을 두고 있음을 유의해야 한다. 예수 그리스도의 기적 행하심은 그의 교훈과 함께 전도자가 전해야 하는 복음의 내용이다(눅 4:18~19).

오늘날도 하나님의 능력으로 병 고침을 받는 일은 일어남을 인식하고, 병 고치는 은사도 있음을 인정할 수 있다. 그러나 병 고치는 능력을 과시하거나 그것을 주된 관심사로 삼는 은사 운동은 그리스도의 십자가와 부활의 복음을 전파하고 사람들이 그 복음을 듣고 회개함으로써 하나님의 백성이 되게 하는 복음 운동의 본궤도를 벗어난 운동이다. 기적은 하나님의 능력을 통하여 나타나는 것임을 단순하게 믿어야 하지 그것을 희한한 것으로 여기거나 추구하는 자세는 불신이라고 성경은 말씀한다.3)

성령께서 예루살렘의 일반 백성들에게 임하시어 그들로 하여금 사도들이 행하는 능력과 기적을 보고 놀라워하고 두려워하는 가운데서 사도들의 말씀을 듣고 회개하며 순종하는 생활을 하게 하셨다(행 2:42 이하).

복음을 전하는 은사는 모든 전도자에게 주시는 보편적인 은사이다. 성령이 임하심으로 사도들이 일차적으로 한 일은 복음 전파였다. 교회의 모든 전도자는 교회의 기초인 사도들의 증언, 기록된 성경 말씀에 근거하여 복음을 전해야 한다는 점에서 사도들과는 다르다. 사도들이 받은 성령의 은사와 그 후 교회의 사역자들이 받는 성령의 은사의 차이가 무엇인가 하는 문제는 오순절 성령 강림에 동반된 역사(役事)의 현상만을 두고 분별하려고 해서는 안 되고, 성경에 있는 여러 말씀에서 사도직의 특이성을 인식해야 한다.4)

성령께서는 전도자가 복음을 전할 때 사도에게 주신 바와 같이 능력을

---

3) 고전 1:22 이하, "유대인은 표적을 구하고 헬라인은 지혜를 찾으나 우리는 십자가에 못 박힌 그리스도를 전하니……"; 마 12:38-39, "……악하고 음란한 세대가 표적을 구하나 선지자 요나의 표적밖에는 보일 표적이 없느니라."
4) 엡 2:20, 3:5; 마 16:18; 고전 12:28; 눅 6:13 등.

주시고 또한 복음의 말씀을 듣는 자의 마음을 감동하셔서 예수 그리스도를 알게 하신다. 설교자가 성령으로 충만하여 설교할 때 청중은 성령의 감동함을 받고 충만함을 받는다. 사람들은 이성으로는 이해할 수 없는 성경의 진리를 깨닫고 예수께서 우리의 구주가 되시고 우리를 죄에서 해방하시며 하나님을 섬겨 영생에 이르는 축복을 받도록 해 주시는 것을 깨달으며, 하나님께서 원하시는 삶을, 하나님께 영광 돌리는 삶을 살려고 노력한다.

예언적 방언은 없다

"오순절 성령 사건은 단회적"이라고 말하는 사람들은 방언의 은사를 그들 나름의 이해를 따라 방언의 은사도 단회적인 것으로 말한다. 그러나 사도행전과 고린도전서에서 볼 수 있는 방언과 예언에 대한 말씀을 검토하면 방언은 예언과 같은 범주에 속하는 은사가 아님을 알 수 있다.

방언과 예언을 같은 범주에 속하는 은사로 보는 견해는 마치 고린도 교회의 방언이 무슨 계시성(啓示性)의 가치라도 지니는 것처럼 너무 많은 가치를 부여하는 견해이다. 방언하는 사람이나 방언이 없다고 주장하는 사람이나 양편이 다 방언의 계시성을 인정하는 것이 문제이다.

방언이 초대 교회에서 흔히 볼 수 있는 보편화된 현상은 아니고 고린도 교회에만 있었던 특수한 현상이었다. 고린도전서 이외의 바울 서신에 성령의 은사에 관한 언급은 있으나 방언의 은사에 관한 언급은 없다. 고린도 교회의 방언은 사도들의 방언과 다를 뿐 아니라 고넬료의 가정과 에베소 사람들에게 있었던 방언들과도 다르다.

사도들의 방언은 복음 전파를 위한, 교회를 세우기 위한 방언인 반면에, 고린도 교인들이 받은 방언은 자기만이 하나님과 교통할 수 있으며 남이 알아듣지 못하는 방언이고, 자기에게만 다소 유익이 되는 방언(고전 14:1)이었다. 그런가 하면 고넬료의 가정과 에베소인들이 한 방언은 복음을 전파하는 사도의 말씀을 듣고 하나님께 감사하며 찬양으로 화답하는 방언이었다.

그리고 사도들과 그들의 방언은 성령께서 특별한 목적으로 그들에게 임하심을 보여주시는 일시적인 현상이었음에 반하여 고린도 교회의 방언은 수시로 사용하는 지속적인 은사로 언급되고 있다(고전 12:4~11, 28~31; 14:).

방언을 믿거나 경험한 사람은 성경이 방언에 대하여 어떻게 가르치는지 주의 깊게 보아야 하고 그 가르침을 따라야 한다. 왜냐하면 방언은 기독교 아닌 이방 종교에도 나타나는 현상이며, 교회 역사에서도 방언이나 그와 같은 은사를 추구한 많은 사람들이 기독교의 진리에서 잘못 탈선하는 길로 갔음을 알기 때문이다. 그러므로 영을 분별하기 위하여 성령의 감동으로 기록된 성경의 말씀을 상고해야 한다.

바울은 방언을 은사로 인정하나 교회의 유익과 덕을 위하여 장려할 만한 은사가 못된다고 말씀한다. "그러나 교회에서 네가 남을 가르치기 위하여 깨달은 마음으로 다섯 마디 말을 하는 것이 일만 마디 방언을 말하는 것보다 나으니라"(고전 14:19). 방언하는 "너희도 영적인 것을 사모하는 자인즉 교회의 덕 세우기를 위하여 그것이 풍성하기를 구하라"(고전 14:12)고 말씀한다.

그러므로 방언으로 기도할 경우, 사람들이 알아들을 수 있는 말로 하여 사람들이 아멘 할 수 있도록 해야 한다고 말씀한다(고전 14:15~17). 방언은 믿지 않는 자들을 위한 표적이긴 하지만, 그것이 하나님의 말씀을 전달하는 것은 아니므로 결국은 믿지 않는 자에게 유익은 주지 못한다는 말씀이다.

그러므로 방언보다는 알아들을 수 있는 말로 예언하는 것이 남에게 유익이 되고 덕을 세운다고 말씀한다(고전 14:22~25). 통역할 경우, 적어도 예언할 경우와 같이 사람들이 알아들을 수는 있도록 해야 한다는 말씀한다(고전 14:4-13). 바울은 고린도 교회 사람들이 다 방언하기를 원하나 특별히 예언하기를 원한다고 말씀한다(고전 14:4~5).

오늘날도 방언의 은사가 있을 수 있다고 할 경우, 예언의 은사도 인정해야 하므로 그것은 문제라고 말하는 이들이 있다. 그러나 그것은 그 두 은사를 동일한 선상에 두고 보기 때문에 하는 말이다. 우리는 고린도 교회에 있었던 방언의 특성과 예언의 특성을 규명해야 한다.

　예언은 흔히 이해하듯이 장래 일을 미리 말하는 것(행 11:28, 21:11)만이 아니고, 하나님의 뜻을 전달하는 것이다. 예언만 하더라도 구약의 사울의 경우처럼 단순히 하나님의 영이 임재하심을 나타내 보여 주시는 징표로서의 예언과 하나님의 뜻과 메시지를 전달하는 선지자들의 예언, 즉 성경으로 기록하게 하신 예언과는 구별해야 한다.

　고린도전서 14장에서 말하는 예언은 교회에 덕을 세우고 권면하며 안위하는 내용의 말씀이었다(고전 14:3). 그리고 그것은 죄를 책망하는 말씀이어서 그 말씀을 들은 사람들로 하여금 죄를 깨닫고 회개하며 엎드려 하나님께 경배하게 하는 말씀이었다(고전 14:24). 말하자면, 고린도 교회의 예언은 신자들의 구원과 경건 생활을 위하여 주신 메시지로서의 말씀이었다.

　신약성경이 아직 기록되지 않은 시대에, 또 기록되었다고 하더라도 교회마다 기록된 말씀이 순환되지 않고 있던 그러한 시대에, 예언은 기록된 말씀을 대신한 것이었다. 그래서 초대 교회에서는 예수님의 열두 제자를 가리켜 사도라고 하였으며, 복음 전도자들 가운데 어떤 이들을 선지자(혹은 예언자)라고 칭하였다.

　그러나 그러한 칭호는 2세기에 들어와서는 점점 사라지게 되었다. 교회가 사도들에 의하여 기록된 말씀을 가지게 됨으로써 그 말씀에 근거하여 설교하고 권면하게 되었기 때문이며, 거짓 선지자들이 많이 일어나는 바람에 "선지자"라는 직분의 명칭을 사용하는 것을 기피하게 된 때문이라고 이해한다. 교회 역사에서 사도들에 의하여 기록된 예언의 말씀을, 즉 성경 말씀을 두고, 따로 무슨 계시를 받았다거나 예언을 한다는 사람들은 다 거짓 선지자임이 드러나게 되었다.

　그러므로 고린도 교회의 예언은 오늘의 우리에게 하나님께로부터 직접 계시를 받아 예언하는 말씀이 아니고, 성경 말씀에 근거하여 설교하고 권면하며 안위하는 말씀에 해당한다(고전 14:3, 24). 예언은 하나님께서 사람에게

의탁하셔서 당신의 뜻을 알리시는 내용을 담은 말씀, 즉 메시지임에 반하여, 방언은 혼자 영으로 하나님께 기도하는 수단으로서 영적인 신비를 체험하게 해주는 것이므로 결코 계시의 내용은 될 수가 없는 것이었다. 그러므로 바울은 "내가 만일 방언으로 기도하면 나의 영이 기도하거니와 나의 마음은 열매를 맺히지 못하리라"(고전 14:14)고 말씀한다. 이것이 예언과 방언의 큰 차이점이다.[5]

방언을 가지고 엉뚱하게 하나님의 뜻을 전달한다고 하고, 그러기 위하여 통역한다고 하면, 그것은 고린도 교회에도 없었던 방언이요 통역이다. 그러므로 방언을 경험한 사람은, 그리고 자기가 경험한 방언이 하나님께로부터 온 것이라고 확신하는 사람은 자기가 기도할 때 방언이 나오면 고린도전서에 있는 말씀대로 조용히 마음으로 하나님께 기도하면 된다.

방언의 은사는 여러 은사 가운데 하나이며 교회에 덕을 세우는 일에는 직접적으로 유익이 없는 은사이다. 그러므로 교회를 위하여 교회 앞에서는 잠잠해야 하며 은밀한 가운데 하나님께 기도할 때만 사용해야 한다. 그러면서 교회를 섬기는 일에 도움이 되는 보다 나은 은사를 사모해야 한다.

성령 세례와 성령 충만

성령 세례는 택한 백성으로 하여금 회개하고 죄 씻음을 주는 성령의 역사를 일컬음에 반하여 성령 충만은 그리스도인으로 하여금 복음의 사역을 하도록 하거나 혹은 시와 찬미로 하나님을 찬송하며 성숙한 그리스도인으로 감사와 기쁨이 넘치는 생활을 하도록 하는 성령의 임재하심이요 주장하심이다.

신약성경에서 '성령 충만'이란 말은 주로 누가가 쓰고 있다. 복음서에서

---

[5] 개핀은 고린도 교회의 방언을 예언과 같이 하나님의 비밀을 나타내는 계시로 보며, 또한 오순절에 있었던 방언과 같은 것으로 본다. 리차드 개핀, 『성령 은사론』, 권성수 역 (Richard B. Gaffin, Jr., *Perspectives on Pentecost*), 85-102.

'성령 세례'는 멀지 않은 장래에 있을 미래적인 약속으로 언급하고 있다. 그러나 '성령 충만'은 하나님의 뜻과 경륜을 깨닫고 예언하며 찬양하는 하나님의 종들에게 성령께서 같이하시는 것이며, 그들을 온전히 주관하시고 다스리시는 상태를 말한다.

세례 요한은 모태로부터 성령의 충만함을 입었다(눅 1:15)고 말씀한다. 또한 마리아가 엘리사벳을 찾아가 인사하자 엘리사벳의 복중에 있는 아이가 뛰놀았다고 하며, 그 때 엘리사벳은 성령의 충만함을 입어 마리아에게 인사하며 그녀를 축복하였다(눅 1:41)고 말씀한다. 요한을 낳은 후 부친 사가랴는 성령으로 충만함을 입어 예언했으며(눅 1:67), 또 예수께서는 요단강에서 성령으로 충만함을 입고 돌아오셔서는 광야로 성령에게 이끌리어 가셨다(눅 4:1).

사도행전에서 성령 충만은 성령 세례를 받은 사람들이 결과적으로 온전히 성령의 다스리심을 받는 상태를 일컫는 말이다. 사도행전 2장에 오순절의 강림 사건에 대한 서술에서 성령 세례라는 말씀은 없고, 대신 사도들이 성령으로 충만했다고 말씀한다. 사도들은 오순절에 성령의 임하심으로 그리스도께서 성령으로 베푸시는 세례를 받아 성령으로 충만하게 된 것이다. 그들은 성령으로 충만함을 받아 성령이 말하게 하심을 따라 방언으로 말하였다(행 2:4).

사도들은 또한 복음 사역을 돕도록 성령과 지혜가 충만하여 칭찬 듣는 사람 일곱을 택하도록 하였다(행 6:3). 그 가운데서 스데반은 성령으로 충만하고 은혜와 권능이 충만하여 큰 기사와 표적을 행하였으며, 유대인들에게 말씀을 증거하고, 성령이 충만하여 하나님 우편에 영광 가운데 계신 그리스도를 바라보았다고 말씀한다(행 6:5, 8; 7:55). 사도행전 11장에서 바나바를 착한 사람이요 성령과 믿음이 충만한 자라고 소개한다(행 11:24). 또한 사도행전 13장에서는 바울이라고 하는 사울이 선교를 방해하는 박수 엘루마를 성령이 충만한 가운데 쳐다보면서 경고한다(행 13:9). 바울과 바나바는 전도하면서 핍박을 받으나 기쁨과 성령이 충만하였다고 말씀한다.

누가복음과 사도행전에는 성령의 충만함을 입은 이들이 예수님을 비롯하여 예언을 하고 복음을 전하는 사역자들이었음을 볼 수 있다. 에베소에 있는 성도들에게 보내는 바울의 편지에 의하면, 성도들은 다 성령의 충만함을 받으라고 권고한다. 즉 세상의 나쁜 관습을 좇지 말고 성령의 충만함을 받아 시와 찬미와 신령한 노래들로 서로 화답하며 마음으로 주께 노래하며 찬송하며 범사에 우리 주 예수 그리스도의 이름으로 항상 아버지 하나님께 감사하며 그리스도를 경외함으로 피차 복종하라고 권고한다(엡 5:18~21).

오순절 성령 세례와 중생

성령 세례가 사람으로 하여금 중생하게 하는 성령의 역사라면, 예수님의 제자들은 오순절 이전에 이미 성령 세례를 받은 것으로 간주해야 하는 것이 아닌가. 그들은 예수를 그리스도로 고백하고 믿었으며(마 16:16 이하), "이미 목욕한 자는 발밖에 씻을 필요가 없느니라"(요 13:10) 하는 예수님의 말씀이 암시하는 바와 같이, 그들이 이미 정결함을 받은 것으로 보아야 한다.

그럼에도 불구하고 제자들은 오순절에 성령 세례를 받았으므로, 죄 사함을 받고 중생하는 것과는 별도로 성령 세례를 받은 것으로 보아야 한다고, 즉 신자가 회개하고 믿어 중생함을 받는 일과는 별도로 성령 세례를 받아야 한다고 오순절 파는 주장한다.

또한 예수께서 부활하신 후 제자들에게 오셔서 "아버지께서 나를 보내신 것과 같이 나도 너희를 보내노라" 하는 말씀을 마치시고 저희를 향하여 숨을 내쉬며 말씀하시기를 "성령을 받으라 너희가 뉘 죄든지 사하면 사하여질 것이요 뉘 죄든지 그대로 두면 그대로 있으리라"(요 20:22~23)고 말씀하신 것으로 보아 제자들이 이미 성령을 받은 것으로 해석해야 한다고 한다. 그렇다면, 그럼에도 불구하고 오순절에 성령 세례를 받은 것으로 보아 성령의 감동하심을 받는 것과 성령 세례는 별개의 것으로 이해할 수밖에 없다고 주장한다.

그러나 이 말씀은 사도행전 1장의 "너희는 성령으로 세례를 받으리라" 하는 말씀과 같은 말씀으로 보아야 한다. 예수께서 승천하시기 이전의 이 시점에서 약속하신 성령을 주신 것으로 이해하는 것은 옳지 않다. 숨을 내쉬신 것은 예수께서 성령을 보내신다고 약속하시는 상징적인 행위(prophetical acting symbolism)로 이해해야 한다.

예수께서 비록 부활하셔서 영광의 몸이 되셨으나 아직 지상에 계시면서 직접 성령을 주시는 일을 하셨다고 생각할 수는 없다. 예수께서는 당신이 떠나가지 아니하면 보혜사가 오시지 않는다고 말씀하셨으며(요 16:7), 성령을 또 다른 보혜사라고 지칭하시며, 아버지께서 보내시는 것으로 말씀하신 것(요 14:16, 26)을 보면 그럴 수가 없다. "성령은 아버지와 아들에게서 나오신다"는 것이 서방교회의 고백이지만, 그것은 영원 세계의 신비에 속하는 일이다. 그러므로 예수님께서 숨을 쉬시는 가시적인 행위를 두고 성자께서 즉석에서 성령을 주신 행위로 볼 수는 없다.

새로운 하나님의 제도가 확립되고 시행되는 데에는 순서가 있고 절차가 있는 법이다. 하나님께서 역사 안에서 진행하신 모든 경륜이 그렇게 성경에 나타나 있다. 사도들이 이미 오순절 이전에 그리스도를 믿는 신앙을 고백하였으며, 주의 이름으로 귀신도 쫓았다(눅 10:17). 구약 시대의 성도들도 하나님을 믿고 능력을 경험하였다. 그것은 성령의 임하심과 감동하심과 역사하심으로 되는 일이다. 그러나 구약 시대에는 '성령의 역사'와 '성령 충만'의 개념은 있어도 아직 '성령 세례'의 개념은 없다. 세례를 통하여 하나님의 새 이스라엘 백성이 되게 하는 새로운 질서가 아직 없었기 때문이다.

세례는 예수 그리스도께서 오심과 더불어 시작되는 새 언약 시대의 질서이다. 예수 그리스도의 구속 사역과 오순절에 성령의 임하심으로 말미암아 성부와 성자와 성령의 이름에 연합하는 세례를 통하여 하나님의 새 이스라엘 백성이 되도록 하는, 하나님께서 제정하신 새로운 질서가 가동된 것이다.

오순절에 성령께서 임하심으로 이미 신앙을 고백한, 그리스도의 교회의 터와 기둥이 되는 제자들이 성령 세례를 받은 것이다. 그것은 마치 구약에서 할례는 난 지 8일 되는 갓난아이가 개별적으로 받는 것임에도 불구하고 하나님께서 할례의 제도를 세우실 때, 다시 말하면, 믿음의 조상 아브라함이 처음 할례를 받을 때, 그를 비롯하여 어른과 아이를 막론하고 모든 권속이 다 함께 할례를 받은 것과 같은 이치라고 이해할 수 있다.

고넬료의 가정은 물 세례 이전에, 에베소 사람들은 물 세례를 받은 지 오랜 후에 성령의 부어주심을 받았다. 성령 세례가 참 세례이고 물 세례는 성령 세례의 징표라면, 그 둘을 시간적으로 어떤 순서로 경험하느냐 하는 것은 무의미한 물음이다. 물 세례는 사람으로 하여금 가시적인 교회의 지체가 되게 하는 의식이요 제도이며, 성령 세례는 불가시적인 교회의 지체가 되게 하는 성령의 역사이다.

그러므로 성령 세례는 물 세례처럼 반드시 가시적으로 경험하는 것이 아니다. 바람이 어디서 와서 어디로 가는지를 알지 못하듯이 성령께서 하시는 일을 우리가 반드시 다 느끼거나 설명하지 못한다. 그러나 확실한 것은 거듭나서 하나님께서만 아시는 선택자로 구성되는 참된 교회의 지체가 되기 위해서는 성령으로 세례를 받아 죄 씻음을 받고 정결함을 받아야 한다는 사실이다. 그리고 거듭난 사람은 예수를 그리스도시요 하나님의 아들로 믿고 고백하며 말씀을 좇아 순종하는 삶을 산다는 사실이다.

성령께서는 사람들로 하여금 개인적인 차원보다는 주로 공동체적인 차원에서 영적인 각성과 더불어 새 출발을 하게 하신다. 오순절에 120명의 제자들이 그렇게 경험하였으며, 예루살렘의 백성들과 다른 무리들도 성령으로 세례를 받은 것이다. 오순절을 계기로 제자들은 모두 의심하고 비겁한 가운데 두려워하는 옛 사람을 벗어버리고 성령의 충만함을 받아 사도의 직분을 감당할 사람들이 된 것이다.

사도 이후의 사람들은 그리스도의 복음을 전하는 사도들의 설교를 통하여 성령 세례를 받았다는 사실이다. 고넬료의 가정이나 사마리아인이나 에베소 사람들이 다 그러하였다. 그리스도의 교회가 예수 그리스도의 구속의 복음과 성령의 임하심을 경험한 사도들의 사역을 통하여 예루살렘에서 출발하여 역사적으로 성장하고 확산된 사실을 우리는 안다.

부활하신 예수 그리스도를 따로 직접 만난 바울의 경우도 예외는 아니었다. 바울은 아나니아의 안수와 "주 곧 네가 오는 길에서 나타나시던 예수께서 나를 보내어 너로 다시 보게 하시고 성령으로 충만하게 하신다"는 간증과 선포를 통하여 중생하였다. 바울은 성령을 결코 별도로 받은 것이 아니고 오순절 성령 강림을 경험함으로 예루살렘에서 출발한 그리스도의 교회의 정체성에 합류하게 됨으로써 성령으로 충만함을 받아 그리스도의 교회의 지체가 되고 사도가 되었던 것이다. 에베소 사람들이 요한의 물 세례는 이미 받았으나 성령 세례는 바울을 통하여 받은 사건 역시 이러한 역사적인 맥락에서 이해해야 한다.

1907년을 전후로 하여 일어난 부흥 운동의 역사를 가리켜 선교사들은 "한국의 오순절"이라고 칭하는가 하면 "한국 교회의 중생"이라고도 표현하였다. 이길함(Graham Lee) 선교사는 장대현 교회에서 통회하는 부흥의 역사를 가리켜 "성령 세례"라고 하였다. 그 말은 한국 교회가 시작되는 역사적인 단계에서 성령으로 충만함을 받아 영적으로 새로워져 생동성 있게 성장하는 교회로 출발하게 하신 성령의 역사를 가리켜 말한 것이다.

그것은 이스라엘 백성이 홍해를 건넌 사실을 가리켜 세례를 받은 것이라고 하는 바울의 말(고전 10:2)과 같은 의미의 말이었다. 바울의 말은 이스라엘 백성이 홍해를 건넘으로써 이집트의 종살이에서 완전히 놓여나 이제는 구원을 얻은 하나님의 백성으로 살게 된 것을 가리켜 한 말씀이다.

성부와 성자와 성령의 이름에 연합하는 세례를 받은 신자들은 성령으로 충만하기를 간구해야 한다. "물과 성령으로 나지 아니하면 하나님 나라에 들어갈 수 없느니라"(요 3:5)고 하시는 주님의 말씀은 설교되어야 하는 말씀이다.6) 성령의 임하심은 하나님의 주권적인 경륜에 속한다. 그러나 우리는 개별적으로 혹은 교회적으로 성령께서 임하심을 소원하고 기다리면서 기도할 수 있으며, 또한 기도해야 한다.

"구하라 그러면 너희에게 주실 것이요 찾으라 그러면 찾을 것이요 문을 두드리라 그러면 너희에게 열릴 것이니……너희가 악할지라도 좋은 것을 자식에게 줄줄 알거든 하물며 너희 천부께서 구하는 자에게 성령을 주시지 않겠느냐"(눅 11:9~13) 하는 예수님의 말씀은 성령을 주시도록 간구하는 것이 우리가 마땅히 해야 하는 일임을 가르치신다.

"오직 성령의 충만을 받으라"(엡 5:18) 하는 말씀도 역시 같은 말씀이다. 예루살렘에서 120명의 제자들은 예수께서 분부하신 대로 약속하신 성령의 임하심을 기다리며 기도에 전혀 힘쓰는 가운데 오순절에 강림하시는 성령을 맞이하였다.

경건주의 이후 성령의 역사하심으로 일어난 부흥 운동이나 한국 교회의 부흥 운동이 하나님의 경륜 가운데 일어난 것이다. 그러나 하나님께서는 성도들에게 성령 충만을 위하여 기도하도록 당부하시며, 기도할 마음과 열심을 주셔서 성령 부어주심을 간구하게 하신다. 성령을 존중하고 그의 오심을 고대하고 간구하는 사람이나 공동체에게 성령 부어주심이 있었음을 우리는 교회 역사를 통하여 안다.

---

6) 이 말씀은 "귀신들이 너희에게 항복하는 것으로 기뻐하지 말고 너희 이름이 하늘에 기록된 것으로 기뻐하라"(눅 10:20), "청함을 받은 자는 많되 택함을 입은 자는 적으니라"(마 22:14), "그 때에 내가 저희에게 밝히 말하되 내가 너희를 도무지 알지 못하니 불법을 행한 자들아 내게서 떠나가라 하리라"(마 7:23) 등의 말씀과 같이 회심과 회개를 촉구하며, 진정으로 하나님의 백성이 되는 것이 무엇인지를 가르치는 말씀으로 설교되어야 한다.

하나님의 예정과 인간의 인식

예정론과 반예정론

교회 역사에서 예정 교리는 일찍이 초대 교회의 교부인 어거스틴이 은혜 교리를 말하면서 언급하였다. 어거스틴은 펠라기우스(348~409)와 논쟁을 하면서 은혜 교리와 함께 예정 교리를 더 깊이 천착하며 말하게 되었다. 펠라기우스는 어거스틴의 은혜 교리에 반대하여 인간이 자유 의지를 가졌다고 말하고 인간이 원한다면 죄를 짓는 일 없이 하나님의 율법을 완전히 행할 수 있다고 주장하였다. 그의 제자 켈레스티우스(Celestius)는 한층 더 과격하게 인간의 원죄를 강력히 부인하며 인간은 하나님의 면전에서 완전한 자유를 향유한다고 주장하였다. 켈레스티우스는 412년부터 카르타고와 여러 회에서 정죄를 받았으며, 펠라기우스는 431년 7월 22일 에베소 회의에서 정죄를 받고 출교 당하였다.[1)]

교회가 펠라기우스의 사상을 공적으로 정죄하였으나 어거스틴의 사상을

---

1) J. N. D. *Early Christian Doctrines* (London: Adam and Charles Black, 1958. 1960²), 361.

무조건 다 찬성했던 것은 아니다. 하나님께서 어떤 사람은 멸망에 버리기로 예정하셨다는 유기(遺棄)를 말하는 어거스틴의 예정론과 불가항력적인 은혜에 대한 가르침은 동방에서는 물론이고 서방의 신학적 전통에도 없었던 교리이다. 그러므로 많은 사람들이, 심지어 펠라기우스의 사상을 반대하는 사람들까지도 어거스틴의 예정론을 극단적인 사상으로 이해하여 받아들이려고 하지 않았다. 529년에 열린 오렌지 종교회의(Arausiacum)는 어거스틴이 말하는 원죄와 은혜 교리는 받아들였으나 그의 예정론은 받아들이지 않았다.[2]

중세 시대에는 인간의 자유 의지에 근거를 두는 공로 사상이 만연하면서 교회는 어거스틴의 은혜 교리마저 망각하기에 이르렀다. 중세 교회의 부패는 교황주의적 교회 제도뿐 아니라 잘못된 신학 사상으로 말미암아 발생한 부분도 있다. 중세 교회 부패의 상징이었던 면죄부는 곧 공로 사상의 산물이다.

종교 개혁자들은 교황주의에 반대하여 '오직 말씀으로'를 강조하였으며, 공로주의에 반대하여 그리스도를 '오직 믿음으로' 의롭다 함을 받는다는 칭의 교리를 가르침과 동시에, 사람이 구원을 얻는 것은 '오직 하나님의 은혜로' 되는 것임을 강조하였다. 종교 개혁자들은 은혜 교리를 새삼 강조하면서 어거스틴이 그랬듯이 예정 교리를 새롭게 주창하였다. 예정 교리는 사람이 의롭다함과 구속함을 받는 것은 전적으로 하나님의 은혜로만 가능하다는 것을 더 확고하게 뒷받침 해 주는 교리이며 그 사실을 변증하고 보증하는 교리이다.

은혜 교리는 칭의 교리를 주창한 루터뿐 아니라 스위스의 개혁주의 종교 개혁자들도 강조한 교리이다. 그들은 칭의란 하나님께서 은혜로 주시는 선물로서 인간의 선행이나 공로와는 관계없이 그리스도를 믿는 자에게 죄의 용서를 선언하는 것이요 인간의 모든 자만과 자기 신뢰를 배제하는 하나님의 주권적 행위임을 인식하였다. 루터는 예정론을 굳게 믿는다고 시사했으나

---

2) Jaroslav Pelikan, *The Christian Tradition*, vol. 1. *The Emergence of the Catholic Tradition* (100-600) (Chicago: The University of Chicago), 318.

루터 이후의 루터교 신학자들은 예정 교리를 주로 칭의 교리와 관련시켜서만 생각하면서 무조건적 예정에 대한 교리는 성만찬에 대한 견해의 차이 때문에 그들이 별로 탐탁하게 여기지 않는 스위스 신학자들의 전유물인 것처럼 말하였다.

그러나 칼빈을 위시한 개혁신학자들은 거의 예외 없이 예정 교리를 대단히 중요시하였다. 그들은 한 걸음 더 나아가 칭의 교리를 예정과 성화 교리와 구원 얻은 성도들에게 구원의 확신과 위로를 주는 견인(堅忍) 교리로 발전시켜 생각하였다. 츠빙글리는 예정론을 말한 신학자들과 어거스틴주의자들의 신학을 좋아하였으며, 불링어(Bullinger)도 온건한 편이기는 했으나 역시 그러하였으며, 파렐(Guillaume Farel)과 비레(Pierre Viret)는 예정론이야말로 복음의 중심 교리라고 생각하였다. 최근의 연구에 따르면 예정론은 부처(Bucer)의 신학 사상의 중심이이라고 하며, 보다 최근의 연구에 따르면 버미글리(Pietro Martire Vermigli, Peter Martyr)의 신학에서도 예정론이 가장 중요한 교리로 다루어지고 있다고 한다.3)

그러나 1603년 아르미니우스(Jacob Arminius, 1560~1609)는 종교 개혁자들, 특히 칼빈이 강조한 예정론에 반론을 제기하였다. 예정 교리는 인간의 자유의지를 무시할뿐더러 하나님을 죄의 원동자로 만든다는 주장이었다. 아르미니우스의 이러한 견해는 로마 가톨릭의 트렌트 회의의 견해와 유사한 점이 있는데, 아르미니우스는 하나님의 선택을 부정하지는 않았으나, 선택을 위하여 하나님께서는 주권적으로 작정하신 것이 아니고 인간의 공로에 대한 예지(豫知)에 근거하여 작정하셨다는 것이다. 그럼으로써 그는 칼빈과 개혁주의 신학자들의 예정 이해에 도전하였다.

그의 사상에 동조하는 아르미니우스주의자들은 자신들을 항론파(抗論派, Remonstrants)라 칭하고 5개 조항으로 그들의 신앙을 발표하였다. 이에 네덜란

---

3) Dewey D. Wallace, Jr., *Puritans and Predestination* (The University of North Carolina Press, 1982), 5f.

드의 개혁교회는 1618년 도르트 노회를 열어 아르미니우스주의에 대항하여 하나님의 예정을 확인하는 신조를 작성하고 항론파들을 네덜란드의 국민교회에서 축출하였다.4)

영국의 초기 종교 개혁자들 역시 은혜 교리와 함께 예정 교리를 말하였다. 무조건적인 예정 교리는 믿음으로만 의롭다함을 받는다는 칭의 교리에 필수적이라고 했다. 1520년대 중반부터는 은혜 교리와 함께 예정 교리에 대한 유럽 대륙의 개혁자들의 견해가 소개되고 논의되었다.5) 아르미니우스가 반예정론을 제기한 이후 영국에서는 1650년대까지 예정론에 대한 열띤 신학 논쟁(Arminian Controversy)이 벌어졌다. 1647년의 웨스트민스터 신앙고백서는 신학적으로는 이러한 역사적인 상황에서 나온 것으로서 아르미니우스주의에 대항하여 예정론을 변증하고 확인하는 것이 그 기조에 깔려 있음을 볼 수 있다. 하나님의 절대 주권을 믿고 강조하는 개혁주의 신학 노선을 충실하게 따르는 청교도와 장로교인들에게 예정 교리는 양보할 수 없는 중요한 교리였으며, 그것은 지금도 역시 마찬가지이다.

네덜란드에서 초기에 아르미니우스의 사상을 따르는 항론파들은 주로 합리주의 신학자였다. 예정론을 믿는 개혁주의 신학자의 입장에서 볼 때, 예정론을 반대하는 아르미니우스주의는 신학적으로 허술함에도 불구하고, 선교와 교회 성장에 긍정적인 기여를 한 것임을 보게 된다. 17세기 후반에 일어난 경건주의자들을 비롯하여 그 후에 일어난 많은 복음주의자들과 소위 영성을 강조하는 주관주의적인 신령주의자들이 거의 다 아르미니우스주의를 따르는 사람들이었다. 개신교의 선교는 경건주의자들에 의하여 먼저 시작되었으며, 18세기에 영국에서 부흥 운동을 주도한 감리교의 창시자 존 웨슬리가, 비록 17세기의 아르미니우스주의자들보다는 칼빈주의에 가깝지만, 아르미니우스주의 사상을 따른 것임은 주지의 사실이다.

---

4) Bettenson, *Documents of the Christian Church*, 268. Remonstrants의 5개조 참조.
5) Dewey D. Wallace, Jr., 앞의 책, 11, 13.

코르브지에 예배당

그런가 하면 초기 미국의 각성 운동에 크게 기여한 조나단 에드워즈는 예정론을 철저하게 믿고 강조하는 칼빈주의자였다. 그러나 미국에 각성 운동이 한창일 때, 미국의 장로교와 회중교회는 각성 운동에 참여하자는 신파(New Side, New Lights)와 개혁주의 전통에 더 충실한 반면에 각성 운동에는 냉담하거나 소극적인 구파(Old Side, Old Lights)로 한 동안 분열하였으며, 남부에서는 하나님께서 어떤 이는 구원할 자로 어떤 이는 멸망할 자로 작정하셨다는 이중 예정론을 반대하는 일부의 장로교회들이 컴버랜드(Cumberland) 장로교로 분립하였다.

칼빈주의 전통에 속하나 아르미니우스주의를 수용하는 신령주의 성향을 가진 다수의 침례교회와 새로 일어난 감리교는 각성 운동에 적극적이었으므로 각기 장로교의 교세를 훨씬 앞질러 성장하게 되었다. 선교의 세기라고도 칭하는 19세기를 보내고 20세기를 맞이하는 벽두에, 즉 1903년에 미국 장로교는 웨스트민스터 신앙고백서에 성령을 단독으로 고백하는 조항과 함께 하나님의 예정을 선교와 복음 운동에 조화되게 이해해야 하리라는 조항을 보충하였다. 이러한 사실을 개혁주의 신학의 후퇴로 혹은 아르미니우스주의와의 타협으로 볼 것인지, 아니면 개혁주의 신학의 발전으로 볼 것인지는 검토해 볼 만한 일이다.

17세기에 아르미니우스주의를 의식하며 그것을 적대시하고 이단시하면서 그것에 대응하여 예정 교리를 강조한 당시의 신학을 개혁주의 신학의 변할 수 없는 규범으로 간주하고 이를 회복하고 재강조하는 것이 오늘의 개혁주의 신학의 과제라고 생각하는 사람들이 있다. 그러나 그러한 생각은 너무 편협한 생각일 것이다. 예정 교리를 17세기의 개혁주의 신학자들이 주장했던 그대로 변증해야만 개혁주의 전통에 충실한 것으로 간주할 수는 없다. 왜냐하면 신앙고백과 신학은 교회가 처한 그 시대의 역사적인 상황과 그 시대에 일어나는 잘못된 가르침에 대응하여 성경의 진리를 변호하는 데서 나오고 발전해 왔기 때문이다. 오늘의 역사적인 상황이 당시의 상황과 다르며, 시간과 공간에 대한 이해도 같지 않음을 유의해야 한다.

위에서 언급한 바와 같이, 예정 교리에 대한 긍정과 부정이 교회 부흥과 선교에는 별 영향을 미치지 않은 사실을 감안할 때, 아니 좀 더 엄밀히 말하여, 아르미니우스주의를 수용한 교회가 더 크게 성장한 사실을 고려할 때, 우리는 예정 교리가 우리 신앙과 교회 생활에 어떠한 위치를 점하는 것인지를 점검할 필요가 있다.

어거스틴은 펠라기우스와의 논쟁이 있던 무렵에 자신이 주장한 예정론을 받아들이지 않는 사람들에 대하여 관대한 태도를 취하였다. 어거스틴은 비록 예정론은 인정하지 않더라도 인간의 원죄와 하나님의 은혜 교리를 받아들이는 사람들은 펠라기우스파 사람들과는 월등히 다르므로 "우리의 형제들"이라고 했다.[6]

17세기에 예정론을 주장하는 이들 가운데 어떤 이들은 아르미니우스주의자를 펠라기우스주의자와 동일하게 보고 이단시하였으나 그것은 어거스틴의

---

6) Jaroslav Pelikan, *The Christian Tradition*, vol. 1. *The Emergence of the Catholic Tradition* (100-600), 318.

견해와는 다르다.

　예정 교리는 삼위일체 교리나 기독론 교리의 경우처럼 그것을 부인하거나 그것에 손상을 입힐 경우 곧 이단이요, 적그리스도로 정죄되게 마련인 그런 교리는 아니다. 그렇다고 하여 예정 교리가 별로 중요하지 않은 교리인 것은 아니다. 예정론은 성경이 분명히 가르치는 교리이다. 하나님의 절대 주권을 믿는 개혁주의 신앙인은 예정 교리로 인하여 하나님께 영광과 감사를 돌린다.

　그러나 예정 교리를 쉽게 받아들이지 않는 그리스도인들의 신앙을 17세기의 예정론자들과 같이 정죄해서는 안 되고 어거스틴을 따라 관용하는 태도를 가져야 한다는 것이 우리가 교회사에서 얻을 수 있는 교훈임을 인식해야 한다. 예정 교리를 좀 더 주의 깊게 고찰하면 예정 교리 자체가 우리로 하여금 마땅히 반예정론자도 관용으로 이해해야 함을 일깨워 주는 특이성을 지니고 있음을 시인할 수 있다. 그러한 점을 염두에 두고 예정론과 우리의 인식의 문제점에 관하여 몇 가지로 논의하기로 한다.

하나님의 은혜와 예정

　먼저는 종교 개혁자들이 믿고 가르친 바와 같이, 예정론은 하나님의 절대 주권적인 은혜 교리에서 깨닫게 되는 교리이다. 즉, 칭의와 구속은 사람의 노력 여하에 따라서 달성할 수 있는 것이 아니고, 오직 하나님의 은혜로 말미암아 이루어지는 것임을 더 확실하게 보증하는 교리가 곧 예정론이다. 다시 말하면, 예정론은 신론에 속하는 교리이나 그것에 대한 인식은 구원론에서 이루어진다. 칼빈이 기독교강요에서 구원론을 먼저 다루고 난 후 3장 21절에서 예정론을 다루고 있는 것은 그런 이유에서라고 이해할 수 있다.

　하나님의 예정에 대한 찬송은 에베소서 1장 서두에 명료하게 표현되고 있다. "찬송하리로다" 하는 말로 시작하는 에베소서 본문에서 하나님께서 우리를 창세전에 택하셔서 우리로 사랑 안에서 그 앞에 거룩하고 흠이 없게 하시려고 그 기쁘신 뜻대로 우리를 예정하셨다고 말씀한다(엡 1:4~5). 그리고는 우리에게 거저 주시는 은혜를 찬미하게 하려는 것이라고 말씀한다(엡 1:6). 12절에서는 "찬송이 되게 하려 하심이라"고 한다. 그리고 14절에서 다시 "그의 영광을 찬미하게 하려 하심이라"고 말씀한다.

예정론을 하나님의 주권 사상에서부터 논의하면, 사람에 따라서는 그것을 운명론과 혼돈하기도 하고, 그것이 인간의 자유 의지와 대립되는 것이라고 하면서 논란하기도 한다. 그러나 예정을 구원론에서 이해하면 하나님의 예정은 너무나 당연한 진리임을 인식하게 된다. 구원론에서는 우리가 멸망에서 구원을 받아야 하는 죄인임을 고백하는 데서 시작하므로 우리를 구원하시는 하나님을 객관화할 수 없으며 또한 하나님 앞에서 구원을 갈망하고 간구해야 하는 우리 자신을 객관화할 수 없기 때문이다. 자신이 구속함을 받고 구원을 얻은 하나님의 백성임을 확신하는 사람은 예정에 대하여 의혹을 가질 수가 없다. 의혹을 가지기는커녕 하나님의 예정과 선택의 교리를 "나의 나 된 것은 하나님의 은혜로다"고 고백하는 바울과 함께 확실히 믿고 하나님께 감사와 찬양을 드릴 뿐이다.

예정의 신비와 인간 사고의 한계성

웨스트민스터 신앙고백서는 제3장 제8항에서 "극히 신비한 이 예정 교리는 특별한 분별력과 신중성을 가지고 다루어야 한다"고 경고한다. "깊도다 하나님의 지혜와 지식의 부요함이여 그의 판단은 측량치 못할 것이며 그의 길은 찾지 못할 것이로다"(롬 11:33) 하며 고백하는 바울과 함께 우리는 우리 인간의 사고나 판단의 한계성을 인식하는 한편, 예정 교리가 영원하신 창조주 하나님의 뜻과 지혜와 지식에 속한 것임을 인식한다.

우리는 상황에 따라 한 가지 일만 생각하고 달리는 생각할 수 없는 경우가 있다. 죽음에서 구원을 받았을 때가 특히 그러하다. 이를테면, 비행기 사고로 대부분의 탑승객이 참사를 당하고 몇 사람만 생존하게 되었을 경우, 생존자는 살아남게 되었다는 사실에 안도하고 기뻐한다. 여유가 있다면, 좀 더 안전한 곳으로 피하려고 하거나 혹은 다른 생존자를 구하려는 생각을 하고 본능적으로 행동하기도 한다. 그러나 왜 하필이면 내가 살아남게 되었는지, 나도 같이 죽었어야 공평한 일이었다든지 하는 그런 생각은 하지 않는다. 공항에서 사망자와 생존자의 이름을 보며 마음을 졸이던 가족이 아버지가 혹은 남편이 살았음을 확인하는 순간, 그들은 아버지 혹은 남편이 생존한 사실에 그저 기뻐하고 감사하며 재회의 시간을 기다릴 뿐이다.

우리가 어떤 입장에 서느냐에 따라 우리의 사고나 판단은 제약을 받게 된다. 우리는 실제로 삶을 살아가는 데 있어서 제삼자적인 공정한 입장에서 사물을 보고 판단할 수 없는 상황에 처할 때가 많다. 많은 경우 우리는 현실의 상황을 별로 모순을 느끼지 않으면서 받아들인다.

이를테면, 안중근 의사가 이등방문을 암살한 일이 우리 한국 민족에게는 의거(義擧)이다. 그러나 일본 정부는 그 일을 격분할 수밖에 없는 살인이요 자기 나라에 대한 도발 행위로 간주하였다. 이러한 경우 정의에 대한 제삼자적인 판단을 내리기란 용이하지 않다. 아니 거의 불가능하다. 그래서 국제적인 여론을 들어보기로 한다. 그러면 국제적인 여론은 그것을 테러 행위로 정죄한다. 그러나 그렇다고 하더라도 안중근의 거사가 한국 민족에게는 정의요 의거임에는 변함이 없다. 일본 정부는 그를 살인자로 판결하여 처형했으나, 우리 한국 민족은 그를 의사(義士)로 인정하고 추모한다.

이와 같이 우리가 어떤 사물을 판단할 때 제삼자의 입장에 설 수 없는 경우가 허다하다. 사람이면 아무도 벗어날 수 없는 삶과 죽음의 문제를 두고는 더욱 그러하다. 아무도 창조주 하나님께 맞서거나 제삼자의 입장에서 하나님의 계획과 경륜을 알아내거나 저울질하거나 판단할 수 없다. 우리 인간은 예외 없이 그분의 다스리심 아래 있는 하잘것없는 존재에 지나지 않는다. 그리고 우리가 어느 입장에서 어디에 기준을 두고 사실을 보느냐에 따라서 사건에 대한 이해가 달라진다. 어떤 한 전제에서 출발하는 우리의 논리나 판단은 그것을 언제나 절대시할 수 있을 정도로 유일하거나 정당한 것일 수는 없다.

하나님의 예정은 우리가 그것을 도식화하듯 객관적인 입장에서 이해하려면 이해 불가능한 그런 것이다. 그러나 우리는 먼저 창조주 하나님 앞에서 피조물인 우리가 설 수 있는 객관적인 입장이 없음을 안다. 우리는 전능하신 창조주 하나님 앞에 지극히 보잘것없는 피조물일 뿐이며, 하나님의 영광과 무궁한 지혜와 지식의 부요함을 찬양하면서 하나님의 자비와 불쌍히 여기심을 빌 수밖에 없는 죄인이다. 우리 인간이 구원 얻기를 갈망하고 구원을 받아야 할 존재임을 인식하는 입장에서 예정론을 이해하면, 즉 예정론을 구원론에서 이해하면 그것은 당연히 시인할 수밖에 없는 지당한 교리이다.

예정과 인간의 타락에 대한 사변

도르트 신조가 나오기까지의 과정에서 예정론을 두고 '타락 전 선택설'(Supralapsarianism)과 '타락 후 선택설'(Infralapsarianism)이라는 용어와 주장이 나왔다. 양자가 하나님의 예정을 아담의 타락과의 관계에서 논하는 것이다. 하나님께서 미리 작정하실 때 그 작정 안에는 아담의 타락도 포함되었다고 믿는 것이 '타락 전 선택설'이고 하나님께서 예지만 하셨다는 것이 '타락 후 선택설'이다. 하나님의 작정 혹은 예정과 예지를 구분함으로써 그렇게 사변한다는 것은 묘한 일이다.

1618~19년의 도르트 회의는 '타락 후 선택설'을 공식적인 견해로 택하였다. 예정론은 하나님을 죄의 장본인으로 만든다는 아르미니우스주의의 주장을 의식하여 논리적인 약점을 최대한으로 피한다는 입장에서 '타락 후 선택설'을 택하였다. 도르트 시대의 신학자들이 아르미니우스의 주장을 의식하여 그렇게 사변하였던 것이다.

웨스트민스터 신앙고백에서는 하나님을 죄의 원동자로 만든다는 비판을 피하기 위하여 "하나님께서는 인간이 죄를 범하는 것을 허용하기를 기뻐하셨다(God was pleased to permit……)"고 표현하고 있는데, 그런 표현을 성경에서는 볼 수 없다. 사람이 추론할 수 없는 영역에 대한 사변적인 비평과 질의에 역시 사변적인 추론으로 답하다 보니 그렇게 표현하게 된 것이다.7)

'타락 후 선택설'을 마다한다면 '타락 전 선택설'을 택해야 하는 것인가? 지금도 개혁주의 신학자들은 두 선택설 중 어느 하나를 지지한다고도 말한다. 그 말은 예정론을 믿는 사람은 마땅히 양자택일을 해야 하는 것임을 암시한다. 그러나 하나님의 예정이 성경에 기록된 대로 '창세 전'이라면 타락을 기준으로 해서 표현하는 '타락 전 선택설'이란 말 역시 정확한 표현일 수는 없다. 양측이 다 예정의 과정 또는 순서를 나름대로 사변하면서 도식화하고 있다. 그리고 보면 타락을 기준으로 하는 선택 개념은 도르트 시대의 사변적인 신학이 남긴 유물이다. 예정 교리를 믿는다고 하여 그대로 답습해야 할 분류법은 못 된다.

우리는 성경 말씀에 의거하여 사변하거나 추론한다고 할 때 우리는 그 대상을 분별해야 하고 우리의 사고의 한계를 알아야 한다. 성경이 우리 생활의 세세한 일이나 예배의 형식이나 교회의 제도 등 분명하게 말씀하지 않는 부분에 관하여 우리는 성경적으로 행동하고 생활하기 위하여 성경 말씀을 따라 사색하고 추론할 수 있으며, 또한 그래야 한다. 그러나 창세 이전에 품고 계신 하나님의 뜻과 계획에 관하여 추론하는 것은 피조물인 우리 인간에게 허락된 일이 아니다.

우리는 성경에서 말씀해 주는 것 이외에는 아무것도 알 수 없다. "깊도다 하나님의 지혜와 지식의 부요함이여 그의 판단은 측량치 못할 것이며 그의 길은 찾지 못할 것이로다"(롬 11:33) 하는 말씀과 같이, 하나님의 지혜와 지식에 대하여 경외하는 마음을 가져야 하고 그 앞에서 겸허한 자세로 하나님의 말씀을 믿어야 한다. 하나님께서 창세전에 우리를 그리스도 안에서

---

7) 웨스트민스터 신앙고백서 제6장; 김영재, 『교회와 신앙고백』(수원: 합동신학대학원출판부 2002), 178 참조.

예정하시고 택하셨음을 말씀하시는 대로 믿고 우리의 구원을 인하여 하나님께 영광과 감사와 찬송을 돌려야 한다.

하나님의 예정과 예지 그리고 인간의 자유

하나님의 예정과 인간의 자유라는 주제는 예정(豫定)과 예지(豫知)라는 주제와 관련하여 논의되어 왔다. 그런데 하나님의 예정과 인간의 자유를 양립하거나 서로 상충되는 개념으로 생각하는 것은 옳지 않다. 두 개념을 대등하게 저울질하거나 같은 수치나 정도를 나타내는 말로 대비할 수가 없다. 하나님은 창조주이시고 인간은 피조물이므로 하나님께 속한 것과 인간이 향유하는 것을 대등한 자리에 두고 생각할 수가 없다. 왜냐하면 하나님은 창조주이시므로 능력이 무한하시며 시간과 공간의 세계를 초월하심과 동시에 그 안에 내재하시며 만물을 다스리시고 주관하시는 주님이시요, 인간은 피조물로서 한 순간 살다가 죽을 수밖에 없는 유한한 존재이기 때문이다. 인간이 비록 자유를 향유한다고 하더라도 인간의 자유는 하나님의 작정과 예정 안에 있는 자유이다. 어거스틴이 고백한 바와 같이, 우리 인간은 죄를 지을 수 있는 자유는 있어도 죄를 벗어나 의를 행할 수 있는 자유는 없는 존재이다. 그러므로 인간이 죄에서 벗어나는 자유를 얻는 것은 전적으로 하나님의 자비와 은혜로 말미암아 성취되는 것이다.

"예수 그리스도를 믿으라 그리하면 너와 네 집이 구원을 얻으리라"고 하며 복음을 전하는 사람은 복음을 듣는 사람이 자의로 결단하도록 촉구한다. 그리고 복음의 말씀을 듣는 사람은 자의로 결단하여 복음을 믿고 그리스도를 영접한다. 그러나 말씀을 듣고 결단함으로써 그리스도를 영접한 사람은 그 일이 자신의 의지와 자의적인 결단으로 된 것이 아니고, 하나님의 자비와 은혜로 성령께서 감동하셔서 된 것이며 구원을 베푸신 모든 일이 하나님께서 작정하신 예정 가운데 이루어진 것임을 깨닫고 확신하며 감사함으로 고백한다. 그리고 복음을 전하며 결단을 촉구하는 전도자 역시 전하는 복음의 말씀에 성령께서 능력으로 같이해 주시고 복음을 듣는 자의 마음을 감동시켜 주시도록 간구한다. 그러므로 사람이 구원을 위하여 자의적으로 결단하고 노력하되 그 모든 것이 하나님의 주권적인 관여와 섭리 안에서 이루어진다. 그리고 성경은 하나님의 주권적인 관여와 섭리를 영원한 작정과 예정을 따라 하시는 것이라고 말씀한다.

인간의 자유 의지에 역점을 두는 이들은 하나님의 예정보다는 예지에 역점을 둔다. 즉 하나님께서 사람이 복음을 받아들일 것을 미리 아시고 그렇게 예정하셨다고 말한다. 이를 뒷받침할 만한 성경 말씀을 로마서에서 인용한다.

> 하나님이 미리 아신 자들로 또한 그 아들의 형상을 본받게 하기 위하여 미리 정하셨으니 이는 그로 많은 형제 중에서 맏아들이 되게 하려 하심이니라(롬 8:29).

그러나 하나님의 주권을 확신하며 강조하는 이들은 예지가 먼저라는 말을 용납하지 못한다. 하나님께서 인간의 구원을 인간이 먼저 결정하는 여부에 따라 의존적으로 결정하신다는 것은 상상할 수 없는 일이기 때문이다. 하나님의 예정과 인간의 자유 의지라는 두 개념은 위에서 언급한 바와 같이 대등하게 대비될 수 있는 개념이 아니다. 그러나 하나님의 예정과 예지는 그렇지 않다. 왜냐하면 두 개념이 다 하나님의 지혜와 지식에 속한 것이기 때문이다. 그러므로 비록 예지가 인간의 자유 의지와 관련하여 논의되는 개념이라고 하더라도 하나님의 예정과 예지를 하나님의 예정과 인간의 자유를 논할 때와 같은 관계로 사고하는 것은 논리적인 비약이거나 착각이다.

영원하신 하나님의 창세 전 일에 속하는 예정과 예지를 두고 어느 것이 먼저냐고 따지는 것은 시간 세계에 사는 우리 인간이 자신의 사고의 틀 속에서 추론하는 것일 뿐이다. 영원하시며 전지전능하신 하나님 안에서는 예정과 예지는 하나이다. 하나님께서는 예정하시므로 예지하시고 또한 예지하심과 동시에 예정하시는 것으로 이해해야 한다. 하나님의 예지를 인간의 자의적인 결정에 대응하기 위한 예견(豫見)으로 이해하는 것은 예지에 대한 올바른 이해일 수가 없다.

다시 말하면, 예지를 시간 세계에서 선지자가 어떤 사건을 미리 본다는 식의 예견 혹은 선견(先見)과 같은 것으로 이해할 수 없다. 예지는 예정과 마찬가지로 만물을 지으시고 운행하시며 죄에 빠진 인간을 구원하시는 창조주 하나님의 사랑과 뜻과 지혜와 지식에 속하는 것이다. 그리고 일반적으로 히브리어의 '알다'(יָדַע)가 '사랑하다'는 뜻을 함축하므로 '하나님이 미리 아신 자들로' 하는 말씀을 '하나님께서 미리 사랑하신 자들로'라고도 이해한다.[8] 시간 세계를 초월하시는 하나님께서 우리를 미리 아시고 정하신 예지와 예정은 시간 세계에서 일어나는 모든 것을 초월하며 선행한다. 하나님께서 우리를 미리 아시고 눈여겨보시며 미리 정하신 일은 우리의 이해와 판단을 초월하는 것이므로 믿음으로 인식하며 고백하고 경외와 감사와 찬양을 돌릴 뿐이다.

예정 교리와 인식의 문제

예정 교리는 구원 교리에서 인식하게 되는 것이지만, 하나님께서 모든 것을 미리 계획하시고 정하셨다는 작정 교리(the decree of God)와 연관되며 그 교리에 속한다. 하나님의 작정 혹은 예정 교리를 반대하는 사람들의 논의는 하나님께서 모든 것을 다 미리 계획하시고 다스리신다고 하면, 그것은 인간을 기계나 꼭두각시로 만드는 것일 뿐이므로 예정 교리는 모순이라고 말한다. 그뿐 아니라, 아르미니우스가 말하듯이, 세상에는 죄가 있고 악이 존재하므로 하나님을 죄의 원동자로 만드는 것일 뿐이라면서 반론을 제기한

---

8) 창 18:19, 암 3:2, 호 13:5 등 참조. proginoskein뿐 아니라 단순형의 ginoskein도 신약에서 사랑하다란 특별한 의미로 사용되고 있다. 고전 8:3, 갈 4:9, 딤후 2:1, L. Berkhof, *Systematic Theology* (The Banner of Truth Trust, 1939, 1963), 112.

다.

그러나 그것은 예정론을 도식적으로 이해하고 하는 말이다. 우리 사람은 창조주 하나님께서 피조물에 대하여 뜻을 가지시고 관여하시는 일을 두고 피조물인 우리 사람에게는 이를 도식화하여 관찰할 수 있는 제삼의 입장은 없다. 그럼에도 불구하고 제삼의 입장에서 판단하려고 한다. 그러한 경향은 반예정론에서나 반예정론에 대항하여 예정론을 지나치게 강조하는 논의에서도 똑같이 발견된다.

하나님의 작정이나 섭리 혹은 예정 교리는 만인이 다 인식할 수 있도록 도식화할 수 있는 교리가 아니다. 예정론은, 우리가 그것을 인식함에 있어서는, 양면성을 가지는 교리이다. 예수 그리스도를 믿고 의롭다 함을 얻음으로 구원을 받은 사람은 우리를 창조하시고 섭리하시며 구원하시는 하나님의 은혜를 깨달으며, 하나님께서 절대 주권적인 은혜로 당신께서 기뻐하시는 뜻 가운데서 예정하신 대로 우리를 구원하시고 보전하신다는 사실을 깨닫고 고백하며 찬양하기 마련이다.

그러나 하나님을 믿지 않거나 죄 아래 있는 사람은 하나님의 섭리나 예정을 인식하지도 못할 뿐 아니라 논의조차 할 수 없다. 하나님을 믿는 사람이라고 하더라도 죄를 지었을 경우에는 그 사건에 관여하시는 하나님의 섭리를 논할 수 없을 뿐 아니라 인식하지도 못한다. 죄를 범한 사람에게는 하나님의 작정이나 섭리 혹은 예정을 인식할 수 있도록 밝혀 주는 빛이 가리어진다. 말하자면, 범죄자에게는 예정이나 섭리를 인식할 수 있는 논리적인 사고의 회로가 차단된다.

창세기에서 요셉이 이집트에서 형제들에게 자신의 신분을 밝히면서 하는 말과 야곱이 임종한 후 전전긍긍해 하는 형제들을 위로하는 말에서 우리는 하나님의 예정과 섭리를 이해하는 데 도움을 얻는다.

당신들이 나를 이곳에 팔았으므로 근심하지 마소서 한탄하지 마소서 하나님이 생명을 구원하시려고 나를 당신들 앞서 보내셨나이다(창 45:5).

당신들은 나를 해하려 하였으나 하나님은 그것을 선으로 바꾸사 오늘과 같이 만민의 생명을 구원하게 하시려 하셨나니 당신들은 두려워 마소서 내가 당신들과 당신들의 자녀를 기르리이다 하고 그들을 간곡한 말로 위로하였더라(창 50:20~21).

요셉은 자신이 겪은 모든 일을 하나님의 주권적인 작정과 섭리에 돌렸다. 그런데 이 말을 만일 그 형제들이 한다면 그것은 당치도 않는 말이 될 뿐이다. 죄를 범한 형제들은 하나님의 섭리를 깨닫거나 상기하지 못한다. 그들은 감히 그런 언급을 할 수도 없다. 그들은 다만 자신들의 죄를 뉘우칠 수 있을 뿐이다. 함께 경험한 동일한 사건을 두고 사람들은 자신들의 역할과 처지를 따라 그 사건에 관여하시는 하나님의 작정과 섭리를 고백할 수도 있고 그렇게 하지 못할 수도 있다. 요셉의 형제들처럼 죄를 지었을 경우에는 아무도 하나님의 작정이나 섭리를 운운할 수 없다. 만일 하나님의 섭리를 논한다면 그것은 자신의 죄를 정당화하고 하나님을 힐난하는 더 큰 죄를 범하는 것일 뿐이다.

그러므로 하나님의 작정이나 예정 교리는 그리스도 안에서 구원함을 받은 사람이 하나님의 구원을 확신하는 성숙한 신앙에 이르면 하나님께 감사하고 찬송과 영광을 돌리며 고백할 수 있게 되는 교리이다. 성숙한 신자는 바울 사도의 고백을 따라, "나의 나 된 것은 하나님의 은혜"임을 고백하고 찬양하면서 진정으로 인식할 수 있는 진리이다.

하나님의 작정과 예정은 창세전에 하나님의 뜻 가운데 이루어진 것이므로 역사 세계에 사는 사람에게는 숨겨진 오묘한 것이다. 그러므로 죄를 범한 사람이나 죄 아래 있는 사람은 상기할 수도 없고 감히 언급할 수도 없다. 만일 죄를 범한 사람이 자신의 범죄 행위나 그것과 관련된 사건을 두고 하나님께서 그 일을 섭리하셨다고 하거나 허용하셨다고 말할 수 없는 것이 참이라면, 첫 사람 아담이 죄를 범할 때 그와 함께 죄를 범하여 죄 아래 있게 된 우리는(롬 5:12, 18-19) 아담의 범죄와 타락을 하나님께서 허락하셨던 것이라고 말할 수가 없다.

그러므로 타락 사건을 예정과 선택의 한 과정이나 요건으로 도식화는 것은 '당치도 않는 일'(nonsense)이다. '나' 혹은 '우리'의 범죄를 두고는 범죄를 시인하고 회개할 뿐이므로 우리는 우리 인간의 조상이 죄를 범하였으므로 함께 죄를 범한 죄인임을 고백할 수 있을 뿐이다. 그것을 두고 하나님의 작정이나 예정은 논할 수 없다. 예정을 두고는 우리를 그리스도 안에서 의롭게 하시는 하나님의 자비로우신 은혜에 감사하면서 창세전에 작정하신 하나님의 예정에 대하여 감사하고 찬양할 수 있을 따름이다.

따라서 예정과 작정 교리는 하나님께서 역사 세계에 보여 주신 분명한 말씀과 계명이나 역사 안에서 사건을 통하여 계시하신 하나님의 뜻과는 구별되어야 하는 교리이다. 그러므로 예정 교리는 성경에 있는 말씀대로 단순하게 믿어야 하며 성경이 말씀하는 정도로만 말해야 한다. 반예정론을 논박하느라고 하나님의 예정 교리를 논리적으로 추론하여 성경 말씀보다 더 많은 것을 말하면 오류를 범하게 된다.

그러므로 예정 교리는 예수 그리스도를 믿으면 구원 얻는다는 교리처럼 누구나 다 받아들이도록 강권할 수 있는 교리가 아니다. 이를테면 그리스도를 믿으라는 말씀은 이미 믿는 사람에게나 아직 믿지 않는 모든 사람들이 들어야 하는 말씀이요 교리이지만, 예정 교리는 이미 믿는 사람과 성숙한 신자로 자라가는 사람으로 하여금 깨우치도록 가르칠 수 있는 교리이지, 아직 믿지 않는 사람에게는 말할 수 있는 교리는 아니다. 다시 말하면, 아직 믿지 않는 사람은 알 수도 없고 알 필요가 없는 교리이며, 아직 미숙한 신자는 깨닫기 어려운 교리이다.

그러므로 우리는 비록 예정 교리를 믿으며 하나님께 감사하고 찬양하는 신자라고 하더라도 예정 교리가 구원의 믿음을 요청하는 다른 교리와는 차이가 있음을 인식해야 한다. 요컨대 예정 교리는 신자라면 성경에 있는 대로 깨닫기 마련인 교리이지만, 하나님과 그리스도의 구원의 복음의 경우처럼, 모든 사람에게 받아들이도록 요구해야 하는 교리는 아니다.

요한복음 3:16은 반예정론자(反豫定論者)들이 즐겨 인용하는 말씀이다. 반예정론자들이 '세상을 이처럼 사랑하사'라는 말과 '믿는 자마다'라는 말씀을 들어 예정론을 반대한다. 그러나 그것은 옳지 않다. 성경은 다른 곳에서 하나님의 예정을 증언하기 때문이다. 그런가 하면, 예정론을 지나치게 강조하는 나머지 '세상'과 '믿는 자마다'를 구태여 '택함을 받은 자'라는 말로 대치함으로써 예정론을 강변하는 것도 옳지 않다. 요한복음의 이 말씀은 예정론을 부정하는 말씀도 아니고 예정론을 뒷받침하는 말씀도 아니다.

우리는 성경 말씀을 살아계신 하나님께서 현재의 우리에게 주시는 살아 있는 말씀으로 받아야 한다. "하나님이 세상을 이처럼 사랑하사 독생자를 주셨으니 누구든지 저를 믿는 자마다 멸망하지 않고 영생을 얻으리라" 하는 말씀은 하나님께서 그리스도 안에서 우리 사람들을 구원하신다는 복음의 선포이며, 사람들을 구원으로 초대하시는 말씀이요, 예수 그리스도를 구세주로 받아들이도록 요청하는 말씀이다. 설교자에게는 이를 복음으로 선포하라고 주신 말씀이지, 그 말씀을 두고도 하나님의 예정 문제를 의식하거나 남들에게 상기시키도록 주신 말씀은 아니다. 설교자가 이 말씀을 설교하면서 예정 문제를 의식하면 말씀의 능력과 효능은 그 만큼 약화되기 마련이다. 빌리 그래함의 경우와 같이 전도자는 청중으로 하여금 예수 그리스도를 믿고 받아들이도록, 결단하도록 강력하게 촉구해야 한다. 이러한 결단의 촉구가 하나님의 작정과 상치(相馳)되는 것은 전혀 아니다.

하나님께서 순종을 요구하시는 말씀으로 임하실 때, 하나님 앞에서 우리 인간은 말씀의 배후에 숨겨진 하나님의 작정이나 예정을 추론하거나 그 말씀을 하시는 동기나 의도를 캐묻거나 저울질할 수 있는 존재가 아니다.

우리 사람은 전능하신 창조주 하나님께서 지으신 피조물이므로 그럴 여유도 없고 자격도 없는 존재들이다. 하나님께서 명령하시거나 요청하시면, 우리 사람은 그 의도나 목적을 물을 필요나 틈도 없이 하나님의 말씀에 순종해야 할 뿐인 존재이다.

예정 교리와 제한 속죄

개혁주의 신학에서는 대체로 제한 속죄를 말하는 반면에, 루터교와 경건주의 혹은 신령주의에서는 보편 속죄를 말한다. 개혁주의 신학에서는 예정론을 강하게 주장하는 나머지 그리스도의 속죄의 효능이 택함을 받은 자에게만 미치므로 제한적이라고 한다. 그리고 하나님의 부르심도 효과적인 부르심(effective calling)과 비효과적인 부르심(uneffective calling)으로 구분한다. 부름을 받아 믿음에 이르고 종국적으로 구원에 이르는 사람의 경우를 두고는 효과적인 부르심이라고 하고 부르심을 받았으나 구원에 이르지 못하는 사람의 경우를 두고는 비효과적인 부르심이라고 구분한다.

그런데 이러한 구분법이 적절한 것인지는 좀 더 숙고해 보아야 한다. 속죄의 경우 그리스도를 믿는 택함을 받은 자가 속죄함을 받는다고 하여 그리스도의 속죄의 효능 자체가 제한적이라고 말하는 것이나 하나님의 부르심을 받은 사람 가운데 구원에 이르지 못하는 사람이 있다고 하여 그 부르심 자체를 효과적이거나 비효과적인 것으로 분류하는 것은 의문의 여지가 있다.

벨기에 신앙고백서 제2조는 '하나님에 대한 인식에 관하여'라는 제목 하에 하나님의 계시와 인간의 하나님 인식에 대하여 설명하고 있는데, 그것은 제목을 잘못 붙인 것임을 지적하고 싶다.9) 왜냐하면, "하나님께서 알리신다"는 말과 "하나님께서 알리시므로 우리가 안다"는 말은 동일하지 않은데 양자를 동일시하는 것 같기 때문이다. '하나님의 계시'와 '하나님에 대한 인식'은 동일한 개념이거나 서로 대치할 수 있는 개념이 아니다.

---

9) 김영재, 『교회와 신앙고백』, 128 참조.

로마서 1:18 이하에서 하나님께서 계시로 당신을 알리시나 사람들의 마음이 죄로 어둡게 되고 마비되어 이를 깨닫지 못하는 것이라고 말씀한다. 하나님께서는 당신을 알리시기 위하여 충분히 계시하시지만, 사람의 마음이 어두워져 깨닫지 못한다는 말과 그리스도의 구속의 효능이 비록 만민에게 미칠 만큼 충분하지만 사람들이 이를 받아들이지 않음으로써 구속의 효능이 그 사람들에게는 무효화된다고 하는 말은 같은 논리의 말이다.

그리스도의 속죄가 제한적으로 택함을 받은 이에게 미친다는 것은 결과적으로 할 수 있는 말이다. 그러나 이를 가리켜 그리스도의 속죄가 처음부터 그 효능에서 제한적인 것이라고 보아야 할 이유는 없다. 그러므로 구태여 구속의 결과에 치중하여 구속의 개념을 말한다면, 제한적 구속이라는 말보다는 택함을 받은 이를 위한 그리스도의 구속이란 말이 더 바람직할 것이다.

예정과 견인

웨스트민스터 신앙고백은 제17장에서 성도의 견인(堅忍, perseverance)에 관하여 말한다. "하나님께서 당신의 사랑하는 자(독생자) 안에서 받아들여 당신의 성령으로 실효 있게 부르고 성화시키시는 사람들은 은혜의 상태에서 전적으로 떨어지거나 끝끝내 타락하는 일은 없다. 그들은 끝까지 견디어 영원히 구원을 얻을 것이다"(제1항). 제2항과 3항에서는 성도의 견인이 그들 자신의 자유 의지에서 오는 것이 아님을 말하고 택하여 주신 하나님 아버지의 불변하시는 사랑과 예수 그리스도의 공로와 중재하심과 성령이 성도들 안에 거하시며 하나님의 씨가 그들 가운데 있는 사실과 계약의 효능으로 말미암아 확실히 구원을 얻는다고 말한다(제2항). 그러나 성도들이 지상에서 사탄의 유혹으로 말미암아 하나님께 불순종하는 길을 가고 죄에 빠지기도 하는데, 그럴 경우 그들은 마지막 구원은 받으나 현세적인 심판을 면치 못한다고 한다(제3항).

제18장에서는 다시금 '은혜와 구원의 확신에 관하여' 말한다. 위선자나

거듭나지 못한 사람과는 달리 주 예수를 진실히 믿는 성도가 갖는 확신은 구원을 약속하신 하나님의 진실을 믿으며 약속하신 은혜의 내적 증거와 우리가 하나님의 자녀가 된 것을 알려 주시는 성령의 증거하심으로 말미암아 얻게 되는 것이라고 한다(제2항). 제18장 제4항에서는 제17장 제3항에서와 마찬가지로 확신에 거하는 자가 그 믿음이 흔들릴 경우를 들면서 결국에는 구원의 확신을 회복하며 극도의 절망에서 해방될 것이라고 말한다.

구원의 교리를 말하면서 택함을 받은 자는 그리스도를 믿고 성 삼위 하나님의 은혜로우신 역사로 끝까지 견디어 영원히 구원을 얻는다는 교리는 성경이 가르치는 말씀이다. 진실하게 믿는 신자는 그 사실을 믿어 유익을 얻고 하나님께 영광과 감사를 돌린다. 그러나 타락한 자라도 택함을 받은 자면 종국에는 회개하고 구원을 얻는다는 설명은 사변적인 추론에서 하는 말이다. 하나님께서는 죄를 미워하시되 독생자를 희생하시기까지 하셨으며, 죄에 대하여는 분노하시고 준엄하게 심판하시는 분이심을 성경은 너무나 분명히 가르치고 있으므로 견인 교리를 설명함에 있어서 "택함을 받은 자는 죄에 빠지더라도"하는 가정법을 삽입하여 논리를 전개하는 것은 바람직하지 않다.

'택함을 받은 자'는 하나님께서 그리스도 안에서 구원하기로 작정하시고 그 길로 인도하시는 사람이므로 그를 두고 구원에 대한 부가적인 설명이 필요 없다. 만일 덧붙여 설명한다면 그것은 반복 논리(tautology)일 뿐이며, "죄에 빠지더라도……"하는 말은 불필요한 가정법이다. 그것은 독생자를 희생함으로써 죄를 용서받는 길을 주실 정도로 죄에 대하여는 철저하게 진노하시고 벌하시는 하나님을 가볍게 여기는 논리적 희롱일 뿐이다.

견인 교리는 3인칭의 가정법이나 도식화된 논리로 이해해야 하는 교리가 아니고 하나님 앞에 선 우리 자신을 두고 생각해야 하는 교리이다. 성경은 우리 성도들을 2인칭으로 지칭하여 "두렵고 떨림으로 구원을 이루라"고 말씀하신다(빌 2:12). 그리고 견인 교리는 하나님께서는 작정하시고 우리에게 약속하신 대로 지켜 행하시는 미쁘신 분이시므로 그분을 신뢰하게 하는 교리이며, 우리로 하여금 "내가 확신하노니 생명이나 천사들이나 권세자들이나 현재 일이나 장래 일이나 능력이나 높음이나 깊음이나 다른 아무 피조물이라도 우리를 우리 주 그리스도 예수 안에 있는 하나님의 사랑에서 끊을 수 없으리라"(롬 8:38~39)고 하는 바울의 고백과 찬송을 따라 우리의 신앙을 고백하고 찬양하게 하는 교리이며 충성을 다하게 하는 교리이다.

예정 교리에 대한 새삼스런 고찰은 개혁주의의 예정론과 아르미니우스주의의 반예정론의 무슨 타협점을 발견하려고 한다거나 그런 가능성을 모색하자는 것은 아니다. 예정론은 인간의 의지와는 관계없이 하나님께서 주권적으로 사람을 구원하거나 버려두기로 미리 정하셨다는 사상이고, 반예정론은 하나님께서 예정하시되 인간의 자유 의지를 고려하여 예정하셨다고 하는 반론이므로 두 사상의 타협이나 조화는 있을 수 없다. 예정 교리는 구원론에서 인식되는 것이지만 결국은 하나님의 주권 사상에 귀결되는 교리이다. 개혁주의는 인간으로 하여금 신앙하게 하시는 하나님에게 중점을 두는 반면에, 아르미니우스주의는 하나님을 신앙하는 인간에 역점을 둔다.

그러나 오늘의 개혁주의 신학자가 아르미니우스주의자를 적대시하고 이단시하던 17세기의 개혁주의자의 시각으로 예정 교리를 이해할 수는 없다. 왜냐하면 부흥 운동을 경험하고 위대한 선교의 시대를 살아오면서 개혁주의 신자들은 아르미니우스주의 사상을 수용하는 신자들을 마침내 형제로 여기며 선교하는 일에 협력하게 된 것이 역사적 현실이기 때문이다. 그리고 도르트 신조 이후 아르미니우스주의 논쟁에 깊이 개입했던 17세기의 개혁주의 신학은 예정 교리를 변증하느라고 그것을 지나치게 객관화하고 체계화하면서 예정 교리의 특이성을 간과하였음을 발견하기 때문이다.

예정 교리가 비록 신론에 속한 교리이지만 구원론에서 이해할 수 있는 찬송(doxology)의 교리이므로 그냥 3인칭의 서술문으로나 도식화하는 논리로 서술할 수 있는 교리가 아닐뿐더러, 누구에게나 인식을 요구할 수 있는 교리도 아니다. 그것은 그리스도 안에서 구원받은 신자가 구원에 감격해 하면서 비로소 깨닫고 고백할 수 있는 은닉된 교리이다. 오늘의 개혁주의자가 복음주의적인 아르미니우스주의자를 "형제"로 여기며 복음을 위하여 상호 협력하게 된 근거를 우리는 바로 예정 교리의 특이성에서 찾을 수 있다. 이런 점을 분석하고 분별하는 것은 개혁주의 신학의 발전이지 결코 타협이나 후퇴일 수 없다.

칼빈과 웨슬리 신학 공관

아세아연합신학대학교(ACTS)를 설립하여 육성해 온 한철하 교수가 1986년도 ACTS 신학의 과제를 제안하고 1993년 3월에는 ACTS 신학 건설의 과제와 그 방법론을 제안하였다. 첫째로 기독교의 중심 진리를 규명하고, 둘째로는 서양 신학이 중심 진리보다는 지엽적인 교리를 따지는 일에 노력을 집중하였다고 하며 세계 교회의 각 교파나 진리 주장에 대하여 종합적 비판적 접근을 시도할 것을 제안하였다.

1997년 4월 25일자로 한국 복음주의 신학회에서 발표한 신학 공관의 두 번째 글과 1998년 봄 학기에 제안한 세 번째의 글에서 복음주의 신학의 중심 진리가 죄로 말미암아 죽게 되어 있는 인간이 하나님의 독생자 예수 그리스도로 말미암아 죄 사함을 받고 구원을 얻는다는 교리라고 말하고, 이 중심 진리를 선양하는 일을 신학의 각 분야가 주요 과업으로 삼아야 한다고 말했다. 칼빈은 자신의 기독교강요에서 신학적으로 이를 가장 잘 드러내고 있으며, 칼빈의 신학을 이어 받아 이를 가장 잘 실천한 이가 웨슬리라고 말하면서, 오늘날 이 중심 진리를 선양하려면 먼저 칼빈과 웨슬리 신학을 회복해야 한다고 말한다.[1] 그리고 이러한 복음주의적인 신학 공관이 구원에 대한 관심에서 이탈해 온 서양 신학에도 동조와 활기를 불러일으킬 수 있기를 희망한다.

여기 글에서 먼저 한철하 교수의 신학 공관의 제안이 어떤 역사적인 상황과 필요에서 나온 것인지를 먼저 고려하고 교회 역사에서 구원의 종교인 기독교 진리에 대하여 사람들이 어떻게 신앙하고 신학적으로 설명하며 반응했는지, 그리고 구원에 대한 신앙과 행함과의 관계를 어떻게 이해하고 실천했는지를 나름대로 간략하게 고찰해 보기로 한다.

ACTS 신학 공관은 필요한 과제

신학 공관을 추구하는 일은 먼저 ACTS에게는 당위에 속하는 과제이다. ACTS가 아시아의 선교를 위하여 세워진 초교파적인 신학 교육 기관이므로 학교의 신학적인 정체성을 확인하는 일은 당연히 할 만한 일이다. 그리고 신학 공관을 구원에 관한 교리를 중심 교리로 보는 것은 선교를 우선적인 과제요 목표로 삼고 있는 교육 기관을 위해서는 당연한 귀결이라고 할 수 있다. 그리고 칼빈과 웨슬리의 신학에서 구원론의 신학 공관을 찾는 것에도 그럴 만한 충분한 이유가 있는 줄 안다.

칼빈과 웨슬리 두 사람이 루터와 나란히 종교개혁 이후 오늘에 이르기까지의 시대를 통틀어 신학과 교회 운동에 크게 공헌한 신학자요 각자가 개혁주의 교회, 감리교 및 루터교의 창시자들이기 때문이다. 장로교가 칼빈주의 전통에 속하는 것은 자명한 일이나 감리교 역시 넓은 의미에서는 칼빈주의 전통에 속한다. 그리고 두 사람의 영향으로 생겨난 장로교와 웨슬리안의 감리교 및 감리교에서 파생한 성결교가 한국에서 가장 크고 영향력 있는 교세를 가진 교파 교회들로 성장했기 때문이다.

---

[1] 한철하, 『21세기 인류의 살길』 (서울: 아세아연합신학대학교출판부, 2003), 48 이하: "새 천년과 복음주의 신학의 과제".

위의 세 교회 선교사들은 한국에서 선교 초기부터 함께 협력하고 초기의 대부흥(1904~7)에 함께 참여하며 성장해 왔다. 1905년에는 장로교와 감리교 선교사들이 하나의 조선 교회를 세우는 일을 두고 함께 논의하기도 하였다. 예배 의식이나 순서도 비슷할 뿐 아니라 1908년에는 찬송가도 합동으로 편찬하여 사용하였다. 장로교와 감리교 선교사들은 일찍부터 선교를 위한 지역 분담 협정을 하기도 하였다. 비록 그것이 공식화되지는 못했으나 양 교회는 1920년대 초까지 그 원칙을 지키려고 노력하였다.

교회 설립 초기부터 해외 선교에 힘썼다. 해방을 맞이한 장로교 총회는 1947년 산동 선교 사업을 계속하기로 결의하였으나 중국이 공산화되었으므로 실현할 수 없었다. 1955년부터는 태국과 대만에 한두 명의 선교사를 보냈으나 약 10년간은 선교사 파송이 거의 중단되었다가 1967년부터는 선교사 파송이 다시금 회복되어 한 해에 두어 사람 혹은 몇 사람씩 선교사로 나가게 되었다. 이렇게 소강 상태를 유지하다가 1977년 후반부터 선교사의 파송이 활기를 띠기 시작하였다.

1971년에 한철하 교수와 몇몇 복음주의 신학자들이 함께 복음주의신학회(KETS)를 조직하였으며, 1974년에 그는 아세아 선교를 위하여 ACTS를 설립하였다. 그러므로 구원을 중심 진리로 파악하려는 한철하 교수의 신학 공관의 제안은 ACTS를 위해서 새삼스런 일이 아닐 뿐 아니라 한국 교회와 한국 복음주의 신학을 위하여서도 당연하고 의미 있는 일이다.

초대 교회 시대의 구원자와 구원에 대한 관심

구원은 종교의 보편적이며 궁극적인 관심사이다. 그런데 사람이 어떻게 구원을 얻느냐 하는 가르침에서 종교들이 지닌 특징이 드러나고 차별화가 이루어진다. 구원자의 개념이 흐린 종교에서는 구원을 찾는 수행이나 구도가 있을 뿐이다.

기독교는 구원이 종교적인 수행이나 구도를 통해서가 아니고 구약성경과 이스라엘 역사에서 창조주시며 구원의 주로 당신을 나타내 보이신 하나님께서 약속하신 대로 당신의 독생자 예수 그리스도를 보내셔서 그를 믿는 자의 죄를 사하시고 구원하시는 진리를 가르치는 종교라는 점에서, 따라서 기독교의 창시자 예수 그리스도는 구도자가 아니고 구원을 주시는 분이라는 점에서 다른 종교와는 확연히 구별된다. 기독교 신학에서는 구원자의 교리와 구원의 교리가 불가분의 것이지만, 시대를 따라 혹은 지역을 따라 신학자들은 성경이 가르치는 특정한 교리에 더 많은 관심을 가지고 논의하였으며 구원자와 구원의 교리 어느 한 쪽에 더 역점을 두고 논의하기도 했음을 관찰하게 된다. 초기 교회의 신학자들은 구약 종교와 기독교의 단절과 연속성을 밝히고 신약성경의 정경화에 관심을 가지는 한편, 예수 그리스도의 신성에 관한 교리, 즉 삼위일체 교리와 그리스도의 인성과 신성의 관계에 관한 교리에 관심을 쏟았다.

예수가 참으로 그리스도이고 하나님의 아들인지 하나님의 아들이시면 하나님 아버지와는 어떤 관계이시냐 하는 질문에 답하여 325년의 니케아 교회 공의회는 아들은 아버지와 동본질(同本質)이며 성부, 성자, 성령이 한 하나님이시라는 삼위일체 교리를 교의화하였다. 이를 반대하는 아리우스파의 반론을 극복하고 니케아의 신앙 고백을 재확인하며 내놓은 것이 381년의 콘스탄티노플 신앙 고백이다. 삼위일체 교리를 두고 한창 논의하던 4세기 중반 이후부터 신학자들은 성령에 관하여 논의하기 시작하였다. 그 이전까지는 단지 하나님의 능력으로 알았던 성령을 삼위의 한 분임을 새삼 깨달으며 인격으로 인식하게 되었다.

삼위일체 교리가 교의로 확정되자 신학자들은 예수 그리스도의 신성과 인성이 어떻게 그의 인격을 이루는 것인지를 논의하기 시작하였다. 여러 논쟁을 거쳐 451년의 칼케돈 공의회는 예수 그리스도는 참 하나님이시며 참 사람이시라는 신앙고백을 받아들여 그리스도의 양성(兩性) 교리를 교의화하였다.

동방의 신학자들이 구원자에 대하여 더 많은 관심을 가지고 사변하고 있을 때, 서방에서는 보다 실질적으로 인간의 죄와 구원 자체에 관한 주제에 더 많은 관심을 가졌다. 이러한 관심의 차이는 곧 동방과 서방의 사상과 문화적인 배경의 차이를 반영하는 것이기도 하다. 서방에서는 터툴리안(160경~220) 이후 인간의 원죄에 관한 교리를 말함과 동시에 사람이 어떻게 구원을 얻는가에 관심을 가졌었는데, 인간이 자유 의지로 구원에 참여할 수 있다고 주장한 펠라기우스에 반대하여 구원은 오직 하나님의 은혜로만 가능하다고 말한 어거스틴(354~430)은 구원하시는 창조주 하나님과 인간의 구원에 관한 신학을 가장 포괄적으로 다룬 신학자이다.

7세기와 8세기에는 성상 숭배를 허용하는 문제가 동방에서 하나의 중요한 신학적인 과제가 되었는데 처음에 반발하던 서방도 이를 수용하였다. 9세기와 11세기에는 성만찬론이 중요한 논제가 되었다. 성찬의 떡과 포도주가 그리스도의 살과 피로 변한다는 변화설과 그러한 요소들은 단지 상징일 뿐이라는 상징설이 대칭을 이루었다. 중세 가톨릭교회는 롬바르두스(Petrus Rombardus, ~1160)가 말한 화체설을 1215년 제4차 라테란 회의에서 사제(司祭) 사상과 함께 받아들임으로써 교의화하였다. 실은 초대 교회 시대의 교부들 중에는 상징설보다 변화설을 말한 이들이 더 많았다. 그런데 단순한 믿음으로 신비적인 변화를 말하는 변화설은 후기의 화체설과는 구별해야 할 것이다.

초대 교회 시대는 예수가 누구시냐 하는 질문과 성령이 하나님이시며 인격이시냐 하는 질문에서 그리스도와 성령을 존재론적으로 설명하는 데 머물렀으나, 중세에 와서는 예수 그리스도의 직능에 관하여 더 많이 논하게 되었다. 구원에 대한 관심에서 그리스도의 직능에 관하여 사색하게 되었는가 하면, 그리스도의 직능에 관하여 사색함으로 말미암아 구원론에 더 관심을 가지게 된 것이다.

철학적 사색과 구원론 중심의 사색

구원 교리는 구원자와의 상관 관계에서 논해야 하고 구원자의 교리는 구원 교리를 염두에 두고 논해야 하는 것인데, 충분히 그렇게 하지 못한 경우가 있음을 발견한다. 신학자들이 삼위일체 신론과 기독론을 논의함에 있어서 하나님의 아들이 사람이 되신 일을 설명하면서 초기의 신학자들은 성육(incarnation)을 헬라적인 세계관과 논리로 설명하려고 했으므로 로고스 기독론을 벗어나지 못했다.

로고스에 대한 헬라적인 개념은 로고스가 초월적인 신과 물질 세계를 중계하는 존재로서 초월적인 신보다는 열등하다고 이해하는 것이므로 로고스로 그리스도를 설명하는 논리로는 로고스인 아들이 아버지에게 종속적인 관계에 있다는 이해에 머물렀다. 그런데 이를 극복한 이가 구속론적으로 이해한 이레니우스(Irenaeus, ~202)이다. 그는 로고스로써 그리스도를 설명할 것이 아니라 그리스도로써 로고스를 설명해야 한다고 제안하였다. 다시 말하면, 성육이 어떤 방식으로 이루어진 것인지를 사색하는 것이 아니고 하나님이 왜 사람이 되셨는지를 성경의 말씀을 따라 밝힘으로써 사람을 구원하러 오신 그리스도에 대한 바른 이해에 접근하였다.

그러나 이레니우스 이후의 신학자들도 로고스 교리를 완전히 탈피하지 못했다. 예를 들면, 오리겐(Origen, 185경~254)은 아들의 아버지와의 관계에서 동영원성(同永遠性)은 인정하나 동등함을 인정하는 일에는 취약한 데 반하여, 터툴리안은 아들의 동등성(同等性)은 말했으나 그리스도의 시간 안에 탄생을 언급하는 등 동영원성을 인정하는 데는 부족하였다.

중세의 스콜라 신학자들은 안셀무스를 비롯하여 토마스 아퀴나스에 이르기까지 철학적인 논리와 방법론을 신학에 적용함으로써 기독교 신학을 풍성하게 하고 나름대로 깊이 있게 사색하는 데 공헌하였다. 하나님의 존재를 증명하는 철학적인 사색에서 유신론적 논증을 시도한 것이 인상적이다. 안셀무스는 "하나님은 그보다 더 위대한 것은 상상할 수 없는 존재"(We define God as a being than which nothing greater can be thought.)라고 정의함으로써 우리가 마음으로 생각하는 어떤 것은 마음 밖에도 존재한다고 말함으로써 본체론적 논증을 시도하였으며, 토마스 아퀴나스는 본체론적 논증을 거부하고 대신에 우주론적이며 목적론적인 논증을 제시하였다. 그런데 유신론적 논증이 이미 믿는 사람으로 하여금 자신의 신앙이 맹목적인 것이 아님을 확인하는 일에는 도움을 주지만 믿지 않는 사람으로 하여금 하나님을 믿게 하는 데는 별 도움이 안 된다는 사실을 알았으나, 그들은 신론 이외의 다른 주제를 다루는데도 역시 유신론적인 접근으로 일관했음을 볼 수 있다.

안셀무스(1033-1109)는 그리스도의 구속을 두고 논하면서 보상설(satisfaction theory)을 말함으로써 그리스도의 대속이 어떻게 성립되며 어떻게 그것이 인간의 구원을 이루는지를 구조적으로 혹은 합리적으로 설명하려고 하였다. 그러나 성경은 제사 제도가 그리스도의 대속의 모형이라고 말하며, 하나님께서 당신의 언약에 따라 그리스도의 화목제에 근거하여 속죄가 성립되는 것임을 가르친다. 광야에서 이스라엘 백성들이 뱀에게 물려 죽게 되었을 때 모세가 처든 구리 뱀을 처다 보는 이들은 나음을 얻었다. 구리 뱀을 보는 것과 그것으로 인하여 치유를 얻는 일과의 인과 관계를 합리적으로 설명할 수 있는 연결 고리는 없다. 백성들은 모세를 통하여 주신 하나님의 약속의 말씀을 믿고 따름으로 나음을 얻었을 뿐이다. 그리스도의 구속의 효능도 마찬가지이다(요 3:14~15).

그리스도의 구속은 하나님의 언약과 하나님께서 제정하신 법에 따라 성령의 일하심으로 그 효력이 발생한다. 하나님의 뜻과 원리는 우리의 생각을 초월하는 것이므로 믿음으로 받아들여야 한다(사 55:8~9). 인간의 생각과 하나님의 생각과의 간극을 메우시는 분은 성령이시다. 이 간극을 철학적인 논리로 메우거나 연결하려고 하는 것은 성령께서 일하실 자리를 배제하는 것일 뿐이다.

신의 존재를 논증함으로써 자연신학의 가능성을 말하는 토마스 아퀴나스

(Thomas Aquinas, 1225~1274)는 구원을 베푸시는 하나님의 은혜에 관해서도 같은 방법으로 논리를 전개한다. 토마스는 인간의 구원은 하나님의 은혜로 되는 것임을 말하면서도 그 은혜를 아리스토텔레스가 존재를 다룰 때처럼 분석한다. 성경이 말하는 값없이 주시는 은혜, 즉 인간의 노력과 논리를 초월하는 은혜를 말하면서도, 논리적인 분석을 통하여 인간의 노력과 공로로부터 시작하여, 토마스 자신이 말했듯이, 말로 다할 수 없이 값진 칭의의 은혜에 이르기까지의 단계를 논리의 고리로 연결하며 추리한다.[2]

토마스는 은혜를 '거룩하게 만드는 은혜'(gratia gratum faciens)와 '값없이 주어진 은혜'(gratia gratis data), '역사하는 은혜'(gratia operans)와 '더불어 역사하는 은혜'(gratia cooperans)로 구분한다. 그리하여 죄인의 칭의는 '역사하는 은혜'의 일이고 '더불어 역사하는 은혜'의 일은 공로라고 말한다. 토마스는 또한 '몸에 밴 행위의 은혜'(gratia habituelle) 또는 '주입된 은혜'(gratia infusa) 등을 말함으로써 은혜가 칭의의 은혜에 이르는 준비이며, 칭의의 은혜로 나아가는 행위에 속하게 되는 일부로서 자유의지를 가동하는 은혜임을 말한다. 그리고 은혜의 사역을 다섯 가지로 말한다. 즉 영혼의 치유, 선을 행하려는 노력, 선행의 완수, 선행의 지속, 영화(榮華)에 대한 갈망이다. 인간의 구원을 위한 초기의 노력과 공로 역시 하나님의 은혜라고 말하고, 하나님의 은혜를 받기 위한 준비 단계의 은혜를 말한다. 그러다 보니까 토마스주의자들 역시 중세 교회를 병들게 한 공로주의를 종교 개혁자들처럼 극복하지 못한 것이다.

이러한 신학적인 사고는 다른 신학의 주제에도 적용된다. 성경을 두고도 초대 교회가 받아들인 구약 39권과 신약 27권의 정경 이외에 신구약 중간 시대에 기록된 외경을 성경에 포함시킨다. 개신교의 시각에서 보면 로마 가톨릭이 종교적인 교훈과 묵시 문학을 담고 있는 외경을 정경에 이르는

---

[2] Otto Hermann Pesch, *Albrecht Perers, Einführung in die Lehre von Gnade und Rechtfertigung* (Darmstadt: Wissenshchaftliche Buchgesellschaft, 1981), 103-107.

징검다리 격으로 이해하는 데서 성경에 포함시킨 것이라고 볼 수 있다. 트렌트회의의 결정에 보면 성경의 책들을 들면서 구약의 책들과 외경을 아무런 구분 없이 나열하고 있다.

화체설만 하더라도 같은 맥락에서 볼 수 있다. 로마 가톨릭은 철학적인 개념인 실체(substance)를 논리적 징검다리로 사용하여 성찬의 요소와 그리스도를 하나로 연결한다. 성찬의 요소와 그리스도를 합리적인 논리로 연결하다 보니 그 둘을 연결 지어주는 성령의 자의적인 사역을 "성령의 은혜가 성례를 통하여 자동으로 주입된다"(ex opere operato)라는 말로 배제한다.

8세기에 성상의 문제로 논의가 있었을 때 그리스도의 성상을 지지하는 사람들은 성상이 백성들과 그리스도 간의 간격을 좁혀 주고 그리스도 그분을 인식하도록 인도하는 것이라고 한 반면에, 성상을 반대하는 이들은 성상이 진정한 그리스도로 향하는 믿음과 지식을 가로막는 것이라고 하였다. 믿음 이외의 인간의 이해와 예수 그리스도를 철학적인 논리로 연결하려는 시도는 그리스도를 진정으로 아는 길을 그 만큼 가로막는 것이다.

종교개혁자들이 성경을 모든 사유(思惟)와 생활의 근거요 기준으로 여기며 성경의 권위를 모든 것 위에 두는 데 반하여, 로마 가톨릭교회는 성경의 권위를 인정한다면서 동시에 교회의 전통을 같은 권위에 둠으로써 성경의 권위를 상대화한다. 로마 가톨릭은 자연 신학의 가능성을 인정하므로 구원의 은혜와 칭의를 두고도 '오직 믿음'에는 이르지 못하고 공로, 성상 숭배, 면죄부 등 믿음 이전의 단계 혹은 믿음 외적인 요소들을 수용한다. 그로 말미암아 신자와 그리스도와의 사이에 성자들과 마리아가 들어서게 되며 그 일로 인하여 예수 그리스도는 그만큼 가려지게 되는 것이다.

종교 개혁자들의 '오직 믿음'

종교 개혁자들은 단순히 교회의 부정과 부패를 지적하고 도덕적인 갱신을 시도한 것만이 아니고, 기독교 본래의 신앙을 흐리게 하는 모든 요소들을 제거하고 하나님에 대한, 그리고 그리스도에 대한 진정한 신앙, 즉 구원을 확신하는 기독교 본래의 신앙을 회복하려고 하였다. 구원의 문제로 고민하던 루터가 '이신득의'(以信得義)의 교리를 발견하고 많은 사람들에게 하나님을 믿는 신앙에 생기를 불어넣은 것이다.

종교개혁자들의 '오직 성경으로'(sola scriptura)라는 말은 성경이 우리의 신앙과 생활의 척도가 된다고 천명하는 말이며 교황의 절대적인 교권에 도전한 말일 뿐 아니라, 스콜라 신학의 철학적인 사색이나 논리를 배격하고 신학의 기초와 모든 과정을 성경에 둔다는 선언이다. 따라서 성경이 가르치는 대로 사람의 구원은 '오직 하나님의 은혜로'(sola gratia) 말미암는 것임을 말한다. 그리고 은혜의 교리의 핵심은 칭의의 교리임을 발견하고 칭의는 '오직 믿음으로' 얻게 되는 것임을 역설한 것이다. '오직 믿음으로'는 로마 가톨릭이 공로를 포함시켜 이해하는 은혜 개념과는 달리 일체의 공로를 배제한다는 의미에서 '오직 은혜로'의 개념을 더 보완하는 말이기도 하다.

'오직 은혜로'라고 할 때의 은혜는 하나님께서 모든 믿는 자에게 당신의 아들 예수 그리스도를 희생시킴으로 값없이 베푸시고 의롭다고 여겨주시는 구원의 은혜이며, 하나님의 자녀요 백성으로 살게 하시는 은혜이다. 믿음은 사람이 자신이 죄인임을 고백하고 이 구원의 은혜를 받아들이는 것이다.

성경이 증거하는 대로, 구원을 주시는 은혜의 원천이 또한 예수 그리스도시며, 믿음의 대상과 내용도 예수 그리스도이시므로, '오직 성경으로', '오직 은혜로', '오직 믿음으로'라는 표어는 종교 개혁자들에게 교권주의와 성상 숭배와 자연 신학에 가려 있던 구원의 주 예수 그리스도를 드높이는 말임과 동시에 믿는 자로 하여금 그리스도께 이르게 하시는 성령의 사역을 전제하는 말이다.

구원 신앙에서 이탈한 계몽주의와 자유주의 신학

종교개혁 이후 16세기 후반부터 약 100년간을 정통주의 시대라고 하는데,

가톨릭과 개신교 신학자들은 자신들의 신학의 정통성을 변증하느라고 교리 논쟁에 몰입하였다. 그것은 루터교와 개혁주의 신학자 간에도 마찬가지였다. 그리하여 신학자들이 객관적인 진리 확립에 골몰한 나머지 성경의 중심 교리보다는 지엽적인 교리를 사변하는 바람에 종교 개혁자들의 신학과는 달리 교회의 신앙에 생동성을 주지 못하게 되었다. 17세기에 후반에 이에 대한 반발로 경건주의 운동이 일어날 무렵에 경건주의와는 양극을 이루는 계몽사조와 합리주의 신학 운동이 일어났다.

1648년 가톨릭과 개신교의 30년 전쟁이 베스팔렌 조약으로 종식되어 평화를 누리는 시대를 맞이하였다. 서로가 평화를 누리기로 했다는 말은 피차가 자기만을 고집하는 독선을 지양하고 상대방을 이해하며 관용한다는 자세를 가질 때 가능하다. 이러한 역사적 상황과 때를 같이하여 일어난 사상 운동이 계몽사조이다. 영국에서는 과격한 청교도 혁명에 대한 반발과 과학 지식의 발달과 기독교 세계 밖의 문화 및 종교와의 접촉, 문학의 진흥, 관용주의(Latitudinarianism) 신학의 합리화 등이 기독교 교리에 대한 이해를 약화시키는 계몽사상을 촉진하였으며, 유럽 대륙, 특히 네덜란드에서 일어난 아르미니우스주의와 쏘시니우스주의와 스피노자와 베일 등의 기독교에 대한 비평들도 잉글랜드 계몽사상에 큰 영향을 끼쳤다.

영국에서 시작된 계몽사상은 독일로 가서 계몽신학을 낳아 반성경적이고 반교회적인 성향을 띠게 되었으며, 18~19세기의 자유주의 신학에의 길을 열었다. 계몽사상은 가톨릭이 지배하는 프랑스로 가서는 일찍이 무신론적 성향을 띠게 되었다.

중세 스콜라 신학자들이 철학을 신학의 시녀라고 칭하며 철학적인 논리를 성경의 진리를 설명하는 방편으로 사용할 때만 해도 그들은 기독교 진리를 이해하고 드러내려는 목적에 투철하였다. 그런데 계몽사상가들과 자유주의 신학자들은 성경을 제쳐 두고 인간의 이성을 사고의 척도라고 주장하며 교회가 전통적으로 믿어온 교의를 폐기함으로써 교리 없는 기독교를 논하였다. 그들은 성경을 고문서로 전락시킴으로써 성경이 가르치는 구원자와 구원에 관한 신앙과 지식을 상실하였다.

19세기의 자유주의 신학자들은 구원자로서 예수 그리스도에 대한 신앙을 상실함으로써 삼위일체 교리도 망각하게 되었고 구원론 중심의 신학 공관에 참여할 수 있는 근거나 전제도 상실하였다. 그들의 신학은 종교학으로 실추되었으며 그들이 다다른 종착지는 종교다원주의이다.

성경을 한갓 문서로 인식함으로써 기독교의 종교성마저 놓지는 자유주의 신학자들에게 신학은 설교로 환원되기에는 불가능한 것이 되었다. 그리하여 독일의 목회자들은 어떻게 무엇을 설교해야 할지 모르는 상황에 처해 있을 때 바르트는 말씀의 신학을 말함으로써 그들에게 다시금 설교할 수 있는 용기를 주었다. 그러나 그의 신학에 근거한 설교는 열매가 없음이 드러나고 있다. 바르트는 하나님의 생각과 인간의 생각 간에 간극을 인식하고 합리적인 논리로 하나님께 도달하려는 그 어떠한 가능성도 철저히 배제하면서 신학적 자유주의를 반대하여 기독교 신앙을 정통주의 신학의 방향으로 선회시키려고 시도한 것으로 말한다. 그러나 그의 소위 신정통주의 신학은 하나님과 인간 간의 간극을 긍정과 부정의 변증법 논리로 극복하려고 함으로써 성령의 사역을 배제한 것이다.

설교에서 진리에 대하여 이성적인 이해를 위한 설명만 있고 믿음을 촉구하는 선포가 없으면, 그런 교회에는 부흥이 없고 생동감이 없기 마련이다. 사람으로 하여금 죄를 깨닫게 하고 회개케 하며 믿게 하시는 성령께서 일하실 자리를 드리지 않으면, 사람에게는 중생도 칭의에 대한 확신도 없고 희열도 없다. 20세기 독일의 신학자들에게서 사죄(Versöhnung)나 성령의 사역에 관한 개념이 흐린 것은 그런 이유에서다.

칭의는 성도가 믿음으로 개별적으로 얻는 것이지만, 성화는 의롭다함을 받은 성도들이 더불어 살면서 이루어 가는 것이다. 다시 말하면, 성화는 성도들이 교회의 지체로서, 즉 하나님의 백성으로서 함께 하나님의 거룩하신 성전으로 지어져 가는 삶의 과정이다(엡 2:21~22). 모이기를 힘쓰지 않는 기독교 공동체, 교회 출석도 않고 하나님의 말씀을 듣는 일도 없으며, 성례에 참례하는 일도 없고 성도의 교제도 없는 교인들과 그러한 공동체는 성도가 함께 이루어 가는 성화를 경험하지 못한다.

청교도 운동과 경건주의 운동

한국에 전수된 신앙 유형을 흔히 청교도적이며 경건주의적이라고 말하는데, 청교도 운동은 종교개혁이 일어난 16세기 중반에 잉글랜드에서 앵글리칸 교회가 개혁을 어설프게 한 데 대하여 불만을 가지고 보다 철저한 개혁을 주창하면서 일어난 신앙 운동인 반면에, 경건주의는 17세기 네덜란드와 독일에서 사변적인 신학으로 경직된 전통주의 신학에 반기를 들고 내면의 경건을 주창하며 일어난 신앙 운동이다. 청교도들은 칼빈주의 전통에 속했으므로 통전적인 신앙을 가진 데 반하여, 경건주의는 루터교의 전통에 속했으므로 구원론에 집중적인 관심을 가진다. 그리하여 회개, 중생, 새 사람으로 사는 일 등 실제적인 경건 생활을 강조하였다.

네덜란드에서 일어난 경건주의 운동은 청교도의 영향을 받았다. 윌리엄 에임스(William Ames, 1576~1633)는 청교도 사상을 전하면서 신자의 생활을 강조하였다. 경건주의자들이 강조한 중생의 교리는 영국의 토마스 테일러(Thomas Taylor, 1576~1633)와 윌리엄 웨이틀리(William Wately, 1586~1639)에서도 볼 수 있다. 그러나 경건주의 운동의 주류는 독일의 루터교 지역에서 일어났다. 청교도의 신학은 정통주의 신학 전통에 속하지만, 대륙에서는 정통주의 교회가 국가 교회 혹은 국민 교회의 주류이고 경건주의는 소수의 그룹이었는 데 반하여, 영국에서는 앵글리칸이 국가 교회이고 개혁주의적 정통주의 신학에 충실하려던 청교도가 소수의 비국교도였다는 점에서 청교도와 경건주의가 신학의 전통은 달랐으나 경건한 삶을 강조한 점은 유사하다.

칭의의 교리를 새롭게 발견한 루터는 로마 가톨릭의 공로주의에 반대하면서 내내 칭의의 교리를 밝히는 일에 정진하였다. 말하자면 사람이 어떻게 하나님의 백성이 되느냐 하는 구원 문제에 우선적인 관심을 기울였다. 그러한 경향은 구원론을 먼저 다루는 루터교의 신앙고백에 그대로 반영되고 있으며, 루터의 종교개혁 정신을 되살린다고 자부하는 경건주의자들 역시 구원론을 중심으로 하는 신학을 펼치며 중생의 경험을 중시하고 비교적 주관적인 감정에 호소하는 것임을 발견한다.

이에 반하여 청교도들은 하나님의 주권을 강조하는 한편 기독교 교리 전체를 보다 균형 있게 강조한다. 루터교의 신앙고백이나 경건주의자들의 신학적인 관심은 "사람이 어떻게 구원을 얻느냐" 하는 질문에서 시작하는 반면에, 칼빈주의 교회와 청교도들은 "사람의 제일 되는 목적이 하나님을 영화롭게 하며 그를 즐거워하는 것"이라는 말로 시작하는 제네바와 웨스트민스터 요리문답에서 보듯이 사람을 구원하시는 하나님에게 더 많은 관심을 둔다.

두 운동의 차이는 교회관에서도 두드러지게 드러난다. 루터는 교회를 "신자의 모임"(communio sanctorum)이라고 정의하는 한편, 개혁 운동 초기에 만인 제사장론을 말했다. 그것은 아마도 종교개혁의 개척자로서 로마의 교계주의와 교황주의에 반대하는 나머지 그렇게 정의하게 된 것으로 이해할 수 있다. 그에 반하여, 칼빈은 교회를 "신자의 모임이면서 동시에 하나님께서 제정하신 기구(institution)"라고 말한다.

이러한 각기 다른 교회관은 청교도 운동과 경건주의 운동에 그대로 투영되었음을 발견한다. 경건주의자들은 루터가 말한 '만인 제사장'을 새롭게 강조할 뿐 아니라, 제도적인 교회에 대하여 소극적인 견해를 가지고 있다. 그래서 독일의 국민 교회 안에 그냥 머물러 있으면서 자신들의 공동체를 교회 안의 작은 교회(ecclesiola in ecclesiae)로 자기들만의 집회를 덤으로 가진다.

유럽 대륙의 개혁주의 교회는 루터교와 동등하게 국민 교회 혹은 국가 교회로 존속하게 된 데 반하여 같은 전통을 가진 청교도들은 영국에서 비국교도(dissidents, non-conformists)로 대륙의 경건주의자들과 비슷한 입지에 있게 되었으나 장로교회, 회중교회, 침례교회 등의 교회를 조직함으로써 적극적으로 교회 운동을 한 반면, 교회의 조직에는 무관하게 구원과 내면의 경건을 강조한 경건주의는 18세기 이후의 부흥 운동과 복음주의 운동에 영향을 미쳐 초교파적인 교회간의 신앙 운동으로 발전하였다.

웨슬리의 구원론 중심의 신학

루터의 소요리문답을 보면 사람들에게 기독교 진리를 아주 쉽게 가르치려고 한 것이 잘 드러나 있다. 종교개혁의 선구자인 루터에게는 도시와 농촌에 있는 사람들, 무지에 내버림을 받은 넓은 층의 사람들이 목회의 대상이었다. 그래서 그는 찬송도 민요곡에 가사를 붙여 부르도록 하였다. 이에 반하여 칼빈은 이미 개혁 신앙으로 전향한 제네바 시민을 대상으로 목회했으므로 하나님 중심 사상을 설교하며 사람들로 하여금 예배에서 하나님을 찬양하는 시편만 찬송으로 부르게 할 수 있었다.

웨슬리는 평생을 영국 전역을 교구로 간주하고 순회하면서 설교한 부흥사이다. 그러므로 그의 설교, 곧 그의 신학은 인간의 영혼 구원과 그들의 신앙의 향상을 목표로 하였다. 웨슬리는 당시 상류층이나 지식층보다는 영국 교회에서 소외된 광부, 노동자, 일반 시민을 상대로 설교하였으므로 심오하고 난삽한 술어나 사상을 개진할 필요가 없이 누구나 알아들을 수 있는 쉬운 말로 설교하였다.3) 그리고 동역자이며 동생인 찰스 웨슬리는 수많은 대중적인 복음 찬송을 작사하여 보급하였다. 그런 점에서 웨슬리의 신학적인 관심과 목회의 대상이나 목회적인 배려는 루터의 것과 유사하다.

웨슬리는 원죄설과 인간의 전적 타락설, 칭의의 교리 등을 말함에 있어서는 칼빈과 다른 점이 없으나 예정론을 두고는 칼빈의 견해에 반대하고 "나는 비록 내 성품의 부패 때문에 내 마음을 통제할 능력을 갖지 못했으나 하나님의

---

3) 安興國, 『웨슬리 신학』 (서울: 대한기독교서회, 1975), 26.

은혜의 도우심 아래 선이나 악을 택할 자유를 눌릴 수 있다"고 함으로써 아르미니우스의 견해를 따라 자유 의지를 주창하며 보편 속죄를 말하였다.4) 칼빈과 웨슬리의 신학적 견해의 차이는 예정론에 대한 견해의 차이에 국한되는 것은 아니다.

웨슬리

웨슬리의 성화론과 칼빈의 성화론에는 큰 차이가 없는 것 같다. 웨슬리가 말하는 완전 성화론은 칼빈이나 개혁주의 신학자들에게서 발견할 수 없는 말이어서 오해를 불러일으키기도 하나, 완전 성화가 성도가 하나님의 완전하심과 같이 완전해야 한다는 말씀(마 5:48; 빌 3:12)을 좇아 완전을 목표로 하는 것이라면, 그것은 칼빈이 말하는 성화와 크게 차이가 없는 것으로 간주할 수 있다. 다만 사람은 성령의 일하심으로 성화를 이루어 가는 것인데, 완전 성화의 개념은 거룩함을 지향해야 하는 사람의 노력을 한층 더 강조하는 의미를 띠고 있는 것으로 이해할 수 있다. 웨슬리의 부흥 운동은 18세기의 특징 가운데 하나인 부도덕과 부패의 경향에 맞서는 도덕 갱신 운동으로 등장했던 것이다.5) 이러한 노력을 웨슬리는 신인 협동으로 말하나 개혁주의자들은 하나님 안에서 성령 안에서 행하는 것으로 이해한다.

구원의 서정이란 믿음 혹은 회개 또는 중생과 회심에서 성화와 영화에 이르기까지의 과정을 일컫는 말인데, 이를 크게 둘로 나누면 칭의와 성화로 구분할 수 있다. 즉 하나님의 백성이 되는 것과 하나님의 백성으로 사는 것이다. 그런데 성경에는 서정의 과정을 포괄적으로 표현하는 말이 있다.

---

4) 웨슬리 전집, VII, 228-229, 송홍국, 앞의 책, 80쪽에서 재인용; 참고: 콜린 윌리엄즈, 『존 웨슬리의 신학』, 이계준 역(서울: 전망사, 1985), 42-48.
5) 윌리암 캐논, 『웨슬리신학』, 남기철 역(서울: 기독교대한감리회교육국, 1986) 24:

즉 '자유'이다. 자유는 그리스도 안에서 성령으로 말미암는 죄의 세력으로부터의 자유, 즉 죄와 죽음에서의 해방과 그리스도인으로 사는 자유로 구분된다(눅 4:18~19; 사 61:1; 갈 5:1,13; 롬 6:12~23; 요 8:31~36).6) 죄와 죽음 아래 있는 사람에게 죄와 죽음으로부터의 자유는 목표이고 이 목표는 쟁취하는 것이 아니고 타율적으로 취득되는 것이지만 자유를 획득한 그리스도인에게 자유는 향유하는 것이다(갈 5:1). 그리스도인이 누리는 자유는 성화와 상관되는 개념으로서 하나님의 거룩하심을 닮아가야 할 성도의 자유, 즉 성도의 의지적인 노력을 강조하는 의미가 담긴 자유이다(갈 5:13).

구원의 서정을 하나님의 은혜와 관련하여 논하면서 인간의 자유에 역점을 두는 웨슬리는 루터나 칼빈이 언급하지 않는 '선행 은총'을 말한다.7) 그것은 칭의의 은혜의 전 단계 은혜로 아퀴나스가 말한 것과 상통하지만, 웨슬리는 자연 신학을 말하면서 은혜를 분석하고 체계적으로 설명하는 아퀴나스와는 구별된다. 웨슬리는 공로주의를 배격하므로 종교개혁의 전통에 속하는 신학자이다. 웨슬리는 알더스게이트에서 영적인 체험을 하기 이전에 이미 메토디스트라는 말을 들을 정도로 엄격한 생활을 했음을 상기해야 할 것이다.

예정은 구원론적으로 이해해야 하는 것이지만, 하나님의 주권과 연계되는 개념이므로 칼빈은 하나님의 주권을 강조하는데 반하여, 웨슬리는 하나님의 주권 사상이란 개념을 말하지 않는다. 하나님의 은혜에 관하여 웨슬리는 구원을 주시는 하나님의 은혜를 말하는데, 종교 개혁자들도 구원의 서정을 말할 때는 마찬가지다. 그런데 하나님의 주권 사상을 말하는 개혁주의자들은 구원의 은혜를 특별 은총(은혜)으로 말하고 하나님께서 피조물의 자연적인 삶을 위하여 베푸시는 은혜를 일반 은총으로 구분하나 웨슬리에게서는 그런

---

6) 누가복음에는 "eleuqeria 대신에 "afesi"(=release from captivity)를 사용하고 있다.
7) 한영태, 『웨슬리의 조직신학』 (서울: 성광문화사, 1993), 102-129; 저자는 결론으로, ①구원에 있어서 인간은 전적으로 하나님의 은총에 의존하고 있으며, ② 동시에 그럼에도 불구하고 인간에게도 책임이 있으며, ③ 또한 이 구원은 모든 사람을 위한 것이므로 우리는 전도해야 한다는 것으로 귀결된다고 한다.

구분을 보지 못한다.

개혁주의에서는 기독교인의 윤리와 사회 참여를 말할 때 하나님의 일반 은총을 전제하고 그것을 고려하면서 언급하는 데 반하여 웨슬리는 구원론에 일관하여 완전 성화를 말하는 등 성결의 삶을 강조한다. 이를테면, 화란의 흐론과 카이퍼와 같이 하나님의 영역 주권을 강조하는 신칼빈주의는 사회 참여에 적극적인데 반하여, 구원론 중심의 웨슬리는 소극적이고 간접적이다. 그런데 웨슬리의 성결한 삶에 대한 강조는 실제에서 결과적으로 윤리적인 각성도 아울러 유발하여 사회 윤리 사상과 실천으로 확대되었음을 볼 수 있다.

칼빈-웨슬리의 신학 공관과 예정론 문제

칼빈과 웨슬리의 신학 공관에 가장 걸림돌이 되는 것이 예정에 관한 견해라고 할 수 있다. 17세기에는 칼빈의 예정론에 반대한 아르미니우스주의는 칼빈주의자들에게 지탄의 대상이었다. 1619년의 도르트 신경은 아르미니우스주의에 대항하여 예정론을 변호하는 신앙고백이며, 1647년의 웨스트민스터 신앙고백에도 아르미니우스주의에 대항하여 예정론을 강조하는 사상이 그 기조를 이루고 있다. 아르미니우스주의는 합리주의자들이 취하는 사상이기도 하지만 웨슬리를 위시하여 많은 복음주의자들도 따르는 사상이다.

웨슬리는 그의 '예정론에 대한 냉정한 고찰'(Predestination Calmly Considered)과 '필연성에 대한 논구'(Thoughts upon Necessity)라는 글에서 예정론을 신랄하게 비판한다.[8] 루터와 초기의 루터교 신학자들도 예정론을 말했으나 칼빈주의자들처럼 엄격하지는 않았으며, 후에는 예정론을 칼빈주의자들의 전유물처럼 생각하였다. '은닉된 하나님'(Deus absconditus)과 '계시된 하나님'(Deus revelatus)으로 구분하는 루터의 하나님 이해가 반예정론에 길을 열어 준 것으로 이해할 수 있다. 앵글리칸의 39개 신조에 예정론에

---

8) 송홍국, 앞의 책, 92;

칼빈

관하여 고백하는 조항이 있으나 구원을 위한 예정에 관해서만 말한다. 그것은 종교개혁 당시의 신앙고백서에 공통적인 것이다.9)

그런데 18세기 이후 일어난 부흥 운동을 보면 예정론에 대하여 찬성하거나 반대하는 신앙과는 관계없이 부흥이 일어났음을 관찰하게 된다. 성령께서는 복음 전파와 교회의 부흥을 위하여 양자를 다 사용하신 사실을 본다.

웨슬리의 청중이 교회와 사회에서 소외된 계층의 사람들이었다면 아르미니우스적인 부흥 설교가 그들에게 더 호소력이 있었던 것이라고 할 수 있다. 미국에서는 각성 운동에 적극적인 침례교와 새로 일어난 웨슬리적인 감리교가 각각 장로교의 교세를 훨씬 앞질러 성장하였다. 대체로 장로교가 지식층과 중산층에 더 많은 교인을 가진 반면에, 감리교는 서민층이, 침례교는 농촌 지역의 사람들이 호응하였다. 침례교의 설교자들은 개혁주의 전통에 속해 있으면서도 19세기의 대다수의 부흥 설교자들은 아르미니우스주의를 수용하였다.10)

아르미니우스주의자는 예정보다 예지가 선행한다고 하고 칼빈주의자는 그 반대라고 말하지만, 그것은 사람들이 우리 시간 세계의 사고에서 하는 논의일 뿐이다. 시간과 공간을 초월하시는 하나님 안에서는 예지와 예정에 선후가 없다.11) 예지가 먼저라는 얘기는 펠라기우스 때부터 있었던 것이지만, 예지를 선지자의 선견 혹은 예견으로 이해하는 것은 옳지 않다. 예지를 '아다'의

---

9) Dewey D. Wallace, Jr., *Puritans and Predestination* (The University of North Carolina Press, 1982), 5.
10) Sydney E. Ahlstrom, *A Religious History of the American People* (New Haven and London: Yale University, 1972¹, 1977⁷), 321f.
11) 김영재, "하나님의 예정과 우리 인간의 인식",「신학정론」제16권 1호(1998. 5): 87-112.

뜻을 따라 하나님께서 만세 전에 우리를 사랑하셨다고 이해한다면 예지와 예정의 선후를 따질 일은 아니다.

예정 교리는 예수 그리스도를 믿으면 구원 얻는다는 교리처럼 누구나 다 받아들이도록 강권할 수 있는 교리가 아니다. 신론이나 기독론 혹은 구원론의 경우 그것을 부정하거나 잘못 가르치면 이단으로 정죄 받아야 마땅하다. 그러나 예정론은 믿음으로 의롭다함을 받고 구원받은 성도가 자신의 구원이 어떻게 주어진 것인지 돌이켜 볼 때, 나의 나 된 것은 전적으로 하나님의 은혜로 말미암는다고 확실히 믿고 성경이 말씀하는 대로 하나님의 예정과 주권적인 선택의 결과임을 시인하며 하나님을 찬송하는 고백(doxology)이다.

성경과 교회 역사를 보면 사건과 실천의 현실이 있고 그것을 설명하는 신학이 뒤따른 것임을 알 수 있다. 예수 그리스도의 삶과 십자가와 부활이 있어서 기독교 신앙과 신학이 있게 되었으며, 고넬료 사건이 있어서 제자들은 유대교적 독선주의와 폐쇄주의에서 벗어나게 된 것이다. 삼위일체 교리만 하더라도 교의가 형성되기 이전에 그리스도께서 명하신 세례를 베푸는 말씀(baptismal formula)과 바울의 축도(고후 13:13)가 통용되고 있었고 예배에서 성삼위 하나님을 찬양하고 있었던 것이다.

그러므로 개혁주의 전통에 있는 신학자라고 하더라도 부흥 운동을 경험한 교회의 역사를 본다면 칼빈의 예정론과 예정론에 반대하는 아르미니우스주의에 대하여 17세기의 신학자들과는 달리 이해하고 평가해야 한다. 어거스틴은 펠라기우스와의 논쟁이 있던 무렵에 자신이 주장한 예정론을 받아들이지 않는 사람들에 대하여 관대한 태도를 취하였다. 위에서 이미 언급한 바와 같이, 어거스틴은 비록 예정론은 인정하지 않더라도 인간의 원죄와 하나님의 은혜 교리를 받아들이는 사람들은 펠라기우스파 사람들과는 월등히 다르므로 "우리의 형제들"이라고 하였다. 은혜의 교리와 함께 예정론을 말한 어거스틴은 말하자면 구원론 중심의 '신학 공관'을 가졌으므로 예정론을 받아들이지 않는 사람도 형제로 여긴 것이다.

신학 공관의 개념

한철하 교수가 말한 대로 죄로 말미암아 죽게 되어 있는 인간이 하나님의 독생자 예수 그리스도로 말미암아 죄 사함을 받고 구원을 얻는다는 것이 기독교의 중심 진리이다. 기독교 교회는 수 없이 많은 분파로 나뉘어 있으나 기독교의 중심 진리를 받아들이고 고백하는 교회는 이단이 아니고 그리스도의 교회로 인정해야 한다. 그러나 신앙의 근거를 성경에 두지 않거나 성경을 하나님의 말씀으로 믿지 않는 자들과 삼위일체 하나님을 부인하는 자, 즉 예수를 그리스도요 하나님의 아들로 믿지 않는 자는 이단이요 적그리스도이다.

기독교의 중심 진리를 간략하게 고백하는 것이 사도신경과 니케아콘스탄티노플 신경이다. 325년의 니케아 신경은 삼위일체 하나님, 즉 구원자에 대한 신앙고백인 반면에, 381년의 콘스탄티노플 신경은 사도신경과 마찬가지로 구원자와 구원의 내용을 고백한다. 예배에서 주로 사도신경으로 신앙을 고백하는 서방교회, 즉 로마 가톨릭과 개신교, 니케아콘스탄티노플 신경으로 고백하는 동방교회, 즉 그리스 정교회와 러시아 정교회가 다 그리스도의 교회로서 구원의 진리를 같이한다.

그런데 기독교의 중심 진리와 성경이 말씀하는 다른 교리를 이해하고 설명하는 과정에서 서로가 차이를 드러내면서 교회는 분열하게 되었다. 성경 교리에 대한 이해와 설명의 차이와 그에 따르는 예배와 실천의 차이, 교회관과 제도의 차이 등으로 분파의 벽은 두터워졌다. 그리고 분열된 교회들은 성경 교리에 대한 이해의 차이가 기독교의 중심 진리를 가리거나 왜곡한다는 생각에서 서로를 비판하고 각자는 이를 충분히 드러낸다고 확신하는 길을 가며 그것을 고수하는 가운데서 신학의 전통들이 형성되고 전수되어 왔다. 신학의 전통과 교파 교회의 정체성의 가장 중요한 요건인 교리 이해의 차이를 초래하는 요인은 언어와 문화와 역사와 재래 종교적 배경과 사고 방식의 차이가 있다. 여러 교회 및 신학의 전통에는 신학 공관의 내용 이외의 요소들이 많이 얽혀 있어서 '신학 공관'을 도출하는 데는 피차간에 난제들을 해결해야 한다. 그런 작업이 많고 적음은 신학의 전통이 근접한지 아닌지에 따라 다르다. 종교개혁 이후 로마 가톨릭과 개신교는 수차례 교회의 일치를 위해 접근을 시도했으나 피차의 교리 이해의 차이만 확인했을 뿐이다. 1990년 대 말부터 로마 가톨릭과 루터교는 칭의 교리의 이해를 두고 피차 근접한 것임을 확인하려고 시도하고 있다.

'신학 공관'(synopsis of theology)이라는 말은 공관복음(synoptic Gospels)이라고 할 때의 '공관'이란 말을 연상하게 한다. 요한복음을 제외한 세 복음서를 공관복음이라고 칭하나 요한복음도 예수 그리스도를 증거하고 있으므로 넓은 의미에서는 역시 '공관'에 속하는 것으로 보아야 한다. 구약에서도 같은 시대의 역사를 한 책으로만 기술하고 있지 않다. 모세 오경 가운데 창세기 다음의 네 책이 출애굽에서 가나안에 이르기까지의 역사를 쓰고 있고, 열왕기서와 역대기와 선지서들이 왕조의 시대를, 에스라서와 느헤미야서가 바빌론으로부터의 귀향과 예루살렘 수복을 다루고 있다. 성경에서 상위점이 발견될 때 그것을 구태여 조화시키려고 하는 것은 좁은 의미의 공관을 추구하는 것이다.

칼빈의 신학과 웨슬리의 신학의 차이점을 부각시켜 본다고 하더라도 서로는 인접해 있는 전통이다. 여하튼 칼빈과 웨슬리의 신학 공관을 추구할 때 우리는 좀 더 넓은 시야에서 추구해야 할 것이다. 칼빈이 말하는 하나님의 절대 주권 및 예정론과 웨슬리가 말한 자유 의지 및 반예정론을 어느 한편의 논리로 평가하거나 조화를 찾으려고 하면 신학 공관은 손상을 입게 된다.

공로주의의 굴레 아래 있던 중세 교회적인 배경에서 '이신득의'를 강조한 루터를 좇아 칼빈은 칭의를 베푸시는 하나님에 역점을 둠으로써 하나님의 주권 및 예정론에 이르게 되었고, 웨슬리는 이신득의 교리와 예정 교리를 잘못 이해한 반율법주의자들(antinomians)이 많이 일어난 18세기의 시대적인 배경에서 하나님께서 베푸시는 구원에 대한 응답으로서의 믿음과 실천을 강조함에 따라 자유 의지와 반예정론을 말하게 되었던 것으로 이해할 수 있다.12)

  루터는 바울 이후 내내 묻혀 온 칭의 교리를 발견하고 거기에 몰입한 나머지 '이신득의'를 가르치는 로마서와 비교하여 행함을 강조하고 있는 야고보서를 평가절하하였다.

  어느 한 사람이 자신의 논리로 성경의 진리를 균형 있게 포괄적으로 이해한다는 것이 쉬운 일이 아님을 교회 역사를 보아 알 수 있다. 사람은 누구나 논리적으로 추론하다 보면 어느 한쪽으로 치우치기 쉽다. 그렇다고 한 신학자가 두 논리적인 결론을 동시에 수용할 수는 없다. 각자는 기독교의 중심 진리에 충실하면서 자신이 속한 신학적인 전통을 존중하면서도 반성하는 가운데 자신의 신학적인 논리에 충실할 수 있을 뿐이다. 균형과 조화는 로마서와 함께 야고보서를 주신 하나님께서 다스리시는 역사 안에서 이루어진다.

  그러므로 칼빈-웨슬리의 신학 공관을 두고도 둘 중 어느 하나의 논리로 조화나 일치를 시도하기보다는 두 전통을 통하여 하나님께서 주신 부흥 운동과 선교의 역사를 고려하면서 칼빈의 신학은 보다 로마서를 대변하고 있고 웨슬리의 신학은 보다 야고보서를 대변하고 있다는 그런 시각으로 접근해야 한다고 생각한다.

---

12) 한철하, 앞의 책, 같은 곳 참조.

10 | 신학 교육

초기 한국의 신학 교육

신학 교육 과정

초기 한국의 신학 교육

그리스도의 교회는 예수를 그리스도시요 살아 계신 하나님의 아들이시라고 믿고 고백하며 예수의 죽으심과 부활하심을 전파하고 그분의 말씀과 삶을 배우고 따른 사도들의 터 위에 세워졌다. 예수께서는 교회, 즉 당신의 백성들을 위하여 먼저 제자들을 택하여 부르시고 사도로 임명하셔서 장차 교회를 세우고 이끌어 갈 목회자가 되도록 교육하셨다. 교회가 서기 이전에 이를테면 복음 전파와 신학 교육이 먼저 있었으나 그것은 교회를 위한 것이었고 또한 그 자체가 교회의 시작이었다. 사도들은 가는 곳마다 복음을 전파하며 교회를 세움과 동시에 복음을 전하고 교회를 돌아볼 사역자들을 길렀다. 바울의 경우, 그는 후배들이 그리스도의 몸인 교회를 사랑하고 교회의 머리이신 그리스도를 닮아가는 인격을 갖춘 목회자로서, 그리스도의 복음을 전하고 하나님의 말씀을 가르치는 일을 잘 감당하도록 목회서신을 통하여 권면하고 계속 가르치고 있음을 본다.

주후 2세기에 이미 알렉산드리아에 일종의 신학교라고 할 수 있는 교리 교육 학교가 설립되어 클레멘트와 오리겐 등 유명한 신학자들이 거기서 교수하였다. 그런데 이 학교는 목회자를 양성하는 기관이기보다는 기독교를 변증하는 신학자를 배출하는 기관이었다. 목회자 양성을 위한 교육은 6세기에 이르기까지는 주로 감독이 있는 교회에서 시행되었다. 그러다가 6세기경부터는 감독이 있는 교회 안에 학교를 두고 교육을 전담하는 교수로 하여금 교육하게 하였다. 신학교는 일반 교육 기관과는 달리 학교가 자율적으로 자체의 이념을 따라 교육하는 기관이 아니고 하나님의 말씀에 근거하여 교회 안에서 교회를 섬길 목회자를 교육하는, 그리스도의 몸인 교회에 속한 기관이다.

한국의 신학교 설립

한반도에 목사 선교사가 입국한 것은 1885년이었고 그 이후 많은 선교사들이 속속 들어와 선교 활동도 활발히 전개하였으나 신학교를 세운 것은 개신교 선교가 시작된 지 15~20년 후였다. 장로교의 경우는 1901년에 평양에 장로교 신학교를, 감리교의 경우는 1905년 서울에 협성신학교라는 이름으로 신학교를 설립하였다. 이러한 사실을 두고 선교사들이 그들의 주도권을 좀 더 오래 향유하고 싶어서 일부러 목회자 양성을 지연시켰다고 비평하는 이들이 있는데, 그러한 비평은 선교의 목적이 주님의 교회를 설립하는 것이며, 그 일을 위해서는 목회자 양성을 우선적인 과업으로 인식하고 있었던 선교사들의 생각과 그들의 활동을 피상적으로 관찰하고, 또한 역사적인 상황을 충분히 고려하지 않고 하는 말이다.

첫 선교사들이 입국했을 때는 조선 왕조의 조정이 쇄국 정치를 지양하고 문호를 개방한 지 얼마 되지 않았을 때였다. 정부나 국민이 기독교에 대하여 의구심을 가지고 경계하며 주시하는 가운데 선교사들은 드러나게는 먼저 병원 사업과 교육 사업부터 착수하여 정부의 환심과 국민들의 이해를 사려고 하였다. 그 밖에도 초기에는 선교사들이 주로 순회 전도와 답사에 힘쓰며 한국의 역사와 지리와 풍습을 익히는 등 선교를 위한 기초 작업에 힘을 기울였다.

　호주 장로교의 첫 선교사가 입국한 것이 1889년이었고, 미국 북장로교회와 호주 장로교의 선교사들이 네비우스 방법을 채택하기로 한 것이 1890년이었으며, 남장로교의 선교사들이 입국한 것이 1892년, 세 장로교 선교사들이 함께 장로교 공의회(The Presbyterian Council)를 구성하고 네비우스 방법에 근거한 선교 정책을 정한 것이 1893년이었다. 그리고 캐나다 장로교에서 공식적으로 파견 받은 선교사가 와서 합세한 것은 1898년이었다.

　선교가 시작된 후 첫 10년간은 신자의 증가율이 미미하였다. 1890년에 세례 교인이 통틀어 155명, 1895년에는 582명이었는데, 이 해부터 신자들의 증가율이 급격히 상승하였다. 장로교와 감리교의 선교사들과는 달리 후에 입국한 교파 선교사들은 선교를 시작한 지 얼마 되지 않아 신학교를 세워 교육을 실시하였음을 보는데, 그것은 처음 들어온 선교사들로 말미암아 선교의 터전이 마련되어 전도 사업을 활발히 추진할 수 있을 뿐 아니라 신자의 수가 급격히 증가해 가는 그러한 단계에 있었기 때문이라고 볼 수 있다. 1905년에 선교를 시작한 성결교회의 전신인 동양선교회에서는 1911년 서울에 성서학원을 설립하였고, 1908년에 선교를 시작한 구세군에서는 1910년에 '성경 대학'이란 이름으로 사관학교를 설립하여 목회자를 양성하기 시작하였다.[1]

최초 신학생 일동
평양신학교
1905년

---

1) 한국기독교연구소 편, 『한국기독교의 역사』 II(서울: 기독교문사, 1990), 150-151.

장로교회 선교사들은 실은 일찍부터 목회자 양성을 위한 예비 교육을 실시하였다. 1890년 이후부터 성경 공부를 네 반으로 나누어 실시하였다. 즉 '보통 성경 공부반'이라 하여 선교지부가 있는 중심지에서 주로 농한기인 겨울에 열리는 것과 '지역 성경 공부반'이라 하여 지방 교회를 중심으로 모이는 것, '고급 성경 공부반'(Officers' Institute)라고 하여 여름에 2~3주간 동안 주로 교회를 봉사하는 직분자들을 위하여 열리는 것이 있었다. 그리고 '특별 성경 공부반'이라고도 하고 '신학반'(the Theological Class)이라고 하는 네 번째 반은 교회를 지도할 인물, 즉 장차 정규 신학 교육을 받을 사람을 위한 것이었다. 감리교회에서도 역시 이와 같은 신학 교육을 실시하기는 마찬가지였다.

그런데 '신학반'은 이보다 훨씬 일찍이 선교 초기부터 실시하였음을 알 수 있다. 신학 교육을 실시했다는 최초의 기록은 1889년 미국 북장로교회 선교부에 보내온 선교 보고서에서 볼 수 있다. 8명의 젊은이들이 그 해에 단기 신학 교습(theological instruction)을 받았다고 보고하고 있다.2) 언더우드 (H. H. Underwood)는 1888년부터 그의 집 사랑에서 신학 학습 교육을 실시하였다.

이 신학 공부반은 1901년 신학교가 설립되기 이전까지 12월 중순에 시작하여 한 달간씩 수업을 하였다.3) 1893년 장로회 공의회가 결성되면서부터 공의회 안에 '영어 사용 위원회'와 '한국어 사용 위원회'를 두었는데, 후자의 위원회에 참여한 지도적인 한국인들은 선교와 교회 목회와 행정에 대한 실천적인 교육을 미리부터 받은 셈이었다.

장로교 선교회가 감리교 선교회보다 먼저 신학교를 설립하였으나 목사를

---

2) *Korea Mission, Presbyterian Church, U.S.A., Annual Report*(1889), 170; Harvie Conn, "Studies in the Theology of the Korean Presbyterian Church," *The Westminster Theological Jounal*, Vol. XXIX, Nov.(1966): 34.
3) C. A. Clark, *The Nevius Plan for Mission Work Illustrated in Korea* (New York: Fleming H. Revell, 1924), 140, 186-188.

장립하기는 감리교 선교회가 먼저 하였다. 그것은 교회의 정치 형태와 목사 장립의 관례의 차이에서 온 것이다. 18세기와 19세기에 각성 운동을 통하여 여러 지역에서 급속히 성장하는 교회를 돌아볼 교역자를 수급하기 위하여 미국의 침례교와 감리교회는 목

평양 신학교 제1회 졸업생 7인

회자로서 적격자라고 인정하면 우선 목사로 안수하여 일하도록 했는데, 감리교 선교사들은 이러한 관례를 한국 선교의 초기에 적용했던 것이다.

미국 장로교회는 18세기 중엽에 신학 교육 문제를 두고, 이에 반대하는 '올드 사이드'(Old Side)와 '뉴 사이드'(New Side)로 한동안 분열하는 진통을 겪기도 하였다. 각성 운동에 적극적인 '뉴 사이드'는 교회가 급속히 불어남에 따라 목회자의 수급이 시급하게 된 현실을 감안하여, 감리교나 침례교에서 시행하듯이, 단기 신학 교육을 받은 사람도 목사로 안수하여 목회를 하도록 해야 한다고 주장한 반면에, 각성 운동에 소극적인 '올드 사이드'는 어떤 상황에서도 목사의 질적 저하를 초래하게 되어서는 안 된다는 이유에서 목사가 되기 위해서는 철저하게 정규 신학 교육을 받아야 한다고 주장하였다.

한국에 온 장로교 선교회는 정규 신학교 교육을 받은 자라야만 목사로 장립될 수 있다는 원칙에 충실하였기 때문에 감리교 선교회보다 먼저 신학교 설립에 착수한 것으로 이해한다. 그러나 신학교가 정착이 되어갈 무렵 신학교의 교육 내용 면에서는 정반대로 시행한 것임을 발견한다.

장로회 평양신학교에서는 1902년부터 교육을 실시하였다. 학생들로 하여금 졸업하기까지 5년 과정을 이수하도록 하여, 1년에 3개월 반 동안 수업을 받도록 하였다. 1907년 서경조(徐景祚), 한석진(韓錫晋), 송인서(宋麟瑞), 방기창(邦基昌), 이기풍(李基豊), 길선주(吉善宙), 양전백(梁甸伯) 7인의 졸업자를 배출하여 그 해 처음으로 조직된 독노회에서 안수하여 목사로 장립하였다.

북감리교 선교회는 1901년에 김창식(金昌植)과 김기범(金箕範) 두 사람을 목사로 안수하였고 1902년에는 최병헌을, 1903년에는 이은승(李殷承)을 목사로 안수하여 장립하였다.4) 미국의 침례교는 현재도 목회자로서의 소양을 갖추었다고 인정되는 사람이면 먼저 목사로 장립하고 목회를 하면서 신학교 과정을 마치도록 하는 예외를 흔하게 적용하고 있다.

그러나 한국에서 장로교와 감리교, 양 교회의 선교사들이 교육 내용을 두고는 정반대로 시행했음을 관찰할 수 있다. 즉 장로교 선교사들이 초기 신학교 설립과 제도를 두고는 '올드 사이드'적인 장로교 전통을 따른 것이었으나 교육 내용에 있어서는 옛날 '뉴 사이드'가 주장한 바와 같이 선교지의 실정을 감안하여 수준에 미달하지만 현실에 맞는 교육을 시행한 것임을 알 수 있다. 감리교회에서는 이와는 반대로 미국 장로교의 '올드 사이드'처럼 목회자의 질을 높여야 한다는 생각에서 목회자로 하여금 폭 넓은 상식과 소양을 갖추도록 한다는 취지로 교과 과정을 편성하고 소수 정예 교육을 시행하려고 하였다.

감리교회는 1906년 11월부터 교역자 및 지도자의 단기 양성 제도인 신학반을 '신학부'로 승격시켜 1907년에 남, 북 감리회가 공동으로 서울에 협성신학교(協成神學校)를 설립하여5) 1911년 12월 20일에 제1회 졸업생 45명을 배출하였다.

감리교회는 남, 북 감리교회가 1930년 하나의 감리교회로 출범하기 전 해 1929년 3월부터 여자 협성신학교와 합동하여 남녀공학으로 하고 학제를 3년에서 4년제로 변경함과 동시에 고등보통학교 졸업생에 한하여 입학을 허락하도록 하고 15인의 신입생을 받았다. 말하자면 소수 정예 교육을 한 셈이다.

여자 협성신학교는 1909년 서울 종로 여선교부에서 앨벗슨(Miss Millie

---

4) 『韓國監理敎會史』, 123.
5) 같은 책, 292.

M. Albertson, 1870~1918)이 교장직을 맡아 처음 성경 학교 정도의 여성 교역자 양성 기관으로 시작하였으나 1917년 서대문 충정로에 신축 교사를 지어 이전하면서 본과와 별과를 가진 3년제 신학교로 격상시켰다.

장로교회에서는 평양에 여자 성경 학교가 있었으나 감리교에서는 일찍이 성경 학교를 신학교로 승격시켰다가 1929년 남자 신학교와 합병하여 수준 높은 여자 교역자 양성을 한 것은 특기할 만한 일이다. 감리교회에서 여성 지도자들이 많이 배출된 것은 교회의 신앙과 사상이 진보적인데다가 이화전문 학교와 같은 여자 고등 교육 기관이 있어서 그러할 뿐 아니라 신학교 교육 정책에도 기인한 것이라고 볼 수 있다.

교과 과정

1920년경의 평양 장로회 신학교의 교과 과정과 감리교의 협성신학교의 교과 과정을 비교해 보면 교육 내용에 현격한 차이가 있음을 발견할 수 있다. 장로교 신학교에서는 성경 신학, 역사 신학, 조직 신학과 설교학, 도덕학, 교회 정치 및 헌법 등 신학과 실천 신학에 약 94.8%의 시간을 배정하고 있는 반면에, 감리교 신학교에서는 이러한 신학 과목에 겨우 53.3%의 시간을 배정하고 있고, 나머지 47.7%의 시간을 일본어, 한문 작문, 문학, 논리학, 비교 종교학, 음악 등 교양 과목과 신학 연구를 위하여 기본이 되는 영어, 헬라어, 히브리어 등 어학 교육에 배정하고 있다.[6] 장로교 신학교에서는 영어, 헬라어, 히브리어는 1916년부터 '수의과'(隨意科)로, 즉 선택 과목으로 정하였다.[7]

장로교 신학교의 필수 교과 과정에 성경을 가르치고 복음 전도자로서 일하는 목회자 양성을 목적하는 것이 드러나고 있는 반면에, 감리교 신학교의 교과 과정에는 사회적으로도 지도자가 될 수 있는 상식과 교양을 갖춘

---

6) 『한국기독교의 역사』 II, 151 이하 참고.
7) 『朝鮮예수敎長老會史記』下, 45.

평양 신학교 초대교장 마포삼열

목회자 양성을 목적으로 하고 있어서 보다 사회와 문화에 대한 관심을 가지는 자유주의 신학적 견해가 더 잘 반영되고 있음을 알 수 있다. 하긴 교양을 위한 과목은 본래 신학교에 입학할 사람이면 이미 이수한 것으로 전제해야 하는 것이지만, 당시에는 그것을 기대할 수 없는 상황이었기 때문에, 감리교회에서 목사 후보생으로 하여금 이러한 소양을 갖추도록 배려한 것은 한편으로는 긍정적으로 볼 수 있는 일이다.

감리교회에 비하여 장로교회의 교세가 더 크게 발전한 원인을 분석하자면 감리교회가 4년제 소수 정예 교육을 실시한 데 비하여 장로교회가 3년제 성경과 신학으로 더 많은 수의 학생을 교육한 것이 하나의 중요한 요인이라고 할 수 있다.

초기의 목사 후보생 선발 원칙

미국 남장로교회 선교사 레이놀즈(李訥瑞, W. D. Reynolds, 1867~1952)는 일찍이 1896년에 목회자 교육에 관하여 언급하면서 목사 후보생의 일반 교양 교육이 필요하다는 것을 역설한 것을 보아서는 그 점을 도외시하려고 한 것은 아닌 줄 알겠으나, 보수적인 장로교 선교사들은 무엇보다도 성경 교육에 치중하였다. 그들은 클라크(C. A. Clark)가 말한 바와 같이, "성경 자체가 전도를 위한 가장 중요한 요인으로 작용한 것은 다른 나라에서도 보는 예이지만 한국의 경우는 더욱 그러하다"[8)]는 것을 확신하고 있었기 때문이다.

---

8) C. A. Clark, 앞의 책, 121.

세계의 여러 다른 나라에서 예를 찾아보더라도 성경을 중심하는 교회는 많은 사람이 모여들어 왕성하며, 거기서는 사람들이 변화를 입는다. 보수적인 용어로 말하자면, 회개하고 새로 거듭나는 역사가 일어난다. 그와 반면에 소위 '자유주의' 교회는 이러한 결과를 맛보지 못 한다…….9)

레이놀즈의 글은 1897년 같은 주제로 글을 쓴 스왈른(W. L. Swallen)의 견해와 비슷하다.10) 즉 목사 교육을 받을 사람은 소명감이 투철하고, 희생적이며, 진실하고, 자존심이 있는 사람이어야 한다고 강조하고 있다. 그러므로 믿음을 얻은 선량한 기독신자라고 하여 너무 성급하게 목사 교육을 받도록 추천하는 것은 삼가야 한다고 하며, 오랜 시일을 두고 살펴보며 시험해 보고 그를 위하여 기도하면서 기다려야 한다고 말한다. 그리고 교회의 성장은 교인들의 경건한 생활과 자발적인 활동에 달려 있다고 하고, 목사가 될 사람은 무엇보다도 '성령으로 충만한 자'라야 하며, 하나님의 말씀과 기독교 진리의 중요한 사실에 근거한 신앙을 가진 자라야 하고, 예수 그리스도를 위하여 어떠한 고난도 이겨낼 수 있는 사람이라야 한다고 말한다. 그리고 마지막으로 다른 일반 지식도 갖추어 교회의 지도자로서 사람들의 존경을 받을 수 있어야 하나 다른 사람들이 질시할 정도가 되지 않도록 해야 한다는 것이다.

한국인 기독자로서 그는 문화와 근대 문명에서 앞장 서 있기 때문에, 이들 목사의 교육 수준을 높여야 한다. 그의 교육을 그 회중의 일반 수준보다 훨씬 앞서도록 진력해야 한다. 그래야만 존경과 특권을 누릴 수 있다. 그러나 선망과 거리감이 생기도록 해서는 안 되고, 이 점 각별히 유의해야 한다.11)

---

9) 같은 책.
10) W. D. Reynolds, "The Native Ministry", in: *Korean Repository*, Vol. 3(1896), 199f.; "The Training of a Native Ministry", in: *Korean Repository*, Vol. 4(1987), 169f.
11) 『韓國長老敎會百年史』, (서울: 대한예수교장로회총회, 1989), 231.

목회자가 될 사람은 경건해야 하고 소명감이 있어야 하고 희생적이면서 진실하며 자존심도 있어야 하고 어려움을 참고 견딜 수 있는 경건한 성령의 사람이어야 한다는 것은 성경이 가르치는 그대로이며 교회가 전통적으로 가르쳐 오던 준칙 그대로이다. 그러므로 레이놀즈가 말한 것은 오늘에도 깊이 참고하고 지켜야 할 수칙이다. 믿음을 얻은 기독신자라고 하여 성급하게 목사 후보생으로 추천하는 일은 삼가야 하고 오래 사귀며 관찰하도록 해야 한다는 것도 당연히 지켜야 하는 중요한 사항인데 오늘의 교회는 그것을 너무 소홀히 하고 있음을 반성한다.

신학교는 독립적인 이념을 가지고 교육하는 기관이 아니고 교회가 세운, 교회를 위한 학교이며, 원리적으로는 학교가 학생 모집을 하기보다는 교회가 추천하고 위탁하는 목사 후보생을 맡아 교육하는 기관이다. 교단에서 직영하지 않는 신학교의 경우에도 목사 후보생이나 복음에 종사할 일군을 교육해야 하는 것이므로 학생의 선발은 교회와 긴밀한 관계에서 신중하게 해야 한다.

초기 신학교 운영

1901년 장로교 미션 공의회에서는 신학교를 세우기로 하고 목사 후보생 두 사람을 선택하여 성경 문답으로 시취한 후 선교사 마포삼열(S. A. Moffett)과 이길함(Graham Lee)으로 하여금 교수하게 하였다. 또한 신학 위원을 선정하여 신학생을 양성하는 일을 맡겼다. 1902년에 교수를 시작하였다. 학생은 김종섭(金宗燮)과 방기창(邦基昌) 두 사람이었다. 1903년부터는 매년 3개월씩 수업하도록 하였는데, 그 해 학생은 모두 세 사람이었다. 장로교 공의회는 1904년에 매년 3개월씩 5년제 과정을 정식으로 인허하였다. 그 해 학생은 19인이었다.

1906년에는 국내에 있는 네 장로교 선교회에서 대표를 뽑아 교수로 파송케 하고 각 선교 구역에서 학생을 선발하여 수학하게 하였다. 1907년 신학교는 7인의 첫 졸업생을 배출하였다. 그와 동시에 독노회가 조직되었다. 그리고 신학교의 이름을 '대한예수교신학교'라고 명명하였는데, 1910년 한일합방

이후에는 '조선예수교신학교'라고 개칭하였다.12)

　신학교의 재정에 관하여는 공의회가 그 해에 신학교를 전국 장로회 신학교로 세우고 합력 담당하기로 작정하였다고 하고 있는데,13) 이는 재정을 모든 교회로 하여금 분담하게 한다는 말이 아니고 네 장로교 선교회가 분담한다는 뜻이었다. 즉 네 선교회에서 각기 인원 수 비례로 경상비를 분담하기로 하였다.14) 한국 교회가 신학교 운영을 돕는 일에 소극적인 경향인데, 그것이 아마도 초창기 이후부터 상당히 오랜 기간 동안 선교회가 재정을 담당한 데 기인한 것이라고 볼 수 있다.

　1909년 공의회는 신학 교육 위원 대신에 신학교 이사회를 두기로 하였다. 1915년에는 졸업생 동창회가 조직되어 양전백(梁甸伯)이 제1회 회장이 되었다. 1916년에는 정교수(전임교수?) 5인으로 교수회를 조직하여 상설 기관이 되게 하였다. 1917년에 비로소 신학교의 청원에 따라 장로회 총회는 김선두(金善斗), 김창건(金昌鍵), 이명혁(李明赫)을 이사로 선정하였다.15)

　신학교 건물은 1908년에 시카고의 매코믹 여사(Mrs. N. McCormick)의 기부금으로 한옥식 교사를 건축하였고 기숙사는 1911년에 건축을 시작하여 1913년에 완공하였다. 1922년에 교사를 신축했는데 이때도 매코믹 여사가 7만여 원이라는 거액의 기부금을 보내어 왔다. 한국의 많은 예배당들은 대부분 한국인 교인들의 헌금으로 건축하였으나, 신학교는 외국인들의 헌금으로 짓고 운영해 왔다.

　감리교의 협성신학교에는 일찍이 1915년에 양주삼(梁柱三)이 한국인으로서는 최초의 교수가 되었으나, 장로교 신학교의 경우는 1925년에 남궁혁(南宮爀)이 교수가 되었으며, 1930년에는 이성휘(李聖徽)와 박형룡(朴亨龍)이 교수로 초빙을 받아 한국인 교수진이 강화되었다.

---

12) 『朝鮮예수敎長老會史記』下, 46.
13) 『長老敎會史典彙集』(서울: 朝鮮耶蘇敎書會, 1918), 47.
14) 같은 책, 51 참고.
15) 『朝鮮예수敎長老會史記』下, 46.

1930년대 중반에는 선교사들이 한국 교회로부터 퇴진해야 한다는 문제를 두고 논의하기 시작했던 선교사들은 1938년 신사 참배에 대한 교회의 굴종으로 평양신학교가 폐쇄되고 태평양 전쟁의 전운이 감돌게 되자 미국 정부의 송환 통보를 받고 한국을 떠나게 되었다. 그리하여 선교사들이 세우고 경영하며 가르치던 초창기 한국 신학교의 시대는 종막을 고하게 된 것이다.

한국 교회는 일찍부터 전도와 재정 운영에 있어서 자립을 보았으며, 1907년 독노회가 조직됨으로써 드디어 교회는 행정적으로도 자립을 성취하게 되었다. 그러나 신학교는 선교사들이 1940년대 초에 철수할 때까지 직접 운영한 최후의 기관이었다.

선교회와 한국 교회 간에 신학교의 이양과 접수가 조기에 이루어지지 않은 사실 자체를 두고 부정적으로 평가를 하는 이도 있으나 그런 비평은 당시의 정황을 감안하지 않고 하는 말이다. 초대 목사들에게서 신앙고백서를 기대할 수 없듯이, 충분한 수의 한국인 교수 역시 기대할 수 없을 뿐 아니라, 방금 자립한 교회에다 신학 교육과 신학교의 운영을 떠 맡겨버릴 수도 없는 일이었다.

해방 이후 신학교 문제를 중심으로 교회가 분열되고 또한 교회 분열로 말미암아 많은 신학교들이 서게 되었는데, 교회는 각자의 교단 신학교를 돕는 일에 극히 소극적이어서 신학교들은 운영 면에 많은 어려움을 겪었다. 그 이유는 아마도 한국 교회가 신학교 운영에 직접으로 참여하지 않았는데도 신학교가 건재해 온 사실을 너무 오랫동안 경험해 와서 그러하고, 신학교를 독립적으로 운영하는 일반 학교와 혼동하였기 때문에도 그런 것으로 본다. 그뿐 아니라 한국 교회가 선교에 열심을 다하는 교회이면서도 신학 교육이 선교의 가장 우선적인 사업임을 인식하지 못하는 데서 온 것으로 생각한다.

1970년대 이후 한국 교회는 교회와 신학교의 긴밀한 관계나 신학교가 선교의 중요한 과제라는 것을 미처 충분히 배우기도 전에 중요한 신학교들이 재정적으로 상당만큼 자립할 수 있게 되었다. 교회로부터 재정적으로 독립적인 신학교는 일반 대학이 가는 길 혹은 유럽에서 보는 바와 같이 대학에 속한 신학과의 길을 가기가 쉽다. 다시 말하면, 목회자 양성 기관으로보다는 학문 연구에 더 비중을 두는 학교를 지향하기 쉬움을 반성하고 경계해야 할 것이다.

1970년대 이후부터 대형 교회들이 많이 생겨나면서부터 신학 교육을 위한 교회의 요청이 달라졌다는 느낌을 갖게 된다. 대형 교회들이 교회의 여러 부서에서 사역할 전문적인 사역자들을 요청하는 경향 때문에 온전한 인격을 갖춘 목회자를 지향하는 목사 후보생보다는 맡은 부서 일을 잘 해 나갈 수 있는 기능인으로 양성하는 일에 더 관심을 쏟는 것은 아닌지 생각해 보게 된다. 하기는 사역자들이 맡는 부서도 사람들의 모임이며 그 모임의 구성원이 어리거나 나이 들었거나 다 인격과의 만남과 사귐으로 사역이 진행되는 것이므로 사역자는 역시 기능공과 같은 기능인이기보다는 선생으로 존경 받는 인격적인 목회자일 수밖에 없다. 오늘의 신학교가 신학교 학생 선발에서부터 교육과 교육 과정에 이르기까지 이러한 가장 기본적이고 중요한 점을 교육 이념으로 갖고 있으며 거기에 충실한지 반성해야 할 것이다.

초기의 신학교 선교사 교수들이 신학교 교수진을 한국인들로 구성되도록 서둘지 않은 사실을 두고 위에서 언급했듯이 비판이 없지 않다. 그렇게 서둘지 않은 것이 사실이었다고 하더라도 그들은 신학생 선발, 즉 목회자가 될 사람을 선발하는 일에 신중을 기해야 한다는 그런 원칙이 교수를 세우는 데도 그대로 적용돼야 한다고 생각한 것이 틀림없다. 여하튼 학문적인 실력 여하를 떠나서, 박윤선의 증언에 따르면,[16] 초기 장로교 신학교 교수들은 세 분의 한국인 신학교 교수를 포함하여 모두 인격이 고매하고 존경스런 인물들이었다는 사실은 오늘에 사는 우리에게 많은 것을 시사한다.

---

16) 박윤선, 같은 책.

신학 교육 과정

　해방 후 신학 교육 제도는 교파와 교단에 따라 다르게 발전해 왔다. 대학에서 '세미너리'(seminary)에 해당하는 신학 교육을 실시한 학교가 있는가 하면, 처음부터 소위 신학대학원, 즉 '세미너리'를 중심으로 신학 교육을 시행하는 학교도 있다. 한신대학교, 감신대학교, 안양대학교, 서울신학대학교 등이 전자에 속하고, 총신대학교, 장로회신학대학교, 고신대학교 등이 후자에 속한다. 단설 신학교로 '세미너리' 교육을 해 온 합동신학대학원대학교는 제3의 범주로 분류할 수 있겠으나, 대학 4년 과정을 이수한 사람을 교육하고 있으므로 후자의 범주에 속한다고 할 수 있다.

　예과 과정이 대학으로 발전하고 3년의 신학교가 신학대학원으로 된 후자의 제도적인 발전을 중심으로 고려한다면 한국에서는 대학 과정의 신학 교육이 아직 원만하게 정착되지 못한 것이라고 할 수 있다. 신학대학원에서 3년 과정의 '세미너리' 교육을 하는 학교의 대학부 신학 교육은 위축되고 있는 현상이다.

　감리교 신학교는 위에서 본 바와 같이 1929년부터 4년제 신학교의 틀을 갖추었는데, 1950년 감리교 신학교는 문교부로부터 대학령에 의거 4년제 신학 교육을 실시하였으며, 1957년에 재단 법인 설립 인가를 받고 1971년에 대학원 인가를 받았다. 1950년대 초반의 장로교회의 분열 이후 한국기독교장로회의 조선신학교는 1955년 문교부로부터 4년제 대학의 인가를 받아 한국신학대학이 되었다. 4년제 대학을 가진 교파 교회와 교단에서는 고등학교 졸업생을 받아 '세미너리' 교육을 실시하였다.

그러나 총회측 신학교와 고려신학교는 여전히 3년의 신학교 과정을 고수하면서 본과와 별과를 두고 또한 2년의 신학 예과 과정을 두었다. 예과를 거치지 않은 이는 별과 과정을 이수하도록 하고 예과를 거쳤거나 대학을 나온 이는 본과 과정을 이수할 수 있게 하였다. 미국의 신학교가 대학 졸업자들을 목사 후보생으로 받아 교육하는 제도를 본받은 것이었다. 학생들은 학력을 따라 본과(本科) 또는 별과(別科) 생으로 구분되었다. 그러나 본과와 별과의 교과 과정이나 강의 내용이 어학을 제외한 신학 과목에서는 구별이 없었다.

고려신학교의 경우, 1946년 9월 설립할 때부터 2년의 예과 과정을 두었는데, 1955년 2년 과정을 4년 과정으로 개편하여 칼빈학원(대학)으로 독립시켰다. 칼빈학원은 1964년 고려신학교와 다시 합병을 했다가 고려신학교가 1971년 대학이 되면서 신학 예과는 대학 신학과로, '세미너리' 과정인 신학교는 신학대학원으로 개편되었다. 총신대학에서도 비슷한 과정으로 발전하였다. 1959년 총회측 교회가 합동측과 통합측으로 분리된 이후 합동측 총회 산하의 총회신학교는 1967년에 예과 과정을 2년에서 4년으로 늘렸으며, 1969년 문교부로부터 4년제 정규 대학으로 인가를 받아 신학 예과를 신학과로 개칭하였다. '세미너리'인 신학교는 1978년 대학원 설치인가를 받아 신학대학원이 되었다.

그런데 4년제 대학 신학과에서 '세미너리' 과정을 이수하게 하던 학교들이 근래에 와서 신학 예과를 거쳐 '세미너리' 과정을 하도록 하는 7년제 학교와 같이 연한을 연장하여 목회자 교육을 시행한다.

협성신학교 최초 한인 교수 양주삼

서울신학대학교의 경우 1989년 이전 입학생은 4년의 신학과 과정을 마친 후 단독 목회 3년 이상을 하고서 목사 안수를 받을 수 있게 했는데, 1990년 입학생부터는 신학대학원 교육을 반드시 받도록 하고 있다. 신학과 출신은 2년의 M.A. 과정을 하도록 하고 일반 대학 출신은 M.Div. 과정을 하도록 하고 있다. 이러한 과정을 이수한 후 단독 목회 2년 이상 혹은 전임 사역 5년 이상하면 목사 안수를 받도록 한다.

한신대(기장)의 경우도 목사 후보생은 M.Div. 과정인 신학과를 이수하거나 기독교육과에서 부전공 인정 학점을 더 이수하여 졸업 후 준목사 고시를 치룰 수 있게 한다. 준목사 고시는 매년 2월 첫 주와 7월 첫 주 2회에 걸쳐 실시한다. 그리고 준목사 고시 합격 후 전임 사역 2년 이상하게 되면 목사 안수를 받을 수 있게 한다.

감신대(감리교)의 경우 감신대, 목원대, 협성신대 등 세 학교의 신학과 출신은 3년간 단독으로 목회하면 목사 안수를 받아 준회원 목사가 되고, 정회원 자격을 얻으려면 2년의 신학 석사 과정을 이수해야 한다. 일반 대학 출신자는 3년의 신학 석사 과정을 마친 후 3년 단독 목회 후에 목사 안수를 받게 된다. 이때도 역시 준회원이므로 단독 목회를 하면서 교단 인정 석사 혹은 Th.M.을 수여하는 2년의 목회자 계속 교육 과정을 이수해야 한다.

M.Div. 과정의 3년제 '세미너리' 신학대학원 졸업자가 목사가 되는 과정은 교단을 따라 조금씩 다르다. 고신대학 신학대학원의 경우에 졸업 시험을 거친 졸업자는 노회에서 바로 강도사 인허를 받고 1년 후 노회에서 시행하는 목사 시험을 거쳐 목사 안수를 받게 된다. 총신대 신학대학원과 합동신학대학원 졸업자는 교단 총회에서 실시하는 강도사 고시를 거쳐 노회에서 강도사 인허를 받고 1년 후에 노회에서 목사 고시를 거쳐 목사 안수를 받는다.

장로회신학대학 신학대학원 졸업자는 바로 목사 고시에 응시하여 합격하면 1년간의 목사 교육 과정을 거쳐 목사로 안수받게 된다. 이 과정에서 2년 이상의 전임 사역이나 목회 경력을 필수 요건으로 하고 있다. 그래서 이제는 4년제 대학 과정의 '세미너리' 교육을 하던 학교들이나 4년제 예과를 두고 3년간의 신학대학원 '세미너리' 교육을 하던 학교들에 비하여 목사 후보생 교육의 연한의 차이가 없게 되었다.

평양신학교 최초 한인 교수 남궁혁

신학 교육 교과 과정의 문제점

한국에서 목사 후보생은 고등학교 졸업 후 6년 내지 7년의 신학 과정을 이수하게 되어 있다. 4년제 대학 학부에서 '세미너리' 과정을 이수하게 되어 있는 학교들은 비교적 교과 과정을 연계성 있게, 다시 말하면, 신학과 출신과 일반 학과 출신을 구별하여 교과를 이수하게 하고 있음을 발견한다.

그런데 3년제 '세미너리'의 신학대학원들은 대학의 신학과에서 신학을 이미 4년간 공부한 사람이나 일반 대학을 나와 이제 새로 시작하는 사람이나 똑 같은 자격자로 인정하고 획일적으로 같은 교과 과정으로 교육하고 있다. 그것은 제도적으로 대학의 신학과의 존재와 그 의미를 부정하는 격이 된다. 3년제 신학대학원은 학생들의 다수가 대학 신학과, 즉 신학 예과 출신이던 시절에는 그런 대로 학교가 대학의 신학과와 신학대학원 양측의 교과 과정 및 강의 내용의 연계성에 많은 관심을 기울여 교과가 중복되는 경우가 별로 없었다. 그러나 1970년대 후반부터 일반 대학을 졸업한 신학 지망생들이 갑자기 불어나면서 학교는 교과 과정과 강의 내용의 연계성에 대한 배려를 소홀히 하면서 신학대학원과 대학의 신학과가 각기 독립적으로 교과 과정을 편성하기 시작하였다. 그러다 보니까 신학대학원과 연계되어 있는 대학의 신학과가 '세미너리'에 해당하는 교과 과정을 편성하다보니까 대학 신학과를 나와 신학대학원에 진학하는 학생들은 비효율적인 반복 학습을 하게 된 것이다. 이러한 일은 다른 학문 분야의 학부와 대학원 간에는 볼 수 없는 현상이다.

대학의 신학과에서 이수한 것을 반복 학습을 한다는 것은 학생들에게는 고역이다. 신학과 출신들은 자부심을 가지지 못할 뿐 아니라 신학과 과정 자체에 대하여 회의할 수밖에 없게 된다. 이러한 사실은 대학 신학과의 쇠퇴를 초래하는 큰 요인이 되고 있다.

대학을 갖지 않은 단설 신학교는 대학을 둔 학교의 신학대학원보다 대학 신학과에 대한 관심이 더 적은 것이 사실이다. 이러한 단설 신학대학원들이 많이 생기게 되면 대학 신학과의 입지는 그만큼 더 좁아 들게 마련이다.

대학의 신학과는 있어야 하나

대학의 일반 학과를 나온 신학 지망생들이 급격히 불어나면서 대학 신학과의 존재 의의에 대한 회의론을 피력하는 이들이 있다. 설사 회의는 않는다 하더라도 대학의 신학과를 나와서 신학, 즉 '세미너리' 과정을 하는 것보다는 일반 대학을 나와서 하는 것이 더 낫다는 견해를 가진 이들이 있다. 각자의 경험이나 선호를 따라 그렇게 말할 수 있을 것이다. 신학을 공부하기 위해서는 더 넓게 교양을 가지는 것이 좋다는 생각에서 그렇게들 말한다. 그러나 인문계일 경우는 몰라도 이공계 대학 공부가 신학 공부에 도움이 된다고 생각할 수는 없는 일이다.

신학교, 즉 '세미너리'는 일차적으로 목회자 양성을 주목적으로 하는 교육 기관이다. 교회가 세운, 교회를 봉사하기 위하여 존재하는 신학교는 이 점을 강조한다. 그런데 신학교가 순전히 목사 양성 기관으로서만 그 기능과 역할을 다한다면, 신학을 연구하는 기관이 달리 또 있어야 한다고 이론을 제기할 수 있다. 그렇다면 학문의 전당인 대학에 신학과가 있어야 한다. 그것은 신학의 학문성 때문에 그러하다. 한국처럼 기독교 역사가 오래 되지 않은 다종교(多宗敎) 사회에서 대학 신학과의 존재는 기독교 대학에서나 기대할 수 있다. 현재 한국에 있는 기독교 대학교들이 어떤 경로에서 설립되었든지 간에 기독교적 이념에 따라 설립되어 존재하는 학교라면, 거기에는 신학과 혹은 기독교 학과가 있어야 한다. 기독교 대학은 기독교적인 사상과 이념으로 주도되어야 하며 기독교 정신에 입각하여 기독교적인 교양인과 지식인을 양성하는 것을 목적으로 하기 때문이다. 따라서 여러 분야의 학과를 두고 있는 대학에는 기독교 사상을 연구하는 학과, 즉 신학과가 마땅히 있어야 한다.

대학에서 신학을 사상으로 혹은 학문으로 연구한다고 할 때 학문의 자유, 즉 신학 연구의 자유가 전제된다. 그런데 신학 연구의 자유 혹은 신학의 자유화는 교회가 채택하고 있는 교의나 신앙고백을 벗어나는 자유까지 포함하는 것으로 이해할 수도 있으므로, 그럴 경우, 대학의 신학과는 교회가 바라는 신학 교육 내지는 연구 기관의 성격을 벗어나게 된다. 대학의 신학과는 여하튼 이러한 개연성을 안고 있다.

이와 같이 대학의 본질에서 대학 신학과의 필요성을 논한다면 결과적으로 신학 교육을 이원화하는 것이 될 수 있다. 즉 신학을 사상으로 혹은 학문으로서 연구하기 위한 대학의 신학 교육과 교회를 봉사하는 목회자 양성을 위한 '세미너리'의 신학 교육이 각각 있을 수 있다는 것이다. 여기서 우리는 이러한 이원화가 바람직한 것인지 아닌지, 바람직한 것이 아니라면, 양자가 상호 보완하거나 조화를 이룰 수 있는 것인지를 묻게 된다. 이러한 의문에 대한 해답을 모색하기 위하여 먼저 오랜 기독교 역사와 전통을 가진 구미의 신학 교육, 대학의 신학과와 신학교와의 관계를 일별하기로 한다.

유럽과 미국의 신학 교육

유럽의 대학은 중세 특유의 산물이라고 하는데 수도원이나 교회 부속 학교는 옛날부터 학문을 연구하고 전수하는 역할을 해 온 곳이다. 13세기가 시작될 무렵 그 가운데 일부가 대학으로 변신하여 발전하게 되었다. 그런 학교들은 인문주의 사상이 태동하면서 일어나게 된 대학들의 영향을 받아 대학으로 발전하였다. 새로운 대학들은 교수들이나 학생들의 길드 조직을 통하여 이루어졌다. 특히 대학의 운영을 맡은 학생들의 길드 조직은 그 조직 자체가 자율을 추구하는 인문주의 정신을 상징하며 대변하였다. 수도원과 교회 학교에서 발전한 대학이나 새로 일어난 대학을 막론하고 대학에는 신학부가 의학부 및 법학부와 함께 중요한 학부였으며, 주로 신학부가 중심 학부의 위치를 차지하였다.

1960년대와 1970년대에 필자가 경험한 바에 의하면, 영국에서는 대학의 신학부는 신학을 연구하는 기관이고 신학교는 목회자 양성을 위한 기관으로 양분되어 있었다. 대학에서는 신학을 학문으로 연구하는 곳으로 저명한 신학자들이 거의 다 대학의 교수들이다. 성공회 신학교는 교회가 요구하는 목사 고시 과목의 과정을 강의하고 수강하며 경건 생활을 공동으로 영위하는 곳이다. 신학교에 다니는 동안 목사 후보생은 교회가 시행하는 열두 과목의 목사 고시(General Ordination Examination)를 본다. 대학 졸업자는 2년에 나누어 매해 학년말에 여섯 과목의 시험을 치르고, 대학을 나오지 않은 학생들은 매해 네 과목씩 3년에 나누어 시험을 치른다. 지도자적, 사회적인 경험이 많은 사람이나 대학에서 신학을 3년 더 오래 한 사람일 경우는 2년 더 단축해서 과정을 마치게 해 준다.

영국 성공회는 목회자의 학력보다는 인격이나 사명감을 혹은 사회적 경험이나 리더십을 더 중요시하는 것으로 보인다. 신학교의 교수들은 목회 경험을 가진 이들이다. 많은 교수들이 목회하다가 부름을 받아 신학교에 와서 교수한 다음 목회지로 되돌아간다. 목사 고시를 마침과 동시에 신학교를 졸업한 사람은 '교구 목사'(vicar)가 되기까지 선배 목사에게서 목회의 실제를 배우며 경험을 쌓는다. 3년씩 두 번의 '수습 목사'(또는 준목사 curate) 기간을 거쳐 교구 목사가 된다. 영국에서는 변호사 수습도 그렇듯이 실제적인 경험을 통하여 목회를 배우게 한다. 경험론 쪽으로 발전한 영국인의 철학적 사고와도 무관하지 않은 것 같다.

영국에서는 1970년대 초만 해도 신학교는 학위를 줄 수 없었다. 그러나 신학교들이 이제는 목회자 양성만을 목적으로 하지 않고, 신학 연구도 겸하여 하는 교육 기관으로 발전하고 있다. 예를 들면, 브리스톨(Bristol)에 있는 보수적 복음주의 학교인 클리프톤 신학교(Clifton Theological College)는 이웃에 있는 같은 경향의 신학교 틴데일 홀(Tyndale Hall)과 여자 신학교 달톤 하우스(Dalton House)와 통합하여 트리니티 칼리지(Trinity College)로 출범하여 학위도 수여한다. 교수진도 강화되고 시설도 확충하였으므로 대학교에서와 마찬가지로 학위를 수여할 수 있게 된 것이다.

잉글랜드에서는 대학 과정이 3년이다. 대학을 졸업하면 인문계든 이공계든 다 B.A.학위를 받는다. 스코틀랜드에서는 4년의 대학 과정을 마치면 M.A.학위를 받게 되어 있다. 잉글랜드 대학의 신학부에서 헬라어는 필수 과목이지만 히브리어는 선택 과목으로 하고 있다. 1년이 3학기(terms)로 나뉘어 있어서 우리 대학에서보다는 수업 일수가 많다.

독일의 경우는 영국과는 다르다. 목사(Pfarrer)는 정규 대학에서 신학을 전공한 사람이어야 한다. 즉 목회자에게 신학 전공 학력은 기본 요건이다. 독일에서는 초등학교부터 김나지움(Gymnasium)을 거쳐 대학에 입학하기까지 13년의 교육을 받아야 하므로 우리의 경우보다 1년의 교육을 더 받는 셈이다. 대학은 1년 2학기제(semester)로 하고 있다. 신학 지망생들은 다 라틴어를 고등학교에서 배워 온다. 7학년부터 김나지움에서 라틴어를 배우므로 신학 지망생은 상당한 라틴어 실력을 가지고 대학으로 들어온다. 대학에서는 헬라어와 히브리어 등 고전어 학습을 위한 3학기의 기간을 제외하고

8학기를 공부하게 되어 있다. 학점제가 아니므로 독일 대학생들은 강의나 세미나에 참석한 것을 증명하는 카드에 교수의 서명을 종강 전에 받아 교학과에 제출하면 된다.

1987년의 튀빙겐 대학교 안내서에 따르면, 어학 과정을 통과한 이후 첫 4학기에 기초 신학을 공부하고, 시험을 거쳐 다음 단계의 공부를 하게 되어 있다. 다시 말하면, 본격적으로 신학만 4년을 해야 목사 고시에 응시할 자격을 얻는다. 그러나 학생들은 5년 내지 7년씩 공부하는 것이 보통이다. 목사 후보생에게 이렇게 신학 전공 학력을 기본 요건으로 하는 것은 화란에서도 마찬가지이다.

그러나 독일에서 대학의 신학부를 나오지 않고서도 목회할 수 있는 길이 있다. 부퍼탈(Wuppertal)의 요한네움(Johanneum)이나 스위스 바젤(Basel)의 상 크리쇼나와 같은 학교에서는 대학 입학 자격 고사(Abitur)를 통과하지 않은 학생들을 교육한다. 3년 과정의 성경 학교나 신학교 별과에 해당하는 과정으로 설교자 및 선교사를 양성하는 학교이다. 그러나 이러한 학교는 극소수이며, 학생 수도 많지 않다. 요한네움의 경우 한 학년의 정원 학생 수가 겨우 15명이다. 물론 이런 학교는 대학의 신학부와는 전혀 연계성이 없다. 이런 학교의 졸업생은 교구 교회의 조사(助事, Gemeindehelfer)로 15년 이상을 봉사하면 'Prediger Seminar'에서 소정의 교육을 받고 시험을 쳐 목사(pastor)가 된다. 긴 과정을 거쳐 목회자가 되지만 '교구 목사'(Pfarrer)는 되지 못한다.

대학의 신학부는 인문대학의 한 학과가 아니고, 종합대학교 안에 있는 단과대학이다. 그러나 단설 교회 신학교(Kirchliche Hochschule)와는 분위기가 다르다. 독일에는 1970년대에 5개처의 교회 신학교가 있었다. 신학교에서는 학생들이 기숙사에서 공동으로 생활하며 경건회를 갖는다는 점이 대학의 신학부와는 다른 점이다. 그밖에 강의 내용이나 수준은 대학의 신학부나 다름이 없다. 주로 신학부와 인문계 학생들은 교수를 찾아 대학을 돌아다니며

등록을 하고 강의를 듣는데, 교회 행정부는 신학생들이 신학교를 두 학기 이상 방문하는 것을 의무화하고 있다. 그리고 1970년대에 와서는 학업 도중에 1년간 교회에서 목회지 경험(internship)을 갖도록 하고 있다. 학위 수여는 대학에서만 했는데, 이제는 영국에서처럼 독일의 단설 신학교에서도 학위를 수여한다. 신학생들이 목사 시험에 합격하면 '수습 목사'(Vikar)로 안수를 받고 보통 한 학기간 설교자 세미나를 방문한다. 2~3년간 수습 목사로 지내다가 논문을 쓰는 시험을 거쳐 '교구 목사'가 된다.

미국에서는 목사가 되려면 4년제 대학을 졸업하고 3년 과정의 신학교(seminary)를 나와야 한다. 공부하는 연한으로 보면 영국의 신학교보다 강화된 셈이다. 침례교에서는 정규 학생 이외에 사회 경험을 가진 사람으로 리더십이 있는 사람이면 먼저 목사로 안수하고 신학교 과정을 이수하도록 하고 있어서 그러한 제도는 영국적이라고 할 수 있다. 기독교 대학 가운데는 신학과를 두고 있는 학교들이 있으나 대학 학부의 신학과는 신학교(seminary)를 위한 준비 과정으로 그 몫을 다한다. 그리고 많은 대학에서 종교학과에서 신학 예과 과정을 공부하도록 하고 있다.

신학의 학문성에 관한 이해 문제

기독교 대학이 신학부 혹은 신학과를 두는 것이 신학의 학문성이 요청하는 것이라면, 신학 교육은 이원화의 위험성에 직면할 수 있는 것이 아니냐 하는 의문을 위에서 제기하였다. 구미의 신학 교육에서 그러한 경향은 이미 있어온 것인데, 그것이 신학의 본질에서 불가피하게 야기된 것인지는 검토해 보아야 할 일이다.

신학은 철학처럼 학문성만 추구할 수 있는 그런 학문이 아니다. 신학과 철학은 둘 다 진리를 추구하는 심오한 학문임이 틀림없으나, 철학은 아무런 주어진 규범 없이 진리를 추구하는 학문임에 반면에, 신학은 주어진 성경 말씀을 탐구하며 그 말씀에 근거하여 진리를 추구하는 점이 철학과는 다르다.

철학이 우주와 인간의 기원과 의미를 무작정하고 사색하지만, 신학은 성경 말씀으로 하나님께서 당신을 계시하신 것을 깨달으며, 말씀에서 하나님께서 천지와 인간을 창조하신 일과 인간이 타락했으나 하나님께서 구원하신다는 사실을 인식하고 하나님을 찬양한다. 철학하는 사람은 자기의 존재 의미를 추구하며 끝없는 회의 속에서 학문하지만, 신학을 하는 사람은 예수 그리스도로 말미암아 구원 얻은 사람으로, 하나님을 찬양하고 예배하는 하나님의 백성의 일원으로, 그리스도께서 세우신 교회의 지체로서 신학을 한다.

신학은 성경을 통하여 말씀하시는 하나님의 뜻을 깨닫고 하나님의 구원 경륜을 찬양하며 그 뜻을 받들기 위한 지식을 추구한다. 하나님께서 사도들과 선지자들에게 말씀을 주실 때, 당사자의 지적인 만족을 위하여 혹은 자기 성취를 위하여 주신 것이 아니고, 하나님의 백성들을 위하여 그들에게 전하도록 주신 것이다. 그러므로 신학은 하나님의 말씀을 백성들에게 전하고 가르치는 것을 전제로 한다. 다시 말하면, 신학은 하나님을 예배하고 하나님의 복음을 전파하는 교회, 예수 그리스도께서 머리이신 교회, 그리스도를 주로 섬기는 교회를 봉사하기 위한 학문이다.

그러므로 비록 오늘의 대학이 자율적으로 학문을 연구하는 전당이라고 하더라도 대학의 신학과가 신학을 교회와는 무관한 학문인양 추구할 수는 없다. 위에서 논한 바와 같이 신학의 본질이 그것을 허락하지 않는다. 벨하우젠(Julius Welhausen)이 구약의 문서설을 말한 이후 교회 사역을 사퇴한 일이나 바르트(Karl Barth)가 목회하면서 부정적인 자유주의 신학을 극복하고 말씀의 신학을 주창하는 한편, 교회를 존중하는 뜻에서 "교회 교의학"을 쓴 일들이 다 신학이 교회를 섬기는 학문임을 인식하고 신학이라는 학문의 본질에 정직하며 충실하기 위하여 취한 자세이다. 구미에서 신학 연구의 자율성을 구가하는 사람들이 교회의 신앙고백을 벗어나는 신학을 말하고 심지어는 소위 사신(死神) 신학과 종교 다원주의 신학을 말하는 지경에까지 이르고 있으나, 그것은 신학의 본질을 왜곡하는 것이며 본궤도에서 이탈한 것일 뿐이다.

대학 신학과의 육성 방안

그러므로 '세미너리'가 아닌 대학의 신학 교육 역시 교회를 위하는 신학이요 신학 교육은 교회의 사역자를 양성하는 것을 목적으로 한다. 교회 역사상 신학 교육의 목적은 항상 그랬다. 대학의 신학과와 신학교가 양분되어 있는 영국에서나 단일화 내지는 통합되어 있는 독일에서나 신학 교육의 목적은 교회의 봉사자를 양육하는 데다 두고 있음은 조금도 다름이 없다. 따라서 대학의 신학과는 '세미너리'인 대학원 과정을 위한 예비 교육을 위한 기관이나 혹은 신학 연구 기관으로 인정해야 한다. 그리고 신학교가 목사 양성 기관이라고 하여 기능인을 길러 내는 직업 훈련소와 같은 기관일 수는 없다. 신학이 심오한 학문이기 때문에도 그러하고, 목사는 평생 하나님의 말씀을 연구하며 설교하고 모든 계층의 사람들을 가르쳐야 하는, 지식과 함께 신앙 인격을 갖춘 봉사자요 지도자요 선생이므로 그러하다.

대학이 비록 인문주의의 요람이요 문화의 전당이므로 각 분야의 학문의 자율성이 보장되어야 한다고 하더라도, 신학 교육과 연구 기관인 신학과는 교회의 몫이다. 그러므로 교회는 대학 신학과의 육성과 운영에 옛날 신학 예과로 있을 시절에 못지않게 관심을 기울여야 하며 지원해야 한다.

대학 신학과의 교과 과정은 신학교(신학대학원)를 염두에 두면서 정해야 하고, 가능한 한 신학대학원의 교수들과 협의하는 가운데 정하는 것이 바람직하다. 그것은 신학대학원을 두고도 마찬가지이다.

일반 대학을 나와 신학을 시작하는 목사 후보생들이 '세미너리' 3년 과정에서 이수해야 하는 것이 너무 많다. 헬라어와 히브리어를 해야 하고 학교에 따라서는 라틴어까지 선택으로 하는데다가 필요한 모든 신학 과정을 3년간에 다 마쳐야 한다는 것은 굉장히 부담이 되는 일이다. 게다가 한국의 신학생들은 주말에 교회에서 전도사로 봉사하며 수도권 지역에 있는 교회에서 봉사하는 이들은 수요일 저녁에 학교 기숙사를 떠나서 교회에 출석해야 할 뿐 아니라, 금요일에는 철야 집회에도 참여해야 한다. 그런 가운데서 학생들은 많은 과목을 이수하고 학점을 따야 한다. 그래서 목사 후보생들은 차분하게 글을 읽고 사색하고 창의성을 개발할 수 있는 여유가 없다.

그러므로 대학에서 신학을 하는 사람에게는 더 여유 있고 내실 있게 공부할 수 있도록 해 주어야 한다. 쫓기는 신학대학원 과정을 위하여 미리 준비할 수 있어야 하며 신학대학원에서 얻기 힘든 부분을 대학 신학과 과정에서 얻을 수 있어야 한다. 대학 4년과 대학원 3년의 신학 과정을 반복 학습이 아니라 발전적으로 연계성 있게 공부하게 한다면 우리도 얼마든지 더 질 높은 신학 교육을 할 수 있다.

7년 과정의 효율적인 신학 교육 방안을 말하자면, 먼저 신학대학원에서 일부 학교가 시행하고 있듯이 교과 과정을 이원화하는 일이다. 모든 학문이 그렇듯이 신학은 기초 단계부터 보다 높은 단계로 공부하는 것이 이상적이라는 것을 시인하는 견지에서, 신학을 시작하는 일반 대학생들은 옛날의 별과생으로 간주하고 대학의 신학과를 졸업한 학생은 본과생으로 간주하여 다소 달리 교육하는 일이다. 현재 대부분의 신학대학원이 목회학과와 신학과를 이름만으로 나누고 있는데, 현재의 구분을 문자 그대로 적용하는 것은 정원 관계 때문에 어려움이 있는 줄 알지만, 이를 내용상으로 나누는 것도 하나의 방법이 될 수 있다. 여하튼 적어도 대학의 신학과 졸업자에게 중복되는 교과는 면제해 주든지, 아니면 3년의 과정을 2년으로 단축함으로써 대학의 신학과 교육의 의미와 가치를 인정해 주도록 해야 한다. 중복되는 필수 과목일 경우 대학 신학과 출신들에게는 면제해 주고 그 대신 선택을 더 많이 택하게 하여 개별적인 지도를 받을 수 있도록 하는 것도 하나의 방법일 것이다. 그러나 이것은 신학대학원에 큰 짐을 부과하는 것이다.

위의 방안보다 더 효율적인 것은 대학의 신학과 교과 과정을 조정하는 일이다. 이를테면, 대학의 일반적인 교양 과목 이외에 신학 공부를 위하여 필수적인 어학, 즉 헬라어와 히브리어와 라틴어, 그리고 철학과 문화사 등의 과목을 이수하게 하는 것이다. 총신대학의 경우를 예로 들면, 1976~1977년도의 신학과 교과 과정의 목적을 다음과 같이 설명하고 있다.

> 본 학과는 신학교육 예비과정으로서 장차 신학을 연구할 있도록 기초적인 학문을 전반에 걸쳐서 교육하는 데 그 목적을 두고 있다 이를 위하여 신학과 4개년 동안 성경, 어학(영어, 독어, 헬라어, 라틴어), 철학, 역사 등 4분야의 과목들이 집중적으로 제시된다. 성경은 물론 철학, 역사학도 성경적이며 개혁주의적인 입장에서 가르치는 것을 목적으로 한다. 그러므로 앞으로 목사가 되고자 하는 자에게 신학과는 신앙, 지식, 교양을 겸비한 인재를 양성하여 앞으로 신학을 연구할 수 있도록 준비시키는 신학 예비 과정이라 하겠다.

그리고는 교양 필수 과목에 34학점을, 전공 필수 과목에 74점을, 그리고 선택 과목에 44학점을 배정하고 있다. 전공 필수에는 공동 필수 과목에 18학점, 철학 분야 과목에 16학점, 사회학 분야 과목에 12학점, 종교학 분야 과목에 6학점, 영어 원강에 16학점, 성경 어학 분야 과목에 8학점을 배정하고 있다. 라틴어와 헬라어를 전공 필수로 하고 있음은 물론이고 선택 과목으로 화란어를 위시하여 타 학과 과목 중에서 택하도록 되어 있다. 이러한 교과 과정은 '세미너리'에서 하는 교과 과정을 철저히 피하고 있을 뿐 아니라 신학 공부를 위하여 폭 넓은 지식을 얻도록 하고 있다.

이에 비하여 같은 대학의 1996년도의 교과 과정을 보면 영어와 독어 원강 등의 교과는 거의 볼 수 없고 라틴어는 선택으로 하고 있는 대신에, 전에 없던 구약 강해, 신약 강해 등의 과목이 있다. 전공 필수에서 배정한 신학 과목은 '세미너리' 과정의 신학대학에 비하여 엉성하다. 그러면서 선택의 폭을 넓힌 것이 눈에 띈다. 그런데 타과 과목의 선택은 없어지고 대신에 '세미너리' 과정에 해당하는 과목들과 신학적인 주제를 다루는 과목들을 선택으로 제공하고 있다. 신학대학원의 '세미너리' 교육에 필요한 예비 교육을 위하여 존재하게 된 신학 대학부가 신학부의 정체성을 찾아야 한다는 요구에 부응하려다 결국은 어정쩡한 교과 과정을 편성하게 된 것으로 안다. 학생들은 어차피 선택으로 신학 과목을 택하기 마련이어서 신학대학원으로 오게 되면 같은 과목을 반복하여 이수하게 되는 것이며, 반면에 라틴어 등의 어학이나 철학과 역사에 대한 지식은 결여하고 있어서 일반 대학 출신과 별로 차별을 기대할 수 없게 되었다.

대학의 신학과가 신학대학으로서의 명분 때문에, 신학 과목을 가르쳐야 한다면, 신학을 위한 성경 학습과 고전어는 필수로 하되, '세미너리' 과정에서 하는 개론적인 것은 피하고, 선택에서 할 수 있는 것이면서도 기초가 될 수 있는 교과들, 이를테면 교부들과 종교 개혁자들의 글이나 사상을 접하게 하는 등 각론적인 과목을 설정해 주는 것이 하나의 방법일 수 있을 것이다. 학문을 할 때 일반적으로 개론이나 총론을 거쳐 각론으로 들어가 연구하는 것이 상식이므로 이러한 교과 과정은 전도된 것일 수도 있으므로 이러한 제안은 결코 보편타당한 것이거나 이상적인 것일 수는 없다. 다만 차선의 방편으로 제언할 뿐이다.

대학 학부 학생의 학습 능력은 대학원 연령에 있는 사람들의 학습 능력에 결코 못지 않을 뿐더러 더 감수성이 있다는 점 때문에, 각론적인 신학의 주제를 다루게 하자는 것이다. 비록 전체적으로 보는 시각은 얻지 못한다고 하더라도 세부적이긴 하지만 각론적인 깊은 지식을 습득하게 한다는 유익이 있으며, 그럼으로써 학생들의 신학적 사고를 길러 주는 데도 크게 도움이 될 수 있을 것이다. 그리고 신학대학원에서 개론적인 혹은 총론적인 과정을 이수함으로써 이미 단편적으로 얻은 각론적인 지식을 정리할 수 있게 한다는 것이다. 필요한 구조물들을 따로 준비하였다가 조립하여 종합적인 건축물로 완성되게 하는 경우와 같은 방법론이라고도 할 수 있다.

신학대학원의 '세미너리' 교과 과정을 고려하여 대학 신학과의 교과 과정을 개정한다고 할 경우 대학 신학과에 종사하는 교수들의 입지를 충분히 이해해 주어야 한다. 옛날의 신학 예과 시절의 대학부 교수들과는 달리, 오늘의 대학 신학과 교수들은 박사학위를 가지고 있다는 점에서나 학구적인 면에서 신학대학원 교수들에 비하여 조금도 손색이 없다는 점이다. 교수라면 누구나 다 교양적인 준비 과목을 교수하기보다는 자신이 전공하는 신학 과목을 교수하는 것을 보람으로 여긴다.

그러므로 동일계 학교의 대학부 신학과 교수와 신학대학원 교수의 소속을 구분하지 말고 단일화하거나 아니면 대폭적으로 상호 교류하도록 해야 할 것이다. 대학 신학과의 정착과 육성을 위해서는 오히려 보다 경력이 많은 교수, 보다 알려진 교수들이 대학에서 각론적인 신학의 주제를 강의하도록 하면 좋을 것으로 여긴다. 그것은, 위에서 언급한 바와 같이, 영국에서 시행되고 있는 그대로이다. 그러면 이제 결실을 맺어야 할 연령에 있는 보다 경력이 많은 교수가 개론이나 총론을 강의할 때보다 더 생산적으로 연구 활동을 하고 저술 활동을 할 수 있게 될 것이다. 교수가 '세미너리' 과정의 개론이나 총론을 매해 반복적으로 가르친다면 생산적인 연구 활동이나 저술 활동을 위한 자극을 얻기 어렵다. 신학교 교수들이 대학 신학과와 신학대학원의 소속의 구별 없이 혹은 상호 교류하는 가운데 강의를 한다면, 그리고 경력이 많은 교수에게 대학 신학과에 필요한 만큼 강의 시간을 할애한다면, 대학 신학과는 신학 연구를 위한 교육기관으로서, 그리고 '세미너리' 과정을 위한 수준 높은 준비를 하게 하는 기관으로서 그 존재 의미와 중요성을 회복하게 될 것이다. 동일 계열의 신학대학원이 없는 대학의 신학과의 경우는 특정한 단설 신학대학원과 밀접한 유대 관계를 갖고서 교수의 교류를 도모하면 좋을 줄 안다.

신학생의 자질

위에서 논한 것은 신학의 본질상 대학의 신학 교육이 교회를 섬길 목사 후보생 교육이라는 맥락에서 이해해야 할 것이라는 점과, 따라서 교과 과정은 신학대학원과의 연계성을 고려하는 가운데 정해야 한다는 지극히 원론적인 논의일 뿐이다. 신학 교육을 하려면 먼저 학생이 있어야 한다. 신학과를 지망하는 학생이 있어야 신학과가 존립을 할 수 있다. 그리고 대학 신학과의 존재 의미를 긍정적으로 생각하는 사람이면, 사회적인 인식이야 어떻든지 간에, 신학을 하려면 대학에서부터 시작하는 것이 유리한 면이 있다고 설득해야 할 것이다. 그런데 신학생을 확보하는 일이 다른 일반 학과에서 학생을 유치하는 것과 다르다는 점이다. 신학을 하려는 사람은 소명을 받은 사람이어야 하므로, 신학은 학생을 두고 다른 학과와 유치 경쟁을 할 수 있는 그런 분야가 아니다.

신학 지망생은 교회가 공급해야 한다. 교회는 신학교나 대학의 신학과를 위하여 뜻만 있으면 재정적으로 지원은 할 수 있다. 그러나 신학 지망생을 공급하는 일은 임의로 할 수 있는 일이 아니다. 그것은 하나님께서만 하시는 일이다. 그리고 하나님께로부터 부름을 받은 사람만이 신학과를 찾아 와야 신학과가 진정한 의미에서 존립하고 육성될 수 있다.

그러므로 기독교 대학 당국은 적어도 신학과만은 경영면을 초월해서 다루어야 한다. 학생수가 적다고 폐쇄한다든지 좋은 점수를 얻은 학생들이 많이 오지 않는다고 신학과의 존재 의미가 감소되는 것으로 생각해서는 안 된다. 예를 들면, 서울대학교 종교학과는 경성제대 시대부터 존속해 왔다. 졸업생이 한두 명 있는 해도 있었는가 하면 몇 해만에 졸업생이 한 사람 나온 적도 있었다. 그럼에도 불구하고 학교 당국은 학생수와는 상관없이 그 학과를 존속하게 하였다. 그 분야의 학문을 위하여 그렇게 했던 것이다. 그런데 하물며 하나님의 나라와 복음을 위하는 기독교 대학 당국이 복음의 사역자를 양성하기 위한 기관이며 학교에 따라서는 전통을 이어온 학교의 상징적인 학과인 신학과의 존재 의미를 경영면만 고려하여 평가할 수 없는 법이다. 하기는 이러한 교육 정책은 경제성과는 별로 관련 없는 인문 계열의 모든 학과에 적용되어야 한다.

신학 지망생의 많고 적음은 교회의 부흥과 상관 관계가 있다. 추수하는 주인에게 청하여 추수할 일군들을 보내어 주시도록 기도하라고 명하신 교회의 머리이신 예수 그리스도의 말씀을 기억한다. 신학 교육에 종사하는 이들은 하나님 아버지께 일군을 보내 주시도록 기도하는 한편, 하나님께서 불러 보내 주시는 사역 후보생들이 가장 효율적으로 학습할 수 있는 교육의 장을 거시적으로 마련하며 그들을 하나님의 사역자로 교육하는 일에 최선을 다해야 한다. 대학에서 신학 교육이 그 의미와 가치를 인정받고 전통으로 정착이 되기까지 모두 함께 오래 기다리며 노력해야 할 것이다.

찾아보기

가톨릭교회사 이해/ 56
가현설(假現說)/ 450, 482-4, 491
강문교/ 345
개혁주의/ 6, 25, 57-8, 76, 108-9, 196,
　　219, 223-34, 285, 292, 294-45,
　　297-301, 303-330, 340-41, 352,
　　359-61, 366, 369. 371, 377-381,
　　421-22, 424-27, 446, 454, 456,
　　518-23, 535, 538-39, 542, 551, 553,
　　555-560, 594
개혁주의와 복음주의/ 352, 377
게르만의 선교/ 45
게일(J. S. Gale)/ 69, 123
경건주의/ 25, 71, 79, 86, 89, 102-4,
　　109, 132, 141, 151-52, 172, 174,
　　219, 246-47, 250, 243, 261, 289-94,
　　296-98, 311, 313, 323-24, 326, 332,
　　340, 347, 361, 371, 374-76, 378,
　　422, 425, 443-45, 448, 453-55, 457,
　　515, 520, 535, 551, 552-55
경교(景敎)/ 46, 54
고주몽(高朱夢)/ 464
공로주의/ 146, 148-49, 151, 154-55,
　　214, 290, 295, 314-15, 358, 518,
　　549, 554, 558, 563
곽선희/ 427
교계주의(敎階主義, hierarchy)/ 111,
　　148-49, 151, 291, 375, 554
교회 분열/ 106, 112, 138-39, 220-23,
　　313, 334, 355, 362, 365, 367-68,
　　371, 377, 381-82, 384, 577
교회 성장 개념/ 116-17
교회 성장/ 50, 102, 106-7, 112, 115-21,
　　124, 127-8, 131, 133, 135, 139-42,
　　154, 191, 220, 224-25, 265, 301,
　　328, 348, 413, 521
교회 성장학/ 107, 112, 117, 225
교회사관/ 53, 55-7, 374
교회세/ 255-57, 261, 346
교회의 사회 봉사/ 239, 244, 246
구속사/ 16, 41
구원 역사/ 13-4, 15-18, 21-24, 32-34,
　　39, 41, 47-8, 50, 430, 502
구원과 성화/ 211-12
구원의 경륜/ 14, 20, 34
국민 교회/ 50, 79-80, 174, 292, 327,
　　357, 408-9, 553-54
그레고리 7세/ 151, 201-2
그레고리 대교황/ 318
그레고리, 나지안주스의/ 242
글래든(Washington Gladden)/ 249
기독교 사회주의/ 247-48, 251
기독교 이전의 종교 이해/ 44
기독교와 문화/ 58, 61, 64, 72, 75

기독교의 역사관/ 31
기복 신앙/ 46, 112, 157-162, 224, 229
기적의 의미/ 17
길선주(吉善宙)/ 95-6, 125, 128, 228, 423, 425-26, 571
김광식/ 342
김기범(金箕範)/ 572
김수로왕(金首露王)/ 464
김승곤(金勝坤)/ 428
김양선(金良善)/ 336
김익두/ 128, 228
김재준(金在俊)/ 102, 334
김정준(金正俊)/ 342
김찬성(金燦星)/ 99
김창건(金昌鍵)/ 577
김창식(金昌植)/ 572
김형태/ 427

나우만(Friedrich Nauman)/ 251-52
나치(Nazi)/ 42, 334-35, 384, 392-94, 397, 398-99, 401, 404-6, 465
난생설화(卵生說話)/ 464
남궁혁(南宮赫)/ 334, 575
네비우스 방법/ 121, 123, 569
니고데모주의자/ 39
니묄러(Martin Niemöler)/ 339, 395-96, 406, 409-410
니묄러(Wilhelm Niemöler)/ 395
니버(Reinhold Niebur)/ 334

단군 신화/ 43, 460, 463-66, 468, 472, 475,
단일신론(單一神論)/ 345, 483-85, 487, 491
대각성운동/ 86
대부흥/ 91, 93-4, 99-101, 103, 124-26, 137, 218, 228 423, 425, 453, 543
대승불교(大乘佛敎)/ 46
대종교(大倧敎)/ 459, 466-67
대학 신학과의 육성/ 592
도교(道敎)/ 46
도나투스파/ 243, 356
도덕률/ 38-40, 42
도미니코 교단/ 151, 204
독일 고백 교회/ 406, 408, 410-11
독일 교회의 조직/ 253
독일 그리스도인들(Deutsche Christen)/ 339, 396, 399, 401-2, 404, 406, 410, 414
디다케(Didache)/ 167,199, 207
디벨리우스(Dibelius), 베르린의 감독/ 409
디벨리우스(Martin Dibelius)/ 330
디아코니아, 한국 교회의/ 263-65
디아코니아/ 162, 238, 251-53, 261-65
디오클레티안 황제/ 241
라우쉔부시(Walter Rauschenbusch)/ 249

레이놀즈(W. D. Reynolds)/ 426, 574-76
로빈슨(John Robinson)/ 345
로스/ 122

롬바르두스/ 148, 545
롭(A. F. Robb)/ 95
뢰에(Wilhelm Löhe)/ 251
루터/ 25, 77, 111, 151, 155, 170-72, 174, 213, 283, 290-91, 298, 305, 308-312, 314-15, 317, 324-25, 358, 369, 372, 375, 401, 424, 440-41, 443, 518-19, 542, 550, 553-55, 557-58, 562-63
루터교, 루터교회/ 6, 25, 151, 171-72, 174, 251, 254, 290-91, 295, 297, 303, 305-9, 311, 315-16, 323, 366, 380, 407, 424, 441-42, 446, 453, 519, 535, 542, 551, 553-54, 558, 562
루터와 칼빈/ 25, 310-11, 323, 440, 486
리츨(Albrecht Ritschl)/ 333
리프크네히트(Wilhelm Liebknecht)/ 251
림인식/ 427

마르크스(Karl Marx)/ 351
마포삼열(Samuel A. Moffett)/ 576
매코믹 여사(Mrs. N. McCormick)/ 577
매킨타이어/ 122
메이천(J. Gresham Machen)/ 370
모리스(Frederick Denison Maurice)/ 248
목회자의 안식년/ 153, 185-87, 190-194
무디(Dwight Moody)/ 86, 425
무솔리니/ 398, 432

무스(J. R. Moose)/ 95
무어(S. F. Moore)/ 100
문선명(文鮮明)/ 344, 432, 454
문화 개신교(Kulturprotestantismus)/ 90, 321, 402
문화와 종교/ 62, 475
물 세례/ 380, 495-97, 503, 513-14,
뮐러(Ludwig Müller)/ 399
민족 복음화 운동/ 61, 132, 224
민중신학/ 41, 53, 337, 428

바나바서(Barnabas)/ 435
바룩서(Baruch)/ 435
바르넥, 구스타프/ 50
바르멘 선언 문서/ 414
바르멘 선언/ 339, 407
바르트(Karl Barth)/ 31, 54-5, 325, 333, 335-37, 339, 343, 404-7, 552, 591
바빙크(Herman Bavinck)/ 424
바실리우스/ 243-44,
박아론(朴雅論)/ 427
박윤선(朴允善)/ 426, 428, 579
박정희(朴正熙)/ 467, 470
박창환(朴昌環)/ 427
박태선(朴泰善)/ 431-32, 450
박형룡(朴亨龍)/ 335, 426-27, 430, 573
반유대주의/ 397-98
반율법주의/ 103, 156, 173, 217, 324, 326, 563
발렌티니아누스 1세(Valentinianus I)/ 241

방기창(邦基昌)/ 569, 576,
방위량(Rev. W. N. Blair)/ 97
백년 전진(the Centenary Advance)/ 128
백홍준(白鴻俊)/ 122
버미글리(Pietro Martire Vermigli)/ 519
베르너(Gustav Werner)/ 253
베벨(August Bebel)/ 251
베어드(Mrs. Baird)/ 123
벤 아자이/ 273
벵겔(Johann Albrecht Bengel)/ 443-45
보델쉬빙(Friedrich von Bodelsch-wingh)/ 251, 410
보어만(Martin Bormann)/ 398
보카치오(Boccaccio)/
복음주의/ 6, 7, 71, 78
복음주의자/ 71, 79, 128, 249, 253, 298, 325, 326, 520, 558
본회퍼(Dietrich Bonhoeffer)/ 338, 345, 346, 389, 406,
부처/ 305, 519
부흥운동/ 58, 86, 89, 93, 94, 97, 99, 100, 101, 102, 104, 125, 151, 152, 247, 261, 292, 297, 298, 299, 321, 324, 326, 325, 327, 328, 361, 376, 378, 394, 446, 447, 448, 453, 454, 455, 514, 515, 520, 538, 555, 556, 559, 560, 563
부흥주의/ 25, 109, 219, 321, 323, 371, 445, 447, 457
불교의 전래/ 45

불트만(Rudolf Bultmann)/ 325, 333, 334, 337, 342
브래드포드(J. Bradford)/ 172
비스마르크/ 397
비신화화(非神話化)/ 342
비케른(Johannes Heinrich Wichern)/ 251, 253
빌리 그래함/ 132, 534,

사벨리우스/ 345, 484, 486
사제주의/ 151, 153, 295, 296, 307
사회 봉사, 근세교회의/ 246-259
사회 봉사, 중세교회의/ 244-246
사회 봉사, 초대교회의/ 239-244
사회 봉사/ 89, 102, 162, 237, 239, 244, 246-47, 249, 250, 263, 364, 381
사회복음주의/ 244-46,
삼위일체 하나님/ 46, 232, 330, 345, 451, 481-82, 489, 492-93, 502, 561
샤마이(Shammai)/ 146
서경조(徐景祚)/ 571
서남동(徐南同)/ 343, 345-46, 350, 428
서명원(R. E, Shearer)/ 102, 119
서상륜(徐相崙)/ 122-23
성경 공부반/ 124, 570
성령 세례/ 380, 455, 495-97, 509-514
성화 설교/ 216
성화와 윤리/ 183
세대주의/ 23, 25, 219, 323, 371, 376, 378, 425, 427-32, 435

세속화 신학/ 46, 232, 344-49, 456
송인서(宋麟瑞)/ 571
송창근(宋昌根)/ 336
순도(順道)/ 45
쉴리만(Schliemann)/ 465
슈투트가르트 죄책고백 문서/ 417
슈투트가르트 죄책고백/ 388, 395, 409
슈페너(Philipp Jakob Spener)/ 86, 172, 246, 375, 444
슐라이어마허(Schleiermacher)/ 331, 333, 345, 402
스왈른(S. L. Swallen)/ 96, 573
스콜라주의/ 170, 299
스트롱(Josiah Strong)/ 249
스틴(Frederick J. Steen)/ 250
시몬 바르 코크바(Simon bar-Cochba)/ 437
시빌의 예언서(Sybylline Oracles) / 438
신개신교 사상(Neo-Protestantismus)/ 321
신령주의/ 25, 55, 57, 108-9, 149-50, 155, 219, 263, 292, 306, 309, 313-15, 323, 326, 371, 374, 376-78, 425, 427, 445, 450, 453, 520-21, 535
신복윤(申福潤)/ 427, 434
신사 참배/ 58, 72, 101, 106, 129, 137, 162, 165, 221, 332, 337-38, 362-63, 367, 382, 388-92, 395, 410-11, 413, 429, 468-69, 578
신칼빈주의(Neo-Calvinism)/ 90, 320-322, 558
신학 교육 과정/ 581
신학 교육, 유럽과 미국/ 587
신학의 학문성/ 590

아나스타시우스(Anastasius I)/ 241
아르미니우스(Jacob Arminius)/ 294, 318-19, 519-21, 530, 538, 556
아르미니우스주의/ 299, 319, 324-26, 519-22, 526, 538-39, 551, 558-59
아르카디우스 황제/ 243
아른트(Johann Arndt)/ 443
아우구스부르크 신앙고백/ 171, 295, 441
안드레(Johann Valentin Andreae)/ 443
안식년, 교수의/ 186
안식년, 구약의/ 192-93
안식년, 목사의/ 182-83
안식년, 선교사의/ 187-88
안식년/ 153-154, 178-80, 185-194, 239
앨벗슨(Miss Millie M. Albertson)/ 572
양자설(養子說)/ 482-83
양전백(梁甸伯)/ 571, 577
양주삼(梁柱三)/ 575
양태론(樣態論)/ 345, 481, 483-87, 491, 494
어거스틴/ 22, 25, 148, 242, 314, 318, 323, 357, 425, 436, 442, 486, 489, 517-19, 522-23, 528, 545, 560
언더우드 부인/ 68

언더우드/ 71, 123, 570
에드워즈(Jonathan Edwards)/ 86, 102-3, 172, 298, 521
에블링(Gerhard Ebling)/ 55
에임스(William Ames)/ 172, 553
엑스풀로 74/ 132
엘리(Richard T. Ely)/ 249
엘리에셀/ 273
여성의 교회 봉사/ 267-286
역사관/ 27, 31, 476
역사의 진행 과정/ 13
역사적 전천년설/ 426-27, 429-30
영적 각성/ 85-88, 219
예정론/ 294, 301, 307, 316, 318, 324, 328, 364, 487, 517-24, 526-27, 531, 533-35, 538, 555-62
오리겐(Origen)/ 436, 546, 566
오순절 성령 강림/ 88, 167, 169, 497, 499, 500-501, 505, 514
오토 대제(Otto the Great)/ 201
올브라이트(Jacob Albright)/ 325
왓슨(T. Watson)/ 119, 172, 429
외콜람파디우스/ 305
요세푸스(Josephus)/ 273, 437
요아킴(Joachim), 피오르(Fiore)의/ 439
워크맨(George C. Workman)/ 250
워필드(Benjamin Warfield)/ 424
웨스트민스터 신앙 고백/ 57, 168, 209, 293-94, 310, 370, 372, 456, 520-21, 524, 526-27, 536, 558
웨스트민스터 요리문답/ 213, 291, 299, 316, 327, 554
웨슬리(John Wesley)/ 86, 89, 102-3, 247, 292, 298, 324, 327, 361, 520, 540-41, 556
웨이틀리(William Wately)/ 553
윌리엄 에임스(William Ames)/ 172, 553
윗트니스 리/ 481, 486
유교의 전래/ 45
유니테리언(Uniterians)/ 299, 345, 451, 485
유동식(柳東植)/ 342, 345
유드 드 레토아(Eude de l'Etoile)/ 438, 453
유명화(劉明花)/ 431
유스타티안파/ 243
유일신(唯一神)/ 481-82
윤리/ 15, 21, 32, 38, 41-3, 46, 49-50, 61, 72, 75-6, 80-1, 89, 104-113, 135-37, 139, 141, 14647, 152-53, 162, 175-76, 183, 186, 197, 206-209, 211, 214-15 218-24, 228-233, 239, 244, 249, 263, 300, 314, 321-323, 327, 329, 331-32, 343, 377, 390, 393, 402, 413, 446-48, 456-57, 464, 472-76, 558
윤성범(尹聖範)/ 342
율법주의/ 103, 145-49, 151-52, 154-55, 169-71, 173, 181, 217-18, 315, 324, 326. 346. 358. 442, 447, 563
율법주의와 공로주의/ 146

이그나티우스(Ignatius)/ 167, 435
이기풍(李基豊)/ 281, 571
이길함(Rev. Graham Lee)/ 98, 101, 514, 576
이레니우스(Irenaeus)/ 435, 487-88, 546
이명혁(李明赫)/ 577
이상근/ 427
이성하(李成夏)/ 122
이성휘(李聖徽)/ 577
이승휴(李承休)/ 460
이신론(理神論) → 자연신론/ 13, 112
이용도(李龍道)/ 431
이은승(李殷承)/ 570
이재명(李在明)/ 433
이종성(李鍾聲)/ 342, 427
이차돈(異次頓)/ 45
인네레 미시온(Innere Mission)/ 251, 253
일연(一然)/ 460

자연신론(Deism)/ 13, 112
자유주의 신학/ 90, 138, 173, 250, 299, 324-25, 331-362, 367, 402, 484, 491, 550-551, 574, 591
잭슨(George Jackson)/ 250
저딘(Rev. J. S. Gerdine)/ 100
저스틴(Justin Martyr)/ 167, 435
전경연(全景淵)/ 342
전계은(全啓恩)/ 95-6, 197
전도 운동/ 61, 115, 122, 125-29, 131-32

정경옥(鄭景玉)/ 332
정춘수(鄭春洙)/ 95-6
정토교(淨土敎)/ 46
정통주의/ 103, 151, 171, 290,, 299, 331, 334-36, 351, 372, 374, 380, 442-44, 446, 550, 552-53
제베르크(Seeberk)/ 54
존슨(Howard Agnew Johnson)/ 95, 125
종교다원주의/ 46, 112, 551
종말 신앙/ 25, 323, 422-23, 429, 436, 446, 448
종말론 시비/ 421
죄책 고백/ 387-90, 395, 410-11, 413, 417
주기철(朱基徹)/ 338, 389, 391, 411
주일 성수/ 163-69, 171-72, 174, 293
진흥 운동(the Forward Movement)/ 129, 137, 220
짠트(Heinz Zahnt)/ 336

차영배(車榮培)/ 427
찰스 하지(Charles Hodge)/ 172
천강설화(天降說話)/ 464
천년왕국 신앙/ 25, 219, 441
청년면려회/ 137
첼러(Christian Heinrich Zeller)/ 250
초기 한국 교회의 성장/ 119
초기 한국의 신학 교육/ 566
최병헌(崔炳憲)/ 572
최봉석(崔鳳奭)/ 204, 423

최삼경/ 486
최신덕/ 345
츠빙글리/ 224, 305, 305, 311, 318, 358, 390, 519
친젠도르프/ 86, 246, 292, 375

카이퍼(Abraham Kuyper)/ 90, 320-21, 424, 558
카피토/ 305
칸트(Immanuel Kant)/ 333
칼빈/ 25, 37, 58, 76, 171, 213, 224, 284, 290-91, 305-306, 308, 311-13, 315-219, 321, 323-24, 359, 369, 372-73, 375, 380, 424, 440-441, 486, 496, 519, 523, 540-41, 553-59, 562-63
칼빈과 웨슬리 신학 공관/ 540-562
칼빈주의/ 57-8, 174, 289, 292, 296, 298, 305-7, 319, 359, 520, 521, 542, 553
칼빈주의자/ 291, 305,
케리그마/ 342
켈레스티우스(Celestius)/ 517
콘스탄티누스/ 65, 168-69, 240-41,
콜프(Franz Kolf)/ 305
크라우제(Reinhold Krause)/ 400, 402
크램(W. G. Cram)/ 96, 99, 218
크리소스토무스/ 242-43
클라크(C. A. Clark)/ 100
클레멘트(Clement), 알렉산드리아의/ 566

클레멘트의 첫 편지/ 356, 435
클루니 수도원/ 151, 204

탄쉘름(Tanshelm)/ 438-439, 452
터툴리안/ 277, 435, 482, 545-46
테오도시우스/ 65, 169, 436
테오볼드(Theobald), 캔터베리의/ 245
테일러(Thomas Taylor)/ 553
토마스 아퀴나스/ 148,170, 319, 546, 547
토착화신학/ 6, 53, 72, 132, 341-45, 349, 456, 488
토트(Rudolf Todt)/ 251
트라야누스(Trajanus)/ 168
틸리히(Paul Tillich)/ 334, 346

파밀리아(Familia)/ 245
파피아스(Papias)/ 435
팔십(80) 세계복음화대회/ 132
팔크(Johannes Falk)/ 250
펠라기우스(Pelagius)/ 314, 318, 517, 518, 522, 545, 559-60
평신도 성직 수임권(lay investiture) / 201
평양신학교/ 334, 337, 382, 426, 569, 571, 578,
폰 라트(Gehard von Rad)/ 32
폰 쉬라하(Baldur von Schirach)/ 399
프란손(F. Franson)/ 94, 125
프란체스코/ 151, 204
프랑케(Hermann Francke)/ 86, 246,

247, 375
프랑케, 고트힐프(Gotthilf A. Francke)/ 247
플리니우스(Plinius)/ 168
피어선(A. T. Pierson)/ 68
필로(Philo)/ 272

하나님의 선교/ 46, 346, 347
하디(Dr. R. A. Hardie)/ 94-5, 125
하르낙/ 327
하비 콕스(Harvey Cox)/ 345
하이델베르크 요리문답/ 171, 254, 316
한국 기독교와 문화/ 58, 61, 72
한국 역사/ 31, 36, 40, 42, 49-50, 53, 56, 59, 460
한국 장로교회의 연합/ 366, 381
한국교회사관/ 53-59, 583
한국의 신학교 설립/ 566
한석진(韓錫晋)/ 571
한에녹/ 432
한완석/ 432
한철하(韓哲河)/ 342, 427, 541-43, 561, 563
헤들럼(Stewart Headlam)/ 248

협성신학교(協成神學校)/ 332, 384, 567, 572-73, 577
호노리우스(Honorious)/ 241, 243
호센펠더(Joachim Hossenfelder)/ 399
호스피티움/ 245-42, 399
홍익인간(弘益人間)/ 43, 459, 471, 474-475
홍현설/ 342
화이트(Miss M. C. White)/ 94, 125
황국주(黃國柱)/ 431
회개 운동/ 86, 99, 101, 104, 112, 137, 228, 390, 393
홀쿠에노스/ 274
휫필드/ 86, 327
휴머니즘(人文主義)/ 111-12, 337
히틀러/ 395, 397-99, 402-405, 409
히폴리투스(Hipolytus)/ 435
힐렐(Hillel)/ 146

Evangelikal/ 325
Evangelische Kirche/ 325
YMCA/ 137, 166, 220, 249, 250
YWCA/ 137, 220, 249